3rd edition

새 로 운 패러다임의 비 교 정 치

New Paradigm
on
Comparative Politics

김성수

박영사

제3판 서문

민주주의를 어떻게 배우고, 어떻게 이해하고 있을까. 한국적인 상황에 맞는 정치 이론서가 필요하지 않을까 하는 마음으로 시작한 책이 3판을 찍게 되었다. 우리는 어려서부터 민주주의를 배웠고, 민주주의 제도에 살고 있으면서도 민주주의가 어떤 의미와 논의 속에서 탄생한 이론인지를 잘 알지는 못한다. 정치를 전공으로 하는 대학생들조차 민주주의는 자신이 체험한 경험을 전부라고 생각하기도 한다.

민주주의는 인류의 출발과 함께 시작되었다. 민주주의라는 이름으로 불리지는 않았지만 많은 과정을 거치면서 발전해 온 오랜 역사가 있다. 오늘날 민주주의 제도는 인류의 합리적인 의사결정 과정이 녹아 있는 결정체라고 할 수 있다. 정치는 권력을 향한 투쟁이 아니라 합리적인 분배와 정의의 실현이다. 오늘날 많은 나라가 민주주의를 채택하거나 민주주의를 지향하는 것은 지난 역사의 경험과 철학이 민주주의 제도 안에 담겨있기 때문이다. 정치가 어떤 과정과 논의를 거쳐 민주주의라는 제도에 이르게 되었는지에 대한 이론과 배경은 정치 발전을 위한 필수적인 과정의 하나이다.

이 책은 정치학에서 필요한 기본적인 개념과 이해를 통해 자본주의 경제구조에서 민주주의 가치를 제고하고자 기획하였다. 정치학을 전공하는 대학생은 물론 교양서로서도 다양한 정치 이론을 섭렵할 수 있도록 하였다. 초판을 발행한 이후 재판을 통해 부족한 부분을 채우고, 모자란 부분을 메웠다. 이 과정에서 교실에서 학생들과 토론했던 경험이 큰 도움이 되었다. 구체적인 지점에서 어떤 점을 보완해야 하고, 어떤 점을 더 설명해야 하는지를 알 수 있었다. 가르치고 배우면서 함께 성장한다는 교학상장(敎學相長)을 체감하였다.

개정판에 이어서 세 번째 판을 내게 된 것은 변화한 상황을 반영하기 위해서이다. 정치는 생물이라는 말이 있다. 정치는 끊임없이 변화하면서 새로운 정치 지형을 만들어 낸다. 새로운 정치 지형은 새로운 정치 현상으로 나타난다. 한국의 정치는 물론이고, 정치선진국인 유럽이나 미국, 아프리카에 이르기까지 정치는 새로운 환경 속에서 변화하면서 다양한 양상으로 나타나고 있다.

우리는 한강의 기적으로 불리는 놀라운 경제성장을 이루었다. 하지만 심각한 성장의 후유증을 겪고 있다. 세계 최첨단의 정보통신 기술을 자랑하지만 심각한 부작용도 겪고 있다. 다양한 정보의 소통은커녕 왜곡된 정보의 유통과 정보의 편중적인 해석으로 인한 사회 갈등도 커지고 있다. 정보의 홍수 속에서 정치현상에 대한 관심은 점점 무뎌지고, 각종 사회이익을 대변하는 집단들 간의 갈등과 대립 속에 '나만 아니면 된다'는 식의 이기적인 사고도 커지고 있으며, 타인에 대한 배려는 실종되고 있다. 현재 우리사회는 진영이 우선이다. 진영에 속하면 비판해서는 안 되는 성역, 동조해서는 안 되는 금기 영역으로 양분된 결정을 강요받게 된다. 아니면 어느 한쪽도 선택하지 않는 방관자로 남을 것을 강요한다. 진영논리로 만들어진 성역은 사회 근간을 위협할 수 있다. 학문과 양심의 자유, 사상과 표현의 자유라는 기본 권리이자 희생과 투쟁으로 지켜온 자유민주주의의 토대를 위협할 수 있다. 금기는 사실보다 감정에 치우쳐 스스로를 피해자로 만들어 대중주의 또는 국수주의적 민족중의에 함몰 될 수 있다. 결국 사회적인 연대 의식이 약화되면서 사회의 갈등은 깊어 가고 있다.

우리 사회의 갈등의 원인은 여러 가지이다. 학자들마다 다양한 의견을 제시한다. 여러 원인 중에 하나는 우리 헌법에서 규정한 자유민주주의 제도에 대한 충분한 이해와 교육의 부족도 중요한 원인이다. 깊고도 오랜 역사를 통해 형성된 민주주의를 교과서의 몇 페이지로 배웠다. 민주주의의 이론적 토대와 역사적 과정을 충분히 이해하지 못한 측면이 있다.

성숙한 시민사회는 상호 차이를 인정하고 존중하면서도 공동의 가치와 연대성이 형성된 법치주의 사회이다. 민주주의의 가치 함양을 통해 성숙한 시민사회로 전환될 때, 보편적 가치의 공유와 함께 사회적 통합도 이루어질 수 있다. 사회적 차원의 통합은 성숙한 시민의식을 바탕으로 사회적 포용력이 뒷받침될 때 비로소 가능하다. 사회적 포용력은 공통의 가치, 즉 대한민국의 기본적인 가치인 자유민주주의 제도에 대한 기본적인 이해가 전제되어야 한다. 이 책은 자유민주주의의 다양한 이론과 문화, 그리고 주체적인 현상을 이해할 수 있도록 이론과 실제를 중심으로 배치하였다.

원고를 추스르고 풍요롭게 하는 과정에서 함께 고민을 나눈 지도교수인 Nora Hamilton 교수를 비롯하여 학문적 동반자이자 존경하는 선후배 교수들의 도움이 있었다. 3판을 개정하며 특별히 도움을 준 전영선교수, 윤성원교수, 정유진박사, 최유진연구원 그리고 제자들의 응원과 지인들의 도움은 책에 생명을 불어 넣어 주었다. 꼼꼼하게 편집을 맡아 주신 박영사 양수정 선생님께도, 지면으로나마 의지하고 도움 주신 분들께 감사드린다.

가족은 나에게 큰 힘이 된다. 가족의 소중함을 알려주신 아버지의 모습은 아직도 뚜렷하다. 가정을 꾸리고 버팀목이 되어 준 아내와 할아버지의 뜻을 나보다 더 잘 이해하는 아들이 든든하다.

아프리카 속담에 '혼자 가는 것보다 함께 가야 멀리 간다'라는 말이 있다. 작은 일이든 큰일이든 홀로 되는 법이 없고, 저절로 되는 일이 없다는 것을 깨닫는다. 나이의 성숙함을 학문적 성숙으로 이어갈 것이라 다짐한다.

2022년 2월 18일

개정판 서문

이 책의 처음시작은 수업중 학부학생의 당돌한 질문이었다. "왜 우리나라에서 나오는 대부분의 정치학교재는 번역본인가요?" 대답은 간단하다. 논문을 우선시하는 학문풍토와 평가제도 그리고 정치인들의 출판기념회를 위한 책찍기 사업이 만들어 낸 평가절하에 따른 부작용이다. 이 책은 학문의 깊이와 연속성을 위한 전환이 필요하다는 마음에서 시작된 작은 시도이다.

정치학에 필요한 기본적인 개념과 이해를 통해 자본주의 경제구조에서 민주주의 가치를 제고하고자 이 책을 처음 선보인 지 4년이 지났다. 지금까지 부족함이 많은 책을 교재와 참고서로 사용해온 학생들과 연구자들에게 미안한 마음을 가져왔다. 이번 기회에 책의 잘못된 내용들, 부족한 부분들을 사례와 주요학자들의 내용으로 수정보충하였고, 변경된 내용들을 보완하였다. 무엇보다 수업중 학생들의 질문과 토론내용들이 생각을 정리하는 데 많은 도움을 주었다.

이 개정판은 교육부와 한국연구재단의 신흥지역연구과제 그리고 대학중점연구소 연구과제에 연속 선정된 유럽－아프리카연구소의 '한국 중소기업의 아프리카 진출'과 '한국의 대아프리카 공공외교 전략수립' 연구과제를 진행하면서 축적된 연구결과물들인 책, 논문과 발표한 자료를 참고하였고 무엇보다 변화한 현실정치와 통계수치를 반영하였다. 따라서 모든 장들의 내용을 수정하거나 보완하였다.

이번 개정판을 내면서 객관성을 유지하기 위하여 노력하였다. '정치는 생물이다'라는 말이 있듯이 미래를 예측할 수 없다는 한계가 주관적인 결론을 찾을 수밖에 없다는 아쉬움을 남게 한다. 리들리는 『The Rational Optimist(합리적 낙관주의자)』에서 개개인이 아이디어를 서로 교환하며 집단지능을 만들어 내어, 인류문명이 퇴보 또는 궁극적으로 멸망할 수 있다는 비관주의자들의 예측을 무너뜨리고 계속해서 진보할 수 있었다고 주장하였다(Ridley, 2010). 교환의 시작과 함께 문화가 집단적 성격을 띠게 되면서 경제적 진보라는 형태의 서로의 이익을 위하여 재능과 노력을 특화할 수 있는 노동의 분업, 전문화 등의 시도가 진행되어 경제적 번영이 가능했다는 것이다. 비록 정치에 대한 예측은 어렵지만 이 책을 통하여 성숙한 시민사회를 추구하는 가치를 제고할 수 있는 기회가 개개인의 의식 속에 만들어진다면, 개개인의 문제의식이 집단문제의식으로 전이되어 상생(相生)의 공동체가 만들어질 것이라 기대해 본다.

우리 사회가 심각한 성장의 후유증을 겪고 있다. 한강의 기적으로 불리는 엄청난 경제성장을 이루었고, 세계가 부러워하는 최첨단의 정보통신 기술을 갖게 되었지만 탈산업화의 심화는 사회이익의 파편화, 사회구조의 분화, 대중의 원자화를 가속시키고 사회환경의 유동성과 불확실성을 고조시키고 있다. 정보화는 소통의 측면에서는 긍정적인 면도 있지만, 갈등구조를 공개하고 해석하는 과정에서 갈등을 특정한 측면에서 고착화시킴으로써 사회를 양극화시키고 있다는 점도 간과해서는 안 된다. 이러한 정보의 홍수 속에서 정치현상에 대한 관심은 점점 무뎌지고, 각종 사회이익을 대변하는 집단들 간의 갈등과 대립 속에 '나만 아니면 된다'는 식의 이기적인 사고가 보편화되었으며, 타인에 대한 배려는 실종되었다. 더욱이 국정농단을 단죄한 2016년 촛불시위에서 대통령하야를 외치며 자유 민주주의를 경험했지만, 정치에 대한 관심이 진영싸움으로 귀결되면서 제대로 잘잘못을 가리지 않고 자기진영의 주장은 무조건 옹호하고 상대진영의 주장은 무조건 비난하는 편가르기로 매몰되는 모습을 보이고 있다. 결국 사회연대감의 약화로 사회의 갈등은 점점 깊어 가고 있다. 국민주권의 보장, 인권과 자유의 보장, 경제적 안녕을 전제로 한 민주주의 의식의 사회적 확산이 새롭게 필요한 시점이 되었다.

우리 사회의 갈등에 대해서는 다양한 견해가 있을 수 있다. 하지만 우리 헌법에서 규정한 자유민주주의제도에 대한 이해와 교육의 부족도 한 원인이라는 점에 반대할 사람은 많지 않을 것이다. 교과서에서 민주주의를 배웠지만 민주주의의 이론적 토대와 역사적 과정을 충분히 이해하지 못하였다. 자유를 배웠지만 자유에 따르는 책임과 의무를 배우지 못하였다.

우리 사회의 발전을 위해서는 성숙한 시민사회로의 발전이 절실하다. 성숙한 시민사회는 상호 차이를 인정하고 존중하면서도 공동의 가치와 연대성이 형성된 사회를 의미한다. 민주주의의 가치 함양을 통해 성숙한 시민사회로 전환될 때, 보편적 가치의 공유와 함께 사회적 통합도 이루어질 수 있다. 사회적 차원의 통합은 성숙한 시민의식을 바탕으로 사회적 포용력이 뒷받침될 때 비로소 가능하다. 사회적 포용력은 공통의 가치, 즉 대한민국의 기본적인 가치인 자유민주주의제도에 대한 기본적인 이해가 전제되어야 함은 당연한 일이다.

다양한 국가의 정치현상과 구조에 대한 비교 분석을 통해 국가와 사회가 나아갈 방향을 연구하는 비교정치에 대한 보다 용이한 접근을 위하여 무엇보다도 이 책은 각국의 정치제도, 정치구조, 정치과정 등을 비교·분류하는 방식의 기존 비교정치 교재 집필 방식에서 벗어나, 독립적인 분과 학문으로서 비교정치만이 지니고 있는 이론적 패러다임과 각 장마다 저자의 의도를 명확하게 드러내는 데 주력하였다. 따라서 이 책의 전반부에서는 비교정치 분야에서 발생한 최근의 이론적 발전을 충실하게 반영하고자 크게 정치문화론, 제도주의, 합리적 선택이라는 세 가지 이론적 패러다임이 중점적으로 다루어졌다. 이처럼 이론에 대한 상세한 설명과 더불어 자칫 추상적인 논의에 머물 수 있는 위험을 극복하기 위하여 각각의 이론적 접근을 이해하기 위한 적절한 적용 사례들을 제시하였다. 이론적 접근에 중점을 둔 전반부 이후에는 정당과 선거, 정치권력, 정치경제, 정치발전론과 민주주의 공고화, 사회운동, 세계화 등 비교정치의 구체적인 연구 분야에 대한 장들을 수록하였다.

각 장의 구성을 소개하면 다음과 같다.

제1장은 '비교정치의 진화와 방법론'으로 비교정치의 의의, 비교정치의 역사와 최근 경향, 비교정치 연구방법론을 중심으로 기술하였다. 이 장에서는 전기행태주의에서 행태주의, 나아가 탈행태주의에 이르기까지 비교정치의 이론적 발전과정을 개괄적으로 살펴봄으로써 이후의 장들에서 다루어질 세부 사항에 대한 전반적인 이해를 도모하였다. 또한 실질적인 연구에 활용되는 방법론에 대해서도 간략히 다룸으로써 이 책에서 집중하는 이론적 패러다임이 정치현상에 대한 경험적 분석과 유기적으로 결합되는 것임을 보여주고자 하였다.

제2장은 '정치이념'이다. 정치이념은 이상적인 정치목표를 설정해주는 지표가 되어주며, 그 목표를 달성하기 위한 접근방법이자 정치세계 등에 대한 신념이나 믿음의 포괄적인 집합체라고 할 수 있다. 이 장에서는 고전적 자유주의, 현대적 자유주

의, 급진주의, 보수주의 등의 주요 정치이념들의 주요한 특징과 탄생, 그리고 발전을 역사적 맥락과 연결시켜 살펴본다. 이러한 네 가지 사상적 기조는 행위의 합리적 논리구조와 저항의 논리구조를 형성해 주는 것은 물론 다양한 정치학 이론의 근원을 형성하는 것이기에 비교정치 이론에 대한 효율적이고 본질적인 학습을 위해서는 우선적으로 정치사상에 대한 심층적 이해가 필요하다. 그리고 『자본주의와 민주주의 상생(相生)의 정치경제학을 위하여』를 집필하면서 고민했던 내용들을 보완 또는 인용하였다.

제3장은 '국가론'이다. 국가는 정치학 연구의 가장 중심적인 주제였다. 특히 비교정치의 태생은 여러 다른 국가들의 체제와 조직을 비교하는 데서 시작되었다고 해도 과언이 아니다. 고대 그리스의 아리스토텔레스와 플라톤에서 근현대의 마키아벨리와 케인스에 이르기까지 국가에 대한 연구는 정치학의 빠질 수 없는 연구 대상의 하나였다. 국가의 개념과 연구방법은 연구자와 연구 주제에 따라 다르게 정의되었다. 국가는 국민·영토·주권을 포괄하는 매우 큰 개념으로부터 개인들의 사회적 이익을 충족시키기 위한 수단으로 간주되는 매우 협소한 개념에 이르기까지 다양한 정의가 존재한다. 이 책에서는 가장 거시적이고 일반적인 국가의 개념으로써 국가의 구성요소에 초점을 맞추는 법적·역사적 접근에 대한 설명으로부터 체계론, 구조기능주의, 계급주의, 다원주의 등 다양한 이론적 관점에서 국가를 설명하는 서로 다른 방식에 대해 자세히 살펴보도록 내용을 구성하였다.

제4장은 '정치문화'에 대한 장이다. 정치현상을 포함한 인간의 활동을 정확히 이해하기 위해서는 인간이 어떠한 존재인지에 대한 근본적인 이해가 필요하다. 행위자의 정치적 태도와 행동에 대한 원인을 규명하고, 다양한 정치적 태도와 행동 간의 차이점을 분석하는 것을 핵심으로 하는 정치문화적 접근은 비교정치의 주요 패러다임 중 하나로 심리적·성향적 접근방법에 의하여 체계화된 이론이다. 비교정치에서 연구되는 문화의 일반적인 특징은 크게 두 가지 측면에서 살펴볼 수 있다. 하나는 사람들이 일상생활을 영위해 나가는 데 사용하는 의미의 체계라는 점이고, 다른 하나는 사람들이 어떻게 집단을 구성하고 그들의 넓은 문제의 범위에서 행동할지에 관해 중요한 영향을 주는 사회의 근간이자 정치적 정체성(political identity)이라는 것이다. 이 장에서는 정치문화에 대한 제반 이론과 특성을 분석하였다. 특히, 합리적 선택과의 분석틀로서의 차이점을 명확히 하였다.

제5장은 '합리적 선택'이다. 인간의 행동 가운데 의도적 행동은 합리적 성격을 띠

게 되는데, 이러한 합리적 행위가 지닌 특성을 체계적으로 파악하여 사회 현상의 인과적 메커니즘을 설명하고자 하는 것이 합리적 선택 이론(rational choice theory)이다. 합리적 선택 이론은 공공선택 이론, 사회선택 이론, 게임 이론, 합리적 행위자 모형, 실증적 정치경제, 그리고 정치에 대한 경제학적 접근법 등으로 달리 표현되기도 하는데, 그것은 이 이론이 기존의 이론과 달리 단일 이론이라기보다는 집합체적 성격을 가지기 때문이다. 합리적 선택 이론은 가치효용론(Value–utility theory), 게임 이론(game theory), 그리고 사회적 선택 이론 혹은 의사결정론(social choice or decision– making theory)을 포함한다. 비교정치 분야에 널리 활용되고 있는 합리적 선택 이론의 발전배경을 살펴보고, 합리적 선택 이론에서 가정하고 있는 합리성의 개념에 관해 소개하며 합리적 제도주의와 다음 장에서 다룰 역사적 제도주의와의 차이점을 사례를 통하여 설명하였다.

제6장은 '제도주의'이다. 기본적으로 정치학에서 제도는 헌법, 법률, 규범과 같은 공식적인 정치기제를 일컬어 왔으며 이러한 공식적 제도에 초점을 맞추는 구제도주의는 전기행태주의 시대의 주된 접근방법이었다. 그러나 이 장에서 비교정치의 새로운 패러다임으로서 강조하고 있는 신제도주의는 앞서 서술한 공식적인 정치적 메커니즘과는 달리 관습과 규범, 나아가 관념(idea)에까지 이르는 광범위한 대상을 제도적 실체로서 규정하고 분석함으로써 비교정치 연구의 범위를 획기적으로 확장시켜주고 있다. 이 같은 제도주의 이론의 발전과정을 살펴봄과 동시에 구제도주의와 신제도주의가 어떻게 발생하게 되었는지, 구제도주의와 신제도주의의 특징과 차이점은 무엇인지, 신제도주의 이론 가운데서도 특히 역사적 제도주의 접근법의 특징은 무엇인가를 중점적으로 살펴보았다. 이 과정에서 특히 제도를 독립변수로서 취급하는 접근법, 경로의존성의 개념 등에 대한 심화된 설명을 제공하고자 하였다.

제7장은 '정치구조'이다. 오늘날 지구상에 존재하는 일정수준 이상의 문명발전 단계를 지닌 국가에 있어 삼권분립은 매우 자연스러운 현상이 되었다. 이는 민주주의의 이념과 원리를 보호하기 위한 제도적 방안이라고 할 수 있을 것이다. 이처럼 행정부와 입법부, 그리고 사법부로 이루어진 국가의 형태는 그 실질적인 삼권분립의 양태와 관계없이 외형적 구조로 보편화되어 있다. 정부, 입법부, 사법부는 각각 시대별·국가별 특수한 상황에 따라 한 국가의 정치적 영역 속에서 그 역할과 한계가 다양하게 변화해 왔다. 다양한 논의의 핵심은 삼권의 힘을 어떻게 효율적으로 나누어 국가를 유지해 나가는 것이 좋은 것인지에 대한 것이다. 무엇보다도 이 같은 정

치구조를 구성하는 논리의 우선적인 원칙은 민주주의의 원리라고 할 수 있을 것이다. 따라서 7장에서는 정치적 구조의 배열을 구성하는 민주주의의 원리, 민주주의의 역사적인 변천과 발전과정, 정치구조에 있어 가장 큰 주체들인 행정부, 입법부, 사법부 그리고 관료제의 국가별로 다양한 구조들을 살펴보았다. 그 외로 정치적 행정부의 역할과 입법조직 구성과 역할 그리고 사례로서 한국의 입법절차를 포함하였다.

제8장은 '정당과 선거'이다. 정당은 현대정치의 꽃이라 불린다. 이는 국민의 의사를 집약, 대변하고 국가와 시민사회의 중간적 위치에서 대의정치의 핵심인 선거를 중심적으로 수행하기 때문이다. 현대정치의 꽃이라 불리는 정당은 그 실질적 역할의 비중에 강약이 있을지언정 민주주의에서 권위주의, 공산주의 국가에 이르기까지 모두 존재한다. 정당은 각각 시대별·국가별 특수한 상황에 따라 한 국가의 정치적 영역 속에서 그 역할과 한계를 다양하게 변화시켜 왔다. 따라서 본 장에서는 정당의 기원과 역할에서부터 정당의 종류와 정당체제에 이르기까지 정당에 대한 전반적인 개념을 살펴보았다. 또한 민주주의의 가장 핵심 키워드라고 할 수 있는 선거의 의미와 다양한 선거체제가 가지는 장·단점들을 살펴보고, 이러한 선거과정에서 유권자들이 어떻게 자신의 소중한 한 표를 행사하는가에 대한 문제와 미디어의 발달과 함께 현대 선거에 있어 매우 중요한 요소로 떠오른 여론조사 방법론과 선거사례를 추가하였다.

제9장은 '정치권력'이다. 권력은 누구나 소유할 수 있는 것이 아니다. 가치를 배분하는 사람이 있는가 하면, 그 배분되는 가치를 받는 사람이 있다. 가치를 배분받은 사람들 중에서도 모두 동등한 가치를 배분받는 것은 아니다. 자신의 몫이 큰 사람이 있는가 하면, 반면에 작거나 전혀 받지 못한 사람도 있다. 이 모든 현상 속에서 이미 권력을 가진 자와 가지지 못한 자가 분리된다. 이때 권력을 장악하고 있는 사람들을 우리는 엘리트라고 부른다. 정치권력에서는 엘리트에 대한 다양한 이론에 대해 살펴보았다. 각각의 엘리트 이론들은 저마다 엘리트의 구성과 역할에 대해서 긍정적 혹은 부정적인 분석을 하였다. 모든 엘리트 이론이 공통적으로 전제하는 것은 정치권력의 세계에서 엘리트는 존재할 수밖에 없으며 우리는 그 존재를 부정할 수 없다는 것이다. 하지만 이것이 현실 세계에 민주주의가 존재할 수 없다는 것을 의미하지는 않는다. 근대적인 이론가들 중에는 이러한 엘리트 집단의 통합성과 응집력에 의문을 제기하고, 엘리트는 서로 경쟁적인 복수엘리트로 구성되어 있다는 다원적 견해를 제기하기도 한다. 다양한 엘리트들이 일반대중의 지지를 얻기 위한 경쟁을 통

해서 민주주의적인 가치가 실현된다고 본다. 무엇보다 현대 사회의 엘리트는 누구인가를 생각해 볼 수 있는 기회를 제공하고자 하였다.

제10장은 '정치경제'이다. 정치학과 경제학이 학문적 영역에서는 물론이고 현실적인 영역에서도 상당히 많은 부분을 공유하고 있기 때문에 정치학과 경제학이 기본적인 사회 메커니즘과 체제를 분석하는 일련의 과정에 공동으로 관여해야만 한다고 판단된다. 현대 비교정치에서도 경제학과의 밀접한 상호연결성 속에서 진행되며, 오래 전부터 정치경제학이라는 이름으로 불려왔다. 한편으로 보다 현실적인 측면에서 이는 현대적 정치체제의 근간을 이루는 민주주의와 현대 경제생활의 주된 원리인 자본주의 시장경제체제 상호 간의 갈등과 조화의 문제에 기인하는 것이기도 하다. 마르크스는 자본주의 지배계급과 질서 유지에 기여하는 정치경제학을 비판했다. 하지만 정치경제학의 근본 취지는 경제와 정치의 관계에 주목하여 자본주의와 민주주의의 상호보완적 발전을 모색했다는 점이다. 이 장에서는 민주주의와 자본주의의 관계 등 현대 정치경제 이론의 핵심적인 문제의식과 쟁점들을 중심으로 국가와 시장의 관계를 살펴보았다. 그 외로 『자본주의와 민주주의 상생(相生)의 정치경제학을 위하여』를 집필하면서 고민했던 내용들을 보완 또는 인용하였다.

제11장은 기존의 2개 장을 통합한 '정치발전론과 민주주의 공고화'이다. 정치발전론은 전후 사회과학계를 풍미했던 근대화 이론의 영향하에서 탄생하였다. 단순히 서구만의 전유물로서가 아닌, 인류 역사를 결정적으로 변화시킨 근대화(modernization)에 대한 학문적인 규명을 위한 도전은 정치 영역에서의 근대화와 발전에 관한 논의로까지 이어진 것이다. 다원주의적 민주정치체제로의 발전과정을 구조적인 측면에서 분석하고자 했던 정치발전론을 통해 비교정치의 전통적이고 중요한 테마에 대해 학습할 수 있는 기회가 될 수 있을 것이다. 또한 정치발전론은 구조적인 동시에 과학적인 분석을 위하여 변수들 간의 인과 및 상관관계의 규명, 통계적 기법의 활용 등 현대 비교정치의 방법론과 이론들을 구성하는 재료를 제공한 모태가 되었다는 측면에서 반드시 학습해야 하는 부분이라고 할 수 있을 것이다. 그리고 20세기 말, 냉전의 종식을 전후하여 제3세계 권위주의 체제와 소련을 비롯한 사회주의권 국가들과 중동과 북아프리카의 민주화는 민주주의 전환과정에 대한 과학적 설명의 필요성과 함께 이렇게 전환된 신생 민주주의 국가들의 민주정치체제를 안정적으로 작동시키기 위한 필요조건들에 대한 의문들을 제기하였다. 특히 민주주의 전환에 대한 연구자들은 구조적이고 역사적인 제약요인들뿐만 아니라, 행위자들의 전략적 선택

에 대해서도 세밀한 분석을 발전시켜 왔다. 비민주적 상태에서 민주적 상태로 전환하는 민주주의 전환에 있어서 그 과정과 조건, 방법에 관한 이론들을 살펴봄과 함께, 민주주의 전환만큼이나 중요하게 여겨지고 있는 공고화의 요건과 시민사회, 국가 능력과의 연관성도 알아보았다.

제12장에서는 '사회운동'을 다루었다. 이 장에서는 사회운동의 개념과 역사적 흐름에 대해 알아보고, 이론의 전개와 그 운동의 주체인 집단들이 어떻게 형성되며 조직되는지에 관한 이론들에 대해 설명하였다. 순차적인 이해를 위하여 본 장에서는 사회운동을 비정상적인 현상으로 취급했던 전통적인 이론을 간략히 소개하고, 이에 대한 대안적 접근으로 제시된 합리성에 기반을 둔 자원동원론과 가치관 변동에 중점을 둔 신사회운동론을 살펴보았다. 또한 이러한 두 접근에 대한 수정적 이론으로서 주목받고 있는 구성주의적 사회운동론을 다루었다.

제13장은 '세계화'라는 제목으로 글로벌한 관점에서 이루어지는 비교정치 연구를 위한 기초 이론들을 수록하였다. 세계화(globalization)는 국가경계의 폐쇄성을 약화시키고 각종 이해관계가 국가경계를 넘어 복잡성을 증가시키고 있다. 각 국가의 정치체제와 정치행위자들에 대한 비교연구를 심화시키기 위해서는 국제적 차원과 연결된 분석이 필요하다. 이를 위해 국제체계를 경쟁적인 체계 혹은 합의와 질서의 체계로 보는 현실주의와 자유주의라는 대표적인 두 조류에 대하여 검토한 뒤, 세계화로 불리는 세계적인 정치·경제적 통합 조류를 논의하면서 새로운 통계치를 참고하여 수정·보완였다. 세계화와 관련하여 특히 본 장의 후반부에서는 각 국가들의 정책모델을 수렴시키는 글로벌 스탠더드(global standard)의 형성 및 그 과정과 분리될 수 없는 테크노폴(technopol)의 역할과 전략적 행위에 대해 중점적으로 분석한 문헌들을 소개하였다.

원고를 추스르며 풍요롭게 하는 과정에서 함께 고민을 나눈 지도교수인 University of Southern California, Nora Hamilton 교수와 정치경제에 관심을 갖게 해주셨던 작고하신 John Elliott 교수, 청주대학 유호근교수, 이화여자대학 박인휘교수, 공군사관학교 박봉규교수, 탄자니아 다르에살렘대학 한국학연구센터 Suphian 박사 그리고 집필을 돕고 이 책을 만들게 된 동기를 제공해 준 이제는 각 분야에서 두각을 나타내고 있는 대학원 제자들 이종용, 최돈위, 신정섭, 최의석, 홍영민, 유신희, 송현석, 강신양 그리고 교정 작업을 도와준 유럽-아프리카 연구소 연구원 신도, 안호찬

이 있었다. 그리고 부족한 연구책임자에게 항상 힘을 실어주시는 한국연구재단지원 신흥지역연구과제와 대학중점연구소 연구과제의 공동연구원 배재대 김정숙교수, 한국외국어대학 이한규교수, 한양대 최태현교수, 뉴욕주립대 이진상교수, 서울대 김태균교수, 한양대 이훈교수, 성균관대 조원빈교수들이 있다. 이들이 있었기에 전체적인 구상과 원고 작업이 진행될 수 있었다. 무엇보다 대학에서 정치학을 전공하면서 고민했던 부분을 함께 나눌 수 있는 기회가 되었다. 그리고 원고를 정리하고 마무리하는 데 끝까지 도움을 준 많은 고마운 분들, 특히 유럽－아프리카 연구소 심승우부소장과 이충희교수 그리고 정유진 연구원, 건국대 전영선교수가 있었다. 감사하며 잊지 않을 것을 약속한다.

그리고 쉽지 않은 상황에서 출판을 추진시킨 박영사의 임재무이사와 편집을 알차게 맡아준 노현이사에게 감사드린다.

항상 나에게 힘과 용기를 주는 나의 아내 계령과 아들 용권 그리고 마지막까지 머릿속을 떠나지 않는 어른이 계신다. 정치에 관심을 갖게 해주시고 학문의 길로 인도해주신 항상 나의 주변에 계셨던 분이다. 아버님을 보낸 지도 어언 몇 해가 지났지만 생전의 모습과 말씀은 갈수록 새롭다. 아버지의 현실정치에 대한 경험은 내가 정치학을 새롭게 이해하는 데 많은 도움을 주었다. 조금 더 함께 하는 시간이 있었다면 하는 아쉬움이 너무나도 많이 남는다. 책 서두에 이렇게 아버지에 대한 이름이라도 올리는 것이 자식된 뒤늦은 도리인가 싶다. 감사한 마음으로 아버님 영전에 책을 올린다.

초판에 비하여 많은 부분들이 수정 그리고 보완되었지만 개정판을 내기로 마음먹고 계획했던 많은 내용들이 모두 보완되지 못한 것 같다. 다음을 기약하며 이 순간부터 준비해야겠다.

2019년 2월 18일

차 례

제1장 비교정치의 진화와 방법론 — 1

제2장 정치이념 — 23

제5장 합리적 선택 — 149

제6장 정치제도 — 182

제7장 정치구조 — 218

제8장 정당과 선거 — 276

제9장 정치권력 — 318

제10장 정치경제 — 346

제12장 사회운동 — 434

제13장 세계화 — 462

[Box 목차]

[표 목차]

[그림 목차]

비교정치의 진화와 방법론

제1절 | 비교정치의 의의

비교정치는 정치이론, 정치철학, 국제정치 등과 함께 정치학의 주된 학문 분야들 중 하나이다. 비교정치는 이미 '비교'라는 명칭에서 잘 드러나듯이 각각의 정치체제와 현상들의 비교를 통해 보편성과 특수성을 규명하고 현실정치에 대한 실증적인 지식을 촉진하는 정치학의 분과이다. 그런 점에서 비교정치는 특정 주제를 한정해서 다루는 다른 정치학의 분야와 달리 정치학에서 다루어지는 거의 모든 주요 분야들을 포괄한다고 해도 과언이 아닐 것이다. 이런 특성 때문에 비교정치는 종종 '정치학의 모든 것'이라는 평가를 받는 동시에 광범위한 학문적 영역으로 인해 '아무것도 아닌, 실체가 없는 학문'이라는 상반된 비판에 직면하기도 한다. 실제로 비교정치에서는 제도적인 것뿐만 아니라 비제도적인 것들을 포함하는 모든 정치적 활동의 형태들을 분석 대상으로 하고 있다(김창희, 2005: 23; 신정현, 2000: 3; Hague et al., 2017: 1~3, 15~17).

사실 정치학의 세부 학문 분야는 모두가 중요하다. 그러나 정치체계의 유지나 변화에 작동하는 조건들을 파악하기 위해서는 학문에 대한 정확한 지식은 물론 명확하고 효율적인 이해와 설명이 요구되는데 이러한 목적을 달성하기 위한 가장 대표적인 방법이 바로 '비교'이다. 비교의 분석수준은 정부기구와 그들간의 상관관계를 보는 제도중심적, 사회적 요인이 정치행위에 미치는 방식을 보는 사회중심적, 그리고 국가의 정책이 사회에 미치는 영향을 보는 국가중심적으로 볼 수 있다.

지금 우리는 '한국의 민주화 전환과정에서 중산층의 역할'에 대해서 분석을 시도하고자 한다. 이때 우리는 무엇을 먼저 해야 하는가? 먼저 민주주의 전환과정, 중산층의 정의, 그리고 중산층이 민주주의 전환과정에서 미치는 영향 등과 관련된 사례들을 탐색적·기술적으로 조사해야 한다.

그러나 이를 통해 얻은 결과물들로 '한국의 민주주의 전환과정에서 중산층의 역할'을 분석하는 것은 사실상 불가능하다. 왜냐하면 그것은 단지 '한국의 민주주의 전환과정에서 중산층의 역할'에 관한 단편적인 사실들을 평면적으로 나열해 놓은 것에 불과하기 때문이다.

그렇다면 이 주제를 보다 심도 있게 이해하기 위해서 필요한 방법은 무엇일까? 여기서 우리는 '비교'라는 방법을 사용할 수 있다. 즉, '한국의 민주주의 전환과정에서 중산층의 역할'을 다른 국가의 민주주의 전환과정과 비교·대조함으로써, 한국의 민주주의 전환과정을 이해하고, 다른 국가의 전환과정에서의 주요 세력들과 한국의 민주주의 전환과정에서의 중산층이 가지는 특정적인 측면들을 보다 명확하게 구체화할 수 있다.[1)]

따라서 비교 연구방법을 사용하는 목적은 연구 대상들에 대한 과학적인 비교와 대조를 통해 연구 대상들 간의 유사성과 상이성을 밝힘으로써, 특정 연구 대상의 본질을 보다 분명하게 고찰하는 데 있다. 특히 비교 연구방법은 동일한 정치현상을 일으키는 요인들 중에서 유사한 것들을 밝혀내어, 정치현상에서 나타나는 일련의 규칙성을 도출하고자 한다(신명순, 1999: 3). 그리고 이러한 규칙성은 과학적인 연구방법을 통해 보다 일반화됨으로써, 현 상황을 분석하고 미래를 예측하는 데 사회과학의 한 영역으로서 기능하게 한다. 결국 이상의 논의를 종합하여 볼 때, 비교정치

---

1) 한국의 민주주의 전환과정에서 중산층의 역할에 대한 자세한 논의는 Sungsoo Kim, 2008, *The Role of the Middle Class in Korea Democratizaion*(Edison, N.J.: Jimoondang)을 참조.

란 “둘 또는 그 이상의 국가에서 나타나는 정치현상에서 유사성이나 상이성을 찾아내어 이에 대한 일반화를 시도하는 일체의 연구”라고 정의할 수 있다(Galtung, 1967; Merritt, 1969; Scarrow, 1969; Przeworski and Teune, 1970: 32; Holt and Turner, 1970; Mayer, 1972: 94; Dogun and Pelassy, 1984: 117~132; Wiarda, 1991: 17; 신명순, 1999: 3; 신정현, 2000: 15; 김창희, 2005: 24).

제2절 | 비교정치의 역사와 연구방법

‘비교’는 이미 플라톤(Plato)과 아리스토텔레스(Aristotle) 시대 이래로 정치학의 오랜 연구방법이었다. 그러나 비교라는 연구방법을 사용함에 있어서 연구의 결과물은 시대 또는 분석하는 연구자에 따라 달랐다. 특정한 연구 대상을 분석함에 있어서도 그것을 분석하는 연구자가 분석하는 대상과 비교라는 방법을 어떻게 인식하고 활용하는가에 따라 전혀 다른 결과가 도출될 수 있다. 그리고 이러한 세상을 바라보는 인식론적 관점의 변화는 비교정치라는 커다란 범주 속에서 시간에 따라 조금씩 달라져 왔다.

‘비교정치’라는 용어가 책의 제목으로 최초로 사용된 것은 프리맨(Edward A. Freeman)이 쓴 『비교정치(Comparative Politics)』라는 책이 출판된 1873년이다. 그러나 비교정치가 정치학의 한 분야로서 분류되기 시작한 것은 1920년 2월 이후부터이다. 『미국정치학회보(American Political Science Review)』의 서평란에 ‘외국과 비교정부(Foreign and Comparative Government)’라는 분류 항목이 등장한 시기가 바로 이때이다. 하지만 당시 미국은 예외주의와 고립주의의 영향으로 인해 다른 나라들에 대해서는 별다른 관심이 없었으며, 다른 지역에 대한 극소수의 연구들도 그 대상이 서유럽 국가들로 한정되었다. 이 시기에 비교정치는 비록 생성되기는 하였으나 가시적인 발전을 이루지는 못하였다. 이후 1937년 프리드리히(Carl J. Friedrich)에 의해 『입헌정부와 정치(Constitutional Government and Politics)』라는 책이 발간되면서, 비로소 비교정치는 ‘비교연구’의 성격을 띤 진정한 의미의 저서를 최초로 갖게 되었다.

1940년대까지 비교정치는 완전하게 독립된 정치학의 한 분야로서의 위상과 지위를 확보하지 못하고 있었다. 사실 이 시기의 정치학은 역사학과 철학, 그리고 법학 등의 학문과 밀접한 연관성을 가지면서 주로 정치현상의 역사적이거나 규범적인 면을 다루거나, 법과 정치기구 그리고 정치제도 등을 서술하는 수준이었다(신명순, 1999: 6; Chilcote, 1994).

1. 전기 행태주의적 연구방법

전통적 비교정치 연구는 비교정치가 정치학의 한 분야로 대두되는 시기의 연구이자 역사적인 통찰과 정치 행위에 관심을 가진 연구로서, 특히 미국 정치제도에 대한 이해를 통해 미국 시민들의 교육을 담당하는 데 기여하였다. 이 시기의 정치학은 시민들이 지켜야 할 의무와 책임에 대한 규범적 지식과 정치철학에 그 핵심적 가치를 두고 있었으며, 이에 발맞추어 비교정치 연구는 정치 구조와 기구, 체제, 그리고 제도들을 주의 깊고 면밀하게 기술하는 연구영역을 창출하였다(Bill and Hardgrave, 1983: 12).

이러한 비교정치의 전기 행태주의적 연구방법의 특징을 살펴보면 다음과 같다(Macridis, 1995; 신정현, 2000: 75~78).

첫째, 형태상의 기술(configurative description)이다. 전기 행태주의적 비교정치는 특정 정치제도나 체계의 특성들에 대한 상세한 기술을 강조하였다. 그러나 엄밀히 말하자면 이러한 기술은 비교정치가 아닌 단순한 형태상의 기술에 불과하였다. 즉, 형태상의 기술은 개인적인 가치판단이나 편견을 배제한 가운데 역사적인 방법을 이용하여 과거에 일어났던 사건들을 정확한 자료를 바탕으로 기술해 나가는 것을 특징으로 한다.

둘째, 형식적 법률주의(formal legalism)로서, 이는 정치활동보다는 문서에 초점을 두고 헌법이나 법률과 같은 공식적인 제도에 역점을 두는 시각이었으며, 동적이기보다는 정적인 제도의 비교연구에 치중하였다.

셋째, 국지주의(parochialism)이다. 이 시기 비교정치의 주된 연구 대상은 매우 제한된 지역에 대한 연구에 치우쳐져 있었는데, 이러한 분석의 대부분은 유럽 국가에 그 초점이 맞추어져 있었다. 특히 이러한 관심은 유럽 내에서도 영국과 프랑스, 독일, 그리고 러시아와 같은 국가에 제한되었다.

이상과 같은 주요한 특징 이외에도 행태주의가 등장하기 이전의 비교연구의 특징으로는 방법론상의 보수주의(conservatism), 경험적인 이론보다는 비이론의 강조(당위적이고 규범적인 가치의 강조, non-theoretical emphasis), 그리고 방법론적 무관심(methodological insensitivity) 등을 들 수 있다. 사실 이 당시만 해도 비교정치에 있어서 엄격하고 체계적이며 경험적 이론을 정립하는 것은 대부분의 학자들에게 매우 생소한 일이었다. 심지어 마키아벨리(Niccolo Machiavelli)와 홉스(Thomas Hobbes), 몽테스키외(Baron de La Brede et de Montesquieu), 그리고 매디슨(James Madison)과 같이 정치 연구에 관해 깊은 지각력과 예리한 통찰력을 보여주었던 당시의 학자들도, 그들의 사상을 엄격한 이론을 통하여 과학적으로 정립하는 것에 대해 우선적인 관심을 기울이지 않았다(Bill And Hardgrave, 1983: 19). 그러나 이러한 고전적 연구들은 정치현상에 대한 관심을 갖는 수준을 벗어나, 이를 분석하여 새로운 이론을 정립하고, 학문적 체계를 바로잡는 등 비교정치의 발전에 커다란 공헌을 하였다.

이러한 특징들을 종합해본다면, 행태주의가 등장하기 이전의 비교정치는 정치학의 연구 대상이었던 네 가지 종류의 문제, 즉 규범적 문제, 정책적 문제, 방법론적 문제, 경험적 문제 중 특히 규범이나 정책문제를 일차적이고도 중요한 문제로 다루었다. 또한 경험적 문제를 다루는 데 있어서도 정치현상의 본질은 자연현상과는 상이하기 때문에, 행태주의 시기의 자연과학적 증명방법과는 다른 해석과 이해의 방법을 사용하는 방법론을 기본으로 하였다.

2. 행태주의적 연구방법

행태주의적 연구는 제2차 세계대전을 전후하여 미국을 중심으로 사회과학 전반에 일기 시작한 과학화의 일대 변혁운동이라고 할 수 있다. 비교정치 역시 이러한 학문적 흐름 속에 함께 자리하고 있었다. 행태주의의 사상적 배경으로는 자연과학적 방법론을 그대로 사회과학에도 적용할 수 있다는 믿음 하에 유행하기 시작한 1930년대 이후의 논리 실증주의(logical positivism)[2]를 기반으로 하고 있으며, 시대적으로는 제2차 세계대전이라는 거대한 역사적 변환을 뒤로 한다. 특히 제2차 세계대전은 이러한 변화에 많은 영향을 미쳤는데, 이 일대 사건은 고립주의를 채택하던 미국을 세계정치의 영역으로 끌어들였고, 다른 정치체제들에 대해서도 관심을 갖게 하는 계기가 되었다. 또한 미국인들은 전쟁을 통해 동맹국과 무역대상국들, 그리고 지속적인 위협으로 생각되는 국가들 등 미국과 관련 있는 다른 국가에 대한 연구와 이해

---

2) 경험 과학적으로 의미 있는 명제만 학술적으로 다룰 수 있다.

의 필요성을 절실하게 인식하게 되었다. 한편, 전쟁 중 나치 정권에 의해 자행된 대량 학살 정책은 수많은 지식인들과 예술가, 그리고 여론 지도자들(opinion leaders)이 미국으로 몰려가게 만들었다. 이주자들 가운데 많은 수는 유럽의 정치체제와 분석 방법에 대한 고도의 전문적 지식을 갖추었기 때문에, 그 기간 동안 미국의 대학들과 지식인들은 이들로부터 심대한 영향을 받지 않을 수 없었다. 그중에서도 특히 일반적으로 사회과학이, 특수하게는 비교정치가 매우 중요한 영향을 받았다.

전쟁 이후 등장한 냉전과 신생 독립국들에 대한 연구는 비교정치의 새로운 연구 대상이 되었다. 냉전체제가 시작되면서 미국의 적대 세력으로 등장한 소련과 동구권에 대한 관심이 증대되기 시작하였고, 식민지 시대의 종식과 함께 새롭게 독립한 수많은 신생 독립국들에 대한 관심 역시 증가하였다. 이는 기존의 유럽과 미국을 중심으로 한 서구 주요 국가에 집중되었던 비교정치의 연구 소재들이 세계 곳곳으로 확대되는 데 큰 기여를 하였다(신정현, 2000: 8~13; 김창희, 2005: 27).

이러한 분위기 속에서 비교정치에 있어 기존의 연구방법과는 다른 패턴의 과학적 연구방법으로의 근본적인 변화는 1952년 미국사회과학원(SSRC: Social Science Research Council)의 '비교정치 연구세미나(Research Seminar on Comparative Politics)'를 통해 시작되었다. 이 세미나에서는 대학들 간의 연구 활동이 빈번하게 이루어졌는데, 이들은 유럽 중심의 연구에 대해 강하게 비판하였다. 새로운 세대의 학자들은 이익집단의 행태, 의사 결정과정 등과 같은 과거 비교정치가 다루지 않았던 비형식적인 측면을 강조하였다. 또한 비교정치가 국지적 · 형식적 · 법률적인 범위에만 머무를 수 없다는 의식 속에서, 보다 경험적이고 계량적인(즉, 과학적인) 토대 위에서 비교연구가 수행되어야 한다는 견해를 공유하였다.

이러한 행태주의 시기의 연구는 소위 '근대화 이론(modernization theory)'이라 불리는 정치발전 연구 속에서 그 꽃을 피우게 되었다. 이 시기에 이스턴(David Easton)의 체계 이론과 파슨스의 구조기능주의가 알몬드(Talcott Parsons and Gabriel A. Almond)의 발전 모형에 영향을 미쳤고, 로스토우(Walt Whitman Rostow)의 경제 발전 단계 분석의 영향을 받은 오르간스키(Abramo Fimo Kenneth Oraganski)의 정치발전단계론과, 헌팅턴(Samuel Phillips Huntington)의 『변동하는 사회의 정치질서(Political Order in Changing Societies)』 등이 출판되었다. 이러한 문헌들에 바탕을 둔 당시의 발전 이론은 과학적으로 타당하고, 윤리적으로 올바른 것이라 여겨졌다. 이 이론은 분명한 과학적 타당성과 보편성에다 도덕적으로 건전한 기여를 한다는 규범적 확실성이 결합되어, 발전에 관한 연구를 매력적인 것으로 만들었다(Wiarda, 2002: 16).

행태주의의 영향을 받은 초기 비교정치 연구는 거시적이고 구조적·체계적인 현상의 비교에 집중하는 경향이 있었다. 특히 이스턴의 체계 분석은 체계의 구성요소와 작동 메커니즘에 초점을 맞추어 거시적인 수준의 비교 분석의 가능성을 제시하였다. 그러나 벤트리(Arthur Fisher Bentley)로부터 시작되어 트루먼(David Bicknell Truman)에 의해 정리된 집단적 연구는 집단이 개인의 태도나 성향의 원천이 된다는 점을 인정하였고, 의사 결정모형과 커뮤니케이션모형, 그리고 권력의 역할과 분석 등은 정치행태론의 이론화를 촉진하였다. 이에 따라 그 분석 대상도 점차 정치적 제도와 매스미디어를 중심으로 한 여론 분석과 투표행위나 정치 참여에 관한 연구 등이 중심이 되었다(김창희, 2005: 41).

한편, 파슨스와 같은 사회학으로부터 유래된 기능주의는 이 시기의 비교정치에 지대한 영향을 미쳤는데, 기능주의는 1950년대 사회과학에서 가장 유력한 접근법으로 여겨지고 있었다. 이는 당시 파슨스의 기능주의가 서구에서 유래된 전통적 접근법이 직면하고 있던 한계점들을 해결한 것은 물론 신생국들을 연구할 수 있는 새로운 분석틀을 제공하였기 때문이다. 이로 인해 1950년대에는 파슨스의 기능주의나 심리학에서 온 정치문화와 관련된 이론들이 비교정치의 주류를 이루게 되었다(김창희, 2005: 26, 30). 나아가 기능주의와 체계 이론의 발전을 통한 구조기능주의(structural-functionalism)[3]의 등장은 비교정치 방법론에 일대 혁신을 가져오게 된다. 실제로 이 시기 구조기능주의는 정치학의 과학적 연구를 주도할 수 있을 만큼의 중요한 단일 이론 구조로 등장하였는데, 구조기능주의는 개별 국가와 지역적 범주를

---

3) 구조기능주의자들은 사회를 '부분'들로 만들어진 존재로 본다. 사회의 부분은 여러 구조가 존재하게 되는데, 각 구조 간에서는 각자 고유한 기능을 하게 되고, 각 구조의 결합이 전체, 즉 사회가 되는 것이다. 여기에서 주목할 점은 사회의 각 부분이 전체의 생존을 유지하는 데 기여한다는 점이다. 구조기능주의자들은 사회제도, 규범, 그리고 사회 역할이 어떻게 사회의 존립욕구를 충족시키는가에 관심을 가지고 있으나, 한편으로는 사회의 여러 부분들이 전체의 기능을 창출한다는 능동적 공헌을 과장함으로써 다른 요소들의 부정적인 효과를 무시한다. 이러한 구조기능주의 이론의 중심 개념은 구조와 기능을 통해 살펴볼 수 있다. 먼저, 구조(structure)는 상호작용에서 행동의 양식화(pattern of interaction) 또는 상호작용 속에서 행동이 정형화되는 것을 의미하는데, 가령 "정당 내의 상호작용은 그 사람들이 어떤 행동을 할 것이다"라고 기대되게 하므로 정당은 구조가 된다. 기능(function)의 경우에는, 역할과 비슷하나 좀 더 구체적인 상호작용 현상을 의미한다. 그러한 기능은 서로 다른 구조에 의해 발생될 수도 있고 한 구조에 의해 여러 기능이 수행될 수도 있다. 결국, 모든 체계(system) 안에서는 기능이 진행되고 있다는 것이다.

넘어서 전 세계 어느 국가에도 적용 가능한 이론이었기 때문에 상당한 각광을 받았다. 또한 구조기능주의는 비교적 보편적이고, 동태적이며, 미래지향적인 시각을 보유하고 있었기 때문에, 자유주의적인 가치들과 1960년대 초의 낙관적인 세계관 등에 의해 넓게 확산될 수 있었다. 특히 다원주의적인 시각에서 구조기능주의는 사회 각 부문의 정치적 역할과 기능을 중요시하고 다원적인 안정과 균형을 이루는 개념으로서 급속히 확산되었으며, 미국 케네디 정부의 시각에서는 제3세계에 대한 미국의 역할을 제시하는 방향으로 연결되면서 미국적 제도의 확산을 가져오게 되었다(김웅진 외, 1995: 204). 이러한 흐름은 당시의 주요한 정치학자들이 대거 참여하여 공통적이고 세계적인 분석틀을 사용해 아시아와 아프리카, 그리고 남미의 지역정치를 분석한 알몬드와 콜먼(Gabriel A. Almond and James S. Coleman)의 『개발도상지역의 정치(The Politics of the Developing Areas)』를 통하여 더욱 발전해 나가기 시작하였다.

행태주의 연구방법은 정치적 이념과 제도보다는 개인과 집단의 행위 자체에 관심을 두고 있었다. 그리고 이전의 규범적인 행태를 벗어나 과학적 패러다임을 지지하였다. 특히 행태주의는 두 가지를 강조한다. 하나는 '경험적인 연구방법'이고, 다른 하나는 '체계적인 관점에서의 개념, 가설, 설명의 정식화'이다. 전자는 모든 가설은 '행태(behavior)'에서 객관적으로 관측 가능한 변화를 통해 경험적으로 확인되어야 한다는 것이며, 후자는 '이론화의 추구'라고 볼 수 있다. 결국 행태주의란 '관측 가능한 변화를 가설 수립과 검증이라는 절차를 통하여 경험적으로 분석한 후에, 이를 정식화된 일반 이론으로 만들어 내는 것'이라 할 수 있다.

이를 이스턴의 "행태주의의 현대적 의미(The Current Meaning of Behavioralism)"를 인용해서 구체화시켜 설명해보자면 다음과 같다. ① 행태주의적 연구방법은 규칙성이 있어야 한다. 규칙성을 통해 예측과 일반화가 가능하기 때문이다. 이는 정치학이 하나의 과학이 될 수 있는 근거가 된다. ② 행태주의적 연구는 입증 가능해야 한다. 이때 근거들은 경험적으로 검증된 명제들이어야 하고, 모든 증거들은 관찰에 기초한 것이어야 한다. ③ 행태주의적 연구는 정치적 행태를 관찰, 기록, 분석할 수 있는 기교가 있어야 한다. ④ 행태주의적 연구에서는 수집한 자료 등을 처리하고 그 결과를 정확하게 해설할 수 있는 측정과 계량화가 필요하다. 이런 계량화는 정치 수학적·통계적 방법에 대한 정치 분석의 의존을 더욱 증대시킨다. ⑤ 행태주의 연구는 윤리적 평가, 즉 가치와 경험적 설명인 사실을 구별해야 한다. 행태주의가 진정한 과학적 탐구가 되기 위해서는 가치의 개입을 배제함으로써 객관성을 유지할 수 있어야 하기 때문이다. ⑥ 행태주의적 연구는 체계적으로 이루어져야 하는데, 이는 이론과 조사가 일관성을 지니고 질서 있는 지식체계를 갖추어 서로 밀접한 관련을 가져야 한다는 것을 의미한다. ⑦ 행태주의는 순수과학이라는 사실이다. 행태주의가 순수과학임을 인정한다는 것은 이것이 응용과학을 위한 공고한 형태의 기초를 제공하기 위한 역할을 담당하게 된다는 것을 의미한다. ⑧ 행태주의는 통합성(integration)을 지닌다. 결국 행태주의는 계량적 측면으로 연구가 치우치게 된다. 하지만 이것은 사회과학의 상호 관련성을 의미하는 것인데, 이로 인해 행태주의자들은 다른 학문의 방법과 이론, 그리고 발견 등을 통합하고 활용하는 학제 간 공동연구를 추진할 필요가 있다(Easton, 1962: 8~25; 신정현, 2000: 79~82).

3. 탈행태주의적 비교정치 연구방법

탈행태주의 운동은 1970년대 초반부터 발전주의 이론에 대한 다방면적인 비판을 시작으로 진행되었다. 행태주의에 반대하는 일군의 학자들은 발전론적 시각이 지나치게 서구 선진국 중심으로 편파적이어서 보편성이 부족하다는 비판과 함께 이론적인 명확성 역시 부재하다고 지적하였다. 특히 계급갈등과 계급의식, 국가와 시장, 그리고 경제적 세력관계와 국가 간 종속관계 등을 도외시하고 있다고 비판하면서, 나아가 보편주의 이론은 미국과 유럽 등지에서 발전한 패러다임으로서, 궁극적으로는 제3세계의 발전 가능성을 부인하고 그들을 자신의 영향력 하에 묶어두려는 제국주의적인 태도를 지니고 있다고 꼬집었다. 특히 발전 모형이 가지는 이러한 부정적인 지적들과 함께, 흑인 인권운동과 반전운동 같은 미국 사회 내부에 불어닥친 다양한 사회적 혼란 요소들은 미국 사회가 더 이상 이상적 유토피아가 아닌 수많은 문제점들을 안고 있는 사회라는 각성을 지식인들에게 불어넣었다.

이 당시의 행태주의는 지나친 계량 분석과 기술의 이용으로 인해 정치적 현실성과 윤리성이 배제되면서 일정한 한계에 다다른 상태였다. 즉, 행태주의는 지나친 사실의 기술과 분석에 집착한 나머지 사회 전체를 전망하는 데 실패하였고, 사회적으로 보수주의를 합리화시키면서 미국 사회에 내재되어 있던 문제에 대한 날카로운 예측력과 분석력을 제공하지 못하였던 것이다(Wiarda, 2002).

결국 행태주의를 극복하려는 운동은 정치학에서 가치의 문제를 배제할 수 없다는 주장을 분명히 하고, 정치학자들에게 지식인으로서 사회적 책임을 강조하게 되었다.

그러나 탈행태주의가 과학적 방법론을 무시한 전통적 방법으로의 회귀를 의미하는 것은 아니었다. 그것은 오히려 행태주의에서 활용되던 과학적 방법론을 일정 부분 끌어안으면서, 기존의 행태주의적 방법론이 추구하였던 목표와 역할이 제 기능을 하도록 동기를 부여하였다(Cantori and Ziegler, 1988).

1970년대 후반 이래로 행태주의 연구는 행정학, 사회학, 경제학 그리고 심리학 등 인접학문과 접목되었고, 더불어 새롭고 도전적인 연구 주제와 접근법들이 개발되었다. 특히 정치문화, 발전－종속 상호 이론, 민주주의 전환 및 공고화, 관료적 권위주의 등과 같은 새로운 주제들은 발전주의 모형에 대한 비판을 통해 흡수되었다.

또한 동유럽과 구소련처럼 새롭고 자극적인 연구 대상을 비롯하여, 조합주의와 종속 이론과 같은 혁신적인 접근법과 방법론, 그리고 세계의 곳곳에서 일어나고 있는 민주주의로의 전환과 같은 새로운 주제와 소재들은 비교정치 연구의 변화를 가져왔다(김창희, 2005: 33). 마르크스주의자들을 필두로 한 국가론은 정치경제학으로서 발전하였고, 정치경제학은 비단 마르크스주의자들뿐만 아니라 마르크스주의의 상대 진영에 있던 학자들 사이에서도 관심의 대상이 되었다(신명순, 2001: 12).

1980년대 말 소련을 비롯한 사회주의 국가들의 몰락은 비교정치 연구에 새로운 변화를 가져왔다. 기존의 마르크스주의와 종속 이론, 그리고 조합주의 이론이 쇠퇴한 반면에 민주화 및 사유화 이론이 부상하게 되었다(김창희, 2005: 34). 특히 공산권 붕괴는 정치문화론에 대한 관심을 재차 불러일으켰고, 이로 인해 민주적 가치의 확대와 민주주의의 공고화, 민족주의, 민족공동체, 인종 및 민족 갈등과 국가통합 문제, 그리고 개인의 심리적 갈등과 사회화 등과 관련된 문제들을 다루는 정치문화론이 다시 새롭게 조명되었다. 비교적 단순한 개념과 가정에서 출발하여 귀납적·수학적 설명이 가능한 둘 이상의 상호작용을 설명하는 게임 이론과 같은 '합리적 선택론'이나 정치를 일련의 결정과정으로 인식하여 의사 결정의 배경과 결과에 대한 설명과 국가별 정책의 효율성에 관한 비교 연구 등을 진행하는 '정치제도론'과 같은 중범위 이론(middle－range theory)들이 수립되었다.

이 시기에 비교정치 분야에는 새로운 접근법이 시도되었는데, 그것은 합리적 접근법, 신제도주의 접근법에 기반을 둔 구조적 분석, 문화적 접근법에 의한 시도였다. 먼저 합리적 접근법은 행위자의 선택에 기초한다. 합리적 접근법은, 특정한 선택을 하는 데 있어 각 행위자들은 이익을 극대화할 것이라고 추정하고, 집단적 행동, 선택, 그리고 제도의 설립 등의 행위는 행위자들의 효용이 극대화되는 지점에서 발생되며, 이에 대한 설명력을 높이기 위해 수학적인 모델을 사용하여 분석한다. 이에 반해 신제도주의 분석법은 각종 정치적·사회적 제도에 기초한다. 이 접근법은 정부의 공식 조직, 사회 계급 관계, 정당 및 이익단체 등 제도적 영역과 사회에서 발생하는 비제도적 영역을 연구 대상으로 하며 어떻게 개인의 행위를 제약하는지 분석한다. 마지막으로 문화적 접근법의 경우에는 합리적 선택과는 다르게 개별 국가의 특수성에 따른 개별 사례를 연구의 중심으로 하여 특정한 사건, 결정, 유형들이 일반적 원칙에 근거하여 (비합리적 상황에서도) 인과적 설명이 가능하도록 규명하며 관례, 규칙, 규정들을 주요 연구 대상으로 한다(Lichbach and Zuckerman, 1997).

표 1-1 비교정치 접근방법의 특성

전기 행태주의적 접근방법	행태주의적 접근방법	후기 행태주의적 접근방법
사실과 가치의 상호연계 (가치함축적)	사실과 가치 간의 분리 (가치중립적)	사실과 가치를 행동 및 적실성과 연계
규정적·규범적	객관적·실증적·경험적	인도주의적·문제해결적·규범적
질적	데이터를 통한 양적	양적·질적
불규칙성과 규칙성에 관심	통일성과 규칙성에 관심	규칙성과 불규칙성에 관심
형태에 관심·비교문제에는 무관심: 개별국가에 초점	비교문제에 관심: 여러 국가에 초점	비교문제에 관심: 여러 국가에 초점, 다학문적
인종중심주의·서구민주주의에 초점	인종중심주의·영미 모형에 관심	제3세계 지향적
기술적·한정적·정태적	추상적, 이념상 보수적, 정태적	이론적·급진적·변화지향적
헌법, 정부 구조 등 공식구조에 초점	공식, 비공식(집단과 같은) 구조와 기능에 초점	계급과 집단의 관계 및 갈등에 초점

※ 출처: Ronald H. Chilcote, 1994, *Theories of Comparative Politics: The Search for a Paradigm Reconsidered* (2nd ed.), Boulder: Westview Press, p. 56.

기존의 많은 권위주의 국가들이 민주정부를 수립하면서, 민주주의로의 전환과 더불어 민주주의의 공고화가 비교정치의 큰 연구 주제로 떠오르게 되었다. 또한 세계화가 커다란 이슈로 등장하면서 신자유주의와 국제기구, 세계시민사회, 다원주의 등이 새로운 주제들로 전면에 부각되었다. 이로 인해 비교정치는 정치학의 가장 흥미있는 분야로 다시 자리매김하게 되었다. 더불어 이전에 비해 동유럽과 구소련 등에 대한 새로운 지역연구가 보다 활성화되었고, 조합주의와 종속 이론에 대한 새로운 접근법이 유행하였으며, 각국의 민주주의 전환과 공고화, 환경문제, 젠더문제, 청년 정치, 인터넷 등을 비롯한 매스미디어 그리고 4차산업혁명에 관련된 연구들이 새로운 테마들로 등장하였다.

제3절 | 비교정치의 방법론

1. 비교방법론

비교정치는 특정한 정치 현상이나 정치적 화두를 연구의 소재로 한다. 즉, 비교정치는 일상과 동떨어진 학문이 아니라 현실을 직시하고 현실 세계를 그대로 반영하는 현실지향적 학문 내지는 실용주의적 학문을 의미한다. 그래서 비교정치 연구자들은 현실에 대한 해석과 이해를 넘어 정치사회에 존재하는 다양한 문제에 대한 근원적인 규명은 물론 대안과 해결책을 제시하는 등 여러 가지 연구목적을 가지고 있다. 즉, 비교 대상을 통하여 가치와 척도를 설명할 수 있다.

비교정치 연구는 ① 연구 문제의 제시, ② 연구의 배경과 필요성 제시, ③ 연구방법의 제시, ④ 분석틀 제시, ⑤ 구체적 연구 수행, ⑥ 연구 결과의 정리와 해석 등 여섯 가지 단계를 통하여 진행되는데, 가장 중요한 단계는 연구의 도입부라 할 수 있는 연구 문제의 제시 단계이다(노동일, 1997: 152~163). 연구 문제의 제시는 연구주제를 설정하고 구체화하는 데 있어 그 출발점으로서 연구의 방향을 제시한다. 모든 연구자들은 연구 문제의 제시 단계에서 연구에 대한 필연성과 문제의식을 갖는다.

여기서 문제의식이란 연구의 소재에 관한 연구자의 관점이나 견해로서, '과연 우리나라에서 대통령제가 바람직한가?' 또는 '촛불시위의 참여는 의식의 변화를 강조하는 신사회운동론으로 설명 가능한가? 또는 내적 동기부여를 중시하는 자원동원론으로 설명 가능한가?' 등의 의문과 같이 연구의 주제에 대한 연구자들의 적극적인 자세라 할 수 있다. 이것은 크게 ① 갈등과 투쟁, ② 계층과 지배, ③ 정의와 착취, ④ 분배와 재분배, ⑤ 권력과 질서, ⑥ 경쟁과 참여, ⑦ 체제 유지와 체제전환 등 7가지 영역으로 분류할 수 있다. 문제의식을 해당 영역 내에서 배열한 연구자는 문제의식에 대한 해결책이나 대안을 마련하기 위하여 그에 타당한 관련 이론들을 채용하고, 이론을 위한 연구조사와 관련 서적을 사전에 검토한 후 연구자 고유의 문제의식을 새롭게 재구성하며, 연구의 탐구과정에서 비교의 방법을 사용하여 해당 연구에 적용한다.

2. 과학적 접근방법

일반적으로 과학은 경험과학(empirical science)과 비경험과학(non-empirical science)으로 나누어지며, 경험과학은 다시 자연과학과 사회과학으로 구분된다. 자연과학이 자연현상이라는 객관의 세계를 대상으로 하는 데 반해, 사회과학은 인간이나 사회의 의도적 행위를 대상으로 한다는 데 차이가 있다.

이렇게 자연과학과 차이를 가지는 사회과학은 몇 가지 기본적인 요건을 가지고 있다.

첫째, 과학자 자신이 발견해낸 규칙성을 이론과 법칙으로 일반화하려는 경향이 있다. 둘째, 반복 가능한 방법으로 체계적인 검증 작업을 거친다. 셋째, 세밀하고 정확한 관찰을 통해 진리를 탐구하려는 객관성과 서로 다른 주관을 가지고 있다 하더라도 상호 공통점이 있을 수 있다는 상호주관성을 동시에 가진다. 넷째, 시간과 상황에 따라 반증되면서 다른 것으로 대체될 수 있는 수정 가능성을 가진다. 이러한 사회과학의 기본적인 요건들은 학문 탐구에 대한 지향성에 따라 세분화된다. 즉, 바람직하다고 믿는 기준에 따라 있어야 할 '이상적인 질서'를 추구하는 규범적 지향(normative orientation), '있는 그대로'의 현상의 세계를 대상으로 하여 그 속의 인과관계를 규명하는 경험적 지향(empirical orientation), 그리고 당면문제를 해결하기 위해 가능한 '행동방안을 강구'하는 실천적 지향(practical orientation)으로 나누어질 수 있다.

한편, 사회과학에서 가장 고려되는 사항 중 하나로 연구방향을 정하는 문제와 자료 선정의 기준을 들 수 있다. 이를 통상적으로 접근방법(approach)이라고 한다. 토마스 쿤(Thomas Samuel Kuhn)이 제시한 패러다임(paradigm) 역시 이러한 접근방법의 일종이라 할 수 있다. 사회과학에서 중요하게 다루는 접근방법은 체계적·이론적 지식을 추구하여 현상을 설명하고 예측하며, 아울러 사실의 세계와 수리·논리의 세계를 귀납(induction), 연역(deduction), 그리고 검증(verification)의 순환과정을 통하여 논리적으로 규명하는 유용한 도구로 사용된다.

사회과학의 방법론에 관한 대표적인 예로서는 밀(John Stuart Mill)의 '논리학의 체계(a system of logic)'를 들 수 있다. 그는 귀납적 질문에 따른 동의와 간접적 차이라는 두 가지 논리적 방법을 비교 분석연구 전반에 채택하였다. 밀의 동의의 방법은 여러 가지 변수들 중에서 두 가지 이상의 사례들에 대한 연구를 통해 하나의 공통된 결과를 도출하여, 이를 이와 유사한 모든 사례들에 적용하여 그 결과에 따르게 한다. 이러한 귀납적 분석방법은 원인의 제거 및 설명에 유용하다.

이와는 달리 간접적 차이 방법은 일치법의 이중적 적용으로서 모든 사례들을 유관표의 각 행과 열 속에 작성하여 이들의 인과관계를 추론하여 결과에 대한 원인을 분석하는 방법이다. 따라서 간접법은 긍정적인 사례들로부터 도출된 결론을 보다 강화하기 위하여 부정적인 사례들을 이용하는 방법이라 할 수 있다. 또한 원인 교차 도표화와 결과 교차 도표화, 그리고 비교를 통한 경쟁적인 단일 요소의 설명 배제 등과 같은 세 가지 측면으로 살펴볼 수 있다. 일반적으로 방법론적 연구에서는 이 두 가지 비교 논리들을 적절히 조합하게 된다(Mill, 1943; Lijphart, 1971: 58; Skocpol, 1979: 36; Ragin, 1987: 36~42).

사회과학에서 그 대상이 하나의 과학적 학문으로 성립하기 위해서는 인식의 대상과 방법이 규정되어야 한다. 이러한 규정을 일컬어 '방법론(methodology)'이라고 한다. 방법론이 확립되면 그것은 어떤 현상들에 대해 과학적으로 접근할 수 있는 길을 마련할 수 있고, 하나의 학문으로 성립될 수 있다. 반면에 한 대상을 연구하는 데 있어 연구자 개인의 관찰 기준에 따르게 된다면 그 연구는 주관적으로 흘러가 잘못된 결론에 이를 수 있다. 이처럼 과학적 방법은 관찰자의 사적인 주관을 배제시키면서 세상의 구체적인 이미지들에 대한 합의에 도달할 수 있게 해주는 제반 규칙들로서 과학적 법칙 내지는 이론을 정립하는 기능을 한다.

자연현상과 달리 사회현상을 연구하는 데 있어, 대상에 대하여 일정한 거리를 두고 관찰자의 사적인 주관을 일체 배제하면서 연구한다는 것은 불가능한 일일 것이다. 이것은 사회과학 연구가 연구자의 정신 및 심리 작용에 따라 행동이 좌우되고, 이에 따라 인간들 간의 사회현상을 판단하기 때문에 일정한 '가치판단(valuation)'의 문제가 존재하기 때문이다.

| Box 1-1 | **과학혁명의 구조**

지난 20세기에 가장 많은 논란을 가져왔던 책을 꼽으라면 아마도 토마스 쿤(Thomas Kuhn, 1962)의 『과학혁명의 구조(The Structure of Scientific Revolutions)』를 빼놓고는 이야기할 수 없을 것이다. 이 책이 발표된 후, 그 파급력은 비단 자연과학에만 국한된 것이 아니라 인문학·사회과학을 포함한 거의 모든 영역에 뻗쳤다. 이러한 점은 과학의 실제 현실을 설명하기 위해 쿤이 이 책에서 처음 도입하여 유명해진 '패러다임(paradigm)'이란 용어가 일반인 사이에 일상어처럼 사용되고 있다는 사실을 미루어 보아도 알 수 있다.

쿤은 이 책을 통해 당시에 유행하고 있던 과학의 가치중립성에 대한 신화적 맹신을 비판하였다. 그는 이 책 전체를 통해 역사적인 실제 사례들을 이용하여 근대 과학의 출현 이후 거의 이데올로기화 단계에까지 이르렀던 과학의 가치중립성이란 신화를 벗겨내고, 결국 과학이 객관적이고 보편적이라는 주장을 부정하며, 합리성의 유일한 기준이 되어 왔던 과학의 위상을 뿌리째 흔들어 놓았다. 쿤은 과학 활동이 사회적 가치나 역사적 배경과는 무관한 가치중립적인 활동이 아니라 본질적으로 사회적이고 역사적인 활동이라고 하였다.

한편, 쿤은 학자들이 매우 보수적이라고 하였다. 왜냐하면 학자들은 사회 대다수에 의해 지지받고 정립된 패러다임 안에서 자신의 주관적인 견해를 바탕으로 이론과 방법론을 발전시켜 나간다. 그들은 사회문제의 해결을 새로운 패러다임의 도입 내지는 수용을 통해서가 아니라 기존의 패러다임을 이론적으로 보다 강화하고, 그 영역을 넓혀감으로써 해결하고자 하였다.

그렇기 때문에 정립된 패러다임을 이론적으로 보다 강화하고, 그 영역을 넓혀감으로써 문제를 해결하고자 하였다. 따라서 정립된 패러다임의 경우, 그 변환과정은 매우 어렵다는 것이다. 예를 들어, 실험실에서 과학 실험을 하는 학생에게는 준수해야 하는 실험 절차와 실험 목표가 이미 주어져 있다. 게다가 실제로 실험한 결과가 어떠해야 하는지도 이미 교과서 등에 다 나와 있다. 만일 실험 결과가 그와 같이 예상되는 결과에 크게 어긋난다면 그러한 실험은 실패한 것이며, 이는 기존의 과학 이론이 거짓이기 때문이 아니라 실험자가 실험을 잘못한 탓으로 여겨진다. 이는 근대 과학의 방법론적인 이념을 생각해볼 때 심각한 괴리가 경험되는 상황이다. 왜냐하면 근대 과학의 방법론 중, 특히 베이컨(Francis Bacon)에 의해 강조된 경험주의적 방법론에 따르면 과학은 반드시 경험적 근거를 가져야 한다. 가설이나 이론은 실험과 관찰을 통해 받아들여지거나 거부되는 것이라고 말하기 때문이다. 그러나 실제 과학 실험실에서 벌어지는 상황은 이러한 과학의 이념과 일치하지 않는다. 실험 데이터가 잘못되면 이론이 거부되는 것이 아니라 실험을 수행한 과학자가 무능한 것으로 여겨지는 것이다.

쿤의 이러한 견해에 동의한다면 새로운 패러다임을 정립할 가능성은 매우 희박하다. 하지만 우리는 패러다임이 변환되는 것을 종종 목격할 수 있다. 새로운 패러다임이 객관적이고 명백한 진실로 확인되었을 경우, 기존의 패러다임은 변환될 수 있다. 즉, 정립된 패러다임을 새로운 패러다임으로 변화하기 위해서는 새로운 지식형성과정이 필요한 것이다.

지식형성을 위하여 많은 학자들은 연역적 접근방법과 귀납적 접근방법을 사용한다. 소크라테스에 관한 예를 통해 연역법과 귀납법을 알아보자. 우선 연역법은 "소크라테스는 죽을 것이다"라는 가설을 정하고서 "모든 사람은 죽는다"라는 일반원칙을 가져온 후 "소크라테스도 사람이다"라는 현상을 파악하여 "소크라테스도 죽을 것이다"는 가설을 증명한다. 이 방식의 논법은 매우 논리적이기에 그 흐름에 있어서 매우 안정적인 장점은 있지만 기존의 틀, 즉 대부분 일반적인 법칙 안에서의 설명을 하기 때문에 기존의 패러다임에서 벗어나기 힘들다는 한계를 지니고 있다.

이와는 반대로 귀납법은 '철수도 죽었고, 영희도 죽었다'는 현상을 관찰한 뒤에 '소크라테스는 죽을 것이다'라는 가설을 세우고서 그 채택 여부를 정한다. 귀납법의 한계는 사람마다 선입관과 고유한 인지가 있기 때문에 자신의 주장에 치우친 현상들을 채택하여 결과의 오류가 발생할 수 있다. 하지만 귀납법의 장점은 기존의 틀에서 벗어나는 현상들을 파악함으로써 가설을 수정, 변경하기 때문에 기존 패러다임에서 벗어날 수 있다는 것이다. 이론들은 사회에서 발생하는 현상들을 논리적으로 기술한 결합체로 이루어진다. 지식형성과정은 추측, 믿음, 검증의 계속적인 상호관계로 이루어진다. 일련의 지식형성은 새로운 패러다임을 정립할 수 있다.

비교정치를 연구하기 위해서 필요한 비교의 방법은 사회과학에서 사용되는 과학적 접근방법이다. 이 과학적 접근방법은 '근사치의 사고(idea of approximation)'와 '오차의 가능성(probable error)'을 토대로 한다. 이것은 '믿음' 혹은 '권위'에 근거하는 것이 아니라 체계적이고, 경험적이며, 그리고 실증적인 연구를 통해 객관성에 근거한 일반성과 추상성, 그리고 보편성을 가지는 결과를 도출하기 위함이다. 결국 과학적 접근방법이란 근사치의 사고와 오차의 가능성을 인정하며 연구방향과 자료 선정기준을 제시하는 작업이라 할 수 있다.

과학적 접근방법을 이용하여 비교 연구를 진행하기 위해서는 구체적인 비교 방법을 정하기에 앞서, 먼저 연구 대상들에게 일률적으로 적용할 수 있는 특정 단위, 즉 '개념적 틀(conceptual framework)'을 수립하는 작업이 선행되어야만 한다. 비교 단위로 사용될 수 있는 개념적 틀은 여러 가지가 있다. 작게는 국가의 성격을 규정하는 법과 제도, 국가 기구, 그리고 정당이나 이익집단 등과 같은 정치조직 등을 고려해 볼 수 있다. 크게는 정치에 관한 국민이나 정치인의 의식과 태도 등을 포괄하는 정치문화와 정치 지도자들의 정치 리더십, 정치 이데올로기, 그리고 정치에 영향을 미치는 정치적 · 경제적 · 사회적 · 문화적 환경 등을 들 수 있다(신명순, 1999: 19). 이러한 개념적 틀을 비교 연구하는 실제적인 과학적 방법에는 실험 방법과 통계 방법, 그리고 사례연구방법 등이 있다. 실험 방법은 두 개의 동일한 연구 대상을 놓고, 하나의 실험집단에 대해서는 자극을 가하고, 다른 하나의 통제집단에 대해서는 자극을 가하지 않음으로써, 양자 간의 상이성을 비교하는 방법이다. 그러나 정치학에서 이 방법은 현실적으로 적용하기가 어렵다는 문제점이 있다(김웅진, 1992: 26~28).

비실험적인 방법에는 통계 방법이 있다. 통계 방법은 실험을 통한 조작이 불가능할 경우, 경험적으로 관찰이 가능한 자료들을 개념적(또는 수리적으로)으로 조작하여 변인 간의 통제된 관계를 밝히는 방법이다. 즉, 정치 참여와 교육 수준의 관계를 파악하려 할 경우, 젊은 세대는 나이가 많은 세대에 비해 더 많은 교육을 받았기 때문에 연령의 영향력을 통제해야만 한다. 이 통제작업은 표본을 몇 개의 상이한 연령집단으로 분류한 뒤, 각 집단에서 표출되는 참여 양상과 교육 수준의 상관관계를 파악함으로써 가능해진다(김웅진, 1992: 28~29).

비실험적인 두 번째 방법으로 비교 방법이 있다. 비교 방법은 통계 방법과 비슷하다. 하지만 다루는 사례의 수가 너무 적기 때문에 체계적인 통제가 불가능하다는 점에서 차이가 있다. 실제로 비교 방법의 문제점은 '너무 많은 변수들과 너무 적은 사례들'이라는 말로 표현할 수 있다. 이러한 문제점들을 극복하기 위해 레이파트는 가능한 한 사례의 수는 늘리고, 변수의 특성들이 차지하는 공간은 축소시킨 가운데, 비교 가능한 사례들과 중요 변수들에 비교 분석의 초점을 맞출 것을 제안하였다(Lijphart, 1988: 58). 가능한 한 많은 사례를 얻기 위해서는 비교 분석의 범위에 대한 지역적 확장과 더불어 역사적인 차원에서의 통시적 확장이 이루어져야 한다(신명순, 1999: 19). 이어서 비교정치에서 사용되는 실증적인 방법론에 관하여 구체적으로 알아보도록 하겠다.

3. 질적 분석방법과 양적 분석방법

1) 질적 분석방법

라긴(Charles C. Ragin)이 비교 방법이라고 이름 붙인 질적 분석방법은 일반적으로 지역 연구자들 사이에서 유행하였다. 지역 연구자들은 자연과학 연구방법 중 일반화에 대해 회의를 가지고 사례 중심적 연구를 통해서, 연구자의 주관적 개입이라는 가치함축적(value laden) 분석방법을 실시하였다. 질적 분석방법은 참여관찰, 심층 인터뷰, 포커스그룹 인터뷰, 현상학, 해석학, 그리고 담론 분석과 같은 연구를 실시하며, 서구 유럽의 프랑크푸르트학파 사이에서 유행하였다(Ragin, 1987: 54~56). 특히 레이파트는 질적 분석방법을 "변수들 간의 경험적 관계를 찾는 것"이라고 정의하였다(LiJphart, 1971: 51). 이러한 방법은 최소한 두 가지 이상의 관찰 결과를 통해 분석을 시도한다. 즉, 질적 분석방법은 이용 가능한 모든 자료들을 통해 특정한 결과를 도출하고 관련 사례들의 유사점과 차이점을 검토함으로써, 연구 대상들 간의 상관관계를 파악하거나, 서로 다른 연구 대상들 간의 조합을 통해 특정 결과와 과정 사이의 관계를 결정하는 데 사용한다.

무어(Moore, 1965: preface)는 질적 분석방법을 통해 특정 국가의 역사를 이해하기 위한 일련의 연구를 진행하였다. 그의 연구는 역사적 설명에 대한 부정적인 질적 비교를 통해 유용한 방법론을 제공하였다. 그리고 이러한 질적 분석방법은 새로운 역사적 일반화라는 결과를 도출하였다. 사실 그동안 이러한 연구들은 비록 흥미롭기는 하였지만, 연구 대상에서는 제외되어 왔었다. 그러나 무어에 이르러 전혀 유사성이 없었던 사례들을 비교 분석함으로써, 단일한 지적 과정을 구성한 것이다. 또한 그는 질적 분석방법은 역사적 해석 또는 설명과 우연적인 분석이라는 두 가지 목적을 달성하고자 한다고 생각하였다. 그 후 흥미 있는 연구물로는 다이아몬드의 『총, 균, 쇠(Guns, Germs, and Steel)』가 있다. 다이아몬드는 각 대륙의 문명의 발달이 현저하게 차이가 나는 이유는 인종적 · 역사적 요인이 아니라 지리 환경적 요인이라고 질적 비교연구를 통하여 설명하였다(Diamond, 1999).

질적 분석방법의 목적은 역사적인 해석과 우연적인 분석에 있다. 대부분의 비교학자들은 중요한 역사적 결과를 설명하고자 노력하며, 각 사례들이 지니는 본질적인 가치와 이익 때문에 역사적 일반화를 제한한다. 게다가 비교연구학자들은 연구를 통하여 나타난 우연적인 결과의 일반화를 거부하는 경향이 있다. 이는 이들이 역사적 필연성을 지나치게 강조하기 때문이다.

2) 양적 분석방법

양적 분석방법은 수량화 및 객관성을 통한 일반화를 연구방법의 중심으로 삼아 왔다. 이 방법은 '가치중립적(value free) 분석방법' 혹은 '이론 중심적 분석방법'으로 불리며 국가 간 교차분석에 관심을 가진 학자들 사이에서 주로 사용되었다. 설문조사, 내용분석, 실험, 2차 자료분석 등의 연구방법을 실시해 왔으며, 미국의 학자들 사이에서 유행하였다. 앞서 설명한 질적 분석방법과의 핵심적인 차이는 보편성(일반성)과 복잡성의 강조에 있다. 질적 연구방법은 복잡성을 토대로 일반성을 추구하는 데 반해, 양적 연구방법은 일반성을 토대로 복잡성을 추구하기 때문이다(Ragin, 1987: 54~56).

양적 분석방법은 다음과 같은 장점들을 갖는다. 첫째, 질적 분석에 비해 많은 사례들에 대한 연구를 진행한다. 둘째, 이론에 대한 엄격한 실험을 실시한다. 셋째, 연구 조사자들은 이론을 실험할 때보다 신중하게 대안적인 설명을 고려한다. 넷째, 전문가를 요구하지 않는다. 다섯째, 정도에 벗어나는 사례가 발생했을 경우에는 그 사례를 제외하고 연구를 진행할 수 있다. 여섯째, 모든 사례들에 대한 설명을 요구받지 않는다. 다시 말해, 우연적인 관계를 인정한다. 일곱째, 통계를 통제하는 변수조정이 가능하다.

3) 분석방법에 관한 비판과 한계

두 가지 분석방법은 사회 현상을 비교 연구하는 데 있어 유용하게 사용된다. 하지만 몇 가지 점에 있어 비판과 한계를 지적받고 있다. 먼저 질적 분석방법은 변수의 다양성과 사례의 양적 부족, 그리고 질적 분석에 관한 사례 부족 등으로 인해 야기된 불완전한 상관관계에 근거한 이론적 설정(통제)의 용인 등과 관련해 비판받는다. 이는 각 소집단과 두 가지 변수 사이의 상관관계를 낮게 만들었고, 전체 이론의 신뢰도를 떨어뜨렸다(Lijphart, 1971: 53~54). 이 같은 질적 분석방법의 고유한 한계점에도 불구하고, 비교 학자들은 소수의 사례를 통해 광의적 비교를 실시하였다. 이는 다른 사례들에 대한 일반화로 진행되었는데, 이러한 비교학자들에게는 항상 비난이 뒤따랐다(Ragin, 1987).

다음으로 양적 분석방법은 복잡한 사회 현상을 제대로 파악하지 못한 가운데 통계적 해석을 통해 일반화한다는 점에서 비판을 받는다. 추상적이고 때로는 무의미한 것임에도 불구하고 학문적 가치를 부여한다거나, 무능력에 따른 복잡성의 일반화와 추측적인 우연성의 논의에 빠질 수 있는 위험이 있다. 그런 점에서 일정한 측면(예: 조합성, 일체성, 역사성, 우연적 분석과 융통성 있는 특정한 해석)에서는 질적 분석방법이 양적 분석방법보다 우월하다고 평가되기도 한다(Ragin, 1987: 15~16). 이와 관련하여 콜리어(David Collier)는 질적 분석방법의 약점은 사례의 개체 수 증가를 통해 극복할 수 있을 뿐만 아니라, 경쟁적 비교 사례와 실험적 통제, 그리고 다양한 변수들의 감소 등을 통해 해소할 수 있다고 주장하였다(Collier, 1990).

4) 분석방법의 발전과 전망

레이파트는 질적 분석방법이 갖는 '많은 변수, 적은 사례'의 문제점에 대한 해결책을 제시하였다. 레이파트는 ① 가능한 한 많은 사례들에 대한 연구를 통해, ② 질적 분석방법의 속성인 공백을 제거하고, ③ 비교할 만한 사례에 초점을 맞추며, ④ 모든 변수들에 대한 핵심적인 가치조사를 통해 문제점들을 극복할 것을 주장하였다. 레이파트는 비록 질적 분석방법에 본질적인 장점이 있다 할지라도, 항상 약점을 고려해야만 하며, 충분한 자료를 통해 대상을 분석하는 양적 분석방법을 참고해야 한다고 하였다. 이러한 레이파트의 주장처럼 질적 분석방법이 변화된다면, 양적 분석방법과 같이 일반적 가설을 분명하게 제시할 수 있을 것이다(Lijphart, 1988).

라긴은 레이파트보다 구체적으로 두 가지 전략을 제시하였다. 사례 연구에 있어 양적 교차 국가 분석방법은 조사자들에게 '구조적인 요인'과 '역사적 과정 및 인간 간의 상호작용을 반영하는 요인' 모드를 제공할 것이라고 보았다. 더불어 '종합적인 전략(synthetic strategy)'은 많은 사례를 통한 실험과 다양하고 추측적인 인과관계의 복잡한 유형에 대한 평가를 제공할 것이라고 하였다. 결국 그는 이 두 가지 분석방법은 상호적대적인 관계가 아니라, 상호보완적인 관련성을 가져야 한다고 보았다. 또한 그는 두 가지 전략을 조화시키기 위해 학자들이 추론의 논리에 기초할 것을 강조하였다(King, Keohane and Verba, 1995). 이 학자들은 좋은 연구는 "만약 A라면, B가 되고, 혹은 X가 증가하면, Y가 증가한다"와 같은 단순한 명제를 통해 이루어진다고 하였다. 또한 학자들이 사례연구를 열심히 하든 그렇지 않든 간에, 연구에 대한 설명은 동일한 해답을 제시해야 한다고 생각하였다.

질적 분석방법은 적은 사례에 근거한 연구라는 약점에도 불구하고, 역사적인 해석과 우연적인 분석에 대한 중요한 역할을 하였다. 특히 특정한 해석과 중요한 사회현상, 그리고 학자들의 연구 성과 구분에 도움을 주었다. 사실 방법에 대한 선택을 제한하는 것은 사례의 수가 아니라, 사례수를 어떻게 제한하느냐와 우연적인 조건을 어떻게 다루느냐에 있다. 이를 통해 조사자들은 연구의 성공 가능성을 가늠할 수 있게 된다. 만약 비교 연구자들이 연구를 성실히 수행한다면, 질적 분석방법은 피상적인 양적 연구보다 더 많은 결실을 거둘 수 있을 것이다.

그러나 질적 분석방법 혹은 양적 분석방법 중 어느 하나의 연구방법을 전적으로 선택하기보다 두 가지 연구방법을 적절히 혼용하여 연구 대상을 분석한다면, 사회 현상에 대한 명확한 증거의 확보와 분명한 설명이 가능해질 것이다. 예를 들어, 양적 분석방법 중의 하나인 교차 국가 통계 작업은 일반적인 이론을 제시할 수 있고 나중에 가설로 발전시킬 수 있다. 그리고 질적 분석방법 중 하나인 비교 역사 사례 접근은 가설을 확인할 수 있다. 그러므로 이 두 가지 분석방법을 '추론의 논리(the logic of inference)'에 기초하여 세워야 한다.

제4절 | 비교정치의 발전방향

현재 비교정치에 대한 논의는 다양하게 시도되고 있다. 그 논의의 중심에서는 다음과 같은 네 가지 문제에 관한 지속적인 연구가 필요하다.

첫째, 비교정치의 가치와 사실 사이의 관계이다. 이는 곧 비교정치를 접근하는 데 있어서 '가치중립적'으로 접근할 것이냐, 아니면 '가치함축적'으로 접근할 것이냐 하는 논의이다. 현재 연구되고 있는 비교정치는 이념적 패러다임 내에서 서로 다른 이념적 패러다임과 적절한 교류가 이루어지지 않고 있다. 서로 다른 이념적 패러다임을 극우, 온건우익, 온건좌익, 그리고 극좌의 스펙트럼으로 구분해보면, 극우의 스펙트럼을 차지하는 비교정치 연구들은 가치중립성을 지향하거나 가치중립성을 목표로 연구한다. 이에 반해 온건우익에 위치한 연구들은 이데올로기적으로 우익 성향을 지니지만 연구조사에 있어서는 가치함축적인 전통적 연구방법을 취한다. 이와는 달리 온건좌익에 위치한 연구들은 이론과 행동 사이의 불가피성을 주장하며 가치함축적인 특징을 가진다. 이러한 온건좌익 연구들은 사회주의 투쟁을 합리화하기 위해 계급투쟁, 사회적·경제 상황을 반영한다. 끝으로 극좌에 위치한 비교정치 연구들은 관념적이고 추상적이며 마르크스주의를 신봉한다. 하지만 이들이 연구하는 마르크스주의 연구는 경험적인 방법을 통해 이루어지고 있어 좌익 이데올로기 연구자들 사이에서도 지지를 받지 못하는 딜레마에 놓여 있다

둘째, 앞에서 논의한 바와 같이 연구방법에서의 질적 방법과 양적 방법의 적절성이다. 현실적인 대안과 추세는 두 가지 접근법의 장점을 적절히 적용한 분석들이라고 볼 수 있다. 양적 방법을 통하여 정치 이론의 일반성을 정립하고, 질적 방법을 통하여 특수성과 전문성을 찾아냄으로써, 학문적 성취와 기여도에 극대화를 이루는

것이다.

셋째, 비교정치와 일반 정치 이론과의 관계에 관한 논의이다. 비교정치에서 주요한 논쟁 중의 하나인 발전 이론은 1960년대에 들어오면서 그것이 내포한 편견과 서구 중심적인 편향성 때문에 많은 문제점을 노출하게 되었다. 즉, 개발도상국에서 발생한 현상에서 정치발전과 경제발전의 관계는 발전 이론 혹은 근대화 이론으로 설명할 수가 없다는 한계에 봉착하게 되었다. 또한 비교정치의 지역 연구자들은 소련의 붕괴를 예측하지 못하였다. 하지만 아프리카, 남미 그리고 중앙아시아 대륙의 정치발전연구는 발전이론과 종속이론을 재조명할 기회를 갖게 되었다. 여기서 우리는 일반적으로 적용될 수 있는 정치 이론의 부재가 비교정치의 한계인가를 자문하게 된다. 이는 과연 비교정치에 지배적인 패러다임이 존재할 수 있느냐에 관한 논의이다.

지배적인 패러다임의 존재 유·무에 관한 논의보다는 발전적인 대안을 모색하는 것이 우선순위라고 생각된다. 정치사회현상을 분석하여 예측가능한 이론틀을 제시하기 위하여 정치문화, 정치제도 그리고 합리적 선택 등 다양한 이론들의 적용 또는 조합 그리고 양적·질적 방법론의 상호보안적 접목이 비교정치의 흐름을 주도하고 있다. 무엇보다도 비교정치의 발전적인 대안은 이념적으로 치우치지 않은 가치중립적인 입장에서 연구를 시작하여 환경적 특수성을 고려 또는 접목하는 분석틀을 고안하는 데 있다. 다양한 각도의 이러한 시도들은 향후 비교정치의 지배적인 패러다임을 모색하는 데 초석이 될 것이다.

"말할 수 없는 것에 대해서는 침묵해야 한다"는 철학자 비트겐슈타인(Ludwig Josef Johann Wittgenstein)의 주장처럼 우리의 주장이 그림처럼 기능해서 사실을 보여줄 때는 명확한 의미가 있지만, 가치를 다루는 명제는 세상에 존재하는 어떤 사실도 검증하기 어렵기에 연구자의 가치중립적 접근이 요구되는 것이다.

정치이념

우리는 종종 누군가를 자유주의자 혹은 보수주의자 또는 진보주의자 같은 말로 표현하곤 한다. 이와 같은 표현들은 개인의 일반적 신념체계를 나타내는 말로써 정치적 관점에서 정치이념(Political Ideology) 혹은 정치철학(Political Philosophy)이라는 용어로 환원될 수 있다. 정치이념[1]은 이상적 정치 목표와 그 목표를 달성하기 위한 접근방법, 그리고 정치세계 등에 대한 신념이나 믿음의 포괄적인 집합체라고 할 수 있다. 즉, 정치이념은 하나의 '신념체계'로서 개인으로부터 다양한 집단에 이르기까지의 정치적 신념을 구성하며, 일관성과 복잡성, 그리고 특수성을 가진다. 인간의

1) 셀리거(Seliger)는 정치이념의 특징을 다음과 같이 크게 세 가지로 규정하였다. 첫째, 일반적으로 '세계관'의 형태로 기존의 질서에 관해 설명한다. 둘째, 바람직한 미래모형, 즉 좋은 사회(the Good Society)에 대한 비전을 제시한다. 셋째, 어떻게 정치 변화가 초래될 수 있고, 초래되어야 하는가에 관해 제시한다. 즉, 정치이념이란 사람들에게 사회와 정치를 이해하고 해석하는 일반적 신념체계를 제공할 뿐만 아니라 미래에 대한 규범적 이상을 제시함으로써 정치적 행동의 토대를 제공해주는 것이라 할 수 있다. 따라서 한 국가와 사회의 정치를 이해하는 데 있어, 어떠한 정치이념이 그 국가와 사회에서 지배적으로 존재하는가를 이해하는 것은 매우 중요하다(Martin Seliger (1976), *Politics and Ideology*, London: Allen & Unwin).

정신·사고·믿음·태도 등은, 하나의 커다란 용광로 속에서 녹아 이념적 투쟁이라는 틀로도 형상화될 수 있다. 따라서 정치이념은 우리가 효과적으로 행동하고 평화적으로 살기 위해서 반드시 필요한 것이다. "인간은 무엇을 생각하느냐에 따라 그 행동 방식이 결정된다"는 존 스튜어트 밀(J. S. Mill)의 주장과 같이, 정치이념은 우리 자신과 다른 사람들의 정치적 태도와 행동에 강한 영향을 끼치기 때문이다.

이 장에서는 우리가 살고 있는 정치사회의 정치적 풍경을 형성하고, 때때로 정치사회를 급격하게 변형시키는 다양한 이념들을 검토할 것이다. 고전적 자유주의, 현대적 자유주의, 급진주의, 보수주의 등 주요 정치이념들의 주요한 특징과 탄생, 그리고 발전을 역사적 맥락과 연결시켜 살펴볼 것이다. 이러한 접근은 이념이 진공 속에서 등장하는 것이 아니며, 특수한 역사적 상황 속에서 나타나는 변화에 반응하면서 형성되고 또 변화한다는 데서 그 필요성이 제기된다. 물론 이것은 이념이 풍향계처럼 정치적 바람에 수동적으로 반응한다는 것을 의미하지는 않는다. 오히려 이것은 이념이 사회적 환경에 따라 변화하기도 하지만 많은 경우 사회적 변화를 규정하고 유도하기도 한다는 사실을 내포한다.

결과적으로 정치이념은 수명이 다해 정지된 시계와 같이 멈춰 있는 것이 아니라 역동적인 것이라 할 수 있다. 이러한 정치이념의 특징은 자유주의 혹은 보수주의가 무엇인지를 정확히 이해하고자 하는 사람들을 당혹하게 만든다. 그 이유는 자유주의나 보수주의 혹은 다른 이념들을 수학적으로 측정하거나 용어상으로 정의하는 것이 불가능하기 때문이다. 그러나 일단 정치이념이 역사적 상황 속에 뿌리를 두고 함께 변화하며, 역사적 상황을 변화시키는 데 도움을 준다는 것을 인정한다면, 우리는 특정한 이념이 무엇인지 포착할 수 있을 것이다.

제1절 | 정치이념의 주요 쟁점

정치이념이란 앞서 설명하였듯이 무엇이 옳은 것이고, 무엇이 잘못된 것인지에 대한 판단과 같은 사유의 토대를 제공하며, 개인의 행동에 대한 판단과 실천의 근거가 된다. 특히 정치이념은 정치적 판단과 행위에 관한 각 개인 혹은 집단의 준거틀이라고 이야기할 수 있다. 우리는 특정한 정치적 이념을 통하여 인간의 본성이란 무엇인가와 같은 철학적 물음으로부터 자유와 평등, 정의, 그리고 사회와 정부의 역할 등 좀 더 현실적인 문제에 대한 자신의 생각을 정립하고 개진하게 된다. 각각의 정치이념은 인간과 사회 일반에 걸쳐 정치와 관련된 모든 질문에 대해 저마다의 고유한 답을 내리고 있다. 이들은 모두 그 역사적 모태와 전통을 가지고 있다.

비교정치는 마르크스(Marx)와 베버(Weber)라는 두 명의 걸출한 사상가에 의해서 그 전통의 기초가 마련되었다. 마르크스와 베버는 자본주의 경제체제와 사회제도에 대하여 각각 소외와 합리성이라는 개념을 가지고 자신들만의 독특한 이론을 형성하였다. 이러한 강조점 하에서, 마르크스와 베버는 후학에게 인간본성, 사회, 국가, 권위 등에 대한 정의에서부터 오늘날 우리의 삶을 규정짓고 있는 자본주의에 대한 평가에 이르기까지 매우 상반된 두 개의 정치철학적 유산을 제공하였다. 이러한 의미에서 마르크스와 베버의 사상에 대한 비교 고찰은 다음에 이루어질 고전적 자유주의, 급진주의, 보수주의, 현대적 자유주의에 이르는 비교정치의 일반의 사상적 조류를 이해하는 데 있어 가장 기초적인 토대가 될 것이다.

1. 베버의 사상

베버는 마르크스, 프로이드(Sigmund Freud)와 더불어 20세기를 대표하는 사상가로서 사회과학의 방법론을 새롭게 정립하였다. 베버는 사회현상을 분석하는 기존의 가치함축적 방법론에 반대하여, 과학적이고 구체적인 사회현상과 역사적 사실로부터 이론을 이끌어야 한다는 가치중립적 방법론을 추구하였다. 이러한 베버의 사상은 칸트(Immanuel Kant)와 니체(Friedrich Nietzsche)에게서 많은 영향을 받았는데, 특히 콩트(Auguste Comte)의 실증주의(positivism)[2]에서 많은 영감을 받았다. 실제로 신칸트학파의 가정을 이어받은 베버는 세상을 매우 다양하기 이를 데 없는 사회적·문화적 요소들이 존재하는 곳으로 인식하였다. 베버는 무한한 다양성을 포함하고

2) 콩트는 지식의 발전이 신학으로부터 형이상학을 거쳐 실증적(과학적) 단계로 진행된다고 보고 뉴턴(Newton)의 만유인력의 법칙이 실증주의의 모범적인 기준이 된다는 전제 하에 사회현상의 불변적 법칙을 발견해낸 것을 역설하였다. 그의 실증주의는 인류의 건전한 지식이 관찰과 경험에 근거를 두는 과학적 지식이어야 하며, 모든 과학은 그 대상의 차이에도 불구하고 하나의 자연적 체제로 통합되어야 한다는 과학의 통일을 주장하였다(Peter Halfpenny (1982), *Positivism and Sociology: Explaining Social life*, London: George Allen & Unwin, pp. 13~26).

있는 곳이 바로 현실이라고 생각하였으며, 이렇게 복잡하고 다양한 세상을 살아가는 존재들이 다름 아닌 인간들이라고 보았다. 따라서 베버에게 있어서 인간들이 현실 세계에서 일어나는 모든 일들을 다 이해한다는 것은 불가능한 일이었다. 이런 점에서 베버는 마르크스의 경제 결정론과 같이, 하나의 변수를 통해 모든 인류 역사와 현실 세계를 설명하려는 시도에 대해서 분명하게 반대하였다. 실제로 베버에게서는 마르크스에게서 찾아볼 수 있는 통일되고 일반화된 이론체계는 보이지 않지만, 대신 다양성이라는 가치가 주목받고 있는 것을 알 수 있다.

베버의 다양성에 대한 가치는 니체로부터 물려받은 갈등에 관한 독특한 시각에서 기인한다. 니체는 이성과 합리성이 신성한 신의 자리를 대체한 계몽주의 시대의 사상에 반발하였다. 그는 계몽주의 시대를 19세기 실증주의가 출현함으로써 종교적 · 철학적 절대성이 이미 해체되었음을 아직 모르고 있는 시대라고 보았다. 지금까지 선악의 가치가 정립되면서 신의 나라 즉, 이성으로 가기 위해 힘의 논리가 지배하는 현실의 가치를 부정하며 살아왔다. "신은 죽었다"라는 그의 언명은 형이상학적이고 신학적인 기초와 전통적인 도덕이 허물어짐으로써 이제는 무목적적이고 무의미한 느낌만이 남게 되었으며, 무의미의 승리는 곧 허무주의의 승리라는 주장을 담고 있다. 계몽주의에 대한 니체의 비판은 자유로운 개인이 자아발전을 통하여 이성적, 합리적으로 성찰하게 됨으로써 사회가 이성의 힘에 의하여 이루어진다는 이성 중심적 · 과학 중심적 사고에 정면으로 대치하는 것이었다. 그에 의하면 "인간은 이성적인 존재이기보다는, 오히려 비이성적이고 모순된 욕망과 의지의 충돌을 받아들이는 수동적 주체일 뿐"이라는 것이다. 그렇기 때문에 허무주의로부터 벗어나기 위하여 이성과 진리라는 허구적 가치로 벗어나 변화하는 현실의 가치, '힘에의 의지'를 찾으며 살아야 한다고 마무리한다. 즉 삶에는 힘의 논리에서 살아남는 결단력이 필요하다.

베버는 니체와 마찬가지로 이러한 모순된 비이성적 욕망과 의지의 충돌을 받아들이는 수동적 인간들로 인하여 "갈등이 사회생활로부터 배제될 수는 없다"고 믿었다. 그에게 있어 갈등은 마르크스의 주장처럼 계급 간의 모순에 의한 것이거나 반드시 제거되어야 할 대상이 아니었다. 대신 그는 갈등을 사회 내 다양한 이익들의 자연스런 표출로 인식하였다. 세상에는 마르크스의 주장처럼 생산관계라는 하나의 이해관계만 존재하는 것이 아니라, 시장관계라는 틀 속에서 무수히 많은 사람들의 무수히 많은 이해관계가 얽히고 얽혀서 존재하고 있기 때문이다. 즉, 베버에게 갈등은 다원적이고 다층적인 이해관계의 반영이었던 것이다. 따라서 갈등을 위해 진정 필요한 것은 부르주아 계급에 대한 프롤레타리아 계급의 혁명이 아니라, 다원주의적 이해관계의 합리적 해결을 주도하는 근대 서구 자본주의 사회에서의 관료제 국가의 역할이었다.

한편, 베버는 그의 가장 잘 알려진 저작인 『프로테스탄트 윤리와 자본주의 정신(The Protestant Ethic and the Spirit of Capitalism)』을 통해 예정설과 관련된 프로테스탄트의 교리가 시간이 지남에 따라 부르주아 계급의 에토스[3]로 변화되었다는 것을 입증하려 하였다(Weber, 1958: 160~176). 그는 16세기의 종교 개혁이 뒤이은 근대 자본주의 발전에 필수적이었다는 점을 증명하려 하였다. 종교개혁, 칼뱅주의는 카톨릭의 고해성사로 죄를 구원받을 수 있었던 마음의 안식을 죄책감으로 대처하였다고 볼 수 있다. 구원을 위해 성직자 앞에서의 고해성사가 아니라 침묵하는 신 앞에서 성실함을 증명하고자 열심히 일해야 한다는 강박감이 나타나게 되는데 그것이 '직업윤리'라는 것이다. 성직자뿐만 아니라 누구라도 자신의 직업은 거룩하고 성스러운 일로 포함되기에 누구나 도덕적 에너지와 진정성이 만들어 진다. 결국 번영은 신의 축복보다는 체계적 사고와 성실하고 부지런한 합리적 노력의 결과인 것이다. 이 같은 맥락에서 베버는 사회경제적 환경의 가능성과 세속적인 생활 영역에 스며들어 있는 프로테스탄트 윤리의 금욕주의, 합리주의, 직업에 대한 소명의식에 관해 언급함으로써 초기 자본의 축적을 통한 초기 자본주의의 형성에 대하여 설명하였다. 이를 통해 베버는 마르크스의 주장과는 반대로 자본주의 사회의 성립에는 유물론적인 경제구조가 아니라, 종교적이고 문화적인 관념론적 가치들이 매우 중요한 역할을 하였다고 주장하였다.

베버는 사회적 행위에 대한 연구를 위한 경험적 증명의 방법으로 이념형(ideal types)을 제시함으로써 방법론에 있어서 괄목할 만한 족적을 남겼다. 베버는 이념형을 사회과학자들이 역사를 이해하는 데 유용한 분석적 범주를 개념화하기 위해 가공적으로 사용할 수 있는 인위적인 구조물이라고 정의하였다(Weber, 1962: 32~33). 대표적으로 베버는 권위의 개념을 전통적 권위, 카리스마적 권위, 합법적 권위 등 체계적으로 분류하였는데, 베버는 이러한 것들이 이념형에서 묘사된 '순수한 형태'

---

3) 인간이 가지는 가능성은 항상 상반하는 방향을 내포하고 있으나 동일한 행위를 반복함으로써 한 방향으로만 지향하는 습관이 양성되는데, 이 습관이 에토스(ethos)이다. 인간은 이 습관에 의하여 선악을 판단한다. 에토스는 지속적인 특성을 가지고 있어 욕정, 기쁨, 슬픔, 노여움 등 일시적인 특성을 가진 파토스(pathos)와 대립된다.

로서 역사 속에 존재하였으리라고 가정할 수는 없지만 역사 속에서 볼 수 있는 서로 다른 권위체계의 전형적인 특징들을 보여준다고 하였다. 이러한 분류를 통해 학자들은 역사 속에서 발견되는 여러 권위체계들과 세 가지 이념형과의 상대적인 유사점 혹은 분기점을 평가할 수 있으며, 또한 각 이념형이 함축하고 있는 이론적인 명제들을 기초로 하여 그 권위체계가 각 문명에 미친 영향력도 평가할 수 있다는 것이다(Lachmann, 1970: 26~28). 그의 이러한 생각은 이후 파슨스(Talcott Parsons)의 구조기능주의와 미국의 다원주의적 전통에 큰 사상적 토대를 제공해주었다.

2. 마르크스의 사상

마르크스(Karl Marx)는 자본가의 책임의식을 강조하는 이상적 사회주의 또는 자본가와 노동자의 타협이 가능하다는 계량적 사회주의를 비판하며 혁명적 사회주의 즉 공산주의를 주장하였다. 그는 헤겔(Georg Wilhelrm Friedrich Hegel)의 '관념론적 변증법(hegelian dialectic)'과 포이에르바하(Ludwig Feuerbach)의 '철학적 유물론(philosophical materialism)'으로부터 영향을 받았다. 실제로 그의 '변증법적 유물론(dialectical materialism)'은 헤겔의 변증법과 포이에르바하의 유물론적 사고를 결합시켜 탄생시킨 학문적 결과물이라고 할 수 있다.

헤겔의 관념론적 변증법이란 진리의 인식과 사물의 존재에 관한 논리로서 제시되는 정(正)·반(反)·합(合)의 3단계적 전개를 의미한다. 먼저 '정(正)'의 단계는 하나의 정명제가 성립되는 단계이다. 그러나 이 속에는 표면적으로 드러나지 않은 모순이 존재한다. 다음 '반(反)'의 단계는 잠재되어 있던 모순이 표출되면서, 정명제에 대한 반명제가 생겨나는 단계이다. 반명제가 생겨남으로써 정명제와 반명제는 대립하게 된다. 그러나 이러한 정명제와 반명제는 대립을 통하여 단순히 반목하는 것이 아니라, 둘은 상호 충돌하면서 보다 발전적 방향으로 합쳐지는 '합(合)'의 단계를 맞이하게 되어 새로운 합명제가 도출되는 것이다. 이렇게 생성된 합명제는 다시 또 하나의 정명제가 되어, 계속해서 정(正)·반(反)·합(合)의 과정이 되풀이 된다(김성수, 2018: 94). 그리고 이러한 진보적 발전 속에서 역사는 진보하게 된다. 헤겔은 이러한 변증법이 인간의 이성에 의해서 이루어진다고 보았으며 결국에는 절대 이성에 도달할 수 있을 것이라 생각하였다. 한편 포이에르바하의 철학적 유물론이란 영혼, 정신, 마음, 사고, 의식 등과 같은 정신적인 것보다는 자연, 물질, 신체, 물질적 활동, 존재

등과 같은 물질적인 것이 보다 더 근원적이고 제1차적이라고 여기는 철학적 입장을 의미한다(Feuerbach, 2011[1841]). 마르크스는 헤겔의 변증법과 포이에르바하의 유물론을 조화시켜 변증법적 유물론이라는 사상적 기초를 세웠으며, 이를 토대로 사적 유물론을 발전시켰다.

마르크스는 헤겔의 변증법이라는 방법론을 차용하면서 그의 관념론을 비판했다. 또한 그는 포이에르바하가 얘기한 물질이라는 것이 경제적인 것이라고 보았다. 그는 사적 유물론을 통하여 경제적인 생산관계와 같은 물질적인 조건이 정신적인 가치에 우선하며, 이러한 유물론적 경제구조가 인류 역사를 통하여 변증법적으로 하나의 목적을 향해서 발전해 나간다고 보았다. 그는 생산력과 생산관계라는 개념을 중심으로 경제적 하부구조의 변화라는 하나의 일관된 법칙체계를 통하여 인류의 역사와 현실 세계를 설명하려고 노력했다. 그는 인류의 역사가 생산력과 생산관계의 변화에 따라 변증법적으로 진보하여 왔으며, 인류 역사의 발전단계를 '원시 공산사회'로부터 '고대 노예제'와 '봉건제'를 거쳐 '자본주의 시대'에 도달한 것으로 인식했다. 그리고 이러한 인류 역사의 흐름은 '사회주의 사회'를 거쳐, 궁극적으로 '공산주의 사회'에 도달하게 될 것이라고 보았다(Marx and Engels, 1998[1848]).

마르크스는 경제적 생산관계를 중심으로 자본주의 사회의 구조를 설명하였다. 그는 사회가 상부구조와 하부구조로 이루어져 있으며, 상부구조는 정치와 문화, 종교 등으로 이루어져 있고, 하부구조는 노동과 자본 간의 상호관계인 생산관계가 핵심을 이루고 있다고 설명했다. 마르크스에 의하면 상부구조는 그 토대인 하부구조에 의해 구조적으로 결정되는 위치에 놓여 있다. 다시 말해 마르크스의 주장은 물질적인 하부구조에 의하여 정치·사회·문화적인 상부구조가 결정된다는 것이다. 마르크스는 인간들이 이러한 결정론적으로 주어진 구조 속에서 생산수단을 소유한 부르주아 계급과 생산수단을 소유하지 못한 채 노동에 의존해서 살아야 하는 프롤레타리아 계급으로 나뉜다고 주장했다(김성수, 2018: 96~97). 그에 따르면 양 계급 간에는 갈등이 존재하는데, 이 갈등의 원인은 프롤레타리아 계급에 대한 부르주아 계급의 착취 때문이다. 마르크스는 자본가들이 노동자를 하나의 상품으로 보는 것에 주목했다.

자본가들이 가지고 있는 단순기계나 생산수단(자원, 원료, 도구)은 그 자체로 생산력을 창출할 수 없다. 오로지 이러한 생산수단을 바탕으로 노동자가 가진 노동력이 있어야만 상품을 생산해낼 수 있다. 하지만 노동자는 그만한 대가를 받지 못하기에

즐거움이 없다. 자신이 만들고 노력해도 자기 것이 아니기 때문이다. 자본가는 단지 잉여가치를 창출하기 위해 다양한 방법을 통해 노동자의 노동력을 착취한다(김성수, 2018: 99). 결국 노동자는 노동을 통해 행복과 만족을 느끼는 것이 아니라 노동에서 벗어나야만 편안함과 행복을 느끼는 소외화(estrangement)의 문제를 겪는다. 또한 노동자는 불안정하다. 생산기술의 발달로 노동자들의 자리를 대신해 기계가 차지하는 비율이 높아지면서 노동자들 사이에서도 서로 경쟁을 해야만 한다. 자신의 노동력을 상품으로 삼고 자본가에게 자신을 팔기 위해서 같은 노동자인 타인을 적대시해야 한다. 자본가들은 부유한 삶을 살지만 노동자는 적은 급여만 받을 뿐이며, 이득이라는 말은 착취의 좋은 표현 일뿐이다. 자본주의 체제는 불안정하며 항상 위기라 하면서 자본가가 이득을 취한다. 자본주의는 생산성이 뛰어나 적은 노동자로도 충분한 사회적 재분배가 가능하여 여유를 가져도 되는데 실업이라고 부르며 진정한 자유를 모독한다. 동시에 자본주의는 자본가를 경제적으로 판단하도록 양육시키기 때문에 자본가들은 부의 욕구만 커져 건강한 판단을 내리지 못한다. 결국 자본주의는 모두를 불안정하게 한다.

이러한 문제를 해결하기 위해 마르크스는 노동자가 단결하여 먼저 국가 내에서 혁명과 투쟁을 통해 자본가가 소유하고 있는 정치권력을 찬탈해야 한다고 주장했다. 마르크스는 프롤레타리아트가 부르주아지로부터 정치권력을 확보한 뒤 불평등과 착취, 소외의 근원이 된 사유재산과 상속을 폐지하고 진정한 미래 공산주의 사회를 건설해야 한다고 생각한 것이다.

결국 마르크스의 사상은 경제적 구조에 의해 모든 것들이 결정된다는 경제 결정론적인 시각으로 이해할 수 있다.[4] 이러한 그의 경제 결정론은 실로 그 영향력이 막강하여 심지어 오늘날에도 사상가들을 단지 마르크스주의자와 비마르크스주의자로 양분할 수 있을 정도로 영향력을 미치고 있다. 그의 사상을 잇는 대표적인 네오마르크스주의자(Neo-Marxist)로는 헤겔적 마르크스주의자인 게오르크 루카치(Lukács, 1972[1923])와 문화적 통제인 헤게모니를 강조하는 안토니오 그람시(Gramsci, 1971)가 있으며 비판 이론으로 알려진 프랑크푸르트학파의 학자들 역시 이러한 마르크스 사

4) 사회주의가 주장하는 정의로운 사회는 노동을 자유롭게 선택(choice)하고 능력(ability)에 맞추어 노동의 대가를 받아야 한다고 주장한다. 하지만 자본주의하에서는 노동의 상품성(product of their labor), 노동의 과정(process of labor), 그리고 다른 사람들(others)과 결핍상태에서 경쟁으로부터 소외(alienation)되어 있기 때문에 생산의 수단을 사회화한다면 정의의 문제를 해결할 수 있다고 본다(Sterba, 2003: Part III).

상의 연장선상에 있다.

그러나 사실 마르크스의 사상적 계보를 잇는 네오 마르크스주의자들은 그 수를 헤아리기 어려울 만큼 매우 많다. "오늘날 우리는 거성처럼 우뚝 서있는 상이한 마르크스주의들을 만나게 되는데, 그들 가운데서 마르크스의 사상이 어디에 위치하는 지를 논하는 것은 애매한 일이 아닐 수 없다"는 폴 토마스(Thomas, 1991: 26)의 지적은 이러한 의미에서 마르크스 사상의 현주소를 잘 함축한다.

3. 마르크스와 베버의 주요 개념 비교

마르크스와 베버의 이론은 비교정치에서뿐만 아니라, 사회과학 전체에서 자본주의적 경제체제와 사회체제를 분석하는 중요한 기준의 역할을 한다. 칼 뢰비트(Karl Lowith)는 그들의 사상을 각각 베버의 '부르주아사회학'과 마르크스의 '마르크스주의'로 명명하고, 오늘날 사회과학 연구의 대표적인 두 가지 기준이라고 이야기하고 있다(강신준 · 이상률 편, 1984: 125). 그러나 최근 들어서는 네오 마르크스주의자들이 기존의 마르크스주의가 지니고 있던 약점을 보완하기 위하여, 국가의 자율성이나 문화의 중요성 등과 같은 베버의 사상을 많이 차용하는 경향이 강해지고 있다. 이로 인해 오늘날 베버의 사회학과 마르크스주의 간의 경계는 상당 부분 모호해지고 있다. 그럼에도 불구하고 베버와 마르크스 간에는 기본적 가정과 이론의 차이에 따른 연구 기준의 구별성이 엄연히 존재한다. 당연히 누구의 분석틀을 사용하여 자본주의 사회를 진단하느냐에 따라 그 처방도 확연히 다르게 내려질 수밖에 없다. 따라서 여기에서는 마르크스와 베버의 생각을 각각 국가와 문화, 정치발전, 그리고 계급의 측면에서 비교함으로써 두 사상을 좀 더 자세하게 분석하도록 한다.

첫째, 국가와 관련된 마르크스와 베버의 이론적 추구 방향과 관련된 것으로 두 사람은 모두 자본주의하의 국가에 대해서 깊은 관심을 가졌다. 그러나 마르크스는 단일적 구조를 가진 국가가 지배 계급의 이익과 결합되어 프롤레타리아 계급을 억압한다고 본 반면, 베버는 정당성을 가진 국가 구조가 이익의 다원성을 용인한다고 믿었다는 점에서 확연한 차이를 보인다. 실제로 마르크스는 국가에 대하여 "근대 국가의 행정부는 전체 부르주아의 공동업무를 관리하기 위한 위원회에 불과하다"고 주장하였다(Tucker, 1978: 475). 마르크스는 자본주의 사회에 있어 근대 국가란 부르주아 계급이 지배하는 경제적 생산관계가 주축을 이룬 하부구조에 의해 결정되는 상부구조의 일부분이기 때문에, 필연적으로 이 관계를 유지시키기 위한 하나의 도구로서 기능할 수밖에 없는, 부르주아 계급의 꼭두각시에 불과하다고 본 것이다. 이러한 인식들을 바탕으로 마르크스는 자본주의 사회 내의 모든 지배 형태가 비합법적이라고 하였다. 특히 그는 생산수단을 소유·통제하고 있는 경제적 지배 계급이자 정치적 지배 계급인 부르주아 계급에 의해 이루어지는 지배 행태들을 파헤치는 데 중점을 두었다. 결과적으로 마르크스는 국가와 지배 계급의 변화가 사적 유물론을 반영한다고 보았으며, 궁극적으로 프롤레타리아 계급의 혁명을 통한 국가 및 지배 계급의 소멸을 주장하였다.

하지만 베버의 생각은 달랐다. 그는 국가가 자율성을 가진 하나의 독립된 사회 구조라고 보았다. 이는 국가에 관한 정의에 있어 매우 독보적인 위치를 점하고 있는 베버의 유명한 명언에 잘 나타나 있다. "국가란 특정한 영토 내에서 물리적 힘의 정당한 사용의 독점을 요구하는 인간 공동체이다. 국가란 인간이 인간을 지배하는 하나의 관계이며, 그 관계는 정당하다고 인정되는 폭력의 수단으로써 뒷받침된다"(Gerth and Mills, 1958: 78). 실제로 베버는 마르크스와 달리 합법적인 지배 형태에 주목하였다. 앞에서 서술한 바와 같이 베버는 권위(authority)를 전통적 권위와 카리스마적 권위, 그리고 합리적 권위 등 세 가지 이념형(ideal types)으로 나누고, 이러한 권위의 형태들 중에서 근대 서구 자본주의 사회의 국가에서는 관료제와 합리성에 기반을 둔 합리적 권위가 나타난다고 보았다. 한편 베버는 관료적 질서의 합리화를 통한 갈등의 해소에도 관심을 가졌다. 베버는 근대 서구자본주의가 사회를 보다 합리적이고 안정적인 형태로 발전시킨다고 믿었기 때문에, 근대 서구자본주의의 유지를 질서의 보전과 같은 개념으로 인식하였다. 따라서 그는 마르크스와는 달리 국가 활동의 합리화를 통한 국가의 발전을 지향하였다.

둘째, 문화에 대한 마르크스와 베버의 인식과 관련된 것이다. 마르크스는 믿음이나 상징을 포함하는 문화가 상부구조의 일부를 구성하고 있으며, 그것이 생산력과 생산관계로 구성된 토대를 반영한다고 보았다. 의식이나 이념과 같은 문화적 현상을 사회의 정치적·경제적 여건으로 설명하려고 하였던 것이다. 실제로 그는 문화가 물질적 토대를 정당화하고 특권 지배 계급의 이익을 보호한다고 주장하면서, 문화를 정태적인 성격으로 파악하였다(Chilcote, 1981, 111). 뿐만 아니라 마르크스는 '허위의식'이라는 개념을 통하여, 정통성이란 단지 문화와 이념의 상부구조에 퍼진 신념과 가치 속에서 한껏 위장된 것에 지나지 않는다고 보았다. 또한 그는 물질적인 사회에서 발생하는 개인의 소외는 자본주의 사회의 지배적 권위와 착취의 산물이라고 하였다.

이에 반해 베버는 문화가 인간의 사회적 행위와 문명의 역사적 발전에 매우 중요한 역할을 한다고 생각하는 문화 중시론자였다. 특히 베버가 바라보는 칼뱅주의를 좀 더 구체적으로 살펴보자. 예정설을 주장하는 칼뱅주의에 의하면 인간의 운명은 태초로부터 신에 의해 결정되어 있다. 따라서 인간은 신의 섭리를 받아들이고, 자신의 직업에 충실하게 봉사할 때만이 구원받을 수 있다. 때문에 상공업을 통한 부의 추구 역시 그것이 근면과 검소에 기반을 둔 것이라면, 구원의 확신에 도달하기 위한 하나의 수단으로서 문제될 것이 없으며, 종교적 윤리가 세속적인 직업 노동에 특별한 가치와 의미를 부여한다는 것이다. 이처럼 베버는 금욕과 근로에 힘쓰는 종교적 생활 태도를 중시하는 칼뱅주의가 자본주의 정신을 성숙시키는 데 밑거름이 되었다고 하였다. 즉, 마르크스와 달리, 베버는 자본주의적 생산양식이 종교적인 신념체계를 이끌어낸 것이 아니라, 오히려 프로테스탄트 윤리와 같은 종교적이고 문화적인 정신이 자본주의적 생산양식의 성립에 앞서 존재하였다고 본 것이다. 그리고 이를 뒷받침하는 근거로서 베버는 자본주의가 발달한 곳에서는 프로테스탄트 윤리 역시 성행하였다는 사실을 제시하였다. 영국과 독일이 그 대표적인 예이다. 베버에 의하면 독일이 영국에 비해 경제적 발전이 늦은 이유는 바로 독일 경건주의(pietism)의 특수성으로 인해 영국처럼 금욕주의(asceticism)가 쉽게 자리 잡지 못하였기 때문이다. 이외에도 베버는 문화적인 차원에서 지배의 정당성 문제를 이야기하였다. 그는 지배의 정당성을 자의적인 복종과 합법적인 통제라는 맥락 속에서 논의하면서, 종교적이고 문화적인 측면에서의 개인적 동기를 강조하였다. 그는 문화의 신념과 상징이 지배적 권위의 다양한 이념형을 강화하며 합법화한다고 보았던 것이다 (Chilcote, 1981: 102).

셋째, 역사 발전에 관한 마르크스와 베버의 인식과 관련된 것이다. 19세기 당시의 사상가들과 마찬가지로, 마르크스와 베버 역시 전통사회에서 근대화된 산업사회로 넘어오는 역사적인 변환과정을 진화라는 이론적 관점에서 파악하였다(오명호, 1990: 513). 그중에서도 특히 마르크스는 역사의 발전을 생산력과 생산관계의 변화에 따른 경제적 요인으로 설명하였다. 그에 의하면 경제적 진화는 하나의 방향 속에서 원시 공산사회와 고대 노예제 시대, 봉건제 시대, 자본주의 시대, 사회주의 사회, 그리고 공산주의 사회 등의 연속적인 여러 단계들을 거치면서 이루어진다. 그리고 이러한 경제적 진화과정 속에서 이념의 상부구조 역시 변화하게 되는데, 인간의 행위는 생산양식에 영향을 주는 경제구조의 변화에 의존하기 때문이다.

이에 반해 베버는 자본주의로의 발전과정을 프로테스탄트라는 종교적 교리와 윤리를 통해 설명하였다. 특히 그는 종교적 동기에 의해 유발된 사회적 행위에 주목하였다. 앞서 살펴본 프로테스탄트 윤리와 자본주의 정신 간의 관계에서처럼, 베버는 종교적 관념이나 문화체계가 경제체계의 에토스(ethos)가 발전하는 데 있어 심대한 영향을 미쳤다고 보았기 때문이다. 한편 베버는 이러한 종교적 요인과 더불어 합리성이라는 개념을 통해 전통과 구분되는 근대로의 발전과정을 설명하였다. 근대는 과거와 달리 합리성이 지배하는 사회이며, 이러한 합리성이 바로 근대세계로의 발전을 주도하는 핵심이라는 것이다. 요약하자면, 마르크스는 인간과 생산력 및 생산양식이라는 물질세계와의 상호작용을 전제로 동적인 발전관을 제시한 반면에, 베버는 산업국가라는 관료제적 질서의 두드러진 합리적 특징을 찾아내고 그에 기초한 정적인 발전관을 정립했다(Chilcote, 1981: 107).

마지막으로, 계급에 관한 마르크스와 베버의 인식과 관련한 것이다. 『공산당 선언(Community Manifesto)』에서 마르크스는 생산수단의 소유 유무에 따라 계급을 구분하고 있다. 마르크스에 의하면, "자본주의 하에서는 두 개의 계급이 각각 변증법적으로 대립한다. 여기서 두 계급이란 근대 자본가 계급으로서 사회적 생산수단의 소유자이자 임금노동의 고용주인 부르주아와 자신의 생산 수단을 갖지 못한 채 살기 위해 그들의 노동력을 팔아야만 하는 근대 임금노동자 계급인 프롤레타리아 계급을 의미한다"고 한다.

베버 역시 원칙적으로 마르크스가 정의하고 있는 계급과 계급투쟁의 개념을 일정 부분 받아들였다. 그러나 마르크스와 달리, 베버는 경제적 요소에 따른 이분법적 계급구조가 모든 것을 결정짓는다고 생각하지 않았다. 그는 산업사회에서 각각의 개인들은 경제적 · 종교적 · 인종적 차원의 무수히 많은 상호 교차적 이익관계와 지위관계에 속해 있기 때문에, 단순히 생산수단의 소유 유무만을 기준으로 극단적인 계급 구분을 시도하는 것은 큰 설득력이 없다고 믿었다. 실제로 대부분의 사람들은 다양한 이해관계에 따라 다차원적이고 다층적인 이익에 위치할 뿐만 아니라, 이 가운데 민족의식이나 종교적 가치 등이 계급적 이익에 우선하는 경우도 찾아볼 수 있다는 것이다. 따라서 베버는 생산관계에 따른 이분법적인 계급 구분보다는 시장에서의 보상에 대한 차별적 접근을 통해 계급을 정의할 것을 주장하였다(이상률 편, 1996:

150). 동시에 베버는 계급 개념에 지위상황이라는 개념을 덧붙여서 설명하였다. 즉, 베버는 지위상황이라는 개념을 이용함으로써 순수하게 경제적인 차원에서 결정되는 계급에 대해, 긍정적이거나 혹은 부정적인 특정 명예에 대한 사회적 평가로 인해 결정되는 인간 생활의 모든 전형적 성분들을 나타내고자 하였던 것이다. 여기에서 명예는 많은 사람들이 공유하는 어떤 특질과 관련된 것으로서 계급상황과 관련된 것일 수도 있다. 실제로 계급적 특징은 다양한 방식으로 지위의 특징과 연관된다. 그러나 베버에 의하면 지위의 명예가 반드시 계급상황과 연관될 필요는 없다.

발 버리스(Val Burris)에 따르면, 계급에 대한 마르크스와 베버의 인식 차이는 다음과 같이 비교해볼 수 있다. 첫째, 마르크스는 계급을 사회적 지위의 객관적 구조로 개념화하고 있는 데 반해, 베버의 계급분석은 사회적 행위 이론의 형태로 구성되어 있다. 둘째, 계급관계에 있어 마르크스는 가장 중요한 사회 계층 및 분열에 대한 단일 차원적 견해를 고수하는 데 반해, 베버는 계급관계가 그 밖의 비계급적인 결사의 기초들, 특히 신분 및 당파와 교차할 수 있으며, 나아가 종종 이것들이 더 중요시될 수도 있다는 다차원적 견해를 고수한다. 셋째, 마르크스에게 있어 계급관계 및 계급 갈등의 본질적인 논리는 착취의 논리이고, 정치적·이념적 지배는 단지 착취를 확보하기 위한 수단으로만 해석되는 데 반해, 베버는 지배를 그 자체의 독립된 힘과 논리를 지닌 목적으로 인식하였다. 마지막으로 마르크스에게 있어서 계급은 사회적인 생산관계의 표현인 데 반해, 베버는 계급을 시장 내에서의 공통된 지위로 개념화하고 있다(이상률 편, 1996: 132). 이에 덧붙여 계급과 혁명과의 관계에 대해서 마르크스는 계급의식이 노동 계급을 혁명 계급으로 변화시킬 것이라는 낙관론을 믿었으나, 베버는 계급의식보다는 민족주의와 종교적 신념, 그리고 인종적 충성심 등이 보다 강력하게 작용할 것이라고 보았다(Chilcote, 1981: 113).

지금까지 우리는 마르크스와 베버의 사상을 각각 국가·문화·역사 발전·계급 등의 측면에서 간략하게 비교해보았다. 이상의 논의를 종합해보면, 마르크스와 베버는 자본주의 사회라는 하나의 일치된 연구 대상을 가지고 있었음에도 불구하고, 그에 대한 생각은 상당한 차이를 보이고 있음을 알 수 있다. 마르크스는 생산력과 생산관계라는 경제적 생산구조가 사회와 역사의 발전을 모두 규정한다는 경제 결정론적 시각을 가지고 자본주의 사회를 분석하였다. 반면 베버는 경제적 요소뿐만 아니라 종교나 문화 등의 다양한 가치체계들을 중시하며 문화중심론적인 입장을 고수하였다. 그런 점에서 마르크스가 결정론적 시각을 통해 사회를 분석하는 하나의 확고한 분석틀을 제공해주었다면, 베버는 그러한 마르크스의 독단적인 결정론으로부터 탈출하여 보다 다양한 변수에 대한 고려를 통해 사회를 이해할 수 있게 해주는 다원성의 길을 열어주었다.

마르크스와 베버의 사상에 대해 생각해 볼 지점들은 다음과 같다.

칼 마르크스(Karl Marx)

1. 역사적 유물론(historical materialism)이란?
   (독일이데올로기(The German Ideology) 참조.)
2. 노동의 분업화란? 노동의 분업화가 생산과정에 미치는 영향은 무엇이며 왜 세계무역이 중요한가?
3. 국가의 역할이란?
4. 왜 프롤레타리아 혁명이 요구되는가?
5. 보나파르티스트 국가란? 보나파르티즘 국가는 어떻게 권력을 가지게 되는가? 국가의 상대적 자율성이란?
6. 농민이 혁명 계급으로서는 제한적인 역량만을 가지는 이유는 무엇인가?

막스 베버(Max Weber)

1. 『프로테스탄트 윤리와 자본주의 정신』에서 베버가 설명하려는 것은 무엇이며, 서구 자본주의의 특성으로 꼽고 있는 것은 무엇인가?
2. 합리성과 자본주의 출현 간의 관계성
3. 베버의 사회과학 방법론이란?
4. 베버가 정의하고자 하는 변수로서의 '문화'가 마르크스의 시각과 다른 점은?
5. 지배의 수단이라는 관점에서 베버는 국가를 어떻게 설명하고 있는가? 또한, 국가가 정당성을 갖게 되는 이유는?
6. 정치인(politician)과 공무원(civil servant)은 어떻게 구분되는가? 또한 윤리적으로 책임 있는 정치인의 유형이란?
7. 마르크스와 베버가 살아 있던 당시 그들이 갖고 있었던 지적인 고려 사항은 무엇이었는가?
8. 마르크스는 계급을, 베버는 통치자의 피치자에 대한 지배를 통하여 사회관계에 대해 설명하였다. 이 두 가지 다른 접근법이 가지는 함의는 무엇인가? 나아가

이러한 접근법의 차이를 들어 마르크스를 근대사회에 대한 낙관론자로, 베버를 비관론자로 규정할 수 있는가?

제2절 | 고전적 자유주의(Classical Liberalism)

고전적 자유주의[5]는 억압적 권력으로부터 개인의 권리와 자유를 강조하는 계몽주의 철학으로부터 시작되었다. 고전적 자유주의는 사회를 사적 이익을 추구하는 자율적 개인들의 합으로 보았으며, 모든 사회적 상호작용은 개인들의 자발적 교환에 의해서 이루어져야 한다고 보았다. 사회적 결과물의 주요한 결정요소로서 개인의 선택을 강조하는 고전적 자유주의는 경제 이론의 형태 안에서 이상적으로 표현된다. 고전적 자유주의의 역사적 발전은 실제로 고전적 정치경제로부터 시작하여 신고전주의 경제학의 오스트리아학파, 오늘날의 공공선택 이론, 신고전주의 경제학과 통화주의 이론에 이르기까지 경제사상의 발전과 그 궤를 같이 하였다. 이러한 고전적 자유주의는 개인의 자유에 최고의 가치를 두었다. 따라서 고전적 자유주의는 정부의 역할이 매우 제한적이어야 한다고 하였다. 부분적으로 고전적 자유주의는 유럽의 봉건제 사회처럼 경직되고 계층적인 사회에 대한 저항으로서 16세기에서 18세기 사이에 출현하였다. 당시의 지식 계층과 상공업 계층은 당대의 지배적인 정치·경제·종교제도 등에 의해 강요되는 억압으로부터 자유로워지기를 갈망하였다. 그들은 각각의 개인들이 그러한 제도로부터 최소한의 제약만 받으며, 자율적으로 행동하는 것이 가능해져야 한다고 생각하였다. 각각의 개인들은 분명 자신들의 행위에 대해 명백한 책임을 져야 하지만 동시에 자신들의 건전한 노력에 근거한 이익을 충분히 향유하고, 그들의 신념에 충실한 방식으로 살아가도록 허용되어야 한다는 믿음을 가지고 있었던 것이다.

---

5) 사실 고전적 자유주의가 시작될 무렵에는 정치사상적으로 자유주의란 말이 사용되지는 않았다. 자유주의라는 용어는 19세기 초 스페인에서 입헌정부를 옹호한 자유당(Liberals)이라는 정당이름에서 유래하여 이후에 사용되었다고 한다.

1. 고전적 자유주의의 발전과정

고전적 자유주의 이념은 17세기 영국에서 그 대략적 윤곽이 형성되어, 18세기와 19세기의 발전과정을 거쳐 오늘에 이르렀다. 자유주의 발전과 관련한 17세기의 진전은 신성권에 의한 통치를 주장하는 세습군주제(hereditary monarch)로부터 부분적으로 선출된 의회로 권력이 이전되는 1688년의 명예혁명(Glorious Revolution)으로 이어진다. 이와 병행하여 로크의 저술은 자유주의 이론을 체계화하였다. 자유주의의 발전과 관련한 18세기의 중요한 사건은 1776년의 미국혁명과 1789년의 프랑스혁명이라 할 수 있다. 전자는 미합중국 형성의 동학으로 작용하였고, 개인의 권리를 중요시하는 미합중국 헌법에 직접적인 영향을 주었는데, 이는 로크의 이론에 많은 영향을 받았다고 볼 수 있다. 후자는 프랑스의 절대군주제를 타파하고 공화정을 수립하는 원동력으로 작용하였다. 19세기 전반기 자유주의의 발전은 국가의 최소 간섭과 소극적 자유의 보장으로 요약할 수 있다(Conway, 1988: 73~74).

자유주의는 홉스(Thomas Hobbes), 로크(John Locke), 스미스(Adam Smith)로부터 시작하여 하이에크(Friedrich von Hayek)와 노직(Robert Nozick) 등의 학자에 의해서 발전되었다. 자유주의의 이론적 시작은 홉스 사상의 논리적 전제들로부터 시작했다고 하여도 무방하다. 홉스는 주로 경험적이며 자연의 법칙에 의하여 운영되는 세계관을 강조한 베이컨(Francis Bacon)과 데카르트(Rene Descartes)의 영향을 받았다. 홉스는 사회의 복잡성의 분석단위(unit of analysis)를 개인으로 설정하고, 자연 상태(state of nature)라는 상황을 가정하여 개인을 이기적이고 비도덕적이며 자신의 만족만을 추구하는 존재로 보았다. 홉스에 따르면 개인 모두가 지닌 자유롭고 평등한 조건이 이기적인 인간으로 하여금 경쟁하게 만들고, 서로의 자연권을 위협하는 요소로 작용한다. 사람들은 자연 상태에서 '만인에 대한 만인의 투쟁' 상태에 놓이게 된다. 홉스는 그 이유를 이기적인 인간의 본성과 자유롭고 평등한 조건과 더불어 강력한 절대 권력의 부재에서 찾았다. 때문에 사람들은 자신의 생명과 자유, 즉 개인의 안보와 자연권을 보장받기 위해 사회계약을 통해 리바이어던(Leviathan)이라 표현했던 절대 권력에게 주권을 양도하는 대안을 선택하게 되는 것이다. 이러한 차원에서 기존에 지배적이었던 군주의 신성권을 거부한 홉스는 정부는 개인이나 집단을 합법적으로 제어할 수 없고, 정부는 인민들의 합의를 통해 설립되었으며, 이로부터 나온 주권이 군주에게 양도된 것이므로 결국 군주와 정부는 인민들의 자연권 보장을 위해 힘써야 함을 주장했다. 더불어 인민은 다시 불안정한 자연 상태로 돌아가지 않으려면 리바이어던이라고 불리는 개인들의 계약에 의해 창출된 국가에 절대 권위를 부여함으로써 복종해야 한다고 하였다. 단, 국가가 개인의 자유와 생명을 침해하려고 할 시에는 그 권위에 복종하지 않아도 된다는 거부권을 인정함으로써 사회계약과 주권 양도의 목적을 분명히 하였다. 이러한 의미에서 홉스의 입장은 좀 더 적절하게 말하자면 '원형 자유주의자(proto-liberal)'라고 할 수 있을 것이다(김성수, 2018: 34~41; Ball and Dagger, 2004: 52).

고전적 자유주의 사상에서 실질적으로 그 시작의 문을 연 것은 로크(Locke, 1980[1689])라 할 수 있다. 계몽주의의 자유와 평등사상에 영향을 받은 로크는 홉스와 마찬가지로 개인을 분석단위로 시작하였다. 그는 자연 상태에서 정부의 존재에 앞서 개인을 기술하였는데, 로크의 주장에서 큰 특징 중 하나는 자연 상태의 인간을 이성적인 존재로 보았다는 점이다. 로크는 본질적으로 모든 개인들은 자연 상태에서 자유와 평등을 누리는 가운데 타인에게 피해를 끼치지 않으면서 자신들의 목표를 추구할 수 있는 방법을 이성적으로 결정할 수 있다고 보았다. 특히 그는 자연 상태가 갖춘 풍족함 속에서 인간은 노동을 통해 자신에게 필요한 만큼의 충분한 양의 재산을 소유하는 것이 가능함을 인정하였다. 단, 부를 축적할 시에는 그것이 과하여 상하거나 낭비되지 않는 정도에 한해서만 가능하며 나머지는 타인을 위해 남겨 놓아야 한다는 점을 강조하였다. 하지만 이런 조건에도 불구하고 사람들은 화폐를 발명함으로써 부의 무제한적인 축적을 가능케 하였다.

이러한 상황을 바탕으로 로크는 비록 이성적인 인간들로 구성된 자유와 평등이 유지되는 자연 상태이지만 다음과 같은 문제점을 상정했다. 첫째, 비록 대부분의 사람들이 상대방에게 피해를 주지 않고 이성적으로 살아가지만 그중 일부가 자신이 가진 부와 힘을 남용하여 타인에게 피해를 주는 경우가 있다는 점이다. 둘째, 화폐를 통한 부의 무제한적 축적은 부를 소유한 개인이 다른 사람을 사서 종이나 노예로 부릴 수 있기 때문에 불평등의 문제가 발생한다는 점이다. 이런 상황 속에서 사람들은 개인의 자유와 평등, 그리고 생명과 재산의 침해에 대한 불안을 느끼게 된다. 때문에 이를 조정하고 규제하여 개개인의 자연권과 재산을 보호하기 위해 사회계약을 통해 정부의 수립이 필요함을 로크는 역설하였다. 로크의 저서 대부분이 17세기 후반에 쓰였다는 것을 감안한다면 로크에 있어 재산의 축적은 봉건제도로부터의 탈피 속에서 많은 대중이 평등해지는 길이라고 생각할 수도 있을 것이다. 즉, 개인의 재산 축적은 영주로

부터 사회 모든 사람에게로의 권리이동을 뜻하는 것이었다(김성수, 2018: 42~62).

자유주의 형성에 기여한 로크의 핵심적인 추론들은 다음과 같다. 첫째, 제한정부론이다. 정부는 그 기능과 범위에 있어서 제한되어야 한다는 논리이다. 이것은 정부는 공공 또는 공동선을 위해 필요한 경우가 아니면 어떠한 행위에 개입할 수 있는 정당한 권위를 갖고 있지 못하다는 점을 시사한다. 왜냐하면 사유재산이 정부보다 우선이므로 정부의 권위는 그러한 자연의 권리를 보호하는 것으로 제한되어야 한다는 것이다. 또한 로크의 논리에 따르면, 정부의 지나친 권한 행사로 인해 개인의 자유가 억압을 받는다면 이는 사람들 사이에 자유와 평등을 누리며 살던 자연 상태보다 더 못한 상태가 되어 버린다. 정부의 수립 목적이 자연 상태에서 침해받을 수 있는 불안 요소들을 해결하기 위한 것이기 때문에 로크는 정부의 권한을 자연권과 개인의 재산 보호에만 한정하였다. 둘째, 법치(rule of law)이다. 로크는 정부가 아주 엄격하게 제한된 정당한 기능만을 수행해야 한다는 점을 강조했다. 셋째, 권력분립(separation of powers)이다. 국가가 법에 의한 통치에 구속되기 위해서는 권력분립이 이루어져야 한다는 것이다(장동건, 2001: 71~72).

로크와 함께 자유주의 이념의 형성에 기여한 중요한 이론가는 스미스(Adam Smith)이다. 스미스는 1776년에 출판된 『국부론(The Wealth of Nations)』을 통해 경제적 자유가 물질적 번영을 가장 잘 증진시킬 수 있다는 것을 입증하려 하였다. 스미스는 인간은 사회 상호작용을 통하여 자신의 이익을 추구하는 행태로부터 벗어날 수 있는 능력을 가졌으며, 그의 초기 저서인 『도덕감정론(Theory of Moral Sentiments)』에서 인간의 도덕적 본성에 대한 주장에서 연계되는 동정심은 호전적이며 이기적 행태를 제한하여 안정적 사회를 창조시킬 수 있다고 믿었다. 스미스는 호전적인 자신의 이익 추구가 사회를 뭉치게 하는 동정심과 배려를 침식한다는 점을 고려하여 정치경제적 해결책으로 시장경제를 주장하였다. 또한 시장경제는 개인의 이기적 형태를 충족하면서 경제사회에서 야기되는 문제점을 생산적·사회적으로 보완할 수 있는 방향을 제시해준다고 믿었다. 나아가 경쟁의 중요성을 강조하면서 간섭은 시장의 잠재적 이익을 해치기 때문에, 정부의 개입은 법 집행, 조폐, 항구나 주택 등의 공공사업 등에 한정되어야 한다고 하였다. 스미스 주장의 핵심은 경제적 자유가 노동 분업이 발전하는 속도와 경제적 부가 증대하는 속도를 극대화한다는 것이었다. 그 이유는 경제적 자유가 새로운 형태의 노동 분업과 생산기술의 혁신을 가져오게 하는 개인적 동기와 기회를 최대한 제공하며, 결국 노동의 생산성을 증가시키기 때문이라는 것이다. 스미스는 이러한 최적의 경제체제를 '자연적 자유의 체제'라 부르며, 이러한 경제체제는 인위적 장애가 없는 상태에서만 나타날 수 있다고 주장한다(Conway, 1988: 77~78).

한편 하이에크(Friedrich von Hayek)는 저서 『노예의 길(The Road of Serfdom)』에서 자본주의와 사회주의 사이의 중도적 개념을 거부하며, 혼합경제를 위험한 신화라고 비판하였다. 그는 정부의 개입은 자유시장경제의 유연하고 효율적인 기능을 왜곡시키고, 이러한 왜곡을 바로잡기 위하여 정부가 더 많은 개입을 하게 되는 악순환의 고리를 양산해낸다고 생각하였다. 그래서 이러한 정부 개입의 악순환은 결국 사회를 사회주의 국가로 만들어갈 것이라고 비판하였다. 하이에크의 시장보호에 대한 이러한 생각은 계몽주의자들이 가지고 있던 인간의 이성에 대한 낙관적인 태도보다는, 합리성의 근본이 되는 이성은 기존에 구성되어 인간의 사고와 행동을 제한 한다는 비관적인 관점에서 시작된다. 그는 인간은 근본적으로 무지하며, 무지로부터 벗어나 삶의 목적을 추구하기 위하여서는 제한된 사고와 삶에서 벗어나 자유롭게 지식을 찾아나가야 한다고 주장한다(김성수, 2018: 204~205). 어느 누구도 세상에 대해서 완벽하게 알 수는 없으며 인간 사회의 일부분에 대해서만 파악할 수 있기 때문에, 어느 누구도 사회 전체에 대한 계획을 세우거나 조정해 나갈 수 없다고 보았다(Clark, 1991: 46). 그는 이러한 관점에서 개인과 시장의 자유를 옹호하였고, 구성주의적 합리주의(constructivist rationalism)의 오류는 인위적 사회구조의 재편이라고 비판하면서, 자생적 질서(spontaneous order)를 강조하였다. 인간의 자유를 제한하는 강제성으로부터의 해방은 누구에게도 종속되지 않을 사유재산의 보장이며 예측할 수 있는 법치의 존재이다. 결국, 그는 분배가 자유를 방해한다고 본다.

20세기에 들어오면서 고전적 자유주의는 노직(Robert Nozick)에 의해서 다시금 주목받게 된다. 그는 『무정부, 국가 그리고 유토피아(Anarchy, State, and Utopia)』를 출간하면서 고전적 자유주의의 오래된 관념인 자연 상태 개념을 끌어온다. 노직은 홉스와 로크처럼 개인은 자연 상태에서 권리를 갖지만, 대신 어디에서도 권리를 보호받지 못한다고 보았다. 그리고 국가의 출발은 바로 이러한 개인의 권리를 보호받기 위한 계약에서 출발한다고 생각하였다. 따라서 그에 의하면 국가는 단지 개인을 보호하는 기능만 수행할 뿐이며, 이러한 최소국가(minimal state)가 합법적이거나 정당한 이유는 그것으로 인하여 어느 누구의 권리도 침해되지 않기 때문이라고 하였다. 만일 국가나 정부가 사람들을 보호하는 일 이상의 과업을 수행한다면, 누군가의 권리는 반드시 침해당할 것이므로 부당할 수밖에 없다고 생각하였다. 예컨대, 다른 사람에게 혜택을 주기 위해 어떤 사람에게 돈을 걷어 세금을 사용하는 정책은 일종의 '강요된 노동'과 마찬가지라는 것이다. 즉, 100달러를 벌어 20달러를 세금으로 내는 사람은 만일 그 20달러가 자신을 보호하는 데 사용된다면 아마도 아무런 불평을 하지 않을 것이다. 그러나 만일 10달러가 다른 사람들에게 보건의료, 교육, 실업수당과 같은 혜택을 제공하는 데 들어간다면 그 노동자는 자신이 일하는 시간의 10%를 타인을 위해 노동하도록 효율적으로 강제되는 것이다. 노직에 따르면 이것은 강요된 노동과 마찬가지이므로 개인의 권리 침해에 해당한다(Ball and Dagger, 2004: 75).

결국 고전적 자유주의자들은 정부가 폭력과 착취로부터 우리를 보호해야 하지만 그렇지 않은 경우라면 자유시장경제에서 무제한적으로 경쟁하도록 내버려 두어야 한다고 하였다. 고전적 자유주의자들이 지적하는 바에 따르면 정부는 합의한 성인들 간의 이익추구적 행동을 막으면 안 되며, 다른 사람의 권리를 침해하지 않는 한 무엇이든 자신이 좋아하는 것을 생각하고 말하고 행할 수 있는 개인의 권리를 보장해야 한다. 그리고 개인은 이러한 권리를 오직 국가가 최소국가일 때만 누릴 수 있다는 것이다. 이러한 고전적 자유주의 사상은 현대에 들어오면서 공리주의 등장과 더불어 양축으로 분화되는데, 한 축은 나중에 다룰 급진주의(사회주의 경제학)이며 다른 한 축은 고전적 자유주의 사상을 이어받은 수치로 한계효용을 설명하는 신고전적 자유주의이며, 다른 하나는 복지자유주의라고도 불리는 현대적 자유주의이다. 전자의 경우는 하이에크의 오스트리아학파와 프리드먼(Milton Friedman)으로 정부의 재정정책보다는 중앙은행의 금리조절로 대표되는 통화주의 학자들로서 고전적 자유주의의 주요 개념들을 이어받은 신자유주의자들이며, 후자의 경우는 알프레드 마셜(Alfred Marshal), 존 케인스(John Maynard Keynes) 등의 전통을 따라 고전적인 자유주의에서 주장하는 개인의 자유와 정부의 역할에 수정을 가한 정부의 재정정책효과를 주장하는 현대적 자유주의라고 할 수 있다.

2. 고전적 자유주의의 주요 특징

고전적 자유주의는 제한정부, 법치, 자의적이고 무분별한 권력의 방지, 사유재산과 자유계약의 신성성, 그리고 자신의 운명에 대한 개인들의 책임 개념에 집중되어 있다. 많은 고전적 자유주의자들은 도덕과 문화의 문제에 유용한 진전을 가져올 수 있는 일반 사람들의 능력에 대하여 회의적인 입장을 취하였다. 고전적 자유주의는 복지국가에 반대하는데, 복지국가는 개인 각자가 자신의 복지에 책임을 져야 한다는 원칙을 위배하기 때문이다. 나아가 복지국가는 종종 사회정의의 구현이라는 입장에서 자신의 주장을 표방하는데, 이 사회정의라는 이상에 대해 고전적 자유주의자들은 의미를 부여하지 않는다(Ryan, 1995: 293~294). 이러한 점들을 고려해 볼 때, 고전적 자유주의는 다음과 같은 두 가지 중요한 측면에서 보수주의와 대조된다. 첫째, 각각의 개인들은 자기 이익 실현을 위한 최적의 판단을 내리는 데 있어 합리적이며, 자신의 결정과 행동에 대한 책임감을 지니고 있다. 둘째, 고전적 자유주의에 있어, 자연권을 추구하려는 개인의 자유보다 더 중요한 가치는 존재하지 않는다.

표 2-1 고전적 자유주의의 주요 특징

인간본성	인간은 기본적으로 이기적이며, 자신의 욕구와 열망을 만족시키기 위하여 가장 효율적인 수단을 발견하는 데 자신의 이성을 사용할 수 있는 능력을 갖추고 자율적으로 행동한다.
정 부	정부는 자신의 권리보호를 보장받고자 하는 개인에 의해서 헌법을 통해 창조된다.
자 유	자유는 정부나 다른 사람에 의한 강제가 없는 상태를 말한다. 자유는 자율, 독립과 동의어이다.
권 위	합법적 권위는 오로지 자신들의 자율성을 일정 부분 양도하겠다는 개인들의 동의를 통해서만 발생한다. 예를 들어 노동현장에서의 권위는 임금과의 교환을 통한 노동자의 동의에 의한 것이다. 그러므로 정부의 권위는 개인의 자유와 재산에 대한 권리보호를 약속하는 것에 대한 시민들의 동의에 의해서 주어진 것이다.
평 등	평등이란 경제활동에 종사함에 있어 기회의 균등을 보장하고, 헌법을 통하여 구축된 개인들의 권리를 평등하게 보장하는 것이다.
정 의	정의는 헌법에 의하여 만들어진 개인들의 권리보호, 타인의 권리를 침해하는 사람에 대한 처벌로 구성된다.

고전적 자유주의에 따르면 개인의 모든 능력은 지배적인 사회 질서에 의해 전통과 계급이 제한되지 않을 때에만 충분히 발현될 수 있다. 그러한 사회 질서는 개인의 자유를 억압할 뿐만 아니라, 점진적 변화와 성장도 억제할 수 있기 때문이다. 따라서 개인 그 누구도 정부의 권위에 대한 인정을 인위적으로 강요받아서는 안 된다. 개인은 최소정부와의 계약(contract)을 선택함으로써, 통치에 동의(consent)할 수 있어야 한다. 여기서 말하는 최소정부란 자연법을 보다 명확히 하고 때때로 발생하는

자연법에 대한 위반을 강제하는 데에 그 주된 역할이 한정되어 있는 정부를 의미한다. 비슷한 이유로 고전적 자유주의는 계몽된 이기주의와 시장의 보이지 않는 손(invisible hand)에 의해 작동되는 자유방임적 경제, 즉 정부의 규제에 의한 억압으로부터의 자유를 추구한다. 다시 말해서 각각의 개인들은 합법적인 행위를 통해 자신의 경제적 목표를 추구하고, 자유로운 상태에서 가능한 한 많은 재산과 부를 축적할 수 있어야 한다는 것이다.

한편 고전적 자유주의는 법 앞의 평등, 즉 기회의 평등을 중요하게 생각한다. 그러나 그들은 정부가 물질적인 평등, 즉 결과의 평등을 창출하기 위하여 인위적인 노력을 기울여서는 안 된다고 주장한다. 왜냐하면 각각의 개인들은 서로 다른 성공의 방식과 수준으로 자기 이익을 추구하는데, 정부의 인위적인 개입은 이러한 개인의 주도권과 독립성을 제한할 수 있기 때문이다. 이러한 제한은 정부의 인위적인 개입이 다소 곤란한 상황 아래에 있을 때 불평등에 접근하는 데 있어 충분한 힘과 영향력을 바탕으로 과도한 역할을 담당해서는 안 된다는 것이다. 이와 같이 제한된 정부와 개인의 자유, 그리고 자유방임적인 경제 등에 대한 강조는 정부행위와 정책에 관한 논의를 진행함에 있어 여전히 중요한 고전적 자유주의의 전제들이라 할 수 있다.

제3절 | 급진주의(Radicalism)

급진주의 사상의 원류는 매우 오래되었다고 할 수 있으나 근대적 의미의 급진주의는 새롭게 등장한 자본가들과 민주적 열망을 꿈꾸는 계몽주의자들 사이의 갈등으로부터 탄생하였다. 특히 급진주의자들의 사상은 자유주의에 대한 비판에서 시작하였는데, 이들은 자유주의의 핵심요소인 자기 이익, 경쟁, 그리고 개인적 자유 등의 개념에 대해서 비판을 가하였다. 그들은 인간은 예나 지금이나 천성적으로 사회적 혹은 공동체적 존재이며, 개인은 혼자가 아니라 상호 간에 협동하면서 살거나 일을 하는 존재라고 주장하였다. 급진주의자들이 보기에 모든 사람이 상당한 정도의 자유, 정의, 행복을 누릴 수 있는 사회의 토대는 개인들 간의 경쟁이 아니라 협동이었다. 따라서 급진주의자들은 더 많은 평등과 생산수단에 대한 공적 통제가 자유와 정의라는 계몽주의의 가치를 획득하는 데 있어 매우 본질적인 요소라고 보았다. 급진주의자들의 관점에서 사유재산은 소수의 사람에게는 권력과 특권적 지위를 부여하고, 또 다른 사람들을 빈곤과 무력의 나락으로 떨어뜨리는 계급 분열(class division)의 근원이었다. 실제로 급진주의자들의 주된 목적은 부와 권력을 사회 전체에 걸쳐 고르게 배분할 프로그램을 만드는 것이었다.

한편 19세기를 거치면서 고전적 자유주의자들은 점점 비관적이고 반평등주의자가 되어 가고 있었는데, 이것은 결국 급진주의 사상을 노동자들과 지식인들 사이에 더욱 확산시키는 결과를 가져오게 되었다. 미국과 유럽에서 급진주의 이념의 영향력은 자유주의 이념과 정책의 변화를 통해서 간접적으로 전이되어 갔던 것이다. 그러나 다른 한편으로 급진주의가 사회주의나 공산주의로 발전해 감에 따라 이에 반대하는 진영에서는 개인의 재산을 보호하려는 사람들이 자유주의를 새롭게 강화하고 보완하려는 노력이 진행되었다.

1. 급진주의의 발전과정

17세기의 수평주의자(Leveller)와 평등주의 운동단체(Digger)는 경제와 사회가 균등해지기를 주장하였다(김성수, 2018: 107~111). 그러한 주장은 토마스 무어(Thomas Moore)의 『이상사회(Utopia)』 혹은 플라톤의 『국가론(Republic)』에서 흔적을 찾을 수 있지만 19세기 초까지 하나의 정치적 이념으로까지는 발전하지 않았다. 근대의 급진주의는 부분적으로 18세기 말과 19세기 초 자유주의에 대한 비판으로 시작하였다.

근대의 급진주의 이론은 계몽주의자들 중 루소(Jean Jacques Rousseau)의 사상 속에서 발견된다. 루소(Rousseau, 1997)는 자연 상태에서의 인간을 단지 자신의 자산을 보호받기 위해 정부의 도움을 필요로 하는 합리적 창조물로 보았다. 루소는 인간이 이기적 존재로서 자연 상태에서 자신의 생명과 사유재산의 보호를 위하여 정부의 도움을 필요로 한다는 홉스(Thomas hobbes)와 로크(John Locke)의 주장과 달리, 인간은 오로지 사회적 네트워크에 소속되어 있을 때만 발전할 수 있다고 생각하였다. 루소에 따르면 자연 상태의 인간은 연민(compassion), 즉 타인의 고통이나 위협이 자신에게도 해당될 수 있다는 감정을 가진 존재였다. 자연 상태에서 자유를 누리던 인간은 합리적(rationality) 판단에 의해 가족과 커뮤니티를 형성한다. 하지만 이러한 조직화는 동시에 과학과 예술의 발달을 가져오는데, 이로 인해 그는 재산의 불평등한 소유가 자연적인 평화와 인간의 연민을 파괴한다고 비난하였다. 과학과 예술의 발달은 불평등을 야기하고, 연민을 욕심으로 대체하며, 이러한 불평등 속에서 더 많은 부를 소유한 사람은 다른 사람을 지배할 수 있게 되어 결국 인간은 타인에게 종속(dependency)된다. 그 속에서 인간은 인간성을 상실(dehumanize)하고, 자연 상태에서 누렸던 자유와 도덕성, 그리고 공동체의 응집력이 파괴된다는 것이다. 그리고 이러한 지배적 관계의 생성은 인간에게 이기적이고 경쟁적이며, 자기방어적인 사람이 되기를 강요하는 것과 같다고 하였다. 이러한 문제에 직면한 인간은 자연 상태에서 가졌던 진정한 도덕적 자유(moral freedom)를 회복하기 위해 자연 상태로 회귀하려 하지만 그것은 불가능한 일이다. 때문에 인간은 사회계약을 통해 시민사회를 형성하고 그 안에서 진정한 자유와 도덕성을 유지할 수 있다고 루소는 주장했다. 결국 루소가 『사회계약론(Social Contract)』에서 제시한 이상국가관은 인간의 도덕성을 유지하기 위한 농업사회를 토대로 한 작고 가난한 민주공화국이었다.

한편 그는 일반의지(general will)라는 개념을 통하여 특수한 개인의 이익을 쫓는 일에 대한 반대 입장을 밝혔다. 일반의지는 사회의 집합적인 이익을 대표할 때 생겨나고, 그것은 단순히 개인들의 이익의 총합 이상이며, 나아가 사적 개인이라기보다는 시민으로서의 역할을 하는 모든 사람들의 이익을 나타내는 것이었다. 루소는 일반의지가 차단되는 것을 막기 위하여, 사회 전체의 이익을 담보로 개인의 사적인 이익을 추구하는 모든 이익집단의 폐지를 주장하였다(Clark, 1991: 55~56). 또한 루소는 일반의지로 표현되는 공동체 속에서 개개인은 자신에게 주어진 주권(sovereignty), 즉 의사 결정과정에 반드시 참여해야 함을 강조했다. 주권을 포기하는 개인은 다른 사람들의 결정에 따라 살아야만 한다. 이것은 자연 상태에서 인간들이 커뮤니티를 만들면서 생겨났던 부패(corruption)와 그로 인해 초래됐던 타인에 대한 종속(dependency)이 재현되는 결과를 낳는다. 때문에 시민사회(civil state)안에서 주권을 가진 구성원 모두가 그 권리에 동참하는 것이 매우 중요하다. 이러한 루소의 생각은 전통적 공화주의(Republicanism)의 토대가 되었다(김성수, 2018: 62–69). 주위 깊게 보아야 할 대목은 일반의지는 기존의 부패와 종속의 사슬을 제거하고 난 후에 이루어질 수 있다는 해석이 루소의 주장이 폭력의 정당성을 만들어 내곤 한다.

근대에 들어와 급진주의를 과학적 토대 위에 올려놓으려고 시도하였던 또 한 명의 인물은 생시몽(Henri de Saint–Simon)이다. 그에 따르면 인류의 역사는 연속하는 단계 혹은 시기로 나뉘어져 있으며, 낡은 형태의 사회가 사라지면 반드시 새로운 형태의 사회가 나타나 그 자리를 대신한다고 생각하였다. 그는 근대의 세계를 계몽주의에 기반을 둔 산업사회라고 규정하면서, 이 새로운 형태의 사회는 엄청나게 복잡해서 서로 다른 여러 부류의 기술자와 전문가들의 지식과 기술이 조화를 이루고 통합되어야만 작동될 수 있다고 하였다. 생시몽은 이러한 사회에서는 자유주의자들이 말하는 의미의 개인은 존재할 수 없으며 고립된 개인은 허구라고 생각하였다. 즉, 산업사회의 현실 세계에서 개인은 자신의 사회적 역할과 생산기능으로 환원된다는 것이다.

한편 생시몽은 재산을 사유에서 공공의 통제로 옮겨야 한다고 명시적으로 요구하지는 않았으나, 이윤을 놓고 서로 경쟁하는 사람들이 어떤 재화는 너무 많이 생산하고 어떤 재화는 아주 적게 생산함으로써 과잉생산과 과소생산을 만들어내기 때문에 자유방임적인 자본주의는 비효율적이라고 하였다. 그는 계획을 통해 전문가들이 자본주의보다 더 효율적이고 공정한 체제를 제공할 수 있으며, 사회적 필요를 예측하고 충족시킬 수 있다고 주장하였다(Ball and Dagger, 2004: 120). 이러한 초창기 급진주의의 흐름은 차츰 사회주의 사상으로 변화하게 되었다. 초기의 사회주의는 다시 강조하지만, 근본주의적이고 이상적이며 계량적 성격을 띠고 있었다. 자본가와 노동자의 타협 또는 자본가의 사회적 책임을 논하였다. 하지만 이상적 사회 건설은 쉽지 않았다. 대안으로 혁명적 사회주의가 등장하게 된다. 자본주의의 경제적 원리인 개인주의를 사회주의로 대체하는 것이다. 이러한 사회주의의 가장 영향력 있는 대표자는 마르크스이다.

19세기 후반부터 노동조건, 임금, 노동조합의 성장, 그리고 사회주의 정당들의 증진을 통해 노동자 계급을 자본주의 사회 속으로 점진적으로 통합하고자 하였던 개혁적 사회주의 전통이 출현하기 시작하였다. 이러한 새로운 사회주의 전통은 사회주의로의 평화적이고 점진적이며 합법적인 전환이 가능하다고 주장하였고, '의회주의적 길'을 채택함으로써 일어났다. 개혁 사회주의는 두 가지 기원에 의존하였는데, 하나는 로버트 오웬(Robert Owen), 찰스 프리에(Charles Fourier), 윌리엄 모리스(William Morris)와 같은 사상가와 연결된 윤리적 사회주의가 지니는 인간적 전통이었고, 다른 하나는 베른슈타인(Eduard Bernstein)에 의해 발전된 수정주의적 마르크스주의 형태였다. 독일 사회민주당의 초기 당원이었던 베른슈타인은 영국의 페이비언주의(Fabianism)와 칸트 철학에 영향을 받아 계급적 전쟁의 부재를 강조하였던 경험적 비판을 발전시켰고 사회주의로의 평화적 전환 가능성을 주장하였다 (Haywood, 2003: 118).

베블런(Thorstein Bunde Veblen)은 1899년 발표한 『유한계급론(The Theory of the Leisure Class: An Economic Study in the Evolution of Institution)』에서 산업의 정신과 기업의 정신을 구별하여, 전자는 최소의 비용으로 최대의 생산량을 올리는 것이지만, 후자는 이윤의 추구를 목적으로 하기 때문에 기업 합동, 판매 우선, 정부와 소유계급의 낭비를 초래한다고 하여 배격하였다. 특히 "상층 계급의 두드러진 소비는 사회적 지위를 과시하기 위하여 자각 없이 행해진다"고 하면서 상층 계급의 과시적 소비를 지적하였다. 즉, 베블런은 물질만능주의를 비판하면서 상류층 사람들은 자신의 성공을 과시하고, 허영심을 만족시키기 위해 사치를 일삼는다고 꼬집었다.

급진주의 운동은 두 개의 경쟁적 진영으로 나누어졌다. 레닌(Vladimir Lenin)과 볼셰비키(Volsheviki)의 모범을 따르는 혁명적 사회주의자는 자신들을 공산주의자라고 불렀다. 반면에 입헌정치의 형태를 실천하였던 개혁 사회주의자는 자신들을 점점 더 사회민주주의자라고 부르게 되었다. 이 경쟁자들은 급진주의를 달성하는 데 가장 적절한 수단뿐만 아니라 사회주의 목표 자체의 성격에도 초점을 맞추었다. 특히 사회민주주의자는 공동소유와 계획 등과 같은 근본주의적 원칙에는 등을 돌렸고, 복지 · 분배 · 경제관리 차원에서 사회주의를 만들어 나갔다. 반면 레닌과 그의 후예들은 이후 마르크스-레닌주의라는 이름 하에 새로운 전통을 이어 나갔다.

급진주의에서 마르크스-레닌주의적 변형은 평등과 사회정의를 실현하는 데 있어 다음의 세 가지 가정들과 함께 시작된다. 첫째, 구사회 경제질서는 이용 가능한 모든 수단들을 활용하여 변화에 대항할 것이기 때문에, 변화는 구질서에 대한 총력적인 전복을 필요로 한다. 둘째, 사회주의의 변형은 복잡하고 어려워질 것이다. 조건의 바람직한 평등을 이루기 위하여 강력한 정부가 설치되어야만 한다. 이때 정부의 가장 중요한 임무 중 하나는 사회의 모든 주요 자원들과 사람들의 수요를 충족시키기 위한 재화와 용역의 생산과 분배를 공동 소유함으로써 경제체제를 재편한다. 셋째, 정부를 운영하고 경제와 사회에 변화의 효과를 불어넣기 위한 일체의 권력이 소규모의 독재적인 지도자 집단에게 부여되어야 한다. 소규모의 독재적인 지도자 집단과 강력한 정부는 상대적인 평등이 달성되는 그 순간, 분권화된 구조를 갖는 시민에 의한 정치와 효율적인 행정으로 대체됨으로써 사라지게 될 것이다.

마르크스 이론에 근거한 핵심 강령들은 이후 소련의 스탈린(Joseph Stalin)과 중국의 마오쩌둥(Mao Zedong), 그리고 쿠바의 카스트로(Fidel Castro) 등에 의해 수정되어 각각의 국가에서 실험 적용되었다. 그러나 이러한 전통적 마르크스주의는 현실정치에서의 실패를 바탕으로 많은 비판에 직면하게 되었으며, 이들은 사회가 단순히 물질적 생산관계에 바탕을 둔 경제적 환원구조가 아니며, 정치와 문화를 비롯한 매우 다양한 변수에 의해서 구조지어지고 있다는 생각을 그들의 새로운 전통에 부여하기 시작하였다. 이러한 새로운 사상의 움직임은 그람시(Antonio Gramsci)의 저작에서 찾아볼 수 있다. 그는 자본주의가 경제적 지배 뿐만 아니라 정치적·문화적 요소의 지배에 의해서도 유지된다는 점을 강조하였고, 이것을 이념적 '헤게모니(hegemony)'라고 불렀다. 헤게모니가 만들어지는 과정은 다음과 같다. 지배계급이 가지고 있는 도덕적, 경제적, 지적 지도력과 그들의 주장이 사회 모두의 이득을 위한 것이라는 세계관에 의하여 사회적 담론이 형성된다. 결국 지배받는 계급은 헤게모니에 의하여 스스로 구조에 순응하게 된다. 하지만 그람시는 이러한 과정에서의 모순이 결국 노동자계급에 의하여 대응 헤게모니를 형성하도록 하여 정치적변화를 야기할 수 있다는 가능성을 제시했다. 이러한 노력은 마르크스가 주장했던 유사시 노동자들이 대동단결하여 자본가에 저항할 것이라는 예측이 1차대전을 겪으며 (자본가의 도구를 전락한 국가를 위하여 전쟁에 참여) 무너지게 되는 역사적 사건에서 시작한다. 노동자들의 투쟁의지를 꺾어 계급이익을 보지 못하도록 눈을 가리는 서구문명이 문제라는 것이다. 기존 문명에 도전장을 낸 헝가리 볼셰비키정부에서 문화담당관을 역임한 루카치(Lukacs)는 "지배계층은 도덕적으로 우월하고, 객관적 진실은 존재하지 않으며, 대신 억압자의 주관적 경험과 인식을 진실로 받아들이게 만들었다"를 주장하면서 문화개혁을 시도한다. 그의 영향을 받아 혁명의 가능성으로 상부구조인 문화에서 찾기를 주장한 호르크하이머(Max Horkheimer), 아도르노(Theodor Adorno), 젠더 정치학의 창시자 프롬(Erich Fromm), 신좌파 사상의 토대를 제공한 마르쿠제(Herbert Marcuse)에서 시작해 지식의 공론장을 주장하는 하버마스(Jurgen Habermas)에 이르는, 소위 '비판 이론가'라고 불리는 프랑크푸르트학파는 온건적 급진주의 이론의 최전선에 서 있다. 다만, 프랑크푸르트학파는 종종 현대정치 이론에서 혼돈을 야기하기도 하는데, 그것은 프랑크푸르트학파의 접근방식이 혁명적 실험에 대한 신념을 여전히 견지하려는 마르크스주의자의 전통을 고수하는 계급갈등의 입장과 계급이익을 사회적 담론화시킨 서구문명의 토대를 이루는 제도인 기독교, 가부장제, 가족제도, 권위, 도덕, 관습, 애국 등을 비판하며 정체성 학문의 기초를 수립한 수정주의적 해석을 고수하는 입장이다. 후자는 정치적 올바름(Politically Correctness)이라는 사회 현상에 사상적 기반을 주었다.

| Box 2-1 | 비판 이론과 프랑크푸르트학파(Frankfurter Schule)

프랑크푸르트학파는 하나의 연구단체인 동시에 사상유형(a mode of thought)이다. 프랑크푸르트학파의 접근방식은 혁명적 실험에 대한 신념을 여전히 견지하려는 구마르크스주의자의 전통적인 입장과, 전통적 마르크스주의자의 범주를 급진적으로 변형시킨 수정주의적 해석을 하는 입장으로 나뉘어서 발전하였다.

프랑크푸르트학파는 1923년 독일의 프랑크푸르트에서 설립된 사회조사연구소(The Institute of Social Research)에서 시작되었는데, 1931년부터 호르크하이머가 소장으로 취임한 뒤 본격적인 활동을 펼치기 시작하였다. 그리고 히틀러가 정권을 장악한 후에는 미국으로 망명하여 1950년까지 미국에서 활동을 계속하였다. 비판 이론의 전통은 벤야민(Walter Benjamin), 아도르노, 호르크하이머, 그리고 마르쿠제 등으로부터 시작하여 전후의 하버마스, 벨머(Albrecht Wellmer) 등으로 이어졌다.

이들은 1930년대에 주로 자본주의 경제와 자본주의 가족에 대한 사회경제적 · 사회심리적 비판에 중점을 두고 저술활동을 하였으며, 이러한 연구들은 "사회연구지(Zeitschrift fur Sozialforschung)"와 포괄적인 연구보고서 『권위와 가족(Kritische Theorie)』으로 묶여서 출판되었다.

프랑크푸르트학파의 철학은 교조적인 마르크스주의는 지양하되, 마르크스의 독창적 사고를 정신분석학과 미국의 사회학에 접목함으로써 인간을 노예 상태로부터 해방시키는, 즉 모든 개인들의 행복을 목표로 하는 '비판 이론(critical theory)'을 정립하였다. 비판 이론은 개인들이 후기 자본주의의 노동 강제와 소비 강제에 매몰되어 무기력해지고, 대중매체의 문화산업과 의식산업에 의해 도덕적 · 정신적 에너지가 빼앗긴 상태에 있다고 비판한다. 그리고 비판 이론은 시대적 객관주의에 대한 엄격한 비판을 궁극적인 목적으로 삼았다. 그 첫째가 마르크스주의적 과학주의에 대한 비판이었고, 둘째는 그러한 법칙이 실재하고, 인류의·역사를 좌우한다는 스탈린의 교조적 마르크스주의를 말하고, 이성의 역할을 단순히 분석적이고 경험적인 역할로서만 인정하는 서구의 과학적 실증주의를 의미한다. 이에 대한 철저한 반성이 프랑크푸르트학파의 변증법적 비판 이론에 내재하는 자기 목적이라 할 수 있을 것이다.

프랑크푸르트학파는 앞서 언급하였듯이 올바른 이성의 사용을 통하여 인간 해방을 목표로 하는 비판활동을 지향하는 것을 이념으로 한다. 인간이성의 능동성, 자율성, 창조성에 대한 확신을 토대로 하여, 이성의 자유로운 실현을 가로막는 구체적인 사회, 역사적 상황에 대한 자기 반성과 성찰을 통해서 이러한 질곡으로부터 해방을 성취하려는 정신이 비판정신의 핵심인 것이다. 이들은 인간의 사회와 역사에 대한 이해 및 인간의 가능성에 대한 모색을 위하여 다양한 사상들과 마르크스주의를 개별적으로 결합하였다. 프랑크푸르트학파는 마르크스의 유물사관을 극복하기 위해 프로이트, 실존주의, 헤겔의 관념론 등을 수용하였다. 이들은 인간 해방을 목표로 한다는 점에서 마르크스주의를 표방한다. 하지만 그들의 사상에서는 다음과 같은 차이가 있다. 마르크스주의가 하부구조 분석, 정치경제학 분석, 객체의 철학이라고 한다면 프랑크푸르트학파는 상부구조 분석과 도구적 이성 비판, 주체의 철학을 주장한다.

프랑크푸르트학파는 '왜 자본주의의 성숙이 노동자 계급의 계급투쟁을 통한 사회혁명을 불러오지 못하였는가?'라는 의문을 제기한다. 1917년 러시아에서 성공한 혁명이 왜 유럽 전역에 퍼지지 않았는지, 대공황 이후의 독일에서는 어째서 사회주의가 아닌 파시즘이 등장했는지 등의 역사성을 바탕으로, 왜 역사의 진행이 제대로 실현되지 못하고 있는지를 고민하였다. 그들은 마르크스주의가 지나치게 노동을 특권화함으로써 노동 이외의 요인에 대해 아무것도 설명해주지 못한다고 보았고, 인간의 의식구조는 유물사관이 내세우는 경제적 요인에 의해서만 결정되는 것은 아니라고 판단하였다. 또한 역사를 통해 사회변혁을 위한 인간(주체)의 진행 정도가 사회의 변혁조건(객체)을 따라잡지 못하고 있다고 판단하고, 여기에는 허위의식인 이데올로기가 작용한다고 하였다.

프랑크푸르트학파의 학자들은 미국에 체류하는 동안 이러한 주제들(앞서 언급한 파시즘의 대두와 혁명 조류의 쇠퇴에 대한 해명, 현대 서구사회의 점증하는 권위주의적, 관료주의적 경향)을 그들이 문화산업이라 부른 매스미디어에 대한 분석으로 발전시켰다. 그들은 문화산업이 자본주의사회에서 고도로 조작적인 기능을 수행하기 위해 불가피하게 출현한 것이며, 지배적인 자본 계급을 위해 대항적이고 비판적인 의식을 억제하고 타도하는 데 기여한다고 하였다.

이러한 프랑크푸르트학파의 비판 이론은 1960년대 학생운동의 이론적 기반이 되었으며, 그 결과 그들의 박식함과 탁월함은 학계에 강력한 인상을 주었을 뿐 아니라 일반 시민들에게까지 큰 영향을 주게 되었다.

※ 김성수, 2007, "이성과 현실 사이: 초기 프랑크푸르트 학파 비판 이론에서 변증법의 역할", 『국제정치논총』 제47집 제1호 참조.

2. 급진주의의 주요 특징

급진주의의 가장 중요한 목표는 모든 이에게 고도의 평등, 즉 상대적으로 동일한 삶의 조건을 제공하는 것이다. 그리고 이와 같은 목표에 대한 정부의 지원이 전제된다. 사실 산업화의 진행과 민주주의의 출현에도 불구하고, 19세기의 많은 사람들은 여전히 가난하였고, 변함없이 착취당하고 있었다. 이에 급진주의는 정치적·경제적·사회적 차원에서 별다른 힘을 소유하고 있지 않은 개인들의 어려움에 대해 심각하게 우려하기 시작하였다. 보수주의나 고전적 자유주의가 특별히 관심을 두지 않았던

표 2-2 급진주의의 주요 특징

인간 본성	인간은 특정한 생물학적 욕구와 합리적 선택을 할 수 있는 능력을 가지고 있다. 그러나 인간의 의식과 행동은 인간을 둘러싸고 있는 사회적, 자연적 환경에 의하여 매우 큰 영향을 받는다. 언어, 전통, 가치, 교류방식과 같은 사회적 배경들은 사람에게 매우 깊게 체화되어 있어서, 다른 사람들과의 관계를 통하지 않고서는 자신의 재능과 능력을 충분히 발전시킬 수 없다.
사 회	사회는 단순한 개인들 간의 집합 이상을 의미한다. 사회는 개인들이 태어나면서 자동적으로 가입하는 하나의 유기체와 같다. 왜냐하면 사회는 개인을 선행해서 존재하며, 어떤 특정한 개인의 욕구와 잠재적으로 갈등을 일으킬 수 있는 사회 고유의 이익과 정체성을 가지고 있기 때문이다. 따라서 좋은 사회란 그 사회의 제도들이 상호 존중에 의거하여 개인의 발전과 사회적 관계들을 촉진하는 사회이다.
정 부	정부의 적절한 역할은 시민들의 집합적 이익의 대표로서 기능을 수행하는 것이다. 정부는 그들이 개인으로 존재할 때 성취할 수 없는 것들을 집합적으로 존재할 때 획득할 수 있도록 허용한다.
자 유	자유는 개인의 능력을 완전히 발전시키는 동력이다. 자유는 오로지 협력과 참여에 기초하여 양성된 커뮤니티의 맥락에서만 성취될 수 있다.
권 위	혁명적 리더십을 제외하고, 권위는 오로지 공공의 신뢰성과 폭넓은 참여에 기초하여 민주적으로 세워질 때만 합당하다.
평 등	평등은 단순히 기회의 평등만을 의미하지 않으며 본질적으로 결과의 평등을 의미한다. 평등을 이루기 위해서는 사회적 약자들을 돕기 위하여, 정부에 의한 세금징수나 심지어 재산수입에 대한 압수까지도 필요로 한다.
정 의	정의는 민주적 정치과정에 의해서 세워진 권리에 상응하여 보상이 분배되는 것이다. 이러한 권리들은 개인의 노동의 대가에 대한 권리, 물질적 공급이나 의료지원과 같은 인류 발전을 위한 본질적인 조건에 대한 권리를 포함한다. 정의는 또한 법의 공평한 집행을 포함한다.

소외된 계층에 대하여 급진주의가 주목하기 시작한 것이다. 그 결과, 급진주의는 이러한 사람들 사이에서 두드러진 정치이념으로 발전하였다. 그리고 급진주의는 사회 내 모든 집단들의 이익을 보장할 수 있게 해주는 정치적·경제적 힘을 지향한다는 비전을 명확히 하였다.

급진주의에 의하면, 인간은 선천적으로 이기적이거나 공격적이지 않다. 어떤 경우라도 인간은 사회적이며, 본성적으로 조심스럽다. 그러나 개인의 태도와 행동은 변하지 않는 인간성이 아니라, 그들이 살아가며 배우는 환경에 의해 결정된다. 따라서 급진주의는 각각의 개인들이 협력과 공유에 가장 높은 가치를 두고, 집단적 선의 증가를 가장 중요한 목표로 삼게끔 환경을 조성하는 데 주된 역점을 둔다. 급진주의는 개인의 자유와 권리가 지닌 가치를 충분히 인정한다. 그러나 급진주의에 있어 가장 중요한 가치는 전체 사회의 선이다. 따라서 개인의 이익은 사회 모든 이들의 전체적인 이익과 요구보다 하위에 위치하든가, 최소한 조화를 이루어야 한다. 가족과 지역 조직, 그리고 국가 조직 등에 이르기까지 모든 집단들은 공공선에 대한 협력과 봉사의 태도를 장려해야만 한다.

정부는 시민에 대한 교육과 훈련은 물론이고, 정부정책을 통하여 모든 시민들에게 훌륭한 물질적 여건과 안전을 제공해야 할 중대한 의무를 지닌다. 따라서 정부는 모든 시민들이 경제적 불확실성에 반하여, 평등한 교육, 거주지, 건강, 작업, 재정적 안정성에 접근할 수 있도록 하는 역할을 수행해야 한다. 결국 보수주의의 유기적이고 계층적인 세계와 고전적 자유주의의 이기적인 세계, 이 양자는 모두 물질적인 조건과 신분, 그리고 권력 등의 거대한 불균형을 야기한다. 이러한 불균형은 사회적인 차원에서 심각한 고통과 소외, 그리고 갈등을 불러일으킨다. 따라서 급진주의는 모든 구성원들의 정치적·사회적 평등의 실현뿐만 아니라, 물질적인 재화를 증가시키기 위하여 국가의 힘과 정책을 사용하도록 위임하는 데에도 주된 역점을 두고 있다. 급진주의자들은 이러한 평등이 사람들을 기꺼이 공공선에 기여하도록 완성하고, 행복한 시민들로 변형시킨다고 믿기 때문이다. 그러나 급진주의자들의 생각의 범위는 학자에 따라 매우 다르며, 그 차이가 광범위하기 때문에 쉽게 하나의 통일된 개념으로 정리하는 것은 매우 어려운 일이라 할 수 있다.

제4절 | 보수주의(Conservatism)

강한 정부, 특히 인위적으로 부와 지위를 평등하게 만드는 데 그 강력한 힘을 사용하고 있는 정부가 존재하는 현실 속에서, 보수주의는 전통적 가치의 회복과 정부의 축소, 그리고 불평등한 개인의 자유 등을 주장하였다. 특히 보수주의의 정신에 가장 근접한 현대 정치행위자들 중 대다수는 사회 계급과 질서, 그리고 전통적 가치 등이 존중받는 아시아, 중동, 아프리카 등의 여러 나라에 있다.

전통적 가치와 사회 계층에 기반을 두고 있는 보수주의는 사회적 변혁을 저지하거나, 그것의 속도와 범위, 그리고 강도 등을 감소시키고자 한다. 말 그대로 보수주의는 체제 내에 이미 존재하고 있는 많은 가치 있는 요소들을 보존하고자 하는 것이다. 물론 보수주의가 보호하고자 하는 대상은 시간과 공간에 따라 달라질 수도 있다. 하지만 그것의 특정한 근원적 요소들은 매우 가치 있는 것이다. 특히 보수주의는 안정성과 전통, 그리고 신과 국가에 대한 충성 등에 특별한 중요성을 둔다. 사회에 대한 개인의 관계와 평등주의에 대한 혐오(예를 들어, 앞서 밝힌 조건의 평등) 역시 보수주의의 본질적인 핵심이다. 그러나 대부분의 현대 보수주의자들은 상당히 실용적이다. 그들은 18세기 사회로의 복귀가 불가능한 현실적 상황을 분명하게 하기 위하여, 그들의 정부가 집행하고 있는 몇몇의 정책들을 수용하였다. 그러나 여기에서조차도 근본적인 원리는 영국의 보수당이 그랬던 것처럼 보존하기 위하여 변화한다는 것이다. 애국심과 가족, 도덕성, 그리고 신앙심 등과 같은 전통적 가치들을 지지 또는 회복할 수 있다면, 정부의 간섭에도 동조할 수 있다는 것이 보수주의자들의 기본적인 입장이다. 그런 점에서 보수주의 정부는 다른 나라에 대해 영향력을 행사하거나, 국교를 지원하거나, 낙태를 불법화하는 문제 등에 있어서 그 강제력을 적극적으로 확장시킬 수 있다.

1. 보수주의의 발전과정

우리는 보수주의를 논하기에 앞서 보수적(conservative)이라는 단어의 역사적 쓰임새에 대해서 이야기할 필요가 있다. 19세기에 보수적이라는 말은 개인주의와 민주주의가 위협하고 있다고 여겨지는 위계질서와 공동체를 지키는 데 헌신한 이론가들과 그들의 주장에 붙여지는 말이었다. 그러나 20세기에 접어들면서, 현대적 자유주의자들은 자신들과 고전적 자유주의자들과의 구분을 명확히 하기 위하여 고전적 자유주의자에게 보수주의자(conservatives)라는 이름표를 붙이기 시작하였다. 고전적 자유주의자들은 자신에게 보수주의자라는 꼬리표가 붙는 것에 대해서 상당한 불만을 표시하였지만, 오늘날에는 그들에게 보수주의자라는 닉네임이 항상 따라 다니게 되었다. 그 결과, 오늘날 보수주의자들을 지칭할 경우에는 통상적으로 개인주의, 자유시장경제, 그리고 제한된 정부와 같은 고전적 자유주의자들의 핵심 개념과 연관되는 신보수주의라 칭하게 되었다.

보수주의에 대한 이러한 이중적 개념에도 불구하고, 우리는 이번 장에서 두 가지 이유에서 보수주의를 19세기의 고전적 보수주의에 한정해서 다룰 것이다. 첫째, 고전적 자유주의가 보수주의라고 불릴 때, 진정한 의미의 보수주의(19세기적 의미의 보수주의)는 변질되거나 무시당할 수 있다. 둘째, 우리의 분석의 초점은 오늘날 벌어지고 있는 정치철학의 다양한 논쟁에 대한 역사적 맥락을 쫓는 데 있다. 따라서 19세기의 보수주의 전통을 분석하는 것이 이 글의 목적에 좀 더 부합할 것으로 여겨지기 때문이다. 비록 이러한 용어의 사용이 오늘날 흔히 이해하는 보수주의 개념에 대해서 혼란을 일으킬 수도 있지만, 보수주의 개념에 대한 19세기적 한정은 고전적 자유주의와 보수주의를 구분 짓는 데 매우 유용한 틀을 제시해준다(Clark, 1991: 71).

영국 하원의원이었던 버크(Edmund Burke)는 분명 위에서 제기한 고전적 형태의 보수주의의 가장 명료한 대변자 중 한 명일 것이다. 버크 자신은 결코 자신을 보수주의자로 칭한 적이 없으나(사실 1800년대 이전에는 자유주의 혹은 보수주의라는 정치용어가 존재하지도 않았다) 자신의 연설과 저작들 속에서 독특하게 보수적인 정치적 입장을 표명하였다. 특히 그는 당시에 루소(Jean Jacques Rousseau)의 주장에 기반한 자유와 평등 그리고 절대적 정의의 대명사처럼 불린 프랑스혁명에 대해 반발하면서 저서 『프랑스혁명에 대한 성찰(Reflections on the Revolution in France)』을 집필하였다. 버크는 인간본성과 정부에 대한 혁명가들의 관계에 오류가 있으며, 자유에 대한 관념 또한 오도되어 있다고 하였다. 그는 혁명가들이 개인의 권리와 이익 및 선택이라는 것에 집중함으로써, 사회를 쟁반 위의 공깃돌만큼이나 서로 관련이 없는 독립된 원자들로 이루어진 느슨한 집합체로 여기게 되었다고 비난하였다. 그는 사회를 유기체적 관점에서 바라보면서 사회는 곧, '사회적 직물(social fabric)'과 같으며, 개개의 구성원들은 풍부하게 짜인 융단 속에 교차해서 엮여 있는 실들과 같은 존재라고 하였다. 그리고 합리적이지도 않고 자율적이지도 않은 인간들이 이러한 유기체적 사회 속에서 살아갈 수 있는 것은 정부와 오래 지속되어 온 관습, 그리고 전통에 의한 것이라 하였다. 전통은 시대적 지혜의 집합체이기 때문에 존중되어야 한다며 막시밀리앙 로베스피에르(Maximilien Robespierre) 공화정부의 기존 제도 제거와 인간의 의식 개조를 하는 일련의 정책(샤폴리에법)을 비판하였다. 정부, 관습, 그리고 전통은 필수불가결한 것이기 때문에, 정부 역시 필요에 따라 언제나 분해되고 조립될 수 있는 기계적 성질의 것이 아니었다. 사회는 복잡하고 섬세한 유기체로서 사람들의 관습과 전통에 뿌리내리고 있어야 하며, 사람들은 정부에 복종하고 존경하며 심지어 숭배하는 습관까지도 습득해야 한다고 주장함으로써 국립교회와 귀족 정부를 옹호하였다(김성수, 2018: 114~122; Ball and Dagger, 2004: 91). 군주제는 사회와 사회를 구성하는 집단을 인식하며, 교회와 가족은 사회적 긴장의 중재적 결사체로 중요하다. 하지만 혁명가들이 주장하는 민주주의는 그것을 추방하려 하며 하위 공동체를 반사회적·반문명적인 혼돈상태로 해체해 다양한 시민들을 뒤섞어 하나의 동질적인 대중으로 만든다는 점을 지적했다. 평준화하려는 자는 결코 평등화하지 못한다는 것이다. 버크는 다양성과 다양한 기회를 파괴하며 분리할 수 없는 자유를 속박하게 한다고 주장하였다. 우리가 중요하게 보아야 할 점은 버크는 민주주의를 거부하는 것이 아니라 전체주의로 전환되는 것을 우려한 것이다.[6)]

버크의 사상을 기반으로 한 영국의 보수주의는 이후 온정주의적 보수주의(paternalistic conservatism) 혹은 토리 민주주의(Tory Democracy)라는 이름으로 디즈레일리(Benjamin Disraeli)와 처칠(Winston Churchill) 등에 의해서 이어졌다. 디즈레일리는 부자와 빈자라는 두 개의 민족으로 나누어지는 영국에 대한 경고 속에서 사회혁명에 대한 광범위한 불안을 표현하였다. 이 경고는 특권층이 지니고 있는 이기주의에 대한 호소였다. 이 특권층은 위로부터의 개혁이 아래로부터의 혁명보다 더 유익하다고 인식하는 사람이었다. 이 메시지는 높은 신분에는 도덕적 의무가 수반된다는 노블리스 오블리제(noblesse oblige)라는 신봉건적 이념에 기원을 둔 의무와 사회적 책무의 원칙에 대한 호소를 통해 지탱되었다. 사실 이 관점에서 볼 때, 의무는 특권의 대가라고 할 수 있다. 권력가와 재산가는 사회적 응집력과 통일이라는 일반적 이해관계에서, 가난한 자를 돌볼 책임을 물려받았다(커크, 2018: 146~147). 이러한 견해는 영국 보수당에 의해서 정치적으로 주장되었는데, 사실 이러한 온정주의적 보수주의는 사회평등의 이념이라기보다는 유기적 균형, 즉 응집력 있고 안정적인 위계조직에 기초한 사회의 안정을 유지시키기 위한 방편이었다.

영국을 중심으로 한 이러한 고전적 보수주의의 전통은 대서양을 건너 미국에 전파되었다. 그러나 미국의 보수주의는 보다 확대된 평등과 민주주의를 받아들이고 유럽에 비해 덜 귀족주의적인 성격을 띠고 있다는 점에서 대륙의 보수주의, 나아가서는 영국의 보수주의와는 다른 색채를 띠고 있었다. 개인의 권리와 공동체의 권리가 서로 갈등 구조를 형성하는 유럽의 사상사적 발전과정에서 보자면, 미국의 보수주의는 개인의 권리를 우선시하는 방향으로, 유럽의 보수주의는 개인의 권력보다 공동체의 권리를 방어할 수밖에 없었다고 보았다(Meyer, 1964: 230).

그러나 미국의 보수주의가 유럽의 보수주의와 성격적인 면에서 차이점이 있다고

---

6) 버크는 전통적 요소가 대중의 의식 속에서 성장한 것을 일반의지로 보는 반면에 앞에서 설명하였듯이 루소는 전통적 및 경험적 요소(사슬로 표현)가 제거된 후의 집단의지가 일반의지라 주장한다.

해서 미국에서 유럽적인 보수주의의 유형이 전혀 존재하지 않았다는 것을 의미하는 것은 아니다. 즉, 민주주의에 대한 회의, 강력한 중앙정부와 귀족주의에 대한 신념, 인간 성격에 대한 비관론적인 사상을 피력하는 등 초기의 연방주의자들은 유럽적인 보수주의의 성향을 다분히 지니고 있었다. 특히 미국의 초창기 보수주의자인 해밀턴(Alexander Hamilton)과 애덤스(John Adams) 등은 이러한 생각의 연장선상에 서 있었다. 해밀턴과 같은 미국의 초기 보수주의자들은 강력한 중앙정부의 창설을 위한 국가권력의 적극적인 활동을 주장하였으며, 애덤스 같은 인물은 좀 더 고전적 보수주의에 가까운 생각을 가지고 있었다. 그는 인간성격의 비관론, 귀족주의 유사 이론 등, 사회공동체의 이익을 도모하기 위해 개인의 직접적인 이익을 제한하기 위한 국가권력의 필요성, 나아가 재산에 따른 사회공동체에 대한 의무와 책임을 강조하였다. 또한 칼훈(John C. Calhoun) 역시 질서와 권위의 필요성과 인간성격의 비판론을 그의 사상의 바탕으로 삼고 있기 때문에 유럽적 보수주의에 접근하였던 사상가로 알려진다(Rossiter, 1955: 110). 그는 미국의 시민전쟁이 일어나기 전 산업발전이 계급의 분할 및 지배계급의 변화로 사회혼란을 가져올 것을 예측하고 점진적 변화를 주장했으며, 자본주의 경제구조에서 자본가의 노동자 착취를 비판하며 인간적 가치가 공유되는 노예제를 옹호하기까지 하였다(김성수, 2020: 201~210).

보수주의적 전통은 오늘날에 와서는 상당히 고전적 자유주의의 관점과 유사한 흐름을 보여주고 있다. 특히 레오 스트라우스(Leo Strauss)의 사상을 이어 받은 소위 네오콘이라 불리는 미국의 신보수주의자들은 고전적 보수주의의 전통에서 일부 벗어나 현대적 의미의 새로운 보수주의의 전통을 만들어 나가고 있다.

2. 보수주의의 주요 특징

버크 이후 보수주의의 인간관과 사회관을 구성하는 가장 중요한 세 가지 원칙은 인간의 본성과 이성이 불완전하다고 믿는 반지성주의(anti-rationalism) 또는 지적 불완전성(intellectual imperfection), 사회를 하나의 구조가 아닌 살아 있는 유기체로 보는 유기체론(organicism), 그리고 한 사회는 이성에 기초한 이념이나 거대한 계획에 의해 형성되는 것이 아니라 역사와 전통의 산물이라고 보는 전통주의(traditionalism)이다.

첫째, 보수주의자들의 반지성주의에 따르면, 보수주의는 인간성에 관한 두 개의 주요한 가정들을 가진다. 먼저 인간은 일관성 있는 이성적 존재가 아니다. 실재하는 많은 현실적 상황에서 인간은 합리성을 결여한 채, 감성적이거나 명백하게 논증할 수 없는 경향들을 나타내곤 하기 때문이다. 따라서 정치적·사회적 행위를 결정함에 있어, 인간의 합리성은 대체로 적절한 근거가 아니라고 할 수 있다. 다음으로 인간은 본래 지능과 기교, 그리고 지위 등에 있어서 불평등하다. 다른 개인들이나 집단들보다 우월한 특정 개인이나 집단이 존재한다. 따라서 보다 우월한 특정 개인이나 집단이 사회와 정부의 힘 있는 위치에 있는 것은 바람직한 현상이다. 따라서 보수주의적 입장에서 볼 때, 불평등은 자연스러운 사회적 단면 중 하나이다. 따라서 평등주의자들이 추구하는 목표는 매우 어리석고 심지어는 무척 위험한 것으로까지 간주된다. 인위적인 차원에서 진행되는 강제적인 평등 실현의 노력은 집단 간의 자연스럽고 협력적인 계층을 붕괴시키고, 사회적인 갈등을 불러일으키며, 질서와 안정의 근본적인 목표를 상당히 위험스럽게 만들기 때문이다. 또한 강제적인 평등 실현의 노력은 평등보다 더 중요한 개인의 자유를 직접적으로 손상시키기 때문에, 보수주의는 그것을 수용할 수 없다.

둘째, 보수주의의 유기체론에 따르면 사회와 국가는 전통과 역사적 경험에 의해 유기체적으로 구성되며, 보수주의의 기본 목표는 전통 토지 귀족 출신과 기업가 등으로 구성된 자연적 지배집단(natural governing elite class)이 지배해 온 전통적 사회 질서와 권위, 가치, 규율, 법과 같은 전통적 제도와 관습을 보전하고, 도덕적, 종교적 권위의 유지, 사유재산제의 보장 등을 유지하는 것이다. 이런 위계제(hierarchy) 사회 속에서 자연권으로서의 개인의 자유는 보장되지 않으며, 개인의 존재 가치와 자유는 기존 관습 안에서 공동체의 구성원으로서의 사회적 존재가 되었을 때만 보장된다. 이런 인간 사회관을 가진 보수주의는 당연히 이성에 기초한 계획에 의해 인위적으로 추진되는 모든 급격한 개혁과 혁명에 반대한다. 따라서 국가의 직접적 역할에 대해서도 회의적인 태도를 갖고 있다.

셋째, 보수주의는 현존하는 가치들과 사회 조직들이 점진적으로 발전해 왔다고 본다. 그리고 현재의 전통과 가치들은 오랜 시간의 시험 속에서 살아남은 것들이다. 따라서 사회를 이끄는 데 있어 이성보다는 전통과 종교 또는 관습이 가장 주된 원천으로서 핵심적 역할을 담당해야 하고, 그 이유는 전통과 종교가 이와 같은 오랜 시험 기간을 거쳐 안정을 지지하고 변화를 완화시켰기 때문이다. 어느 영국 보수주의자의 말처럼, “지나간 무수한 세대의 축적된 지혜와 경험은 순간적으로 지나가는 유행보다 더 옳을 수 있다”는 것이다(Hearnshaw, 1933: 22).

표 2-3 보수주의의 주요 특징

인간 본성	인간은 선이나 악을 향한 강한 열정에 휩싸여 있다. 또한 인간의 이성적인 능력은 제한되어 있으며, 몇몇 사람들은 다른 사람들보다 월등한 이성적 능력을 보유하고 있다. 특정한 개인이 가지고 있는 본능이나 욕구 속에서 전통적인 풍속은 다른 사람들과의 유대를 형성해주는 기능을 한다. 실제로 인간은 사회조직의 유대 없이 개인 스스로 발전할 수 없다.
사 회	사회는 하나의 자연적인 위계질서에 기초한 하나의 유기적 구조이다. 사회의 질은 개인들의 행동이나 이익의 근원적인 결정 요소이다. 좋은 사회는 한 개인이 자기 자신을 위하여 사회 속에서 하나의 독특한 역할과 정체성을 발견할 수 있도록 사회관계의 안정적인 위계질서를 유지하는 사회이다. 위계가 없다면 모든 개인들은 동일할 것이며, 각 개인마다 다른 인격의 형성은 불가능하다.
정 부	정부의 목적은 사회의 자연적 질서를 유지하는 것이다. 사회적 안정의 기간 동안 정부는 국가통합의 가시적 상징으로서 덕성을 갖춘 시민들의 발전에 도움이 되는 도덕적 풍토를 창조함으로써 전통을 유지할 수 있고 현존하는 제도를 보존할 수 있다.
자 유	자유는 폭압적인 힘이나 개인 자신의 욕정 모두에 예속되어 있지 않을 때 존재한다. 자유는 개인이 욕망하는 것은 무엇이든지 할 수 있는 자격이나 자유를 의미하는 것이 아니다. 고립되어 있는 인간은 자기 자신의 욕정을 적절히 조절할 수 없기 때문에 자유는 하나의 안정된 집단 속에서의 권위, 전통, 그리고 질서를 요구로 한다.
권 위	권위는 사회 안에서 전통적인 리더십의 역할을 만족시키는 사람들과 진실과 덕성의 지식을 가지고 있는 사람들에게 존재할 때 합당한 것이다.
평 등	사람들은 오로지 한 사회의 시민이라는 공적 신분 속에서만 평등하다. 이러한 평등은 권리의 보호와 죄의 처벌에 있어 정의의 공정한 집행을 필요로 한다.
정 의	정의는 질서가 유지되고, 법이 공정하게 집행되며, 개인들이 사회적 위계 속에서 자신의 능력에 맞는 역할을 수행하고 있을 때 이루어질 수 있다.

제5절 | 현대적 자유주의(Modern Liberalism)

현대적 자유주의는 산업 자본주의가 발달하면서 노동자들의 불만이 정치 참여에 대한 요구가 증대하던 시기에 태동하였다. 이 시기에 점증하는 노동자들의 정치 참여에 두려움을 느낀 재산 소유자들은 복지라는 제도적 울타리를 통하여 노동자들의 정치 참여를 끌어안고자 하였다.

현대적 자유주의는 고전적 자유주의의 전통 속에 그 뿌리를 두고 있다. 이는 벤담(Bentham, 2007[1789])과 밀(James Mull)과 제임스 밀의 아들 존 스튜어트 밀(J. S. Mill,

2002[1863])에 의해서 촉진되었다. 로크나 스미스와 같은 초기의 고전적 자유주의 이론가들은 개인의 자유와 사유재산권에 대한 강한 지지 속에서 정부의 어떠한 행위도 이러한 것들을 침해하는 것을 용납하지 않았다. 그러나 급진주의의 등장과 자본주의에 대한 보수주의의 도전은 기존의 고전적 자유주의 정책들이 더 이상 광범위한 정치적 지지를 받을 수 없다는 생각을 불러일으켜 주었다.

벤담과 밀은 로크의 자연법과 자연의 권리를 부정하면서 그의 논의를 시작한다. 고전적 자유주의자들이 주장하는 자연은 자신들이 주장하는 풍요로운 사회라는 관점을 방어하기 위하여 쓰이고 있을 뿐이다. 개인의 편견을 배제한 과학적 논리에 바탕을 둔 사회 이론을 제안하였는데, 그것이 바로 '공리주의(Utilitarianism)'이다. 개인과 사회 전체를 위한 최선의 행위는 만족을 극대화하고 고통을 최소화한다는 것이다. 하지만 그들 역시 "정책이 모두에게 만족을 줄 수 있느냐?"에 대한 측정이 불가능하다는 것을 인식하였지만, 정치인들이 정확한 계산에 의하여 정책을 만든 것이라는 점을 상기하며 정책과정에서의 정부의 주도적 역할을 강조하였다. 이러한 공리주의는 정부의 간섭을 합리화시키면서 개인의 자유를 주장하는 자연권보다는 다수의 권리를 강조하지만 평등과 안보가 경쟁할 때는 안보(property protection) 즉 재산권이 우선되어야 한다고 주장한다. 이러한 주장으로 인해 공리주의 발상은 노동자들로부터 자본가들의 재산권을 보호하기 위한 시도에서 시작되었다고 평가절하되기도 한다.

한편 존 스튜어트 밀은 벤담과 그의 아버지 제임스 밀과 달리 양적 만족보다도 질적 만족을 강조하였다. 그는 학문적, 예술적 만족이 소유와 소비보다 더 우선한다고 하였다. 밀은 자기발전을 위한 자아실현을 특히 강조하였는데, 자아실현이란 자신이 가지고 있는 이성적 능력을 발전시키고 실행하는 것을 최선의 목표로 하는 것이라 할 수 있다. 이러한 과정을 위하여 정부는 공교육, 가족계획, 상속세 등을 실행하는 역할을 해야 한다고 주장하였다.

현대적 자유주의는 무엇보다 가난한 사람들의 고통에 냉혹하게 눈감는 '우울한 학문'에 대한 근본적인 비판을 통해 형성되었다. 1870년대 전반기에 시작된 경기 침체는 20년 이상 지속되는 장기 불황을 가져왔다. 또한 빈곤을 자연현상의 일부로 파악하여 그 해결을 자선에 맡기거나 혹은 그 수렁에 빠진 당사자들의 도덕적 결함만을 탓하는 것으로 만족하기에 빈곤은 너무나 광범위하고 심각한 현상이었다. 이러한 상황 속에서 고전적 자유주의는 산업혁명이 가져온 결과에 대한 적절한 이해와 통찰을 가지고 있지 못하다는 사실이 드러났다. 오늘날로 표현하자면 '경제성장의 비용'이라 부르는 것들, 이를테면 저임금, 장시간 노동, 열악한 근로·주거환경, 기술적 실업, 노동 분업의 비인간적 영향, 그리고 인구 과밀 현상 등과 같은 문제의 의미와 중요성을 제대로 이해하지 못하였다는 것이다. 고전적 자유주의는 오로지 생산과 성장만을 신봉하였던 것이다. 그러나 이제 사람들은 차츰 단순히 부의 생산만이 아니라 그것이 삶의 질에 미치는 효과의 측면에도 관심을 갖기 시작하였다.

현대적 자유주의자들은 기존에 존재하고 있던 다양한 이념적 관점들 중에서 가장 매력적인 요소들을 결합하여 새로운 이념적 지향을 만들어 내었다. 현대적 자유주의의 절충적이고 종합적인 특징은 그들의 사상은 다른 이념들보다 덜 순수하게 만들었지만, 그들의 이념은 기존의 것에 비하여 훨씬 더 융통성과 탄력성을 갖게 되었다. 현대적 자유주의자들은 사유재산과 시장의 가치 그리고 민주주의를 동시에 보존하면서 사회적 정의를 촉진해 오고 있다(Clark, 1991: 87).

1. 현대적 자유주의의 발전과정

현대적 자유주의의 역사는 밀의 연구로부터 영향을 받은 그린(Green, 1986), 홉하우스(Hobhouse, 1994), 홉슨(Hobson, 2009)과 같은 인물에 의해서 추동되기 시작하였다. 이들은 기존의 고전적 자유주의자들보다 더 광범위하고 적극적인 자유를 옹호하였다. 이들에게 자유란 자연 상태에 홀로 남겨진 것을 의미하는 것이 아니었다. 이들에게 자유는 인격적 발전, 개인의 번영과 연결되어 있었다. 다시 말해 자유란 자아실현을 추진하고 획득하기 위해 개인이 지닌 능력이라는 것이다. 이 견해는 사회 혹은 복지자유주의의 토대를 제공하였다. 이는 특히 사회복지의 형태로 국가 간섭이 개인적 존재를 망치는 사회악으로부터 개인을 안전하게 인도함으로써 자유를 확대시킬 수 있다는 생각으로 이어졌으며, 이후 마셜(Alfred Marshall)과 케인스(John Maynard Keynes), 그리고 롤스(John Rawls)에게로 이어져 새로운 자유주의의 전통을 만들어 내었다.

현대의 많은 자유주의자들이 고전적 자유주의를 새롭게 재정립하는 데 이바지하였지만, 그 가운데서도 핵심적 역할은 홉슨의 몫이었다(김성수, 2020: 220). 홉슨은 고전적 자유주의와 그 뿌리가 되는 고전경제학에 정면으로 도전하였다. 그는 경제적인 힘이 인간의 의지와 독립하여 작용한다는 고전경제학을 거부하고 경제학에 인간의 의식적 노력, 즉 윤리를 도입하였다. 그런 의미에서 그는 기본적으로 도덕론자였으며, 그의 경제학은 협동과 평등이라는 윤리적 이상에 기초한 사회의 실현 가능성과 그것의 이점을 증명해보이려는 것이었다. 그런 면에서 당시의 경제제도에 대한 그의 주된 비판이 산업자본주의가 야기한 삶의 질과 관련한 것이었음은 당연한 것이었다.

홉슨의 가장 큰 공로는 빈곤이 경제적 원인, 그것도 명백히 시정 가능한 경제적 원인에서 기인한다는 것을 이론적으로 증명한 것이었다. 당시에 있어 경제학자들은 생산(공급)이 자신의 수요를 창출한다[7]고 믿었다. 그래서 '과생산－저소비'란 있을 수 없는 일이었고, 실업을 경기 순환이 야기하는 경제적 현상으로 보지 않아 자동적으로 해결된다고 믿었다. 그러나 홉슨은 이러한 분위기 속에서 유일하게 빈곤의 근원적 원인이 대규모 실업을 가져오는 주기적인 경기 침체에 있음을 간파하였으며, 그의 저술은 모든 실업이 경기주기의 부침과 성쇠에 관련되어 있음을 보여주었다(김영환·임지현 편, 1997: 291~292). 그는 '저소비주의' 이론을 통해, 리카도나 밀과는 반대로 저축을 소비의 한 형태가 아니라 더 많은 생산을 가져오는 투자로 보았다. 과도한 저축은 곧 소비의 부족과 같은 것으로서, 결국 과잉생산으로 이어질 것이었다. 다시 말하자면 공급과 수요 불균형의 가능성이 존재하며, 이것은 상품의 과잉을 초래하고 그리하여 마침내는 경기 침체를 가져올 것이었다. 그러면 저소비와 과저축이라는 현상은 왜 나타나는가? 홉슨은 그 원인을 시장경제의 잘못된 분배체계에서 찾았다. 그는 '자유경쟁에 의한 조화로운 분배'라는 고전경제학의 교의를 거부하였다. 그는 고전적 자유주의자들과 달리 시장은 항상 불완전 경쟁 혹은 독점적 경쟁에 의해서 지배된다고 보았다. 생산의 각 요소들이 서로에 대해 불균등한 교섭력을 가지고 있으며, 시장경제에서 분배는 결국 경제적 강자의 힘에 의해 결정된다고 믿었다. 그 결과는 불공평한 분배, 유휴 과잉 자본으로 진화되는 불로 소득의 발생이었다. 시장은 불완전한 경쟁을 통해 부자에게는 소비할 수 있는 이상의 소득을, 그리고 빈자에게는 생계를 위해 필요한 수준에도 미치지 못하는 소득을 분배한다. 그 결과는 저축과 소비의 불균형이다. 부자가 쓸 수 있는 모든 것을 쓰고도 남는 것은 자동적으로 저축이 된다. 이 저축이 소비력과 생산력의 균형을 파괴할 것이었다. 뿐

7) '세이의 법칙'은 프랑스 경제학자인 세이(Jean B. Say)의 이름을 딴 경제사상이다. 경제 전체의 총공급이 동일한 양만큼의 총수요를 만들어 낸다는 주장이다. 즉, 생산하면 소비된다는 이론이다.

만 아니라 그것은 효율면에서 여러 가지 방법으로 낭비적이었다. 그것은 소득을 최대의 결과를 얻을 수 있도록 가장 효율적으로 배분하는 데 실패하였을 뿐 아니라, 자동적으로 과잉생산이라는 경제적 무질서를 불러일으켰다. 그리고 무엇보다 실업이라는 엄청난 자원의 낭비를 초래하였다. 그리하여 고전적 자유주의자에게는 그토록 공평무사하고 정의가 실현되는 장이었던 시장이 홉슨에게는 비난의 대상이 되었다. 그에게 시장경제란 사회정의의 견지에서는 부도덕하고, 경제적 효율의 견지에서는 비합리적일 뿐이었다(김영한 · 임지현 편, 1997: 293).

홉슨과 더불어 현대적 자유주의 개념의 형성에 있어 매우 중요한 시작을 연 사람 중 하나는 그린(Thomas Green)이다(김성수, 2018: 213). 그는 자신의 복지자유주의에 대한 논의를 자유에 관한 두 가지의 서로 다른 사고방식에 입각하여 시작한다. 그린은 자유를 무엇으로 부터의 자유인 소극적 자유(negative freedom)와 무엇을 향한 자유인 적극적 자유(positive freedom)라는 두 가지 개념으로 나누고, 개인주의적 자유주의의 고전적 자유주의자들과 달리 진정한 자유의 개념은 공동선을 추구할 수 있는 능력, 참정권의 보장, 사회적 권리 등의 적극적 자유라고 하였다.[8] 그는 자유주의의 핵심은 언제나 개인의 자유로운 성장과 발전을 가로막는 장애물을 제거하려는 소망이었다고 주장하였다. 과거에는 그러한 소망이 사람들 스스로 적당하다고 생각하는 대로 자유롭게 살고 예배를 드리며 시장에서 경쟁할 수 있도록 정부의 권한을 제한하는 것을 의미하였다. 그리고 1800년대 중반까지는 이러한 목표가 영국 같은 나라에서 대체로 잘 달성되었다고 보았다. 그러나 시간이 갈수록 이제는 빈곤, 질병, 편견, 무지와 같이 자유와 기회를 여전히 가로막는 또 다른 걸림돌들이 문제가 되기 시작하였다. 그린은 이러한 장애물을 극복하기 위해 국가권력을 끌어들이는 것이 필수적이라고 주장하였다(Ball and Dagger, 2005: 70).

홉슨과 그린의 이러한 논의는 홉하우스에게 이어졌다. 홉하우스는 홉슨이 19세기

---

8) 그린은 고전적 자유주의자들이 자유를 단순히 '구속의 부재'라고 생각하는 소극적 자유 개념에 바탕을 두고 해석했다고 이야기한다. 예를 들어 묶여서 감옥에 갇혀 있는 사람처럼 구속당하고 있는 사람은 자유롭지 못한 반면, 그렇지 않은 사람은 자유로웠다고 생각했다는 것이다. 그러나 그린은 자유에는 이보다 더 높은 무엇이 있으며, 자유란 단순히 존재를 그냥 내버려두는 그런 문제가 아니라 무엇인가를 '할 수 있는' 적극적인 힘 또는 능력이라고 하였다. 소극적 자유와 적극적 자유에 대한 자세한 논의는 다음의 논문을 참고할 것(Isaiah Berlin (2002), "Two Concepts of Liberty", *Liberty*, Oxford: Oxford University Press; Charles Taylor (1979), "What's wrong with Negative Liberty?", Alan Ryanm ed., *The Idea of Freedom*, Oxford: Oxford University Press).

경제 이론의 윤리적·실제적 오류들을 논증하는 동안, 개인의 자유 존중과 집단적 행동의 필요성을 동시에 표현해줄 정치 이론을 창출하려고 노력하였다(김성수, 2018: 215). 그것을 위해서는 자본주의의 경제적 불의와 비합리성에 대한 비판적 이해뿐만 아니라 인간과 사회에 대한 새로운 통찰이 필요하였다. 홉하우스는 자유가 진짜 자유이기 위해서는 그 개념 속에 평등을 포함해야만 하며, 만일 그렇지 않을 경우 그것은 한낱 허구에 지나지 않는다고 주장하였다. 그는 고전적 자유주의로부터 내려오는 자유주의의 '계약'이라는 핵심 개념을 통해 그의 주장을 펼쳐 나갔다. 그가 보기에 계약행위에서 그 당사자는 외부로부터 아무런 간섭이나 통제가 없다고 해서 자유로운 것은 아니었다. 계약의 자유는 거래를 맺거나 거부할 수 있는 실제적인 선택권을 의미하는데, 그것은 당사자가 서로 간에 실질적으로 평등해야만 가능한 것이었다. 그런 선택권이 평등하게 보장되지 못한 경우, 계약의 자유의 원리는 자유의 보장이 아니라 위장된 억압의 도구에 불과하다는 것이다. 누구든 자유롭기 위해서는 적어도 선택의 기회가 있어야 하며, 그 기회에서 서로 간에 평등해야 한다. 그러므로 홉하우스에게 "평등 없는 자유는 추한 성과에 붙인 고상한 이름"이나 다름이 없었다(김영한·임지현 편, 1997: 297~298).

홉하우스의 사상은 마셜과 케인스에게 이어져 현대적 자유주의의 사상적 흐름을 만들어내는 주춧돌이 되었다. 마셜과 케인스는 당시까지 유행하고 있던 고전적 자유주의 경제의 '경제불황이 단기적인 조정의 과정을 통해 자동적으로 균형점을 찾아 조정된다'는 기본 가정들을 비판하면서 정부의 개입을 주장하는 본격적인 현대적 자유주의의 시대를 열었다(김성수, 2020: 223－225). 마셜의 제자인 케인즈는 자유방임은 자본주의가 경제적 무정부 상태를 만들어 대량실업으로 소득 양극화을 초래하고 결국 불황을 맞이하게 된다고 주장하였다. 기업에 남은 재화를 정부가 기간사업 건설 등으로 소비해주어 제고를 줄이게 되면 기업은 이윤으로 시설투자와 고용을 창출하게 되고 자연스럽게 근로자는 급여로 재화를 소비하는 순환구조로 진화하게 되어 불화을 극복할 수 있다는 것이다. 그의 주장은 사회주의라는 비판도 받았지만 미국이 대공황을 극복하는 뉴딜정책의 기초가 되었다. 이렇듯 마셜과 케인스가 정치경제학적인 측면에서 현대적 자유주의의 새로운 장을 개척하였다면, 정치 철학적인 측면에서는 존 롤스가 현대적 자유주의의 기틀을 잡아갔다.

롤스에 따르면, 사회계약이라는 옛 자유주의자들의 이론적 가정은 사회정의의 원칙들을 발견하도록 돕는다. 롤스는 『정의론(A Theory of Justice)』에서 독자들에게 일단의 사람들, 곧 모두 동일한 사회의 구성원으로 살아야 하는 규칙들을 설정할 계약에 들어가는 사람들을 상상해보라고 요청하면서 논의를 시작한다. 또한 이 사람들은 자신의 정체성, 나이, 성, 인종 혹은 능력의 유무를 알지 못하도록 막는 '무지의 베일(veil of ignorance)'로 가려져 있다고 상상할 것을 요구한다. 비록 모든 사람들이 이기심에 따라 행동한다고 하더라도, 어느 누구도 몰래 부정한 방법을 사용하여 자신의 개인적인 이익을 증진시키는 규칙을 미리 만들어 둘 수는 없다. 어느 누구도 무엇이 자신의 개인적인 이익이 될 것인지 알지 못하기 때문이다. 따라서 무지의 베일은 불편부당성을 보장한다. 그러한 공평무사한 상황에서 어떤 규칙들이 등장할 것인가? 롤스는 무지의 베일에 가려진 사람들은 자신들의 사회를 지배할 두 가지 근본 원칙, 즉 정의의 두 원칙을 만장일치로 선택할 것이라고 믿는다. 첫 번째 원칙에 따르면, 모든 사람은 평등하게 자유로워야 한다. 모든 사람은 되도록 많은 자유를 가져야 한다. 사회 내에서 모든 개인이 동일한 양을 갖는다는 조건이라면 말이다. 두 번째 원칙에 따르면, 모든 사람은 기회의 평등을 누려야 한다. 기회의 평등이 보장되기 위해 불평등한 분배가 최하층 사람들의 이익을 위해 이루어지지 않는 한, 모든 사람은 평등한 몫의 부와 권력을 가져야 한다. 만일 평등한 분배가 각자 10만 원을 받는 것을 의미한다면, 그런 분배방식은 절반의 사람은 18만 원을 받고 나머지 절반은 단지 2만 원을 받는 곳의 분배보다 더 정의롭다고 말할 수 있다. 그러나 만일 불평등한 분배 때문에 사람들이 더 열심히 일하고 더 많이 생산하도록 장려하는 인센티브가 생기고, 그 결과 모든 사람들, 심지어 최하층 사람들도 최소한 11만 원을 번다면, 정의는 각자 10만 원만 받는 엄격하게 평등한 분배가 아니라 불평등한 분배를 요구한다.

왜 정의가 이런 불평등한 분배를 요구하는가? 사회 계급의 최하층에 있는 사람에게 지위가 아니라 그들의 노력과 능력에 따라 보수를 지불하고 대가를 주는 것이 정의롭지 않은가? 롤스의 대답은 가장 많이 노력하고 최상의 능력을 보여주는 사람이 그 밖의 다른 사람들보다 정말로 더 큰 대가를 받을 만한 자격이 있지는 않다는 것이다. 노력과 능력이란 일방적으로 사람들이 유전과 환경을 통해 갖는 특성이다. 어떤 사람은 스스로 열심히 노력해서 계발할 수 있는 뛰어난 정신적·육체적 잠재력을 갖고 태어났기 때문에 뛰어난 의사가 될 수도 있다. 하지만 이 사람은 자신이 갖고 태어난 재능은 물론 심지어 자신의 근면도 자신의 공으로 차지할 수 없다. 만일 그의 가족이 그에게 근면과 성취에 대한 소망을 불어 넣었다면 말이다. 만약 정

| Box 2-2 | **현대적 자유주의자와 사회주의자들의 구분**

자본주의 경제에 대한 현대 자유주의자들의 비판은 여러 가지 면에서 사회주의자들의 그것과 닮아 있다. 소위 복지자유주의라 불리는 현대적 자유주의자들은 고전적 자유주의자들과 달리 오히려 사회주의자들의 주장에 가까운 정부의 적극적인 개입과 복지를 중요시한다. 이러한 이유에서인지 간혹 현대적 자유주의자들과 사회주의자들 간의 이념적 차이를 분간하기 힘들다는 사람들이 있다. 그러나 이들 간에는 분명한 사상적 차이가 존재한다. 사회주의자들은 자본주의를 길들이거나 개혁하는 것 이상을 하고 싶어 한다. 사회주의자들은 자본주의의 완전한 대체 혹은 폐지를 주장한다. 하지만 현대적 자유주의자들은 자본주의 경제의 모순들이 누진과세와 여러 사회개혁을 통한 잉여의 재분배로 교정이 가능하다고 믿는다. 다시 말해 사회주의자들은 자본주의를 공적으로 소유되고 민주적으로 통제되는 기업들의 체계로 대체하려 한다. 이와 대조적으로 복지자유주의는 사적 소유를 선호하며 일반적으로 경쟁적 자본주의 체계를 당연하게 받아들인다. 복지자유주의의 관점에서 볼 때, 정부의 역할은 자본주의적 경쟁으로 초래된 개인적 피해를 보상하고 사회적 병리를 치유하기 위해 경제적 경쟁을 규제하는 것이다. 요컨대 사회주의자들과 달리 복지자유주의자들은 경제적 경쟁을 좋은 것으로 간주한다. 물론 그것이 개인의 복지를 희생시키는 것이라면 그렇지 않다는 말이다.

근대 복지국가의 원조는 사회주의자도 어떤 종류의 자유주의자도 아니었다는 점을 주목하는 것도 중요하다. 19세기 후반에 독일을 통일하였던 열렬한 반사회주의적 철의 재상(iron chancellor) 비스마르크(Otto von bismack)는 복지국가가 사회주의에 대항하는 최선의 길이라고 믿었다. 병자, 부상을 입은 자, 실업 노동자 등을 지원하기 위해 고용주들과 고용인에게 세금을 걷는 국가 보증 과세체계를 통해 독일의 국가는 사회주의자들의 주장에 선수를 쳤다. 반면, 사회주의자들은 자본주의 경제의 경기순환 주기에 따라 생활이 좌우되는 노동자들의 불안을 이용하여 지지를 확보해 왔다.

복지국가의 탄생은 또한 대부분의 유럽지역에서 투표권의 확대와 어느 정도 맞물리기도 하였다. 영국에서 1867년과 1885년의 선거법 개혁은 거의 모든 성인 남성에게 참정권을 부여하였고, 그로 인해 노동 계급이 좀 더 강력한 정치 세력으로 등장하였다. 이 계급의 정치적 대두는 복지국가 성장뿐 아니라 20세기 복지자유주의의 부상에도 기여하였다.

※ Michael Freeden, 2003, "The Coming of the Welfare State", Terence Ball and Richard Bellamy eds., *The Cambridge History of Twentieth-Century Political Thought*, Cambridge: Cambridge University Press 참조.

의가 우리에게 다른 사람들보다 더 큰 대가를 어떤 이에게 주도록 요구한다면, 그것은 그들이 더 많이 차지할 만한 자격이 있어서가 아니라 이 방법이 사회 내 최하층 사람들의 이익을 증진시키기 위한 최선의 방안이기 때문이라고 롤스는 결론짓는다. 만일 정의가 우리에게 광부, 이발사, 비서보다 의사에게 더 많은 보수를 지불하라고 한다면, 그 이유는 오직 이것이 좋은 의료 서비스를 제공하고, 따라서 건강에 관한 모든 사람의 가장 핵심이익을(사회 내 최하층민들의 핵심이익을 포함해서) 증진시키는 최선의 방법이기 때문이다.

롤스의 두 번째 원칙이 갖는 중요성은 자유주의를 좀 더 평등주의의 방향으로 나아가게 한다는 데 있다(김성수, 2020: 227). 부와 자원의 평등한 분배는 롤스의 출발점이며, 불평등한 분배는 오직 그것이 사회 내 최하층 사람들의 처지를 개선시키기 위한 것일 때만 정당화된다. 만일 사회 계층의 최상위를 차지하고 있는 사람들의 부와 권력이 최하층에 있는 사람에게 간접적으로 이익이 되지 않는다면, 롤스의 이론은 부와 권력이 더 평등한 방식에 가깝게 재분배될 것을 요청한다. 엄청난 그리고 정당화될 수 없는 부의 불평등이 존재할 때 사람들은 평등한 기회도 느낄 수 없기 때문이다(Ball and Dagger, 2004: 73~74). 서로를 동등한 존재로 대우하는 사회적 유대와 정체성이 공유되는 공동체의 중요성을 강조한다.

2. 현대적 자유주의의 주요 특징

현대적 자유주의의 특징은 국가의 간섭에 대해 좀 더 공감하는 태도를 보인다는 것이다. 현대적 자유주의자들은 정부를 통해 사회가 공립학교와 병원을 건립하고 극빈자를 구제하며 노동자들의 건강과 번영을 증진하기 위해 노동조건을 규제해야 한다고 믿었다. 오직 그러한 공적 원조를 통해서만 사회의 가난하고 힘없는 자들이 진정으로 자유로워질 수 있다고 보았기 때문이다. 신고전적 자유주의자들은 이러한 정책들이 세금을 통해 일부 개인의 재산이 다른 이에게로 전이되도록 강제함으로써 일부 개인의 자유를 강탈하는 데 불과하다고 불평하였다. 이에 대해 현대적 자유주의자들은 모든 사람은 공동선에 기여할 때 자유를 얻는 것이라고 응수하였다.

적극적 자유란 타인과 협동해서 우리의 이상 혹은 보다 수준 높은 자아를 실현하고 성취하는 능력이기 때문이다. 인간은 그저 단순히 쾌락을 추구하고 고통을 회피하는 존재가 아니며, 사람으로서 우리가 무엇이 될 수 있고 또 무엇이 되어야 하는지에 대한 이상을 포함하는, 좀 더 수준 높은 이상을 지닌 존재라는 것이다. 현대적 자유주의자에 따르면, 불행한 이들을 돕고 사회관계를 원만히 하며 완전 경쟁을 제한하는 법률과 프로그램들은 자유에 대한 적극적인 도움이지 우리의 자유를 제한하는 구속이 아니다. 그와 같은 법률과 프로그램들이 우리의 경쟁력을 구속할지는 모르지만, 그것들은 사회적 협동을 통해 좀 더 관대한 이상을 실현하도록 우리의 보다 수준 높은 자아를 고무한다는 것이다. 따라서 현대적 자유주의자들은 고전적 자유주의자들이 부정적으로 바라보는 정부의 개입에 대해, 적절하게 인도되는 정부는 모든 사람이 평등한 삶의 기회를 향유하도록 보장함으로써 개인의 경제적 자유 나아가 정치적 자유를 증진시키는 긍정적인 힘일 수 있다고 바라본다. 정부의 능동적 역할이 개인의 자유를 확장하기 위한 일련의 운동에 유용하고 심지어는 필수적인 도구라고 보았다. 현대적 자유주의자 등에게 인간은 사회적 존재이며, 타인에게 어

표 2-4 **현대적 자유주의의 주요 특징**

인간 본성	인간은 합리적인 선택을 할 수 있는 능력을 가지고 있다. 그러나 합리적 선택의 목적은 각 개인들을 둘러싸고 있는 사회적 환경에 크게 의존해서 만들어진다. 인간은 완전히 발전하기 위해서 상호존중에 기초한 사회적 관계를 필요로 한다. 그리고 이러한 관계는 박탈감에 의해 창조되는 병리학적 행동들을 제외하고, 순수한 인간의 이기심을 제어할 수 있는 도덕적 감성의 토대가 된다.
사 회	사회는 개인들의 집합이다. 그러나 개인들은 자신의 사적인 이익뿐만 아니라, 오로지 정부의 행위에 의해서만 이루어질 수 있는 개인이 속한 집단의 이익에도 관심을 가진다.
정 부	정부의 목적은 공정하게 권리를 보호하고, 시민들이 개인적으로 얻을 수 없는 것을 집단적 목적을 가지고 추구할 수 있는 수단을 제공해주는 것이다. 그러나 이러한 목적들은 반드시 공공의 이익을 추구해야 하며, 정부는 좋은 사회에 대한 특정한 개념을 선호해서는 안 된다.
자 유	자유는 두 가지 의미를 가지고 있다. 소극적 의미에서 자유는 정부나 다른 사람에 의한 강제나 제한이 없는 상태를 말한다. 적극적 의미에서의 자유는 개인의 목적을 효과적으로 추구할 수 있는 능력을 의미한다. 이러한 두 가지 자유의 의미는 소극적 자유가 다른 사람의 적극적 자유의 걸림돌이 될 때, 서로 간의 갈등을 유발할 수 있다.
권 위	합법적 권위란 그 권력이 공공의 이익을 위해 행사될 때를 말한다. 그러나 근대의 자유주의는 무엇이 공공의 이익인가에 대한 명확한 정의를 가지고 있지 않기 때문에 합법적 권위와 비합법적 권위 사이의 구별은 개인의 해석에 달려 있다. 현대의 자유주의는 어떠한 상황에서 시민들이 법을 따라야 하는가와 같은 정치적 복종에 대한 일관된 이론을 결여하고 있다.
평 등	'기회의 평등'과 '법 앞의 평등'은 사회적 평등의 중요한 두 가지 구성 요소이다. 그러나 이러한 평등의 법칙들은 부와 소득의 불평등으로 인하여 위협받게 된다. 따라서 '결과의 평등'은 사회적 평등을 달성하기 위해서 본질적으로 더 중요하다.
정 의	정의는 인간의 권리와 재산권이 존중받을 때 달성될 수 있다. 그러나 이 두 개의 권리는 서로 상충될 수 있으며, 정부는 이러한 상충되는 두 권리의 균형점을 공공의 이익이라는 측면에서 찾아야 한다.

떠한 신세도 지지 않는 고립된 존재가 아니었다.
그러나 고전적 자유주의자들이나 신자유주의자들처럼 현대적 자유주의자들도 개인의 자유라는 가치를 신봉하였다. 특히 이들이 정부의 개입과 규제를 일정 부분 인정하기는 하였지만, 집단적 규정과 정부 간섭에 대한 현대적 자유주의자의 지지는 항상 조건적이었다. 그들은 약하고, 상처받기 쉽고, 정말로 스스로를 도울 수 없는 사람이 처한 상황에 관심을 가졌다. 현대적 자유주의자의 목표는 이러한 사람들이 자신의 환경에 책임을 지고, 도덕적 선택을 할 수 있도록 개인을 일으켜 세우는 것이라 할 수 있다. 이들은 자유주의가 지니는 원칙과 복지와 재분배의 정치를 화해시키고자 하는 가장 영향력 있는 현대적 시도를 수행하였다.

제6절 | 사상적 논의의 의의

본 장에서는 정치학에서 반드시 알아야 할 사상과 이념으로 고전적 자유주의, 급진주의, 보수주의, 현대적 자유주의 등의 발전과정과 주요 특징을 중심으로 살펴보았다.

먼저, 고전적 자유주의는 계몽주의 사조로부터 시작되어 개인의 권리와 자유를 강조하고 정부의 역할을 제한하였다. 개인은 자기 이익 실현을 위한 최적의 판단을 내리는 합리적 존재로서, 자신의 결정과 행동에 책임감을 가지며, 자연권에 기초한 개인의 자유 추구는 다른 어떤 가치보다 중요한 것이었다. 신분제인 봉건제도 붕괴에 혁혁한 공헌을 한다. 고전적 자유주의에 대한 비판으로 등장한 급진주의는 개인이 아닌 집단, 즉 함께하는 사회가 연구의 중심이었다. 급진주의에서는 개인이 균등한 삶의 조건을 가지는 데 있어 정부의 적극적인 의무와 책임이 강조되었고, 평등한 이상 사회에서 모든 개인의 삶이 유지되도록 개혁주의자들이 출현하기도 하였으며, 사회주의 및 공산주의의 기본 이념이 형성되기도 하였다.

급진주의가 기존의 사회적 불평등을 해소하기 위한 개혁이라면 보수주의는 전통적 가치를 회복하고, 무분별한 정부의 개입을 축소하며, 사회에 존재하는 불평등 그 자체를 인정하면서 사회적 책임을 부조하는 개혁보다는 조화와 안정이 우선되기를 희망하였다. 특히 미국에서는 공동체보다는 개인 중심으로, 유럽에서는 개인보다는 공동체를 중심으로 한 보수주의가 나타났다. 현대적 자유주의는 기존 이론들의 절충적 성격을 지니고 있고, 고전적 자유주의보다는 정부의 개입을 비중 있게 다루고, 사회적 약자에 대한 공감대 형성은 물론 사유재산과 공동체를 동시에 보존하는 사회적 정의를 추구한다. 이러한 고전적 자유주의, 급진주의, 보수주의, 현대적 자유주의 등 네 가지 사상적 기조는 행위의 합리적 논리구조와 저항의 논리구조를 형성해주는 것은 물론이며 정치 이론이 완성되기 위한 사상적 기반을 제공해준다.

국가론

국가는 정치학 연구의 가장 중심적인 주제였다. 고대 그리스의 플라톤과 아리스토텔레스에서 근현대의 마키아벨리와 케인스에 이르기까지, 국가에 대한 연구는 정치학의 빠질 수 없는 연구 대상 중 하나였다. 국가는 개인과 집단에게 그들이 정치행위를 할 수 있는 공간적 토대를 제공해줄 뿐만 아니라, 스스로 정치적 행위를 함으로써 개인과 집단에게 막대한 영향력을 행사하기도 한다. 국가에 대한 관심은 19세기 정치체계에 대한 연구가 활발히 진행되면서 크게 주류이론과 대안이론으로 구분되기 시작하였다.

주류 이론은 근대 산업사회에서 나타나는 안정과 질서의 특성을 주목했던 베버(Max Weber)의 자본주의 철학에서 시작되었다. 베버는 역사 변동을 점진적인 것으로 간주하고, 진화적인 진보는 각 사회의 근본적인 조건에 달려 있다고 주장하면서, 현실 사회를 권위체계들로 구분하였다. 즉, 국가, 국가의 정통성, 그리고 힘과 강제력을 통해 권력에 대한 관심을 세분화시켰다. 주류 이론과 달리 대안 이론은 각 사회가 안고 있는 모순에 의해서 질서와 안정이 침식된다고 생각했던 마르크스(Karl

Marx)의 사회주의 철학에서 비롯되었다. 마르크스는 사회를 생산양식 및 사회 계급을 통해 생산관계에 의해 결정되는 경제체계로 분류했다. 나아가 경제적 토대에서의 변동, 모순의 심화, 그에 따른 계급투쟁이 변증법적으로 사회변동을 초래하게 될 것이라고 주장하면서 19세기 프랑스를 그 연구모델로 삼아 설명하였다.

본 장에서는 국가의 구성요소에 초점을 맞춰 법적, 역사적 접근에 대한 설명에서 출발한다. 국가의 기본적인 구성단위인 민족과 국가의 연관관계에 대해서 알아볼 것이며, 민족주의 개념에 대해서도 살펴볼 것이다. 다음으로 사회과학적인 시각이라 할 수 있는 체계론적, 구조기능주의적 국가 이론을 통해 국가가 어떠한 정치적 행위를 담당하며 정치적으로 어떠한 역할을 수행하는지 살펴본다. 그리고 국가를 분석하는 접근법으로 경제적 힘의 중심을 주장하는 계급주의와 개인의 집합체인 사회를 중시하는 다원주의 시각을 알아보자.

제1절 | 국가에 대한 일반적 논의

인류학적 차원에서 보자면 인간의 사회 조직은 국가 이전에 가족이나 혈족단위의 작은 소집단에서 출발했다고 볼 수 있을 것이다. 심리학자 머슬로우(Maslow, 1954)의 주장과 같이 인간은 심리적인 요인인 안전, 사랑, 그리고 소속감 등의 필요성이 증대됨에 따라 집단생활을 하기 시작했을 것이다. 집단이 점점 커지면서 부족이나 무리는 더 광범위한 혈족 관계를 기초로 형성되었으며 집단이 커질수록 갈등이 생기고 그것을 통제하고 이끌 지도자가 필요했다. 그 아래에서 다양한 부족이 결합되고 조직되면서 국가라는 개념이 탄생했을 것이다. 결국 일개 혈족이나 부족이 사적 네트워크를 통해서 집단을 이끌어갈 수 있는 범위를 넘어서는 광범위한 조직의 단계로 들어섰을 때, 국가는 리더십을 제공해주는 역할, 사회적 상호작용에 대한 통제, 그리고 집단적 필요에 공헌하고 조직적 제도를 구비하면서 형성되었다고 볼 수 있다.

1. 법률적 · 역사사회학적 정의

흔히 국가를 구성하는 3대 요소로 영토 · 국민 · 주권을 언급한다. 현대의 법률적인 개념을 근거로 국가(state)는 주권이 실재하는 영토의 경계이다. 주권에 대한 관념은 16~17세기에 나타났다. 주권은 각각의 국가가 권위를 완성하고 자신의 영토 안에서 기본적인 법률의 요소를 지니고 있는 것을 전제로 한다. 그것은 국제정치의 기본 가정이고 각국의 기본 원리가 반영되어 있으며 모든 국제체제 구성원들에게 주권은 동등하다. 나아가 법률 이전에 모든 나라는 동등하다는 것을 의미한다. 그러나 국제법에서 주권은 법률적으로 명시되어 있고 도덕적인 요소를 지니고 있지만, 그 근저를 살펴보면 국제정치의 영역에서 국가의 주권은 자국의 지위 혹은 능력에 따라 차이가 있다. 이는 국가의 주권이 국가의 세력에 따라 그 힘이 약해질 수도 있고 강해질 수도 있음을 의미한다.

주권과 결합되는 것은 영토보전주의이다. 이는 국가가 영토 안에서 어떠한 공격, 침략 또는 간섭을 거절하거나 그에 대해 저항할 수 있는 권리를 지니고 있음을 의미한다. 더 일반적인 주권의 개념으로 국가가 자신의 영토보전권을 보호하는 것은 국가의 능력과 정치적 힘에 의존한다. 분쟁의 원인과 더불어 국가의 영토보전권이 침해당한 것을 우리는 세계뉴스에서 많이 접한다.

첫째, 영토보전권이란 경계에 대한 논쟁이 있을 때 모호한 개념이 된다. 예를 들어, 서해상 일정 수역에 대하여 한국과 중국, 양국 모두는 그곳을 그들의 영토적 경계 내의 확실한 어업수역이라고 주장하고, 양국은 그들의 경계 수역으로부터 상대국의 상업적인 어선들을 몰아내도록 시도하였다. 대부분의 경우 이러한 문제들을 판결을 통해 해결해 왔지만, 이란과 이라크의 국경분쟁과 같이 경계에 대한 분명한 구분이 어려운 경우에는 국가들 간의 분쟁을 초래할 수도 있다.

둘째, 주권의 이행 측면에 있어 누가 합법적인 통치자로서 주권을 이행할 것인가에 대한 불일치가 발생할 경우 논쟁의 여지가 있게 된다. 앙골라와 남수단 등의 참혹한 내전은 주권의 이행과 관련해서 해결하기 어려운 문제이다. 그 외로 인도네시아(동티모르), 캄보디아, 콩고, 소말리아, 수단, 에티오피아 등지에서도 앙골라와 유사한 문제가 발생하였다.

셋째, 국제 공동체는 정부가 자국의 시민들에게 심각한 인권 침해를 수행하는 확실한 증거가 있을 때 주권 보호에 상대적으로 덜 민감하게 반응한다. 이와 관련하여 국가의 주권이 침해되는 사례는 빈번해지고 있다. 대표적으로 1999년 유고슬라비아 지역에서는 NATO와 UN 그리고 미국에 의해 유고슬라비아 주권에 대한 공격적인 간섭을 받았다. 이것은 국제사회가 유고슬라비아의 주권에 대한 침해를 명백히 정당화한 것으로서, 유고슬로비아 정부의 비세르비아인(주로 알바니아인)에 대한 '인종 정화'에 대한 반대를 표명한 것이다. 또 다른 예로, 비록 2021년 아프가니스탄 탈레반 정권이 재집권했지만, 미국의 '테러리즘과의 전쟁'은 아프가니스탄의 통치조직인 탈레반 정권의 인권 침해에 대한 조치였다고 볼 수도 있다. 2001년 노벨평화상 수상자인 코피 아난(Kofi Annan) 전 UN 사무총장은 "국가의 주권은 더 이상 인권에 대한 엄청난 폭력을 방어하는 데 사용되어서는 안 된다. 국가가 법률을 지키지 않고 개개인의 시민권을 침해할 때 그들은 자신들의 국민들뿐 아니라 이웃과 세계로부터 위협을 받게 될 것이다"라고 언급했는데, 이는 국가 주권에 대한 간섭의 근거로 이용되고 있다(Holley, 2001). 그러나 일부 학자들은 주권 침해가 약소국들의 정당성을 훼손시킬 수 있다는 우려를 표명하였다. 이들은 주권이란 외부의 힘 혹은 군사적 간섭으로부터 국제법상 최상의 보호를 받을 수 있는 최후의 수단이라고 파악하고 있다(Sassen, 1996).

2. 국가와 민족

오늘날 민족은 더 이상 국가와 동일시되지 않는다. 그러나 민족이란 역사적으로 국가의 가장 기본적인 구성단위였으며, 오늘날에도 그 중요성이나 비중은 줄어들지 않고 있다. 오히려 아프리카 지역에서는 국가보다도 부족을 더 우선시하는 개념이 아직도 자리 잡아 신가산주의(新家産主義, neo-patrimonialism) 형태의 통치가 이루어지고 있으며 북아프리카의 유목민 전통의 베르베르족은 부족공동체 개념을 유지하고 있다(Graham, 2019: 121).민족과 민족주의는 여전히 국가를 구성하고 국내외의 갈등을 이해하는 데 매우 중요한 요소라고 할 수 있다.

민족의 개념은 심리학적이고 감정적인 개념이다. 민족은 기본적인 정체성을 깊이 공유하는 사람들로 정의된다. 민족의 다른 요소들은 사회기준(공통의 혈족관계나 역사에 대한 신념) · 문화 · 지리학적 공간 · 종교 · 언어 · 경제적 질서 공유와 같은 정체성을 기초로 구성되며, 민족은 이해와 소통, 그리고 신뢰의 공동체로 정의된다(Connor, 1994).

| Box 3-1 | 민족주의의 성립과 전개과정

민족주의는 정치적인 것과 민족적인 것이 일치해야 한다고 주장하는 정치원칙으로서, 무엇보다도 도덕적 원칙을 의미한다. 즉, 민족은 정치공동체와 일치하고, 민족 스스로 통치해야 한다는 신조를 내포한다. 특히, 이념으로서의 민족주의는 도덕적이고 규범적인 원칙이며, 세계가 어떤 식으로 조직되어야 한다는 믿음이라 할 수 있다. 이런 민족주의가 성립하기 위한 조건과 그 전개과정을 살펴보면 몇 가지 특징적인 현상을 이해할 수 있다.

첫째, 세계는 하나라고 하는 이상과 이러한 이상에 근간한 세계제국이 무너지고 많은 독립국가가 나타나게 됨에 따라 종래의 보편적인 종교·문화를 대신하는 새로운 민족적인 종교·문화가 창조되어야만 했다. 특히 16세기 이후 지배력을 가졌던 기독교 국가들이 붕괴되고 로마교황이나 신성로마제국의 지배를 받지 않는 많은 독립국가가 출현함으로써 이러한 해석은 충족되었다. 그러나 이 당시의 국가들 대부분이 절대주의 왕정국가이었음을 고려할 때, 대중들은 자기가 살고 있는 국가를 '우리들의 국가'로 받아들이는 데 거리감이 있었다. 왜냐하면 왕에게는 절대권이 존재하였지만 국민에게는 권리가 부여되지 않았고, 이로 인해 민족주의가 성립되기 위해서는 군주의 절대권의 제한과 국민의 권리 신장이 필요했기 때문이다. 이러한 인식의 체계 과정에서 '계몽주의'는 대중들을 결속하고, 공동체의 자결 원칙을 대두시키는 데 커다란 역할을 하였다. 특히 하나의 집단은 어떤 공통된 이익을 갖고 있으며 이익이 가장 잘 증진될 수 있는 방식에 대한 각자의 소망을 자유롭게 표현할 수 있어야 한다는 생각이 시민적 공감대를 형성하면서, 루소와 같은 학자들을 통해 민주주의 개념과 다수에 의한 지배의 합법성 등의 이념이 기초를 이루게 되었다. 밀은 대의제 정부를 강조하기도 하였는데, 밀의 개념이 수용되면서 개인자결의 원칙이 집단 형태의 실현 수단인 민족자결주의 원칙의 관념으로 발전하게 되었다.

둘째, 18세기 프랑스혁명(1789)은 민족주의 형성에 커다란 기여를 하였다. 군주정에 반대했던 사람들은 스스로를 나씨옹(La nation), 즉 민족이라고 칭하였다. 그들은 신분과 지위에 상관없이 모든 프랑스인들은 동등하고 보편적인 공동체라는 획기적인 사고의 전환을 달성했다. 프랑스혁명의 기치가 되기도 했던 자유, 평등, 그리고 박애(우애)의 출현은 민족이란 개념을 일국 내에서 거주하는 모든 사람들 사이의 평등의 원칙, 즉 민주주의의 초기적 개념과 연결해주었다. 한편, 북미에서는 영국의 식민지에 대한 저항 활동(1776~1783)이 전개되었고, 남미에서는 스페인 지배에 대한 독립 활동이 활발히 전개되었다.

프랑스혁명에서 부르주아지가 민중을 이끌면서 민족주의와 민주주의의 공존이 진행되었고, 절대주의에 대한 저항으로 공화제가 수립되고, 이후 나폴레옹의 쿠데타(1794)로 연결되었다. 이러한 프랑스혁명은 다른 국가에 반동화 현상을 촉발하였고, 민주주의가 민족주의로부터 등을 돌리게 하였다. 또한 유럽 침략 전쟁의 기초가 되었으며, 절대군주의 정부 및 귀족 지도하의 침략에 대항하는 민족주의를 형성시키게 만들었다.

19세기에는 제국주의 시대의 개막과 함께 반동화 현상이 더욱 강화되었다. 한편에서는 다른 민족의 지배에 대한 민족주의의 부정이 생겨났고, 다른 한편에서는 다른 나라에 대한 지배와 흡수를 통한 권위의 상승에 따른 민족주의가 새로이 발생하였다.

20세기에는 파시즘이 등장하면서 민족주의가 심화되었다. 국가 또는 민족을 절대시하고 극단적인 에고이즘과 침략전쟁이 신성화되면서 개인의 자유와 평등 그리고 인간성의 가치를 부정하는 국가(일본, 이탈리아, 독일 등)들이 출현하였다. 또한 반제국주의적 성격을 가지는 식민지 민족주의가 출현하기도 하였다. 과거 고전적 민족주의는 자본주의가 봉건세력의 억압에 항거하는 과정에서 나타났지만 식민지 민족주의는 자본주의가 무르익어 제국주의 단계로 접어든 시기에 나타나는 등 다른 형태를 지니고 있었다.

민족은 개인적인 동질감을 강하게 느끼는 가족 이상으로 중요한 집단으로, 이는 다른 집단들과 구별되는 특징을 가지며 '우리'와 '그들' 사이를 구분한다. 민족주의는 민족 내부의 이익과 복지의 발전에 있어서는 강력한 추진력을 가지는 데 반해, 민족 외부의 상태에 대해서는 최소한의 관계만을 유지한다. 효과적인 정부를 위한 최고의 상태는 민족국가이고, 그것은 기본적으로 민족 정체성이 국가의 영토적 경계와 그 범위를 같이 하는 시민들을 포함한다. 그러나 현대 국가들 중 공통의 문화와 역사, 인종, 종교, 그리고 언어를 가지는 국가는 거의 없다.

하나의 민족은 남한과 북한처럼 두 개의 국가로 분열되기도 하고, 독일의 경우와 같이 하나로 통일되기도 한다. 그러나 냉전 이후의 현실은 대부분의 국가가 다민족 국가라는 점이다. 이러한 국가들은 근본적으로 정체성이 다른 각 민족들로 구성되어 있다. 인종과 종교를 기초로 한 민족주의(혹은 부족주의)는 현대 정치세계의 국가 안에서 중요한 문제가 지속 되고 있다. 그러한 문제는 특히 다른 민족 정체성을 기초로 한 단체들 사이에 격렬한 증오감이 있거나 폭력이 유발될 경우 매우 위험한 양상으로 전개될 여지가 있다.

인종과 종교적 민족주의에 관한 문제와 한 국가 내에 존재하는 다양한 민족 간의 문제는 현 세계가 가지는 풍토병이다. 1945년 이후 독립한 많은 국가의 영토적 경계는 식민지 권력의 임의적인 결정을 기초로 했다. 따라서 대부분의 아프리카 국가들과 아시아 일부 국가들은 국가 영역 내에서 민족성의 차이를 고려하지 않은 경계를 바탕으로 형성되었다. 이러한 국가들의 다수는 충격적인 민족 분쟁을 경험해 왔고, 분쟁이 영구히 해결된 곳은 거의 없다. 아제르바이잔의 아르메니안, 인도네시아의 동티모르와 아체(Aceh), 그리고 터키, 이란, 이라크의 쿠르드와 같은 곳에서는 수시로 분쟁이 표출되고 있다. 심지어 정치체계가 비교적 건실한 국가에서도 민족을 기반으로 한 분열이 자주 표출된다. 세계 최대의 다민족 국가였던 소련이 1991년에 붕괴되었을 때, 소련은 민족성을 배경으로 조직된 15개의 국가로 대체되었다. 그러나 특히 러시아의 체첸 주민들과 같이 다민족 국가 내의 소수 민족들은 광범위한 민족성을 기반으로 한 분쟁에 휘말리게 되었다. 동부유럽에서 이러한 유혈 양상은 보스니아와 크로아티아, 코소보, 마케도니아, 세르비아, 그리고 구유고슬라비아 사이의 파괴적인 민족적 전투로 진행되었다. 심지어 르완다에서는 1994년 이후 100만 명 이상의 사상자를 낸 후투족과 투치족 사이의 끔찍한 대학살, 2018년 미얀마에서는 로힝야족 강제이주와 폭행 그리고 나이지리아의 다수인 하우사족과 요루바족, 경제권을 쥐고 있는 이보족 그리고 에티오피아의 최대부족인 오로모족과 소말리족 그리고 암하라-티그레족 간의 갈등이 이어지고 있다.

제2절 | 체계론적 · 구조기능론적 접근

위에서 설명한 국가 개념은 국가를 구성요소로서 파악하는 가장 추상적이고 거시적인 정의에 입각해 있다. 이에 비해 정치학에서는 국가를 통치와 지배의 구조, 혹은 통치와 지배를 담당하는 조직 수준으로 간주하는 이론과 접근이 대부분이다. 여기에서는 사회 속에서 국가가 수행하는 특수한 기능, 구체적인 작동방식, 사회권력과 국가의 관계 등을 다루어 본다.

1. 체계론적 접근

비교정치에 체계의 개념이 도입되기 시작한 것은 1950년대 이후의 일로 다른 사회과학 분야에서 보다 비교적 늦었다고 할 수 있으나, 그 영향력은 매우 크다. 주로 이스턴(David Easton)과 도이치(Karl Deutsch)가 소개한 정치현상의 체계론적 시각은 종래의 정치학과는 대조적인 용어상의 변화와 다양한 모형 정립의 길을 열었다고 평가된다.

이스턴의 정치체계론은 안정과 변화로 특징지어지는 세계 속에서 정치체계가 어떻게 존속하는가, 그리고 체계가 존속하는 데 필요한 기본적 기능과 전형적인 대응

형태는 무엇인가에 대한 설명을 제공한다(Easton, 1966: 143). 이스턴은 정치체계는 사회를 위하여 가치를 권위적으로 배분할 수 있는 기능과 능력을 가진 합법적인 권위 구조라고 정의하였다. 그는 비록 구조적 형태들이 시대와 장소에 따라 상당히 변할 수도 있지만, 모든 정치체계에는 어떤 기본적 정치행위와 과정이 존재한다고 가정하고 있다(Easton, 1966: 49). 어떤 정치체계의 필수기능과 그 경계가 규정되는 기준은 권위적 배분, 즉 한 사회에 있어서 구속력 있는 결정과정이 어떻게 이루어지고 수행되는가의 여부에 달려 있다고 한다(Easton, 1966: 50). 이렇게 볼 때 이스턴의 정치체계는 가치에 대한 구속적이고 권위적인 배분이 이룩되고 실시되는, 한 사회 내의 상호 연관적인 행위체계이다.

표 3-1 사회적 가치의 권위적 배분

사회적인 가치		권위	배분
긍정적 가치	이상적인 것: 자유, 평등 등 물질적인 것: 집, 도로, 가로등 등 질적인 것: 건강, 범죄예방 등 상징적인 것: 공기, 안보 등	법 관습 카리스마 사회계약 사회화 개인적 효율성 처벌에 대한 공포	통치는 곧 선택이다: 경쟁과 갈등 속에서 일어나는 필연적 과정
부정적 가치	탄압, 구속, 오염, 불평등 등		

사회적 가치 중 긍정적인 가치는 자유, 평등, 정의와 같이 이상적인 것, 집, 도로망과 같이 물질적인 것, 건강, 범죄로부터의 보호와 같이 질적인 것, 그리고 공기, 안보와 같이 상징적인 것 등으로 구분할 수 있다. 이에 반해 부정적인 가치에는 탄압, 구속, 오염된 물 등이 포함된다. 배분이란 사회에 있어서 가치분배들을 승인하거나 취소하는 결정 및 그와 관련된 활동이다. 배분은 결정이 무력시위, 협박, 자기이익 혹은 정당성의 승인 등 어떤 형태를 취하건 정당하고 구속력 있는 것으로 받아들여질 때 권위적이다. 따라서 긍정적인 가치를 추구할 때 부정적인 가치가 반작용적으로 나타나는 상대성 때문에 권위적 배분이 필요하다. 분배가 사회를 위한 것이어야 한다는 필요조건은 사회적 가치의 권위적 배분을 통하여 전체 사회 내 긴장해결을 위한 결정이어야 한다. 이러한 결정은 가족, 교회, 결사 혹은 지방정부와 같은 보다 제한된 구성원을 위한 하위체계의 결정과 구분 지울 수 있다. 전체 사회에 대한 권위적 배분과 관련된 일련의 활동을 이스턴은 정치체계로 규정한다(Bill and Hardgrave, 1973). 정치체계는 내부적·외부적 환경으로부터 오는 교란(disturbances)

에 대응하면서 요구(demand)와 지지(support)를 투입(input)하여, 그것을 결정과 행동이라는 산출(output)로서 체계 밖으로 내보낸다. 그리고 이 산출은 다시 환류(feedback)되어 투입으로 연결되며 이 과정은 정치체계 속에서 끊임없이 반복하게 된다(Easton, 1965: 112).

그림 3-1 정치체계 모형

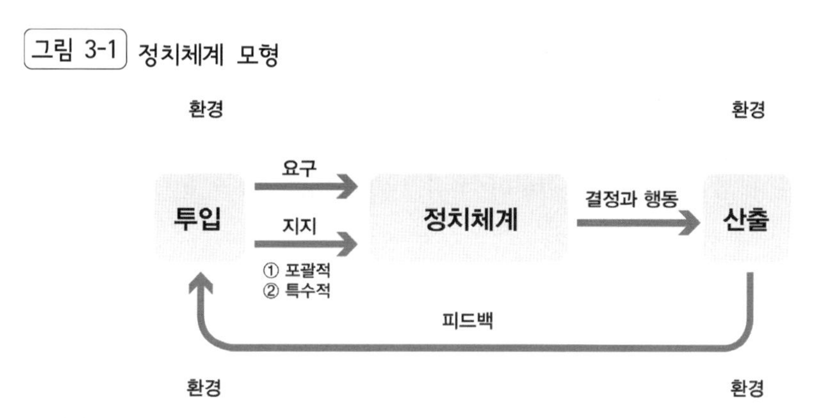

※ 출처: David Easton, 1965, *A Framework for Political Analysis Englewood,* Cliffs, N.J.: Prentice Hall, p. 112.

1) 투입(input)

이스턴은 변화하는 환경 속에서 어떻게 정치체계가 유지되는가를 규명함으로써 투입에 중대한 관심을 보인다. 투입은 환경으로부터 정치체계로 국민의 요구나 지지가 전달되는 것이다. 사회에 정치체계가 존재하고, 사람들이 정치활동에 참여하는 것은 요구와 지지를 통해서 이루어진다. 개인이나 집단은 다양한 욕망을 가지고 있기 때문에 현실 정치에 만족하기 어려울 뿐만 아니라 끊임없이 발생하는 새로운 욕망 때문에 정치적 요구를 제기하거나 자신이 만족하는 정책에는 지지를 표한다. 결국, 투입이란 사회를 위한 가치배분방식의 지속적 유지를 위협 또는 협조하는 모든 정치적 활동과 사건들이라고 요약할 수 있다.

① 요구(demand)

요구란 정치체계에 대하여 어떤 정책을 입안하여 집행해 달라는 국민의 소리라고 볼 수 있다. 이는 어떤 특별한 문제에 대하여 권위적 가치배분을 결정하는 가부에 대한 의견표시이다. 그러므로 요구는 일차적으로 선호나 원망(願望)의 정치화를 의미한다. 요구의 유형은 재화나 용역의 분배, 공공안전, 시장통제, 사회질서유지 등과 같은 행동의 규제, 세금의 증액과 감소, 정보의 공개나 제공, 정치과정의 참여 등 다양한 형태를 띤다(Almond and Powell, 1978: 10). 요구의 기능은 구속력 있는 권위적 배분을 수반하게 되고, 구속력 있는 권위적 배분기능은 정치체계를 통합할 수 있다. 그러나 요구는 여러 가지로 정치체계에 대한 긴장의 근원을 형성한다. 왜냐하면 과다한 요구로 인하여 요구가 충족되지 않는다면 정치체계에 대한 지지는 쇠퇴할 것이며, 요구의 양적 수준이 높을 경우 체계를 압박하여 최악의 경우에는 위기상황을 불러올 수도 있기 때문이다. 이러한 과다한 요구로 인한 위기상황을 타개하기 위해서 이스턴은 문화적 규범이 요구의 내용, 요구의 표출자 그리고 요구방법에 대하여 규제하는 방법을 개발해야 한다고 생각하였다(조명현, 1986: 67).

② 지지(support)

지지는 개인 또는 집단이 목적, 사상, 제도 등을 호의적으로 받아들일 때 생긴다. 이스턴에 의하면 지지는 기본적인 정치적 대상에 대한 것이다. 이스턴은 지지의 유형을 두 가지로 분류하여 특별한 지지(specific support)와 포괄적 지지(diffuse support)로 나누고 있다. 특별한 지지는 세금 감면 또는 소득지원 정책을 내세우기 때문에 그 정부을 지지하는 것과 같이 구체적인 보상과 맞교환하여 지지하는 것이고, 포괄적 지지는 조건 없는 신뢰, 애착과 맹목적인 충성심, 확고부동한 애국심과 같이 정치체계나 권위에 대하여 성원을 보내는 것이다(Easton, 1965: 273). 정치적 팬덤도 이와 매우 밀접하다고 볼 수 있다. 이러한 지지의 대상은 정부, 체계, 정치적 공동체 세 가지로 구별될 수 있다. 그리고 체계 존속의 관건은 앞의 세 가지 수준에 대한 최소한의 지지 수준을 어떻게 유지하느냐의 여부에 달려 있다(Easton, 1965: 220). 그리고 이러한 지지 유지의 형태는 정치적 지배 수단으로서의 가치 부여에 의한 설득 같은 특수한 보상보다는 보통 애국심에 기반한 민족주의를 강조하는 정치사회화와 지도자, 헌법 그리고 국가에 대한 충성의 상징물을 활용한다. 어떤 체계라도 이러한 지지의 저장소를 구축하지 않으면, 오랜 기간 동안 지탱될 수 없다고 한다. 특히 회유나 가치 부여에 의한 설득보다는 구성원들의 근원적인 신뢰 구축을 통한 지지의 확보가 필요하다고 본다(Easton, 1965: 125).

2) 산출(output)

산출이란 권위적 가치의 배분 또는 사회의 인적, 물적 자원을 통하여 목적을 달성하기 위한 권위체의 정책결정을 의미한다. 즉, 정치체계의 산출은 요구와 지지라는 다양한 투입 요소를 받아들여 권위체가 이것을 적절하게 처리하는 전환의 결과를 말한다.

그런데 정치체계에 있어 국민의 요구와 지지가 투입 되었을 때, 정치체계는 국민의 요구를 수용하거나 거부하는 등의 반응을 보이는데, 이때 투입과 산출 간의 관계에서 정치체계는 요구에 의해 생기는 긴장에 부딪힌다. 요구에 의한 긴장은 투입량과 산출량의 불균형에서 발생한다. 첫째, 투입량은 많은데 산출량이 적을 경우 과부하(overload) 현상을 일으키게 되는데 이러한 경우 체계의 존속과 유지에 문제가 생긴다. 둘째, 아래로부터의 투입량은 적은데 산출량이 많은 경우, 국민의 투입 기능이 약한 반면에 정치 엘리트 주도로 투입이 이루어지며 산출이 국민의 잠재적인 기대와 무관하게 이루어지게 된다. 그러나 이러한 경우는 국민이 원하는 것 이상의 정치적 산출을 가져오기 때문에 체계에는 문제가 생기지 않는다. 그렇다면 바람직한 투입 산출 간의 관계는 무엇인가? 가장 바람직한 것은 투입량이 체계에 약간 부담이 될 정도로 많은 것이 좋다. 그래야 체계가 약간의 긴장 상태를 유지하면서 국민의 요구를 정책으로 전환하려는 적극적인 모습을 보일 수 있기 때문이다.

3) 환류(feedback)

환류는 정치체계가 행한 정보를 전달함으로써 체계의 다음 행동에 영향을 미치는 동태적인 과정이다. 정치체계는 작업 수행에 대한 정보의 소통을 이룩하게 되고 그 결과는 또 다른 행위를 결정하는 데 영향을 미칠 수 있다. 피드백은 잘못 내려진 결정이나 규제를 다루는 부정적 피드백, 그리고 정치체계 지향 목표의 재구성이라는 문제를 다루는 목표 번경 피드백으로 구분할 수 있다.

어떤 정치체계도 구성원 모두의 요구를 항상 충족시킬 수는 없다. 구성원들의 지지는 체계의 작동에 있어서 신용의 역할을 하여 요구의 불충분한 충족으로 인한 긴장을 어느 정도 완화시킬 수 있다. 그러나 당국이 일정한 정도로 구성원들의 요구를 해결할 수 없거나 해결하지 않으려 한다면 불만은 커지게 되고, 이전의 산출에 의하여 쌓아올려진 체계에 대한 지지는 하락하게 된다. 특히 과다 투입으로 규정할 수 있는 요구의 과부하는 체계에 긴장을 부과시킬 수 있다. 긴장에 효과적으로 대응하는 체계 능력은 정부 당국에 역으로 의사가 전달되는 환경과 체계의 상태에 관한 정보, 즉 피드백이라는 중요한 과정으로부터 도출된다. 피드백은 체계 존속을 위하여 매우 중요하다. 왜냐하면 긴장을 처리해 온 경험에 근거해서, 혹은 요구와 지지에 관한 사건들의 현상 상태에 대한 지식에 근거해서만이 당국은 의사 결정상의 실패를 수용할 수 있기 때문이다. 그리고 이전의 결정을 수용하고 조정하며 혹은 교정함으로써 이에 대응할 수 있다. 이와 같이 피드백은 정치체계가 긴장을 극복해 갈 수 있는 수단을 제공해준다. 산출은 종착점이 아니고 다시 체계로 피드백되어 다음의 행동을 지속하게 된다. 그러나 아무리 정확하고 즉각적이고 효과적인 피드백이라 할지라도 그에 대한 효과적인 대응을 완벽하게 보장하지는 못한다. 그러므로 산출의 실패는 어떤 체계에도 위협적일 수 있다.

4) 환경(environment)

정치체계는 국내외적인 환경 속에서 의도적으로 집합 목적(collective goods)을 추구하며, 그 기능을 위해 국내외적인 환경과 상호작용을 한다. 정치체계와 환경은 상호 영향을 주고받는 상호 의존관계를 형성하고 있는 것이다. 정치체계는 국내의 생태 · 자연 · 자원 · 인물 · 경제 · 교육 · 기술 · 윤리 · 도덕 · 문화 등의 환경과, 외교 · 경제 · 사회 · 문화 · 생태 등과, 국제체제 · 국제질서 등의 영향을 받는다. 국내외의 총체적인 환경은 정치체계수준, 과정수준, 정책수준에 직 · 간접적 영향을 미치고, 환경은 또한 정치체계의 영향을 받는다. 국내 환경 변수 중에서 정치문화는 중요한 환경변수이다.

5) 정치 체계론에 대한 비판

이스턴은 정치생활의 복합적인 상호 연관성을 분석하여 정치체계가 안정과 변화로 특징지어지는 세계 속에서 어떻게 유지되고 있는가 및 체계를 유지하는 데 필요한 기본적인 기능과 전형적인 대응 형태는 무엇인가에 관하여 개념적인 설명을 해주었다. 특히 그는 투입으로서의 요구의 성격, 특별한 지지와 포괄적 지지, 정치체계의 산출, 체계의 다음 행동에 영향을 미치는 동태적인 과정으로서의 환류 등을 세분화함으로써 정치체계를 이론화하는 데 혁혁한 공로가 있다고 평가받는다. 그러나 그의 개념들은 명료화하고 단순화하는 경향이 있어 안정, 유지, 지속, 균형에 과도하게 집착하는 경향이 내포되어 있고 적절한 정치 이론을 수립하지 못하게 만드는 그릇된 가정들을 낳을 수 있다(Mitchell, 1961: 82). 또한 특정한 변동들을 다룰 수 없기 때문에 정치적 변동이 왜 일어났는가에 관한 근본적인 해답을 주지는 못하고 있다(Thorson, 1970: 67). 정리하자면, 정치 체계론의 추상화는 현실적인 상황에 대한 적응이 부족하고, 인간에 대한 그릇된 인식을 초래할 위험이 있으며, 나아가 체계의 안정, 유지, 존속, 균형이 아닌 체계의 적응, 진화, 균열, 붕괴, 전환과 같은 패러다임의 변화에 대한 적절한 설명을 제공하지 못한다. 또한 그의 일반론은 검증 가능한 가설을 거의 제시하지 못하고 있으며 서로 양립할 수 없는 두 접근방법[9]이 통합되어 있다는 비판도 받는다.

2. 구조기능론적 정의

법률에 명시된 국가의 또 다른 정의로서, 국가는 '정부'로서 작용하는 중요한 조직적 '구조'와 국가가 수행하는 중요한 '기능'으로 정의될 수 있다. 이러한 구조기능적 관점에서 국가는 정치적 결정을 만들고 수행하며, 법률과 정부의 통치를 강화하기 위해 조직된 기구적 제도로 정의될 것이다. 베버는 다른 모든 조직들과 구별되는 국가의 한 가지 기능이란 바로 국가만이 사회 내에서 유일하게 강제력과 강압의 합법적인 사용을 독점하는 것이라고 했다. 그것은 오직 국가만이 법률과 사회의 결정을 강화하기 위해 폭력을 사용할 권리를 가지고 있다는 것이다.

국가 중심적 입장에서 국가의 기능은 보다 광범위한 개념에서 이해되는데, 여기에서 국가의 필수적인 기능은 질서를 유지하고 다른 국가 혹은 잠재적인 국가들과 경쟁하는 것이다(Skocpol, 1979: 30). 또한 광의적 관점에서 국가는 국익이라는 목표를 가지고 있고, 국내외 행위자들의 저항에 대항하여 목표 성취를 위해 노력한다(Morgenthau, 1993; Waltz, 1995). 이러한 국가의 구조가 형성되는 특별한 방법에는 중요한 변수들이 있다. 이는 국가 공무원의 선택에 대한 내용, 누구의 선택이 국가에게 채택될 것인가의 문제, 그리고 사회에서 정책 선택을 수행하는 데 짊어져야 할 국가의 책임 등이다.

국가에 관한 구조기능적 연구는 알몬드를 중심으로 체계화되었다. 이스턴의 체계분석틀과 파슨스의 사회체계론 연구에 영향을 받은 알몬드는 정치체계란 "모든 독립된 사회에서 발견되는 상호작용의 체계로서, 다소의 물리적 강제력 사용 혹은 그 사용의 위협을 통하여 사회 내적인 또는 사회 사이의 적응기능을 수행하는 것"이라

9) 에스틴(Astin, 1972: 735)에 따르면, 양립 불가능한 접근법 중 하나는 뉴턴으로부터 도출된 기계론적(mechanistic) 접근법이고, 다른 하나는 유기체론(organicist)과 생기론(vitalist)에 바탕을 둔 접근방법이다.

그림 3-2 알몬드의 정치체계와 기능

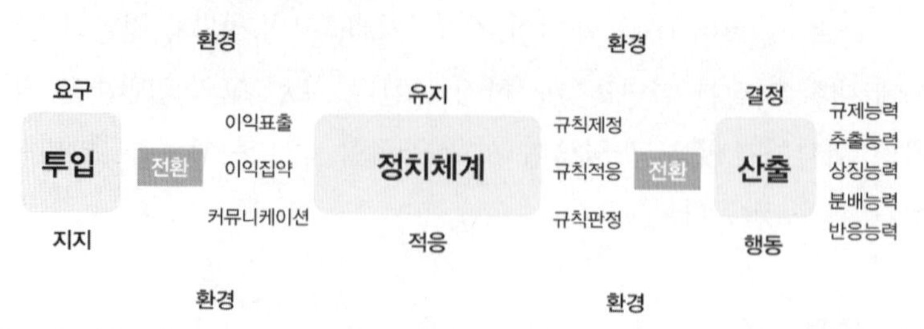

※출처: Almond and Powell, 1996, *A Development Approach to Comparative Politics*, Boston: Little Brown and Co..

정의하였다(Almond and Coleman, 1960: 7). 그는 서구의 체계 속에 존재하는 정치활동에 근거를 두고 기능적 범주로 일곱 가지 변수를 설정하였다. 투입기능으로는 정치사회화와 충원, 이익표출, 이익집약, 정치커뮤니케이션을, 산출기능으로는 규칙제정, 규칙적용, 규칙판정을 제시하였다.

알몬드는 1966년 포웰과 함께 쓴 『비교정치학: 발전적 접근(Comparative Politics: A Developmental Approach)』에서 1960년에 시도한 7개의 기능적 범주를 대폭 수정하여 전환기능, 체계의 능력, 체계 유지 및 적응기능으로 변경하였다.

첫째, 전환기능은 투입을 산출로 변형시키는 것으로써 요구와 지지가 권위적 결정으로 반영되어 그것이 집행되는 것을 말한다. 여기에는 이익표출, 이익집약, 규칙제정, 규칙적용, 규칙판정, 커뮤니케이션의 기능이 포함된다. 이 중 이익표출과 이익집약은 투입과 관계된 것이고, 규칙제정, 규칙적용, 규칙판정은 산출과 관계된 것이며, 커뮤니케이션은 투입과 산출 모두에 영향을 준다.

둘째, 체계의 능력은 하나의 단위로서의 체계가 다른 사회체계와 환경에 대해 영향을 미치는 산출작용을 말하며, 체계가 가진 능력은 주요 기능을 수행하기 위한 구조적 장치를 포괄한다. 이를 알몬드와 포웰(Almond and Powell)은 규제·추출·상징·분배·반응 등의 능력을 포함한 다섯 가지 범주로 나누었다. 여기서 규제능력은 개인과 집단의 행동 및 관계를 규제하는 능력이고, 추출능력은 환경에서 물적·인적 자원을 추출할 수 있는 능력이며, 상징능력은 상징을 효과적으로 조작할 수 있는 능력이다. 또한 분배능력은 제 가치를 사회에 배분하는 능력이며, 반응능력은 투입에 응해 산출을 효과적으로 배출하는 대응능력이다.

셋째, 체계유지 및 적응기능은 정치사회화와 정치충원을 포함하고, 이러한 정치체계는 환경에서 오는 다양한 요구에 대하여 유지 또는 적응을 하게 된다. 특히 알몬드(Almond, 1966: 27)는 정치사회화란 정치문화로 유도되는 과정, 정치문화를 습득하는 과정 그리고 정치문화가 유지·적응되는 과정으로 간주하였고, 정치충원은 정치체계에 새로운 역할을 채우는 기능을 담당한다고 판단하였다.

한편, 알몬드는 1974년 『현대비교정치학: 세계의 조망(Comparative Politics Today: A World View)』이라는 연구를 통해 체계에 생태학적 개념을 도입하고 그것을 환경에 영향을 주고받는 조직으로 설명하면서, 정치체계를 사회가 그것을 바탕으로 집합적 목표를 형성하고 추구하는 조직으로 정의하였다. 정치체계의 구조를 이익집단·정당·입법부·행정부·관료제·사법부의 여섯 가지로 분류하고, 정치체계의 중앙에 정치사회화·정치충원·정치커뮤니케이션의 세 가지 기능을 위치시켰다. <그림 3-3>과 같이, 이것은 정책형성과 직접적인 관계를 갖고 있지는 않으나 체계의 운영과 관련을 맺고 있으며, 투입과 산출과정뿐만 아니라 국내·국제환경 전체와도 영향을 주고받는다. 그리고 그 주변에는 정책의 형성과 집행에 필수적인 다섯 가지 기능, 즉 이익표출, 이익집약, 정책결정, 정책집행, 정책판정이 존재한다.

1978년 후속작 『비교정치학: 체계, 과정, 정책(Comparative Politics: System, Process, Policy)』에서 알몬드는 정책에 큰 비중을 두고, 정책의 결과를 산출로부터 분리하였다. 그는 정치를 공공정책을 주도하는 독립변수로 파악하고 사회와 국제환경을 종

그림 3-3 알몬드의 구조기능분석

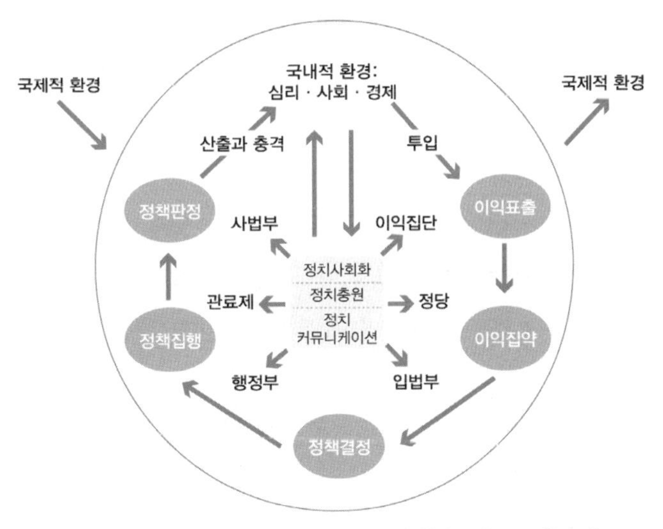

※출처: Gabriel Almond ed., 1974, *Comparative Politics Today: A World View*, Boston: Little Brown and Co., p. 9.

속변수로 간주하였다. 그리고 정치구조와 정치과정을 정치적 선택의 결과로 파악하여 구조와 기능 그리고 정책 간의 유기적 관계를 강조하였다. 이 저작에서 알몬드는 정치구조를 "의회, 법원, 행정기구를 포함하는 정부제도뿐만 아니라 정치와 관련된 모든 구조"라고 이해하였다. 또한 정치체제의 기본단위는 정치적 역할이며, 이러한 일단의 역할을 구조라고 판단하였다. 이와 같은 정치체계는 제도(institution)와 정치 관련 구조를 구성요소로 하고 있으며 특별한 활동, 즉 기능을 수행하는 것이라 생각하였다(Almond and Powell, 1978).

제3절 | 계급주의 국가론

1. 계급주의의 기본 개념

체계적 접근과 구조기능주의적 접근에서 국가는 사회집단 간의 중개자 혹은 중립적인 입장에서 사회의 안정과 질서를 유지하고 환경에 질서 있게 적응하는 역할을 강조한다. 그러나 계급적 관점에서 볼 때 개개인의 행위와 조직체의 이해관계들은 하나의 생산양식을 구성하는 계급관계에 고유한 사회적 모순을 통해서 이해되어야만 한다. 계급적 관점에서 사회를 분석할 때 분석단위는 자본축적 및 계급투쟁의 조건에 초점을 맞추고 있으며, 국가의 영역과 정치적 정의에 대한 지배 계급의 헤게모니를 강조한다(Alford and Friedland, 1985: 271~272). 자본주의사회의 토대는 생산관계가 주축을 이루며, 그것은 자본가 계급의 노동자 계급에 대한 지배 관계가 된다. 이 지배 관계를 유지시키기 위하여 하나의 도구로써 근대국가의 역할이 부각된다. 즉, 지배 계급으로서의 자본가(bourgeois)는 정치질서에 대한 통제를 확립하고 그들이 원하는 대로 국가를 개조할 수 있다. 그렇기 때문에 국가는 부르주아지에 대한 종속(servility)의 성격을 지닐 수밖에 없다고 본다. 무엇보다 이는 계급주의의 대표자라고 할 수 있는 마르크스(Marx)와 엥겔스(Engles)의 『공산당 선언(The Communist Manifesto)』에서 국가를 "자본가의 집행위원회"라고 규정한 것에서 명확하게 발견되는 입장이다.

그러나 동시에 마르크스는 『루이 보나파르트의 브뤼메르 18일(The 18th Brumaire

of Louis Bonaparte)』이라는 저작에서 프랑스 제2제정의 탄생과정을 계급적 관점에서 분석하였는데, 여기서 그는 국가가 단지 '부르주아의 집행위원회'라는 그 자신의 도구적 관점과는 사뭇 다른 국가관을 보이기도 하였다. 프랑스 혁명 후 부르주아 계급과 프롤레타리아 계급의 갈등이 교착 상태에 놓이게 되면서 권력의 공백이 생기게 되고 나폴레옹은 쿠데타에 성공하여 강력한 통치를 집행한다. 나폴레옹 3세에게 정치적 기회구조가 만들어졌다고 볼 수 있다. 결과적으로 국가는 상대적 자율성을 가질 수 있으며, 마르크스는 이러한 현상을 나폴레옹 3세의 본명을 본 따 '보나파르티즘(bonapartism)'이라고 이름 붙였다. 국가의 계급 지배적 성격을 인정하면서도 경우에 따라서는 국가가 관료제라는 제도적 장치를 통하여 시민사회의 형성에 작용하며 부르주아의 국가에 대한 통제를 견제할 수 있는 능력을 가지기도 한다고 보았던 것이다. 즉, 마르크스에게서도 사회에 대한 정도의 차이지만 국가의 자율성을 인정하는 대목을 찾아볼 수 있다(Held, 1983: 27).

| Box 3-2 | 마르크스의 국가 자율성

국가 자율성에 관한 마르크스의 설명에는 두 가지 입장이 있다. 마르크스는 이 두 가지 견해를 결코 명확히 구분하지 않고 있지만, 분석적 목적을 위하여 그 의미를 풀어보는 것이 유용하다.

첫 번째 입장은 국가 자율성에 대해 부정적으로 보는 견해이다. 마르크스는 일반적으로 국가, 특수하게는 관료제란 다양한 형태를 취할 수 있으며, 지배 계급의 이익에 직접 연계될 필요가 없거나 또는 지배 계급의 분명한 통제 하에 있을 필요가 없는 권력의 원천을 구성할 수 있다고 본다.

이는 국가가 지배계급으로부터 독립된 권력을 일정하게 보유한다는 것을 뜻하지만, 그럼에도 불구하고 국가의 작용은 결과적으로 지배계급의 이익에 봉사하는 것으로 나타난다. 특히, 자유민주주의적 전통의 기본사상에 있어서 국가는 개인의 사익보다 공동체의 공익의 달성을 중요 임무로 하고 있지만, 마르크스는 이러한 사익과 공익의 구별은 착오를 불러일으킬 수 있다고 보았다. 국가는 공익을 앞세우면서 개인의 자유를 보호하고 재산권을 지켜 준다는 원칙에 따라 모든 사람들을 똑같이 취급함으로써 중립적인 입장을 취하는 것처럼 보일 수 있으나, 실제로 국가의 작용은 편파적인 것으로서 자본가의 특권을 보호해주는 결과를 가져온다고 보는 것이다. 즉, 공익을 위해서 행동하는 공권력은 가능하지 않다는 결론이다. 이러한 결론에 따르면 국가는 지배 계급의 도구에 지나지 않는 자율성이 없는 국가라고 볼 수 있다.

두 번째 입장은 국가는 상대적 자율성(relative autonomy)을 지닌다는 견해로서, 국가의 지배 계급에 대한 종속적 역할과는 대조적으로 어느 정도의 국가 자율성을 인정하는 대목도 나타난다. 즉, 국가가 지배 계급에 대하여 어느 정도의 독립성을 띠는 경우는 첫째, 사회구성체의 구조적 변화과정에서 생기는 공백기에 국가의 어느 정도의 자율적 능력이 나타날 수 있고, 둘째, 국가는 특수한 상황에서, 예를 들어 사회세력 간의 상대적 균형 상태가 형성되면, 국가는 변혁을 추진하고 그것을 조정할 수 있는 능력을 가질 수 있는 경우로 나누어진다(Held, 1983: 25~27). 이 경우 첫 번째 시각에서와는 달리, 국가는 지배계급의 이익에 반하는 제도적 개입을 수행할 수 있다.

이렇게 계급적 관점에서는 국가가 자율성을 지니지 못하여 지배 계급의 단순한 도구에 지나지 않는지 혹은 지배 계급으로부터 어느 정도의 자율성을 가진 존재인지 하는 의문점으로부터 도구주의적 국가론과 구조주의적 국가론이 등장하게 되었다.

특히 마르크스의 국가관 내부에 존재하는 이러한 모순은, 구조주의 마르크시스트인 풀란차스(Poulantzas)에 의해 적극적으로 해명되고 이론적으로 발전하게 되는데, 이는 아래에서 살펴보도록 한다.

2. 계급국가론의 원형

1) 도구주의적 국가론

국가의 도구성을 강조하는 입장에 의하면 국가란 전략적 위치에 있는 사람들이 직접적으로 국가정책을 조작하거나, 간접적으로 국가에 압력을 가하는 방법을 통하여 권력을 행사하는 하나의 도구로 파악된다. 즉, 국가는 지배 계급의 통치를 위한 하나의 수단으로 등장하게 된다.

① 돔호프(William Domhoff)

돔호프는 『누가 미국을 다스리는가?(Who Rules America?)』에서 정황분석, 명망가분석, 지위분석을 통해 미국 지배층에 대한 분석을 실시하였다. 정황분석은 사회명사, 전기(biography), 출신학교를 분석하여 개인들 간의 교제관계를 고찰하는 것이고, 명망가분석은 특정 명망가를 통하여 주관적으로 생각하는 사람을 지목하는 것이며, 지위분석은 기업, 은행, 재단의 구성원들을 추출하는 것이다. 그는 이러한 분석을 통해 소득, 부의 정도, 통치제도 및 중요 정책결정집단에의 참여 등에 있어서 우월한 위치에 있는 사회적 상위 계급이 한 나라의 통치 계급을 형성하고 있다고 보았다(Domhoff, 1967). 특히 국가의 연간 소득액 중 불균형적으로 많은 액수를 소유하고, 그 구성원 중 지나치게 많은 수가 정부조직체나 의사 결정집단에 소속되어 있으며 정책 형성과정을 지배하는 사회적 상류 계층이 존재한다는 사실을 발견하였다(Domhoff, 1970: 109). 이 상류 계층은 계급적 유대와 엘리트 학교교육을 통한 성장과정을 통하여 응집력을 형성하며, 특히 사교클럽, 정책 입안단체 등의 가입을 통한 상호작용을 통하여 권력과정을 유효적절하게 통제할 수 있다. 또한 대기업, 법률사무소, 재단, 결사체 등의 고위경영인들을 통하여 통치의 목적을 달성할 수도 있다고 주장하였다(Domhoff, 1971).

② 밀리반드(Ralph Miliband)

자본주의 사회에서의 국가에 대한 밀리반드의 관심은 1960년대 서구에 광범위하게 유포되었던 국가주도형 개혁주의 사상에 대한 비판에서 유래하였다. 당시 지배적이었던 개혁주의 사상은 국가의 적극적 개입을 주장하고 있다는 점에서, 계급 중립적인 국가 개념, 즉 국가가 전체 사회의 관리자로서 행위를 할 수 있다는 가정을 반영하는 동시에 그것에 기초한다. 그는 1969년에 국가의 계급적 성격에 관한 경험적 징표를 제시함으로써 사회 전체의 후견인이라고 하는 자유주의적 다원론의 국가 개념을 사실적으로 논박하기 위하여 『자본주의사회에서의 국가(The State in Capitalist Society)』를 저술하였다. 그는 국가란 "특정 계급의 사회 내 우월한 지위의 수호를 주요 목적으로 하는 특별한 제도"라고 정의하면서 "자본주의 사회의 정치적 · 경제적 생활은 우선적으로 자본주의적 생산양식에서 기인하는 관계에 의해 결정된다. 여기에 서로 대립되는 사회세력들이 나타나게 되는데, 이러한 대립이 대단히 강력하게 선진자본주의의 사회풍토와 정치체계의 구체적 내용을 규정하게 된다"고 하였다.

밀리반드에 의하면, 사회적 근원, 교육, 계급적 상황 등에 있어서 국가의 요직을 차지하는 사람들은 기업 · 자본 · 기업적 중산 계급에서 배출되고 있기 때문에 이들은 경제적 지배 계급의 사익을 대변하게끔 되어 있다고 본다. 또한 자본가계급은 그들의 우월한 재정적 위치를 이용하여 행정부 · 정당 · 군부 · 언론 등 다양한 제도에 그들의 영향력을 행사하며 중요한 정책결정을 좌우할 수 있다고 여긴다. 특히 자유기업의 원칙을 앞세운 자본주의 체제의 정당성 확보를 위해서 정당, 기업, 교회, 대학, 매스미디어 등이 효과적인 사회화 기능을 수행한다고 보았다(Miliband, 1969).

2) 구조주의적 마르크스주의와 국가론

전략적 위치에 있는 사람들이 직접적으로 국가정책을 조작하거나, 간접적으로 국가에 압력을 가하는 방법을 통하여 권력을 행사하는 하나의 도구로서 국가를 파악하는 도구주의적 관점과는 달리 1960년대 중엽 프랑스에서 대두된 구조주의적 마르크스주의의 특징은 국가의 상대적 자율성을 인정하는 데서 찾을 수 있다.

① 알튀세르(Louis Althusser)

프랑스 철학자 알튀세르 철학의 주요개념은 '중첩결정'에서 시작된다. 하나의 현상은 하나의 원인으로 귀착될 수 없으며 하나의 현상을 만들어 낸 원인은 생각보다 복잡하며 많은 것들이 중첩된 작용으로부터 발생한다는 것이다. 그러한 바탕에서 그의 저서 『레닌과 철학 그리고 에세이 모음집(Lenin and Philosophy and other essays)』에서 사회의 구조를 하부구조(경제적 토대)와 상부구조로 나누고 상부구조는 다시 정치·법률(법률과 국가)과 이념(종교적, 윤리적, 법적, 정치적, 기타)이라는 두 개의 수준으로 구분된다고 본다. 사회의 구성을 건물에 비유하여 상부구조의 두 개의 층은 궁극적으로 토대에 의해 결정된다. 하지만 상부구조의 상대적 자율성과 상부구조의 토대에 대한 상호작용 또한 인정한다. 따라서 상부구조의 한 수준으로서의 국가는 토대와의 상호작용 및 상대적 자율성을 갖는다고 볼 수 있다. 알튀세르에 의하면 국가는 국가권력의 기능에서만 그 의미를 찾을 수 있으며, 그것은 구체적으로 국가장치로 나타난다. 이때 국가장치는 경찰과 군대 같은 억압적 국가장치와 정치와 법률, 문화, 그리고 교육과 같은 이념적 국가장치로 구분된다. 특히 이념의 역할은 알튀세르의 정치이념의 주종을 이룬다. 이념이란 "개인들이 그들의 현실적 생존조건에 대해서 갖는 상상적 관계의 표현"으로 정의되고 있으며, 그것은 현실과 부합되지 않는 하나의 환상으로 파악된다. 또한 이념은 항상 이념적 장치와 실천 속에 의식으로 존재하며 인간을 하나의 주체로 규정한다. 이념적 국가장치 중에서도 교육,[10] 특히 학교는 체제의 재생산과 관련하여 지배적인 역할을 담당하며 지식 및 단순한 지배이념의 보급과 주입에 결정적인 공헌을 한다고 본다(Althusser, 1971). 분명히 구조주의적 입장에서는 국가의 역할이 체제의 유지, 즉 생산관계의 재생산을 확보하기 위한 기능면에서 파악되고 있으며, 상부구조로서의 국가는 토대와의 관계에서 강제력 행사와 이념적 영향력 면에서 상대적 자율성을 인정받고 있다.

10) 교회와 가족에서 담당하던 교육이 국가와 가족으로 이동함으로써 외형상 계급 중립적인 기구로 나타나게 된다.

② 풀란차스(Nicos Poulantzas)

그리스 철학자 풀란차스는 『정치권력과 사회계급(Political Power and Social Classes)』에서 영향력 있는 사람보다는 사회의 구조가 국가의 기능을 결정한다고 주장하면서, 자본주의적 생산양식 속에 나타나는 다양한 계급들과 관련된 정치적 기능 면에서 국가의 상대적 자율성을 강조한다. 우선 자본주의 국가는 법률적·정치적 장치를 통하여 모든 사회구성원들을 계급의 일원으로서가 아니라 하나의 개인으로 고립화시키고 상호간의 경쟁을 허용하는 형태로서 계급 간의 분쟁을 완화시키며, 또한 계급관계의 존재 자체를 은폐한다. 예컨대 우리나라를 비롯한 모든 국가의 헌법에서 그 권리가 보장되는 주체는 계급이 아닌 '개인'이다. 사법제도 등을 통해 국가는 이러한 '개인'들을 보호하며, 특히 피지배계급 구성원의 경우 그들은 집단적으로 착취당하는 프롤레타리아 계급이 아닌, 자본주의적 법적 제도에 보장된 자유로운 계약관계에 의해 자유롭게 고용 계약을 체결한 계약 주체로 규정되며, 그 결과 피지배계급의 구성원들은 부르주아 지배계급에 대한 집단적 저항(혁명 및 계급투쟁)이 아닌 프롤레타리아 계급 구성원 상호 간의 경쟁 상태에 빠지게 된다. 이러한 경쟁 상태에서 발생하는 갖가지 분쟁들은, '개인'을 보호하는 자본주의적 법적·정치적 제도에 의하여 조정되지만, 결과적으로 분쟁의 원인이라고 할 수 있는 계급관계는 지속적으로 유지된다.

이러한 개인의 고립화 및 경제 영역과 정치의 격리원칙을 실행에 옮김으로써 국가는 사회 내의 다양한 세력 간의 알력을 조정하며, 통합의 요인이자 사회구조의 유지자로서의 역할을 통하여 특정 계급의 효과적인 지배에 공헌한다. 자본주의 체제의 구조를 유지시키기 위해서 국가는 사회에 대하여 상대적 자율성을 가지며 다음과 같은 기능을 수행한다(Poulantzas, 1973).

첫째, 지배계급을 정치적으로 조직하는 기능을 수행한다. 사회경제적 관계의 고립화와 부르주아 계급 내의 분파현상으로 말미암아 지배계급은 스스로의 힘으로 피지배계급에 대한 헤게모니를 확보할 수 없기 때문에 국가가 이들을 통합하는 역할을 하게 된다. 예컨대 국가가 모든 국민 개인의 권리를 보호한다는 자본주의 국가의 헌법 및 제도나 국민을 대변하는 부르주아 대중정당들은 피지배계급으로 하여금 국가에 의지하도록 만들고, 이는 국가에 대한 신뢰에 바탕하여 피지배계급 구성원들이 산업현장에서의 착취관계에도 불구하고 지속적으로 노동력을 제공하는 정치적-이데올로기적 기반이 된다.

둘째, 노동자 계급을 정치적으로 분열시키는 기능을 수행한다. 즉, 국가는 그들이 하나의 자율적인 정당으로 조직화하는 것을 방지하는 기능을 담당한다. 국가는 스스로를 국민－민족의 정치적 통일의 대표자임을 자부함으로써 노동자 계급의 정치적 투쟁을 격리시키며, 이러한 기능수행은 지배계급에 대한 국가의 상대적 자율성 확보에도 기여한다. 즉, 노동자 계급의 혁명적 정당이 아닌 국가가 피지배계급의 대변자 역할을 자처함으로써, 또한 그 제도적 실체로서 분쟁 조정 및 복지제도 등 피지배계급에 대한 '물질적 양보'를 지속적으로 제공함으로써 국가는 피지배계급의 자율적인 정치적 조직화를 막는다.

셋째, 국가는 자본주의적 사회구성체 내에서 비지배적 생산양식에 종사하는 계급들을 복잡한 이데올로기적 과정을 통하여 자기의 지지 계급으로 만든다. 국가는 이들의 이익을 옹호하는 정치적 대표자임을 자부하고 나설 때가 많다(Poulantzas, 1974). 이것은 국가가 단순히 지배하고 있는 계급의 수단만은 아님을 입증한다. 그 대신 국가는 상대적 자율성을 통해 지배하고 있는 자본가 계급들의 이익에 대한 안정성을 보장할 수 있다. 예컨대 전통적 수공업에 종사하는 쁘띠부르주아들은 자본주의적인 기계제 대공업의 지속적인 발전에 의해 도태될 수밖에 없다. 이들은 몰락하여 프롤레타리아가 되거나 국가의 하부기관에 소속된 '국가요원', 즉 공무원이 됨으로써 자본주의적 국가를 뒷받침하는 지지계급이 된다.

특히, 앞서 <Box 3－2>에서 우리는 마르크스 자신이 지닌 국가에 대한 이중적 시각을 살펴보았는데, 풀란차스의 이론은 상충되는 마르크스의 두 가지 국가관을 종합한 것으로 받아들일 수 있다. 즉, 지배계급으로부터 일정 정도 독립된 권력을 소유하는 '자본주의 국가'는 계급관계의 균형 상태나 사회구성체의 이행 및 발전과정에서 계급관계에 개입함으로써, 지배계급의 이익에 반하는 결과를 낳기도 한다. 그러나 풀란차스의 관점에서 국가 개입을 통해 지배계급이 손해를 보는 것은 오직 그들의 '단기적' 이익일 뿐이며, 그들의 '장기적 · 정치적' 이익은 오히려 국가의 개입에 의해 보장된다. 예컨대 국가 개입의 대표적인 사례로서 복지정책의 시행은 부르주아 지배계급의 단기적인 경제적 이익에는 손실을 가져오지만, 장기적으로는 복지제도를 통해 프롤레타리아의 혁명적 요구 및 정치적 조직화를 완화시킴으로써 부르주아의 프롤레타리아 착취에 의존하는 자본주의 사회구조가 '정치적으로' 유지 및 재생산될 수 있도록 한다는 것이다. 즉, 국가는 지배계급의 단기적 이익에 배치되는 개입을 할 수 있는 자율성을 가지지만, 이러한 자율성은 '자본주의 사회구조의 유지'

라는 지배계급의 장기적·정치적 이익에 봉사하는 '상대적인' 것에 지나지 않는다는 것이다.

그의 저작활동 후기에 이르러, 풀란차스는 『국가, 권력, 사회주의(State, Power, Socialism)』에서 국가를 계급적 모순이 주를 이루고 있는 계급들 간의 권력관계가 응집된 것으로 인식한다. 따라서 풀란차스에게 국가정책의 확정은 국가의 구조 속에 포함된 계급적 모순의 결과이다. 즉, 국가의 각 부서들이나 장치들은 특정 권력집단을 대표하게 되고, 이 가운데 발생하는 이익들의 대립과 갈등이 그대로 국가 내에 반영되는 것이다. 그런 점에서 국가는 사회 내의 모순이 상호 교차하는 권력망의 전략적 장소이자 과정이라고 볼 수 있다. 그러나 국가 속에 반영되는 사회 내의 계급적 모순과 갈등은 헤게모니 계급이나 특정 분파의 우월적인 위치에 의해 좌우되기 때문에 독점자본이나 지배 계급에게 유리한 방향으로 국가정책이 결정된다(Poulantzas, 1980).

결론적으로, 풀란차스에 따르면 국가는 지배 계급의 단순한 도구도 아니며, 계급구조와는 무관하게 스스로의 권력을 지닌 주체도 아니다. 국가는 지배 계급이 피지배 계급과의 관계에 있어서 스스로를 전략적으로 조직화하는 장소가 된다. 그것은 권력이 행사되는 장소와 중심은 될 수 있어도, 그 자신이 권력을 소지하지는 않는 특색을 갖는다. 대체로 구조주의적 국가관의 입장에서는 자본주의의 구조를 유지하기 위한 중요 기능을 국가가 수행한다고 보기 때문에 그것은 기능주의적 분석의 형태를 띠고 있으며, 동시에 기능주의적 입장과는 달리 국가의 자율성을 어느 정도 인정하는 것이 그 특징으로 지적될 수 있다.

한편, 계급적 관점에서는 노동조합과 좌파 정당 등이 수행하는 계급투쟁이 자본주의 국가의 민주주의적 제도를 강화시킬 수 있다. 자본주의 지배계급은 자본주의 붕괴를 차단하고 혁명투쟁 가능성을 봉쇄하기 위해 피지배계급에 대한 정치적, 경제적 양보를 스스로 강제하게 할 수 있기 때문이다. 이런 관점에서 자본가 계급의 물질적 양보를 강제하는 자본주의 국가의 자율성이 중요해진다.

제4절 | 다원주의 국가론

다원주의는 19세기 서구사회의 구조적 변화에서 비롯되었다. 산업화와 도시화로 인하여 국가권력의 집중과 관료화가 진행되면서, 비대화된 국가권력 앞에 무기력할 수밖에 없었던 조직화되지 못한 개인들의 자유와 권리를 어떻게 하면 보호할 수 있는가에 대한 시대적인 문제의식이 싹트게 되었고, 이에 대한 하나의 이론적 해답으로서 다원주의가 등장하였다.

위에서 소개한 이론들과 비교해 가장 미시적인 분석수준에 위치한 다원주의적 관점에서 볼 때, 국가와 사회의 구성단위는 개인이며 개개인의 집합체는 조직체(집단)를 이룬다. 집단은 개인들 간의 다양한 선호에 반응하고, 조직은 충분한 지지 세력이 있는 한 그 힘을 잃지 않는다. 집단과 조직내부의 다원적 관계는 선호와 가치에 대한 전달, 여론의 형성, 그리고 지도자들의 반응 등을 통하여 사회적 합의를 창출해낸다. 사회와 조직은 위계적 질서를 지닌 집단이라기보다는 공개적인 소집단들의 복합적인 결집체로서 인식된다(Alford and Friedland, 1985: 35). 정치란 경쟁적 집단 간의 경합과 대립으로 특징지어지며 다양한 이해가 상충하는 가운데 타협과 조정의 소산으로 정부의 정책이 구체화되는 과정으로 파악된다. 물론 이 같은 과정에서 집단들 간의 과도한 경쟁으로 인해 사회적인 무질서와 혼란이 초래될 수도 있다. 하지만 다원주의적 관점에 의하면 한 개인은 하나의 집단에만 소속되어 있는 것이 아니라 다양한 여러 집단에 가입하고 소속되기 때문에 극단적인 대립이나 투쟁이 민주주의의 근본적인 질서를 파괴하지는 않는다고 본다. 즉, 중첩적 집단가입(over-lapping membership)은 개인에게 교차적인 압력을 가하게 됨으로써 극한적인 대립이나 투쟁이 아니라 협상과 타협을 이루어 민주주의적 질서와 관행을 만들어낼 수 있다는 것이다(Truman, 1971: 157~166).

1. 다원주의 국가 이론

다원주의 이론가들은 국가에 대해 언급하지 않는 경우가 많다. 그것은 정치현상의 기본적인 분석단위가 국가가 아닌 개인이 중심이기 때문이다. 다원주의적 관점은 사회 내 상이한 이해관계를 가진 개인들이 주관적인 이익이나 욕구를 충족하기 위하여 유사한 이익을 추구하는 개인들의 합인 이익집단을 구성한다는 전제를 가지고 있기 때문에 국가는 독립적인 성격을 인정받지 못하게 된다. 국가는 단지 다양한 행위자(개인, 집단)들이 그들의 분쟁을 해결하는 중립적인 시장이며, 그들이 자기들의 이익을 달성하기 위해 사용할 수 있는 중립적인 기구로 보이게 된다(Elkin, 1985: 181~182). 국가의 주요 기능은 합의적 가치의 구체화를 통하여 사회를 통합하거나 선호를 집약할 수 있는 중립적 기제의 역할을 하는 것이다(Alford and Friedland, 1985: 43). 정치학자 칼 도이치(Karl Deutsch)는 정부를 권력기구로 보지 않고, 정치지도자가 안정과 질서를 위한 적절한 고려 하에 유연하게 유동적 상황을 처리해 나가는 것이 중요하다고 보고 있다(Deutsch, 1963).

일부 다원론자들은 국가를 개개인의 선택이 모아져 이룩된, 또 다른 비시장적 제도(non-market institution)에 지나지 않는다고 보기도 한다. 정부는 병원, 대학, 각종 재단과 같은 비시장적 형태의 다양한 조직체들 중의 하나에 지나지 않으며 굳이 시장과 다른 특징을 찾는다면 정부란 강제적 권력을 독점하는 것에 불과하다고 보는 것이다(Alford and Friedland, 1985: 44).[11] 또한 애로우(Kenneth Arrow)는 정부는 많은 집단적 조직 중의 하나에 불과하나 일차적으로 강제력의 독점에 의해 다른 제도와 구분된다고 주장한다. 국가, 정부는 개인적 요구에 반응하지만 충족되지 못하는 부분이 발생할 경우 공공행동을 통해 사회가 필요로 하는 기능을 수행한다는 것이다(Arrow, 1974: 25).

2. 다원주의와 이익집단

1) 이익집단의 정의

이익집단은 정부 또는 정당으로부터 일정한 자율성을 가지며 공공정책에 영향을 미치려고 노력하는 조직이라고 정의할 수 있다(G. Wilson, 1990). 이들은 공식적 조직을 전제로 한다는 점에서 사회운동과 구별된다. 예를 들면 이익집단은 사용자 단체들, 노조, 소비자 집단, 특정 산업과 전문직을 대표하는 조직체와 특정한 운동들을 촉진하려는 캠페인 조직들을 포함한다.

이익집단은 크게 두 가지로 분류될 수 있다. 첫째, 우리가 이익집단을 생각할 때

---

11) 이러한 국가, 정부를 알포드와 프리드랜드(Alford and Friedland)는 함축적 국가(implicit state)라고 정의한다.

가장 우선적으로 떠오르는 노조, 사용자 단체, 변호사 또는 외과의사 협회와 같이 물질적 이익을 표출하는 보호적(protective) 집단이다. 이 보호적 단체들은 정부에 영향력을 행사하기 위해 설립되는데, 자신들의 목적을 달성하기 위한 제재수단(sanctions)을 가지고 있다. 예를 들어 노동자들은 파업을 하고, 의료시술자들은 새로운 처방정책에 대한 협력을 거부할 수 있다. 보호자 집단들은 그들의 구성원에게 선택적 이익(selective benefit)을 제공하고자 하며 관련 정부 부처들과의 관계에서 내부자 지위(insider status)를 추구한다. 분명한 직업적 이익을 대표하는 보호적 단체들은 일반적으로 모든 이익집단들 가운데서 가장 영향력이 크며, 조직적으로 잘 연계되어 있고 재정지원도 가장 잘 이루어진다. 이러한 보호적 집단으로는 기능적 이익 이외에 지역적 이익을 중심으로 조직된 단체들도 있는데, 흔히 님비(NIMBY: not in my back yard)라 불리는 집단들이 대표적인 예이다.

이익집단의 두 번째 분류 형태는 촉진적(promotional) 집단들이다. 촉진적 집단은 사상·정체성·정책·가치 등을 옹호하는 단체로 친낙태 혹은 반낙태 집단, 친환경 단체나 동물애호가 협회 등이 있다. 촉진적 집단은 성숙한 민주주의 국가에서 매우 중요하게 여겨지고 있으며, 실질적으로도 그 영향력이 매우 증대하고 있다.

그러나 보호적 집단과 촉진적 집단의 경계는 칼로 자르듯이 명확하게 재단할 수 있는 것은 아니다. 예를 들면, 여성운동과 성소수자 단체와 같은 단체들은 여론에 영향을 미치려고 하기 때문에 그들은 종종 촉진적인 집단으로 분류된다. 하지만 그들의 일차적인 목적은 특정한 집단들의 이익을 도모하는 것이다. 그들은 촉진적 수단을 활용하는 보호적 이익집단으로 받아들여질 수 있다.

이러한 이익집단은 다양한 수단과 통로를 통해서 자신들이 원하는 정책이 입안되고 유지, 변경될 수 있도록 노력을 가한다. 다원주의적 국가론에서는 이러한 이익집단들 간의 경쟁이 매우 중요하며, 이들의 자유롭고 공정한 경쟁이 국가를 지탱하는 핵심적 요소가 된다고 본다. 나아가 이익집단들은 <그림 3-4>와 같이 여론을 형성하고 정책결정을 주도하는 의회, 정부, 관료, 법원과 정당에 다양한 형태의 직간접적 접촉을 통해 자신에게 영향을 미치는 정책이 원하는 방향으로 유도될 수 있도록 노력한다.

그림 3-4 이익집단의 다양한 영향력 통로

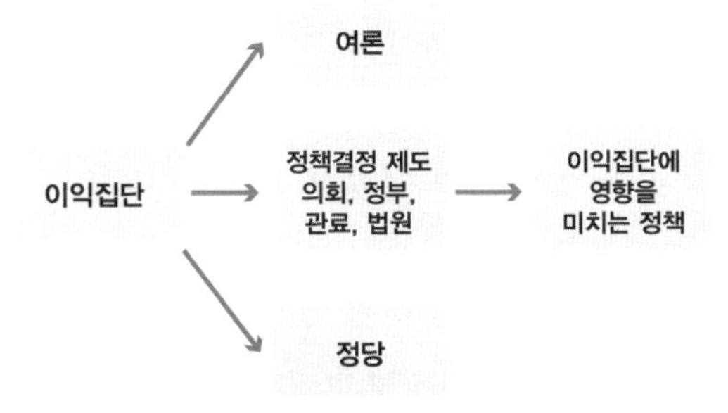

2) 다원주의와 이익집단

다원주의적 관점은 세계 대전 이후 이익집단 행동에 대한 초기의 설명에서 지배적인 위치를 차지하였다. 다원주의적 관점에 따르면, 정치는 자유롭게 조직화된 다수의 이익집단들 사이의 경쟁으로 여겨진다. 이러한 조직들은 정치적 논쟁과 관련한 모든 의견들에 귀를 기울이는 정부에 대한 영향력을 위해 경쟁한다. 다원주의 체제에서 국가는 대개 이익집단들 사이의 경쟁을 위한 하나의 장(arena)으로 여겨진다. 정당 역시 중재자(arbiter)이지, 주도자(initiator)가 아니다. 이러한 다원주의 이론의 선구적 사상가인 벤트리(Bentley)는 "집단이 적절하게 반영된다면, 모든 것이 반영되는 것이다. 내가 모든 것이라 말하는 것은, 모든 것을 의미한다"라고 하였다(Bentley, 1908). 다원주의론자들은 모든 종류의 이익은 정부라는 중립적인 심판관 앞에서 영향력을 행사할 수 있다고 주장하며, 특정한 집단에 대하여 거의 편향을 나타내지 않는 중립적인 국가를 통해 이익집단들은 공평한 경쟁을 진행한다고 본다. 사회가 발전하면서 새로운 이익과 새로운 정체성이 부상함에 따라 그들을 대표하기 위한 집단이 생겨나는데, 다원주의적 관점에서 정치는 진입 장벽이 거의 존재하지 않는 경쟁적 시장으로 여겨지기 때문에 이런 새로운 집단 또한 자유롭게 경쟁에 참여할 수 있는 것으로 여겨진다.

다원주의적 관점에서는 사회 내의 이익집단이 표출하는 이익에 대한 요구들이 각각 특정적이고 단일한 정책 부문에 제한되어 있기 때문에 이를 반영하는 정부 활동의 영역 역시 분화·발전하게 된다고 본다. 실제로, 다원주의의 중심적인 이론적 전제는 어떠한 단일한 혹은 동질적인 엘리트 집단도 정부를 총체적으로 지배하지 못한다는 것에 있다. 다원주의론자들은 오히려 상이한 이익집단들이 정책결정의 분화된 영역들에서 분산된 주도권을 행사한다고 본다(정상호, 2006). 다원주의는 정부정책이 단지 집단들의 경제적 이익뿐만 아니라 사회적 다양성을 반영하는 다양한 정책결정들의 전반적인 과정을 묘사하고 있는 것이다.

이러한 다원주의의 중요성은 현시대 민주주의의 운영원리를 설명하는 데 있어서의 함의에 있다. 다원주의는 '다수결의 원리'에 의해서는 민주주의가 작동하는 방식에 대해 정확한 설명을 제공할 수 없다는 것을 받아들인다. 오히려 다원주의자들은 민주주의가 실질적으로 일련의 소수에 의해 지배되며, 각각의 사회영역에서 특정한 집단들이 주도권을 지니고 있다고 주장한다. 그럼에도 불구하고 각각의 영역에는 단일한 지배집단이 아닌 상이한 경쟁집단들이 동시적으로 존재하고 있기 때문에 주도권을 지닌 집단에 대한 견제와 균형이 이루어지고 있으며, 더욱이 중립적인 심판관으로서 정부가 존재하고 있기 때문에 특정 집단에 의한 지배는 제한된 수준에 머문다고 보고 있다(최장집, 2017).

결국 다원주의는 그 명칭이 내포하고 있듯이 '여럿에 의한 지배'라고 할 수 있으며, 수많은 경쟁적 이익집단들이 반응성 있는 정부에 강력한 영향을 미치는 정치체제를 의미한다고 할 수 있다. 여기서 국가는 행위자라고 하기보다는 심판이다. 그러나 이들 집단들은 각각 그들 자신만의 영역에 집중함으로써 단일한 엘리트가 모든 부문들을 지배하지 않게 만든다. 이러한 측면에서 이익집단은 다원주의 국가관에 있어 핵심적인 요소이며, 이익집단들과 국가와의 정치적 상호관계를 건전하게 유지하는 것이 매우 중요한 과제로서 요구된다.

3. 다원주의의 흐름

1) 사상적 기원

자유와 방임주의에 근거한 이익집단 다원주의를 정확하게 이해하기 위해서는 그 기원을 미국 정치학자이자 정치인 매디슨(James Madison)으로 거슬러 살펴볼 수 있다. 2차대전 이후 꽃을 피우게 된 다원주의 이론의 기원은 미국의 헌법 정신에 반영되어 있는 매디슨의 정치학적 고찰로부터 찾을 수 있기 때문이다.

미국 건국 당시 미국의 정부는 매우 불안정하였고, 정책결정은 소수당의 권리보장과 정의를 확보하려는 규칙에 의해서가 아니라 이권을 가진 다수의 횡포에 의해 결정된다는 불만이 여기저기서 나오고 있었다. 예컨대 독립 이후 미국의 첫 번째 헌법이었던 『연합규약(The Article of Confederation)』에서는 중앙정부의 권한과 역할보다는 13개 주의 권한을 강조하고 있었다. 당시 미국의 중앙정부는 독립된 군대를 소유하지 못했고 상업행위의 규제나 세금을 징수할 수 없는 미약한 행정권력만을 지니고 있었으며, 나아가 국제관계를 통제할 권한조차 없었기 때문에 각 주가 개별적으로 국제적 교섭을 실행했다. 매디슨은 각 주를 비롯한 갖가지 파벌들이 난립하여 발생한 혼란에 대한 해결책을 찾기 위하여 '파벌'의 개념을 중심에 두고 이들을 통제하기 위한 적절한 방법을 모색하였다.

매디슨은 『페더럴리스트 페이퍼(The Federalist Papers)』의 제10호 문건에서 "파벌(faction)이란, 전체의 다수이건 소수이건 다른 시민의 권리 또는 지역사회의 영구적이며 전체적인 이익에 역행하는 어떤 공통된 열정 또는 관심의 충동으로 단결되어 행동하는 사람들이다"라고 파벌을 정의하였으며, 이러한 파벌의 해악을 교정하는 수단으로 파벌 존립의 원인을 제거하는 방법과 파벌의 영향을 조정하는 방법 두 가지를 들고 있다. 전자의 경우 매디슨은 파벌 자체를 제거하는 방법으로서 다시금 두 가지의 방법, 즉 파벌의 존재에 필수적인 자유를 없애 버리는 방법과, 시민 각자에게 동일한 의견, 동일한 열정, 동일한 관심사를 가지게 하는 방법을 들고 있다. 매디슨은 첫 번째 방법이 "파벌을 통제하기 위해 자유를 억압하는 것은(파벌이 초래하는) 질병보다 더 해로운 결과를 낳는다"라고 보았고, 두 번째 방법인 동일한 관심사를 가지게 하는 것은 현실적 불가능하다고 지적하며, 인간 본성에 근거한 파벌을 근절하기보다는 견제와 균형을 통해 파벌의 영향력을 조정해야 한다고 제안하였다. 특히 파벌의 영향력 조정에 있어서 매디슨은 소수 시민으로 구성된 사회는 파벌의 악영향에 대한 해결책을 제시할 수 없다는 결론을 내리며, 다수 시민의 참여를 유도하여 사회의 다양성을 강조하고 있다(Madison, 1788: 122~128). 즉, 새로운 파벌의 등장으로 인한 경쟁을 통해 독점적인 파벌들의 횡포를 제한함으로써 파벌 간 경쟁이 결과적으로 다수의 이익을 추구하는 방향으로 조절될 수 있다고 본 것이다.

매디슨의 견해와 그 당시 미국 건국의 아버지들의 우려는 미국헌법의 구성에 반영되었다. 정책을 거대파벌들의 영향력(다수의 대중일 수도 있다)으로부터 벗어나게 하기 위하여 대통령과 양원제 중 상원의원[12]의 선출 방식이 직접선거가 아닌 간접선거로 채택되었으며 하원의원만 시민이 직접선출하게 하였다. 추가적으로 유럽의 전

12) 상원의원은 1787년 헌법에 기초해 주 의회에 의한 간접선출되었으나 1913년 수정헌법 17조가 비준되면서 직선제로 변경되었다.

제정치가 가져왔던 해악을 보았던 그들은 삼권분립이라는 제도를 채택하여 입법부, 행정부, 사법부가 상호 견제와 균형(check and balance) 속에서 권력을 공유하도록 함으로써(separate institutions sharing powers: Neustadt, 1990) 독재를 방지하고자 하였다. 특히 소수의 이익을 보호하기 위하여 사법부의 비정치적 구성에 공을 들였다. 매디슨적 민주주의는 다수가 참여하는 민주주의가 초래할 수 있는 방종을 우려하여 다수의 폭력적인 지배를 견제하는 것을 핵심으로 한다. 모든 사회세력과 일반 대중들의 폭넓은 정치 참여를 유도하는 한편, 어떤 그룹이든 그들 간의 결합이 다수로 결집되는 것을 방지하는 것을 목표로 하는 경쟁세력 간의 '균형'을 제도화한 것이다. 이러한 방식은 집단이 개인들의 자유로운 결사에 의한 정당한 산물이기에 부당한 간섭이나 정부의 규제로부터 보호되어야 한다는 이익집단 이론으로 발전하게 되었다.

2) 초기 다원주의 이론: 전통적 집단 이론

다원주의의 기원은 미국 건국의 아버지 중 하나인 매디슨의 정치사상에서 찾아볼 수 있지만, 이것이 사회과학, 특히 정치학 이론의 형태로 이론화되기 시작했던 것은 20세기에 들어서면서라고 할 수 있다. 이러한 초기 집단 이론이 출현한 정치사회적 배경을 살펴보면, 먼저 20세기 초 미국정치는 로비가 확산되었다는 점을 들 수 있다. 19세기 후반까지 미국 정치의 중심은 지역사회에 근거를 둔 시민들의 자율적인 결사체였지만 20세기에 진입하면서 학계와 시민들의 관심은 미국 특유의 제도라고 할 수 있는 이익집단들의 '로비'로 급속히 전환되었다. 이러한 시대 경향을 반영하여 벤트리(Arthur Bentley)와 트루먼(David Truman)은 로비의 주요 세력이라고 할 수 있는 이익집단의 개념 및 형성과정과 관련된 내용을 분석하는 데 관심을 가지게 되었다.

① 벤트리(Arthur Bentley)

미국 정치학자 벤트리는 공유하고 있는 이익을 위해 집단으로 행동하거나 행동하고자 하는 경향이 있는 사회의 하위분파(subsection)로 이익집단을 정의하였다. 이 정의에 의하면 이익이 없다면 집단은 존재하지 않는 것으로, 즉 이익은 집단과 같은 것이며 이익과 집단은 분리될 수 없다는 뜻을 내포한다(Bentley, 1967: 211). 즉 사회를 이익 추구를 위한 인간의 교류나 교섭으로 설명하고 있다.

벤트리의 집단 이론은 다음의 논리적 연쇄관계로 설명될 수 있다. ① 결사체는 상이한 이익과 가치의 산물이다. ② 사회적 분화과정이 진전되면서 정치영역에서는 점점 더 특화되고 다양한 특수집단들이 만들어진다. ③ 따라서 집단의 형성을 설명하려는 연구자들이 주목해야 하는 것은 가치가 변화하고 생성되는 과정이다. 이처럼 기술발전과 사회진화에 따라 추구하는 이익과 가치에 있어서 대립하는 집단들이 앞다투어 등장한다는 사실을 강조하였다는 점에서 벤트리의 설명은 확산 이론(Theory of Proliferation)으로 명명되곤 한다. 또한 벤트리의 집단 이론은 사회변화를 집단 간 갈등의 산물로 이해하고, 집단을 갈등의 가장 기본적인 단위로 인식하고 있다는 점에서 갈등 이론(Conflict Theory)으로 명명되기도 한다(김영래, 1997: 27). 벤트리의 주장은 이익과 가치가 상이한 집단들이 상호경쟁 및 갈등한다는 것에 초점을 두고 있다.

② 트루먼(David Truman)

트루먼의 이익집단에 대한 정의는 "하나 혹은 그 이상의 공유하는 태도 위에서 사회의 다른 집단에 대해 특정한 주장을 행하는 집단"으로 표현된다. 전통적인 집단 이론에서는 사회적 분화과정이 사회적 기능의 분화를 초래하고 점점 더 많은 사람들을 특화된 역할과 경제활동에 참여시킴으로써 다양한 집단을 발생시킨다고 설명하였다(Truman, 1971).

트루먼은 이익집단의 형성을 새로운 집단의 자연스러운 출현이라기보다는 균형과 혼란, 그리고 새로운 균형이 창출되는 일련의 항상성(homeostasis)을 향한 역동적인 흐름으로 설명하였다. 그에 따르면 전쟁이나 과학기술 및 수송의 비약적 발전과 같은 돌발적 요인은 기존의 사회균형을 허물고 이익과 불이익의 갈등적 집단구조를 조성한다. 균형을 회복하기 위해 시도되는 불이익집단의 노력은 집단의 형성으로 귀결되며, 이러한 과정을 통해 집단의 협상력이 증진될 뿐만 아니라 집단 간의 상호작용을 통해 체계의 안정성과 균형이 복구된다는 것이다. 상호작용의 개념에 의하여 이익집단을 설명하는 트루먼의 이론은 집단형성의 일차적 원인을 균형의 파열(disturbance)에서 찾고 있다는 점에서 파열 이론(Disturbance Theory)으로 명명되기도 한다(김영래, 1997: 28). 트루먼의 주장은 집단의 균형이 파열됨으로써 균형을 회복하기 위하여 이익집단이 형성되며 그들의 협상력의 증진과 합의에 의해 체계의 안정성과 균형이 복구된다는 것에 초점을 맞추고 있다.

3) 현대적 다원주의 이론

1960년대 미국사회에는 정치 지도자들의 공식적 정책결정의 이면에 실제적 영향력을 행사하는 집단으로서 경제적·사회적 엘리트가 존재한다는 밀즈(Charles Wright Mills)의 권력 엘리트론을 비롯해 다양한 엘리트 이론이 확산되고 있었다. 이러한 시대적 경향에서 달(Robert Dahl)은 밀즈의 엘리트 이론을 반박하며 미국의 경험적 사례 연구에 기초하여 체계적으로 다원주의 이론을 정립하였다. 달이 다원주의에 대한 반박을 선택적으로 수용하면서도 다원주의의 기본 원리를 옹호했던 한편, 린드블럼(Charles Lindblom)은 다원주의에 대한 엘리트주의적·계급주의적 반박에서 불균형의 개념을 적극적으로 규명하고자 하는 노력을 보인다. 이렇듯 달과 린드블럼은 다원주의에 대한 비판적 담론과 대결하면서 현대적 다원주의라는 발전된 형태의 논의를 낳게 되는데, 아래에서 차례로 살펴보도록 하겠다.

① 달(Robert Dahl)의 다두제

권력 엘리트 이론의 다원주의 비판에 대하여, 달은 과거의 다원주의자들과 달리 이러한 비판의 일부를 수용하는 모습을 보였다. 즉, 투표를 제외하고는 정치인과 정치과정에 영향력을 미칠 수 있는 자원이 사회 집단 간에 불균등하게 분배되어 있는 것은 사실이며, 정치인들에게 영향력을 행사하는 실질적인 세력은 유권자들의 극히 작은 비율에 지나지 않는다고 언급했던 것이다(Dahl, 1961: 130; Dahl, 1956: 130).

그러나 그는 정책결정에 지배적 영향력을 끼치는 세력이 존재한다는 비판의 수용에도 불구하고, 다원주의적 모델은 여전히 유효할 수 있다고 주장하였다. 우선적으로 그는 사회 내에 존재하는 어떠한 개인이나 집단도 정치과정에 대한 영향력을 행사하는 데 필요한 자원을 완전히 결여하고 있지 않다고 주장하였다. 또한 달은 '잠재적 집단'이라는 개념을 통해, 비록 아직까지는 실제적으로 조직화되지 않았더라도 모든 사회 구성원들은 정치적 영향력과 관련한 자원을 보유하고 있기 때문에 이들의 집단 형성에 대한 가능성은 항존하며, 정책결정자들은 이러한 잠재적 집단에 대한 고려 하에서 정책결정을 진행할 수밖에 없다는 논지를 폈다. 더불어 그에 의하면 정치적 영향력을 향하는 사회 집단의 경로는 단일하지 않고 다양하며, 한 가지 방법이 차단되었다고 하더라도 다른 경로를 발견할 수 있다. 예컨대 집단들은 의원에 대한 로비뿐만 아니라 선출직 공직자들에 대한 선거 자금 기부, 공직 청문회 참여, 공직 관료와의 대담 기회 등을 가지며 무엇보다 대중매체를 활용할 수 있다. 이러한 사회적 특질에 대한 설명과 더불어 달은 '정상적인(normal)' 미국의 정치과정을 지탱하는 미국적 정치체제 역시, 활동적이고 정당성을 지닌 이익집단이 정책결정과정에서 자신들의 의견을 효과적으로 개진하고 정부로 하여금 반영할 수 있는 기회를 제공한다고 주장함으로써, 사회적 집단의 역학과 미국 정부가 지닌 비교적 개방적인 특성 양 측면으로부터 다원주의의 가능성을 옹호하였다(Dahl, 1956: 145).

특히 달은 저서 『누가 지배하는가?(Who Governs? Democracy and Power in an American City)』에서 뉴 헤이븐(New Haven)이라는 미국의 한 도시를 사례로 공동체 내부의 권력관계를 분석함으로써 밀즈가 주창했던 단일한 권력 엘리트 집단(power elite)이 존재하지 않음을 경험적으로 알 수 있다고 주장하였다. 달에 의하면 미국의 정치체제에는 단일한 권력 엘리트 집단이 아닌 광범위하고 다양한 사회적 기반을 지닌 정치체제가 존재하고 있으며, 이러한 체제에서는 선출직 정치인들이 주요한 정책결정권을 지니고 있음에도 이러한 결정의 정치적 결과(선거결과 등)를 항상적으로 의식하고 있다. 따라서 선출직 정치인들은 다양한 이익과 가치를 지니고 분포되어 있는 유권자 집단 내부에서 조직화된 반대가 형성되지 않도록 특정 집단의 독점적인 이익을 관철시키기보다는 다양한 사회적 이익의 조정과 타협을 이끌어내는 경향이 있다는 것이다(Dahl, 1961).

달의 발견을 정리하자면, 첫째, 미국사회의 권력구조는 소수의 엘리트에 의해 지배되는 것(oligarchy)이 아니라 다른 정치적 자원을 갖는 다양한 지도자에 의해 통치되는 다두제(polyarchy)라는 것이다. 둘째, 각 영역에서의 지도자 그룹들과 일반 시민의 관계는 일방적인 것이 아니라 상호작용의 관계라는 것이다. 셋째, 미국의 다두제 하에서 권력의 불평등은 경제적 부가 자동적으로 교육·문화·정치 등 다른 영역에서도 우월적 지위를 보장하는 것이 아니라, 영역마다 다양한 양상의 불평등이 존재함에도 이것이 평등 자체를 심각하게 훼손하지는 않는다는 것이다. 이러한 발견을 통해 달은 미국사회가 실제든 잠재적인 것이든 집단들 사이의 균형이 정치적 안정성을 획득하게 하고, 공공선을 실현하는 데 기여한다는 매디슨의 교리를 이상적으로 실현하고 있음을 입증하였다고 할 수 있다(정상호, 2006: 61).

달의 저작 이래 다원주의 이론의 영향력은 현실 정치에서나 학계에서나 엄청나게 증대되었다. 왜냐하면 달의 주장은 초기 다원주의자들의 설명 방식, 이를테면 "정치는 집단들 간의 상호작용"이라는 트루먼의 명제처럼 중립적이고 객관적인 진술을 넘어 정치와 사회가 이렇게 '되어야 한다'는 당위론적·규범적 주장을 함축하고 있었기 때문이다. 달을 통해 사람들은 집단들의 상호작용을 통한 정책결정은 민주주의의 위협이 아니라 민주주의의 유지를 위한 실질적 덕(virtue)이며, 따라서 참여의 증진은 불가피하게 더 많은 이익집단을 필요로 한다고 인식하게 되었다(Ainsworth, 2002).

② 린드블럼(Charles Lindblom)의 기업의 특권적 지위에 대한 설명

고전적 형태의 다원주의가 실제적·잠재적 집단 간에 존재하는 균형을 강조하고 달과 같은 현대적 다원주의자들은 사회집단 간 영향력의 불균형에도 불구하고 잠재적 집단의 개념을 통해 지속적으로 균형의 개념을 옹호했다면, 린드블럼은 다원주의적 정치 이론을 견지하면서도 사회적 영향력의 불균형에 초점을 맞추었다. 특히 그가 설명하고자 노력을 경주했던 영역은 바로 현대사회에 있어서 기업의 특권적 영향력과 달이 주장하는 다두제와의 관계이다.

즉, 현대적 다원주의자들의 새로운 관심사는 기업과 나머지 모든 사회집단 간에 존재하는 영향력의 불균형이었다. 기업의 영향력은 본질적으로 기업이 활용할 수 있는 경제적 부의 크기에서 기원하는데, 기업은 부를 활용하여 로비스트, 시장분석가, 미디어 전문가, 변호사 등을 고용함으로써 정책결정과정에 다른 집단들보다 훨씬 효과적인 영향을 미칠 수 있기 때문이다. 즉 기업은 거대자본을 이용하여 다두제에 영향을 미칠 수 있고 시장과 미디어를 통해 대중의견을 혼란스럽게 만들거나 차선책을 선택하도록 (자의적 선택이라는 믿음 속에서) 조정할 수 있는 위치에 있다고 주장한다.

린드블럼은 다두제에서 기업이 지니는 특권적 지위에 대한 분석을 발전시켰다(Lindblom, 1977: 170~188). 그는 자유민주주의·자본주의 체제에서 기업이 수행하는 기능에 근거하여 기업의 특권적 지위를 설명해내는데, 예컨대 기업은 현대사회의 경제운영에 있어 핵심적 위치를 차지하고 있으며, 무엇을 언제 어디에 투자할 것인지, 그리고 어떻게 생산과 분배를 조직할 것인지를 결정하는 데 있어 다른 사회집단과 비교될 수 없을 정도로 막대한 결정권을 지니고 있는 것이다. 기업이 투자를 철회하거나 지연시키는 경우 사회 전체의 경기는 하락하게 될 것이며, 정부의 세입은 줄어들고 국가의 재정악화를 초래하게 된다. 한편으로 이러한 경제악화는 일반적인 유권자들의 실업, 고용불안정, 소득감소를 초래함으로써 기업은 정부뿐만 아니라 유권자들에 대한 영향력까지 획득할 수 있다. 즉, 경제악화에 분노한 유권자들은 선거를 통해 정부에 대해 부정적 환류를 보내게 되는 것이다.

이처럼 기업의 영향력과 중요성은 정부의 행태를 결정하는 데에 있어서 다른 집단들과는 차원을 달리할 수 있다. 따라서 정부는 기업의 요구에 대해 여타 집단의 요구에 비해 더욱 관심을 기울이게 된다. 심지어 기업이 로비에 적극적으로 의존하지 않더라도, 이렇듯 정부가 기업의 요구에 집중할 수밖에 없는 상황 속에서 기업은 자신들의 요구를 정책에 반영시키기 용이하다고 할 수 있다. 정부 공직자들은 그들의 정책이 투자자, 은행가, 재정 기관의 요구와 선호에 크게 어긋나지 않아야 한다는 것을 이미 알고 있기 때문이다. 기업의 요구에 어긋나는 정책은 시장의 지배자인 기업에 의해 투자 철회, 자본 도피, 투기 등의 방법으로 경제적 · 사적 영역에서 처벌을 받게 될 것이며, 이로 인한 경제의 악화는 정부에 대한 일반 유권자들의 지지를 떨어뜨리게 될 것이다.

이처럼 린드블럼에게 있어서 시장은 정부의 재량을 제한하는 '감옥'으로 작용한다. 그는 다원주의 정치체제를 전면 부정하진 않으면서도, 다원주의를 "단지 정책결정의 구속되지 않은 영역(unimprisoned zone)에서만 작동"하는 것으로 설명한다(Lindblom, 1982: 335). 이러한 측면에서 린드블럼은 다원주의적 정책결정체제에 대한 기본적인 수용에도 불구하고, 다원주의의 비판자(엘리트주의자 · 계급주의자)들이 지적한 사회적 영향력의 불균형에 집중함으로써 실질적인 체제의 운영 측면에서 다원주의가 심각한 제약에 처해 있음을 지적한 이론가라고 할 수 있을 것이다.

이러한 다양한 다원주의 관점에서는 자본주의 경제를 근대화의 한 과정으로 간주하며 민주주의를 정치 참여의 권리 및 기회의 신장이라는 관점에서 규정하고, 국가를 발전된 정치제도로 규정한다. 근대화 과정은 경제성장을 촉진시키고 전통적 사회구조 내의 계승된 사회적 지위로부터 해방시키는 역할을 담당한다. 사회적으로 지속적인 분화과정에서 많은 역할이 생겨나고 그 역할에 따라서 사람들은 소득, 위신, 권위 등을 보상받게 된다. 또한 근대화 과정은 분화된 집단과 이익의 복잡한 경제 · 사회적 구조를 구축함으로써 고도로 분화된 국가구조를 위한 기초를 마련한다. 사회적 구조의 복잡성은 항상 새로운 정치적 요구를 야기하며, 국가는 그에 대응하여 다양한 정책과 기구로 적절히 분화된다. 결과적으로, 자본주의(근대화)는 시민들의 의식의 변화를 이루게 하여, 민주주의의 근간이라 할 수 있는 참여를 활성화하기 때문에 다원주의에 있어서 자본주의와 민주주의는 사회 발전을 이룰 수 있는 필수불가결한 요소이다.

제5절 | 국가론의 의의

국가에 대한 개념은 16세기 주권이 실재하는 영토의 경계라는 개념에서 출발하여 영토보전권의 개념으로 확대되었으며, 1950년대에 이르러서야 이스턴의 정치체계의 모형과 연계되어 과학적인 접근 하에 해석되었다. 알몬드와 그의 동료들은 국가의 개념을 정부라는 기능에 역점을 두어 연구함으로써 현대 정부에 대한 이해에 도움을 주었고, 이러한 정부에 대한 구조기능주의적 연구는 정부의 기능과 역할이 다양해진 오늘날의 현실을 이해하는 데 초석이 되었다. 또한 이러한 국가의 작동방식이 자본주의체제의 계급관계에서 자유로울 수 없다는 계급주의적 국가론의 이론적 주장과 비판에 대해서도 살펴보았으며, 다원주의 국가론의 흐름과 발전과정을 통해 국가 및 정책과정을 필연적인 갈등이 아닌 집단 간의 경쟁으로 파악하는 사조에 대해서도 살펴보았다.

다원주의적 시각은 국가를 둘러싸고 벌어지는 현상들을 항구적 갈등이 아닌 개인·집단 간 경쟁으로 볼 수 있는 인식의 전환이 수반될 때 이해할 수 있는 접근방식이라고 할 수 있다. 즉, 다양한 집단으로 구성된 현대사회 속에서 이들이 자신들의 이익과 정체성을 정치적으로 표출하는 과정이 곧 국가에 의해 매개되는 다원주의적 과정이라고 할 수 있으며, 이러한 과정이 수월하게 이루어질 수 있는 체제가 바로 민주적인 정치체제라고 할 수 있는 것이다. 한편 계급주의 국가론은 다원주의에서 말하는 사회집단 간 경쟁의 근저에 구조적 갈등요소 혹은 모순이 존재하고 있음을 지적하는 시각으로서, 현존하는 사회갈등의 근원적 존재이유를 파악하고 그러한 갈등과 국가의 상관관계를 살피고자 하는 사조라고 할 수 있다. 즉, 다원주의적 접근이 국가와 정치과정에서 나타나는 관계, 다시 말해 '소프트웨어'적 측면을 보여준다면, 계급주의적 접근은 '하드웨어'적 측면, 곧 사회구조의 문제를 다루고 있다. 따라서 양자의 사이에서 반드시 하나의 입장을 고수하는 태도보다는 사회갈등의 근본적 존재이유에 관한 문제의식(계급주의)을 지니고 이를 경쟁이 가능한 차원으로 제도화시킬 수 있는 방식(다원주의)을 고민할 때 민주주의, 자유주의, 자본주의가 상생하는 공동체를 만들어 나갈 수 있을 것이다.

정치문화

고대에서부터 현대에 이르기까지 정치를 이해하는 데 있어 그 사회의 관습, 전통, 규범, 이데올로기 등과 같이 문화와 유사한 개념을 강조해 왔다(Pye, 1991). 비교정치에서의 정치문화 연구란 이처럼 사회구성원들이 공유하는 지배적 규범과 사고 및 행동양식을 체계적으로 분석하는 접근이다. 문제의식의 시작은 바로 인간 그 자체라 할 수 있는데, 이는 정치현상을 포함한 인간의 활동을 정확히 이해하기 위해서는 인간이 어떠한 존재인지에 대한 근본적인 이해가 필요하기 때문이다. 이것은 인간의 본성이나 성향에 관한 고찰 없이 우리 사회에서 일어나는 정치현상을 이해한다는 것은 매우 어려운 일이라는 것을 의미한다. 인간의 내면에 관한 심리적·성향적 접근방법은 바로 이러한 인식을 바탕으로 정치현상을 연구하려는 방법론이다. 이 접근방법은 '인간의 행위는 인간의 본성이나 성향에 의해서 좌우된다'는 기본적인 전제를 토대로 한다. 여기서 본성이란 선천적으로 타고나는 인간의 기본적인 성질을 나타내며, 성향은 주어진 상황에서 인간이 일정한 모습으로 반응하는 경향을 의미한다. 이와 같이 정치문화론은 비교정치의 주요 분야 중 하나로서 인간의 행위를 심리적·성향적 접근방법에 의하여 분석하는 체계화된 이론이다. 정치적 태도와 행동에 대한 원인을 규명하고, 다양한 정치적 태도와 행동 간의 차이점을 분석하는 것을 핵심으로 한다. 물론 정치문화에서 말하고 있는 태도 속에는 태도 그 자체는 물론이고 의견, 신념, 이념, 가치관 등과 정치행동 간의 관계를 포함한다.

본래 정치문화는 문화 그 자체에 대한 개념화 및 연구에서부터 시작되었다. 따라서 정치문화에 대한 논의는 우선 '문화'라는 용어에 대한 정의에서부터 출발하여야 한다. 문화는 인류학의 중심적 개념으로서, 다양한 방식으로 정의되었다. 1871년 인류학자 테일러(Edward Burnett Taylor)는 문화의 개념을 인류학에 도입하였고, 문화를 "지식, 신념, 예술, 도덕, 법, 관습 및 인간이 사회의 구성원으로서 획득하는 능력과 습관들의 복합적 총체"로 규정하였다(Kluckhohn, 1864: 165~168). 또한 테일러와 보아스(Talyor and Boas)는 "한 공동체의 사회적 습관들의 표현과 소속집단의 습관들로부터 영향을 받은 개인의 반응과 이 관습에 의해 규정된 인간 활동의 산물을 모두 포괄하는 것이 바로 문화이다"라고 정의하면서 문화의 내용적 측면을 강조하였다(Chilcote, 1994: 178). 이와 같이 인류학적 관점에서 문화는 사회적 조직(social organization), 핵심 가치(core values), 특정한 신념(specific beliefs), 사회적 행동(social action), 삶의 방식(way of life) 등으로서의 의미가 강조되었다(Kroeber and Kluckholm, 1952).

그러나 오늘날에 이르러 기어츠(Clifford Geertz)는 문화를 "상징이 내재된 의미의 유형이 역사적으로 전달된 것으로서, 인간의 삶에 대한 지식과 태도를 의사소통하고 영속시키며, 또한 그러한 발전과정을 통하여 상징적인 형태로 표현된 고유한 개념의 체계"로 정의하고 있다(Geertz, 1973b: 89). 이는 문화의 공적인 측면이 강조된 것으로서, 고대사회로부터 줄곧 연구 대상이 되고 있는 인간의 의미에 대한 재해석에 이용하거나, 인간의 행태, 제도, 그리고 사회적 구조를 연구하는 데 있어 중요한 도구로 인식하는 등 기존의 인류학적 시각과는 사뭇 차이점이 있다. 그렇기 때문에 인류학적 연원에 바탕을 두고 있는 오늘날의 문화는 "상속된 개념의 체계이자 역사적으로 반복된 체계가 상징적으로 승화된 인지적·감성적인 것"이라 할 수 있을 것이다.

오늘날 문화는 일종의 세계관으로서 인식된다. 문화 연구는 개인과 집단들의 행태에 대한 발생원인과 진행과정을 설명하는 데 있어 손꼽히는 방법론이 되었고, 사회 현실에 관한 인지적이고 감정적인 신념을 포괄하는 개념으로 인정되었으며, 더불어 고유한 문화가 형성되는 시기, 장소, 그리고 원인은 물론 다른 문화와 차이점에 대한 연구자들의 가정에도 설명력을 향상시켜 주는 기능을 제공하게 되었다

(Berger, 1995).

비교정치에서 연구되는 문화의 일반적인 특징은 크게 두 가지 측면에서 살펴볼 수 있다. 하나는 사람들이 일상세계를 영위해 나가는 데 사용하는 의미의 체계라는 점이고, 다른 하나는 사람들이 어떻게 집단을 구성하고 그들의 넓은 문제의 범위에서 행동할지에 관해 중요한 영향을 주는 사회의 근간이자 정치적 정체성(political identity)이라는 것이다. 이러한 문화에 대한 정치적 분석의 목적은 집단과 다른 집단 간의 동기 구분에 따라 공동 정체성을 가진 사람들 간에 발생되는 이해를 도모한다는 점이다. 즉, 문화는 집단 구성원들의 주관적인 감정에 의해 형성된 특색 있는 삶의 방식을 반영하고, 신성화 내지는 세속화와 같이 특정한 형태를 통하여 표현된다. 또한 그 구성원들의 순환적인 생활 리듬을 보여주고, 과거, 현재, 그리고 미래의 사건을 알 수 있게 해주며, 선택의 기로에 섰을 때에 하나의 지침으로 이해되기도 한다(Berger, 1995). 문화적 은유법들은 다른 집단과 구별되는 집단의 경험을 드러냄으로써 집단의 경험과 정서적 독특성을 묘사하고, 집단 내부의 결속력을 강조하는 인지적 의미를 지니고 있다.

제1절 | 정치문화 연구의 기원과 방법적 특성

1. 정치문화 연구의 기원

제2차 세계대전 이후 여러 국가의 민족성 또는 민족문화의 특징을 규명하려는 연구에 대한 관심이 높아졌다. 비교정치 분야에서는 문화를 정치적 맥락에서 파악하려는 상당한 노력이 일찍부터 전개되었다. 1950년대 미국에서 행태주의가 유행하면서부터 정치학자들은 정치적 정향과 행동을 보다 체계적으로 이해하기 위하여 그동안 다소 불분명하였던 문화의 개념을 명백하게 정의해야 할 필요성을 느꼈다. 이 당시에 문화는 '한 사회에서 당연한 것으로 받아들여지고 있는 관습이나 신념체계, 사고방식 등을 포함한 일체의 생활양식'으로 해석되었다. 따라서 정치문화 역시 사회 일반문화의 하위문화 중 하나로 인식되었으며, '한 사회 내에서의 정치적인 사고방식이나 정치에 대한 행동양식 및 가치나 신조, 정서적 태도 등과 같은 의식의 경향'으로 정의되기도 하였다(Beer, 1962: 32~34). 물론 다른 수많은 정치학 개념들과 마찬가지로, 정치문화에 대한 개념정의 역시 학자별로 다소의 차이가 나타났다. 그러나 일반적으로 정치문화가 한 사회 내에 존재하는 구성원들이 자신이 속한 정치체계나 정치문제에 대해 가지는 일련의 사고방식이나 태도 등을 의미한다는 데에는 대부분의 학자들이 동의하였다.

정치문화에 대한 구체적인 논의가 전개되기 이전에 정치문화에 대한 학문적 개념은 19세기 말에서 20세기 초 유럽에서 유행하였던 여러 학풍들로부터 영향을 받았다. 우선적으로 19세기 말 유럽의 사회학자들은 사회와 정치현상을 설명하는 데 있어 이상적인 종교적 태도, 도덕적 사고, 이념, 의식, 가치, 사상 등의 주관적인 변수들로 인식하였다. 또한 베버와 같은 학자들은 가치나 사상 등이 경제구조나 정치제도의 변화에 촉매제로 작용할 수 있다고 보았고, 사회심리학 역시 정치문화 연구에 영향을 주었다. 20세기 초에 일어났던 제1차 세계대전과 볼셰비키 혁명, 그리고 경제대공황 등의 세계의 재앙들을 설명하기 위한 일련의 연구들이 진행되면서 사회심리학자들은 개인의 행위와 태도가 결정되는 원인과 과정을 밝히는 데 관심을 가졌다. 서로 다른 개개인이나 사회집단들이 상호 영향을 주고받는지에 대해 주목하기 시작하였다. 이러한 관심은 자연스레 정치문화 연구로 이어지게 되었다. 이외에도 정치문화 연구는 프로이드(Freud)의 심리인류학과 같은 다양한 인접 학문 분야로부터 적지 않은 영향을 받았다.

결국 오늘날의 정치문화 개념은 미시적 분석(심리학적 해석)과 거시적 분석(정치사회학 전통)을 통합시키고자 하는 의도적 과정을 통해 자연스럽게 등장하였다고 볼 수 있으며(Mayer, 1972) 개인적인 심리현상의 복합적이고 미묘한 성격으로부터 정치학의 과학적이며 논리적인 영역으로 인도하는 수단으로도 이해할 수 있다(Pye, 1965: 9).

2. 국가 간 문화 비교

정치문화의 본질을 파악함에 있어 가장 전통적인 접근방식은 바로 국가특성 연구이다(Inkeles, 1997). 만약 누군가가 주변 사람들로부터 "매우 프랑스적이다"라고 묘사된다면, 과연 우리는 그 사람에 대해 어떻게 생각할 것인가? 아마도 우리는 그 사람을 상당히 세련되고, 낭만적이며, 쾌활한 사람으로 여길 것이다. 물론 우리는 이 같은 특성화가 대부분의 개별적인 대상들과 상당 부분 불일치한다는 사실을 잘 알고 있으며, 그것은 일종의 고정관념에 불과한 것이다. 그럼에도 불구하고 우리들 대부분은 여전히 특정 집단이나 특정 국가를 묘사하기 위한 하나의 간편한 방법으로서 이 같은 방식을 일상적으로 활용한다.

실제로 비교정치학자들 가운데 일부는 특정 국가의 국가적인 특성을 명기하고, 그러한 특성에 근거하여 그들의 정치행태를 예측 또는 설명하고자 한다. 그렇다고 해서 이들이 모든 사람들을 하나의 국가적인 특성으로 단순화하는 것은 아니며, 모든 사람들이 하나의 프로파일에 정확하게 일치될 수는 없다는 사실을 충분히 인지하고 있다. 그럼에도 불구하고 이들은 이 같은 프로파일이 정치적인 논의를 전개함에 있어 매우 정확한 유의미성을 지닌다고 주장한다. 예를 들어, 영국의 지배세력은 영국의 국가적인 특성들을 통해 설명될 수 있다. 감정 조절과 예절 감각, 계급적 신념과 국가적인 우월감, 그리고 윗사람과의 신뢰관계 등이 바로 그것이다. 이러한 영국의 국가적인 특성들은 옥스퍼드(Oxford)와 캠브리지(Cambridge) 등을 비롯한 사립학교에서의 훈련 및 중산층과 상류층들 사이에서 공유되는 배경 등을 통해 형성된다. 그런데 여기서 우리는 한 가지 흥미로운 사실을 발견할 수 있다. 그것은 바로 이 같은 교육 훈련과 계급적 배경이 지난 30년 간 영국을 이끌어 온 세 명의 주요 수상들, 즉 마가렛 대처(Margaret Thatcher)와 존 메이저(John Major), 그리고 토니 블레어(Tony Blair) 등과는 잘 맞아 떨어지지 않는다는 점이다. 물론 마가렛 대처는 그녀의 성장배경과 성(gender)으로부터 야기되는 일련의 차이점에도 불구하고, 영국의 국가적 특성과 잘 맞는 편이었다. 그러나 전체적으로 영국 의회의 정치 엘리트들과 고위 공무원들의 배경이 점차적으로 변화하고 있는 것은 분명한 사실이다. 그럼에도 불구하고 특정 국가의 정치문화를 연구하는 일군의 정치학자들은 국가적인 특성을 나타내는 이 같은 프로파일들이 많은 정치 지도자들과 정치 엘리트들의 정향과 행태를 분석하는 데 있어 여전히 유효하다는 사실을 강조한다.

그러나 국가적인 특성을 연구하는 대부분의 정치학자들은 복잡하기 이를 데 없는 정치현실을 지나치게 단순화시키는 총체적 일반화를 시도한다는 인상 때문에 다른 정치학자들로부터 많은 비판을 받았다. 그래서 대부분의 정치학자들은 국가적인 특성에 대한 연구가 국가 내의 복잡한 실재적 정치행위를 설명하는 데 있어 별다른 역량을 발휘하지 못한다는 점을 비판하면서 이를 외면한다. 그럼에도 불구하고 신념과 행태가 보여주는 현저한 패턴에 근거한 보다 세밀한 국가 특성 연구들은 사회 내부에서 행해지는 정치문화와 정치행태 모두를 통찰할 수 있게 해주는 매우 매력적인 시각을 제공해줄 수 있다. 실제로 이러한 문화 중심적인 설명들은 최근 진행되고 있는 많은 연구에서 널리 활용되고 있다.

1940년대와 1950년대 초반에 진행된 문화인류학과 정신분석의 이론적 관점의 병합은 문화 간에 드러나는 행동양태의 차이를 설명하기 위한 미시적 현상과 거시적 수준의 현상을 연결 짓는 틀을 제공했다. 국가 성향 연구에서 가장 잘 알려진 분야는 베네딕트(Ruth Benedict)의 연구였다. 베네딕트는 일본, 러시아, 그리고 미국을 포함한 국가들의 정치제도와 스타일을 문화를 중심으로 설명하고자 했다. 이 연구에서 그는 각 국가가 독특한 프로파일을 형성하는 데 있어 구성원들의 유아기와 아동기의 사회화 과정이 중요한 영향을 미치게 되고, 이로 인해 정신분석적 측면에 상당한 영향을 받는 정형화된 패턴을 보인다고 보았다(Benedict, 1946; Gorer and Rickman, 1946; Mead, 1942). 사회화(국가의 모드 유형이라는 용어로 정의됨), 성향(때로는 직접적으로 측정되지 않음), 그리고 정치적 행동 간의 연계를 강조하면서, 이 연구는 미국의 개인주의, 일본의 군국주의, 그리고 러시아의 전체주의 통치에 대한 전면적인 일반화를 제공했다. 몇 년이 지나지 않아 이러한 연구에서 나타난 문제점을 강조하면서 광범위한 비판이 나타나기 시작했다. 즉, 국가 내부의 동질성에 대한 추론, 연구와 관련된 이론에서 핵심적 요인을 뒷받침하는 증거의 부족, 그리고 각 국가가 처하게 되는 정치적 변화 또는 연구의 대상이 된 국가의 주요 정치행위자들이 갈팡질팡(zigs and zags)하게 하는 것에 대해 제대로 설명해내지 못하는 무능력함을 비판했던 것이다.

그러나 두 명의 정치학자, 파이(Pye, 1985)와 밴필드(Banfield, 1967)는 국가 성향 연구에 대한 강력한 비판이 거세지고 있는 상황 가운데, 이러한 비판에 맞설 영향력 있는 연구를 다룬 각각의 저서를 통해 이러한 접근법이 가지는 이점을 설득력 있게 제시하였다. 1950년대 버마(현재의 미얀마)에 대해 연구한 파이는 한 국가가 나타내는 정체성(identity)이라는 것이 무엇인지를 설명하고자 노력하였다. 정치엘리트들의 성향은 대중과 비교했을 때에는 상당한 차이를 보일 수 있다는 점과 직접적인 성향 연구가 필요하다는 비판을 예민하게 인식한 파이는 버마의 엘리트들을 상대로 한 세밀한 정신분석을 통해 결정적인 심리학적 변수들을 데이터로 만들어 내었다. 심리사회학적 8단계의 발달을 제시한 에릭슨적 틀(Eriksonian framework)[1]을 바탕으로 한 정체성 문제를 강조한 파이는 그가 인터뷰했던 엘리트들 간에 나타나는 개인적

1) 1~5단계는 청년기, 6~8단계는 가족과 직업을 중요시하는 젊은 성인, 주변 이들과의 관계를 중시하는 중년 그리고 삶의 의미를 정리하는 노년으로 나누어서 설명하고 있다.

동질성의 문제와 버마의 국가건설 사이에 나타나는 연계성에 관한 문제를 전개했다. 그는 국가의 발전이 단순히 경제정책이나 제도의 수립만으로 가능한 것이 아니라, 국가 엘리트들의 세계관, 정신적 능력과 직접적으로 연관이 있다고 주장했다.

밴필드는 파이보다는 훨씬 덜 하지만 정신분석적 틀을 통해 남부 이탈리아에 위치한 어느 마을에서 소작농 사이에 집단적인 사회적·정치적 행동이 전혀 나타나지 않는 이유를 설명하고자 했다. 그가 앞선 의문에 대한 답으로 제시한 것은 바로 '도덕관념이 없는 가족주의(amoral familism)'였다(Banfield, 1967). 아주 가까운 친인척들만 신뢰할 수 있고 가족 구성원들과만 협동할 수 있다는 규칙은 일상의 다양한 영역에서, 그리고 오래전부터 축적된 경험에서 배운 것이었다. 가족 외에 협력에 응하고 그것이 유지될 것이라고 기대하는 사람은 아무도 없기 때문에 보다 폭넓은 대상을 바탕으로 한, 즉 정치적·사회적 협동이라는 것은 발판을 마련하는 데 실패하고 만다. 그 결과, 도덕관념이 부재한 가족주의 문화는 강력하게 자리잡히고, 협력의 범위를 넓히는 것이 더 이익이 될 수 있음에도 불구하고 그 문제를 극복하기란 쉽지 않게 되어 버리는 것이다.

아프리카의 경우는 더욱 심각한 사례가 역사적으로 잉태되어 있다. 아프리카의 저발전 원인을 연구하는 학자들은 19세기 유럽강대국들 주도로 개최된 베를린 회의(1884년 11월 15일부터 1885년 2월 26일)에서 인위적으로 그어진 국경으로 인해 서로 다른 부족들로 국가들이 이루어져 이해관계의 갈등이 효율적이며 협력적으로 정책을 집행하기 어렵게 한다고 주장한다(Easterly and Levine, 2001: 1241). 하지만 다민족 국가들 중에서도 발전한 사례가 많다는 점을 볼 때, 다민족이 저발전의 직접 원인은 아닐 것이다. 그렇다면 원인은 무엇일까? 노예무역이다. 노예무역의 유산으로 인해 사회 구성원들 간의 신뢰지수가 매우 낮아 발전적인 제도가 정착하기 어렵다는 것이다. 아프리카 노예무역은 유럽인들이 도착하기 전부터 아산테왕국(현재 가나 지역), 다호메니왕국(현재 베냉 지역), 말리제국, 콩고 등에서 이미 존재하였다(Graham, 2019: 45-49). 아프리카의 노예는 부족 간 전쟁에서 포획된 전쟁포로들로 직접 부리거나 유럽 상인에게 노예로 팔았다. 노예매매대금으로 재무장을 강화해 약탈과 영토 확장을 위해 또 다른 부족을 침범하고 노예로 팔 사람들을 포획하였다. 시간이 지나며 더 이상 침범할 영토가 줄어들자 돈을 벌기 위해 힘 있는 자들이 같은 부족 내에서 주변인들을 속이고 납치하여 노예상인들에게 팔았다(Nunn and Wantchekon, 2011: 3222). 부족공동체 사회가 부족구성원 누구도 신뢰할 수 없는 분점화된 사회로 변화하였다. 노예를 잡아 유럽인들에게 팔아넘긴 자들은 현지 부족지도자와 무역업자였다. 아프리카 내에서 선조들이 노예무역으로 아픔을 겪었던 지역일수록 다른 지역보다 친인척, 이웃, 지자체에 대한 신뢰도가 낮다(Nunn and Wantchekon, 2011: 3249). 노예무역을 경험했던 사회는 상호 협력적 체제와 법에 의한 통치가 공고화된 가능성이 낮게 나타나고 있다.

3. 정치문화 연구의 특징

지금까지 정치문화 연구의 기원 및 발전, 그리고 그 대표적인 사례에 대해 간략하게 살펴보았다. 그렇다면 이렇게 발전되어온 정치문화론이 비교정치 연구에 있어서 분석적으로 기여할 수 있는 영역은 어떤 곳일까? 이에 대해 살펴보는 것은 비교정치의 여타 분과(합리적 선택, 제도주의 등)와 구분되는 정치문화만의 분석적 특징을 살펴봄과 동시에 정치문화론 자체에 대한 선이해를 증진시킬 수 있을 것이다.

그 방법적 특징을 요약하자면, 정치문화는 ① 개인을 예컨대 민족과 같은 사회적 정체성(social identity)으로 연결시켜 주고, ② 갈등의 형성, 사회적 질서 또는 행동의 원인을 규정하며, 정치문화를 바탕으로 형성된 공동체에 권위를 부여한다. ③ 또한 정치문화는 집단의 영역을 설정하거나 그 안에서 또는 그 사이에서 집단을 생성하는 역할(사회화)을 하며, ④ 동기와 행동을 해석하는 데 있어 결정적 역할을 하기도 하고,[2] ⑤ 정치적 동원 또는 정치적 조직의 발생 원인에 대한 적절한 설명을 가능케 한다(Lichbach and Zuckerman, 1997). 따라서 여기에서는 정치문화론의 구체적인 연구 분야를 살펴보기에 앞서, 먼저 정치문화 연구의 특징적인 분석 영역에 대해 차례로 살펴보도록 한다.

1) 개인과 집단의 정체성 연결

문화는 거의 유사한 형태의 특정 행동으로 드러나는 정치적 행위에 대해 설명을 제공하며, 개개인과 집단의 운명을 연계시킨다. 이러한 연계작업에서 중요한 것은 사회구성원 내 어떠한 행동이 합리적인지 기준을 정하고, 타집단도 똑같이 타당한 것으로 간주할 수 있는 대안을 제시하는 등 동질화를 이끄는 작업이다. 즉 문화는

---

2) 여기서의 '동기'란 이익의 추구, 즉 특정한 선택의 비용과 이익 간 형량 하에 선택을 결정한다는 합리적 선택이론의 연장선상에 있는 합리적인 의미로서 이해해야 한다.

개인을 집단 정체성의 일부로 만들어 동질적 사고를 하게 한다.

동질화의 원동력은 집단의 구성원들이 공유하고 있는 저항적이고 역사적인 경험이 외부에 있는 세계에 대응해서 내부 집단의 이미지를 형성하는 것과 관련되어 있다. 동질화의 많은 대상들은 우선적으로 강한 감정적 의미를 담고 있는 관습과 신화를 서로 공유한다. 동시에 인지적인 요소를 요구하게 되는데 냄새·맛·소리와 같은 감각 요소에 연결되어 있기도 하다(각 나라마다 고유의 음식·음악 등이 존재한다). 그 과정 속에서 개인의 정체성보다는 집단의 정체성이 우선되는 심리적 변화를 느끼게 된다. 결국 문화적인 요인들은 공유하는 사람들은 하나로 통합된 집단의 정체성을 발전시킬 수 있는 공통의 경험을 가지게 된다. 멀리 있어도 공통된 경험은 소통할 수 있는 언어·문자를 통해서도 가능하다. 앤더슨(Anderson, 1991)은 공통된 언어 활자를 인쇄해 서적을 대량으로 유통해 직접 교류하지 않아도 상호 집단적 이미지를 공유할 수 있었던 인쇄기의 발명이라고 설명한다. 그의 저서 『상상의 공동체(Imagined Communities)』에서 개인은 집단 속에서 같은 언어를 통해 정체성을 발견하거나 집단과 연계될 수 있다고 주장하였다. 내부집단의 정체성을 형성하는 과정은 집단 구성원들이 사실상 공유하는 것이 무엇인지를 강조한다. 그것은 연계된 운명에 대한 이데올로기를 지닌 내부집단 구성원들의 유대를 강화시키고, 현실적인 요소보다는 감정적인 요소를 중시한다. 그뿐 아니라 집단 내에서의 통일성을 과대평가하고, 정서적이고 인지적으로 개개인이 공유하고 있는 공통의 요소들을 강조하며, 외부인들과의 차이를 과장한다(Turner, 1988). 일반적인 규범으로부터의 탈피는 집단의 단결과 공유하고 있는 역사적 경험에 대한 신화적 요소와 양립할 수 없는 것으로 간주되고 부정시되며 선별적으로 무시되는 경향이 나타난다.

그런데 문화는 개인을 집단의 정체성에 연결시키는 하나의 중요한 본질이 될 수 있지만 위급하거나 불확실한 상황에서는 개인의 감정에 의하여 좌우될 수도 있다(Lichbach and Zuckerman, 1997: 48 재인용). 예를 들면, 과거 한국 대선에서 정부 여당이 소위 '북풍'으로 불리우는 '북한의 위협'을 강조할 때 중도성향과 일부 진보적 성향의 유권자들이 안보를 위해 정부 여당에 힘을 실어주는 투표행태를 나타내기도 하였다.

| Box 4-1 | 상상의 공동체

근대적인 '민족(nation)'의 형성과정은 정치사회화와 집단 형성과 관련된 가장 대표적인 사례로서, 정치문화의 주된 주제라고 할 수 있다. 민족의 형성에 관한 많은 연구들 가운데, 특히 베네딕트 엔더슨(Anderson, 1991)의 『상상의 공동체(Imagined Communities)』는 민족주의에 대한 성찰을 통해 현재 민족의 개념은 개념으로만 존재할 뿐 실제 대상이 없는 허구적 산물이라고 주장한다. 민족은 근대에 와서 생긴 개념임에도 불구하고 고대로부터 존재해 온 것처럼 '우리'를 믿게 한다. 인쇄업의 발달은 민족주의를 더욱 널리 퍼트릴 수 있는 좋은 기제가 되었다. 인쇄업의 발달은 신문, 서적의 보급으로 이어졌으며 성서, 고서 등의 전파로 역사적인 사건이 현재에도 알려지게 되었다. 따라서 서로 마주치지 않은 사람들 사이에 공유할 만한 소재를 제공하였고 '우리는 함께 한다'는 의식을 같은 활자 범위 내의 사람들이 갖게 되었다. 인쇄업의 발달에 이어 종교의 역할 또한 공동체를 만드는 데 일조하였다. 문화적 매개체로서 종교는 형상적 이미지들(figural images)로 인해 지역인들에게 과거의 모습들을 재현하는 역할을 수행했다.

민족은 제한되고 주권을 가진 것으로 상상되는 정치공동체이다. 민족은 서로가 서로를 다 알지 못하고 만나지 아니하여도 구성원 각자의 마음에는 친교의 이미지가 있기 때문에 존재할 수 있는 것이다. 예를 들어 타국에서 한국 사람을 만났을 때 느끼는 감정을 떠올릴 수 있을 것이다. 엔더슨의 관점은 이러한 감정들이 문화적으로 구성되고 경험되는 시간과 공간 안에 존재하기 때문에 사전에 아무런 상호교류가 없어도 '민족'의 감정을 느낀다고 본다.

민족주의는 제국주의가 뻗어 나가는 데 있어 주요한 역할을 했다. 제2차 세계대전의 나치즘과 파시즘, 내선일체를 내세운 일본의 군국주의 역사를 보면 국민들을 어떻게 활용하였는지 알 수 있다. 그러나 제국주의가 활용한 민족주의는 그 식민지 사회에서 그들의 민족주의로 되살아나서 제국을 위협하는 운동이 되었다. 따라서 민족의 개념은 실재하나 민족은 실재하지 않는다고 말할 수 있다.

만들어진 민족의 개념은 국가를 유지하는 데 근간이 되었다. 관제 민족주의로 국가의 존재를 과거로부터 끌어오고 국민의 역할을 쥐어줌으로써 국민들이 국가에 대한 믿음을 갖고 앞으로도 국가를 위해 일을 할 수 있는 구조를 만든다. 따라서 상상의 공동체 '민족'은 상상 속의 것으로 유지되고 미래의 자손들에게 계승되어 왔을 뿐이다.

민족주의라는 단어는 전혀 낯설지 않다. 특히나 '한민족'이라는 소리를 듣고 자란 요즘 학생들은 더욱 그럴 것이다. 엔더슨은 민족주의라는 단어가 가지는 철학적 기반이 얼마나 허약한지를 보여준다. 민족주의가 만들어진 역사와 철학은 깊지 않지만 그것들이 만들어낸 결과는 거룩하거나 참혹하다. 때로는 월드컵 응원과 같은 좋은 결과도 있었지만, 반대로 아프리카의 내전, 유럽의 인종청소 등 결국은 우리가 표방하는 민족주의라는 미명 아래 서로를 죽이는 일들이 발생했다.

모국어라는 말조차 '어머니'라는 말을 떠올리며 국가를 생각하게 된다. 이는 본인이 속한 국가에 대한 애정을 더욱 강화시키며 타국에 대한 반감을 자연스럽게 만들어 낸다. 이분법적 사고는 민족주의를 더욱 강화시킨다. '단일민족', '유구한 역사'로 대표되는 대한민국의 민족주의는 세계화, 세계인이 되는 데 얼마나 도움이 될까 고려해봐야 할 대목이다.

2) 정치 갈등과 폭력

문화는 정치적 갈등과 폭력의 수준 및 형태를 포함하여 사회적 질서, 행동의 원인 등을 설명하는 데 중심적인 역할을 맡는다. 이러한 연구에서 문화는 행동을 이해하기 위한 의미의 체계와 상대자의 동기, 그리고 정체성을 형성하고 유지하기 위한 메커니즘을 제공한다. 집단들이 그들의 결속력을 강화시키고 외부 집단에 대한 적대감을 증대시키기 때문에 내부 집단이 가지고 있는 세계관은 더욱 강화되는 지향성을 갖게 된다. 갈등적 상황에서 모든 문화적 동원화가 폭력으로 점철되는 것은 아니지만 언제 폭력이 발생되는 상황으로 전환되고 언제 그렇지 않은지를 고려하는 것은 하나의 중요한 질문이 될 수 있다.

무엇보다도, 문화는 정치적 우선순위를 결정한다(Laitin, 1986: 11). 예를 들어, 라이틴(Laitin)은 스페인의 바스크 지역에서는 극력한 수준의 정치적 저항이 발생했지만, 인근의 카탈로니아 지역에서는 그러한 현상이 일어나지 않은 것을 설명하기 위해 사회 조직화에서 문화적으로 형성된 관습의 차이를 설명하였다. 그는 바스크에 있는 마을에서는 명예에 대한 강한 개념으로 인해 남자들 사이에서 상대적으로 자치에 대한 중요성이 드러나 외부의 영향력에 대한 저항이 강했다면, 카탈로니아에서는 이러한 저항의 개념이 없었다는, 즉 두 지역의 공동체를 구성하고 있는 하위문화에서 나타난 차이가 중요하게 작용했다는 점을 확인했다. 다시 말해서 소규모 남성 집단이 대부분 상징적이고 제한된 성공을 이룰 수 있는 저항에 참여했을 때 폭력 행위 조차 명예를 유지하는데 정당성을 주며 동시에 행위의 지속성을 유지하게 된다. 그 결과 두 지역 간에 폭력의 사용에서 드러나는 차이는 객관적인 기능상의 차이나 내부의 상대적인 박탈감이나 소외감에서 비롯되는 것이 아니라 각 공동체의 문화적 조직화에서 유래한다고 볼 수 있다. 이 조직화는 각 공동체에서 나타나는 민족적 부흥이 폭력으로 전환될 수 있는 가능성에 영향을 미친다(Laitin, 1986).

로스(Ross)는 갈등과 폭력의 수준과 목표에 있어서의 차이를 설명하기 위해 일반적인 비교 문화적 연구들을 제시했다. 그는 자녀 양육에 있어서의 낮은 관심과 보살

핌, 가난한 생활, 그리고 남성으로서의 정체성 갈등 등과 같은 심리문화적 다양성의 사회 구조적 요인들이 목표가 똑같은 사회 내부나 또 다른 사회, 혹은 두 사회 모두에 있는지 없는지를 결정한다고 보고 있다. 그는 한 집단이 문화적 세계관을 통해 외부인들을 어떻게 바라보느냐에 따라 결과를 만들어 낸다고 주장했다. 결과적으로 정치적 사회화가 중요한 역할을 한다고 볼 수 있다. 특히, '지역주의'는 유년기부터 가족 내 소통과 지역담론이 중요한 역할을 할 수 있다고 볼 수 있다. 더불어 갈등의 문화는 집단 수준의 갈등으로 결정하는 것이 아니라 갈등이 발생했을 때에 그것을 어떻게 다루는지를 결정하는 것이라고 주장한다(Ross, 1993).

결국 문화는 최근 몇 년 사이에 표면적으로 눈에 띄게 증가한 민족과 정체성 논쟁에서 중심적 위치를 차지했다. 매우 다른 정체성을 가진 집단들 간의 갈등 속에서 문화적 요인이 중심으로 부각되었을 때 그것은 논쟁을 불러일으켰다. 각각의 연구 집단은 문화적 요소를 존재 자체가 매우 불확실하고 위협받기 쉬운 문제로 바라보았다(Horowitz, 1985). 1541년 영국의 헨리 8세가 아일랜드를 침공해 아일랜드 국왕을 겸하며 영국 신교도를 북부로 이주 시키면서 토착민인 가톨릭(구교도)과의 갈등이 시작되었다. 결국 1921년 영국-아일랜드 조약으로 영국계 신교도가 많은 북아일랜드는 영국에 일부로 남게 되었지만, 신교와 구교들 사이의 대립은 계속 이어지고 있다. 북아일랜드가 경험한 정체성의 갈등에서 볼 때 한 문화에서 중요하게 간주되는 요소들은 다른 문화에게는 강력한 위협으로 간주되었음을 알 수 있다. 이 점을 고려한다면 문화적 공포를 정면에 내세우고자 하는 집단의 의도를 경계해야 한다.

| Box 4-2 | 80만 명이 죽은 르완다 사태의 원인은 무엇인가?

르완다는 소수민족 투치족이 다수민족 후투족을 지배하는 사회이다. 투치족은 유목민 출신으로 체격이 크며 주로 상업에 종사하는 종족이며, 후투족은 농경활동을 하는 체구가 작은 종족이다. 양 부족은 외모는 물론 문화관습에서도 뚜렷한 차이점이 있었으며, 유럽 침략자들이 빅토리아 시대(Victorian Era)의 인종 차별정책을 수립하기 전까지 평온한 삶을 누려왔다.

1880년 중앙아프리카 정복활동을 전개하던 벨기에는 자국의 지지 기반을 확대하기 위하여 가톨릭을 르완다에 들여왔고, 소수의 투치족을 내세워 후투족을 통치하려는 부족별 분리식민지 정책을 실시하면서 투치족의 우수성을 인정하였다. 특히 1930년대에는 신분카드(ID Card) 제도를 도입하여 인종 분리정책을 가속화하면서 소수 투치족에 의한 다수 후투족의 지배를 고착화하였다.

1950년대에 이르러 다수 후투족에 의한 혁명이 일어났고 정부가 수립되었는데, 식민지국 벨기에는 후투족 정부를 인정하였다. 1960년대 투치족 지도자들은 르완다를 벗어나 우간다에서 무장세력(RPF)을 결성하고 자국의 후투족 정부에 대항하였다. 그 사이 르완다는 1962년 독립을 맞이하게 되었는데, 이때 후투족이 권력을 쟁취하고 과거의 지배층인 투치족을 탄압하였다. 이처럼 독립 이후에도 후투족과 투치족 간의 인종갈등은 지속적으로 전개되었다.

1980년대 아프리카 전역은 경제 위기에 이은 정치적 혼란 상태에 빠지게 되는데, 이 때 르완다에 대한 RPF의 공격이 다시 시작됨으로써 인종갈등이 재점화되었다. 결국 1990년대에는 후투족 라디오 선동 방송(RTLM)과 후투족민병대가 조직되었다. 1993년 아르시아협정으로 UN 평화유지군이 르완다에 파견되었지만 1994년 4월 대통령 비행기가 추락한 후 후투족 강경파들의 선동이 강화되면서 후투족 출신 정부군 및 민병대와 투치족 출신 반군 사이의 대규모 살육이 시작되었다. 비행기 사고로 숨진 대통령직을 대행하던 아가트 우윌링기이마나 수상과 많은 온건파 후투족 지도자들이 RPF에게 살해당했고 그 후 수개월 동안 군대와 대통령 경호대, 극단적 후투족 민병대가 20~50만 명에 달하는 투치족 민간인을 살해했다. 1994년 7월 4일부터는 투치족이 반격을 시작하여 수도 키갈리를 함락시키고 RPF는 키갈리에서 외부로 통하는 유일한 통로를 차단했다. 이에 수도 키갈리에 갇힌 6만 명의 후투족 민간인들이 반군의 보복이 두려워 탈출하기 시작했고 피란 중 300만 명의 후투족 난민이 발생하였으며, 식량 부족과 콜레라 등의 전염병으로 많은 피란민이 사망하였다.

3) 집단의 경계 설정과 행동 조직

문화는 동질성을 지닌 집단을 정의할 뿐만 아니라, 집단 내부와 집단들 간의 관계가 어떻게 결합되어 있는지를 설명해준다. 누가 누구와 함께 살고, 누구와 함께 시간을 보내고, 누구에게 감정적으로 친근함을 느끼고, 누가 부족한 자원을 통제하며, 어떤 재산이 세대 간에 전이되고, 어떻게 일이 조직되는지와 같은 기초적인 질문들을 생각해보자. 세상의 여러 문화는 이러한 질문에 대해 매우 다양한 대답을 제시해주지만, 여러 중요한 증거들이 입증하는 바와 같이 앞선 질문에 대해 어느 집단이 어떻게 대답하는지는 사람들이 어떤 행동을 하고 다른 사람들이 어떻게 행동하길 원하는지를 설정하는 중요한 의미를 지닌다(Levinson and Malone, 1981; Naroll, 1970).

사회집단에 대한 문화적인 정의는(그것이 친족관계, 연령, 성별 또는 공통의 이익에 의해 정의되든지 아니든지 간에) 그 정의가 지속적으로 논쟁이 되고 있는 가운데에서도, 사람들이 어떻게 행동할지에 대한 예상을 가능케 해준다(Greif, 1994; Scott, 1985). 예컨대, 한국의 16대 대선을 보면 전체 유권자의 60%를 차지하는 진보 성향의 20~30대의 59.1%가 진보 성향의 노무현 후보를 지지하였고 보수 성향의 50~60대 이상의 61%가 보수 성향의 이회창 후보를 지지하여 결과적으로 노무현 후보가 16대 대통령으로 당선되었다. 당시 노무현 후보는 젊은 층을 위한 공약과 젊고 친근한 이미지로 상대적으로 현상유지의 공약을 내세운, 권위적이며 노후한 이미지의 이회창 후보를 공략하였다. 물론, 문화마다 언제 어떠한 방법으로 서로 간의 관계를 제한하고 그 제한을 강화하는지는 다를 수 있다.

사람들은 사실 문화적이고 정치적인 구성이 지니는 '합리성'이라는 부분이 반복되어 세대를 거듭하여 가르쳐야 한다는 필요성을 느낄 때 종종 집단의 성향을 생물학적으로 확인할 뿐, 대부분은 자연스럽게 여기기 때문에 그들이 속해 있는 집단의 사회적 기원에 대해서는 쉽게 생각해보지 않는다(Anderson, 1991). 예를 들어 베버는 국가교육체계의 제도화, 교통·운송체계에 대한 투자, 군대 조직을 통해서 19세기 프랑스가 어떻게 수많은 지역색을 탈피하여 국가적인 동질성을 창조해내었는지를 보여주었다(Weber, 1976). 모든 문화는 물론 집단 내부와 외부의 차이를 고려한 특유의(항상 배타적이지는 않지만) 사회화를 규정한다. 문화를 배운다는 것은 집단의 동기와 행위, 그리고 각각의 영역에서 다른 구성원에 대하여 어떻게 행동하는지에 대한 메시지를 학습하는 것을 의미한다(Lichbach and Zuckman, 1997: 49).

서로 다른 문화들을 비교해보면, 사회적인 구분에 대한 견고함이라는 것은 매우 변화가 심하다는 것을 알 수 있다. 집단의 경계를 넘나드는 분석의 과정에서 변화가 의미하는 것은 여러 범주들이 시간이 흐르면서 문맥관계를 이루게 되고, 그러면서 지속적으로 변한다는 것을 보여준다. 이것은 하나의 사회적 환경 속에서 다른 집단이 누구이고, 갈등 속에서 특별한 정치적 이익이 무엇인지에 따라 어떻게 집단들 간의 차이가 좌우될 수 있는지를 보여준 '상황적 민족성'을 다인종국가인 아프리카 사례에서 찾아볼 수가 있다(하비슨, 2017).

4) 타 집단의 행동과 동기의 해석을 위한 틀 제공

언어와 마찬가지로 행동은 매우 모호하다. 그리고 특히, 행동이 합리적이지 않을 때 행동을 이해하기 위해서는 주고 받은 메시지가 유사한지 아닌지 확신할 수 있는 기준을 제공할 수 있는 공유된 문화적 틀이 필요하다. 설명 또는 해석이 거의 필요 없거나 전혀 필요하지 않은 행동은 찾아보기 힘들다. 대부분의 정치적이고 사회적인 행동은 복잡하다. 왜? 합리적이지 않은 경우가 많기 때문이다. 얼굴 표정이나 다른 분명한 신체적 제스처가 표현하는 의미를 해석하는 능력 역시도 정치적 사안을 이해하는 것만큼이나 높은 해석 능력을 요구한다. 정치적 사안을 이해하는 능력에는 행동의 동기에 대한 설명과 누군가가 무엇을 했는지에 대한 설명이 가능하다는 전제가 내포되기 때문에 보다 폭넓은 맥락 속에서 발생한 행동을 이해하기 위한 접근이 필요하다.

동기는 개인행동의 원인을 폭넓은 사회적 환경에 연결시켜 주는 메커니즘을 제공하기 때문에 문화 연구에 있어 중심적인 역할을 차지한다(D'Andrade and Strauss, 1992). 동기는 행위자의 행위를 해석하고 이해해야 파악할 수 있는 것이지만, 정신구조를 살펴봐야 한다는 생각에는 반대하는 기어츠가 주목한 '검사작업(inspecting event)'과는 대조된다(Geertz, 1973a: 10~12). 기어츠는 문화를 '삶을 영위하기 위한 인간들의 지식과 태도를 소통하고 영속시키며 발전시키는 수단으로 상징적 형태로 표현되는 상속되는 개념의 체계'로 이해한다(Geertz, 1973: 89). 반면에, 디안드레이드(D'Andrade)의 동기에 대한 문화 연구는 스키마(schema)[3]라는 개념으로 발전했는데, 이것은 "대상과 사건을 확인 가능하도록 하는 개념적 구조"를 의미한다. 즉, 스키마는 특정문화와 사회화의 원인을 통하여 공유된 인식의 틀을 제공함으로써 우리로 하여금 특정한 유형의 정보를 선택적으로 수용하게 하여 결과적으로 행위를 통제하는, 칸트(Kant)가 주장하는 감성과 지성의 합인 메커니즘이라고 볼 수 있다. 이러한 맥락에서 안드레이드는 스키마가 문화적으로 '동기적 노력(motivational strivings)'에 의해 생산되며, 반대로 동기를 생산하기도 한다고 주장한다. 그는 행위자들의 행태를 촉발시키는 동기의 형성을 설명하기 위해서는 맥락에 의존하는 스키마의 본성을 이해하는 것이 중요하다고 강조한다(Strauss, 1992: 6).

문화 연구에서의 동기 개념은 합리적 선택 이론에서의 이익 개념과 많은 부분 닮아 있다. 예를 들어 "그들은 조상에 대한 두려움이 동기가 되어 가축의 절반을 희생시킨다" 또는 "교육과 가족을 중시하는 유교문화에 영향을 받은 아시아권 국가들의 부모는 자신의 희생을 감수하면서 자녀의 교육에 헌신한다"라거나 "전시 또는 휴전시 레이다에 점으로 나타나는 전투기, 잠수함 등의 숫자와 위치는 적군의 군사적

3) 스키마에 대한 자세한 논의는 바틀렛(Bartlett)의 『기억: 전쟁의 유령들(Remembering: The War of the Ghosts)』를 참조하면 같은 시기에 같은 전투을 참전했던 사람들이라도 회상 시 그 당시 이야기를 그대로 재생하지 못하고 자신들의 사전 지식, 경험 그리고 편견을 토대로 재해석하는 경향이 나타난다.

행동을 제약하는 데 이익이 된다"는 말에서 볼 수 있듯이 우리의 경우에는 한미연합 훈련의 규모와 횟수를 통해 북한의 도발적 행동을 제한하는 경우를 생각할 수 있다. 이처럼 동기와 이익은 왜 개인과 집단이 어떤 방법으로 행동하는지에 대해 합리적인 설명을 부여해준다. 그러나 문화와 합리적 선택의 설명 방법인 동기와 이익에는 중요한 차이점이 존재한다. 대부분 기본적으로 이익은 거의 명료하고 보편적이라고 여겨지는 반면에, 동기는 특별한 문화의 맥락에 대한 실증적인 분석에 의해서만 알 수 있는 것이다. 그 결과 이익에 대해서는 어느 집단이든 특정 상황에서 거의 보편적이며 예측가능한 동일한 방법으로 행동한다고 말하는 반면, 동기를 강조하는 입장에서는 집단들 간에 나타나는 행동을 설명하는 방법이 다양할 수 있음에 초점을 맞춘다. 바로 이 점 때문에 윌다브스키(Wildavsky, 1994)는 합리적 선택 이론가들은 주어진 이익을 취하는 데 단순화하는 심각한 오류를 범하고 있다고 주장한다. 사실 실증적인 방법에 바탕을 둔 문화 연구는 문화 간의 이익 개념에 대한 체계적인 변화를 밝히고 있다고 그는 말한다.

상호 문화적 행동에 대한 연구에 있어서 동기와 이익 사이의 차이점이 항상 중대한 문제는 아니다. 사실 이익이 공유되었을 때 그것은 동기처럼 작용할 수 있고, 왜 사람들이 그렇게 행동하는지에 대한 설명을 가능하게 해주기 때문이다. 그러나 우리가 문화 간의 상황에 마주했을 때를 고려해보면 이익과 동기 간의 차이는 보다 중요해질 수 있다. 앞의 예로 돌아가 어느 집단의 구성원에게 조상에 대한 두려움이 동기부여가 되고 그들이 기르는 가축의 절반을 희생했다는 상황을 생각해보자. 그러한 설명 방식에 이익이라는 측면을 적용해보면("그들은 조상들을 화나게 하지 않는 것이 이익이라고 생각한다.") 왜 그 집단은 '조상에 대한 두려움'으로 세상을 이해하는지에 대한 의문이 여전히 남게 된다. 다음으로, 교육과 가족을 중시하는 유교문화가 동기부여가 되어 부모는 희생을 감수한다. 똑같이 이익이라는 측면을 적용해보면("자녀의 성공이 부모의 노후를 책임질 수 있다") 왜 그 집단들이 '자녀의 성공이 부모의 노후'와 연관된다고 세상을 이해하는지에 대한 의문과 자녀의 책임의식에 대한 불확실성 역시 남게 된다. 또한 훈련(공격 또는 방어)의 의도를 알 수 없지만 전쟁을 경험하고 그 상처를 알기 때문에 무리한 군사적 행동을 제한하게 되는 동기를 제공한다. 따라서 왜 이러한 동기가 어느 문화에서는 중요하고 다른 문화에서는 그렇지 않은지에 대해 설명하려는 연구만이 여기에서 적절해진다(Lichbach and Zuckerman, 1997: 50).

정치적 행위를 이익의 문제로만 환원하는 것은 다양한 학문적 추론을 가로막는다. 즉, 어떤 행동을 한다 하더라도 그것은 개인(또는 집단)의 이익을 극대화하기 위함이라는 식의 주장이 다른 설명과 주장을 지배한다. 이익에 기반한 설명의 힘은 사고와 행동 사이의 가설로 세워진 연결성에 있다. 하지만 행위자의 행동으로 시작해서 그러한 행동을 계속 추구하게끔 만드는 이익을 확인하기가 만만치 않다는 점이 이러한 접근방법의 취약점이다. 또한 행위자 스스로가 사고와 행동을 일치시키는지를 확인하는 작업도 어려우며 여기에 대한 연구도 매우 드물다. 문화적 시각을 취함으로써 발견할 수 있는 흥미로운 점은 이익 이론이 명확한 이익의 성질에 대해 고려하지 않았다는 사실이다. 집단과 개인이 변함없는 이익, 즉 부나 정치적 권력의 극대화와 같은 것을 지니는 것으로 간주하면, 이 질문은 다소 흥미롭지 못하게 된다. 그러나 문화와 문화 사이에 어떠한 중요한 이익이 다양하게 나타날지에 대해 의문을 품게 되면, 집단과 개인이 중요한 정치적 이익을 구성하는 방식에 대한 진지한 실증적 연구가 가치를 지니게 된다. 그 결과 문화적인 설명은 이익의 적절성을 부인하지는 않지만, 이익을 많은 요소들 중 하나의 동기로, 그리고 문맥적으로 정의된 것으로 바라본다. 이익을 객관적으로 인식 가능한 보편적인 것이라기보다는 오히려 문화적인 구조물로 간주하면서도, 문화 이론은 합리적 선택이나 다른 이익 이론을 포용할 수 있는 것이다.

서로 다른 문화가 조우할 때 사람들은 대부분 타 집단에 자신들의 동기를 적용한 결과로 그들 자신의 문화적 세계관을 도출함으로써 다른 집단의 행동을 이해한다. 그러나 문화적 세계관은 타 집단과 조우했을 때 두 가지 상반되는 전략을 제시하는데, 이를 짚고 넘어갈 필요가 있다. 하나는 사람들이 자기 집단의 구성원들의 방식대로 외부인들도 반응할 것이라는 믿음을 가지고 자신들 문화의 규칙을 적용하는 것이다. 그리고 둘째는 다른 규칙을 찾는 것이다. 이 전략은 외부인들이 (자기 집단에 있어서는) 동기가 될 만한 것을 자신들과 거의 공유하지 못할 것이라는 예상 하에 타 문화에 속해 있는 사람들이 '이교도적인' 방법으로 반응할 것이라고 간주하며, 자기 집단 내부의 사람들이 '문명화된 개념'으로 여기는 것을 그들 외부인 집단은 따르지 않을 것이라고 예측하는 것을 의미한다. 첫 번째 전략이 일반화 전략이고, 두 번째 것이 차별화 전략이다(Lichbach and Zuckerman, 1997: 51).

지금껏 의식적으로 공유된 문화적 틀로 사회현상을 분석한 경우는 매우 적다. 대부분의 사람들은 생활 속에 문화적 추론을 내재화하고 있기 때문에 의식적으로 그

부분에 대해 이의를 제기하거나 지적하는 경우는 거의 없다고 볼 수 있다. 그러나 무언가 압박되거나 혼란스러울 때, 문화적 상징 또는 신호를 잘못 이해하거나 전달하는 데 실패하는 사람이나 집단에 대하여 의식적으로 잘못되었다며 자기민족 중심적으로 비난을 하곤 한다. 즉 사람들은 자신들의 신념 속 핵심요소에 도전을 하는 변화는 원치 않는다는 것이다.

5) 정치적 조직화와 동원화에 자원을 제공

문화는 어느 집단 및 집단의 지도자가 조직화와 동원화를 하는 데 필요한 도구의 중요 자원이다(Brysk, 1995; Edelman, 1964; Kertzer, 1988; Laitin, 1986). 예를 들어 틸리(Tilly)는 "학습되고, 공유되고, 상대적으로 신중한 선택의 과정을 통해서 연출된 일상(routines)의 제한된 틀, 즉 레퍼토리는 학습된 문화적 창조물이다"는 것을 참조하여 집단행동의 레퍼토리 개념을 발전시켜 왔다. 인류학자인 코헨(Cohen)은 보다 일반적으로 문화 개념의 정치적 사용을 설명했다. 특히 그는 "일반적인 정치적 사안"이 하나 또는 다른 이유에 의해 일어나는 것이 가능하지 않은 상황에서 정치적 도구로서 인식되는 문화적 조직화(공식적이거나 비공식적인 조직이 종교나 연령집단과 같은 분명한 문화적 관례 위주로 조직되는 것)의 중요성을 강조했다.

흔히 집단은 직접적으로 추진될 수 없는 목적을 성취하기 위해서 문화적 조직화를 사용한다(의식적으로 항상 그런 것은 아니지만, 코헨이 지적한 것에 따르면). 코헨은 집단의 단결과 효과적인 동원화를 강화하는 문화적 조직화로 여섯 가지 정치적 문제점을 확인했다(Cohen, 1969: 201~210). ① 조직화는 동시에 발생하는 정치적 환경의 맥락 안에서 작동 영역(a sphere of operation)과 구성원들을 의미하는 집단의 차별성을 정의하는 데 도움이 된다. 이러한 차별성은 기원을 설명하는 데 신화적 요소를 이용하고 우월성을 주장하는 것, 혈통과 동족결혼, 도덕적 배타성과 내부문화(endo－culture), 공간적 근접성과 균질화 등을 통해 가능해진다. ② 문화적 조직화는 집단의 구성요소들 간의 내부적 의사소통을 강화할 수 있는 정치적 필요를 만족시킨다. ③ 문화적 조직화는 집단과 맞서고 있는, 그리고 결정을 내려야 하는 일반적인 문제에 대한 몇 가지 공식화 장치를 제공한다. ④ 또한 정치적 조직화는 집단을 대신하여 적절한 곳에서 결정된 사항을 실행하고, 언급한 사항에 필요한 권위를 부여해준다. ⑤ 문화적 조직화는 종종 친족관계의 언어와 관습(ritual) 안에 뿌리내린 정치적 이데올로기를 부여할 수 있다. 정치적 이데올로기는 권력의 정통성을 부여하고 그것을 권위로 전환할 수 있다. ⑥ 마지막으로, 정치적 조직화는 이데올로기를 공동체의 최근 문제점들과 결부지을 수 있는 기념식과 여러 의식들을 통하여 규율의 필요를 충족시켜준다(Lichbach and Zuckerman, 1997: 53 재인용).

종교는 비공식적인 정치적 조직화의 발전을 위한 이상적인 청사진을 제공한다. 종교는 인간의 존재에 관한 기초적 문제와 관련되어 있고, 일상 체계의 한 부분들로서 이러한 것들을 대표하여 정치적 사안에 정당성과 안정성을 주는 가장 영향력 있는 감성들 중 많은 부분을 동원한다. 또한 상징의 힘과, 종교적인 제례의식의 조직화 안에서 다양한 의식적 입장들 사이에 의례상 존재하는 관계에 대해 내재하는 힘을 동원하도록 한다. 종교는 종교적 의식의 조직화를 통해 다양한 의식에 대한 입장 사이의 관계 속에서 상징의 힘과 내재된 힘을 동원한다(Cohn, 1970: 37~40). 종교는 예배를 위한 장소와 복지, 교육, 그리고 다양한 종류의 사회 활동을 위한 장소와 관련된 조치들을 사용 가능하도록 만든다. 또한 종교가 스스로를 정치적인 기능에 대한 조직화와 집행기능으로 발전시키면서 이러한 것들을 사용할 수 있게 만든다. 종교는 또한 신도들이 집회를 위한 모임과 종교의식 과정을 진행할 수 있고, 수많은 정보가 상호작용하며 일반적 문제들이 형성되고 논의될 수 있는 간헐적이고 정기적인 모임을 제공한다. 종교가 제공하는 신화와 상징의 체계는 정치와 경제, 그리고 다른 사회적 환경을 변화시키는 공간을 제공하기 위해서 지속적으로 해석되고 재해석될 수 있다(Cohen, 1969: 210).

비록 코헨의 연구는 문화적 소수집단의 전략을 수행하는 방법에 대한 것이지만, 그것은 큰 규모의 민족적 집단의 지도자들이 어떻게 정치적 힘을 얻고 그것을 유지하는지를 이해하는 데에도 적절하다. 강력한 반이민정책, 반외국인 정당을 가지고 있는 북아일랜드와 프랑스, 수많은 반외국인주의자들의 폭력이 발발하고 있는 독일의 최근 현상이 유럽에서 나타나고 있는 것과 같이, 아프리카의 정치문제는 1960년대 이후에 일어난 문화적 상징과 공포 위주의 동원화 그리고 신가산주의(Neo Patrimonialism)로 인한 폐해 등 많은 예들을 보여준다. 그러나 우리가 아마도 문화적 상징과 의식, 그리고 때때로 처참한 결과를 지닌 정치적 조작에 관해 가장 잘 배울 수 있는 곳은 바로 동유럽, 구소련, 북한 등의 사례이다. 동시에 우리는 세르비아, 아르메니아, 혹은 헝가리 그리고 아프리카는 하나라는 범아프리카주의(Pan Africanism)에 대한 문화적 호소가 왜 모두 그렇게 강력한가에 대해 의문을 가져야 한다. 그러나 개인의 이익에 대한 장치(mechanism)에만 의지하는 대답은 문화적 용어로 정의되는 집단에 대한 개인적 지지의 힘을 우리가 이해할 수 있는지에 대해 답을 제공할 수도 있을 것이다.

제2절 | 시민문화 연구

앞서 살펴보았던 정치문화의 본질을 보다 명백하게 파악함으로써, 정치문화 연구를 공고하게 확립시킬 수 있게 해주는 보다 체계적이고 과학적인 방법이 있다. 조사 연구(Survey Research)가 바로 그것이다. 조사 연구는 국민들 중 일부를 신중하게 선택하여 연구의 표본을 만들고, 그 표본에 포함된 개인들의 정치신념이나 행태 등에 관련된 일련의 질문들을 제공한다. 또한 연구자는 정치문화를 요약하는 특정 패턴이나 윤곽이 드러나는 각 개인들의 응답을 취합하고 이를 추론함으로써 주어진 샘플로부터 국민들의 특징적인 정치문화를 도출해낸다. 이러한 조사 연구를 활용한 첫 번째 연구는 바로 그 유명한 알몬드와 버바(Gabriel Almond and Sidney Verba, 1963)의 정치문화 연구이다. 일찍이 알몬드와 버바는 다음과 같은 목표의식을 가지고 미국 · 영국 · 독일 · 이탈리아 · 멕시코 등 다섯 국가의 정치문화에 대한 조사 연구를 진행하였다.

첫째, 알몬드와 버바는 이 연구를 통해 특정 국가의 정치문화를 설명할 수 있기를 원하였다. 둘째, 여러 국가들의 정치문화를 연구한 뒤, 공통변수를 찾아내 일반화시키고자 하였다. 셋째, 민주주의를 유지 및 발전시키기 위해서는 어떠한 정치문화와 사회구조가 필요한지에 대한 궁금증을 해소할 수 있기를 원하였다. 넷째, 제3세계의 신생국들이 어떠한 정치체제를 가지게 될 것인가를 예측할 수 있길 원하였다.

알몬드와 버바는 자신들의 연구목표를 달성하기 위해 다섯 국가의 시민 표본을 대상으로 인터뷰를 실시하였다. 인터뷰를 통해 확보된 광범위한 자료들은 각 나라들의 정치문화를 이해하는 데 있어 풍부한 설명력을 제공할 수 있도록 다양한 방법으로 취합되고 분석되었다. 특히 이 과정에서 알몬드와 버바는 교육과 성(gender) 같이 정치문화를 결정하는 데 중요한 역할을 담당하는 구체적인 연역 변수들을 제시함으로써 공통적인 부분들을 도출하고 일반화를 시도하고자 하였다. 나아가 이를 통해 다섯 나라의 정치문화에 대한 다양한 비교 분석을 제시하였다.

알몬드와 버바의 시민문화 연구는 조사 연구를 통한 정치문화 연구에서 나타날 수 있는 장점과 단점 모두를 확연하게 보여주는 하나의 지표가 되고 있다. 여기서는 이러한 기념비적인 연구 결과를 도출한 알몬드와 버바의 연구를 좀 더 구체적으로 살펴보기로 하자.

1. 알몬드와 버바(Almond and Verba)의 정치문화

알몬드와 버바는 민족성이라는 개념보다는 정치문화라는 개념을 선호하였다. 왜냐하면 이 개념에 기초하여 인류학·사회학·심리학으로부터 문화적 갈등, 그리고 문화변용과 같은 연관된 개념들을 도출할 수 있었기 때문이다(Almond and Verba, 1963: 13). 그들은 거시적 차원에서 정치문화는 국민들이 정치체계와의 관계 속에서 경험하는 심리적 정향과 인지, 감정, 평가와 연관된다고 설명하였다. 이들의 개념적 전제는 첫째, 사람에 대한 따뜻한 태도를 갖는 세계에서 찾을 수 있는 시민의 덕목과 책임감, 다른 사람들과 함께하는 가치의 공유, 동료에 대한 믿음과 신뢰감, 근심으로부터의 자유이다. 둘째는, 개인적 자유의 허용과 피통치자 사이의 합의에 근거한 참여적이고 다원적인 민주주의이고, 셋째는 베버 사상에 입각한 합리적 관료제를 통한 질서이다. 마지막은 근대화의 정도와 관계되는 근대화를 통한 안정, 문자해득률, 교육의 정도 등이다. 이러한 개념의 토대는 정치문화 연구 분석에서 일반적·거시적·구체적·미시적 차원으로 귀결된다고 할 수 있다(Almond and Verba, 1963: 4~11).

알몬드와 버바가 설명하는 정치문화는 정치적 정향, 즉 정치적인 것에 대한 관여 양식과 태도 등을 통해 표현된다. 이때 정치적 정향은 다음과 같은 세 가지 형태로 구분될 수 있다. 첫째, '인지적 정향(cognitive orientation)'이다. 인지적 정향은 특정 사회집단의 현실인식과 정치의식, 그리고 정치성향 등을 나타내는 것으로서, 정치체계에 대한 정보에 바탕을 둔 지식이나 믿음과 밀접하게 연관되어 있다. 둘째, '감정적 정향(affective orientation)'이다. 감정적 정향은 주변 상황에 따라 정서적으로 영향을 받는 것이다. 다음으로 평가적 정향(evaluative orientation)은 특정 집단의 가치체계를 나타내는 것으로서, 정치체계에 대한 판단이나 의견을 의미한다(Almond and Verba, 1963: 15). 이 세 가지는 모두 정치체계에 대한 정향을 나타낸다.

정치체계에 대한 정향분석뿐 아니라, 개인의 역할에 대한 정향도 있다. 이 역시 특정 개인이 정치에 얼마나 참여하는가를 나타내는 참여(participation)의 정도와, 참여를 해서 얼마나 영향을 미칠 수 있는가를 나타내는 효능(efficacy)의 정도로 나누어 볼 수 있다. 이처럼 정치문화의 성격은 정치적 대상에 대한 태도 여하에 따라 결정된다. 실제로 알몬드와 버바는 이를 이용하여 정치문화를 다음과 같은 세 가지 유형으로 분류하였다(Almond and Verba, 1963: 17~20).

1) 지방형 정치문화(Parochial Political Culture)

지방형 정치문화는 전근대적이고 전통적인 사회에서 나타나는 정치문화의 한 유형이다. 이러한 유형의 정치문화 속에서 살아가는 사람들은 대체로 정치체계에 대한 투입(input)이나 정부로부터의 산출(output)에 대해 특별한 정치적 정향을 드러내지 않는다. 또한 정치체계 자체를 명확하게 인식하지 못한 채, 정치적 대상에 대해 별 기대나 관심 없이 살아간다. 심지어는 정부에 의한 변화에 대해서도 지극히 무관심하여, 이에 대한 그 어떤 기대조차도 표출하지 않는다. 간혹 인지적 정향을 가지고 있는 구성원이 있다 하더라도, 그 구성원의 감정적 정향과 평가적 정향은 부정적이고 부정확하기 쉽다. 상황이 이렇다보니, 이러한 지방형 정치문화 속에서 살아가는 사람들은 대부분 자신을 정치적 주체로서 인식하지 못한다.

2) 신민형 정치문화(Subject Political Culture)

신민형 정치문화는 과도기적이고 신민적인 사회에서 나타는 정치문화의 한 유형이다. 이 정치문화 유형에서 사람들은 정치체계에 대한 지식과 감정을 가지고 있다. 인지적 정향과 감정적 정향이 나타나는 것이다. 그러나 신민형 정치문화에서는 전문화된 정부의 권위를 인정하고 이에 복종하기 때문에, 평가적 정향이 상당히 수동적인 형태로 나타난다. 위로부터의 강제나 명령에 의해 산출되는 정책 결과물에 대해 순종적인 반응을 보이는 것이다. 그렇다보니 자연스레 정책결정과정에 대한 사람들의 적극적인 참여가 부재하게 된다. 사람들은 자신이 정치체계에 영향을 미칠 수 있음을 자각하지 못한 채, 자신의 역할과 존재를 수동적인 위치에 자리매김 시키는 것이다.

3) 참여형 정치문화(Participant Political Culture)

참여형 정치문화는 시민적이고 민주적 사회에서 나타나는 정치문화의 한 유형이다. 이 정치문화 속에 위치한 사람들의 대부분은 모든 정치적 대상에 대해 명확한 정치적 정향을 가지고 있다. 즉, 자신이 속한 정치체계의 구조와 기능을 잘 이해하고 있을 뿐만 아니라, 그것을 평가하는 데에도 적극적인 모습을 나타낸다. 또한 자신이 정치주체임을 자각하고, 적극적으로 정치체계에 참여하고자 하는 긍정적인 반응을 보인다. 단, 이때 사람들은 정치체계에 대한 자신의 역할 그 자체에 대해서는 매우 긍정적이지만, 이러한 자신의 역할을 통해 느끼는 감정은 긍정적일 수도 있고, 부정적일 수도 있다.

알몬드와 버바는 정치문화를 <표 4-1>의 세 가지 유형으로 분류하여 제시하였다. 그러나 현실 세계에서 나타는 실제 정치문화는 이처럼 명확하게 구분되지 않는다. 오히려 현실 세계에서는 이러한 세 가지 유형의 정치문화가 혼재되어 있는 것이 일반적이다. 보다 구체적으로 표현하자면, 현실 세계에서는 지방-신민형과 신민-참여형, 지방-참여형, 그리고 시민문화 등의 정치문화가 나타난다.

표 4-1 알몬드와 버바의 정치문화 유형

구분	지방형(parochial)	신민형(subject)	참여형(particaipant)
의미	좁고 편협	복종	참여 및 적극성
시스템 이해도	매우 적음	어느 정도 이해함	매우 높음
성격	변화에 대한 기대가 없음	전문화된 정부의 권위를 인정함	투입(input)과 산출(output)에 대한 이해도가 높음
태도	특별한 정향이 없음	정부의 결정과 자신의 역할, 그리고 평가적 정향 등에 매우 수동적임	자신의 역할에 대해 긍정적임
특징	인지적 정향은 있지만, 감정적·평가적 정향이 부정적이거나 불확실함	자기가 시스템에 영향을 미칠 수 있다고 생각하지 않음	자신의 역할에 대해 느끼는 감정은 긍정적일 수도 있고, 부정적일 수도 있음

중요한 사실은 이처럼 혼합된 네 가지 유형의 정치문화가 단선론적인 발전과정에 위치하고 있는 것이 아니라는 점이다. 즉, 하나의 저급한 정치문화가 다른 하나의 고급스런 정치문화로 대체되는 것이 아니다. 실제로 각 나라마다 그 혼합의 정도가 다르기는 하다. 하지만 대체로 한 국가의 정치문화 속에서 이 같은 정치문화의 유형들은 모두 적절하게 섞여 있기 마련이다(Almond and Powell, 1996). 예를 들어, 참여형 정치문화의 색깔이 짙은 시민사회 혹은 민주사회에서도 지방형 정치문화나 신민형 정치문화를 가진 구성원이 분명 존재한다. 그리고 이러한 지방형 정치문화나 신

민형 정치문화를 지닌 사람들은 참여형 정치문화를 지닌 사람들과 극단적인 모순을 빚어내며 대립과 갈등을 반복하기보다는 오히려 상호 발전적인 영향을 미치며 공존해 나간다. 비참여적이고 전통적인 정치문화는 개인의 정치 참여를 적절히 제한함으로써, 참여의 태도를 부드럽게 해주기 때문이다. 즉, 이들은 서로 자동차의 가속 페달과 브레이크 같은 작용을 하면서, 참여의 방향과 범위, 속도, 그리고 강도 등을 적절히 조화시켜 나간다. 실제로 시민사회에서는 참여형 정치문화가 주된 역할을 한다. 하지만 타인에 대한 신뢰와 같이 비참여적 태도가 내포하고 있는 긍정적 가치들 역시 상당한 역할을 담당한다.

2. 알몬드와 버바의 시민문화(Civic Culture)

알몬드와 버바는 미국·영국·이탈리아·멕시코·독일 등 다섯 나라를 비교 연구하면서 미국과 영국의 민주주의에 적합한 정치문화를 찾아 그것을 시민문화라 명명하였다. 여기서 시민문화란 사회에 대한 소속감과 일체감이 강하게 표출되는 충성적인 측면과 함께 적극적인 참여가 활발하게 이루어지는 참여적인 측면이 특징적으로 나타는 정치문화의 한 유형을 의미한다. 즉, 시민문화 속에는 참여형 정치문화가 주된 위치를 점하고 있으면서도, 독자적인 영역을 확보하고 있는 지방형 정치문화와 신민형 정치문화가 적절히 혼합되어 있는 형태를 나타내고 있는 것이다. 따라서 시민문화는 전통적인 것과 현대적인 것이 병존하고, 합의와 다양성이 공존하는 다원주의 문화라고 할 수 있다.

알몬드와 버바는 이러한 시민문화의 특성들 때문에, 시민문화는 정치발전을 달성하는 데 매우 주요한 역할을 담당할 수 있다고 주장하였다(Almond and Verba, 1963). 특히 민주주의 모형에 있어서는 형식적인 차원의 세련된 제도와 함께 실질적인 전통과 현대를 연결시켜 주고, 민주주의를 안정시켜 주는 중요한 역할을 한다. 즉, 시민문화는 한 사회 내에 공존하고 있는 전통적인 태도와 현대적인 태도를 적절히 조화시켜 융합시킴으로써, 정치문화의 근대화를 가져올 수 있는 것이다.

시민문화가 이러한 역할을 수행할 수 있는 것은 그 속에 내재한 여러 가지 균형 때문이다. 그것들을 좀 더 구체적으로 살펴보면 다음과 같다.

첫째, 시민들은 선거를 통해 엘리트들의 힘을 제한하는 동시에 엘리트들로 하여금 시민의 뜻을 반영하도록 한다. 즉, 시민들은 자신들과 엘리트들 사이를 적절히 제어해주는 균형 장치로 선거를 활용함으로써 안정적인 균형을 확보하는 것이다. 둘째, 시민들은 정부에 대해 잘 알고 적극적으로 영향력을 행사하는 가운데 균형적인 위치를 점한다. 즉, 시민들은 정책결정과정에 적극적으로 참여함으로써 자신들의 의사를 적절하게 반영하는 동시에, 정부로부터 산출된 정책 결과물에 대해서는 다소 수동적인 모습으로 차분히 수용함으로써 양자 간의 균형을 취한다. 셋째, 시민들은 참여로 인한 효용에 있어서 적절한 균형을 확보한다. 다시 말해, 시민들은 지나치게 과도한 참여로 인해 나타날 수 있는 정부의 역기능과 지나치게 무관심한 냉소주의로 인해 나타날 수 있는 정부의 역기능 사이에서 적절한 균형점을 찾음으로써, 정부로부터의 위험을 최소화한다. 이처럼 시민문화 속에서는 정부의 권위와 시민의 반응이 적절히 조화를 이루는 균형성이 내재되어 있다(Almond and Verba, 1963).

여기서 알몬드와 버바가 시민문화를 투입구조에 대한 적절한 참여를 강조하는 합리성–활동주의 모형(rationality–activist mode)으로 인식하고 있다는 사실을 알 수 있다(Almond and Verba, 1963: 31). 또한 그들이 시민문화 속에 위치한 시민을 감정이 아닌 이성에 의해 주도되는 합리적인 존재로 가정하고 있음을 알 수 있다. 즉, 알몬드와 버바에게 있어, 시민문화를 향유하는 시민은 다양한 정보들을 효과적으로 활용함으로써, 자신이 추구하고자 하는 원칙과 이해에 근거한 현명한 결정을 내릴 수 있는 존재를 의미한다.

3. 알몬드와 버바의 정치문화 연구에 대한 비판

알몬드와 버바는 정치문화를 하나의 이론이 아니라, 이론을 창조하는 데 영향을 주는 하나의 변수로 설정하는 것이라는 점을 강조하였다. 실제로 알몬드와 버바가 시도하였던 정치문화 연구는 비교정치 분야에서 유용한 도구적 개념으로서 발전해 왔다는 점에서 분명 그 의의가 크다고 하겠다. 그러나 여기에는 다음과 같은 여러 가지 문제점들 역시 내재되어 있다.

첫째, 정치문화를 체계적으로 정의된 개념으로 발전시켜 과학적인 비교정치 연구에 활용하려 했던 알몬드와 버바의 노력에도 불구하고, 정치문화 연구는 개념적 정의와 범주 설정에 있어 상당한 모호함과 둔탁함을 드러냈다. 다양한 문화적 변수들의 존재에도 불구하고, 정치문화 유형을 설정함에 있어 극단적으로 단순화된 일반화를 시도하였기 때문이다. 실제로 많은 정치학자들이 과연 현실 세계의 정치문화를 구분함에 있어, 단지 지방형·신민형·참여형 정치문화와 시민문화라는 네 가지 유형만으로 가능할지를 지적하고 있다(Bostock, 1973).

둘째, 알몬드와 버바는 전반적으로 가치편향적인 시각에서 정치문화 연구를 진행하였다는 비판을 받는다. 실제로 알몬드와 버바는 중상류층의 백인 남성이야말로 정치 참여에 가장 적합한 계층이며, 미국과 영국의 자유민주주의 체제가 가장 이상적인 민주주의 체제라고 보았다. 즉, 그들은 뿌리 깊은 자유민주주의의 전통 속에서 앵글로-아메리칸 체제에 편향적인 시각을 바탕으로 연구를 진행한 것이다. 이러한 가치편향적인 시각은 연구자들이 각기 다른 연구 대상 국가들의 독특한 역사적 배경들을 세심하게 고려하는 것을 방해하였을 뿐만 아니라, 민주주의 체제에서의 무관심과 비참여적인 태도를 이데올로기적으로 정당화시키는 오류를 범하게 만들었다. 나아가 가장 이상적인 정치문화 유형을 설정함에 있어서도, 지극히 자의적이고 편협한 태도를 개입시켰다. 실제로 알몬드와 버바는 "이상적인 정치문화의 조건과 기준은 무엇인가?"라는 주된 질문에 대해 명쾌한 대답을 제시하지 못한 채, 단지 앵글로색슨족과 미국 중심적인 시각에서 시민문화의 개념을 정의하는 한계를 보였다(Lehman, 1972).

셋째, 정치문화와 정치체계 간의 인과관계 설명에서 나타나는 모호성 역시 알몬드와 버바의 정치문화 연구에 대한 주요 비판들 중 하나이다. 알몬드와 버바는 정치문화를 정치체계에 영향을 미치는 독립변수로 설정하였다(Almond and Verba, 1963: 33). 그러나 알몬드와 버바가 그 반대의 경우, 다시 말해 독립변수인 정치체계가 종속변수인 정치문화에 영향을 미칠 가능성을 전면 부정하였던 것은 아니었다. 즉, 알몬드와 버바는 정치문화와 정치체계가 상호영향관계가 있음을 인식하고 있었던 것이다. 실제로 알몬드와 버바는 그들의 연구 대상이 된 미국, 영국, 독일, 이탈리아, 멕시코의 정치문화가 각 나라의 정치체계의 영향 속에서 형성되었다는 점을 강조한 바 있다(Almond and Verba, 1980: 29). 그러나 그것이 어떠한 과정을 통해 이루어졌는지에 대해서는 설명이 없다. 상호영향관계를 인식하고 있었음에도 불구하고, 실제적으로 그에 대한 연구를 진행하지 않은 것이다.

넷째, 알몬드와 버바의 정치문화 연구에는 방법론적인 문제점들이 내재되어 있다. 그 대표적인 예가 바로 표본추출의 문제이다. 예를 들어, 알몬드와 버바가 연구대상으로 삼은 국가들 중 멕시코의 경우, 대부분의 사례들이 도시에 거주하는 시민들에 한정되어 있었다. 그러나 그 당시 멕시코 인구의 60% 이상은 시골에서 생활하고 있었다. 즉, 인구의 절반 이상이 연구 대상에서 제외된 것이다. 응답의 정확도 역시 비판의 대상이 된다. 이 당시 이탈리아의 시민들은 과거 파시즘의 영향으로 인해 자신의 정치적 견해를 잘 드러내지 않았을 뿐만 아니라, 정치적인 쟁점에 대해 토론하는 것을 꺼려하는 경향이 있었다. 게다가 이탈리아 시민들은 본래 문화적으로 과묵한 성향도 지니고 있었다. 따라서 이러한 문화적인 측면을 세밀하게 고려하지 않은 가운데, 단순히 표면적인 응답 결과들만을 바탕으로 이탈리아를 지방형 정치문화로 결론내린 것은 알몬드와 버바의 조사 연구가 지닌 방법론적인 한계를 스스로 드러낸 것이라고 할 수 있다.

다섯째, 알몬드와 버바의 정치문화 연구는 분석론적인 차원의 문제점들로 인해 비판을 받는다. 사실 알몬드와 버바는 개인들의 정치적 태도를 분석함에 있어, 구조적인 측면보다는 심리학적인 측면을 보다 중시하였다. 따라서 그들은 심리적인 차원에서 파악한 시민들의 정치적 태도와 민주주의 사회와의 연관성을 일치 또는 불일치의 관점에서 논의하였다. 그러나 이에 대해 다른 여러 정치학자들은 이러한 종류의 논의는 심리학적인 차원보다는 정치체계에 대한 실제적인 평가 차원에서 진행하는 것이 보다 정확할 것이라고 비판하였다. 또한 알몬드와 버바는 시민들의 정치적인 태도는 잦은 변화를 경험하며, 이러한 변화들로 인해 심지어는 같은 세대 안에서도 상당한 정치문화적 간격이 발생할 수 있다는 사실을 간과하였다는 점에서 비판을 받는다. 실제로 알몬드와 버바는 정치문화를 상당히 오랜 기간 동안 유지 및 지속되는 존재로 인식하고 분석을 진행하였지만, 이 기간 동안 미국과 영국에서는 시민들의 정치적인 태도에 있어서 많은 변화들이 일어났었다.

정치문화에 대한 알몬드와 버바의 연구 결과가 발표된 후, 수많은 비판들과 함께 유사한 연구들이 뒤따랐다. 파이(Pye, 1965)와 칸트릴(Cantril, 1965), 달(Dahl, 1966), 잉글하트(Inglehart, 1989; 1997), 그리고 돌턴(Dalton, 2000) 등이 그 예이다. 특히 잉글하트는 서구사회에 대한 세밀한 연구들을 통해, 시민들이 중요시여기는 정치사회학적인 가치들이 젊은 세대들을 중심으로 변화해 왔다는 사실을 밝혀냈다. 그에 의하면, 기성세대들은 강력한 국가방위와 안정적인 치안유지, 그리고 경제성장과 같은 물질주의적인 가치 등을 강조하는 반면에, 젊은 세대들은 심미적인 만족감과 표현의 자유, 그리고 탈물질주의적 가치 등을 강조한다. 특히 1980년대 이후에는 탈물질주의자들로 분류되는 시민들의 증가가 보다 확연하게 드러나는 국가들이 등장하였다. 예를 들어, 멕시코(16%)와 영국(22%), 핀란드(28%), 그리고 아르헨티나(29%) 등과 같은 국가에서는 탈물질주의자들의 비율이 높았는데, 그것은 대체로 17%(노르웨이)에서 39%(네덜란드) 사이였다(Dalton, 2002). 물론 동·서독 분리 시절, 서독에서는 탈물질주의자들의 비율이 무려 세 배나 증가하여 약 44%를 차지하기도 하였다. 이외에도 헝가리(2%)와 한국(7%) 등에서는 탈물질주의자들의 비율이 안정적인 형태를 유지하고 있었다. 반면 격렬한 정치·사회·경제적인 전환기를 맞이한 러시아와 폴란드 등과 같은 일부 국가에서는 탈물질주의적인 경향이 급격히 쇠퇴하기도 하였다(World Values Survey, 2001).

물질적 번영이 가치관의 변화를 가져왔다는 잉글하트의 주장은 기본적으로 심리학적 전제에 기초하고 있다. 즉, 유년기의 경제조건이 어떠하였는가에 따라 성장한 이후의 가치관이 차이를 보인다는 것이다. 예컨대 세계대전을 겪은 세대는 그들의 유년기에 대공황 등 극도의 물질적 궁핍을 경험하곤 했다. 반면 1960년대를 전후로 등장한 새로운 세대의 탈물질주의적 성향은, 이들 세대가 전후 경제적 번영기에 성장함으로써 물질적 충족을 이미 겪은 상황에서 삶의 질과 같은 정신적 가치를 추구하게 되었다고 설명하는 것이다. 잉글하트의 세대 및 성장 조건에 관한 논의에 대하여 더치와 테일러는 교육의 중요성을 들어 반대 논거를 제시한다. 즉, 더치와 테일러는 단순히 유년기 및 성장과정에서의 경제적 충족 수준보다는 한 세대가 성장하면서 받게 되는 교육의 내용과 질에 따라 탈물질주의적 가치관이 형성되기도 한다는 주장을 개진함으로써 경제적 조건에 강조점을 두는 잉글하트의 관점에 반박을 제기했던 것이다(Dutch & Taylor, 1993).

| Box 4-3 | 잉글하트(Inglehart)의 탈물질주의: 문화와 경제의 상호작용

베버(Max Weber)는 서양에서의 자본주의의 등장과 뒤이은 경제 성장은 칼뱅주의적(Calvinism) 프로테스탄트주의(Protestantism)와 관련하여 문화적 변화에 큰 영향을 받았다고 주장한 바 있다. 베버는 단지 문화적 요인이 경제적인 변화에 영향을 주었다고 주장하였지만, 경제적 변화와 문화적 변화는 서로 영향을 주고받는다는 점을 주목해야 한다.

종교개혁의 중요한 역할 중 하나는 그 당시 유럽사회에 큰 영향을 미치고 있던 중세 교회의 세계관을 깨트렸다는 사실이다. 이로 인해 나타난 칼뱅주의는 점진적으로 근대적인 가치체계를 형성하게 된다. 부의 축적은 자기 절제로 가능한 것이며, 신의 은총과 축복의 표시인 부를 결코 향락이나 쾌락을 향유하기 위한 수단으로 이용해서는 안 된다고 생각한 것이다. 이와 같은 프로테스탄트주의적 윤리는 프로테스탄트를 신봉하는 지역에서 널리 전파되었고, 종교개혁 이후

300여 년 동안 자본주의가 등장하는 배경이 되었다. 이러한 자본주의는 산업화로 이어지고 전례 없는 경제적 번영을 가져다주면서 다른 문화권으로 크게 확산되어 나갔다. 중요한 것은 프로테스탄트주의적 윤리가 자본주의와 더불어 급속한 경제성장을 불러일으켰다는 사실이며, 이는 20세기에 들어서도 프로테스탄트 문화권이 다른 문화권보다 상대적으로 번영한다는 논리의 이론적 배경이 될 수 있다.

그런데 1945년 이후, 경제적 번영이 이어짐과 동시에 전쟁마저 종식된 서양국가에서 세대 간의 문화적 차이가 발생하였다. 젊은 세대들은 경제적 불안정과 어려움을 겪은 구세대와는 달리 경제적·육체적 안정성보다는 오히려 비물질적인 필요와 삶의 질을 선호하였고, 탈물질적 가치를 더욱 중요하게 생각하는 경향이 있었다. 이와 같은 탈물질주의자들은 물질주의자나 다른 가치관들보다 경제적 성장을 덜 중요시하며, 높은 봉급이나 직업의 안정성보다도 그들이 좋아하는 사람들과 함께 일하거나 자신이 관심 있는 일을 하는 것을 더욱 중요하게 생각했다. 그들에게 있어서 경제적 성장과 부는 크게 중요한 것이 아니었다. 국가 간의 비교에 있어서도 장기적으로 봤을 때 높은 경제성장률을 자랑하던 국가들은 결론적으로 성장률은 감소하는 대신 탈물질주의자들의 비율이 점점 높게 나타났다. 또한 경제적으로 부유한 국가들과 시민사회가 발전된 국가일수록 대부분 민주주의가 오랫동안 지속되고 있었다. 이들 국가에서는 시민 정치문화가 나타났고, 물질주의적 가치가 감소되는 것으로 나타났다.

결론적으로 경제 발전은 프로테스탄티즘 윤리의 사례에서 볼 수 있듯이 문화적 변수에 의해 영향을 받는다. 베버의 통찰대로 문화는 단지 경제의 결과가 아니라 경제 발전을 위한 기본 조건을 형성할 수 있는 것이다. 반면, 탈물질주의의 등장은 이와 반대의 현상, 즉 경제적 조건의 변화가 문화적 가치체계의 변동을 가져온다는 사실을 보여준다. 프로테스탄티즘 윤리라는 문화적 가치에 의해 추동된 서구의 경제 발전이 안정적인 궤도에 오르게 되면서, 이러한 경제적 번영이라는 물질적 조건 하에서 경제성장보다는 삶의 질을 추구하는 새로운 가치체계인 탈물질주의가 나타난 것이다. 이와 같은 사례는 문화와 경제 영역 사이에 존재하는 상호작용을 대표적으로 보여준다고 할 수 있다.

※ Ronald Inglehart, 1997, Modernization and Postmodernization: *Cultural, Economic and Social Change in 43 Societies*, Princeton: Princeton University Press 참조.

제3절 | 정치사회화를 통한 정치과정 연구

정치문화와 밀접한 관계를 갖고 있는 접근법의 하나로 정치사회화를 꼽을 수 있다. 정치사회화의 근본적 인식은 심리·성향적 접근법에 뿌리를 두고 있다. 정치사회화란 개인이 그 사회의 정치문화를 익혀가는 과정을 말한다고 볼 수 있다. 알몬드도 정치사회화를 정치문화에서의 유도과정이라고 하면서 정치사회화의 결과로 정치체계의 다양한 역할 및 역할담당자에 대한 일련의 태도, 가치판단, 느낌 등이 형성된다고 판단하였다. 이렇게 볼 때, 정치사회화란 정치체계 또는 그 하위체계의 구성원들이 정치적 태도나 행동양식을 습득하는 과정이라고 볼 수 있다. 또 한 시대가 정치적 신념과 기준을 다음의 시대에 전수하는 방식, 즉 문화이전(Cultural transition)을 말한다고도 할 수 있다.

정치사회화 연구의 범주는 정치사회화의 내용 · 단계 · 기구 · 기능 등을 포함한다. 정치사회화의 내용이란 구체적으로 한 사회가 그 사회의 구성원들에게 전해주려고 하는 정치문화의 내용을 말하며, 정치사회화의 단계란 이름 그대로 정치사회화가 이루어지는 단계를 말하는데 일반적으로 이를 아동기 · 청소년기 · 청년기 · 성인기 등으로 구분하고 있다(Erikson, 1963: 247~274). 정치사회화의 기구란 정치사회화가 이루어지는 매개체로서 가정, 학교, 동료집단, 매스미디어, 직장, 직접적인 정치적 접촉 등을 말하며, 정치사회화의 기능이란 체제의 유지나 변화와의 관계를 말한다. 지금부터 우리는 정치사회화가 어떤 매개체를 통하여 어떻게 이루어지는가에 대해서 좀 더 자세히 살펴볼 것이다.

1. 정치사회화 연구의 흐름

정치사회화는 비교정치학계의 전문가들이 특히 많은 관심을 갖는 주제이다. 미국과 같은 자본주의 국가에서는 정치학자들이 민주주의 정치체계에 관한 가설을 검증하기 위한 수단으로 정치사회화를 연구함으로써 민주주의 체제의 정당성과 발전을 증명하려고 한다. 한편 중국 · 쿠바 · 구소련과 같은 사회주의 국가에서는 대중을 사회화시켜서 그들로 하여금 혁명적인 사회에 대한 신념과 가치를 채택하게 하는 사상에 초점을 맞추고 있다. 미국의 사회과학자들은 제3세계의 저발전국가에서 대중매체가 후진적인 국민들을 근대적인 세계로 사회화시키는 도구라고 본다. 역사적인 관점에서 볼 때 '사회화'라는 개념은 두 가지 접근법으로부터 도출되는데, 그 두 가지는 각기 강조점과 이론적인 기반이 다르다.

사회화라는 용어는 사회과학자들이 그것을 사용하기 전에 이미 유행하고 있었음이 분명하다. 『옥스퍼드 영어 대사전(The Oxford Dictionary of the English Language)』에 따르면 사회화라는 용어는 1828년까지 소급되며, 그 의미는 "사회적으로 되는 것, 사회에서 살기에 적합하도록 만드는 것"이라고 되어 있다(Clausen et al., 1968: 21). 초기의 또 다른 정의는 도덕적인 관점을 강조하고 있다. 여기서 사회화는 사회를 위한 개인의 완성과정으로 이해된다. 사회화에 대한 초기 개념은 미국의 경우 1895년경 짐멜(Simmel, 1909)의 논문에서 찾아볼 수 있다. 이 논문은 기딩스(F. P. Giddings)와 버제스(E. W. Burgess)에게 영향을 미쳤으며, 이들은 사회화 개념을 체계화하고 사회학 교과서 안에 포함시켰다.

그 이후로 사회화는 주요 사회학 저서에서 관심의 대상이 되어 왔지만, 그 개념의 적용은 1920년대 후반에 문화와 인성에 관한 연구에서 행해졌고, 1930년대에는 많은 학문분과와 연계됨으로써 관심을 끌었다. 1939년 7월에 발간된 『미국사회학 저널(American Journal of Sociology)』에 사회화를 주제로 한두 편의 논문이 발표됨에 따라 사회화라는 용어는 사회학계에서 널리 사용되기 시작하였다. 심리학에서는 사회화 개념이 1930년대까지도 광범하게 사용되지 않고 있었는데, 이 시기에 그 개념은 학습 이론과 인성 이론 속에 통합되어 있었다. 최근 몇십 년 동안은 인류학자들이 사회화에 관심을 보여 왔다. 문화와 인성을 연결시키려는 그들의 관심은 1920년대 말에 처음으로 나타났다. 사회화에 대한 사회심리학적 접근법이 정치학에 대해 갖는 적실성은 각 개인들이 왜, 그리고 어떻게 정치에 대한 신념을 획득하게 되는가에 관해 관심을 갖는 데서 찾아볼 수 있다. 이 분야의 연구는 매우 엄밀하고 좁은 범위에 초점을 두고 있다.

2. 정치사회화 기구

정치사회화는 다양한 기구나 구조에 의하여 수행된다. 정치사회화의 기능을 담당하는 기구나 구조는 가정, 동료집단, 학교, 교회, 사회 계급, 종족집단, 직장, 대중매체, 특정한 사건의 경험, 개인적 특성 등 여러 가지가 있을 수 있다. 우리는 이 중에서 중요하다고 생각되는 몇 가지 정치사회화의 기구에 대해서 살펴볼 것이다.

1) 가정

가정은 가장 일차적이고 가장 강력하고 지속적인 정치사회화의 기관이다. 개개인의 정치적 기원은 가정환경에서 경험한 행동과 믿음에 깊게 영향을 받는다. 개개인이 그들 스스로 판단을 할 능력이 생기기 이전에 그들은 가정 안에서 우연히 들은 대화로부터 정치 세계에 대한 인지능력을 흡수하게 된다. 예를 들어, 한 조사에 따르면 미국의 7살 아이 중 다수는 이미 하나의 정치적 정당을 알고 있고, 주요 정당들의 정치적 노선 역시 아이들의 정향에 영향을 미친다(Jennings, Markus and Niemi, 1991). 심지어 부모와 자식 사이의 상호작용 유형은 정치적으로 밀접한 관련이 있다. 만약에 아빠나 엄마가 매우 엄격하고 토론을 억제하며 불복종에 대해 강하게 제재하는 권위적인 가정이라면 아이는 아마도 그것이 사회적 권위 관계의 적절한 유형이라고 생각할 것이다. 만약에 어떤 집안이 어떠한 규칙을 정하거나 결정을 내리기 전에 이슈에 대한 논의를 하는 가정이라면 아이는 아마도 더 강하게 그가 활발하게 결정에 참여할 권리가 있다고 느낄 것이고 심지어 정치세계에서도 그러하다고 생각할 것이다.

가정은 어떤 지도자에게 있어서는 정치적 의제에 중요한 방해물로 간주되었다. 예를 들어 마오쩌둥(Mao Zedong)은 혈족관계, 나이든 사람, 남성에게 순종할 것을 요구하는 유교의 가르침에 따른 전통적인 충성에 강력히 반대하였다. 그가 중국의 권력자가 되었을 때, 그는 모든 중국인들이 나이와 성별에 관계없이 모두 개인의 평등을 받아들이기를 원하였다. 그는 또한 사회에서 모든 사람들의 이익을 얻기 위해 개개인이 협력적으로 일해야 한다고 주장하였다(이때의 슬로건은 "사람을 섬기다"였다). 마오쩌둥은 가정을 이러한 목표의 주요 방해물로 생각하고 사회에서의 가정을 '억압의 요새'로 불렀다.

2) 학교

정치적 권위의 관점으로부터 학교는 국가의 가장 가치 있는 정치사회화 기관이다. 학교는 많은 정치적 믿음이 형성되는 감수성이 가장 민감한 나이의 청소년들과의 접촉을 통제하고 유지하는 기회를 제공한다. 가정과 떨어져서, 교실은 대부분의 젊은 사람들이 경험하는 가장 일반적으로 퍼져 있는 사회의 소세계이다. 선생님은 사회적으로 바람직하다고 간주되는 것을 따르는 것에 보상을 주고 그렇게 따르는 것에 실패한 사람에 대해 보상이나 처벌을 억제해주는 권위적 형상이다. 대부분의 학생들은 그들의 욕구를 억제하기 위해, 교육체계에 의해 제공되는 상징적인 보상을 가치화하기 위해, 그리고 학교체계에 의해 승인된 규칙 안에서 그들의 동료들과 상호작용하기 위해 선생님의 권위를 따를 것을 교육받는다. 더 나아가 모든 학교에는 정치체계를 지지하는 의식이 있다. 그 의식은 정치 지도자나 상징에 충성할 것을 표현하는 노래, 문구, 활동들을 포함한다.

또한 학생의 정치세계에 대한 이해를 형상화하는 중요한 것은 학교의 교육과정이다. 교육적 권위는 가르치는 주제가 무엇인가, 교재에는 무엇이 포함되는가, 심지어 선생님들이 무슨 말을 하고 행동을 하는가를 통제할 수 있다. 교육에 대한 가장 극단적인 통제의 형태는 프랑스 제4공화국(1946~1958) 기간에 나타났다. 우리나라의 경우도 이와 유사한 경우가 있었는데, 과거 제3공화국 시절의 '국기에 대한 맹세'나 '국민교육헌장'을 암송하는 것이 이러한 경우였다. 학교에서 모든 교과서와 강의는 선택되는 것이고 따라서 강조되는 것이 무엇인지, 무시되는 것은 무엇인지, 의미하는 것과 가치는 어떻게 확립되는지에 대해 주입의 수준은 일방적이며 극단적인 경우가 존재했다.

3) 동료 집단

대부분의 사람들이 교육적인 체계에 맡겨진 시간에 의해 정치사회화의 높은 비율을 받아들인다 할지라도, 그 이후에도 배우는 것은 완전히 멈추지 않는다. 부모의 중요성이 줄어들고 공식 교육이 끝남에 따라 동료 그룹은 많은 개개인의 정치적 사회화에 중요한 영향을 미치게 된다. 동료 그룹은 일반적으로 친구, 이웃, 회사나 클럽, 조직 같은 곳에서의 동료들을 의미한다.

많은 경우에 동료와 다른 사람들은 사람의 정치적 관점에 '2단계' 의사소통 흐름을 통해 영향을 미친다(Bennett, 2001; Zaller, 1992). 정치에 흥미와 지식이 있는 사람들은 다양한 자원을 통해 새로운 정보를 얻는다(1단계). 그리고 그들은 그 정보를 다른 사람이 지니고 있는 정보들과 교환한다(2단계). 특히 대중들은 정치적 신념이 덜 두드러지고 덜 계발되어 있다. 일반적으로 동료들과의 직접적인 의사소통은 정치적 정보의 풍부한 교환을 허락한다. 왜냐하면 그러한 정치적 메시지들은 즉각적이고, 신빙성이 있으며, 게다가 얼굴을 직접 맞대고 하는 상호작용은 강력한 힘을 지니고 있기 때문이다.

중국은 마오쩌둥 통치 하에서 1958년부터 1969년까지 이어지 대약진운동과 문화혁명에서 동료그룹을 사회화의 중요한 도구로 사용했다. 집단 농장, 공장, 그리고 다른 일터 등의 작은 그룹에서 정치적 신념과 행동에 대한 논의가 요구되었을 뿐만 아니라, 그룹 안에서 모든 사람들의 정치적 행동을 감시하도록 하였다. 만약 어떤 사람의 관점이나 행동이 대다수의 생각에서 벗어난다면, 그룹은 다양한 형태의 압력으로 그 사람의 잘못을 깨닫고 수정하게 하였으며 적절한 정치적 상태로 돌려놓았다. 만약 이러한 압력이 실패하면, 조롱과 같은 동료그룹의 더 공격적인 압력, 특히 최후의 수단으로 구금을 가했고, 그 사람이 그러한 대다수의 뜻에 따르게 하도록 강력한 곳으로 이동해야 했다. 문화혁명 시기에 동료들의 압력은 극단적인 형태까지 발전하였다. 마오쩌둥의 관점을 진실이라고 믿는 사람들의 동료를 통한 압력은 그들 스스로 '홍위병'을 조직하게 하였고, 마오쩌둥의 사상을 따르지 않는 중국인에게는 협박, 진압, 폭행 등을 통한 압박이 가해졌다(Wen, 1995).

4) 사건

정치적 신념과 행동에서 환경의 일반적인 효과는 이미 논의하였다. 일상적인 삶의 환경은 느린 반면에 이러한 환경이 개인의 정치적 행동에 미치는 효과는 치명적일 수 있다. 특히 갑작스럽게 발생하는 사건은 강력한 정치사회화의 동인이다. 예를 들어, 정치가의 아내에서 열정적인 활동가가 된 사라 브래디(Sarah Brady)는 레이건(Reagan) 대통령의 대변인이었던 그녀의 남편 브래디(James Brady)가 1981년 대통령 암살시도에서 저격을 당하자, 총기 사용 규제 법안을 지지하였다. 극적인 사건 때문에 변하게 된 또 다른 예로 음주운전자에게 가족을 잃게 된 사도프(Micky Sadoff)의 사연에 동조하는 가족들의 모임이 활성화되어 '음주운전 반대 어머니회(Mothers Against Drunk Driving: MADD)가 결성되었는데, 현재는 미국에서 가장 영향력이 있는 시민단체로 활동하고 있다.

흔치 않은 사건이 개인의 정치적 행동을 바꿀 수 있는 반면, 사건의 전체적인 기간 동안의 일반적인 흐름이 개인의 정치적 성향에 영향을 줄 수 있으며, 특히 '정치적 나이가 되는' 시기의 개인에겐 더 그렇다. 예를 들어 한국에서 2014년 해양구조에 실패한 세월호사건 과 2017년 박근혜 대통령 탄핵을 불러온 국정농단사건 이후 정부의 책무와 공정에 대한 관심이 청년세대의 정치적 이해에 강력한 영향을 끼쳤다.

5) 대중매체

대중매체는 정치정향의 형성자 역할을 하고 있다. 신문, 라디오, 텔레비전, 잡지, 컴퓨터 그리고 유튜브와 팟캐스트를 포함한 기타 대중매체는 정보화 사회를 맞이하여 정치사회화에 그 어느 때보다도 막강한 영향력을 행사한다. 현대는 컴퓨터를 비롯한 정보통신기술의 혁명적인 발달로 정보의 전달량이 폭발적으로 증가하고 정보의 유통 시간 단축으로 신속한 정보가 전달되어 우리는 정보의 홍수 속에 파묻혀 살게 되었다. 제3의 물결인 정보화 사회가 정착되면서 대중매체는 정치정향의 형성과 관련된 엄청난 정치정보를 수시로 전달한다. 매일의 정치적 쟁점과 국민적 관심사가 보도되어 사람들은 원하든 원하지 않던 간에 이들이 제공하는 정보에 노출될 수밖에 없는 상황이 되었다. 시시각각 변하는 국민의 여론에 대한 동향, 정당 활동, 국가지도자의 동정, 정부정책의 문제점 등을 소상하게 보도하기 때문에 적극적인 자세를 취하든 그렇지 않든 자동적으로 정치학습이 이루어지게 되었다.

성인들은 대중매체가 제공하는 새로운 정치정보나 문제점을 접함으로써 정책이나 지도자에 대한 입장을 재정립하게 된다. 성인들의 정치적 판단과 선택에는 대중매체가 제공하는 정보가 중요한 역할을 하는데, 특히 매체선거의 위력이 점차 확대되는 추세에서 선거 때 이들은 후보 간의 텔레비전 토론과 정치 광고를 시청하고 후보 선택을 결심하게 된다. 또한 정권을 담당한 정부여당은 정부의 업적을 홍보하고, 야당은 정부여당의 잘못을 비판하는데, 이 목적을 위해 모두가 파급효과의 위력이 큰 대중매체를 활용한다. 대중매체가 정치정향의 형성에 기여하는 역할이 나날이 커져가고 있는 것이다. 그러나 대중매체는 정치사회화를 잘못된 방향으로 유도할 우려가 있다.[4] 정치 이외의 스포츠나 오락에 대한 과잉보도로 정치적 무관심의 조장, 흥미 위주의 선정적인 저질보도, 단발성 보도, 권력과 언론 및 재벌과 언론의 유착에 따른 왜곡보도, 여론의 잘못된 전달, 그릇된 보도, 일방적인 보도, 가짜 뉴스 등으로 엉뚱한 방향으로 정치사회화를 이끌 수 있다.

또한 대중매체는 인지적 차원의 정치정향에만 영향을 미칠 뿐 본질적인 정치적 정향을 바꾸는 데는 미흡한 측면이 있다. 그 이유는 몇 가지가 있다. 첫째, 대중매체가 제공하는 정보는 정치적 지식이나 안목을 넓혀줄 수 있으나 지속적이고 일관성 있는 메시지가 전달되지 않으면 근본적인 정치정향에 큰 변화를 일으키기 어렵다 (Almond and Powell, 1978: 96). 둘째, 사람들은 자신들의 선호나 견해와 일치하거나 평소의 관심사를 반영하는 보도내용에 더 많은 관심을 보이는 성향이 있기 때문에

4) 현재 유튜브와 팟케스트는 기존 매체가 '그들의 언어'를 담지 못한다고 느끼는 대중들을 상대로 효과적인 소통창구로 활용되고 있다. 정규 방송 프로그램과 같이 별도의 시간 제약이 없고 (타자에 의한) 편집도 없다는 측면에서 대중들에게 하고 싶은 말을 '날 것 그대로' 전달할 수 있으며 시청자들은 특정 사안에 대한 주장에 일종의 대리만족을 느끼며 한 방향으로 결집되곤 한다.

기존의 정향을 강화하는 방향으로 사회화가 이루어진다. 셋째, 대중매체가 제공하는 정보는 대부분 자체에서 최초로 생산한 것이라기보다 출처가 정치권이기 때문에 취재내용의 단순한 중계에 국한되는 경향이 있어 대중매체는 직접적으로 대중에게 영향을 행사하는 것이 아니다. 넷째, 대중매체의 보도는 두 단계 유통과정을 거치기 때문에 왜곡의 여지가 있다. 언론의 주요 기사는 여론 주도층 인사에 의해서 평가되고, 재해석, 변형되는 경우가 많은데 이들은 자신들과 사회·경제적 배경이 같은 동료집단의 입장에 동조하는 경향이 있을 수 있다(Prewitt and Dawson, 1977: 195~196).

제4절 | 정치적 관습과 상징주의

에델만(Murray Edelman)이 『정치에서의 상징의 활용(The Symbolic Uses of Politics)』(1964)을 펴내기 전에, 정치적 상징주의와 관습이라는 주제에 대해 진지한 관심을 가진 사람은 거의 없었다. 그 이후로, 비교연구자들은 그 문제가 가진 위험성을 이유로 무시해 버렸다. 에델만의 핵심 주장은 간단하지만 중요한 것이다. 그에 따르면 정치는 우리가 두 가지 수준으로 반응하는 상징들의 일련의 퍼레이드와 같다. 두 가지 수준이란, 하나는 인지적인 것으로서, 의사소통하는 데 필요한 정보와 관련되어 있는 어떠한 상징이다. 그리고 나머지 하나는 감정적인 것으로서, 정치적 상징을 적용할 수 있는 강력한 감정들로 구성되어 있다. 대중에게 상징적인 안도감(reassurance)을 제공하기 위한 지도자의 능력은 조직된 집단으로 하여금 매우 큰 물질적 이익을 취할 수 있도록 해준다. 정치적 상징주의와 관습이 만들어내는 문화적 틀은 폭넓은 수많은 정치적 역학과 폭넓은 연구범위 내에서 얼마나 상징주의와 관습을 의미 있는 것으로 만드는지를 보여주기 때문에 매우 중요하다고 할 수 있다(Brysk, 1995). 아래의 사설은 상징이 민족의식의 표현으로 나타나는 예를 구체적으로 보여주고 있다.

| Box 4-4 | 안중근 의사를 '화폐인물'로

일본을 갈 때마다 통분을 금할 수 없는 일이 있다. 일본 지폐 1000엔권에 이토 히로부미(伊藤博文)의 초상이 들어 있는 것을 발견하는 일이다. 이토 히로부미가 누군가. 일본의 한반도 침략의 원흉이 아닌가.

우리 민족의 원흉인 그가 버젓이 일본인의 우상으로 그려져 있는 일본 돈을 여행 경비로 쓰기 위해 양복 안주머니의 지갑에 넣고 다녀야 하는 한국인의 심정은 정말 착잡하다. 지갑을 안주머니에 넣고 돌아다니다 보면 우리의 원흉을 마치 가슴 속에 품고 다니는 것이 아닌가 하는 생각이 들어 소스라치게 놀랄 때가 한두 번이 아니었다. 얼마 전 1000엔권의 신권부터는 다른 인물로 바뀌었지만 지금도 이토 히로부미의 초상이 들어 있는 1000엔권 지폐를 찾는 것은 어렵지 않다.

그래서 나는 1909년 10월 26일 하얼빈(哈爾濱)역에서 이토 히로부미를 권총으로 사살한 안중근 의사를 우리나라 화폐 인물로 모실 것을 제안한다. 내일 모레는 안 의사 서거 94주년이 되는 날이다. 올해는 의거 95주년이 되는 해이다. 물론 안 의사 외에도 수많은 독립 애국지사들이 계시는데 왜 유독 안 의사만을 화폐 인물로 모셔야 하느냐는 반론이 있을 수도 있다.

그러나 결론부터 말하건대, 그 이유는 일본 지폐에 안 의사가 사살한 이토 히로부미의 초상이 들어 있기 때문이다. 일본이 그럴진대 바로 그 국권 상실의 원흉을 처단한 안 의사를 지금까지 우리나라 화폐의 인물로 모시지 않은 것은 한민족으로서 심각한 불찰이고 부끄러운 일이다.

또한, 일본의 국내 정국이 지금 어떤 상황으로 치닫고 있는지를 통찰해 본다면 안 의사를 우리의 화폐 인물로 모셔야 하는 이유가 더 자명해진다. 한국, 중국 등 주변 국가의 정당한 항의에도 불구하고 역사 교과서 왜곡, 전시동원령과 다름없는 유사법제 제정, 일본 총리의 거침없는 신사 참배와 독도 망언 등 과거를 반성하기는커녕 역사를 거스르고 있는 게 아닌가.

바로 이 때, 우리는 안 의사를 화폐 인물로 모시는 것과 같이 우리의 민족 정기를 분명히 보여줄 수 있는 조치를 취해야 한다. 안 의사를 화폐 인물로 모심으로써 일본에 독립 국가로서의 우리 역사를 당당히 말해야 한다. 안 의사를 화폐 인물로 모심으로써 우리의 일상에서도 그의 조국과 민족에 대한 한없는 사랑을 재확인하며 살 수 있음은 물론이다. 후손에게도 그 이상 좋은 역사 교과서가 없을 것이다. 이것은 국수주의적 사고가 아니다. 맹목적인 민족주의는 경계해야 한다. 안 의사는 민족애를 넘어 동양평화론을 제창한 코스모폴리탄적 평화주의자였다. 그러한 동양 평화를 일본이 짓밟으려 했기 때문에 이에 앞장선 이토 히로부미를 사살했다는 점을 생각하면 그의 행동은 맹목적인 민족주의가 아니라 세계평화주의였음을 알아야 한다.

우연인 줄 알지만, 우리 돈의 화폐 도안에는 모두 조선 시대에 활약한 이씨 성을 갖고 있는 인물들만 모셔져 있다. 화폐 인물의 시대적 배경이 모두 조선 시내와 이씨 성의 인물에만 국한된 것은 바람직한 일이 아니다. 우리의 역사를 스스로 축소시키는 인상이 짙기 때문이다. 한 나라의 화폐는 경제적 유통 수단일 뿐만 아니라 나라의 얼굴이다. 그런데 우리나라는 다른 나라와는 달리 지폐는 1975년, 동전은 82년에 화폐 도안을 바꾼 이래 지금까지 그대로 쓰고 있다. 가급적 빨리 화폐 도안을 새롭게 바꾸어 나라의 얼굴을 새롭게 해야 한다.

어느 철학자는 "과거에 눈을 감은 자는 미래에도 눈을 감게 된다"고 갈파했다. 안중근 의사를 화폐 인물로 모시는 기쁨을 온 국민과 함께 나눌 수 있기를 기대해 본다.

※ 김영광, 문화일보 2004년 03월 24일

예를 들어, 앞선 연구들이 시민들의 선택적 행동으로서 선거를 강조한 반면에, 보다 문화적인 연구방법은 정당과 후보자들이 그들의 권력을 위해 어떻게 문화적으로 공유된 수사를 사용하고, 시민에게 문화적으로 호소하기 위해 그들에게 어떻게 공포를 심는지에 대해서 집중한다. 정책적 입장이나 후보자의 선택과 같이 우리가 지금 이해하는 것들은 개개인의 선호에 대한 것만을 이야기하는 것이 아니다. 우리는 또한 그러한 정향들(orientations)이 공유된 문화의 이해 및 정체성과 어떻게 조화를 이루거나 그렇지 못하는지에 대해서도 궁금증을 가져야 한다.

정치적 사안에서의 문화적 뿌리를 보다 폭넓게 이해하는 것은 어떻게 정치적 관습이 의미와 형태를 갖춘 행동을 (단순히 반응하는 것보다는) 만들어 냈는지에 대한 관심을 이끌어 왔다(Gusfield, 1966). 1989년 동독에서 구정권이 막을 내리던 때의 어둠을 밝히는 횃불행진이나 우리 나라에서 있었던 2002년 효순이 · 미선이 추모 촛불집회, 2004년 노무현 대통령 탄핵반대 촛불집회, 2008년 미국산 쇠고기 수입반대 촛불집회, 그리고 2016년 박근혜 대통령 퇴진 촛불집회와 같이 '어둠의 시대로부터 해방하자'는 확실히 눈에 드러나는 상징성이 정치적 관습화의 대표적 사례이다. 이러한 일대사건에 주목함으로써 이전의 정권에서는 생각지도 못했던 행동들임에도 불구하고 시민들로 하여금 참여할 수 있는 용기를 어떻게 부여하게 되었는지에 대한 상관관계를 분석할 수 있다. 보다 일반적으로, 동유럽에서의 변화나 1990년과 1994년 사이에 나타났던 남아프리카에서의 정치적 전환이나 2010년 튀니지에서 식량부족으로 시작된 '재스민 혁명'은 우리가 실질적인 변화와 관습적 행동 사이의 상호작용을 이해했을 때 효과적으로 설명될 수 있다.

훨씬 더 강력한 입장은 정치적 관습이 대부분의 사람들에게 정치적 실체를 구성하며, 관습을 통제하기 위한 권력이 중요하다는 것에 대해 비판적이라는 사실이다. 게다가, 관습은 정치적 사건, 정책, 정치체계, 그리고 정치 지도자에 대한 사람들의 생각에 영향을 미치는 중요한 수단이 된다. 관습을 통하여 사람들은 무엇이 정치제도에 적합한가, 무엇이 정치 지도자에게 적합한 자질인가, 그리고 이러한 기준과 실제 세계를 어떻게 잘 비교하여 평가할 것인가에 대한 생각을 전개시킨다(Kertzer, 1988: 79). 그람시의 관점에서 관습은 권력을 유지하고 획득하는 데 중심적인 메커니즘이 될 만큼 중요한 통제수단이다.

의미를 구성하는 관습에 대한 보다 세밀한 연구들은 매스 미디어뿐만 아니라 사회운동까지 다루고 있다. 즉, 시간이 지날수록 대중 민주주의하의 시민들은 핵심지식에 접근하는 것뿐만 아니라 그 지식을 알기 위한 틀까지도 제공하고 있다는 것이다(Dayan and Katz, 1992).

정치적 관습은 애매모호하고 불확실한 상황 속에서 의미를 부여하고, 특히 변화의 시기에 동질성을 형성하고 유지하도록 만드는 원동력에 대해 비판적이다. 문화적 측면에 바탕을 두고 있는 관습은 어떤 사람들을 하나로 모으기도 하지만 동시에 다른 사람들을 배제한다. 강력한 정치적 관습은 실체를 보이기 위해서 문화적 측면에 바탕을 두고 있는 수사(metaphors)와 의미를 활용한다. 선거의 입후보자들은 문화적 은유법(한국사례: 북풍, 지역주의)을 미디어를 통해 전파해 불리한 선거구도를 극복하고, 자신에게 유리한 환경을 조성하려는 상황반전 효과를 기대하기도 한다. 구조적 의미의 정치적 관습은 세상을 바라보는 정신적 구조를 만들어 내는 '프레임'이라는 의미로 정리될 수 있다. 무의식적인 생각을 의식적으로 행동하도록 만들어 그것이 일반대중의 담론을 형성하게 하여 집단주의적 사고를 만들어 의도한 목적을 이루기 위한 반복적인 작업을 시도 하는 것이다(Lakoff, 2006).

프레임과 가짜뉴스는 밀접한 관계를 가지고 있다. 가짜뉴스의 탄생은 여러 경로가 있을 수 있지만 민족국가의 탄생과 함께 시작됐다고 보는 게 합리적이다. 가짜를 만들어내는 것은 그리 어렵지 않지만 가짜뉴스가 빠른 시간에 퍼지려면 매체가 필요하다.

과거 문명세계의 정보는 독점적으로 소수 성직자 그리고 귀족들 사이에서 통용되는 라틴어로 특권층만이 소통하며 지배층의 이익을 대변했다. 많은 사람이 동시에 정보를 접하게 된 인쇄기의 발명으로 정보는 라틴어의 독점적 정보를 공용언어의 다수 정보로 만들었다. 인쇄술의 발달과 함께 종교혁명으로 새로운 공동체를 만들어지는데 라틴어로 이뤄진 성경을 루터가 독일어로 번역했고 틴데일이 영어로 번역했다. 어려운 라틴어를 대신해 지역 언어로 번역된 성경을 공유하면서 문자 해독력이 급격히 증가했다. 사람들 간의 소통이 가능해지면서 우리는 같은 뿌리를 가지고 있다는 베네딕트 앤더슨이 주장하는 '상상의 공동체'라는 민족의식이 형성됐다(Anderson, 2016).

1678년 영국 성공회 사제인 옷츠(Titus Oates)에 의해 만들어진 가짜뉴스는 끔찍한 사건으로 이어졌다. 옷츠는 '교황청이 영국 왕실을 붕괴시키려 한다'는 내용의 소책자를 배포하였다. 당시 영국은 종교개혁의 여파로 천주교, 성공회, 장로교 등의 종파적 긴장 관계가 극심했다. 사회적 분열과 불신이 극에 달한 상황에서 옷츠의 뉴스는 기름을 부은 효과가 되었다. 비록 성공회가 영국의 국교로 자리매김했지만 가짜뉴스와 음모론으로 3년 동안 수많은 천주교인이 형장의 이슬로 사라졌다. 사회적 불신과 분열이 옷츠의 가짜뉴스의 필요조건이었다면 인쇄술 발달로 야기된 정보혁명은 가짜뉴스를 확산하는 충분조건이었다.

가짜뉴스는 정치인들의 선택된 지표와 지원사격으로 강화되면서 언론 매체와 더불어 SNS, 유튜브, 팟캐스트 등을 통해 빛의 속도로 확산된다. 그리고 다시 정치적 분열로 돌아온다. 불확실한 현실에서 명확한 답을 찾고 싶은 마음은 출처나 근원도 따지지도 않고 일단 분노부터 하고 마음 속의 불안감을 가짜뉴스로 해소한다. 넘쳐나는 정보는 자기 성찰의 시간을 삭제한다. 남 탓과 구조적 모순을 탓하면서 시공간을 넘나드는 투사로 변신하며 특정세력을 대변하는 세력으로 확대 강화되곤 한다.

제5절 | 정치문화론의 한계와 의의

정치문화는 인간과 사회를 소재로 한 심리적·성향적 접근방법에 의해 체계화되었다. 특히, 정치문화는 정치적 태도와 행동에 대한 원인을 규명하고, 다양한 정치적 태도와 행동 간의 차이점을 밝혀주며, 세계관의 하나로 인식되고 있다. 이러한 정치문화의 본질을 파악하기 위해서는 정치현실을 단순화하는 국가특성 연구가 선행되어야 한다. 만약 정치문화의 본질에 대한 명확한 접근이 없다면 우리는 새로운 국가 유형의 도입, 새로운 사회 계급의 탄생, 그리고 현대 이념들의 출현 등을 직접적으로 설명하지 못하고 사실상 감추어 버리게 될 것이다(Roy, 1994: viii). 그러므로 개인의 정치적 정향이나 국가별 민주주의의 발달 정도, 그리고 정치적 삶의 양식을 이해하기 위해서 정치문화 연구는 필수적이다.

이처럼 정치문화론은 다양하고 폭넓은 활용가능성과 연구범위를 가지지만, 오히려 이러한 광범위성 및 활용성 때문에 그 적용에 더욱더 신중을 기해야 한다. 정치문화론에 대한 비판은 주로 이러한 연구상의 부주의와 관련된 것으로서, 여기서 정치문화론에 대한 대표적인 비판과 관련하여 몇 가지를 언급하고자 한다. 첫 번째, 정치문화에 대한 부주의한 접근은 문화에 대한 연구의 동어반복에 불과한 것으로 만들 위험을 가지고 있다. 즉, 어떠한 국가에서 독재가 발생하는 이유는 그 국가의 문화 때문이라는 식의 빈약한 접근은 항상 경계해야 하며, 이를 위해 연구 대상이 되는 정치문화에 대한 상세하고 명확한 조작적 정의가 필요하다. 둘째로, 앞의 지적과 연관되는 것이지만, 정치문화의 개념 자체가 모호하다는 것을 들 수 있다. 기술적인 측면에서 정치문화는 문학, 예술, 음악, 가치관, 정치이념, 종교, 역사, 행태 전반을 포괄할 수 있는 개념이다. 따라서 실제 연구에 있어서도 이에 대한 구체적이고 명확한 규정이 필요하다. 세 번째로, 정치문화론은 구조적 접근을 도외시할 가능성을 내포하고 있다. 이는 주로 마르크스주의자들에 의해 행해지는 비판으로서, 여기서 구조적 접근이란 계급주의자들이 일컫는 생산수단의 보유 및 분포 상태 등 물질적·경제관계에 관한 접근으로서, 정치문화론자들은 문화에 대한 강조 때문에 이러한 유물론적 관계를 도외시하는 경향이 종종 노출되는 것이다. 또한, 네 번째 문제점으로서 정치문화론은 각 국가의 비교연구에 집중하는 탓에 국제적인 문화적 영향력 등 국제적 변수에 대해 상대적으로 관심을 덜 기울이는 편향을 보이기도 한다. 마지막으로, 앞서 시민문화론에 대한 비판에서 살펴보았듯이, 정치문화론에는 무의식중에 연구자의 자민족중심주의(ethnocentrism)가 반영될 위험이 있다.

이러한 비판점을 극복하면서 정치문화론을 생산적으로 활용하기 위해서 다음과 같이 연구방법상의 몇 가지 조언을 제시한다(Wiarda, 2007: 80).

- 정치문화론을 활용하라. 다만 신중하게.
- 정치문화란 역동적임을 명심하라. 정치문화는 고정적인 것이 아니라 변동하는 것이며, 거시적인 사회적·경제적·정치적 변동에 영향을 받는다.
- 한 국가 내부에도 다양한 정치문화가 존재할 수 있으며, 그러한 문화들은 서로 갈등적인 관계를 형성할 수 있다.
- 정치엘리트들은 자신들의 이익을 위하여 정치문화를 조작할 수 있다.
- 정치문화론은 유용하지만, 정치문화론에 의한 설명은 여전히 부분적인 것이며, 따라서 정치문화가 모든 것을 인과적으로 설명해준다는 편견을 버려야 한다.

몇 가지 비판점에도 불구하고, 여전히 정치문화론은 비교정치의 강력한 패러다임 중 하나로서 다양한 활용가능성을 지니고 있다. 비합리적 동기에 대해 적절한 인과관계를 보여주고 있다. 그 외 정치사회화는 인간의 심리·성향적 접근법에 기원을 두고 있는 정치적 태도나 행동양식의 습득과정으로서, 민주주의 정치체계에 관한 가설을 검증 수단 또는 민주주의 체제의 정당성과 발전을 증명하는 데 활용되고 있다. 또한 정치사회화는 내용·단계·기구·기능의 측면에서 정치체계의 유지 및 변화의 관계를 설명하는 유용한 도구이다. 따라서 가정, 동료집단, 학교, 사건, 대중매체 등 다양한 기구나 구조에 의해 수행되는 정치사회화의 기능과 구조에 관한 지속적인 연구가 필요하다.

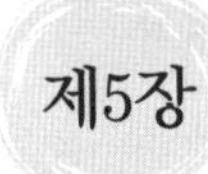

합리적 선택

인간의 행동에는 하품과 같은 무의식적 행동이 있는가 하면, 착오와 같은 비의도적 행위가 있고, 욕구 또는 필요를 충족하기 위한 의도적 행동도 있다. 이 가운데 의도적 행동은 인성적 특징에 의한 단순하고 관습적인 무의식적 행동과는 달리 합리적 성격을 띠게 되는데, 이러한 합리적 행위가 지닌 특성을 체계적으로 파악하여 사회 현상의 인과적 메커니즘을 미시적으로 설명하고자 하는 것을 합리적 선택 이론(Rational Choice Theory)이라고 한다.

합리적 선택 이론은 베버가 합리화 모형에서 분류했던 가치적 합리성보다는 도구적 합리성에 따른다고 볼 수 있다. 다시 말해 합리적 선택 이론은 행위자의 자기 이익 극대화(self-interest maximization), 즉 서구 자본주의에서 의미하는 경제적 인간(homo economicus)을 전제하는 것이다. 여기서의 경제적 인간은 합리적 인간으로 대체될 수 있고, 합리적 인간은 합리적 행위자로 달리 표현할 수 있다. 합리적 행위자는 확실한 상황(under certainty), 위험한 상황(under risk), 그리고 불확실한 상황(under uncertainty)을 인식하고, 대안의 선택에 따른 결과에 관한 정보를 처리할 수 있는 인식론적 합리성을 가진 존재라고 할 수 있다. 더불어 이러한 가정에서 합리적 행위자는 자신에게 최적의 이익을 가져다 줄 수 있는 선택, 다시 말해 효용 극대화(utility maximizing)를 추구하는 존재를 의미한다. 즉, 목적이 중요하다는 것이다.

합리적 선택 이론에서 "경제적 인간은 비록 다른 사람들과 함께 생활하고 있다고 하더라도 남의 눈치 보지 않는 독립적인 행위자로서 줏대 있게 자신의 직접적인 비용과 이득의 계산을 위주로 하여 속셈을 하는 이른바 자기본위적 선택을 해야 하는 것으로 기대한다"고 정의한다(박효종, 1994: 35).

합리적 선택 이론은 공공선택 이론, 사회선택 이론, 혹은 의사결정론(Social Choice or Decision-Making Theory), 가치효용론(Value-Utility Theory), 게임 이론(Game Theory), 합리적 행위자 모형, 실증적 정치경제, 그리고 정치에 대한 경제학적 접근법 등 다양한 범위에 걸쳐 있다. 이는 이 이론이 기존의 이론과 달리 단일 이론이라기보다는 집합체적 성격을 가지기 때문이다(Lichbach and Zuckerman, 2009: 117~133).

구체적으로, 합리적 선택 이론은 도구적 합리성의 개념을 과학적으로 모델화하려는 수학·경제학·철학 등 여러 학문 간의 노력이 낳은 결실이라고 평가할 수 있다. 게임이론의 효시인 노이만(John von Neuman)과 모거스턴(Oskar Morgenstern) 그리고 소비자행동론, 협상분석론의 루스(Robert Duncan Luce)와 라이파(Howard Raiffa), 그리고 일반균형이론과 사회선택이론(불가능성의 정리: Box 5-1)의 애로우(Kenneth Joseph Arrow) 등은 공공정책의 기술적 및 규범적 의사 결정에 관한 엄밀한 공리체계를 구성·발전시켰다. 정치학 분야에서는 다운스(Anthony Downs), 올슨(Mancur Olson), 리커(William Riker) 그리고 노스(Douglass Cecil North) 등의 연구들이 공공정책과 선거분석 등에 있어 두각을 나타내고 있다. 합리적 선택 이론의 활용범위가 매우 넓다고 평가할 수 있다.

하지만, 합리적 선택이론에 대한 비판 역시 존재한다. 주로 지역학 전문가나 역사학자들로부터 정치적·역사적·문화적 특수성에 대한 이해의 틀과 형식적·이론적 틀이 부족하다는 비판을 받고 있으며, 또한 정치학연구에 있어 합리적 선택이론이 제공하는 경험적 연구의 기여도가 무엇인가라는 의문까지도 제기되고 있다(Green and Shapiro, 1994).

본 장에서는 비교정치 분야에 널리 활용되고 있는 합리적 선택 이론의 발전배경을 살펴보고, 합리적 선택 이론에서 가정하고 있는 합리성의 개념에 관해 소개하겠다. 이런 논의를 바탕으로 합리적 선택 이론의 모형과 방법론에 관해 조명해보고, 게임 이론으로 대표되는 합리적 선택 이론의 구체적 형태에 대하여 면밀히 알아볼 것이다.

제1절 | 합리적 선택 이론의 발전

경험적 과학으로서의 합리적 선택 이론의 발전에는 많은 학자들이 공헌을 하였다. 특히 다운스(Downs)는 정치학에 있어 합리적 선택 이론을 도입하는 데 선구자적인 역할을 담당하였다. 다운스(Downs, 1957)는 『민주주의의 경제적 이론(An Economic Theory of Democracy)』에서 투표행위와 선거과정을 분석함에 있어 후보자와 유권자의 합리적 선택을 강조한 공간 모형(spatial modeling)을 도입하여 선거행위의 합리성을 설명하였다. 그는 정치인은 정책과 정부 서비스를 공급하는 공급자이며, 유권자는 자신의 정치적 요구를 구매하는 소비자와 같고, 따라서 선거에서 벌어지는 정치적 역학을 합리적 선택 이론을 통하여 설명 가능하다고 보았다. 즉, 다운스는 정치인은 자신의 정치적 지지를 획득하기 위해 정치적 서비스를 유권자에게 제공하는 것이며, 유권자 역시 공적으로 제공되는 서비스를 얻기 위해서 자신의 이익에 가장 도움이 되는 공약을 표방하는 후보자에게 투표를 한다고 간주하였던 것이다.

그림 5-1 다운스의 선거공간 모형

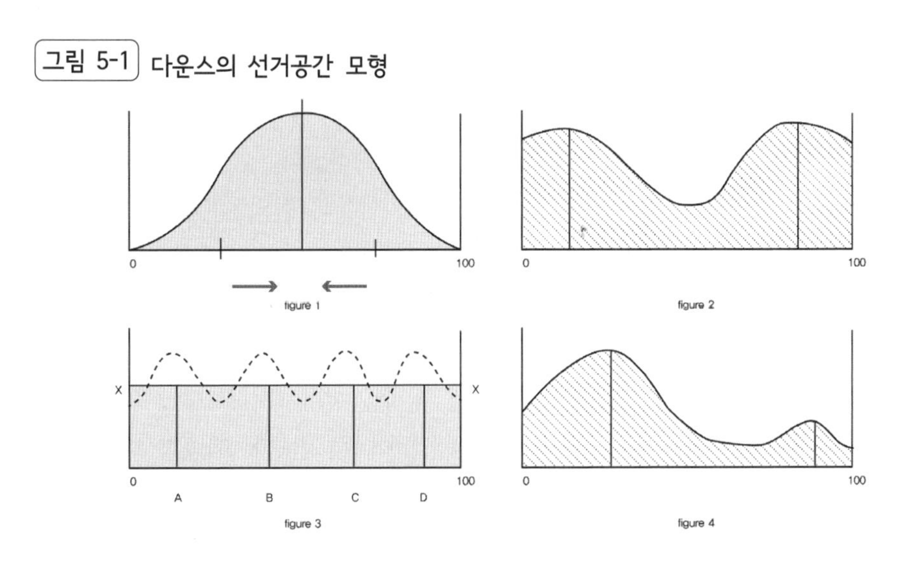

합리적 선택 이론의 도입을 통하여, 다운스는 선거과정에서 이루어지는 후보자와 유권자의 행위가 모두 자신의 이익을 위해 행해지는 합리적 선택에 의해 이루어지는 것으로 바라볼 수 있게 되었다. 그는 이러한 선거과정 속에서 정당들은 더 많은 표를 얻기 위하여 인구 비례에서 가장 큰 비율을 차지하는 중도적 성향의 유권자들

에게 집중하게 되고, 그 결과 선거 공간에 존재하는 정당들이 결국 유사한 정책들을 가진 정당으로 수렴하게 된다고 하였다. 즉, 진보와 보수로 이루어진 양당체제 속에서 중도적 투표성향을 가진 유권자가 많을 때 양 정당은 모두 중도적 성향을 지닌 유권자들을 끌어들일 수 있는 정책을 내세우기 때문에 두 정당의 색깔은 점차 중도로 가까워질 것이라고 본 것이다(figure 1).

그러나 예외의 경우도 존재한다. 중도적 성향의 유권자보다 양극단의 성향을 가진 유권자가 많을 경우에는 극단적 양당체제가 나타날 수 있고(figure 2) 경우에 따라서 좌와 우 극단점에 있는 유권자들은 투표를 거부함으로써 자기쪽 성향에 후보자가 더 가까워지도록 행동하는 경우도 있다. 다음은 유권자들이 이념적으로 균등하게 배분되어 있을 경우에는 다당제가 나타날 수 있으며(figure 3), 다당제의 정당들은 정책 노선상의 차이점을 유지해 나갈 것이다. 그러나 경향성의 측면에서, 대다수의 정당들이 합리적으로 행동한다면 그들은 중도적 유권자를 겨냥한 정책을 채택할 것이라고 볼 수 있다. 그 외로 개발도상국가 또는 저발전국에서 종종 나타나는 현상이 있다(figure 4). 이러한 경우 원칙적으로 유권자의 선호가 많은 A쪽의 후보자가 승리할 거라 볼 수 있지만 B쪽의 유권자들이 경제적으로 우위에 있어 정치적 동원이 쉽기 때문에 승리하는 경우가 많다.

나아가 리커(Riker, 1964 · 1982)는 이 같은 다운스의 연구에 기반하여 미국 연방주의와 같은 정치제도의 기원과 지속에 대한 연구를 수행하였다. 각 주마다 서로 다른 이득이 존재하는데 어떻게 연방(the United States)에 합류하게 되는지를 설명하였다. 인구가 작은 주는 조세수입이 낮음으로 연방에 합류하여 연방정부 차원의 재정적 보조를 받는 것이 이득이며, 인구가 많은 주는 자신의 조세수익을 일정 부분을 희생하더라도 사회혼란 시 연방정부 차원의 물리적 (또는 군사적) 도움을 받을 수 있는 상호이익이 존재한다는 것이다. 그는 다운스가 제시한 선거 공간 모형에 의해서 제도가 어떻게 지속되는지를 밝힘으로써 합리적 선택 이론 연구에 귀중한 도구를 제시해주었다.

한편, 올슨(Mancur Olson)은 자원동원론에 있어 매우 중요한 저작 중 하나인 『집단행동의 논리(The Logic of Collective Action)』에서 무임승차(free rider) 문제를 제기함으로써 합리적 개인들 간의 전략적 상호작용을 강조하였다(Olson, 1971). 올슨은 합리적 개인들이 의사결정과정에서 다른 사람들의 잠재적 결정에 근거하여 자신의 선택을 결정한다고 보았던 것이다.

올슨의 논의는 기본적으로 공공재와 집단행동의 문제에 관심을 두고 있다. 그는 이익집단이 조직되고 영향력을 행사하는 메커니즘에 대해 연구하였다. 그는 집단행동에 대한 다원주의자와 마르크스주의자의 설명에 모두 반기를 들었다. 먼저, 그는 집단행동은 집합적 이익의 자연적인 표출이라고 하는 다원주의의 명제에 의문을 던졌다. 올슨은 한 조직 내의 개인들은 특정한 이득, 즉 동기(incentives)가 없이는 집단적 이익을 위한 행동을 취하지 않을 것이라고 보았고, 이 집단들은 집단의 목적이 아닌 개인적 이익이라는 다른 목적을 위해서 조직된다고 했다. 한편, 올슨은 일반적으로 공유된 계급 이익에 의하여 자발적인 계급 조직이 형성될 것이라고 주장한 마르크스주의자들의 생각에도 동의하지 않았다. 올슨은 마르크스주의자들이 가정한 것과 같이 계급이 이기적이고 개인도 똑같이 이기적이라고 한다면, 이기적인 개인들은 합리적인 동기 없이는 집단적 이익 추구를 위하여 계급 조직을 형성하지 않을 것이라고 보았던 것이다. 다시 말해, 올슨은 합리적이고 이기적인 개인들은 강제나 유인과 같은 외부적 동인이 없으면 결코 집단의 이익 달성을 위하여 행동하지 않을 것이라고 주장했다.

결국 집단행동의 문제는 아이러니하게도 개개인이 최선의 결과를 얻기 위하여 노력하면서 나타날 수 있다. 예를 든다면 많은 사람들은 환경문제에 매우 민감하지만 자신들의 행동은 환경을 오염시킨다고 생각하지 않는다. 하지만 행동하는 개개인의 자세는 환경 전체를 파괴하게 된다. 이렇듯 합리적 선택 이론의 기여 중 하나는 개인의 선호와 집합적 결과는 일치하지 않는다는 점이다. 결과적으로 긍정적 또는 부정적 동기 부여라는 집단행동의 문제를 해결할 수 있는 삼자의 개입을 정당화시키곤 한다.

합리적 선택 이론은 한편으로 제도에 대한 연구 또한 발전시켜왔다. 방법론적 개인주의에 입각한 합리적 선택 이론에서 제도란 외견상 대립되는 이론적 범주에 속하는 것처럼 보이지만, 초기의 합리적 선택 이론이 지니고 있던 이론적 순진성, 즉 거래비용[5]의 무시, 완벽한 정보 등의 빈약한 이론적 가정들을 극복할 수 있는 수단으로서 이론가들은 제도에 주목했던 것이다.

예컨대 미국 의회의 입법과정에 대한 연구에서, 초기 합리적 선택 이론은 의원들

5) 환경의 불확실성(uncertainty)과 인간의 기회주의(opportunism)적 성향으로 인하여 통제와 감시가 없을 경우 불건전한 거래행위가 나타나게 된다. 이러한 행위를 제한하는 데 드는 비용을 거래비용이라고 말한다(Williamson, 1981: ① 인간의 제한된 합리성, ② 환경적 불확실성, ③ 기회주의적 행동, ④ 불완전경쟁시장의 개념을 참조할 것).

의 선호가 다양하고 다루는 문제가 다차원적이므로 미국 의회 입법과정에서는 안정적인 균형점이 존재할 수 없을 것이라고 주장하였다. 그러나 현실의 미국 입법과정은 상당한 안정성을 띠고 있었다. 이러한 이론과 현실상의 괴리를 제도가 만들어내는 환경에 초점을 두었던 후대의 이론가들은 미국 의회제도가 의원들이 직면하고 있는 집단행동 문제를 해결하고 안정적인 균형점을 도출 및 유지할 수 있게 한다는 것을 발견함으로써 괴리를 해결하였다(정용덕 외, 1999: 17~18).

또한 대표적인 합리적 선택 신제도주의 이론가 노스(North, 1981)는 『경제사에 있어서의 구조와 변화(Structure and Change in Economic History)』를 통해 전략적 상호행위와 제도의 결합에 관한 자신의 견해를 밝혔다. 특히 거래비용 이론의 옹호, 제도 내부에서 주어지는 교섭력과 관련된 역할의 인식 등을 중점적으로 강조하면서, 이것들은 역사를 통틀어 국가행동과 결과의 체계적인 다양성에 대한 연구를 촉진한다고 주장하였다. 또한 노스는 그의 저서 『제도, 제도변화, 경제적 성과(Institutions, Institutional Change and Economic Performance)』를 통해 경로 의존성(Path dependency)과 비형식적 제도(Informal institution)인 정치적·사회적 요인을 강조하면서 행위에 관한 역사적 결정성과 문화적 영향력에 관한 문제를 제기하였다. 즉, 사회 내 믿음과 신뢰 체계가 제도를 형성한다고 주장하였다. 또한 노스는 경제발전은 경제제도의 진화로 이루어지는데 이러한 진화는 거래주체들의 거래비용(감세, 재산권인정)을 줄이는 합리적 노력의 결과이다. 동기를 유발하는 자유와 경쟁 그리고 사유재산권이 보장되는 자유시장경제제도가 가장 효율적인 제도이다. 마찬가지로 코즈(Coase)는 코즈의 정리(Coase theorem)를 통하여 외부성(externality), 특히 시장실패시 정부의 직접적인 간섭 없이 이해당사자들 간의 협상으로 사회적으로 바람직한 결과를 도출할 수 있다고 주장하였다. 물론 정부는 협상에서 발생하는 비용을 최소화할 수 있는 제도적 환경을 마련해야 한다.

이상과 같은 합리적 선택 이론의 업적들은 사실 신고전주의 경제모형으로부터 유래되었으며, 그 경제적 인간상에 기초하여 발전된 혁신적인 작업이자 분석적 관심의 결과라고 볼 수 있다. 그러나 "합리적 선택 이론은 바로 신고전주의 경제학이다"라는 공식이 성립하는 것은 아니며(Bates, 1998), 앞서 언급하였듯이 합리적 선택 제도주의(Rational Choice Institutionalism) 등의 다양한 변형들이 존재한다.

무엇보다 정치학에서의 합리적 선택이론과 신고전주의 경제학의 차이점은 정치제도 혹은 정치적 권위체에 대한 두 입장의 차이에서 발견될 수 있다. 먼저 신고전주의 경제학자들은 국가를 비롯한 여타 권위체의 개입이 배제되고, 합리적인 개인들이 시장을 좌우할 수 있을 때 개인적·사회적으로 가장 효율적인 결과가 도출된다고 주장하였다. 그러나 합리적 개인들의 자유로운 상호작용에 의해 자동적으로 최적의 효율성이 도출된다는 신고전주의의 믿음을 정치제도에 그대로 적용했을 때, 정치제도가 반드시 파레토 최적(Pareto-optimal)[6]의 결과를 낳는 것은 아니며, 합리적 개인들이 내린 결정들의 집합이 자동적으로 집단 차원에서의 합리적 선택을 초래하는 것은 아니라는 주장이 합리적 선택이론에 기반을 둔 정치학자들에 의해서 주장되어 왔다. 즉, 이해당사자들 간의 권리의 범위가 분명하게 확정되기 어려우며 협상이나 거래가 순조롭지 않은 경우 비용이 매우 커져 최적의 결과를 낳을 수 없다는 점이다.

커먼스(John Rogers Commons), 그리고 미첼(Wesley Clair Mitchell)과 아레즈(Clarence Ayres) 등은 신고전주의 경제학을 비판하며, 시장 등을 통해 이루어지는 경제과정이 일련의 사회적 틀(social framework) 내부에서 작동한다는 것을 강조하였다. 이들은 개별 국가의 경제체제와 제도를 분석하여 국가의 특수성을 밝히고, 개인의 행위에 대한 사회적 규범, 관습, 그리고 문화의 영향력 등을 중심으로 연구하였다. 하지만 이들의 연구는 제도의 특수성만이 강조되어 줄곧 신고전주의 경제학에 비해 저평가되어 왔다가, 최근에 와서 신제도주의와 결합하여 합리적 선택 제도주의(Rational Choice Institutionalism)라는 연구영역으로 확대되었다. 합리적 선택 제도주의는 1970년대에 이르러 신제도주의 경제학을 추종하던 1991년 노벨상 수상자 코즈(Ronald Coase), 1993년 노벨상 수상자 노스(Douglass North), 2009년 노벨상 공동수상자 윌리엄슨(Oliver Eaton Williamson)과 오스트롬(Elinor Ostrom) 등에 의해서 빛을 보게 되었다.

---

6) 파레토 최적(Pareto optimality)이란 게임이론과 이공계 및 기타 다양한 사회과학분야에서 쓰이는 경제학적 개념이다. 경제적 효율성과 수입의 분배에 대한 연구에서 이 개념을 사용한 이탈리아 경제학자 빌프레도 파레토의 이름에서 가져왔다. 파레토 효율적(Pareto efficient)이라는 말은 파레토 최적과 같은 의미이다. 파레토 효율성(Pareto efficiency)이란 하나의 자원배분 상태에서 다른 사람에게 손해가 가지 않고서는 어떤 한 사람에게 이득이 되는 변화를 만들어내는 것이 불가능할 때 자원배분은 파레토 최적상태에 있다고 한다.

제2절 | 합리성의 개념

합리적 선택에 있어 가장 중심이 되는 내용은 합리성이라는 개념이다. 합리성(rationality)이라는 말은 미신을 포함하여 어떤 초월적인 존재에 대한 믿음으로부터 벗어난 인간의 이성(reason)에 최대의 가치를 두는 계몽사상에서 비롯되었다. 따라서 합리성은 계몽주의의 등장 이후 인간이 스스로에 대해 확신을 갖게 된 근대를 상징하는 용어라고 할 수 있다.

그러나 합리성이라는 단어 자체는 너무 포괄적이기 때문에 합리성이라는 용어가 학문적으로 사용될 경우 그 의미의 외연은 엄밀히 제한되어야만 한다. 특히 합리적 선택 이론에서 사용되는 합리성의 개념이란, “어떤 목표달성과 관련하여 가장 효율적인 방법을 선택하고자 하는 행위의 논리”라는 뜻으로 제한된다. 다시 말하면, 비교정치적 분석에서 행위자의 어떠한 선택을 합리적이라고 할 때는, 행위자가 주어진 목표를 달성하는 데 있어 여러 선택 사안 중 최소의 비용으로 최대의 이득을 보장하는 사안을 선택하는 경우를 의미하는 것이다. 따라서 합리적 선택 이론에서의 합리성은 가치적 합리성이 아닌 수단적이고 도구적인 합리성에 근거를 두는 분석적 시각 하에서 사용된다(Isaak, 1981).

그러나 합리적 선택 이론이 지난 반세기 동안 학문적 발전을 거듭해 오면서 합리성에 대한 개념도 차이를 보이고 있다. 특히 신고전주의 경제학자들은 완벽한 합리성을 상정하고 있지만, 신제도주의 경제학자들은 완벽한 정보가 존재하지 않거나 정보를 획득하는 데 소요되는 비용이 클 경우 혹은 인간이 자신의 환경을 해석할 수 있는 인지능력이 제약되어 있는 경우에는 인간행위가 완전히 합리적이지 않을 수 있다고 판단한다. 이는 신고전주의 경제학의 기본 개념을 채용한 과거의 합리적 선택 이론과 신제도주의 경제학을 채용한 최근의 합리적 선택 이론 사이의 차이점이라 할 수 있다. 특히 사이몬(Simon, 1976)은 이를 구별하여 최근에 합리적 선택 이론의 전제가 되고 있는 합리성을 완벽한 합리성이 아닌, 최선의 대안보다는 ‘만족스러운’ 대안을 탐색하는 제한된 합리성(bounded rationality)이라고 규정한다.

제3절 | 합리적 선택의 모형과 방법론

경험적인 연구에 활용될 수 있는 '합리적 선택 모형'은 앞에서 설명한 것처럼 애로우, 다운스, 리커, 올슨, 노스 등에 의하여 제시되었다. 이 모형은 제한된 제약들 하에서 각자의 목적(ends)을 달성하고자 하는 전략적이고 합리적인 개인들의 선택(choice)은 그 개인의 선택인 동시에 다른 사람들의 잠재적인 평가 및 고려 대상으로 남겨지며, 따라서 개인의 행동 및 선택은 다른 사람들의 행동에 달려 있다는 것을 강조한다.

합리적 선택 모형은 방법론적 개인주의에 근거하지만, 이 방법론의 주안점은 개인의 선택 그 자체에 있는 것이 아니라 개인적 선택의 집합에 달려 있다는 것에 주목해야 한다. 곧 합리적 선택 이론은 선택의 집합으로서 나타나는 거시적인 변동에 대한 미시적인 토대, 즉 선택의 집합을 형성한 단위로서 개인의 선택에 대한 분석을 제공해주는 것이다(Linchbach and Zuckerman, 1997: 23). 이 모형은 행위자들이 다른 사람들의 결정에 민감하게 반응한다는 전제와 행위자들의 합리성에 대한 전제를 토대로 한 균형점 분석(equilibrium analysis)에 의존한다. 일반적인 균형점 분석은 모형의 고정적인 결과뿐만 아니라, 이러한 결과에 대한 설명을 허용하고 있다. 합리적 선택 모형의 핵심 구성요소들은 ① 연구 대상이 되는 특정 사건에 참여한 행위자들의 합리성을 전제하고, ② 선택에 있어서의 제약의 형태를 밝히며, ③ 선택과정에서 나타나는 행위자 간의 전략적 상호작용을 분석하고, ④ 마지막으로 선택의 결과로서 도출되는 균형점 해결로 구분된다.

1. 합리적 선택 모형의 구성요소

1) 합리성의 추론

합리적 선택 모형의 요지는 개인들이 완벽한 정보와 계산 능력을 이용하여 자신의 이익을 극대화하기 위한 행동을 할 것이라는 합리성의 추론에 있다. 즉, 신고전주의 경제학에서 규정하는 순수한 합리적 선택 모형은 최적성, 일관성, 인과성, 확률 산술성이 충족되어야 한다.

첫째, 최적성(optimality)은 주어진 신념(belief) 아래 자신의 욕구(desire)를 달성하기 위한 행위자의 최상의 수단이 선택되어야 한다는 것을 의미한다. 이때, 행위자의 신념은 주어진 정보(information) 내에서 행위자가 가질 수 있는 최선의 것으로서, 수집된 정보의 양은 주어진 행위자의 욕망(desire) 하에서 최적이어야 한다. 좀 더 자세히 비용과 편익의 관계성에서 살펴보자. 비용은 선택을 함으로써 치르는 대가로 볼 수 있으며, 편익은 선택을 통해 얻게 되는 이익 또는 만족감으로 볼 수 있다. 즉, 합리적 선택은 비용에 비해 편익이 가장 큰 것을 선택하는 것으로 정의할 수 있다.

- 행위자의 신념(B: Belief)이 주어졌을 경우, 그의 행위(A: Action)는 충분한 정보(I: Information)에 의하여 욕구(D: Desire)를 충족시키는 최적의 수단이어야 한다.
- 행위자의 신념(B)은 주어진 정보(I)에 의하여 취할 수 있는 최선의 것이어야 한다.
- 수집된 정보(I)의 양과 질은 행위자의 욕구(D)를 고려할 때 최적이어야 한다.

∴ 위의 세 가지 조건을 충족시킨 합리적 의사 결정의 인과관계는 다음과 같다.

D → I → B → A

둘째, 일관성(consistency)은 신념과 욕구의 내적 모순이 존재하지 않을 것을 요구하며, 주어진 신념 하에서 행위자가 적절하게 가중치를 부여한 모든 욕구들을 전체적으로 만족시키는 최선의 행위를 실시할 때 충족된다. 셋째, 인과성(casuality)은 행위자의 행동이 욕구와 신념에 의해 합리화될 뿐만 아니라, 실제로 욕구와 신념에 의해 추동되어야 한다는 것이다. 넷째, 확률 산술성(probability calculus)은 행위자의 선택이 기대효용을 극대화해야 한다는 것이다(Elster, 1986; Tsebelis, 1990). 실질적 예를 들어본다면, 핸드폰을 사야겠다는 욕구가 생겼을 때 가장 좋은 조건을 찾기 위하여 인터넷 서핑이나 매장을 방문하면서 정보를 얻게 된다. 모아진 만족할만한 정보를 바탕으로 최적한 조건을 선택했다는 믿음이 생길 때 핸드폰을 구입하는 행위를 하게 된다.

다음으로 두 가지 분석적 연구를 사례로, 실제 합리적 선택 이론을 적용한 분석에서 행위자들의 합리성이 어떠한 식으로 가정 및 전제되는가에 대해 간단히 살펴볼 수 있다. 첫 번째 사례로 어업에 의존하는 작은 지역사회들을 비교한 오스트롬(Ostrom, 1990)의 『공유재 관리(Governing the Commons)』를 들 수 있다. 이 연구에서 오스트롬은 공유재[7]를 보호하지 않은 일부 지역사회는 공유재를 보호하는 다른 사

7) 공유재란 비배제성(non－excludability)과 비경합성(non－rivalness)을 갖는 공공재 가운데 경합성은 있으나 배제가 불가능한 재화를 말한다. 즉 소비는 경합적이나 배제에 따른 비용부담이 과중해 배제의 원칙이 적용되기 어려운 재화가 공유재다. 공유재도 민간 부문에서 생

회보다 더 성공적으로 운영되어 왔지만, 이들 사례 모두는 우리나라의 제주특별자치도와 같이 중앙정부의 통제도 존재하지 않으며 세금도 납부하지 않는다는 공통점을 가지고 있다는 것을 밝혔다. 두 번째 사례는 정부의 수입발생과 세금에 관한 레비(Levi, 1988 과 1997)의 『규칙과 세금에 대하여(Of Rule and Revenue)』와 전쟁 시 젊은이들의 강제적 기여(강제 징집)를 성공적으로 이끌어내기 위하여 정부가 취했던 행동들을 설명하고 있는 『동의, 반대, 그리고 애국심(Consent, Dissent, and Patriotism)』에 관한 내용이다. 즉, 첫 번째 사례는 공유재에 의하여 생계를 유지하는 사람들 사이에서의 협력의 문제에 관한 것이고, 두 번째 레비의 사례는 정부와 시민들 사이에서의 협력의 문제에 관한 것이다.

행위자의 합리성을 정의하는 방식과 관련하여 두 분석의 공통적인 특징을 살펴보면, 먼저 두 분석은 모두 행위자들이 불확실한 상황 하에서 합리적 결정을 한다는 것을 기본 가정으로 두고 있다. 오스트롬과 레비는 예상비용과 기대수익, 그리고 개인의 선호에 따른 행위자들의 합리적 선택은 이익의 인하율(현재의 선택에 따른 이익이 시간의 흐름에 따라 유지되는 정도)과 직면한 위기를 가늠하는 능력에 따라 변화한다고 보았다. 즉, 공유재를 이용하는 사람들은 어업의 지속가능성, 어획량에 대한 지식, 그리고 향후 발생될 수 있는 자연재해 등에 대하여 충분한 지식을 가지고 있지 못하다. 그리고 그들은 자신들의 어획량과 외지인들의 어획량 수준에 대해서도 불확실한 추정만을 하고 있다. 뿐만 아니라 그들은 외지인이나 외부 지역사회에 의해 어장 남획이 발생할지에 관해서도 확신할 수도 없다. 오스트롬(Ostrom, 1990: 34)은 이러한 불확실한 상황에서의 합리적인 가정이란 시행착오(trial-and-error)를 거치며 습득된 지식을 기반으로 산술과정을 통하여 새로운 가정을 만드는 것이라고 주장하였다. 다시 말해서 공유재산의 정부 또는 사기업의 전적인 관리보다는 주민의 의지가 중요하다는 것이다. 그 이유는 주민들은 과거 경험을 바탕으로 미래 먹거리 보호를 위하여 서로 대화를 통해 이용규칙을 만들고 지킴(사회적 자본)으로써 신뢰라는 사회자본이 집합행동을 촉진해서 공유자원의 관리를 가능하게 하기 때문이다. 그뿐 아

산·공급이 가능하다는 측면에서 준공공재에 속한다. 이러한 공유재에는 천연자원이나 희귀 동식물 그리고 녹지, 국립공원, 하천, 기타 공공시설이 속한다. 공유재의 비배제성 때문에 공유재에는 과소비와 공급 비용 귀착 문제가 야기된다. 간단히 정리하면 공유재는 비배제성을 갖지만 경합적인 자원, 즉 재화의 소비에 대한 접근을 막을 수는 없지만 한 사람이 소비하게 된다면 그만큼 다른 사람의 소비가 제한받게 되는 속성을 갖는 자원으로 볼 수 있다(강원택, 2000: 57).

니라 외부의 관리는 누군가가 어장을 관리해줄 것이라는 책임회피 또는 의타심에 의하여 오히려 어장을 남획할 수 있는 일도 발생할 수 있다. 결국 스스로가 어획량의 통제를 가능하게 한다.

그림 5-2 오스트롬의 사회공유재산에 대한 경제적 지배구조

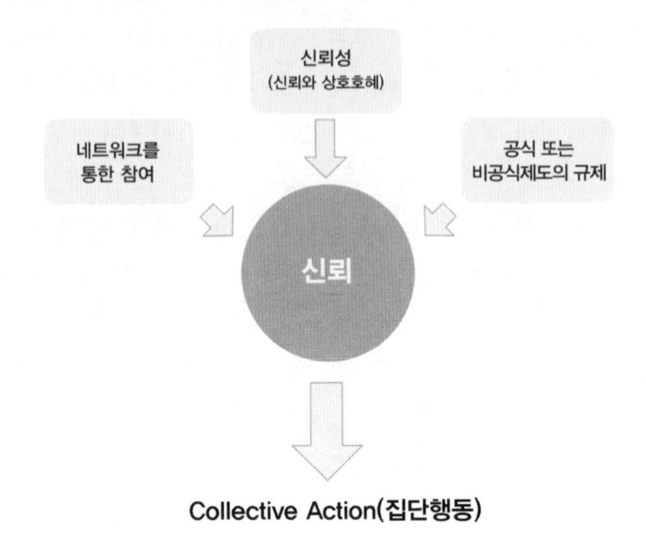

위와 같은 경제적 지배구조(economic governance)가 지속 가능하기 위하여 8가지 제도적 조건, ① 누가 자원을 이용하는지에 대한 명확한 전제, ② 상황에 맞는 이익 분배의 원칙, ③ 의사결정에 참여하고 싶은 환경, ④ 이익분배와 참여에 대한 감시, ⑤ 규칙위반자에 대한 적절한 제재, ⑥ 갈등해소를 위한 메커니즘, ⑦ 정부 등에 의한 자율관리 인정, ⑧ 큰 조직은 효과적인 소통을 위하여 소규모그룹으로 분산이 필요하다. 결론적으로 공유지의 비극은 시장의 바탕에서 정부가 적당한 개입과 규제를 통해 공유자원이 지켜질 수 있는 규칙을 보호하는 것이다.

레비의 사례에서, 대부분의 남자들은 군 입대를 선택함으로써 발생하는 매우 높은 인하율을 감수한다. 즉, 그들은 군 입대 후 전쟁에 투입되어 나타날 개인적인 손실의 예상 수준이 높음에도 불구하고 군 입대를 선택한다는 것이다. 왜냐하면 그들은 젊고, 위험을 감수할 각오가 되어 있으며, 자신들은 죽지 않을 것이라고 생각하기 때문이다. 하지만, 안타깝게도 그들은 얼마나 오랫동안 전쟁에 참여할 것인지,

전쟁에서 부상을 당할 것인지, 또는 전쟁 후 외상이 발생할 것인지 등에 관한 관련 정보가 부족하다. 무엇보다 오스트롬의 어업 사례와 달리, 목숨을 앗아갈 수 있는 전쟁의 참여 여부를 두고 선택해야 하는 그들은 반복되는 최선의 행동과정을 통해 발전과 시행착오를 경험할 수 없기 때문에, 과거자료, 동료 내지는 정부, 그리고 자신에게 도움이 될 수 있는 다양한 외부 자료들을 지침으로 삼아야 한다. 그리고 레비의 세금징수에 관한 사례는 정부에 대한 정당성(legitimacy)은 국가가 공공재를 제공하는지, 다른 시민들도 의무에 준수할 수 있게 하는지와 같은 요소를 기반으로 판단하게 된다는 점을 보여주고 있다. 이러한 정부의 신뢰성과 윤리적 상호 호혜와 같은 제한적 자료들은 준-자발적(quasi-voluntary)인 성격을 가지는 불확정적 동의(contingent consent)를 낳고, 이는 불합리해 보이는 '강제징수'에 대해 수긍하게 되는 원인으로 작용한다.

즉, 레비의 사례에서의 합리성은 불확실성과 더불어 시행착오를 통한 수정조차 불가능한, 매우 제한된 수준의 합리성이 되는 것이다. 즉 사후적 설명만 가능하게 되는 결과를 도출하게 된다.

이와 같은 합리성의 가정 자체가 합리적 선택 이론에 대한 비판의 주된 지점이 된다. 심지어 관련 학자들 사이에서도, 합리적인 것은 무엇이고, 개인들은 실제로 합리적인지 아닌지에 관한 문화와 비교하는 심각한 논쟁이 지속되고 있다. 즉 문화적 특성 또는 종교가 개인의 희생을 설명할 수도 있다. 그러나 비교연구에 유용하게 사용되는 합리성에 대한 가정은 개인들이 그들이 지니고 있는 선호와 관련하여 지속적으로 행동할 것이라는 약한 수준의 가정이라고 할 수 있다. 이것은 일반적 의미에서 말해지는, 행위자들의 선호체계에 관한 '조작적 정의(operational definition)'인 것이다. 즉 게임의 규칙이 외부에서 이미 주어졌다는 가치함축적인 측면을 간과할 수 없다.

실제 사례 연구과정에서 이와 같은 조작적 정의를 통하여 합리성의 개념을 변형하여 사용하는 일은 큰 어려움을 요하지 않으며, 단지 행위자들이 속한 집단의 특성을 고려한 후 주요한 관심사가 무엇인지에 관한 정확한 관찰이 필요할 뿐이다. 예를 들어, 만약 행위자들이 매매업에 종사한다면, 그들이 상품을 많이 팔아 부를 극대화하고자 한다는 것은 합리적 가정일 것이다. 또한 그들이 광부로서 위험한 환경에 처해 있다면, 안전을 극대화하기 위해서 노력할 것이라고 추측할 수 있다. 이처럼 합리성 가정을 변형하여 연구에 적용함으로써 연구자가 설정하게 되는 행위자들의 효용함수(utility functions)는 일반적인 경제학적 효용 분석과 다른 결론을 도출할 수 있다. 즉, 행위자들의 최대욕구(maximand)가 무엇인가를 분석 대상에 따라 다르게 설정함으로써 일반적인 정치행위자 · 경제적 소비자들과는 다르게 나타나는 행위자들의 행동 양식 변화를 설명할 수 있는 것이다(Linchbach and Zuckerman, 1997: 24).

종합적으로 합리성선택이론의 가정은 세 가지로 축약될 수 있다. 개인의 의도적 행동을 강조하는 방법론적 개체주의(methodological individualism), 안정되고 일관된 선호 또는 목적(stable and consistent), 그리고 목적달성 또는 선호충족을 할 수 있는 효용 극대화(utility maximization)이다.

이처럼 합리적 선택 이론은 경제학에서 사용하는 효용이나 부의 극대화(maximizing) 가정에 묶여 있지 않으며, 개인들의 이익추구라는 가정이 요구되는 것도 아니다. 효용 극대화와 부의 극대화에 대한 가정은 일반적인 설명은 가능하지만 단순한 동기의 반복만을 보여주는 데 머물 위험이 있다. 연구과정에서 합리성을 새롭게 가정함으로써 얻을 수 있는 장점은 행위자가 단순히 경제적 효용의 극대화뿐만 아니라 물질적 · 윤리적 요소를 포함하여 상황을 다양하게 고려한다는 것을 보여줌으로써, 좀 더 현실과 부합하는 설명을 제공할 수 있다는 점이다. 그러나 이처럼 공동체 기준이나 공평 원칙과 같은 동기적 규범(motivational norms), 비이기적 사고(non-egoistic consideration) 등의 분석 요소를 추가하는 일은 분석상의 난해함과 복잡성의 원인이 되곤 한다.

2) 제약의 형태

현실에 있어 실제 행동은 행위자의 계산적 고려에 의해서만 발생하는 것은 아니며 오히려 자신의 행동에 관한 '제약'에서 비롯된다. 여기에서 말하는 제약(constraints)은 다음의 두 가지로 나눠 볼 수 있다.

첫째, 자원의 희소성(resource scarcity)은 신고전주의 경제학에서부터 주목받아 왔던 대표적인 제약 조건으로서, 행위자들이 선택을 하는 데 기본적인 제약이 된다. 경제적 극빈층이나 정부에 직접적인 관련이 없는 사람이라 할지라도 주어진 자원, 즉 제한된 자원 하에서 자신의 이익을 위하여 효용을 극대화하는 행동을 취할 것이다.

둘째, 제약은 제도(institution)와 조직(organization)으로부터 부과되기도 한다. 제도는 규칙이나 제재들의 집합으로서, 제도 내부에서 가능한 상호행위 그리고 제도의 제약 하에서 적용 가능한 선택들에 관련하여 공동체 내에 모두에게 공유되는 것이다. 제도와 구조는 전략적 행위자들이 제도 및 구조에 의해 주어진 조건 하에서 취해지는 그들의 개인적인 선택이 참여자들 간의 긴장관계를 제약하여 균형적 결과로 이끌어준다. 특히 게임 이론(Game Theory)에서 제도는 게임 참가자들 간의 상호작용 구조인 '게임의 규칙'을 말한다. 예를 들어 입법부에 있어서 제도는 투표의 순서, 투표계산의 방법, 기타의 규칙에 의하여 추론이 가능하게 만들어준다. 그리프(Grief, 2005: 7)는 제도에 대해 "행동에 관해 기술적으로 결정된 제약으로 그것은 자기강화성(self-enforcing)을 의미한다"고 조작적인 정의를 내린다. 이처럼 모든 제도들은 규범화되는 측면을 지녔으며, 모든 집행 메커니즘을 지배하는 규칙이 법률적 또는 관습적 바탕을 두고 구체화된 것이라고 할 수 있다. 모든 제도는 국가가 규칙을 집행할 때는 정치제도로, 개인이 사회 안에서 승인이나 회피라는 메커니즘을 통하여 규칙이 집행된다면 사회제도 그리고 이득과 손실의 수단에 의하여 규칙이 집행된다면 경제제도로 고려된다. 구조는 제도의 구성요소로서 제도 안에서 또는 제도와 함께 다양한 행위자들이 상호작용하는 장소로 간주할 수 있다. 구조는 민주적 정책결정의 제도 안에서 한 가지 안건을 가지고 정당, 정부, 이익집단 등이 상호 작용하면서 정책을 결정하게 된다.

3) 전략적 상호작용

전략적 행위는 합리적 선택 이론 모형의 세 번째 핵심이며 합리적 선택 이론의 기원이라고 할 수 있는 신고전주의 경제학과의 차이점을 극명하게 보여주는 지점이라고 할 수 있다. 즉, 신고전주의 경제학 이론에 의하면 행위자들은 자신들이 선택하기 이전에 다른 사람들이 무엇을 선택할지를 고려하지 않는다. 그러나 실제로 대부분의 정치적·사회적 현실 상황에서 행위자들은 자신의 선택에 앞서 다른 사람들이 어떻게 행동할지에 관해 충분히 고려하는 모습을 보인다.

무임승차, 어장 남획, 그리고 부족한 목초지 활용 등의 사례에서도 행위자들은 최소한 "다른 사람들이 무엇을 할 것 같다"는 고려를 하게 되고, 각종 선거, 정부정책에 대한 순응, 집단적 행위에의 참여, 그리고 심지어 반란(rebellion)의 경우에도, 다른 사람들도 함께 행동할 것이라는 믿음에 근거해 행동한다. 만약 자신이 최전방 철책을 수호하는 대한민국 육군 장병 중 한 사람이 될 것이라고 믿는 병역의무자라면 병역에 대해 자발적일 것이지만, 병역의무자들 중 다수가 현역입영이나 대체복무의 대상자에서 제외된다면 병역에 자발적인 병역의무자라도 병역을 부정적으로 생각할 것이다.

이처럼 모든 사람들이 얻게 되는 결과는 각자의 선택에 달려 있지만, 전략적 상호행위에 따라 각 의사 결정자들은 선택을 하기에 앞서 다른 의사 결정자들이 어떤 결정을 내릴지 예측을 하게 된다. 이 경우 의사 결정자들은 공통된 지식 및 정보에 근거해 다른 행위자들의 선택을 예측하게 된다. 여기서 각 의사 결정자들은 다른 의사 결정자 모두가 도구적 합리성을 지니고 있다고 상호 가정하며, 동일하게 지닌 정보로부터 동일한 선택이 나타날 것이라고 추정함으로써 상대방의 선택에 대한 예측을 자신의 선택에 반영한다. 이에 관한 자세한 논의는 뒤에서 보게 될 '죄수의 딜레마'를 통해 살펴볼 것이다.

4) 균형점 해결

합리적 선택 모형의 마지막 구성 요소는 모델 구성에 전제된 '합리성'에 의해 행위자들이 일정한 '제약 조건' 하에서 '전략적 상호작용'을 진행함으로써 다다른 '균형점'을 밝혀내는 것이다. 즉, 균형점의 발견은 합리적 선택 이론을 통해 구성할 수 있는 분석 모델이 궁극적으로 설명하고자 하는 것, 곧 개인적 선택의 집합으로서 발생한 특정한 사회·정치현상에 관한 최종의 인과적인 결론이라고 할 수 있다.

그러나 몇몇 학자들은 "모든 행태는 정태적이고, 합리적 개인들 간의 모든 상호행위는 균형점을 산출한다"는 가정에 반대한다. 실제로, 애로우의 역설(Arrow, 1951)과

그림 5-3 합리적 선택의 모형

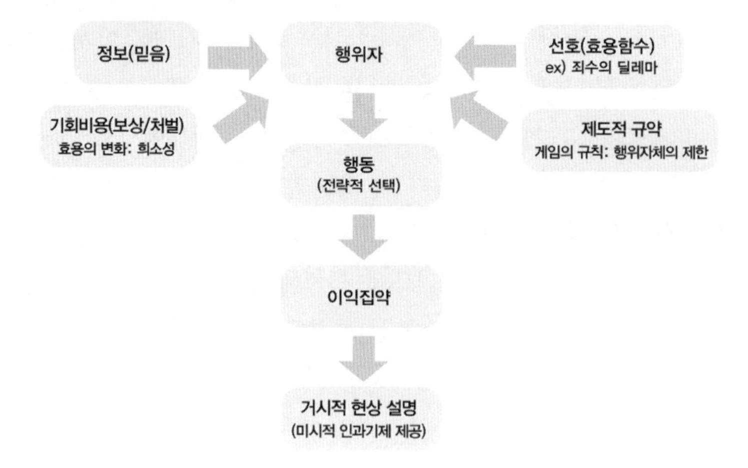

합리적 선택 이론의 몇몇 이론들은 정반대의 것들을 발견하였다. 즉, 모든 균형이 효율적인 것은 아니라는 것이다.

결과적으로 최선의 선택이 불가능한 상황에서 합리적 행위의 논리는 차선적인 균형과 배열들을 산출하는 데 있고, 이러한 제약 속에서 합리적인 개인들은 최적 균형을 산출하려고 한다. 대표적인 연구 사례로 앞서 언급했던 오스트롬(Ostrom)은 장기간 잘 유지된 공유재 사례와, 스리랑카, 터키, 캘리포니아와 같이 심각한 문제를 지닌 공유재의 사례를 통해 공유재 관리의 해결책과 각 해결책이 지니고 있는 문제점을 제시하였다. 레비(Levi)는 대규모 전쟁 기간 동안 군대를 대상으로 입대 지원자들의 선택이 형성하는 균형점의 비효율성을 입증했지만, 이러한 균형점은 입법자들과 정부 관리들의 지속적인 정치적 노력(예: 군지원자의 복지혜택 등)에 의해 변동되어 왔음을 증명하였다. 그리프(Grief, 2005)는 중세 후기 상업의 발전에 대한 연구에서, 입법자 및 정부 관리들의 상업 부양(promoting commerce) 정책이 항상 효율적인 결과를 가져온 것은 아니지만, 정책적 개입에 따라 제도적 배열이 다양하게 변화되는 사례들을 제공하였다.

| Box 5-1 | **애로우(Arrow)의 불가능성 정리(impossibility theorem)**

케네스 애로우(Kenneth J. Arrow)는 1951년 저서 『사회적 선택과 개인의 가치(Social Choice and Individual Values)』에서 민주주의적 투표제도가 사회 구성원 전체의 선호를 만족시킬 수는 없음을 증명하였다. 완벽한 의사결정으로 평가받기 위해서는 민주적이면서 동시에 효율적으로 개인의 선호가 반영된 집단의 의사결정을 도출해야 하지만 그런 의사 결정방식은 없다는 것이다. 결과적으로 민주적인 투표의 의사결정이 항상 효율적인 결론을 만들어 내지는 못한다는 것이다. 애로우는 사회적 선호체계가 가져야 할 바람직한 조건을 제시하고 이 조건들을 동시에 만족하는 사회후생함수가 존재하지 않음을 증명한 것이다. 불가능성정리에서 제시하는 공리는 다음과 같다.

1. 완전성(completeness)과 이행성(transitivity): 모든 사회적 상태를 비교 · 평가할 수 있어야 하며, a · b · c라는 세 사회적 상태에 대해 a를 b보다 더 선호하고 b를 c보다 더 선호한다면 a를 c보다 반드시 더 선호해야 한다.
2. 파레토 원리(Pareto principle): 이 사회의 모든 사람이 a를 b보다 더 선호하면 사회도 a를 b보다 더 선호해야 한다- 사회적 선택절차는 개인의 선호순서(복지, 경제, 교육, 안보 등)와 함께 작동

3. 비독재성(non-dictatorship): 이 사회의 어느 한 구성원의 선호가 전체 사회의 선호를 좌우해서는 안된다- 모든 유권자는 동일한 비중의 투표권 있음
4. 제3의 선택가능성으로부터의 독립(independence of irrelevant alternatives): a와 b의 두 사회적 상태를 비교할 때, 이들과 직접 관련이 없는 제3의 선택가능성의 존재는 이들 사이의 선호순위에 아무런 영향을 주지 말아야 한다-이질적 큰호소는 선호의 구성요소들을 오히려 편입시켜 유권자들은 선택하지 않게 된다.

여기서 애로우는 공리 1,2,4를 만족시키는 사회적 선호체계는 반드시 공리 3을 위배하게 된다는 것을 증명하였다. 현실에서 등장하는 사회적 선호체계는 투표형태로 등장하는데 이를 살펴보면 독재, 만장일치제, 다수결 투표, 점수투표제 등이 있다. 독재의 경우 공리 3을 위배하게 되고, 만장일치제는 안건 상호간의 우열을 판단할 수 없기 때문에 완전성을 위배하게 된다. 다수결은 일부 개인의 선호가 쌍봉성을 지니게 되는 경우 투표의 역설(Paradox of Voting)이 나타나게 되며, 단봉성 선호를 가지는 경우는 투표의 역설이 나타나지 않으나 단봉성 선호만을 요구하는 공리 4에 대한 위배가 나타나게 된다. 점수투표제는 선호의 강도를 표시함으로써 어떠한 선호 순위가 다른 선호 순위에 영향을 주는 공리 4를 위반하게 된다.

예를 들어보자. 우리학과 모의국회 구성원 9명이 성공적 행사 개최 후 MT를 가기 위하여 산, 바다, 계곡 중 선택을 하기로 한다. 4명은 산>바다>계곡 순, 3명은 바다>계곡>산 순 그리고 나머지 2명은 계곡>바다>산 순으로 선택하였다. 민주적 다수결로 볼 때 4명이 선택한 산으로 결정하면 문제가 없어 보이지만 산으로 가는 것이 학우들이 진정 원하는 것일까? 만약 계곡을 빼고 투표하자고 하면 4명은 그대로 산으로, 3명은 바다 그리고 2명은 차선책으로 바다를 선택해 결과가 바뀔 수 있다. 반대로 바다를 빼고 투표를 한다면 4명은 그대로 산, 3명은 차선책으로 계곡 그리고 2명은 그대로 계곡을 선택해 결과가 바뀔 것이다. 결과적으로 이러한 사실은 우리학과 구성원들은 산보다는 바다와 계곡을 선호한다는 사실을 확인시켜 주고 있다. 하지만 처음 세 곳을 대상으로 한 투표결과는 개인의 선호와는 다른 산으로 결정되었다는 것이다. 민주적인 방식의 투표결과가 과연 구성원들의 선호도를 제대로 반영되었는가에 의문점을 갖게 되는 대목이다. 우리가 사용하고 있는 다양한 형태의 의사결정과정이 완벽한 것을 아니라는 점을 증명하고 있다.

이처럼 불가능성정리는 이 네 가지 공리를 모두 만족하는 합리적이고 민주적인 사회후생함수가 존재할 수 없다는 점을 증명하였다. 그러나 이 정리를 비관적으로 바라볼 필요는 없다. 왜냐하면 애로우가 요구하는 공리의 구조가 현실에 비해 너무 강해서 오히려 현실에 적용되기 어렵기 때문이다. 따라서 애로우의 정리는 그 결과 자체보다 우리의 의사결정과정에서 생길 수 있는 문제점을 분석할 수 있는 계기를 마련하였다는 점에서 의의를 갖는다.

2. 합리적 선택의 방법론

비교 분석 및 역사적 분석에 있어서 합리적 선택 이론은 최근에 와서 명확한 형태로 자리 잡혔고, 방법상 자의식이 강한(self-conscious) 모형이 되었다. 방법론적 자의식이 강하다는 것은 곧 합리적 선택 이론이 그 기원이었던 신고전주의 경제학으로부터 어떻게 구분되어 독립된 이론으로서 정립될 것인가, 무엇을 모델화할 수 있고, 또 할 수 없는가, 어떻게 적당하고 체계적인 설명적 재료를 들여 올 것인가 하는 문제가 최근 들어 명확해지고 있다는 것을 의미한다.

분명한 사실은 합리적 선택 이론의 유용성이 이론의 간소화와 검증 가능성에 놓여 있다는 것이다. 그러므로 '실제 세계'에서 더 정교한 분석이 요구되는 경우라 할지라도, 합리적 선택 이론 자체는 너무 과도하고 엄격한 분석에 의해 제약을 받아서는 안 될 것이다. 정치적 · 사회적 현실의 복잡성과 이론의 명확성 사이에 존재하는 이러한 딜레마가 바로 많은 학자들의 연구를 어렵게 만드는 요인이다. 그럼에도 불구하고 합리적 선택 이론이 제시하는 연구방법론은 다양한 형태로 실제 연구에 적용되어 활용되고 있으며, 아래에서는 실제의 분석적 연구에 있어서 합리적 선택의 이론적 요소들이 어떻게 활용되는가를 그 활용 방법의 측면에서 나누어 살펴보도록 한다.

1) 비교정태분석

비교정태분석(comparative static analysis)은 원래 경제학에서 활용되는 용어로서, 외생변수의 주어진 값에 따라 내생변수의 값이 결정되고 외생변수의 값이 변하면 내생변수의 값도 변하게 되는 경제 모형의 구성 원리에 따라 외생변수의 변화 전과 후의 내생변수 값을 비교하는 것을 의미한다. 특히 제약조건의 변동은 외생변수 변동의 대표적인 한 유형으로서 곧 내생변수인 균형값의 변동을 초래하는데, 이 같은 균형의 추정(presumption of equilibria)에 대한 연구는 분석자들로 하여금 '특정한 균형점(equilibrium)을 붕괴시키는 것은 무엇인가'라는 의문을 품게 했다. 일단 도달된 균형점이 존재할 경우, 그것은 선택에 참여한 행위자 중 일부의 효용에 손실을 초래하지 않는 이상 변화될 수 없는 파레토 최적의 속성을 띠게 되는데, 이러한 상황에서는 선택을 변화시킬 수 있는 동기가 전혀 발생하지 않는다. 그러나 현실에서의 선택은 소비자 영역이든, 정치 영역이든, 사회 의사 결정 영역이든 간에 지속적으로 변화한다. 바로 이러한 균형점의 변화를 이해하기 위해서 외부 충격, 독립변수의 변경 등이 개인들의 행동에 어떠한 영향을 주게 될 것인지에 관한 일련의 가설이 필요한 것이다.

균형점 변동의 요인에 관한 분석의 실제 사례로서, 오스트롬(Ostrom, 1990)은 비교정태분석을 통하여 인구포화나 정부의 개입 등 공유재 보호를 목적으로 수립된 전통적 제도들의 토대를 무너뜨리는 원인들을 찾아냈다. 한편 레비는 군 징병 및 징세 등 시민들의 의무 부담을 요구하는 정부정책들과 관련하여, 이러한 정책 목표가 성공적으로 달성될 수 있는 요인들을 병사와 세금의 수요자(정부) 및 공급자(시민)의 측면에서 분석하고 있다(Levi, 1997). 여러 국가들의 사례를 비교 분석함으로써 레비는 징집 정책의 경우 수요자로서의 정부 측면에서 해당 징집이 외부의 군사적 위협에 의한 것이냐, 혹은 징집된 국내 소수자들의 지위가 향상될 것이냐의 요인과, 공급자로서의 시민 측면에서 정부 및 의사결정과정에 대한 신뢰 수준, 다른 시민들의 의무 준수에 대한 기대 수준 등의 요인에 의해 정책의 성공 수준이 결정된다는 것을 발견하였다.

2) 분석적 서술

합리적 선택이 발전을 거듭하면서, 제도적 분석 형태의 연구가 증가하게 되었다. 제도에 관한 연구의 발전은 개인의 정보비용 감소, 행동의 중점 연구 등과 같은 요소들을 설명하는 데 있어서 중요한 역할을 해냈는데, 특히 게임 이론을 적용한 경험적 연구들은 제도적인 분석모형을 .통하여 강화될 수 있었다.

사이몬(Simon)이 제시한 수요합리성(demand rationality)에서 개인들은 다른 사람들이 최선의 전략을 고안해내기 위해 어떤 결정을 할 것인가에 관해 추정해야만 한다. 다른 행위자에 관한 행위자들 간의 공통 지식의 추정과정에서 상당량의 정보가 주어지고 있는 사례의 경우라고 하더라도, 연구를 위하여 그러한 정보가 획득되는 데 필요한 비용을 산출하는 데에는 실패할 수 있다. 그러나 연구자들은 제도의 개념에 주목함으로써, 많은 행위자들이 제도를 통하여 정보 제공을 받게 된다고 가정함으로써 다수 행위자 간의 전략적 상호작용에 대한 분석을 수행할 수 있는 효과적인 방법을 찾아냈다(North, 1990). 즉, 제도는 단순히 제약이나 규제로서의 구속력뿐만 아니라, 행위자들이 각자의 선택을 하는 데 있어 다른 사람들의 행태에 관한 예측의 효과를 제공한다는 것이다. 여기에서 각각의 행위자들은 제도로부터 습득한 정보를 통해 전략적 선택이 가능해진다. 예를 들어, 수입세 제도는 사회의 잠재적 소비자들에게 지식을 제공해주고, 개인적 탈세에 대한 처벌의 가능성을 제시해주며, 대부분의 사람들에게 다른 사람들은 선택할 수 없거나 무임승차하지 않을 것이라고 생각하게 만든다. 이와 같이 정보는 억제력의 역할을 가지는 동시에, 지불 동기와 같은 호혜관계를 촉진한다(Levi, 1988).

이처럼 합리적 선택의 틀 안에서 제도의 역할을 자리매김하려는 지속적인 시도가 있었으나 상황과 제도들은 갈수록 더 복잡해졌고, 여러 쟁점들의 발생은 전통적인 합리적 선택 모형의 사용을 더욱 어렵게 만들었다. 또한 각각의 사례와 관련하여 이론에 입각한 학자들의 예상보다 상세한 구체적인 경험적 지식들이 갈수록 요구되고 있는 추세이다.

요약하자면, 오랫동안 합리적 선택 이론은 행위의 결과 또는 사건을 개인적 선택의 집합으로부터 유래한 것으로 설명해 왔다. 개인들은 의사 결정자이고, 합리적이며, 그들의 선호와 선택은 집합적인 결과에 이바지한다. 또한 다른 사람들의 선택은 자신의 선택에 있어서도 전략적 선택과 상호작용을 강요하게 되며, 다양한 선택지의 존재는 행위자들의 선택을 제약하는 기능을 수행한다(Lichbach and Zuckerman, 1997: 31).

일찍이 합리적 선택 이론가들은 대표적 사례들을 통해 핵심적 행위자, 전략, 제약 등을 충분히 확인하도록 해주었고, 설명의 발전 및 가설의 검증을 위한 일련의 연구 방법을 구축했다. 이제 분석적 서술의 다음 단계는 독립변수와 종속변수 간의 연결을 제시하여, 인과적 메커니즘의 설명을 할 수 있는 특수한 모형을 만드는 것이다. 그 모형은 올슨의 연구에서와 같이 예측된 효용 방정식(utility equation)의 형태를 취하거나, 라이틴(David Laitin)의 연구에서와 같이 게임 이론의 논리로부터 유래될 수 있다(David Laitin, 1992; 1995). 특히 게임 이론적 접근법은 몇 가지 강점을 지니고 있다. 게임 이론은 균형점을 발견하는 비교정태분석과 경로의존성에 대한 분석이 가능할 뿐만 아니라, 균형점이 형성되는 경로 역시 추적할 수 있기 때문이다.

3) 경로의존성(Path Dependence)

연구 대상으로 설정된 특정한 사례에서 특별히 중요한 순간 및 행동들을 포착하기 위해서는 과거 행동들로부터 비롯된 제약에 대한 이해가 필요하다. 현재에 영향을 줄 수 있는 과거의 사건들은 인과적 관련성에 의해 발생된 것들로서, 특정 사건은 특정한 인과적 연결고리를 시발점으로 하여 연속성을 가지기 때문이다.

경로의존성은 과거로부터 현재로 이어지는 인과 연결고리, 즉 "역사는 중요하다(history matters)"는 표어에 충실한 개념이지만, 이것을 규명하는 일은 결코 단순하지 않다. 가령 경로의존성은 옛 도시나 지방의 지나간 자취를 통해 그것의 특유한 발전 경로를 거스르는 비용(costs of reversal)이 매우 크다는 것을 알려준다. 즉, 선택의 기로에서는 다른 선택을 할 수 있는 기회가 주어지지만, 과거로부터 축적된 견고한 제도적 배열로 인해 최초의 선택에서 다른 선택으로 가는 역전현상이 억제된다는 것이다.

경로의존성의 의미는 경로(path)보다는 차라리 나무(tree)에 대한 비유를 통해 더 쉽게 이해할 수 있다. 예를 들어, 하나의 줄기에는 서로 다른 많은 가지가 뻗어 있고, 사람들은 하나의 줄기를 통해 여러 가지로 올라가야 한다. 한 사람이 줄기를 타고 특정한 가지 위로 올라간다면 다음 사람은 다른 가지를 이용할 수 있다고 하더라도 이전 사람이 선택한 가지를 따라 올라갈 것이다. 혹은, A와 B라는 가지 중 A라는 특정 가지를 선택했다면, A 가지를 타고 오르다가 다시 내려가는 비용을 감수하지 않는 이상, 애초에 선택하지 않았던 B 가지로 돌아가는 것은 매우 어려운 일이 될 것이다.

QWERTY(타자기 키보드 배열) 자판의 사례는 이러한 경로의존성의 대표적인 예라고 할 수 있다(David, 1985: 332~337). 1870년대 QWERTY 배열의 타자기가 출시되어 시장을 선점하자, 타자기 생산자와 구매자, 타자수, 타자학원 등 관련 이해관계자들의 기득권이 형성되었고 1930년대에 더 효율적인 배열을 지닌 타자기가 나왔지만 시장에서 받아들여지지 않았다. 이는 QWERTY 배열 중 하나만 변경하더라도 경로이탈로 인해 이해관계자들이 치러야 할 비용이 매우 컸기 때문이다. QWERTY 배열은 오늘날의 컴퓨터와 무선통신기기에도 그대로 적용되고 있으며 음성인식 기술과 같은 외생적인 충격이 없는 한 특정 경로를 유지하고 있다. 즉, QWERTY 자판 사례는 시간이 지날수록 현상유지에 따른 편익이 증대되고, 반대로 경로이탈에 따른 비용이 증가하는 수확체증(increased return)의 원리가 적용되고 있는 사례라고 할 수 있다(Pierson, 2000: 251~267).

실제로 비교정치에서 경로의존성의 적용은 성공적으로 시도되었다. 예를 들어 푸트남(Putnam, 1993)과 노스(North, 1990)는 14세기 이탈리아 시민들의 신뢰 수준을 연구 대상으로 삼아, 신뢰를 기초로 한 북부 이탈리아 시민참여의 '선순환 구조(virtuous cycle)'와 불신을 기초로 한 남부 이탈리아 시민참여의 '악순환 구조(vicious cycle)'를 통해 경로의존성에 관한 개념을 적용하여 북부 이탈리아와 남부 이탈리아의 발전과 재발전의 차이점을 설명하였다. 한번 순환구조가 만들어지게 되면 새로운 변화를 추구하기에는 많은 노력과 변화된 환경으로 구성원들의 조직화를 다시 이끌어내기 어렵기 때문에 이미 조직화된 상태(existence of coordination)를 유지하려고 한다는 것이다. 조직이 발전된 경우, 경로는 더 견고하게 설립되었고, 조직들은 더 많은 이익을 추구하게 되었으며, 이 경우 시민들은 최적의 경로가 아님에도 기존의 경로를 채택하였다(Hardin, 1995). 즉, 과거의 역사적 사건과 맥락에서 벗어나지 못했기 때문에 최적의 적응(optimal adaptation)에 실패하고 경로의존성을 보이게 된다는 것이다.

제4절 | 합리적 선택 이론의 여러 형태

1. 결정 이론(Decision Theory)

개인에게 합리적 선택이란 여러 대안 중에서 자신에게 가장 큰 이익을 줄 대안을 선택하는 결정을 의미한다. 이를 도식화시킨 것이 결정 이론이다. 이 이론은 대안, 대안에 따라 발생하는 결과들이 가지는 효용, 결과들의 발생확률, 그리고 결과에 따른 기대효용치 등의 요소를 포함한다.

표 5-1 기대효용치의 예

	결과	효용	확률	기대효용치
A	a	1,000	0.2	200
	b	−100	0.7	−70
	c	−20	0.1	−2
B	d	700	0.1	70
	f	20	0.9	18

<표 5-1>은 합리적 선택과 관련된 선택 대안과 이에 따른 기대효용치를 정리한 것이다. 먼저 여기서는 A와 B라는 두 개의 선택대안이 있으며 A를 선택하였을 경우, a, b, c라는 세 개의 결과가 나올 수 있다. 그 결과에 따라 얻는 효용은 a가 1,000, b가 -100, c가 -20이며 그 결과들이 발생할 확률은 a가 0.2, b가 0.7, c가 0.1이다. 따라서 각 결과에 따라 기대되는 효용은 각각 200, -70, -2이다. B를 선택하였을 경우에는 d와 f라는 결과가 나올 수 있으며 그들의 효용은 각각 700과 20이고 각각이 발생될 확률은 0.1과 0.9이다. 따라서 기대효용은 각각 70과 18이다.

<표 5-1>을 통해서 살펴보면 A를 선택하였을 때 기대되는 효용치는 각각 결과의 기대효용치인 200, -70, -2를 합친 128이며, B를 선택하였을 경우의 기대효용치는 70과 18을 합친 88이 된다. 따라서 행위자는 기대효용치가 높은 A를 선택하는 것이 합리적인 선택이 된다.

그러나 합리적 선택과 관련하여 행위자들이 반드시 앞에서와 같은 전략을 택하는 것은 아니다. 예를 들어, 최소극대화 규칙(maximin rule)을 살펴보자. 만약 행위자가 모험을 싫어하는 소심한 성격의 소유자라면 최악의 결과를 피하려 들 것이다. A를 선택하였을 경우 최악의 결과는 b로 그 효용이 -100이며 B의 가장 나쁜 결과는 f의 20이다. 그렇다면 행위자는 A와 B 중 어느 것을 선택할 것인가? 만약 그가 최소극대화 규칙을 추종한다면 그는 덜 나쁜 결과인 f가 있는 B를 선택할 수도 있다. 이 최소극대화 규칙은 모험을 피하려는(risk-aversive) 심리에 근거한 것으로서 행위자로 하여금 파국적인 손실을 입지 않도록 하는 전략이라고 볼 수 있다.

2. 게임 이론(Game Theory)

게임 이론은 당초 경제문제에 대한 접근방법으로 시작된 것이다. 최근에 이 이론은 사회과학 전 분야에 확산되어 수학적 분석에 기초하여 사회현상을 이해하려는 시도가 이루어지고 있다. 정치학에서는 분쟁이나 협력을 둘러싼 상황에서 의사 결정을 연구하는 하나의 방법으로 사용되고 있다. 게임이론의 세 가지 구성요소 중 게임에 참여하는 의사 결정단위를 경기자(player)라고 하는데 경기자의 예로는 개인, 집단, 외국과 협상을 벌이는 외교관, 전쟁을 수행하는 장군, 노동조합, 선거에 입후보한 정치인 등 다양한 주체들을 생각할 수 있다. 그 외로 전략(strategy) 그리고 보수(payoff)로 구성된다. 게임 이론의 기본과정은 어떤 의사 결정자의 목표나 이해의 달성은 상대방의 그것들과 서로 관련되어 있다는 상호의존적인 선택(interdependent choice)에 있다. 상호의존적 선택이란 한 개인의 선택 단독으로는 결과를 결정하지 못하는 상황에서의 선택을 말한다(정용덕 외, 1999: 31).

게임 이론의 이론적 논의는 노이만과 모르겐슈테인으로부터 발전되었다. 그들은 두 경기자 또는 다수 사이의 게임은 야구나 축구 그리고 포커·고스톱 등과 같은 서로 경쟁하고 그 결과로 한 사람의 이득이 다른 사람의 손실로 나타나는 적대적 게임을 영합게임(zero sum game)이론으로 설명하였다(Neumann and Morgenstern, 2007). 영합게임은 군사학과 경제학에서 많이 인용된다. 경쟁과 협력이 혼재하는 인간행동의 복잡한 의도를 설명하는 데 분명한 한계가 존재하지만, 그들의 연구는 많은 학자들에게 영향을 주게 된다. 게임이론을 이용하여 상호의존적인 이해관계를 갖는 둘 이상의 개인들을 포함하는 사회상황(Zagare, 1984: 7) 또는 사회규칙과 자연법칙에 따르는 사회상황(Ostrom, Gardner, and Walker, 1994)을 설명하는 범위까지 확대되었다. 1994년 노벨 경제학상을 공동수상한 내쉬(John Nash)는 여러 사람이 참여하는 비영합게임(non zero sum game)에서도 균형이 발생할 수 있다는, 두 가지 경우의 '내쉬균형(Nash equilibrium)'을 선보였다(River, 2015). 첫 번째 경우는 게임의 참여자가 상대방의 전략을 고정된 것으로 보고 그 상황에서 자신에게 최적인 선택을 하는 경우 균형이 형성될 수 있다. 두 번째 경우는 게임이 시작되고 상대방의 선택을 예측해서 선택을 하게 되면, 또 다시 상대방은 그 사람의 선택에 의해 자신의 선택을 수정하게 되는 선택과 재선택이 반복되는 과정에서 발생하는 어느 순간 선택을 변경해도 상황이 반전될 수 없다는 최적점이 발생했을 때 이를 '균형'이라고 한다는 것이다.

게임에서 각 경기자는 자신의 목표나 능력에 맞는 전략을 선택해야 할 뿐 아니라 상대 플레이어의 목표나 능력도 고려하여 자기의 계획을 조정하여야만 한다. 이 가정에 근거하면 게임 이론의 기본요소는 게임의 경기자, 그들이 통제할 수 있는 변수(variable), 정보 및 환경적 조건 등을 구체화한 규칙(rule) 등이 된다. 경기자들이 의사 결정을 좌우하는 것은 전략인데, 여기서 전략(strategy)이란 게임이 전제로 하는 모든 우발적 사태 하에서 경기자가 어떻게 움직여야 할 것인가를 제시해주는 행동의 일반적인 계획을 의미한다. 게임 이론은 이러한 게임의 전략과 관련된 여러 문제들을 체계적으로 다루며 경기자의 선택에 따른 보수(payoff)를 하나의 득실표로 정리한다. 그리고 이 득실표를 근거로 게임의 다양한 형태를 분석하고 체계화한다.

게임 이론은 그 가치가 매우 다양하고 응용분야 또한 광범위하다. 따라서 여기서는 게임 이론의 가장 기초가 되며, 정치적 함의를 가지고 있는 주요 이론들만을 소개해볼 것이다.

1) 2인 영합게임(Two-persons Zero-sum Game)

2인 영합게임은 두 사람 사이의 대결을 가정한 것이다. 한 플레이어의 이득은 상대 플레이어의 손실과 같기 때문에 두 사람의 득실의 합은 항상 '0(zero)'이 된다는 특징을 가지고 있다. 이 게임은 서로가 상대방에 대한 완전한 정보를 가지고 있다고 전제하고 있으므로 게임 당사자들은 서로가 취할 수 있는 모든 가능한 전략들과 그에 따르는 득실을 알고 있는 것으로 가정한다.

(1) 둘 다 우월전략이 있는 경우

다음(<표 5−2>)의 득실표에 따라 각 플레이어가 선택할 전략을 살펴보자. 먼저 A의 전략을 살펴보자. A는 B가 전략 1을 선택하였을 때, 자신이 전략 1을 선택하면 4를 얻고 전략 2를 선택하면 0을 얻게 된다. 따라서 이 경우 A는 전략 1을 선택할 것이다. 또한 B가 전략 2를 선택하였을 때, 자신이 전략 1을 선택하면 3을 얻고 전략 2를 선택하면 −2를 얻는다. 따라서 이 경우도 A는 역시 전략 1을 선택하는 것이 이득이 된다. 즉, 이 게임에서 A에게는 B가 어떤 전략을 선택하든 무조건 전략 1을 선택하는 것이 이득이다. A에게 전략 1은 언제나 전략 2보다 유리하므로 전략 1을 A를 위한 우월 전략(dominant strategy)이라 한다.

표 5-2 2인 영합게임 득실표 1

		B	
		전략 1	전략 2
A	전략 1	−4 4	−3 3
	전략 2	0 0	2 −2

그럼 이번에는 B와 관련된 우월전략을 알아보자. B는 A가 전략 1을 선택하였을 때, 자신이 전략 1을 선택하면 −4를 얻고 전략 2를 선택하면 -3을 얻게 된다. B가 전략 1을 선택하면 0을 얻고 전략 2를 선택하면 2를 얻는다. 따라서 이 경우, B는 무조건 전략 2를 선택하는 것이 유리하다. 이 게임에서는 전략 2가 B의 우월 전략이 된다. 결과적으로 이 게임은 A와 B 모두 우월전략인 A는 전략 1, B는 전략 2를 선택하여 결국(3, −3)에서 종결된다.

(2) 하나만 우월전략이 있는 경우

아래의 득실표에 따라 두 플레이어가 택할 수 있는 전략을 살펴보자. 먼저 A의 경우를 보자. B가 전략 1을 택하였을 때 A가 전략 1을 택하면 5를, 전략 2를 택하면 10을 얻는다. B가 전략 2를 택하였을 때 A가 전략 1을 택하면 4를, 전략 2를 택하면 −8을 얻는다. 이 경우는 우월전략이 없다.

B의 경우를 보자. A가 전략 1을 택하였을 때 B는 전략 1을 택하면 −5를, 전략 2를 택하면 −4를 얻는다. A가 전략 2를 택하였을 때 B는 전략 1을 택하면 −10을, 전략 2를 택하면 8을 얻는다. 이때 B는 A가 무엇을 택하든 전략 2를 택하는 것이 유리하다. 즉, B에게 전략 2는 우월전략이 된다.

그러면 이 게임은 어떻게 종결될 것인가? B는 우월전략인 전략 2를 택할 것이다. 그러면 A는 4와 −8 중, 자신에게 유리한 결과를 가져오는 4, 즉 전략 1을 택하게 된다. 게임은 A의 전략 1, B의 전략 2로 종결되어 A는 4를 얻고 B는 −4를 얻는 것으로 종결된다.

표 5-3 2인 영합게임 득실표 2

		B	
		전략 1	전략 2
A	전략 1	−5 5	−4 4
	전략 2	−10 10	8 −8

(3) 둘 다 우월전략이 없는 경우

먼저 A를 살펴보면, B가 전략 1을 택하였을 때, A가 전략 1을 택하면 −10을, 전략 2를 택하면 8을 얻는다. B가 전략 2를 택하였을 때 A가 전략 1을 택하면 5를, 전략 2를 택하면 −4를 얻는다. 이 경우 A는 우월전략을 가지고 있지 않다.

B를 살펴보자. A가 전략 1을 택하였을 때, B가 전략 1을 택하면 10을, 전략 2를 택하면 −5를 얻는다. A가 전략 2를 택하였을 때 B가 전략 1을 택하면 −8을, 전략 2를 택하면 −4를 얻는다. 따라서 B도 우월전략이 없다.

그렇다면 이 게임은 어떻게 끝날 것인가? 먼저 전략을 선택하면 상대방이 거기에 맞춰 자신에게 유리한 전략을 택하게 되기 때문에 이 게임은 성립되지 않는다. 이를 게임이 종료되지 않는다고 말한다.

표 5-4 2인 영합게임 득실표 3

		B	
		전략 1	전략 2
A	전략 1	10 −10	−5 5
	전략 2	−8 8	−4 −4

2) 죄수의 딜레마(Prisioner's Dilemma)

게임 이론 가운데 사회과학에서 가장 많이 인용되고 있는 것 중의 하나가 '내쉬균형'을 보여주는 죄수의 딜레마이다. 한마디로 이것은 개개인의 합리적인 선택은 결국 참여자 모두에게 최대의 이득을 가져오는 합리적인 결과를 낳을 것이라는 추론에 의문을 제기하는 내용이다. 은행 강도와 같은 중죄를 저지를 혐의를 받는 두 용의자가 체포되어 서로 격리된 채 유치소에 수감되어 있다고 가정하자. 그리고 검사는 그들에게 다음과 같은 회유와 흥정을 한다고 치자. 만약 한 사람이 범행을 자백하고 다른 사람이 묵비권을 행사하면, 자백한 사람은 가벼운 형(1년)을 받고 묵비권을 행사한 사람은 은행 강도에 대한 모든 죄를 뒤집어쓰고 중형(10년)을 받는다. 만약 둘 다 자백을 하면 두 사람 모두 처벌은 받지만 정상을 참작하여 가벼운 형(7년)을 받는다. 그런데 둘 다 자백을 않고 묵비권을 행사하면 검사가 확보한 증거가 거의 없으므로 매우 가벼운 형(2년)을 받는다.

표 5-5 죄수의 딜레마에 따른 이득표

		죄수 B	
		묵비권	자백
죄수 A	묵비권	2 / 2	10 / 1
	자백	1 / 10	7 / 7

이러한 상황 속에서 가장 최선의 결과를 얻으려면 두 용의자는 어떻게 해야 하는가? 또한 용의자들이 합리적인 결정을 하려면 어떤 선택을 해야 하는가? 각자의 전략을 계산해보기로 하자.

먼저 A의 입장을 살펴보자. B가 묵비권을 행사하였을 경우, A 자신이 자백을 하면 자신은 1년형을, 묵비권을 행사하면 2년 형을 받는다. A 입장에서는 1년 형을 받는 자백이 자신에게 유리하다. B가 자백하였을 경우, A 자신이 자백하면 자신은 7년 형을, 묵비권을 행사하면 혼자 죄를 뒤집어쓰고 10년형을 받게 된다. 이 경우도 자백하는 것이 자신에게 유리하다. 결국 A는 B가 자백을 하든지 묵비권을 행사하든지 간에 자신은 자백을 하는 것이 무조건 유리하다는 결론에 이르게 된다. B의 입장도 마찬가지다. A가 어떤 전략을 택하든 자신은 자백하는 것이 유리하므로 자백을 선택하게 된다.

두 용의자는 각자의 합리적 계산에 의해 자백을 하게 된다. 그 결과는 어떻게 나타나는가? 둘 모두 각각 7년형을 받게 된다. 두 사람이 모두 묵비권을 행사하였을 때보다 더 큰 형을 살게 되는 역설적인 결과가 나타난다. 즉, 개인들은 각각 매우 합리적인 선택을 하였으나 집단적으로 볼 때 비합리적인 결과가 발생한다. 그래서 이러한 현상을 설명하는 게임을 죄수의 딜레마라고 이름 붙인 것이다.

죄수의 딜레마와 같은 상황은 다음과 같은 특징을 갖는다. 첫째, 각 플레이어는 우월전략을 가진다. 둘째, 두 플레이어가 모두 우월전략을 선택하면 그렇지 않은 경우보다 더 불리한 결과를 가져올 수 있다. 개인적 합리성이 집단적 불합리성을 가져올 수 있는 역설적 현상이 발생한다. 셋째, 한 사람은 합리적 선택(자백)을 하고 다른 사람은 비합리적 선택(묵비권)을 하면 합리적 선택을 한 사람이 더 큰 이득을 얻는다.

3) 겁쟁이 게임(Chicken Game)

1950년대 미국에서는 반항적인 10대들 사이에서는 자동차를 마주보고 달리는 게임이 유행하였다. 50년대 미국 무비 스타 제임스 딘 주연의 '이유 없는 반항(Rebel Without A Cause)'에서 이런 장면이 등장한다. 이러한 무모한 용기의 과시를 위한 게임을 겁쟁이 게임이라고 한다. 겁쟁이 게임을 하는 행위자들은 자신의 배짱과 용기를 과시하기 위해 두 사람이 서로 반대 방향에서 자동차를 몰아 상대방을 향해 전속력으로 돌진한다. 빠른 속력으로 달려오는 두 자동차의 거리가 가까워지면서 정면 충동을 피하려고 먼저 차 방향을 돌리면 그 사람이 지는 것이며 그는 겁쟁이가 되는 것이다. 만약 두 사람 다 그대로 직진하면 큰 부상을 당하거나 심지어 죽을 수도 있다. 두 사람 다 충돌을 피하려 방향을 바꾸면 모두 체면이 깎이게 되나 치명상은 피할 수 있으며 혼자 겁쟁이라고 불리는 것보다는 낫다.

이 겁쟁이 게임에서 플레이어들이 선택할 수 있는 합리적 전략은 무엇일까? 이 게임에서는 각자의 우월전략이 없다는 점에서 죄수의 딜레마와는 성격이 다른 게임이다. 때문에 두 플레이어는 보수적이고 신중한 결정을 내려야 한다. 이 경우 최소극대화 전략이 활용될 것으로 예상할 수 있다.

먼저 A를 살펴보자. A가 중간에 피할 경우 얻는 최악의 결과는 겁쟁이 소리를 듣는 −5이며, 직진을 할 경우 예상되는 가장 나쁜 결과는 서로 충돌하여 중상을 당하는 −10이다. A가 신중한 행위자로 최악의 결과를 회피하려 한다면 −5와 −10 중 −5의 결과가 나오는 피하는 전략을 택할 것이다. 이러한 계산은 B에게도 그대로 적용될 수 있어 결국 B도 피하는 전략을 선택함으로써 정면을 보고 달려오던 차들은 서로 피하는 것으로 게임은 종료된다.

표 5-6 겁쟁이 게임 득실표

		B	
		피함	직진함
A	피함	−5 −5	5 −5
	직진함	−5 5	−10 −10

그러나 이 게임의 플레이어들이 언제나 최소극대화 전략을 택하리라는 보장은 없다. 이 게임의 성격 자체가 이미 비이성적인 것으로 합리적 선택의 범위를 벗어나 있고 실제 상황에서 두 플레이어가 흥분된 상태라면 합리적 판단을 못할 수도 있기 때문이다.

이 게임은 냉전시대 핵무기를 중심으로 한 군비경쟁에 많이 응용되었다. 겁쟁이 게임에서의 직진은 핵무기 사용을 의미하는데, 만약 양국이 모두 핵무기를 사용한다면 이는 두 나라 모두의 파국을 의미한다. 결국 어느 누구도 핵무기를 사용하지 못하고 만다. 극한대결 상황에서도 겁쟁이라는 소리를 피할 수 있는 명분만 존재한다면 핵위협을 철회할 수 있는 것이다.

제5절 | 합리적 선택 이론의 한계와 전망

합리적 선택이론은 다음과 같은 장점을 가지고 있다. 첫째, 모든 설명을 심리적·인지적 과정이 아니라 제도적으로 명확하게 설명할 수 있다. 즉 결과는 치밀한 계산에 의한 것이지 우연 또는 실수가 아닌 것이다. 둘째, 순환적인 사회 정치현상을 균형적으로 분석할 수 있다. 즉 어떠한 행동의 변화가 있다면 동기(incentive)가 있을 것이다. 이러한 분석은 최적의 행위를 발견할 수 있고 예측이 가능하여 대안적 설명(실수, 습관, 관습, 상징적 의미 등)을 제거할 수 있다. 셋째, 축척된 지식을 바탕으로 논리적 설명이 가능하여 연역적 추론이 가능하다. 마지막으로 개인들간의 행동을 설명하는 데 호환이 가능하다. 즉 국적과 문화적 바탕이 다를지라도 현재 존재하는 제도와 합리성의 가설을 통하면 같은 상황에서는 항상 같은 행동을 할 수 있다는 예측이 가능하다.

그러나 한계도 존재한다. 한계는(물론, 두 가지가 서로 밀접하게 연결되어 있는 것이지만) 설명하고자 하는 현상과 이를 추상화한 모형의 관계라는 측면에서 파악될 수도 있고, 모형 내부에 문제를 풀 도구 자체가 있다는 측면에서 파악될 수도 있다. 즉, 연구모형이란 연구 대상이 되는 정치적 현상이 지니는 복잡성을 분석적으로 분류하고 단순화하기 위한 도구라고 할 수 있다. 좋은 연구모형은 연구 대상이 되는 사회적 실재 혹은 사회적 사실을 명확한 구성 요소들로 분류함으로써, 또한 현상과 관계된 요소 중 중요한 것이 무엇인가를 적시해 줌으로써 연구의 방향을 제시할 수 있다. 그러나 문제는 연구모형과 현실을 혼동할 때 발생한다. 즉, 현실은 모형화된 이론적 추상물들보다 훨씬 복잡하며 만약 사실과 관련된 새로운 요소가 발견될 경우 모형 자체가 수정되어야 한다. 이는 본문에서 지적하였듯이 특히 합리적 선택 이론에서 강조되는 합리성의 개념과 관련해서 복잡한 문제를 야기하게 된다.

예를 들어, 한국의 지역주의 투표를 합리적으로 설명하려면(조기숙, 2000), 방법론적 개인주의에 따라 개별 유권자가 투표 후에 어떤 정치적 혜택과 효율을 가지게 되는지에 대한 추가분석이 필요하다는 점이다(강원택, 2000).

즉, 합리적 선택 이론에서는 인간의 이기주의적 측면과 효용의 극대화라는 산술적 특성이 전제되고 있다. 이 부분에 대해서 많은 비판이 있는 것은 사실이다. 먼저 규범적인 측면에서 볼 때 인간이 모두 그렇게 도구적인 차원의 효용만을 고려하여 행동하는 것은 아니라는 점이다. 자신의 이익과는 관계없이 남을 위해 희생하는 행위도 얼마든지 있다. 또한 상대주의적 입장을 취하는 학자들은 합리성이라는 개념 자체의 의미가 문화적 맥락에 따라 다를 수 있으며, 규범이나 가치와 같은 도덕적 원칙들이 폭넓게 개인의 행동에 영향을 미친다는 것을 강조한다. 즉, 서양인들이 기준으로 삼는 합리성과 우리나라 사람들의 합리성은 다를 수 있다는 것이다.

최근 들어 상생의 공동체 구축을 위해 신뢰와 규범의 메케니즘이 작동되는 사회적 자본(Social Capital)에 대한 관심이 높아지고 있다. 합리적 선택 이론가들이 전제가 되는 인간은 합리적이기 때문에 발생하는 집단행동의 문제(collective action problem), 죄수의 딜레마(prisoner's dilemma), 무임승차문제(free-rider problem), 공유지의 비극(the tragedy of the common)등의 문제의 대안으로 관심을 받고 있다. 집단 구성원들을 바른 행동으로 이끄는 서로 신뢰하는 균형점(비제도적 영역)과 이를 지키도록 보장하는 힘(제도적 영역)을 갖춘 규범과 집행의 메케니즘이 적절히 정착되어야 한다는 것이다. 메케니즘의 엔진인 상호신뢰는 일정한 시간의 거래를 통해 구축되기 때문에 자유로운 상호거래가 우선적으로 활성화 되어야 한다.

반면에, 문화상대주의자들의 주장을 살펴보면 첫째, 인간의 목표나 믿음은 문화적으로 규정될 수 있다. 합리적 선택 이론은 인간의 행위목표를 주로 물질적인 이득에 기준하여 살피는 동시에 믿음이나 신념 역시 물질적 이익과 마찬가지로 사실적이고 인과론적인 성격을 갖고 있는 것으로 전제하고 있으나, 상대주의자들은 목표나 믿음은 문화에 따라 특수하게 정의된다고 주장한다. 민족이나 국가에 따라 그 구성원들의 욕구나 이해 자체가 다르게 정의될 수 있으며 믿음 또한 신비적인 형태를 띨 수 있다는 것을 지적한 것이다. 둘째, 문화상대주의자들은 합리적 선택 이론이 규범이나 가치를 등한시한다고 비판한다. 인간은 반드시 이기적 동기에 의해서 움직이는 것이 아니라 남을 위해 또는 공동체의 이익과 같은 도덕적 원칙에 따라 행동하는 경우도 있다는 것이다.

비교·분석 분야의 경험적인 이론인 합리적 선택은 여전히 연구의 과정 속에 놓여 있다. 그러나 합리적 선택에 관한 연구가 과도기의 상황에 놓여 있다 하더라도, 합리적 선택은 분명 비교정치 분야에서 주요한 패러다임 중 하나가 되었고, 관련 학문 분과를 만들어 냈으며, 관련된 주제와 장소 및 기간 등의 범위에 있어 영향력 있는 연구로 인정받고 있다. 비록 합리주의 연구자들이 서로 분화되고 다소 정체되어 있다고 하더라도 그들의 연구 성과물들은 학계에서 많은 관심의 대상이 되고 있고, 지역 연구자들에게도 좋은 결론을 도출할 수 있는 분석틀을 제공하고 있다.

합리주의자들의 실증주의적인 윤리학은 탈현대주의자들을 비롯한 다른 경향의 연구자들로부터 비판을 받고 있다. 특히 합리주의자들의 진상조사, 검증 가능성, 그리고 인간 심리학에 근간을 둔 합리성에 대한 보편주의는 불가능한 목표가 될 것이라는 점이다(Lichbach and Zuckerman, 2009: 133). 합리주의자들은 그들이 주장하는 모형의 설명력을 증대시키기 위하여 분화된 패러다임 사이의 지속되는 경쟁을 통하여 이론적 완성도를 만족시키는 작업을 더해 간다면 이는 점진적으로 개선되어 나갈 것이다.

정치제도

정치제도는 민주주의, 권위주의 그리고 전체주의와 같은 정치체제를 설명하기도 하고, 정당, 국회, 행정부 그리고 입법부와 같은 공식적 정치구조를 지칭하기도 하며, 헌법 · 법률 · 규범 · 자산의 권리와 같은 공식적 규칙 또는 원칙(formal rules)뿐만 아니라 관습 · 문화 · 가치 등 비공식적 구속조건(informal constraints)을 일컫는 등 다양한 의미로 사용된다(North, 1991: 97, 하연섭, 2011: 336~337). 이와 같이 다의적인 의미를 갖는 정치제도는 정치학 제 분야 내 결정적인 위치 지어지는 데 있어 어려움이 따르지만(Kohli et al., 1995: 4), 인간의 정치활동과 관련성 그리고 정치조직에 관한 영속성을 밝히고 그것의 가치를 이해하는 데 있어 유용하게 적용되고 있다.

비교정치 분야에서 정치제도에 관한 연구는 인간의 정치적 삶에 관한 규칙과 규범 그리고 구조를 통하여 정치적 삶의 영향력에 관한 가능성과 개연성을 밝혀 주고 있으며, 정치적으로 영향력이 있는 각종 기구에 대한 정의와 형상화 작업에 유용하게 활용되고 있다. 또한 정치제도 연구는 자유와 평등 사이의 가치 변화, 제도 내 개인의 선택에 따른 이익극대화 방법 등에 대해서도 적절한 설명을 제공해주고 있다. 그러나 정치제도에 관한 연구, 특히 제도에 관한 연구는 비교정치에 한정된 연구 주제가 아니라 사회과학 전반에 관련된 연구로 진행되어 왔기 때문에, 용어에 대한 정의는 물론 개념과 발전과정에서 구체적이고 명확한 구분을 하는 것은 매우 어려운 작업이라 할 수 있다.

본 장에서는 제도주의 이론의 발전과정을 통하여 구제도주의와 신제도주의가 어떻게 발생하게 되었는지에 대한 이해를 도모하고, 구제도주의와 신제도주의의 특징과 차이점, 그리고 비판과 대응에 대해 알아보며, 오늘날 정치학에서 분석틀로 다양하게 이용되고 있는 신제도주의 이론 가운데 비교정치학에서 주로 다루고 있는 역사적 제도주의를 중심으로 정치제도에 관한 이해의 폭을 넓혀보도록 하겠다.

제1절 | 제도주의 이론의 발전과정

제도주의 이론은 20세기 초 제도주의 경제학을 태동시켰던 베블런(Thorstein Veblen), 아레즈(Clarence E. Ayres), 커먼스(John R. Commons)와 사회학자 셀즈닉(Philip Selznick) 등 비정치학자 집단에 의해 시작되었고, 법·제도·체제 등의 기술적 서술과 비교를 하던 비교정치학자들이 가세함으로써 본격화되었다. 특히, 제도주의 경제학자들은 제도의 역할을 역설하며 시장중심의 주류경제학에 대한 비판 및 대안 제시에 주목하였고, 비교정치학자들은 문화, 가치, 그리고 사회적 규범에 근거가 되는 비공식적 제도를 중심으로 비판적 연구를 시도하였다(Veblen, 2009[1899]; Ayres, 2012[1917]; Commons, 1989; Selznick, 1994).

초기 제도주의 연구들은 기술의 진보적인 역할과 제도의 역할을 강조하였고, 집단주의(holism)와 진화주의(evolutionism)를 내포하고 있었다. 초기 제도주의 연구의 특징을 살펴보면 다음과 같다. 첫째, 초기 제도주의에서는 제도를 주어진 것으로 보지 않고, 인간의 행위에 의해 창조되고 변화할 수 있는 것으로 이해하였다. 제도는 인간행위에 따르는 종속변수로 보았다. 특히 경제적 성과에 대한 제도의 영향 및 제도 자체의 변화에 의해 사회변동이 이루어진다고 판단하였다. 둘째, 기본적인 사회현상으로서의 정부의 경제적 역할은 매우 중요하며, 정부의 정책결정을 통해 경제제도가 형성되고 변형된다고 하였다. 셋째, 경제구조가 진화되는 과정에서 제도의 기술적 역할은 모든 자원의 상대적 희소성을 결정짓는 근본적인 원천이 된다고 보았다. 넷째, 따라서 자원배분을 결정하는 근본적인 원칙을 시장이 아닌 제도(사회구조)로 여겼다. 다섯째, 역사적 과정 속에 구성된 인간생활에서 형성된 가치체계는 시장에서 형성된 가격체계보다 우선하는 것이었다. 이와 같이 초기의 제도주의 연구는 시장중심의 경제학에 대한 비판을 통해 대안을 제시하는 역할을 하였는데, 이러한 초기 제도주의 연구를 통칭하여 구제도주의(Old Institutionalism)라 한다.

20세기 중반 들어 식민지 해방과 더불어 행태주의 연구가 비교정치 분야의 화두로 등장하면서 집합적이며 진화론적 성격을 갖는 정치제도보다는 다양한 정치 분야에 대한 연구가 활성화되었다. 특히 1960년대와 1970년대에는 구조기능주의적 분석, 정치문화와 이익집단 연구가 다수 진행되었고, 1980년대의 국가론과 함께 합리적 선택 이론이 등장하게 되었다.

1990년대 들어 정치 · 경제 · 사회현상을 설명하는 데 있어서 전기행태주의 시대의 제도 연구와는 다른 탄력적으로 '제도'를 적용하는 학문적 흐름이 등장하였는데 이를 포괄적으로 일컬어 신제도주의(New Institutionalism)라고 한다. 신제도주의 혹은 신제도주의 이론은 단일한 학문분과나 연구 흐름을 지칭하는 개념이 아니다. 정치 · 경제 · 사회현상 등 각기 다양한 연구 대상을 가지고 있는 학자들이 자신의 연구 대상을 분석하는 데 있어서 제도를 중심 개념으로 설정한다는 것 이외에는 이들에게서 다른 공통점을 발견하기란 쉽지 않다. 다시 말해서, 제도를 핵심 개념으로 설정하지만 제도 이론들이 애당초 어떤 공통의 학문적 목적이나 이념적 지향을 갖고서 출발한 것은 아니라는 것이다. 단지 사회현상을 설명하는 데 있어서 인간행위와 선택에 대한 구조적인 제약 요인을 무시하는 기존의 학문 흐름에 대한 비판만이 이들 신제도 이론들을 묶는 공통점일 뿐이다.

신제도주의라고 표현할 수 있는 학문 분야는 매우 다양하고, 기존 학문 분야의 벽을 뛰어넘어 분석틀이나 시각을 공유하는 경우가 많기 때문에, 각각의 구체적 내용과 다른 이론과의 차별성을 이해하기 쉽지 않다. 흔히 신제도주의라고 할 경우에는 역사적 제도주의(Historical Institutionalism), 사회학적 제도주의(Sociological Institutionalism), 조직론적 제도주의(Organizational Institutionalism), 합리적 선택 제도주의(Rational Choice Institutionalism), 신제도주의 경제학(New Institutionalism Economics), 신제도주의 사회학(New Institutionalism Sociology) 등이 있다.

신제도주의는 정치학 · 경제학 · 사회학 · 행정학 등 제 학문 분야에서 다양한 용어로 불리고 있고, 학자들의 관심 분야도 사뭇 다르기 때문에 구체적인 정의 작업이 어렵다. 또한 학문 분야의 벽을 뛰어넘어 학제 간 연구와 유사한 제도 이론을 보이고 있는 경우도 많고, 제도 이론에 대한 공통의 적을 발견하기도 쉽지 않다. 마치와 올센(March and Olsen, 1989: 735~738) 그리고 디마지오와 포웰(DiMaggio and Powell, 1991) 같은 학자들은 신제도주의가 행태주의, 환원주의, 기능주의, 방법론적 개체주의 등을 비판하는 동시에 이러한 시각을 극복하기 위한 시도라고 설명한 바 있다. 그러나 이러한 설명에 적합한 제도 이론은 역사적 제도주의와 사회학적 제도주의일 뿐이며, 합리적 선택 제도주의와 신제도주의 경제학 같은 경우에는 방법론적 개체주의나 환원주의 등을 극복하려고 한다기보다는 이러한 기본 개념을 유지한 채, 이를 더욱 공고히 할 수 있는 방법으로서 제도를 도입하였다고 보는 편이 훨씬 설명력이 있다.[1)]

제2절 | 구제도주의와 신제도주의 비교

행태주의와 같은 사회과학의 주류 이론들은 인간행위를 사회적 맥락과는 완전히 유리되어 존재하는 '원자화된 개인'으로 파악하고, 개인을 기본적 분석단위로 하여 사회현상을 설명한다. 그러나 구제도주의는 규범적·도덕적 원칙을, 신제도주의는 정치·경제·사회현상을 설명하는 데 있어서 맥락의 중요성을 강조하고, 인간행위에 제약을 가하는 맥락이 곧 제도라고 파악한다. 보다 구체적으로, 제도란 개인행위에 영향을 미치는 구조적 제약 요인(structural constraints)이라는 의미를 지닌다. 제도의 영향력 하에서 이루어지는 인간행위는 안정성(stability)과 규칙성(regularity)을 띠게 된다. 다시 말해서, 제도가 존재하는 경우에는 개인행위나 개인 간 상호작용이 무작위적으로 이루어지는 것이 아니라 예측가능한 일정한 패턴을 지니게 되어 쉽게 변하지 않는다. 즉, 상호작용을 통해 개인행위와 선호(preference)를 제약한다는 것이다. 여기서 신제도주의와 구제도주의는 어떠한 차이점이 있는가?

구제도주의와 신제도주의를 구분하기 위해서는 구제도주의의 일반적인 특징을 이해할 필요가 있다. 스콧(Richard W. Scott)에 따르면, 구제도주의는 국가기관의 공식

1) 환원주의는 복잡하고 추상적인 사건이나 개념을 단일한 수준의 기본적인 요소로 설명하는 근대 사회과학의 방법론이다. 방법론적 개체주의는 부분이 전체를 결정한다는 설명으로 개인을 무시한 사회는 존재하지 않으며, 어떠한 조직(집단)도 결국 개인이 모여 만드는 것이라고 할 수 있다. 기능주의는 제1장을 참고할 것.

적인 구조와 법체계에 초점을 맞추고 있고, 특정한 정치체제의 특징을 구체적으로 기술하는 차원에 머물러 규범적 성격에 강하다. 또한 특정한 정치체제의 모습이 어떻게 형성되는가를 기술하는 수준에 머물러 있었을 뿐, 그것이 공동체 구성원들에게 미치는 영향이나 제도 자체의 변화에 대해서는 관심을 두지 않았으며, 일차적인 관심은 현상에 대한 경험적인 분석이 아니라 정치체제를 둘러싼 도덕적·규범적 원칙을 논의 또는 비교하는 수준에 불과했다고 할 수 있다(Scott, 2001).

그 반면에, 신제도주의는 행태주의에 대한 비판에서 출발하였지만 이른바 행태주의 혁명 이후의 사회과학의 흐름을 반영하고 있기 때문에, 전기 행태주의의 구제도주의와는 다음과 같은 점에서 크게 차이를 보인다.

첫째, 제도에 대한 강조라는 공통점에도 불구하고 신제도주의는 제도를 사회현상을 설명하기 위한 핵심변수로서 설정한다는 점에서, 국가기관의 공식적·법적 측면만을 단순히 기술하는 차원에 머물러 있던 전기 행태주의 및 구제도주의와는 차이가 있다. 신제도주의는 조직과 구조에 초점을 맞추기는 한다. 하지만 이러한 제도적 요소를 다루는 데 있어서도 단순한 기술이 아니라 분석적 틀에 기반을 둔 개인 또는 집단의 인식에 따른 의사결정 그리고 비효율적이라도 선택을 하게 되는 우연성(contingency) 등을 포함한 다양한 설명과 이론의 발전에 초점을 맞춘다는 것이다.

둘째, 신제도주의는 제도의 공식적·구조적 측면에 초점을 맞추지만, 여기서 그 관심이 끝나는 것이 아니라 이를 통해 개인행위를 설명하려는 목적을 가지고 있다. 즉, 제도에 따라 이러한 제도적 맥락 속에 있는 개인들의 선호, 전략, 행위 그리고 상호작용 패턴이 어떻게 달라지는지에 초점을 맞추는 것이 신제도주의의 특징이다. 또한 신제도주의는 개인의 행위에 대한 제도의 영향력뿐만 아니라 개인의 행위가 어떻게 제도를 변화시키는지에 대해서도 주목한다. 한국의 지역주의 현상을 김성수는 단순한 선거결과가 아니라 국가와 사회를 연결하는 제도와 정치 엘리트의 상관관계를 통하여 분석하였다(김성수, 2013). 따라서 신제도주의에서는 제도를 통해 다른 사회현상을 설명한다는 점에서 제도를 독립변수로 상정하는 동시에 제도 자체 역시 설명되어야 할 종속변수로 상정한다는 데서 의미를 가진다(Peters, 1996). 행위와 제도의 상호관계를 분석하려는 것이 구제도주의와 구분되는 신제도주의의 기본적인 특징이다(Norgaard, 1996).

셋째, 신제도주의는 제도를 통해 국가정책을 설명하려는 궁극적인 목적을 가지고 있다. 각 국가에 고유한 제도의 모습에 초점을 맞춤으로써 국가 간 정책 패턴과 정책 결과의 공통점과 차이점을 설명하고자 하는 것이 신제도주의의 기본 특징이다. 애쓰모글루와 로빈슨은 역사적 사례 분석을 통하여, 영국과 같이 사유재산권을 보호하고 공정한 경쟁의 장과 투자를 장려하는 포용적 경제제도(inclusive economic institution)를 선택한 국가들이 스페인과 같이 사유재산권을 제한하고 경제활동에 인센티브를 제공하지 못하는 착취적 경제제도(extractive economic institution)를 유지하는 국가들보다 번영을 이루었다고 주장한다(Acemoglu and Robinson, 2012). 제도의 포용성이 국가 발전에 매우 유익하다는 것을 비교제도 연구로 보여주었다. 이렇듯 신제도주의의 특징은 국가 간 정책 패턴의 다양성과 그 차이점을 설명하고자 하는 시도에서 비롯된 데서 찾을 수 있다. 다시 말해서, 신제도주의에서는 국가 간 정책의 동질성보다는 국가 간 정책의 다양성과 특수성을 분석하는 데 주된 관심을 두며, 이를 설명하기 위해 각 국가에 고유한 제도의 모습에 초점을 맞추는 것이 특징인 것이다. 이러한 이유로 신제도주의는 비교정치학 혹은 정치경제학과 이론적·방법론적 시각을 공유하고 있다.

넷째, 신제도주의는 거대 이론(grand theory)으로 통하는 마르크스 이론과 근대화 이론이 설명하지 못하는 현실에 대한 대안적 분석틀을 제시하고 있다(Lichbach and Zuckerman, 1997: 86). 즉, 국가 간 정책의 차이점을 설명하는 데 있어서 거시적인 구조적 변수보다는 사회구조 안에서 개인 간 상호작용과 의사 결정패턴에 영향을 미치는 중범위 수준의 제도적 요인(intermediate-level institutional factors)에 초점을

표 6-1 구제도주의와 신제도주의의 비교

	구제도주의	신제도주의
제도에 대한 분석방법	국가기관의 공식적 구조와 법체계에 대한 단순한 기술	사회현상을 설명하기 위한 핵심변수 분석적 틀을 통한 설명 및 이론적 발전
주요 관심사	제도 자체만을 주목	제도(국가기관)와 행위(개인)의 상호관계에 주목
제도연구의 목적	국가 간 정책의 동질화 현상에 주목	국가 간 정책의 다양성과 차이점에 주목
연구의 범주/ 이론의 규모	거시적 구조/ 거대 이론(grand theory)	미시적 구조/ 중범위 이론(middle-range theory)

맞추는 동시에, 일반화(generalization)를 통한 거대 이론의 구성보다는 현상을 설명하는데 유효한 중범위 이론(middle-range theory)의 개발에 노력한다는 점에서 또 다른 특징을 찾을 수 있다(Thelen and Steinmo, 1992).

제3절 | 신제도주의 이론

신제도주의에 관한 연구는 매우 포괄적인 지향점을 갖고 있는 바, 역사적 제도주의, 합리적 선택 제도주의, 그리고 사회학적 제도주의 가운데 비교정치와 관련성이 깊은 역사적 제도주의를 중심으로 신제도주의에 대한 이해를 도모할 경우, 보다 분명한 접근이 가능하다. 유념해야 할 것은, 위의 세 가지 접근은 상호배타적이라기보다는 상호보완적인 성격을 갖고 있다(Koelble, 1995: 241~243).

앞 장에서 다루었던, 합리적 선택 제도주의는 신제도주의 중 행위자의 역할에 비중을 두면서, 합리적인 개인이 주어진 제도의 제약 속에서 의식적 상호작용을 통해 자신의 이익을 극대화할 수 있는 계산에 따라 전략적 선택을 하게 된다는 점에 초점을 둔다. 합리적 선택이 이루어지는 과정의 총합은 곧 파레토 최적의 균형(equilibrium)을 이루며, 그러한 균형이 곧 제도라는 것이다(김선명, 2009: 223)

사회학적 제도주의의 경우, 합리적 선택 제도주의와는 다르게 개인의 효용(utility) 가치 추구보다는 다수의 구성원들이 공통으로 당연하게 받아들이고 있는(taken-for-granted) 상징체계, 가치관, 문화, 기대, 도덕 등 무형의 인식체계(cognitive paradigm)까지도 제도의 개념으로 설정하여 개인의 평등적 선택을 제약하는 틀로 보고 있다. 이러한 인식체계는 국가가 수직적으로 조직 및 개인에게 강제하여 이식시키는 것과 사회 안에서 행위자 간에 자발적 인식의 공유로 수평적으로 형성되는 것, 이 두 가지 차원을 모두 포함한다(Hall and Taylor, 1996: 949~950). 이러한 과정은 강제(coercion)와 모방(emulation)이라는 규범적 압력(normative pressure)을 통해 상부와 하부 조직 및 행위자 간에 인식체계의 수직 · 수평적 동형화(isomorphism)가 이루어지면서 구성된다는 것이다(Miller and Banaszak-Holl, 2005: 197~203).

마지막으로, 본 장에서 가장 큰 비중을 두고 다루고자 하는 역사적 제도주의는 합리적 선택 제도주의와 사회학적 제도주의를 절충한 신제도주의의 조류로서, 제도를 "정치 및 정치경제 조직구조에 내재된(embedded) 공식·비공식적 절차(procedure), 관행(routine), 규범(norms), 협약(convention)"으로 정의하고 있다. 이러한 역사적 제도주의의 핵심 개념은 '역사와 맥락'이다. 역사적 제도주의에서는 맥락에 대한 적절한 이해 없이 사회현상 혹은 정책을 설명하기란 불가능하며, 이러한 맥락을 형성하는 것은 다름 아닌 역사라고 주장한다. 역사적 제도주의의 첫 번째 특징은 제도의 형태와 모습(institutional forms and configurations)에 초점을 맞추어 사회현상을 설명하고자 하는 데 있다. 제도의 구체적인 모습이 달라짐에 따라 사회적 결과 혹은 정책이 어떻게 달라지는지를 분석하는 데 그 목적이 있기 때문에 '제도주의'라고 부르는 것이다. 역사적 제도주의에서는 특정 시점에 형성된 제도가 상당 기간 지속되어 그 이후의 사회현상에도 계속해서 영향을 미친다고 본다. 따라서 특정 시점에서의 맥락을 이해하기 위해서는 그 맥락의 배경이 되는 역사적 과정에 주목해야 한다고 주장하는 점에서 '역사적' 제도주의라고 부르는 것이다. 신제도주의 분파 중에서도 역사적 제도주의는 거시적 맥락에 초점을 맞추는 동시에 역사적 과정을 분석한다는 특징이 있다.

두 번째로 행태주의, 다원주의 등에서는 제도를 개인이나 집단의 이익을 반영하는 부수적인 현상(epiphenomena)으로 취급한다. 마르크스주의 및 구조기능주의적 시각에서도 제도란 경제관계를 반영하거나 사회체제의 기능적 요구를 충족시키는 부수적인 현상일 뿐이다. 전통적인 집단 이론이나 마르크스주의의 몰역사적인 접근법을 비판하면서 등장한 역사적 제도주의는 행위를 형성하고 제약하는 맥락으로서의 제도의 중요성을 강조함과 동시에 이러한 맥락이 형성되는 역사적 과정을 중시하는 데 그 특징이 있다. 다시 말해서, 역사적 제도주의는 개인행위에 대한 원자화된(atomized) 설명과 제도의 형성 및 변화의 맥락에 대한 비사회적(asocial)·몰역사적인(ahistorical) 설명방식에 대한 비판으로부터 출발하였다.

1. 이론적 발전

역사적 제도주의는 1950년대 이후 사회과학의 지배적인 조류였던 행태주의의 구조기능주의, 다원주의, 합리적 선택 이론 등에 대한 비판으로부터 출발한다. 이러한 사회 이론들은 다양한 명칭만큼이나 구체적인 내용들이 다르지만, 이들을 관통하는 공통된 시각이 존재한다.

다원주의에서는 정치체제를 지속적 상호작용 관계에 있는 무수한 집단들의 거대한 네트워크로 파악한다. 다원주의에서는 정책이란 집단 간 상호작용의 균형을 통해 형성되는 것으로 파악하며, 이러한 균형은 이익집단의 상대적인 영향력에 따라 결정된다고 본다. 이익집단의 상대적 영향력이 변화함에 따라 정책도 변화하게 된다는 것이다. 다원주의에서의 국가란 그 자체의 이해나 정책선호를 지니지 않은 채 단지 이익집단 간의 상호작용을 중재하는 역할만을 담당하는 중립적인 중재자(neutral arbiter)에 불과하다. 또한 사회적 행위자들, 특히 기업(자본조직)과 노동조직도 단일한 이해관계를 지닌 계층적 구조로 조직화되어 있는 것이 아니라 사안에 따라 다양한 중첩된 이해관계를 형성하는 것으로 해석한다. 이러한 다원주의의 기본적인 전제는 자본주의 사회에서 생산수단의 소유와 집단행동의 가능성으로 각각 대표되는 자본과 노동이 향유할 수 있는 권력자원(power resources)이 특정 집단의 수중에 집중화·집권화되어 있는 것이 아니라 사회 내의 다양한 집단 간에 균등하게 배분되어 있다는 것이다(Korpi, 1980)

다원주의에 있어서 집합적인 정치적·경제적 행위는 개인적 선택의 집합적 결과에 불과하며, 개인의 선택은 개인의 주관적 선호로부터 파생되는 것이고, 정치의 목적은 이러한 개개인의 현시된 선호를 만족시키는 데 있으며, 개개인의 선호는 사회적 맥락과는 무관하게 독립적으로 주어질 뿐이라고 전제된다(March and Olson, 1984). 따라서 집합적 행위의 결과를 설명하기 위해 개인의 주관적인 선호를 분석의 기초로 삼고 개인이나 집단의 특성, 태도 및 행위에 초점을 맞춘다는 점에서 다원주의는 방법론적으로 행태주의에 기반하고 있다. 또한 집단 간의 자유로운 상호작용과 경쟁에 대한 다원주의의 강조는 곧 시장의 논리에 의해 정치현상을 설명하고자 하는 것으로서, 다원주의는 합리적 선택 이론과도 긴밀하게 연계되어 있다.

이러한 행태주의, 다원주의, 합리적 선택 이론 그리고 도구주의에 대한 역사적 제도주의의 비판은 다음과 같이 크게 여섯 가지 측면에서 이루어진다.

첫째, 역사적 제도주의는 행위를 분석의 기초단위로 설정하고 이러한 개인행위가 계산된 자기 이익의 표출된 결과로써 개인의 선호를 반영한다고 보는 행태주의와 합리적 선택 이론의 기본 가정에 대한 비판으로부터 출발한다. 이 이론들은 개인의 행위와 선택을 설명하는 데 있어 사회구조와 사회관계의 영향력을 철저하게 부정하고 있다는 점에서 원자화된 개인, 과소 사회화된(under-socialized) 개인을 상정하고 있는 것이 특징이다. 이와 달리 제도주의적 시각은 무엇보다도 개인행위를 제약하는 공식적·비공식적 제도의 영향력을 강조한다. 이러한 제도는 개인보다 지속성을 지니며, 개인의 선호를 직접적으로 반영하지 않는다. 역사적 제도주의자들은 사회적 관계가 원자화된 혹은 과소 사회화된 개인들로 환원될 수 없다고 본다. 즉, 구조화된 행위자들 간의 관계라고 할 수 있는 제도가 인간행위를 지속적으로 제약하기 때문에 개인의 합리적 선택만으로 행위를 설명할 수는 없다는 것이다(Katznelson, 1997). 이들에 의하면 인간의 행위는 제도적 맥락 속에서 형성될 뿐만 아니라 개인의 통제와 인식의 범위를 넘어서는 문화적·사회경제적·정치적 구조에 깊숙이 내재되어 있다는 것이다. 이에 따라 역사적 제도주의에서는 개인의 행위를 합리적 극대화(rational maximization)로서 해석하지 않는다(March and Olsen, 1984: 737). 역사적 제도주의는 개인의 행위가 그 자신의 효용 및 선호를 넘어서는 구조적·제도적 요인에 의해 형성됨을 강조한다. 따라서 기존의 주류 사회 이론들은 개인 행위를 분석함에 있어 사회구조를 철저히 무시하는 문제점을 지니고 있다는 것이다(Koelble, 1995).

둘째, 다원주의와 행태주의에서는 개인 선호의 합이 집단 선호이며 개인 선호를 집단 선호로 전환시키는 기제(mechanism)가 효율적이라고 가정한다. 그리하여 정치적 시장(political markets)이 자유롭게 작동하는 한 정책을 둘러싼 투입과 산출의 구조적 일관성(structural coherence)은 이들의 관심의 대상이 아니다. 이와 달리 역사적 제도주의는 개인 선호를 합산하는 것이 불가능할 뿐만 아니라 더욱 중요하게는 선호를 합산하는 정치적 과정 혹은 기제가 개인의 선호를 재형성시킨다고 본다. 이러한 집단적 의사 결정을 위한 규칙, 과정, 혹은 기제가 역사적 제도주의에서는 제도로 개념화되며, 바로 이러한 제도 하에서 특정 이익이 특권적 지위를 얻게 되는 동시에 다른 이익은 무시되는 결과가 초래된다는 것이다. 다시 말해서, 선호와 의사 결정은 제도의 산물이며, 제도적 규칙과 의사결정과정이 선호와 의사 결정을 다양하게 왜곡시킬 수 있음을 강조한다(Immergut, 1998).

셋째, 다원주의와 행태주의에서는 개인의 선호에 기초해서 개인의 선택이 이루어지고 이로부터 행위가 이루어진다고 가정한다. 하지만 정작 개인의 선호가 어떻게 형성되는지는 설명하지 않는다(March and Olsen, 1984: 736). 단지 이들 이론에서는 행위자들의 선호가 외부적으로 주어진 것(exogenous 'givens')으로 가정될 뿐이다. 합리적 선택 이론의 경우에도 모든 행위자들이 효용 극대화를 추구한다고 가정한다. 하지만 이 이론도 행위자들이 왜 극대화하고자 하는 구체적인 이해와 선호의 구조를 가지게 되었는지는 설명하지 못한다(Evans and Stephens, 1988: 733). 역사적 제도주의에서는 선호란 설명되어야 할 대상이지 논의의 출발점일 수는 없다고 본다. 다시 말해서, 역사적 제도주의는 선호가 제도적 구조의 내재적 산물이라고 보는 데 그 기본 특징이 있다(Krasner, 1988: 70).

넷째, 역사적 제도주의는 기능주의적 시각에 대해서도 동의하지 않는다. 기능주의 시각에서는 구조가 특정한 기능을 수행하기 위해 존재하는 것으로 해석한다. 따라서 제도의 환경이 변화하면 이러한 환경 변화에 적절히 적응하기 위해 제도도 변화한다고 본다. 이와 달리 역사적 제도주의는 역사적 발전과정의 복잡성과 비효율성을 강조한다. 또한 현재의 제도적 구조를 과거의 산물로 파악하고 과거의 선택이 역사 발전의 경로를 제약한다고 이해한다. 따라서 역사적 제도주의는 구조가 특정한 기능을 수행하기 위해 존재한다는 기능주의적 설명방식을 비판하고 제도에 내재하는 갈등과 균열에 초점을 맞춘다. 구조는 그것이 특정한 기능을 수행하기 때문에 존재하는 것이 아니며, 또한 기능이 항상 그것에 일치하는 구조를 낳지도 않는다는 것이다(Krasner, 1984).

다섯째, 역사적 제도주의는 정부의 도구주의적 관점을 지지하지 않는다(March and Olsen, 1984: 738). 과거의 정치행위 또는 정부는 단지 시민을 교육시키며 문화적 가치를 증진시키는 도구의 역할을 한다고 간주하였다. 하지만 현재 정치현상을 살펴보면 정부의 역할보다도 역사적 맥락에서 발생되는 비공식적 구속조건인 상징, 의식, 예식, 신화 등(Cohen, 1974)이 대중들의 관심과 지지를 이끌기 위하여 정치엘리트에 의하여 도구로 사용되고 있다.

끝으로, 희소한 자원을 획득하기 위한 집단 간의 경쟁이 정치의 중심이라고 파악하는 점에 있어서는 역사적 제도주의와 다원주의는 공통점을 지니고 있다. 그러나 다원주의가 각 국가 간의 상이한 정책 결과와 정책 결과의 불평등을 설명하는 데 실패하였다면, 역사적 제도주의는 정치와 경제의 제도적 모습이 각 국가 간 상이한 정책 결과의 불평등을 설명할 수 있는 요인이라고 주장한다(Hall and Taylor, 1996). 사실 다원주의와 행태주의에서는 정치적 결과를 설명하기 위해 개인이나 집단의 특성, 태도 등에 초점을 맞추지만, 이들 이론의 체계 내에서는 왜 이러한 정치적 행태, 태도 및 집단 간의 권력자원의 배분이 국가마다 상이한지를 설명하지 못한다. 즉, 유사한 조직적 특성과 유사한 선호를 가진 이익집단들이 왜 상이한 국가에서는 유사한 형태로 정책에 영향을 미치지 못하는가에 대한 설명력을 결여하고 있는 것이다. 역사적 제도주의자에 따르면, 이를 설명하기 위해서는 각 국가에서 서로 다른 형태로 나타나는 제도적 차원의 변수에 초점을 맞추어야 한다. 결국 유사한 정책 문제에도 불구하고 국가 간 정책의 차이가 존재하는 이유를 발견하고자 하는 것이 역사적 제도주의자들의 문제의식이라고 할 수 있다. 역사적 제도주의에서는 왜 국가마다 이익집단들이 요구하는 정책이 상이한지 그리고 왜 국가마다 계급이익이 상이하게 표출되는지를 해명하고자 한다(Thelenand Steinmo, 1992).

사실 역사적 제도주의에 대한 관심은 다원주의 및 이와 긴밀하게 연계되어 있는 행태주의와 합리적 선택 이론이 해명할 수 없는 이러한 문제에 대한 대안적 설명을 찾는 가운데 발전해 왔다. 다원주의와 행태주의에서는 제도가 결코 논의의 중심과제가 아니다. 제도란 개인이나 집단의 이익을 반영하는 부수적인 현상일 뿐이다. 그러나 다원주의나 합리적 선택 이론이 암묵적으로 가정하고 있는 것처럼 미시적 수준의 행위가 거시적 수준의 행위, 즉 집합적 행위(collective behavior)를 설명하는 것이 아니라 거시적 변수가 미시적 행위에 지대한 영향을 미친다는 점을 인식한다면, 개인의 선호가 집합적 행위를 설명할 수 있다고 보는 이 이론들의 기본 가정은 심각한 도전에 직면할 수밖에 없다. 이는 곧 정책을 설명함에 있어서 각국에 고유한 맥락의 중요성, 그리고 이러한 맥락을 형성하는 주요 요인인 역사의 중요성을 부각시키는 것이다(Ashford, 1992).

2. 제도의 의미

역사적 제도주의에 있어서 제도에 대한 정의는 학자에 따라 상당히 다양하기 때문에 제도에 대한 표준화된 보편적 정의를 발견하기는 어렵다. 포괄적으로 정의하자면, 역사적 제도주의에서 제도란 "장기간에 걸친 인간행동의 정형화된 패턴(a set of regularized patterns of human behavior)"을 의미하며, 개인과 집단의 행위와 의사결정에 영향을 미치는 공식적·비공식적 제약 요인을 의미한다. 제도에 대한 역사적 제도주의자들의 대표적인 정의는 홀(Peter Hall)에서 발견할 수 있다. 홀(Hall, 1986: 16)은 제도를 "정치와 경제 각 부문에서 개인들 간의 관계를 구조화시키는 공식적 규칙, 순응 절차, 표준화된 관행"이라고 정의하고 있다. 이는 제도에 관한 가장 포괄적인 정의라고 할 수 있다. 이후 홀(Hall, 1992)은 보다 세분화된 제도의 개념을 다음과 같은 세 가지 수준에서 제시하였다.

가장 포괄적인 수준의 제도는 민주주의 및 자본주의와 관련된 기본적인 조직구조이다. 이렇게 포괄적인 수준에서 정의되는 제도의 대표적인 예로서는 선거에 관한 헌법적 규정 그리고 생산수단의 사유화를 규정하는 경제제도 등이 있다. 이러한 수준에서의 제도는 자본과 노동의 일반적 관계를 규정하는 동시에 정책의 방향을 포괄적으로 제약하는 구조적 틀이라고 할 수 있다.

중범위 수준의 제도는 국가와 사회의 기본 조직구조와 관련된 틀로서, 사회집단 간의 세력관계와 정책의 형성 및 집행에 전반적으로 영향을 미치는 조직적 특성을 갖는다. 이 수준의 제도는 국가 간에 상이성을 보이며, 따라서 국가 간 정책의 상이성을 설명하는 변수로서의 역할을 담당한다. 중범위 수준의 제도의 대표적인 예로 노동조합의 조직화율, 집권화 정도 등을 의미하는 '노동조직의 구조', 생산자 조직의 특성, 자본분파 간의 관계, 국제경제와의 관계 등을 의미하는 '자본의 조직화 형태', 그리고 선거제도, 정당체계의 특성, 관료제의 조직형태 등을 의미하는 '정치체제의 특성과 국가의 조직구조' 등을 들 수 있다.

끝으로, 가장 협의의 제도는 공공조직의 표준화된 관행, 규정, 일상적 절차 등을 의미한다. 이러한 미시적 수준의 제도는 공식적일 수도 있고 비공식적일 수도 있다. 이러한 제도적 요인들은 앞의 요인들보다 상대적으로 가변적이기는 하다. 하지만 그렇다고 항상 변화하는 것은 아니며, 특정 집단의 이익에 특권적 지위를 부여함으로써 권력배분과 정책의 방향에 중대한 영향을 미친다.

역사적 제도주의에 있어서 제도라는 개념은 매우 포괄적이며 다양하다. 일반적으로 역사적 제도주의자들은, 행위자들의 이익에 대한 정의에 영향을 미치는 동시에 행위자들 간의 권력관계를 구조화시키는 국가와 사회의 모든 제도를 제도의 정의에 포함시킨다(Telen and Steinmo, 1992: 6). 다시 말해서, 역사적 제도주의는 제도 그 자체의 의미를 파악하려는 데 관심을 두고 있는 것이 아니라, 개인행위와 행위자들 간의 상호작용을 제약하고 규율해주는 제도의 영향력과 그 관계적 측면에 초점을 맞추는 데 그 특징이 있다. 이러한 이유로 임메르굿(Immergut, 1998)은 제도에 대한 표준화된 그리고 보편적인 정의가 존재하지 않는다는 것이 역사적 제도주의의 약점이라고 볼 수는 없다고 하였다. 사실, 제도에 대한 표준화된 그리고 보편적인 정의가 존재하지 않는 이유는 역사적 제도주의 시각을 이용해 분석하고자 하는 정치·사회현상 그리고 구체적으로 제기된 연구 문제에 따라 그 구체적인 의미가 달라지기 때문이다(Liberman, 2001).

일반적으로, 역사적 제도주의에서 초점을 맞추는 제도는 홀의 정의 중 두 번째 수준의 제도, 즉 행위자와 거시적 구조의 가교 역할을 담당하는 중범위 수준의 제도라고 할 수 있다. 역사적 제도주의는 다원주의, 구조기능주의, 그리고 네오 마르크스주의 이론에 대한 비판을 통해 발전해 왔다. 역사적 제도주의에서는 국가를 단순히 중립적인 중재자도 아니며 그렇다고 지배 계급의 도구도 아니라고 본다. 역사적 제도주의에서는 국가를 자율적·독립적이거나 때로는 상대적 자율성을 가진 행위자로 상정할 뿐만 아니라 국가와 사회의 관계, 즉 국가와 사회를 연결하는 제도의 모습에 초점을 맞춘다. 이렇게 국가와 국가–사회관계에 대한 논쟁을 통해 역사적 제도주의가 발전해 왔기 때문에, 역사적 제도주의에서는 자연히 정치제도(Political Institution)에 초점을 맞추게 된 것이다(Lecours, 2000). 다시 말해서, 비교정치 시각에서의 정책 연구를 위한 이론적 틀로서 역사적 제도주의가 발전해 왔기 때문에, 중범위 수준에서의 제도, 공식적 제도, 그리고 정치제도에 초점을 맞추는 경향이 있는 것이다. 그리고 이때 제도에 대한 구체적인 정의는 제기된 연구 문제에 따라 달라질 수밖에 없다.

3. 신제도주의의 주요 특징

1) 독립변수와 종속변수로서의 제도

역사적 제도주의는 행위와 구조적 맥락의 상호작용(the interplay of meaningful acts and structural contexts)에 초점을 맞춘다. 역사적 제도주의는 행위자를 역사의 객체(objects)뿐 아니라 역사의 주체(agents)로 개념화한다. 이는 곧 역사적 산물로서 제도가 행위를 제약한다는 것을 의미한다. 하지만 동시에 제도 자체가 의도적 혹은 의도적이지 않은 전략, 갈등, 선택의 산물이라는 것을 뜻한다(Thelen and Steinmo, 1992). 스카치폴(Skocpol, 1984: 4)의 표현을 빌리면, 제도주의는 "행위와 구조적 제약 요인의 변증법적 관계(the dialectic of actions and structural determinants)"에 초점을 맞추는 데 그 특징이 있다.

역사적 제도주의는 구조 혹은 제도를 일차적으로는 독립변수로 상정한다. 즉, 역사적 제도주의자에 의하면 개인의 행위를 설명하기 위해서는 행위가 이루어지는 맥락을 설명해야 하며, 이러한 맥락이란 다름 아닌 제도적 환경(institutional setting)인 것이다. 이렇게 행위를 형성 혹은 제약하는 제도가 상정되면 이 제도가 형성된 역사적 배경을 설명해야 한다. 다시 말해서, 맥락에 대한 이해 없이 행위를 설명할 수 없으며, 이러한 맥락이 역사적 산물이라는 것이다. 따라서 역사적 제도주의에 있어서 핵심 개념은 바로 역사와 맥락이라고 할 수 있다. 이를 통해 행위, 선택 혹은 정책이 종속변수로 상정되며, 독립변수로서의 제도가 어떻게 이러한 선택을 제약하는지를 설명하게 된다. 즉, 행위자의 이해관계와 권력관계를 설명하는 데 있어 역사적으로 형성된 맥락의 중요성이 부각되는 것이다(Immergut, 1998: 22). 그러나 역사적 제도주의자들은 제도가 행위를 결정하는 것은 아니며, 단지 행위자의 선택을 제약하는 맥락을 제공할 뿐이라고 판단한다. 따라서 동일한 제도적 제약 요인 하에 놓여 있더라도 사람마다 다른 행위가 나올 수 있고(Immergut, 1998), 제도가 정치를 제약하고 굴절시키긴 하지만 결과를 설명하는 유일한 요인은 아닌 것이다(Thelen and Steinmo, 1992: 3). 즉, 역사적 제도주의자들은 사회경제적 발전, 아이디어, 권력의 배분, 계급구조, 집단역학(group dynamics)과 같은 변수의 중요성을 부정하지 않는다. 그러나 이러한 변수들이 상호작용하는 맥락을 중시하며, 제도가 정치적 상호작용을 구조화시키고 결과에 영향을 끼친다고 설명한다(Thelen and Steinmo, 1992; Hall and Taylor, 1996).

역사적 제도주의에 있어서 제도와 행위의 관계는 일방향적·결정론적으로만 개념화되지는 않는다. 역사적 제도주의에 있어서 제도는 종속변수인 동시에 독립변수이다. 즉, 역사적으로 형성된 국가와 사회의 거시적인 제도적 구조는 개인과 집단의 선택 그리고 행위에 의해 변화한다. 이렇게 되면 이제는 행위가 독립변수로 상정되고 그에 의해 변화하는 제도가 종속변수로 상정된다. 이러한 측면에서 역사적 제도주의에서는 제도를 독립변수인 동시에 종속변수로 개념화한다.

2) 제도와 선호형성

역사적 제도주의에서는 제도가 수행하는 역할을 크게 네 가지로 보고 있다. 첫째, 제도는 정책을 형성하고 집행하는 정부의 능력을 제약한다. 둘째, 제도는 정치·경제적 행위자들에게 기회를 제공할 뿐만 아니라 그들의 행위에 영향을 주어 전략적 선택을 제한한다. 셋째, 제도는 정치·경제적 행위들 간의 권력배분에 영향을 미침으로써 궁극적으로 정책 결과에 대한 행위자들의 영향력을 좌우한다. 넷째, 제도는 행위자들이 그들의 이익 혹은 선호를 어떻게 정의할 것인가에 영향을 미침으로써 행위자들이 추구하는 목적을 구체화하는 역할을 담당한다(Hall, 1986; Pontusson, 1995).

제도의 역할에 대한 첫 번째와 두 번째의 견해는 역사적 제도주의뿐만 아니라 다른 신제도주의학파에서도 발견할 수 있다. 그렇지만 다른 제도주의 시각과 역사적 제도주의가 차별화되는 제도의 역할에 대한 개념 정의는 세 번째와 네 번째 정의, 특히 네 번째 정의에서 발견할 수 있다.

무엇보다도 행위자들의 이익 혹은 선호가 제도에 의해 형성된다고 보는 것이 역사적 제도주의의 가장 중요한 특징이다. 다시 말해서, 주어진 선호를 논의의 출발점으로 삼는 합리적 선택 제도주의와는 달리 역사적 제도주의는 선호나 이익이 제도적 맥락 속에서 형성된다고 본다(Katznelson, 1992). 합리적 선택 제도주의에서는 선호의 형성을 분석 대상에서 제외하고 단지 선호가 주어져 있다고 가정한다. 즉 합리적 선택 제도주의에서는 행위의 기초로 선호를 설정한다. 하지만 실제 설명방식은 관찰된 행위로부터 선호를 추론한 후 이렇게 추론된 선호로부터 행위를 설명함으로써 순환론적(tautological) 설명방식의 오류에 빠지게 된다(Rothetein, 1996; Blyth, 1997). 반면 역사적 제도주의에서는 선호가 제도적 맥락에 의해 형성되는 것이지 이를 '고정된 것' 혹은 '주어진 것'으로 간주할 수 없을 뿐만 아니라 선호의 형성을 각 개인의 심리를 분석해서 설명할 수 있는 것도 아니라고 본다(Koelble, 1995; Immergut, 1998). 이러한 측면에서 합리적 선택 제도주의와 역사적 제도주의의 가장 중요한 차이점은 선호형성을 외생적인(exogenous) 것으로 파악하느냐 아니면 내생적인(endogenous) 것으로 파악하느냐에 있다. 행위자들의 전략, 목적, 그리고 선호를 설명해야 할 변수로 상정함으로써, 역사적 제도주의는 행위의 맥락을 이해하지 못한다면 자기 이익을 위한 행위(self-interest behavior)가 아무런 의미를 갖지 못한다고 주장한다.

또한 역사적 제도주의에서는 단순히 원자화된 개인만을 분석해서는 행위를 이해할 수 없다고 주장한다. 그렇지만 선호가 제도적 맥락에서 형성된다는 것이 결정론에서 주장하는 것처럼 제도가 개인을 완전히 재사회화시킨다거나 규범이 개인행동을 완전히 결정한다는 것을 의미하는 것은 아니다. 대신에, 제도는 행위자들이 추구하는 목적이나 이러한 목적을 달성하기 위한 수단에 대한 선별적인 해석을 가능하게 하는 여과 기능을 수행한다고 볼 수 있다(Immergut, 1998).

3) 국가-사회관계와 제도

역사적 제도주의는 사회에 대한 정치의 의존성이 아니라 정치적 영역의 상대적 자율성을 강조한다(하연섭, 1999: 21~24). 다원주의 혹은 집단 이론에 있어서 정부란 사회집단이 자신의 선호를 실현하고자 하는 장이거나 집단 간의 상호작용을 중개하는 중립적인 중재자에 불과하다. 따라서 다원주의에 있어서는 사회를 재구조화할 수 있는 독립적·자율적 선호를 가진 행위자로서의 국가란 존재하지 않는다. 또한 국가란 단지 주어진 역할을 수행하는 원자화된 개인들의 집합일 뿐 실체적 존재(corporate entity)로서의 국가 역시 상정되지 않는다. 이러한 측면에서 다원주의에서는 국가(state)와 정부(government)가 동의어로서 취급되고 있다. 정책은 사회집단 간 경쟁의 산물일 뿐, 국가정책을 설명하는 데 있어 제도라는 개념은 아무런 유용성을 갖지 못한다는 것이다(Krasner, 1984).

그러나 역사적 제도주의에서는 정치를 다른 사회 부문과 차별화시키는 동시에 정치적 영역의 상대적 자율성을 강조한다. 상대적이고 자율적인 영역으로 정치적 영역을 개념화한다는 것은 곧 국가에 초점을 맞춘다는 것을 의미한다. 그리하여 역사적 제도주의에서의 국가는 그 자체가 행위자로서 개념화될 뿐만 아니라, 제도로서의 국가는 사회적 선호의 단순한 반영물 이상의 존재로 여겨진다. 그렇지만 역사적 제도주의에서 국가에 대한 관심은 기존의 네오 마르크스주의 국가론이나 국가중심론과 일정한 차별성을 지니고 있다.

네오 마르크스주의 국가론에서는 국가의 행위를 설명함에 있어 사회구성체 전체의 안정과 지속을 위해 국가가 수행하는 자본축적과 체제정당화라는 양대 기능에 초점을 맞춘다. 기능주의적인 네오 마르크스주의 국가론에서는 국가의 행위를 사회와 경제체제의 재생산을 위한 기능적 필요조건으로 해석한다. 이 접근법의 주요 관심은 전체 체계의 작동양식에 주어져 있기 때문에 국가 간 상이성보다는 유사성을 강조하는 것이 특징이다. 또한 네오 마르크스주의 국가론에서는 자본축적과 정당화라는 기능이 지나치게 포괄적으로 정의되고 있기 때문에 이러한 기능을 수행하는 정책 입안제도를 구체적으로 설명하지 못한다는 한계를 지니고 있다. 홀이 지적한 바와 같이, 국가론이 지니고 있는 이와 같은 문제점은 제도와 기능에 대한 설명의 우선순위를 역전시켜 놓고 있기 때문에 발생한다(Hall, 1986). 즉, 제도로부터 그 제도의 기능을 파악할 수는 있을지언정, 기능으로부터 구조를 추론해내기란 사실상 불가능하기 때문이다. 이는 곧 네오 마르크스주의 국가론이 국가 간 정책의 상이성과 차별성을 구체적으로 설명할 수 있는 분석틀을 지니고 있지 못함을 의미한다.

역사적 제도주의에서 국가에 대한 관심은 국가의 내부 조직구조에 초점을 맞춘다는 것뿐만 아니라, 다른 사회영역과 절연된 독립적인 실체로서의 국가가 아닌 전반적인 국가－사회관계 속에서 개념화되는 국가의 의미를 중시한다는 데 그 특징이 있다. 이는 역사적 제도주의가 국가중심론과도 일정한 차별성을 지니고 있음을 뜻한다. 국가중심론에서 국가란 중립적인 중재자도 계급관계의 단순한 반영물도 아니며, 국가는 그 자체의 이해와 정책 선호를 가지고 있을 뿐만 아니라 사회적 저항에도 불구하고 자신의 선호를 실현할 수 있는 능력을 갖추고 있는 것으로 파악한다. 따라서 국가중심론에서는 국가의 정치적 격리성, 국가엘리트들의 정책 선호, 그리고 국가의 조직구조가 국가정책을 설명하는 주요 설명변수가 된다.

그렇지만 국가의 독립변수적 역할만을 중시하고 국가의 내부 조직구조에만 초점을 맞출 경우, 사회집단의 조직과 특성을 무시하는 결과를 낳음으로써 국가와 사회의 상호작용을 무시해 버리게 되는 문제가 발생한다(Cammack, 1992). 특히, 국가가 정책을 집행할 수 있는 능력은 국가 그 자체의 능력에만 의존하는 것이 아니라 사회적 특성에 크게 의존한다. 이는 곧 국가정책을 설명하기 위해서는 국가－사회관계에 대한 논의가 필수적임을 의미한다. 결국 역사적 제도주의에서는 자율적·독립적 행위자로서 국가를 상정할 뿐만 아니라 더욱 중요하게는 국가와 사회의 관계, 다시 말해서 국가와 사회를 연결하는 제도적 모습에 초점을 맞추는 데 그 특징이 있다. 이러한 측면에서 역사적 제도주의는 국가와 사회의 관계를 구조화시키는 제도적 특성(institutional arrangements)에 초점을 맞춤으로써 국가 중심적 접근법과 사회 중심적 접근법을 연결하는 가교 역할을 담당하고 있다고 평가할 수 있다.

4) 거시적 맥락과 제도의 복합적 모습에 대한 분석

역사적 제도주의는 정책을 설명하는 데 있어 제도적 맥락의 중요성을 강조하는 데 특징이 있다. 정책은 개인 선호의 합이나 행위자 간의 갈등과 상호작용의 산물이라고 단순화시켜 설명될 수 없다. 특히 정책과정에 참여하는 사람들의 갈등과 상호작용과정만을 분석하는 미시적 접근방법으로는 국가 간 정책의 상이성과 한 국가 내에서 발견되는 정책 패턴의 지속성을 설명할 수 없다. 왜냐하면 정책 결과는 정책과정에 대한 행위자들의 접근 가능성과 접근 정도, 선호와 이익에 대한 정의, 그리고 행위자들의 상호작용 패턴에 영향을 미치고 제약하는 거시적인 구조에 궁극적으로 의존하기 때문이다. 결국 정책을 설명하기 위해서는 정책과정이 이루어지는 제도적 맥락에 초점을 맞추어야 한다는 것이다(Lichbach and Zuckerman, 1997: 88~89).

역사적 제도주의에서 초점을 맞추는 제도적 맥락이란 독립적으로 존재하는 개별적인 제도나 조직의 모습이 아니라, 서로 결합되어 있는 조직과 제도의 복합적 모습(organization and institutional configurations)을 의미한다. 즉, 조직과 제도가 결합되는 방식에 따라 행위자들의 상호작용 패턴이 달라지고, 그 결과 정책 역시 상이하게 나타나는 것이다.

제도의 결합 패턴이 정책과정과 정책 결과에 어떤 영향을 미치는가를 분석하는 데 있어서 활용된 중요한 개념의 예로서 들 수 있는 것이 바로 거부점(veto points)이라는 개념이다. 임메르굿(Immergut, 1992)에 의하면, 정책결정은 한 번의 의사 결정으로 끝나는 것이 아니라 일련의 의사 결정들로 구성되어 있다. 이때 각각의 의사 결정지점에서 사회집단들과 정치세력들이 특정한 정책(혹은 법안)의 통과를 저지할 수 있는 기회를 거부점이라고 부른다. 임메르굿에 의하면 행정부와 입법부의 관계, 입법부의 구성, 정당체제의 특징적 모습, 그리고 선거결과 등이 바로 이러한 거부점의 수와 위치를 결정한다. 따라서 거부점의 수와 위치, 관련된 제도의 형태와 모습이 정책과정 참여자의 상대적 영향력과 전략 및 이들 간의 상호작용 패턴, 그리고 궁극적으로 정책의 구체적 내용에 중대한 영향을 미친다.

역사적 제도주의자들은 이 제도의 복합적 모습에 초점을 맞춘다. 그렇다고 제도가 사회현상을 설명할 수 있는 유일한 요인이라고 주장하는 것은 아니다. 역사적 제도주의에서는 정치·사회현상을 설명함에 있어 제도적 요인뿐만 아니라 제도를 둘러싸고 있는 맥락으로서의 비제도적 요인에도 주목한다. 그리고 사회적 결과는 제도적 요인과 비제도적 요인의 상호작용에 의해 나타난다고 주장한다. 텔렌과 스테인모(Thelen and Steinmo, 1992: 13)는 "제도가 정치를 제약하고 굴절시키긴 하지만 결과의 유일한 원인은 아니다. 또한 제도적 접근법이 다른 변수들, 즉 행위자 및 행위자들의 이익과 전략, 그리고 행위자들 간의 권력배분과 같은 다른 변수들의 중요성을 무시하는 것은 아니다"라고 강조하면서 역사적 제도주의는 제도적 요인들과 비제도적 요인들이 어떻게 상호 연관되는지에 초점을 맞추어 정치·사회현상을 분석하려 한다고 설명한다. 한편 스테인모(Steinmo, 1993)는 제도적 요인들은 보다 포괄적인 정치적·경제적·사회적 환경에서 작동되며, 또 그러한 맥락 속에서 이해되어야 한다고 주장하였다. 이렇게 볼 때, 역사적 제도주의에서는 사회적·역사적 과정을 제도적 맥락 속에서 파악할 뿐만 아니라 동시에 제도를 사회적·역사적 맥락 속에서 파악하고 있다는 것이다(Ethington and McDonagh, 1995). 그렇지만 제도의 구성요소들의 결합양식이 달라짐에 따라 정책과 그 결과에 대한 비제도적 요인들의 영향력이 달라질 수 있다고 주장하는 점이 역사적 제도주의의 특징이라고 할 수 있다(Lieberman, 2001).

5) 불평등한 권력관계와 정책

행태주의 및 합리적 선택 이론과 비교하여 볼 때, 역사적 제도주의는 거시적·구조적 시각과 함께 권력관계에 초점을 맞추는 데 그 특징이 있다. 역사적 제도주의에서는 사회 내에 존재하는 권력관계의 불평등에 초점을 맞출 뿐만 아니라 이러한 권력관계가 제도에 의해 구조화되어 있음을 강조한다.

다원주의에서는 각 개인이나 집단의 선호가 이익집단이나 정당을 통해 정치적 요구로 표출되면, 정부는 이러한 요구를 수동적으로 정책으로 전환시킬 뿐이라고 본다. 투입, 전환, 산출, 환류라는 개념을 이용해 정치과정을 설명하는 체계 이론에서도 행위자들 간의 상호작용은 동등한 권력자원을 향유하고 있는 사회구성원들 간의 상호작용일 뿐이다. 원자화된 개인을 상정하고 있는 행태주의나 합리적 선택 이론에서도 불평등한 권력관계가 행위자들 간의 상호작용 패턴을 구조적으로 왜곡시킬 수 있는 가능성은 아예 무시되고 있다.

역사적 제도주의자들은 다원주의, 행태주의, 체계 이론, 합리적 선택 이론 등에서 주장하고 있는 것처럼 각 개인이나 집단의 선호가 이익집단이나 정당을 통해 아무런 왜곡 없이 정치적 요구로 전환되지는 않는다는 점을 강조한다. 역사적으로 형성된 제도는 사회집단 사이에 권력을 불평등하게 배분하며, 이에 따라 이익의 대표과정과 대표성이 심각하게 왜곡될 수 있다는 것이다. 다시 말해서, 다원주의나 행태주의에서 상정하고 있는 것처럼 사회는 자유롭게 계약하고 거래하는 개인과 집단으로 구성되어 있는 것이 아니며, 제도가 특정 집단이나 이익에 대해 의사 결정과정에의 특권적 접근(privileged access)을 허용한다는 것이다. 이는 곧 제도적 요인에 의해 어떤 이익이나 선호는 특권적 지위를 향유하는 반면 다른 이익과 선호는 불이익을 받을 수밖에 없다는 것을 의미한다. 제도적 요인에 의해 이익의 대표과정이 심각하게 왜곡될 수 있다는 것은 곧 이를 통해 형성·집행되는 정책으로 인하여 사회구성원 모두의 후생이 증가되는 것이 아니라, 국가정책의 수혜집단과 국가정책에 의해 손실을 경험하는 집단이 구조적으로 분화될 수밖에 없다는 것을 의미한다(Immergut, 1998; Hall and Taylor, 1996).

권력관계에 대한 이러한 관심으로 말미암아 역사적 제도주의는 제도의 형성과 변화과정에 대한 설명에 있어서 합리적 선택 제도주의와 뚜렷하게 구분된다. 합리적 선택 제도주의에서는 사회구성원들이 평등한 권력관계를 유지하고 있는 것으로 가정하며, 제도란 이렇게 평등한 사회구성원들이 집합적 행위의 딜레마를 해결함으로써 구성원 모두의 편익을 증진시키기 위한 수단으로 만들어지는 것으로 설명된다. 다시 말해서 동등한 구성원들 간의 계약에 의해 제도가 만들어진다는 것이다. 그리고 제도변화에 의해 나타나는 편익이 제도변화에 수반되는 비용보다 크면 제도가 변화할 수 있지만, 그렇지 않으면 제도가 변화할 가능성은 거의 없다고 본다. 이와는 달리 역사적 제도주의에서는 사회 내에 이미 존재하고 있는 권력 불평등에 초점을 맞추며, 상이한 권력자원을 향유하고 있는 집단 간 갈등의 산물로서 제도가 형성된다고 본다(Korpi, 2001). 그리고 이렇게 불평등한 권력관계 속에서 만들어진 제도는 일단 형성되면 기존의 불평등한 권력관계를 고착화시키는 경향을 지닌다고 본다. 따라서 역사적 제도주의에서는 권력자원을 둘러싼 사회구성원들 간의 역학관계가 변하였을 경우에나 제도변화를 기대할 수 있다고 주장한다. 결국, 불평등한 권력관계 속에서의 제도형성과 이러한 불평등한 권력관계를 고착화시키는 제도적 맥락 하에서 발생하는 사회적 가치의 불평등한 배분에 초점을 맞추는 것이 역사적 제도주의의 특징이라고 할 수 있다.

6) 역사적 과정과 경로의존에 대한 강조

역사적 제도주의는 행위를 형성하고 제약하는 맥락으로서 제도의 중요성을 강조하는 동시에 이러한 맥락이 형성되는 역사적 과정을 중시하는 데 그 특징이 있다. 역사적 제도주의에서는 현 시점에서 존재하는 제도가 역사적 과정의 산물이라고 본다. 또한 특정 시점에서 존재하는 제도는 그것을 둘러싼 사회경제적 환경이 바뀌었다 할지라도 지속되는 경향을 지닌다고 본다. 역사적 제도주의에서 강조하는 역사란 단순히 과거를 의미하는 것이 아니라, 과거의 특정 시점에서 나타난 원인이 현재까지도 영향을 미친다는 역사적 인과관계(historical causation), 특정 시점에서의 선택이 미래의 선택을 지속적으로 제약한다는 경로의존(path dependency), 그리고 사건의 발생 시점과 순서가 사회적 결과에 중대한 영향을 미친다는 역사적 과정을 의미한다(김성수, 2013).

역사적 제도주의에서는 사회현상을 설명하는 데 있어 경로의존 및 의도하지 않았던 결과(unintended consequences)를 중시한다(Hall and Taylor, 1996; Pierson and Skocpol, 2003). 예컨대 t시점에서의 기능적 요구에 부응하기 위해 제도가 성립되었다 할지라도 이렇게 형성된 제도는 애당초 제도가 성립될 수 있었던 사회적 환경이 변화함으로써 전혀 새로운 기능적 요구가 제기되더라도 그 자체가 지속되는 경향을 지닌다. 그리하여 t시점에서 형성된 제도는 t+1시점에서의 선택과 변화 방향을 제약하게 된다는 것이다. 다시 말해서, 전혀 다른 환경 변화에 대처하기 위한 목적으로 형성된 제도가 미래의 시점에서도 지속적으로 정책 선택의 범위를 제한한다는 것이다(Krasner, 1988). 따라서 제도는 t시점에서는 종속변수이지만 t+1시점에 이르게 되면 이 시점에서 제기되는 체제의 요구에 적절히 부응하지 못할 수 있을 뿐만 아니라 t+1시점에서의 문제를 해결하는 데 있어 오히려 역기능적인(dysfunctional) 역할을 수행할 수도 있다. 즉, 과거의 역사적 발전과정에서 어떤 특정한 경로가 선택되었다면 현재의 문제를 해결하는 데 보다 더 효율적·기능적일 수 있는 다른 경로를 밟을 가능성이 배제될 수 있는 것이다. 이러한 경로의존 현상이 발생하는 경우, 특정 시점에서의 선택이 미래의 선택을 제약하기 때문에 최적의 적응(optimal adaptation)이 항상 가능한 것은 아니다.

이러한 측면에서 역사적 제도주의는 제도가 의도적으로 만들어지는 동시에 현재의 문제를 해결하는 데에도 효율적이라는 시각에 반하여, 기존의 제도에 의해 발생하게 되는 의도하지 않았던 결과와 제도의 비효율성을 강조한다(Hall and Taylor, 1996). 다시 말해 역사적 제도주의에서는 환경 변화와 제도변화 간의 괴리, 최적의 결과와 실제 결과 사이의 괴리, 그리고 역사의 비효율성과 우연성(contingent)을 강조한다(Ethington and McDonagh, 1995). 공리주의적·기능주의적 시각에서는 환경의 변화에 따라 제도가 지속적으로 변화한다고 상정하고 있기 때문에 항상 최적의 결과를 낳을 수 있다고 본다. 이러한 이유로 이들 시각에서는 역사가 아무런 의미를 갖지 못하는 것이다(Krasner, 1988). 사실 행위양식, 역할, 규범, 공식적 조직 등이 환경의 변화에 대응하여 유연하고 신속하게 적응해 나가면서 변화한다면 사회현상을 설명하기 위해서는 역사와 맥락에 대한 고려 없이 개인에 초점을 맞추는 것이 타당할 것이다.

전통적으로 역사적 제도주의에서는 제도변화의 요인으로서의 외적인 충격을 강조하는 것이 특징이다. 제도는 환경 변화에 빠르고 유연하게 적응해 변화해 나감으로써 계속적이고 점진적인 변화패턴을 보이는 것이 아니라, 매우 급격하게 간헐적

(episodic)으로 변화한다는 것이다. 이러한 제도의 결정적 · 근본적 변화는 심각한 경제위기나 군사적 갈등이 발생할 경우에나 일어날 만큼 매우 이례적인 현상이다. 위기 상황에서 위기에 대응하기 위해 취해진 일련의 행위들이 새로운 제도의 모습을 형성시키게 된다. 기존 제도의 지속성을 극복한다는 측면에서 이러한 위기상황은 중요한 의미를 갖게 된다. 위기상황에서 정치는 주어진 규칙 하에서 자원을 배분하는 문제가 아니라, 게임의 규칙을 새롭게 설정하는 문제로 전환되기 때문이다. 이러한 이유로 역사적 제도주의에서는 정치적 · 경제적 위기가 사회관계와 제도를 재형성하는 역사적 전환점(historical junctures)에 주목한다(Ikenberry, 1988). 그렇지만 위기가 극복되고 나면 위기에 대응하기 위해 새롭게 형성된 게임의 규칙, 즉 제도적 모습이 고착화되는 경향을 보인다.

정리하면, 우선 역사적으로 형성된 제도적 구조는 행위자들의 특정 행위를 보상하고 다른 행위를 벌하는 방식으로 그 국가만의 독특한 패턴을 만들어 낸다(Zysman, 1994). 이처럼 역사적으로 형성된 제도적 구조는 억압(constraints)과 유인(incentives)의 독특한 패턴을 형성하여 어제의 제도적 틀이 오늘의 정치적 및 경제적 참여자들에게 나아갈 길을 제공하는데, 이렇게 형성된 경로의존성은 쉽게 변하지 않는 성격(Huber, Payne and Puto, 1982)을 지니고 있다. 그러나 크래스너(Krasner, 1984)는 제도의 모습이 결정적 · 근본적으로 변화하게 되는 중대한 전환점(critical junctures)이 존재하며, 이때 새롭게 형성된 제도에 의해 역사적 발전과정이 새로운 경로를 밟게 되고, 이후 이 새로운 제도가 지속되는 시기로 구분될 수 있다고 주장하며 이를 단절된 균형점(punctuated equilibrium)이라고 명시하였다. 여기에서 유의할 점은 경로의 시작과 끝이 행위자의 계획대로 이동하는 것을 의미하는 게 아니라는 것이다. 우연한 사건과 맥락 속에서 발생한 중대한 전환점을 계기로 의도되지 않은 제도의 제약을 받게 되며, 따라서 경로는 미결정된(indeterminate) 상태에서 자체적 방향성을 갖는다(Mahoney, 2000: 535~537).

역사적 발전과정의 경로의존적 특징을 홀(Hall, 1993)은 쿤(Thomas Kuhn)이 이야기하는 과학혁명의 구조와 대비시켜 설명하였다. 홀에 의하면 제도의 모습이 근본적으로 변화하는 시기, 즉 중대한 전환점은 쿤의 논의에서는 패러다임이 변화하는 시기라고 할 수 있으며, 변화된 제도에 의해 정책이 수행되는 시기를 쿤의 논의에서는 정상과학(normal science)이 진행되는 시기라고 할 수 있다는 것이다. 따라서 홀에 있어서 제도는 일상적인 정치가 수행되도록 맥락을 제공하는 것으로 개념화된다.

미국의 국가형성과정을 분석한 스코로넥도 제도가 환경 변화에 기능적으로 적응할 것이라고 보는 시각을 비판하였다(Skowronek, 1982). 스코로넥에 의하면 환경 변화에 적절히 적응하기 위해 제도적 쇄신이 필요하다 할지라도 그것이 자동적으로 이루어지는 것은 결코 아니다. 즉, 환경 변화는 제도변화를 위한 자극에 불과할 뿐, 기존의 제도적 틀이 정부개혁의 과정과 결과를 제약하기 때문에 환경 변화에 대한 제도적 차원의 기능적 대응이 필연적으로 일어나는 것은 아니라는 것이다.

또한 아이켄베리는 제도와 관련하여 구조가 일단 한 번 형성되면 사회적 환경이 변화한다 할지라도 쉽게 변화하지 않는다는 점을 강조하였다(Ikenberry, 1988). 그리하여 아이켄베리는 통상적인 정책이란 과거의 그림자(the shadow of the past)라고 칭할 수 있는 거시적 차원의 제약 요인 하에서 이루어지는 미시적 적응과정에 불과하다고 보고 있다.

새로운 기능적 요구에 대해 제도적 대응이 항상 순기능적이지만은 않다는 스코로넥의 주장, 제도적 관계는 통상적인 정치가 수행되는 맥락을 제공한다고 보는 홀의 주장, 그리고 정책이란 과거의 그림자라고 칭할 수 있는 거시적 차원의 제약 요인 하에서 이루어지는 미시적인 적응이라고 보는 아이켄베리의 시각 모두 제도의 지속성과 경로의존을 강조한다고 볼 수 있다(Cammack, 1992)

역사적 제도주의에 있어서 제도변화의 근본적인 요인은 외적인 충격에 의한 위기상황이다. 그렇지만 제도의 형성과 변화과정을 설명함에 있어서도 역사적 제도주의는 기존의 제도가 엄연히 존재하고 있는 상태에서 새로운 제도가 형성됨을 강조한다. 즉, 제도의 변화과정에 있어서도 기존 제도는 새로운 제도가 취할 모습을 제약한다는 경로의존을 강조한다는 것이다. 특히, 기존 제도에 의해 형성된 권력관계가 새로운 제도의 형성과정에 대한 각 행위자들의 영향력을 상이하게 만든다는 것이다(Hall and Taylor, 1996).

역사적 제도주의에서 경로의존 개념에 대한 강조는 제도의 형성과 변화에 대한 기능주의적 설명방식에 대한 비판으로 이어진다. 제도가 형성되는 시점과 형성된 제도가 영향력을 행사하는 시점에 상당한 차이가 있는 경우, 제도가 현재 수행하고 있는 기능을 근거로 제도가 만들어지게 된 원인을 추론해낼 수는 없다. 특히, 제도가 처음 형성될 당시의 사회경제적 환경과 권력관계가 시간의 흐름에 따라 변화하였는데도 불구하고 제도가 존속되고 있을 경우, 현재 제도가 수행하고 있는 기능으로부터 제도의 기원을 설명할 수는 없는 것이다. 다시 말해서, 현재의 제도는 사회적 과정의 부산물이거나 의도하지 않았던 결과일 수 있다는 것이다(Pierson and Skocpol, 2003). 이러한 측면에서, 역사적 제도주의에서는 제도의 기원이 제도의 유지를 설명할 수 없으며, 반대로 제도의 유지 또한 제도의 기원을 설명할 수 없다고 주장한다.

| Box 6-1 | 한국 지역주의 현상에 대한 신제도주의적 설명

이념, 세대, 지역성 등 유권자 측면의 변수에 기초하여 선거행태를 설명하는 기존의 미시적인 설명방식과 달리, 이 장에서 논의한 신제도주의적 접근방법을 통해서 한국의 지역주의 선거행태가 공고화된 과정을 중범위적이고 역사적인 관점에서 설명할 수 있다. 한국의 지역주의를 단순한 선거결과가 아닌 국가와 사회를 매개하는 광범위한 의미에서의 제도로 규정함으로써 이러한 접근이 가능한데, 여기서는 지역주의 선거의 제도적인 실체로서 지역정당체제를 지목하고자 한다. 정당체제는 정당의 정치엘리트와 유권자 간의 선거연합에 기반한 정당들이 병렬적으로 경쟁하고 있는 체계를 개념화한 것으로서, 단순히 행위자의 합리적 선택에 종속되지 않는 그 자체의 논리를 지닌 하나의 제도로서 규정될 수 있다.

이렇듯 제도로서의 지역정당체제가 재생산되는 역사적인 과정을 이론적으로 추적하는 작업은 신제도주의의 경로의존성 개념을 활용함으로써 수월해질 것이다. 경로의존성의 발생 원인에 대한 논의 중 하나로 감금효과(lock-in effect) 혹은 진화실패에 입각한 설명이 있다. 이는 한 번 수립된 제도는 그 자체의 경로를 지니게 되며 다른 경로로 전환되기 힘들다는 것으로서 제도 수립과정에서 발생하는 우연적인 상황(contingency)의 개념과 관련된다(Mahoney, 2000). 여기서 우연적인 상황이란 비교적 엄격하게 규정되는 것으로서, 새로 수립하려는 제도를 선택해야 하는 상황에서 다른 합리적이고 효율적인 대안이 존재함에도 불구하고 그 대안에 비해 비효율적인 대안을 선택할 수밖에 없는 역사적·구조적 상황을 의미한다. 따라서 우연성의 개입으로 인해 비효율적인 대안이 선택되었음에도 불구하고 보다 효율적인 대안으로 전환하려고 할 때 이미 비효율적인 대안이 선택되었기 때문에 전환이 실패하는 경우(진화실패), 선택된 대안 혹은 제도는 경로의존성을 지니고 있다고 설명된다.

그렇다면 한국 지역주의 현상에 있어서 무엇이 우연성으로 규정될 수 있는가? 먼저 우선 여기서의 우연성, 즉 비효율적 대안을 선택할 수밖에 없는 상황이란 정치엘리트의 관점에서 이야기되는 것임을 지적할 필요가 있다. 립셋과 로칸의 사회균열 모델과 달리 한국 정당이 지닌 지도자 중심적 성격을 상기할 때 지역정당체제라는 제도의 수립을 결과한 행위자는 유권자의 지지 및 이에 기반한 정권획득이라는 목적을 두고 각축하는 정치엘리트들이다. 따라서 이들의 관점에서 제도가 수행해야 하는 기능은 유권자의 지지 획득으로 한정되며, 이러한 지지 획득 기능을 효율적으로 수행했는지가 제도의 효율성과 비효율성, 나아가 특정 대안의 선택이 우연적인 것이었는가의 여부를 판단할 수 있는 기준이 된다.

사실상 일련의 사건들을 겪기 전까지 1987년의 지배적인 균열은 독재 시기와 마찬가지로 민주 대 반민주 간의 균열이었다. 예컨대 1987년 10월 20일을 전후한 유권자 의식조사 결과를 살펴보면, '한국사회의 당면 과제'에 대한 응답에서 '경제성장'이라고 응답한 비율 29.3%의 두 배에 이르는 56.5%의 응답이 '정치적 민주화'라는 결과를 볼 수 있다. 그러나 민주화 이후 1987년 대선 국면에서 개입된 우연적인 사건은 이러한 민주 대 반민주 균열을 약화시키고 지역균열의 경로를 형성하게 된다. 여기서 지역적 선거연합의 형성을 초래한 결정적인 사건이란 바로 민주화 진영의 후보단일화 실패, 즉 김대중 · 김영삼의 분열이었다. 이러한 분열로 인한 민주화 이슈의 약화는 결정적으로 지역적 선거연합이 형성되기에 적합한 조건을 창출하게 된다. 비록 6.29선언을 통한 권위주의 정권의 양보로 인하여 민주화 이슈가 약화되었음에도 불구하고 만약 양 김씨가 분열하지 않았다면 민주화 진영의 단일후보와 권위주의 정권의 후계자인 노태우 후보의 대결은 전자의 승리로 끝나게 될 가능성이 매우 높았다. 즉, 야당 정치엘리트들의 입장에서는 후보단일화라는 대안이야말로 정권획득이라는 그들의 목표의식과 관련하여 가장 효율적인 선택이었던 것이다.

이러한 맥락에서 양 김씨로 대표되는 야당 정치엘리트들은 정권획득이라는 목적과 관련해 후보단일화가 아닌 분열을 선택함으로써 스스로 효율적인 대안을 폐기하였다고 볼 수 있다. 분열이라는 대안의 비효율성은 13대 대선에서 민주화 진영의 패배와 노태우 후보의 승리로 증명되었다. 한편으로 민주화 진영을 배타적으로 대표할 수 있는 통합 후보가 존재하지 않는 상황에서 김대중과 김영삼이 지지를 동원할 자원은 자신들이 지닌 지역민과의 역사적인 유대밖에 남아 있지 않았다. 즉, 87년 대선에서의 지역주의적 선거행태는 민주화 진영의 분열로 인해 양 김씨가 그들이 지닌 유일한 권력 자원, 즉 지역 유권자들과의 유대를 기반으로 지역적 선거연합을 형성함으로써 나타난 결과물인 것이다.

양 김씨의 분열은 87년 민주화로 인해 정당체제가 재정립되는 과정에서 감금효과를 지닌 특정한 경로를 설정하게 하는 주요한 원인으로 작용했다. 즉, 우연성의 개입은 단순히 단기적인 선거 쟁점의 문제일 뿐만 아니라 양 김씨를 중심으로 한 지역적 선거연합과 그 제도적 실체인 지역정당체제를 형성하는 데까지 나아갔다. 이 시점에서 지역정당체제라는 제도가 민주화 진영의 분열이라는 우연성의 개입으로 인해 기원함으로써 그것은 자체적인 발전의 경로를 따라 강화되고 이후의 선거에 막대한 영향을 미치게 된다.

민주화 진영의 분열이라는 비효율적 대안의 선택은 지역주의 선거연합의 형성과 지역정당체제의 형성을 가져왔기 때문에 이는 단순히 13대 대선과정에서만 유효했던 정치엘리트의 전략에 머물지 않았으며, 하나의 비공식적 제도로서 자체적인 경로를 형성하며 발전해 나가게 된다. 사회균열로서는 민주 대 반민주 균열에 비해 미미한 영향력만을 지니고 있던 지역이라는 변수가 정치엘리트들의 편향된 동원에서 시작된 지역정당의 형성으로 인해 독립적 영향력을 지닌 균열로 발전한 것이다. 이렇게 수립된 지역정당체제의 경로의존적인 전개과정을 보여주는 가장 대표적인 사례는 1990년의 3당 합당이다.

3당 합당은 여소야대 정국의 문제에 일차적으로 기원하지만 본질적으로 여소야대 정국 역시 87년 이후 형성된 지역정당체제의 국회 내 반영을 의미하는 것일 뿐이었다. 따라서 여소야대 정국을 타개하기 위한 방편으로 합당이라는 선택지를 택한 노태우 대통령은 권력을 확대하기 위한 방편으로 지역정당 간의 결합을 추구했다는 측면에서 시작부터 지역정당체제의 논리 하에 움직였다고 할 수 있다. 여타 균열이 작동하지 않는 지역 중심의 정당체제에서 정치엘리트의 권력 확대는 자신의 지역 기반을 유지하는 동시에 타지역의 엘리트와 연합함으로써 지역적 연합을 구축하는 방식에 의해서만 가능할 것이었기 때문이다.

이러한 상황에서 노태우 대통령이 우선적으로 합당 세력으로 고려했던 정당은 통일민주당이 아닌 평화민주당이었다. 평민당의 경우 당시 원내 제1야당으로서 이미 민정당과의 협조적인 관계를 유지하고 있었으며, 따라서 노태우 대통령은 합당 추진과정에서 김영삼 총재보다 먼저 김대중 총재에게 접근했던 것이다. 그러나 호남 유권자들의 비난을 받으면서도 민정당과의 협조를 유지해 왔던 김대중 총재는 합당 제안만큼은 거부해야만 했다. 이는 87년 형성된 지역정당체제 및 지역적 선거연합이 부여한 제약이라는 측면에서 설명될 수 있다. 야당의 후보 단일화가 무산됨으로써 민주화 진영의 지도자가 아닌 호남 지역의 대변자로 전락하게 된 김대중 총재는 고립의 위험을 감수해야 함에도 불구하고 자신의 유일한 권력자원인 호남 유권자들과의 지역적 선거연합을 유지하기 위하여 합당 제의를 거절할 수밖에 없었다. 즉, 지역적으로 호남에 국한된 선거연합을 지니고 있던 김대중과 평민당의 입장에서는 권위주의 세력과의 합당이 광주항쟁을 경험한 호남 유권자의 지지 철회를 가져올 것이라는 점을 의식할 수밖에 없었던 것이다.

반면 김영삼과 통일민주당의 경우 자신들의 지역적 지지 기반과의 관계에서 평민당이 직면했던 유권자의 역사적 경험에 의한 제약을 비교적 받지 않는 상황에 놓여 있었다. 즉, 통일민주당 세력은 합당을 추진하는 데 있어 평민당에 비해 상대적으로 지지 기반 손실에 대한 부담이 적었다고 할 수 있을 것이다. 따라서 민정당과의 합당에 있어 평민당이 배제되고 통일민주당이 선택된 이유는 통일민주당의 경우 합당을 하더라도 지지 기반을 상실할 위험이 비교적 적었다는 지점에 있다고 볼 수 있다.

이처럼 합당에 참여할 수 있었던 세력과 그렇지 못했던 세력을 구분 지은 제약은 지역정당체제에 의해 구획된 지역적 선거연합이 지닌 특성의 차이라는 형태로 부과되었다. 즉, 지역정당체제에 의해 분할된 지역적 구획에 의해 광주항쟁이라는 역사적 경험은 민주화 진영 유권자들의 공통 경험이 아닌 호남민만의 배타적인 특성으로 나타나게 된 것이다. 따라서 3당 합당으로 인한 호남의 고립은 87년 민주화 진영의 분열이라는 우연성에 결정적으로 영향을 받은 결과라고 할 수 있을 것이다.

한마디로 3당 합당 및 영·호남 지역정당체제의 공고화는 87년 대선 당시 형성된 지역주의 정당체제가 형성한 제도적 경로의 제약 하에서 이루어진 정치엘리트들의 권력 확대를 위한 합리적 선택의 결과라고 할 수 있다. 3당 합당의 과정과 결과는 그 구상부터 지역정당체제의 논리에 종속되었으며 평민당의 합당 거절과 영남 블록의 형성에 이르기까지 지역정당체제의 제약 하에서 이루어졌기 때문이다. 합당 구상의 경우 영남권 통합의 의도가 없었다고 할지라도 앞서 말했듯이 지역정당체제 하에서의 합당이 지역적 블록을 형성하게 되는 것은 당연히 예정되는 결과이다. 이러한 일련의 전개과정은 신제도주의자들이 제도의 선호형성에 대해 주장한 것과 정확히 같은 맥락에서 지역정당체제가 정치엘리트들이 합리적인 선택을 하기 위한 선호를 형성하고 그것을 달성하기 위한 선택지들을 제약했다는 것을 보여준다. 또한 이후 3당 합당과 같은 지역적 블록 형성 전략은 15대 대선에서의 DJP 연합 형성 등에서 재발견된다. 지역정당체제의 제약 하에서 정치엘리트들은 최대한의 결과를 얻기 위해 지역정당체제의 논리를 따를 수밖에 없었던 것이다.

※ 김성수, 2013, "한국 지역주의 현상에 대한 신제도주의적 이해: 지역정당체제의 경로의존성을 중심으로", 『아태연구』 제20권 제3호 참조.

4. 신제도주의에 대한 비판

1) 일반화의 문제

역사적 제도주의에 대한 첫 번째 비판은 사회과학이 추구하는 연구 결과의 축적과 이에 기반을 둔 체계화·일반화된 이론의 개발을 기대하기가 어렵다는 것이다. 이러한 비판은 주로 합리적 선택이론가에게서 제기된 것으로서, 역사적 제도주의는 개인과 집단의 행위를 제약하고 형성하는 거시적인 구조에 초점을 맞추어 사회현상을 설명하기 위해 고려해야 하는 변수들을 제시할 뿐, 검증할 수 있는 정교한 전제들(parsimonious propositions)을 제시하지는 못한다는 것이다. 특히, 역사적 제도주의에서 강조하는 비결정성(indeterminacy)과 사례의 독특성은 일반화된 이론 개발을 가로막는 요인이라고 할 수 있다.

2) 행위에 대한 미시적 설명의 문제

역사적 제도주의자에 의하면 제도란 행위자들의 행위를 결정하는 것은 아니며 단지 행위자의 선택을 제약하는 맥락을 제공할 뿐이다. 따라서 역사적 제도주의는 제도가 정확히 얼마만큼, 혹은 어떻게 행위를 제약하는지에 대해, 즉 제도와 행위 간의 정확한 인과사슬(causal chain)을 제시하지는 못한다(Hall and Taylor, 1996). 이렇게 되면 개인의 의지가 결과에 더욱 중요한 영향을 미치는지 아니면 제도적 제약 요인이 결과에 더욱 중요한 영향을 미치는지가 불분명해진다(Koelble, 1995).

역사적 제도주의는 거시적 차원의 변수에만 초점을 맞춤으로써 행위의 미시적 기초(micro-foundations)를 설명하는 데는 한계를 드러내고 있음을 부인하기 어렵다. 즉, 역사적 제도주의는 개인이나 집단이 행위를 하는 구조적 조건(structural conditions)을 해명하는 데는 크게 공헌하였다고 할 수 있지만, 특정한 역사적 조건 하에서 나타나는 구체적인 개인의 행위를 설명할 수 있는 행위 이론을 갖고 있지 못하다는 것이다.

3) 제도결정론의 문제

역사적 제도주의는 국가들을 동질화하는 지나친 일반화의 오류로부터 탈피하여 국가 간 정책의 상이성을 설명하는 데 매우 효과적이었다. 그러나 정치적 결과가 제도의 모습(institutional configuration)으로부터 쉽게 추론될 수 있다는 인상을 낳았다는 것 또한 부정할 수 없다. 아이켄베리(Ikenberry, 1988: 242)가 적절히 지적하고 있듯이, 역사적 제도주의는 정책결정과정에서의 구조적 제약 요인에 초점을 맞춤으로써 '무엇이 가능하지 않은가'는 설명할 수 있어도 '무엇이 가능한가'는 제대로 설명할 수 없다는 문제점을 지니고 있다.

텔렌과 스테인모는 이러한 문제점에 대하여 역사적 제도주의에 있어서 "제도결정론(institutional determinism)의 오류"라고 표현하였다(Thelen and Steinmo, 1992: 14). 이들에 의하면 지금까지 역사적 제도주의는 국가 간 정책의 상이성과 동일 국가 내 정책 패턴의 지속성을 설명하는 데는 성공적이었다. 그렇지만 역사적 제도주의에서의 비교 연구는 각 국가에 특징적으로 나타나는 제도적 모습에 의해 국가 간의 상이한 정책 결과가 야기된다고 주장하는, 이른바 비교정학(comparative statics)의 경향을 띠고 있었음을 부인하기 어렵다. 즉, 행위자들의 선호, 전략 그리고 권력관계가 제도적 맥락에 의해 제약되고 형성되며, 이것이 곧 각 국가 간 상이한 정책 결과를 낳게 된다는 것이다. 이러한 설명방식은 국내적 제도의 모습이 정책 결과를 결정짓는 유일한 변수이며, 이러한 제도적 제약 요인 하에서는 다른 결과가 불가능할 수밖에 없다는 결론에 이르게 한다. 이러한 경우 역사적 제도주의자들이 강조하는 제도적 제약 요인(institutional constraints)이 제도결정론(institutional determinism)으로 비약해 버리고 마는 것이다(Thelen and Steinmo, 1992).

4) 제도변화에 대한 설명의 문제

역사적 제도주의는 제도의 안정성과 지속성은 적절히 설명하지만 제도의 변화는 제대로 설명하지 못한다는 비판이 제기된 바 있다(Koelble, 1995). 물론 역사적 제도주의에서 제도의 지속성이 곧 제도의 영속성을 의미하는 것은 결코 아니다. 크래스너의 경우 간헐적으로 발생하는 급격한 제도의 변화에 이어 장기간에 걸친 안정성과 경로의존적인 변화가 수반된다고 주장하고 있으며, 스코로넥도 기존에 형성된 제도가 혁명적 변화에 의해 급격히 변화할 수 있는 가능성을 인정하였다. 따라서 역사적 제도주의자들은 모두 제도가 지속되는 시기가 급격한 변화에 의해 중단될 수 있는 가능성을 인정하고 있으며, 이 시기에 새로운 제도의 모습이 형성된다고 보고 있다. 그렇지만 제도변화에 대한 이러한 설명방식은 제도변화의 원인으로서 외적인 충격만을 강조하고 있을 뿐 내재적 모순과 갈등, 그리고 행위자들의 선택이 구체적으로 어떻게 제도의 변화를 초래하게 되는지를 제대로 설명하지 못하는 문제점을 드러내고 있다.

5. 비판에 대한 역사적 제도주의의 반론

1) 방법론적 특징

역사적 제도주의에 대한 첫 번째 비판, 즉 과학이 갖추어야 하는 일반화의 가능성이 대단히 낮다는 비판에 대해 역사적 제도주의자들은 사회현상의 연구에 있어서 일반화는 가능하지 않을 뿐만 아니라 바람직하지도 않다고 주장한다. 역사적 제도주의에서는 인과관계를 설명함에 있어 복잡 다양한 요인의 결합을 중시하며, 변수간의 인과관계는 항상 맥락 속에서 형성됨을 강조한다. 다시 말해서, 역사적 제도주의에서는 개별 독립 변수의 영향력이 아니라 변수들의 결합이 인과관계를 설명하는 데 있어 중요하다고 보고 있으며, 또한 동일한 변수들의 결합이라 할지라도 이 요인들이 결합되는 역사적 시점과 상황에 따라 결과가 전혀 다르게 나타날 수 있다고 본다.

그리하여 역사적 제도주의에서는 사회현상 혹은 정책을 설명함에 있어 개별 변수 그 자체의 특성에 초점을 맞추거나 단일 원인론적 설명방식(mono-causal explanation)을 취하는 것이 아니라, 제도가 결합되는 방식, 즉 제도의 관계적 측면에 초점을 맞춘다는 데에 그 특징이 있다. 이러한 측면에서 역사적 제도주의의 방법론적인 특징은 인과관계의 복잡성(casual complexity), 다중복합적 인과관계(multiple conjunctural causation), 설명변수 결합의 우연성(contingent relation between explanatory elements), 그리고 인과관계의 맥락성(contextual logic of causality) 등에 대한 강조라고 할 수 있다.

역사적 제도주의는 이렇게 다양한 요인의 결합을 중시하기 때문에, 사회현상을 설명하기 위해 몇 개의 독립변수로 구성된 모형을 설정하고 이 독립변수들 각각의 영향력을 측정하는 것은 별 의미를 갖지 못한다고 본다. 요인들이 결합되는 역사적 우연성과 맥락을 중시하기 때문에 사례에 대한 비교연구와 역사적 과정에 대한 분석, 즉 비교역사분석(comparative historical analysis)에 의존하게 되는 것이다(Skocpol, 2003). 비교역사분석에서는 현상을 설명함에 있어 역사와 맥락의 중요성을 강조하기 때문에, 보편적인 인과관계모형의 가능성을 거의 인정하지 않는다. 이러한 측면에서 볼 때, 역사적 제도주의는 이론이라기보다는 접근법, 분석틀 혹은 시각이라고 보는 편이 타당할 것이다(정무권, 1996; Immergut, 1998).

사회현상 혹은 정책을 설명하기 위해서는 그것이 발생하는 특정한 시간과 특정한 장소에 초점을 맞추어야 한다고 보기 때문에, 역사적 제도주의에서는 시간과 공간의 벽을 뛰어넘어 모든 사례에 적용 가능한 일반화된 이론을 구축하기란 불가능하다고 주장한다. 그렇지만 역사적 제도주의는 사회현상에 대한 연구가 단순히 특정 사례에만 초점을 맞추어 사례의 특수성만을 기술하는 차원에 머물러야 한다는 이른바 해석주의의 견해에 대해서도 동의하지 않는다. 유사한 사례에 대한 비교연구라는 귀납적 방법을 통해 중범위 수준에서의 일반화는 가능하며, 또한 이러한 방법을 통해 특정 현상을 둘러싼 복잡한 인과관계를 분석해낼 수 있다고 본다. 다시 말해서, 역사적 제도주의라는 접근법에 내재하는 방법론의 한계 때문에 일반화가 가능하지 않다는 것이다.

결론적으로, 역사적 제도주의에서는 인과관계의 규칙성에 대한 일반화는 시간적·공간적으로 제한될 수밖에 없다는 점을 인정하고, 이러한 인식에 기반을 두어 이른바 중범위 이론을 추구한다는 특징을 지니고 있다.

2) 구조와 행위자

역사적 제도주의에 대한 두 번째 비판은 거시적 맥락과 제도의 복합적 모습에만 초점을 맞춤으로써 사회현상의 설명에 있어 제도적 제약 요인에서 전개되는 개인의 구체적인 행위를 설명하지 못한다는 것이다. 사실, 행위를 하는 주체는 오직 개인일 뿐이라는 점을 고려한다면, 개인행위를 설명할 수 있는 미시적 분석틀을 갖추지 못하였다는 비판은 역사적 제도주의자에게는 뼈아픈 약점임에 틀림없다. 하이(Hay, 2001: 195)가 지적한 바와 같이, 역사적 제도주의의 약점은 행위자의 이익과 선호가 어떻게 형성되며 행위를 위한 동기가 어떻게 나타나게 되는지를 설명하지 못한다는 것이다. 역사적 제도주의자들의 특징인 거시적 차원의 연구를 보완하기 위해서는 행위의 미시적 기초를 해명할 수 있는 이론체계의 도입이 불가피하다고 여겨지며, 이를 위해서는 인간행위의 미시적 측면, 특히 산술을 통해 선택에 초점을 맞추는 합리적 선택 제도주의와 인간행위의 인지적 측면에 초점을 맞추는 사회학적 제도주의에 의존할 필요가 있다.

그러나 행위를 둘러싼 거시적 구조와 제도적 맥락에 초점을 맞춤으로써 개인행위와 개인 간의 관계를 구조화시키는 구조적 제약 요인의 중요성을 강조하였다는 점에서 역사적 제도주의의 공헌은 결코 무시할 수 없다. 제도적 맥락은 행위자의 선호와 이익에 대한 정의, 행위자의 전략, 그리고 행위자들 간의 권력관계에 영향을 미침으로써 행위자들의 구체적인 선택에 중대한 영향을 미친다. 이와 동시에 역사적 제도주의자들은 제도가 행위에 영향을 미치지만 행위를 결정하는 것은 아니라고 주장한다. 제도는 개인의 선택의 범위를 제약할 뿐 구체적인 선택과 행위를 이해하기 위해서는 인간행위에 대한 미시적인 분석틀이 필요한 것이다.

구조적 제약 요인이 의미하는 바는 개인의 선택 가능성이 완전히 제한되어 있다는 것이 아니라 일정한 범위 내에서 개인이 선택할 수 있는 가능성이 열려 있다는 것이다. 따라서 제도적 맥락은 행위에 대한 제약이라는 의미뿐만 아니라 행위를 위한 기회(opportunities for action)라는 의미도 동시에 지니고 있다(Lecours, 2000: 517). 개인행위와 제도 간의 쌍방적 관계에 주목함으로써 역사적 제도주의가 제도결정론의 함정으로부터 벗어나게 되었다고 할 수 있지만, 제도적 제약 요인과 개인의 전략적 선택 간의 상호관계 그리고 행위와 구조 간의 변증법적 상호작용을 보다 세밀화할 수 있는 분석틀의 개발은 여전히 필요하다.

제한된 범위 내에서의 개인의 구체적인 선택을 이해하기 위해서 역사적 제도주의가 최근 관심을 보이고 있는 개념이 바로 아이디어이다. 즉, 제한된 범위 내에서라도 개인이 선택할 수 있는 대안은 여러 가지가 있을 수 있다. 이러한 상황에서 개인의 구체적인 선택을 설명하기 위해서는 행위자가 가지고 있는 아이디어에 주목할 필요가 있는 것이다. 홀과 테일러(Hall and Taylor, 1996)는 역사적 제도주의의 문제는 '제도와 행위가 어떻게 연결되는가'에 대한 적절한 답을 제시하지 못하는 것이라고 지적한 바 있다. 이러한 질문에 답할 수 있는 방법으로서 다시 홀과 테일러(Hall and Taylor, 1996)는 아이디어에 주목하였다. 즉, 새로운 아이디어를 접하게 됨으로써 행위자의 선호가 변화할 수 있을 뿐만 아니라 상황에 대한 정의 또한 변할 수 있기 때문에 개인의 선택이 달라질 수 있다는 것이다. 아이디어는 개인이 가지고 있는 세계관, 규범적 신념, 인과관계에 대한 견해 등을 의미하는 것으로서(Goldstein and Keohane, 1993), 이러한 아이디어를 통해 행위자가 특정한 상황에서 구체적인 선택을 하게 된다는 것이다. 특히, 이러한 아이디어를 통해 제도변화의 원인과 제도변화의 경로를 설명하고자 하는 것이 역사적 제도주의의 최근 흐름이다(Blyth, 1997).

개인의 자율적인 선택과 행위의 가능성을 인정하면, 이를 통해 제도 그 자체가 변화할 수 있는 가능성까지도 인정하게 된다. 이는 역사적 제도주의가 제도변화를 설명하는 데 있어 외부적 충격만이 아니라 내부적 요인의 중요성에도 주목하게 만드는 계기가 되었다고도 할 수 있다. 그렇지만 역사적 제도주의가 합리적 선택 제도주의 등과 여전히 구별되는 점은 이러한 선택의 결과로서 제도가 변화한다는 점을 인정한다 할지라도 그 변화의 과정은 기존에 존재하던 제도의 틀로부터 완전히 자유로울 수 없으며, 이에 따라 제도변화 또한 경로의존 패턴을 보인다는 것을 강조한다는 것이다. 이와 동시에 행위자들의 구체적인 선택과 제도변화의 요인으로서 아이디어에 주목하지만 이러한 아이디어의 기원과 영향력 또한 역사적·제도적 맥락과 분리시켜 생각할 수 없다고 인식하는 것이 역사적 제도주의의 특징이다(Heclo, 1994).

3) 제도변화

제도변화에 대한 역사적 제도주의의 전통적인 설명방식은 크래스너 등이 주장한 단절된 균형모형으로 대표된다. 즉, 급격한 제도의 변화가 이루어지는 중대한 전환점에 이어 일단 형성된 제도가 상당 기간 지속되는 패턴이 반복적으로 나타난다는 것이다. 이때 제도의 변화는 내전, 전쟁, 전염병이나 공황 등 외부적 충격에 의해서만 이루어질 수 있다는 것이 단절된 균형모형의 주된 내용이다.

그런데 이러한 단절된 균형모형은 제도변화를 폭넓게 설명할 수 있는 분석틀로서는 다음과 같은 한계를 지니고 있다. 첫째, 단절된 균형모형에서는 제도변화의 원인으로서 외부적 요인만을 강조할 뿐 제도 그 자체에 내재하는 요인에 의해 제도가 변화할 수 있는 가능성은 무시하고 있다. 둘째, 단절된 균형모형에서는 외부적 충격에 집중하여 제도가 급격하게 변화한다고 주장할 뿐, 제도가 점진적으로 변화할 수 있는 가능성에 대해서는 주목하지 않는다. 셋째, 다른 제도주의학파와 비교할 때 역사적 제도주의는 제도의 지속성 때문에 시간에 의한 제도의 자연적 또는 적응적인 변화가 나타나기 어렵다고 보고 있다. 즉, 제도변화의 설명에서는 시간이라는 요소를 거의 고려하지 않는다는 것이다. 사실, 시간의 흐름에 따른 제도의 변화 가능성에 주목하지 않기 때문에, 한 시점에서 각 국가에 특징적으로 나타나는 제도의 모습에만 초점을 맞추어 국가 간 정책의 상이성을 설명하려고 하는 이른바 비교정학의 문제가 나타나기도 한다.

제도변화와 관련하여 역사적 제도주의가 갖는 이러한 한계를 극복하려는 노력의 대표적인 예로서는 제도의 구성요소 간 균열과 갈등에 주목하는 오렌과 스코로넥(Orren and Skowronek, 1994; 1996)의 연구를 들 수 있다. 이들에 의하면 제도란 동질적인 단위체가 아니라 이질적인 요소로 구성된 복합체이다. 역사적 제도주의에서는 제도의 복합적 모습에 주목하기 때문에, 특정 시점에 존재하는 제도는 복수의 하위 제도들로 구성되어 있음을 강조하는 것이 특징이다. 그런데 이러한 시각을 가진 역사적 제도주의에서도 제도변화를 설명하는 데 있어서는 제도를 다양한 구성요소들로 구성되어 있는 것으로 파악하는 것이 아니라, 단일한 동질적인 제도를 상정해 왔다. 반면 오렌과 스코로넥은 제도변화를 설명하는 데 있어서도 제도의 복합적 모습에 주목한 것이다.

제도를 단일논리로 구성된 단위체로 보면, 이것을 변화시킬 수 있는 것은 외부적 충격밖에 없다는 결론에 쉽게 도달하게 된다. 이와는 달리 오렌과 스코로넥은 이질적인 요소들이 제도를 이루고 있을 뿐만 아니라, 이러한 다양한 구성요소들은 각기 다른 시기에 특정한 문제를 해결하는 과정에서 형성된 것이라고 보고 있다. 그리고 일단 형성된 제도는 지속되려는 속성을 지니기 때문에, 특정 시점에서 보게 되면 각기 다른 시기에 형성된 이질적인 제도들이 공존하고 있다는 것이다. 즉, 한 시점에 존재하는 제도는 각기 다른 시기에 형성된 이질적인 구성요소들로 이루어져 있다는 것이다. 이를 오렌과 스코로넥(Orren and Skowronek, 1996)은 제도의 병렬적 구성(intercurrence)이라고 표현하였다. 이러한 측면에서, 오렌과 스코로넥은 제도를 역사적 맥락 속에서 이해하는 차원을 넘어, 제도 안에 요인들이 각각의 고유한 역사를 지니고 있음을 인식해야 한다고 하였다(Orren and Skowronek, 1996: 114). 제도의 구성요소들은 각기 다른 시기에 서로 다른 필요성에 의해 형성된 것이고 이에 따라 각기 다른 논리를 갖고 있기 때문에 이들 간의 갈등은 필연적이며, 개인이나 집단이 자신의 목적을 달성하는 과정에서 이러한 갈등을 증폭시키게 되는바, 결국 제도의 구성요소들 간의 균열과 갈등으로 제도가 변화하게 된다는 것이다. 특히, 오렌과 스코로넥(Orren and Skowronek, 1994)은 제도의 각 구성요소들은 그것이 도입·형성되던 시기에 이를 뒷받침하였던 사회구성원 간 권력관계를 반영할 수밖에 없기 때문에, 개인 혹은 집단 간 권력관계가 변화하고 또 이들 간의 상호작용 패턴이 변화하면 제도가 변화할 수 있다는 점을 중시하였다. 이에 따라 사회구성원들의 구체적인 행위 및 상호작용의 결과로서 제도는 이질적인 복합적 요소들로 구성되어 있고 또 이들 간의 균열과 갈등에 의해 제도가 변화한다는 사실을 인식하게 되면, 단일한 논리를 가진 동질적인 제도가 외적인 충격에 의해 다른 형태의 동질적인 제도로 전화한다는 단절된 균형모형은 그 설득력을 잃게 된다.

결론적으로, 오렌과 스코로넥은 제도변화의 내부적 요인, 제도형성의 시간적 비동시성, 그리고 점진적인 제도변화의 가능성을 주목함으로써 내부적 요인의 무시, 시간 개념의 무시, 점진적 제도변화 가능성의 무시라는 단절된 균형모형의 한계를 일거에 극복할 수 있는 가능성을 열어 놓았고, 이를 통해 제도변화 연구의 새로운 지평을 열었다고 평가할 수 있다.

제4절 | 신제도주의 이론의 가능성

오늘날 정치제도 연구는 정치체제, 정치구조 등 정치학 제 분야에 활용되는 연구주체로서 정치제도가 가지는 다의적인 의미에도 불구하고 인간의 정치활동과 정치조직에 관한 이해를 돕는 데 유용하게 사용되고 있다. 특히 제도주의 이론은 정치학·경제학·사회학 등 사회과학 전체에 적용되고 있다. 과거 제도주의 연구는 국가기관의 공식적인 구조와 법체계에 대한 단순한 기술에 한정되었으나, 행태주의 혁명 이후의 사회과학의 전반적인 흐름을 반영하고 있기 때문에 분석적 틀에 기반을 둔 설명과 이론을 통한 발전을 거두고 있다. 특히 신제도주의는 제도를 사회현상을 설명하는 핵심변수로 상정하여, 제도의 공식적·구조적 측면뿐만 아니라 행위와의 상호관계를 통해 사회 변동의 원인을 규명하여 국가 간 정책 패턴과 정책 결과의 공통점 및 차이점을 밝히는 데 유용하게 활용되고 있다.

특히, 신제도주의적 접근법의 경우 마르크스주의가 경제 결정론적 입장에서 권력관계의 불평등을 설명하는 접근방식으로부터 탈피하여 제도적 맥락으로써 국가와 사회의 관계 속에서의 권력자원 배분을 설명하고 있다. 권력의 경쟁을 통해 제도가 형성되고 또 형성된 제도는 불평등구조를 고착화시키는 관성(inertia)을 가지게 된다는 것이다(Pierson, 2000: 263). 이러한 측면을 활용함으로써 신제도주의적 접근법은 단순히 민주화된 정치체제의 묘사에 머무는 수준의 연구를 넘어서, 세계화 과정이나 민주주의 체제 안에서 나타나는 권력의 집중 현상, 즉 '새로운 권위주의의 등장'에 대한 분석틀을 제공할 수 있을 것이다.

앞에서 설명한 것과 같이 신제도주의 연구의 경우, 역사적 제도주의, 합리적 선택 제도주의 그리고 사회학적 제도주의 등의 포괄적인 스펙트럼을 가지고 있고, 역사와 맥락을 중심으로 한 역사적 제도주의는 비교정치의 핵심으로 자리 잡고 있다. 다시 한 번 정리한다면, 역사적 제도주의는 역사와 맥락을 핵심 개념으로 둠으로써, 맥락에 대한 적절한 이해 없이 사회현상을 설명하기란 불가능하며, 이러한 맥락을 형성하는 것은 역사라고 파악한다. 이와 같은 역사적 제도주의는 제도의 형태와 모습에 초점을 맞추어 사회현상을 설명하고, 행위자의 선택을 제한하는 제도를 역사적 산물로 이해한다. 따라서 역사적 제도주의는 거시적 맥락에 초점을 맞추는 동시에 역사적 과정을 분석한다는 특징이 있다.

정치제도에 관한 연구는 구제도주의 이론과 신제도주의 이론의 구분과 같이 이론 자체에 대한 구분도 존재한다. 하지만 특정 국가에 관한 정치제도를 연구 대상으로 삼아 제도의 변화과정을 면밀히 탐구하는 등 여전히 풍부한 연구의 소재를 갖고 있기 때문에, 정치현상을 분석하는 비교정치 연구자들의 연구의 화수분이 되고 있다.

제7장

정치구조

삼권분립은 민주주의 이념과 원리를 보호하기 위한 제도적 방안이다. 행정부와 입법부, 그리고 사법부로 이루어진 국가의 형태는 그 실질적인 삼권분립의 양태와 관계없이 외형적 구조로 보편화되어 있다. 행정부, 입법부, 사법부는 서로 간의 견제와 균형(check and balance) 속에서 한 쪽의 힘이 커질수록 다른 한 쪽의 힘이 약해지는 모습을 보여 왔으며, 이 삼권의 힘을 어떻게 효율적으로 나누어 국가를 유지해 나가는 것이 좋은 것인지에 대한 논의가 계속 되었다. 특히 삼권분립과 관련하여, 이를 각 부처의 권력을 독립시킴으로써 권력의 독주를 막는다는 규범적 논의도 중요하지만 권력의 공유(power sharing)를 통하여 조정으로 이해하는 것도 중요한 고려사항이다. 즉, 정치구조에서 주요 대상은 구성요소가 무엇인가보다 관계인 것이다(Hague et al., 2017: 102). 이러한 논의들은 결국 대통령제와 의원내각제, 단원제와 양원제 등 다양한 정치구조적 행태들을 제안해 왔으며, 각각의 국가들은 자신들의 정치문화적 · 역사적 상황에 따라 각기 저마다의 제도들을 가지게 되었다.

본 장에서는 민주주의의 원리를 우선적으로 살펴보면서 민주주의의 개념 정의와 그 가치, 그리고 자유민주주의의 역사적인 변천과 발전과정을 고찰한다. 다음으로 정치구조의 주요 주체인 행정부, 입법부, 사법부의 역할을 살펴볼 것이다. 또한 근대 이후의 정부체제에서 매우 특징적인 형태로 나타나고 있는 관료제의 개념과 장단점을 추가적으로 알아봄으로써 오늘날 국가와 정치권력의 구조를 이해하는 데 도움을 주고자 한다.

제1절 | 민주주의

1. 민주주의의 개념 정의: 소다로(Sodaro)의 민주주의의 사원

오늘날 세계의 대부분을 차지하고 있는 근대국민국가의 정치구조는 민주주의의 원리에 기반을 두고 형성된 것이다. 따라서 정치구조에 대한 자세한 내용을 살펴보기에 앞서 민주주의에 대한 이해를 선행하는 것이 필수적이라고 할 수 있다. 민주주의를 표방하는 국가가 대다수이지만, 민주주의의 개념은 명확하게 정의되기 어려우며 다양한 사상과 이론에 근거할 수 있기 때문에 자주 혼란을 불러일으키곤 한다. 하지만 민주주의 체제를 표방하는 다양한 국가의 정치구조를 살펴볼 때 민주주의 개념에 대한 공통적인 합의를 찾는 것이 불가능한 일은 아니다. 즉, 오늘날 전 세계적으로 보편적인 것으로 받아들여지고 있는 민주주의의 개념은 간단히 말해서 "국민을 누가 통치할 것인가를 결정하는 권리를 국민 스스로가 지니는 것"으로 정의할 수 있다(김성수, 2018: 238~239).

이렇게 간단하게 정의된 민주주의의 개념을 더욱 명확하게 분석하기 위해서는 어떤 추가적인 요건들이 필요할까? 이를 위해 우리는 소다로(Sodaro, 2008: Ch. 7)가 제시한 민주주의의 사원(The Temple of Democracy)이라는 도식을 활용할 수 있다. 소다로의 민주주의의 사원이란 <그림 7-1>에서 볼 수 있듯이 민주주의라는 이념을 지탱하기 위하여 어떤 요소들이 필요한지를 사원의 이미지에 비유한 것이다. 민주주의의 사원은 일차적으로 국민주권(Popoular Sovereignty), 권리와 자유에 대한 보장(Rights and Liberties) 그리고 경제적 풍요(Economic Well-being)라는 세 기둥에 의해 지탱되는 형태를 취하고 있다. 이러한 기둥들은 일정한 토대에 뿌리를 내리고 있다. 따라서 기둥은 이와 같은 토대에서만 존재할 수 있는 민주주의의 '기능'이라고 할 수 있으며, 사원의 밑바닥을 이루는 요건들은 보다 더욱 본질적인 민주주의의 '기반'이라고 할 수 있다. 사원의 토대를 이루는 요소는 두 가지로서, 먼저 인치(人治)가 아닌 법에 의한 통치(the Rule of Law)를 들 수 있다. 아래에서 더욱 자세히 다루겠지만 법에 의한 통치는 통치자들의 권력이 법에 의해 제한받아야 한다는 것을 의미한다. 그러나 법에 의한 통치, 즉 법치(法治) 역시 '민주적 가치'라는 가장 본원적인 기반에 의존해서만 올바로 기능할 수 있다.

1) 민주적 가치

민주주의란 앞서 말했듯이 국가들 대부분의 정치구조를 조직하는 원리로써, 실제적인 제도적 기반을 통해 민주주의의 개념을 파악할 수 있다. 그러나 보다 본질적으로 주권을 지닌 국민들의 자기통치를 이상으로 하는 현대 정치의 원리, 즉 민주적 가치에 대한 이해를 통해 더욱 상세한 파악이 가능하다. 민주주의는 사상 혹은 이념으로써 현실의 정치를 계도하는 원리로서의 역할을 가장 중요한 본질로 하기 때문에, 민주적 가치는 민주주의를 구성하는 토대라고 할 수 있다. 이것이 소다로의 사원에서 민주적 가치가 가장 밑바닥에서 사원을 떠받치고 있는 이유이다. 여기서는 민주적 가치를 10가지로 세밀하게 분류하여 설명할 것이다.

그림 7-1 민주주의의 사원

※ 출처: Michael J. Sodaro, 2008, *Comparative Politics: A Global Introduction*(3rd ed.), New York: McGraw-Hill, Ch. 7.

① **자유**(Freedom): 자유의 가치는 민주주의의 세 가지 기둥 중 두 번째 기둥인 권리와 자유의 기둥과 연관되는 것으로서, 권위적 통치로부터 국민들을 보호해야 한다는 가치라고 할 수 있다. 그 연원은 로크 등으로 대표되는 사회계약론자들로 거슬러 올라가며, 대부분의 민주주의 국가에서 헌법에 의해 실제적·제도적으로 언론의 자유, 사상 및 종교의 자유, 집회·결사의 자유 등을 명시적으로 보장하는 형태로 나타나고 있다.

② **포괄**(Inclusion): 포괄의 가치는 민주적인 권리와 자유를 누구나 차별 없이 누려야 한다는 의미를 지닌다. 예컨대 투표권이나 언론의 자유와 같은 권리와 자유가 모든 인종 및 단체에 대해 배타적이지 않은 방식으로 적용되어야 함을 의미한다. 포괄의 원리가 지켜지지 않은 예로는 발틱3국(에스토니아, 라트비아, 리투아니아)의 경우를 들 수 있다. 이들 국가에서는 소련 붕괴 이후 기득권을 지니고 있던 러시아 소수인에 대하여 투표권을 비롯한 제반 권리를 제한했는데, 이는 포괄의 원리를 침해한 것으로 이해될 수 있다.

③ **평등**(Equality): 평등의 가치 혹은 원리란 민주적 권리와 자유가 모든 이들에게 동등하게 분배되어야 함을 의미한다. 평등 개념의 핵심은 권리의 동등한 분배로서 포괄의 원리가 가진 개념적 한계를 보완하는 역할을 한다. 대표적인 예로 1918년까지 영국에서는 집을 소유한 남성에게만 투표권이 부여되었는데, 이는 앞서 포괄 개념에서 든 발틱 3국의 사례와는 달리 특정 인구 집단을 원천적으로 참정권으로부터 배제한 것은 아니라는 측면에서 포괄 개념에 상응한다. 그러나 투표권에 있어 재산이라는 자격요건을 부여함으로써 이를 충족시키지 못한 국민의 경우 여전히 권리의 동등한 분배로부터 배제되고 있으므로 평등의 원리는 지켜지지 못한 것이다.

④ **공평·공정**(Equity): 공평과 공정의 가치는 현대적 자유주의의 논의로부터 그 개념을 이끌어 낼 수 있다. 앞서 살펴본 평등의 개념이 법적인 평등을 의미하는 반면 공평과 공정은 경제적 번영과 안녕에 있어서 기회의 동등성, 즉 기회의 평등을 의미한다. 즉, 평등의 원리가 자유와 권리의 동등한 분배를 법적이고 형식상으로 보장한다면 공평과 공정은 경제적인 내용의 동등, 적어도 그 출발

선에서 모든 사람에게 공평한 기회를 보장하는 것을 의미한다. 나아가 공평과 공정은 이러한 공평한 기회의 보장을 통해 모든 사람들이 정치에 대하여 편견에 의한 배제를 받지 않고 참여할 수 있는 제도적 보장을 포함하는 가치로서, 경제적 복지의 개념 역시 이에 포함된다.

⑤ 존중·관심(Respect): 존중과 관심의 가치란 권리와 자유의 차별 없는 분배라는 측면에서 평등의 개념과 밀접한 관계를 지닌다. 그러나 존중 및 관심의 경우 특별히 소수 인종, 장애인, 이민자, 성적 소수자 등 다양한 사회적 약자를 대상으로 하는 개념으로서, 다수나 소수를 막론하고 모든 인간을 평등하게 취급해야 한다는 가치를 명시하는 개념이라고 할 수 있다.

⑥ 관용(Tolerance): 관용의 가치는 포용력이라는 뜻으로 이해될 수 있으며, 이는 포괄과 법적인 평등을 바탕으로 자신과 다른 견해를 갖는 사람의 발언권을 인정하고 그들과 조화를 이루어야 한다는 것을 의미한다. 예컨대 이란에서는 이슬람 교파 중 시아파가 우세를 차지하고 있다. 이 나라에서 수니파, 기독교인 등의 종교 행위는 법적으로 허용된다. 하지만 선출직 진출 또는 시아파가 지니고 있는 것과 똑같은 정도의 교육, 취업 등의 기회는 제한되고 있다. 이처럼 종교나 사상과 같은 기준에 의한 차별이 존재하지 않고 그들에게 같은 정도의 권리와 자유가 국가에 의해 주어질 때에야 관용이라는 민주적 가치는 보장될 수 있다.

또한 1960년대 미국에서는 개인이 소유하는 호텔 및 식당에서 흑인의 출입을 금할 수 있었는데, 이때 정부는 개인의 사유재산에 대해서도 민주주의적 원리의 적용을 결정하였다. 즉, 사유재산에 대한 자유로운 처분과 이용의 권리에 맞서 소수자, 특히 흑인에 대한 출입을 허용할 것을 정책적으로 수행한 것이다. 이는 민주주의의 가치인 관용의 원리를 지키기 위한 정책이라고 할 수 있다. 그 밖에도 소수자나 빈민 계급을 위한 증세 및 재분배 정책 역시 관용의 개념하에 포괄될 수 있을 것이다. 이는 경제적 불평등의 심화가 정치적·사회적 불평등으로 나타나는 것을 미연에 방지하기 위해서이다.

⑦ **복지**(Welfare): 복지란 민주주의의 사원의 세 번째 기둥과 상응하는 가치로서 개인, 단체, 그리고 사회 전체 차원에서 경제적 복지가 추구되어야 함을 의미한다. 앞서 말했듯이 경제적 불평등의 심화는 사회적이고 정치적인 불평등으로 이어져 민주주의적 가치와 제도 전체를 위협할 수 있기 때문이다. 즉 빈곤은 인간 스스로를 종속된 삶속에 가두어 자유를 제한하기 때문이다.

⑧ **협력**(Cooperation): 민주주의가 오래도록 지속되기 위해서는 다양한 조직과 지도자들이 서로 간의 끈질긴 거래와 타협, 조정에 헌신해야만 한다. 즉, 민주적 정치구조 및 정치제도의 유지를 위해서는 다원주의적 개념의 화해와 양보(compromise)가 필수적으로 수반되어야 한다. 기본적으로 사회의 다양성을 이해하며 틀린 것이 아니라 다르다는 것을 인정하는 자세가 요구된다.

⑨ **신뢰**(Trust): 선출된 정치인들이나 정부의 관료들은 권력유지를 위한 대중주의적 접근이 아닌 양심에 입각한 신뢰성을 국민들에게 보여주어야 한다. 이는 민주주의의 가장 근본적인 원리인 주권을 지닌 국민들의 자기통치를 위해 필수적으로 선행되어야 하는 것으로서, 국민들로 하여금 자신들을 대변하는 정부와 정치인을 믿을 수 있게 해야 하기 때문이다.

⑩ **안보**(Security): 안보 개념은 정치이념에서 다루었듯이 자유주의자들조차도 자유와 안보 중 선택을 묻는다면 안보가 우선이라고 답하듯 소중한 가치이다. 안보는 국방의 큰 개념도 존재하지만 개인의 개인의 생명과 사유재산권 등을 포괄적으로 포함한다. 국가권력의 우선적인 책무로 국방을 포함하여 무엇보다 개인의 신체와 소유권 등을 확실히 보장해야 한다는 것을 의미한다.

이처럼 10가지 개념들로 구성된 민주적 가치라는 민주주의의 토대는 궁극적으로 건강한 민주적 공동체의 건설과 유지를 지향한다(김성수 2018: 246~247). 민주적 공동체는 화해와 신뢰, 안보를 통해서 이루어지며, 공평한 선거와 기본적인 시민의 권리도 중요하지만 위에 열거된 가치들이 조화롭게 보전되고 완성될 때 비로소 국가적·사회적으로 발전 친화적인 공동체가 건설될 수 있다.

2) 법에 의한 통치(the Rule of Law)

민주주의의 사원을 이루는 두 번째 토대라고 할 수 있는 법에 의한 통치, 즉 법치란 국가와 통치자들의 권력은 법에 의하여 제한받아야 하며 법 위에는 누구도 존재할 수 없다는 것을 의미한다. 이는 플라톤의 수호자적 통치(철인왕)와 대비되는 아리스토텔레스의 저작에서부터 주장된 것으로 통치의 주체, 즉 정부는 사사로운 이익이나 정념에 의해 휘둘리는 인간 개개인이 아니라 이성적으로 제정된 법이어야 한다는 사상적 기반을 지니고 있다.

또한 이와 같은 법치주의는 사법부의 독립이라는 제도적 기반을 필요로 한다. 선출직인 입법부나 행정부의 자의에 휘둘리지 않고 오직 법에 근거해서만 판결을 내릴 수 있는 사법부의 정치적 독립이 보장될 때에만 법치는 현실적으로, 동시에 실효적으로 존재하고 기능할 수 있기 때문이다.

무엇보다 강조되어야 하는 것은 법치주의와 민주적 가치의 상관관계에 대한 것이다. 즉, 법은 민주적 가치를 증진시키기 위하여 존립되어야 하며, 따라서 법은 민주적 가치에 기반하여 제정되고 집행되어야 한다. 사원의 비유에서 민주적 가치가 가장 아래에 위치하고 그 위에 법치가 자리하고 있는 것은 이러한 맥락에서 이해되어야 한다.

3) 3가지 기둥: 민주주의의 기능

지금까지 민주주의의 유지와 운영을 위한 기본적인 두 가지 토대인 민주적 가치 10가지와 법에 의한 통치에 대하여 살펴보았다. 이러한 토대에 기반을 둔 민주주의 사원의 세 가지 기둥은 무엇을 의미하는 것일까? 이 세 가지 기둥은 민주주의의 현실적인 운영을 위하여 민주주의 정치구조가 수행해야 하는 기능들을 축약해 놓은 것이라고 할 수 있다. 그러나 이 기능들은 실제적인 운영에 있어서 최대한과 최소한의 반영이라는 스펙트럼의 차이를 지닐 수 있음을 명심해야 한다.

(1) 국민주권

국민주권은 민주주의의 기본적인 개념으로서 국민들이 누가 그들을 통치할 것인가를 결정하는 문제와 밀접하게 관련된다. 또한 이 문제는 곧 국민주권이 국가의 정당성(legitimacy)을 좌우하는 중요한 원천임을 강조하고 있다.

개념적으로 국민주권이란 통치 받는 자들의 동의에 의해 정부가 구성되어야 한다는 것이다. 이는 미국 16대 대통령 링컨(Lincoln)의 유명한 구절을 빌려서 말하자면 "국민을 위한, 국민에 의한, 국민의 정부(for the people, by the people, and of the people)"라는 의미를 충족시켜야 한다는 것을 의미한다. 국민주권의 주된 요소로는 국민의 참여와 정부에 대한 신뢰성을 들 수 있다. 참여와 신뢰성의 보장은 법에 의해 가능하고, 이를 통하여 포괄, 평등, 공정 등 민주적 가치가 실현될 수 있다.

구체적인 참여의 방법으로 대의민주주의와 직접민주주의라는 두 가지 방식이 존재한다. 먼저 대의민주주의란 법치, 포괄, 평등이라는 가치와 원리에 기반하는 것으로서 다수결의 원리(majority rule)로 표현된다. 보다 구체적으로 대의민주주의의 운영에 대해 살펴보면, 대의민주주의의 일차적인 확립을 위해서는 선거절차의 형식적·절차적 완비가 필요하다.

즉, 제도적인 선거 절차를 통해 후보자 간의 자유로운 경쟁과 비밀 투표, 공평한 참여가 보장되어야 하고, 규칙적·정기적으로 선거가 진행되어야 하며 투표권에 있어 포괄적이고 평등한 분배가 이루어져야 한다. 이와 동시에 국민들은 정당 또는 후보자를 위한 캠페인에 적극적으로 참여할 수 있어야 하며, 그밖에도 조직적인 형태의 지지나 여론조사 참여를 통해 선거의 아젠다를 설정(agenda setting)할 수 있어야 한다. 즉, 대의민주주의의 경우 국민들은 간접적인 방식으로 정책결정과정에 참여하는 것이다. 또한 이러한 간접적 참여를 위해서는 예컨대 입법부의 국정감사 기능과 같은 정보의 공개(political openness) 및 투명성(transparency)이 필수적으로 보장되어야 한다. 이런 절차에 기반할 때, 선출된 정치인들의 정당한 권위도 보장받을 수 있다.

정치 참여의 두 번째 형태인 직접민주주의는 정부의 통치 행위가 국민에 의해 직접 이루어지는 것을 말한다. 이는 역사적으로 그리스 도시국가, 특히 B.C. 500~300년대에 이르기까지의 아테네 민주주의에서 발견된다. 아테네 직접민주주의에서 시민은 입법부 그 자체였으며 이와 비슷한 모델은 18세기 제네바의 정부에서도 발견된다.

하지만 이러한 역사적인 직접민주주의 모델은 경험적으로 포괄과 공평의 가치를 실현하지 못한다. 왜냐하면 이러한 역사적 모델에서 여성과 시민권을 부여받지 못한 외국인 및 노예는 정치 참여에서 배제되었기 때문이다. 이러한 의미에서 오직 성인 남성 시민으로 구성된 아테네 민주주의는 현대적인 민주적 가치의 실현과는 거리가 있다.

그렇다면 직접민주주의는 현대적인 의미에서 어떠한 가치와 형태를 띨 수 있을 것인가? 첫째, 국민투표 민주주의(plebiscitary democracy)를 들 수 있다. 국민투표를 뜻하는 영어단어 'plebiscite'의 어원은 라틴어 plebi, 즉 보통 사람(common people)과 결정 혹은 결의를 뜻하는 'scitum'라는 말의 결합에 뿌리를 두고 있다. 이처럼 국민투표는 보편적인 다수 국민의 의지를 직접적으로 결의하는 것으로서 대통령 선거나 헌법 개정 투표 등 현대정치 전반에서 여전히 강력한 영향력을 지닌 채로 남아 있다. 둘째, 좀 더 최근의 형태로서 교통과 통신의 비약적인 발달은 전자민주주의라고 불리는 새로운 형태의 직접민주주의가 가능한 조건을 만들어내고 있다. 즉, 인터넷과 이메일 등의 발달된 기술을 활용하여 국민의 직접적인 의사를 정치적 결정과정에 반영할 수 있는 가능성이 나타난 것이다.

그러나 전자민주주의에 대해서는 다양한 형태의 비판이 존재한다. 무엇보다도, 어떤 중대한 사안에 대해 전자투표만으로 결정을 내리고 이를 정책으로 집행하는 경우에 정치공동체에 미치는 해악을 통제하기 쉽지 않으며 그 책임 소재를 정확히 묻기도 힘들어진다. 즉, 어떤 사안에 대해 객관적이고 합리적인 정보에 기반하여 충분히 숙고하지 않은 대중들이 인터넷 투표시스템에 의해 자의적이고 선동적인 정치적 판단을 내릴 경우에 발생하는 해악을 방지하거나 정치적 책임을 묻기가 쉽지 않다는 것이다. 철학적인 수준에서 직접민주주의를 비판하는 대표적인 보수주의 사상가 에드먼드 버크(Edmund Burke)는 대의민주주의 제도가 존재하는 상황에서 선출직 공무원이 국민에 의해 선출되었다면 국민들은 자신들의 대표들이 지닌 원숙한 결정 능력을 신뢰해야 하며, 따라서 국민의 직접적인 의사 표시를 반영하는 제도를 무조건적으로 추구하기에 앞서 이러한 신뢰에 기반한 대표들이 책임 있는 정책결정을 내릴 것을 강조하고 있다(Burke, 2013[1790]).

(2) 권리와 자유

법치를 통하여 개인의 권리와 자유를 보장하는 것은 민주적 정부의 주된 목적이다. 따라서 권리와 자유의 보장이라는 민주주의의 두 번째 기둥은 민주적 정부의 기능을 의미하는 동시에 그 자체로서의 목적을 가진다. 예컨대 대다수 민주주의 국가에서 취하고 있는 삼권분립의 정치구조는 국민의 대표자인 정치행위자들로 하여금 서로 견제하게 함으로써 국민의 권리와 자유를 보장하는 제도적 장치라고 할 수 있다.

구체적으로 민주주의에서 보장해야 하는 권리와 자유의 내용을 열거하자면, 첫째,

개인의 생명과 재산에 대한 권리는 정부에 의하여 불법적으로 간섭 받을 수 없다는 사유재산권, 둘째, 표현(언론)의 자유, 셋째, 종교의 자유, 넷째, 신뢰할 수 있는 통치자들을 선출하기 위한 자유로운 선거에 대한 권리, 다섯째, 정치적 목적을 위한 집회와 결사의 자유, 여섯째, 여행과 거주 이전의 자유, 일곱째, 법 앞에서 동등하게 취급받을 권리, 여덟째, 개인 재산의 자유로운 소유 및 처분권, 아홉째, 공공교육을 받을 권리를 꼽을 수 있다. 여기서 열거된 아홉 가지 자유와 권리에 대한 보장은 민주주의 체제를 가늠할 수 있는 최소한의 기준을 구성한다.

그런데 여기서 국민주권과 권리·자유에 대한 보장 사이에는 일정한 긴장관계가 형성되어 있다. 왜냐하면 국민주권은 현대의 민주주의 국가 대부분에서 대의제 민주주의, 즉 다수결의 원리에 기반하고 있는데 이러한 다수의 지배가 소수자로서의 개인의 권리와 자유를 침해하는 경우가 발생할 수 있기 때문이다.

(3) 경제적 안녕

마지막으로 민주주의를 지탱하는 마지막 기둥으로서 경제적 안녕의 유지와 보장을 들 수 있다. 이는 경제성장과 복지서비스의 제공이 단순히 경제적인 차원의 의미를 갖는 것이 아니라 국민들이 가지는 기본적인 정치적 권리로서 인정되고 있음을 의미한다.

그런데 민주주의 정치체제의 유지에 있어서 경제적 안녕이 얼마나 커다란 비중을 차지하는가의 문제에 대해서는 각 지역·국가마다, 혹은 각 시대 및 역사적 상황에 따라 서로 다른 견해가 대립하였다. 예컨대 1990년대 공산주의 블록의 붕괴 이후 대다수 동구유럽의 주민들은 경제적 안녕을 민주주의의 주요 요소로 꼽았다. 이 같은 동유럽 주민들의 지배적인 견해는 국민들에 대한 경제적 안정성이 보장되지 않고서는 어떠한 정치체제도 기능할 수 없다는 것을 반증하는 것이다. 이는 특정한 역사적 맥락에서는 경제적인 평등과 기본적인 생활권의 보장이 일정한 수준의 정치적인 자유(예컨대 표현의 자유나 사법부의 중립 등)보다 우선한다는 함의로 해석할 수 있을 것이다. 반면 동구에 비해 비교적 경제적 번영을 누리고 있는 서구 유럽의 경우 반대의 서베이 결과를 볼 수 있는데, 이는 경제성장 등 물질적인 번영의 목적을 위해 정치적 자유가 억압되어서는 안 된다는 견해를 대변한다.

그러나 서구 유럽의 발달된 경제상황을 감안할 때 결국 경제적 안녕 역시 일반적인 국민들(common people)에게는 민주주의의 주요 요소이자 기본적인 조건을 구성한다고 말할 수 있다. 이처럼 중요한 비중을 차지하는 경제적 안녕이라는 요인에 의해 현대 민주주의 정치체제는 자유시장경제에서 점차 국가와 정부의 경제개입을 요청하는 혼합경제로 변화해 왔고, 이에 따라 정부의 시장에 대한 간섭과 자유시장 제도의 병행이 이루어지고 있다.

2. 자유민주주의의 모델들

지금까지 민주주의의 가치와 기능에 대해 살펴보았다. 이를 통해 추상적인 민주주의 원리가 현실의 국가기구나 제도에 어떻게 반영되어 있는지를 개략적으로 파악해 보았다. 그러나 민주주의는 추상적인 이념 혹은 원리로서의 속성도 지니고 있지만 한편으로 역사의 흐름에 따라 변형과 발전을 겪어 왔다. 따라서 민주주의의 다양한 모델과 변이에 대하여 역사적으로 살펴보는 것도 민주주의를 이해하기 위해서는 필수적인 과정이라고 할 수 있다. 여기서는 대다수 국가의 정치체제를 특징 짓고 있는 자유민주주의와 관련하여 맥퍼슨(Macpherson, 1977)과 김성수(2018; 2020)의 저작을 통해 자유민주주의의 다양한 모델을 구분함으로써 그 개념의 정의와 사상적 기반, 역사적 실제를 살펴보기로 한다.

| Box 7-1 | 자유주의와 공화주의

현대적인 자유민주주의의 발전과정을 추적하기에 앞서 오늘날 민주주의 이념과 모델의 기본이 되는 두 가지 전통에 대해 간략히 소개하도록 하겠다(Terchek and Conte, 2001: 3~7, 51~55). 자유주의와 공화주의로 대표되는 두 가지 이념적 전통은 오늘날 우리가 지니고 있는 민주주의에 대한 개념과 정확히 일치하지는 않지만 그 사상적 기반을 이루는 아이디어와 전통을 유산으로 물려주고 있다.

1. 자유주의

고전적 자유주의는 개인의 권리에 대한 보장과 피치자의 동의에 의한 통치라는 이념적 유산을 물려준 사상적 전통이다. 고전적 자유주의는 인간의 권리, 이성, 평등에 대한 신념에 기반해 여타의 시민들이나 정부의 간섭으로부터 개인을 보호해야 한다는 지향을 설파했으며, 이는 자유주의 전통이 개인의 권리라는 개념에 기반을 두고 있음을 잘 나타내준다. 이후 자유주의는 개인의 권리를 보장하는 최적의 수단으로서 다수에 의한 지배라는 관념에 동의함으로써 민주주의와 융합되게 된다.

대표적인 초기 자유주의자 존 로크(John Locke)의 사상은 이를 잘 보여주는데, 그는 대중적인 의결에 의한 입법을 통해 정부 및 통치자를 견제함으로써 개인의 자유가 보장될 수 있다고 하였다. 즉, 로크는 정부로 하여금 피치자에게 책임을 지게 하는 대중적 기반을 통해 자유의 최상의 수호자가 될 수 있다고 생각한 것이다. 비록 투표권의 완전한 평등에 대해 주장하지는 않았지만 다수결 원리에 입각하여 정부가 피치자에 의해 견제 받도록 하는 제도를 주장했다는 측면에서 로크는 신중한 자유민주주의자라고 불릴 수 있을 것이다. 로크가 이처럼 피치자의 동의를 강조한 이유는 이것이야말로 인간의 자연권(natural right)을 보호하는 가장 적절한 장치라고 생각했기 때문이다. 그는 생명과 자유, 사유재산이 보장되는 평등한 자연 상태를 상정하였는데, 따라서 만약 통치자가 피치자의 자연적인 제반 권리들을 침해한다면 피치자는 저항이 가능하다는 논리를 도출하였다. 동시에 노동을 투여함으로써 소유권이 부여되는 사유재산에 대한 그의 강조는 자유주의 전통에서 사유재산권을 중심적인 권리로 위치짓게 하는 시초가 되었다. 마지막으로 로크는 자유에 대한 위협으로 첫째, 독재적인 정부와 둘째, 신중한 고려 없이 맹목적인 여론에 휘둘리는 상황을 꼽았다. 특히 후자의 경우 다수에 의한 지배가 이루어지더라도 그것은 왜곡된 것이며 피치자의 동의에 의한 지배라고 규정될 수 없다는 것이었다.

한편 토머스 페인(Thomas Paine)은 자유의 상태를 정상적인 것으로 규정하는 반면, 정부의 존재는 사회의 실패를 반영하는 것이며 아무리 정당화하더라도 필요악에 지나지 않는 것이라고 주장했다. 정부의 통치가 폭정으로 치달을 때 그 피해는 너무나도 막심할 것이기 때문에 페인은 로크와 마찬가지로 피치자의 동의에 기반을 둔 정부의 운영을 주장했다. 동시에 페인은 최소한의 정부(제한된 정부)를 주장함으로써 권리와 자유의 보장 하에서 평범한 개인들이 권리를 침해받는 것을 방지하기를 원했다.

제임스 매디슨(James Madison)의 경우 개인의 자유와 권리를 위해 운영되는 정부와 동시에 민주주의의 폐해를 막기 위한 방안을 강구했다. 그에게 있어 민주주의, 즉 다수 지배의 가장 큰 해악은 특정 파벌(faction)에 의해 정부가 통제됨으로써 소수자의 권리가 침해받는 것이었다. 다수를 차지하는 파벌은 다른 세력들의 자유를 희생시키면서 자신의 이익을 추구할 위험이 있기 때문이었다.

민주주의의 폐해에 대한 매디슨의 이러한 고민은 파벌들을 항상 상호 견제 상태에 놓이게 하는 형태로 미국 헌법에 반영되었다. 매디슨은 다수의 폭정을 막기 위한 권력의 분립과 서로 중첩되기 힘든 다양한 이익을 반영함으로써 다수 세력이 장악하기 힘든 입헌적인 제도를 제시함으로써 지배적인 파벌의 해악을 방지하고자 했다. 매디슨은 이처럼 제도적 배열을 강조하면서도 공화주의자들과는 달리 공공선을 지향하는 시민 개인의 덕성에 의존하지 않았다. 그에게 있어서 자기 이익에의 추구는 자연스러운 일이었으며, 파벌은 시민적 덕성을 교육함으로써 막을 수 있는 것이 아니었다. 따라서 그에게 있어 중요한 것은 정부가 특정 세력의 독점적인 통제 하에 들지 않게 막는 제도적인 배열이었다.

지금까지의 논의들과는 다른 관점에서, 알렉시스 드 토크빌(Alexis de Tocqueville)은 근대성의 민주적 특성을 강조했다. 즉, 근대성의 평등주의적 속성에 의해 과거 귀족 지배하의 도덕적, 종교적, 전통적 그리고 영웅주의적 덕성에 대한 의존에서 벗어날 수 있었다는 것이다. 즉, 그는 근대 민주주의는 과거의 신분질서와 전통적 권위에 반하는 평등 정신으로부터 기원하는 것이라고 생각했다. 그러나 민주주의는 장점이 있는 만큼 문제점도 컸으며 특히 자유와 평등의 충돌은 토크빌에게 커다란 고민거리로 다가왔다.

특히, 토크빌은 민주주의가 스스로의 기반을 해치게 되는 상황을 염려했다. 평등에 대한 지향은 사회 구성원의 정체성과 목적을 구성하는 과거의 전통을 파괴했으며 민주주의 시대에서는 다수의 의지가 그것을 대체하게 된다. 그런데 바로 이 다수의 의지에 의한 지배는 매디슨이 고찰한 것과 마찬가지로 다수의 독재로 변질되기 쉬운 것이었다.

그러나 토크빌은 이러한 문제점을 해결하기 위한 방안 역시 민주주의 내부에 존재한다고 생각했다. 특히 미국의 민주주의를 관찰하면서 그는 자발적인 조직과 지방 정부에의 헌신 등을 통해 사적이고 협소한 이익을 극복할 수 있는 공동체 차원의 연대와 움직임이 민주주의 하에서도 가능하다는 의견을 내놓았다. 또한 그는 민주주의의 발전을 위해서는 종교가 필요하다는 주장 역시 전개하였다. 즉, 종교는 인간에게 그들이 우주의 중심이 아님을 가르쳐주며 그들로 하여금 단순히 현재의 삶뿐만 아니라 후세와 관련된 먼 미래에 발생할 일들을 고려하게 만들어 주기 때문이었다. 토크빌은 이처럼 종교가 민주주의 시대에 창궐하게 될 개인주의와 물질주의를 극복하게 해줄 방안이 될 것이라고 믿었다.

2. 공화주의

서구 민주주의에는 본문에서 다룬 자유민주주의의 전통과는 별개로 아리스토텔레스(Aristoteles), 마키아벨리(Machiavelli), 루소(Rousseau)를 사상적 선조로 하는 공화주의의 전통이 존재한다. 개인의 권리를 보호하는 데 중점을 두는 자유주의 전통과 달리 공화주의 전통은 공동체의 보전과 시민의 덕성을 함양시킬 것을 강조한다. 즉, 공화주의자들에게 좋은 공화국(good republic)이란 단지 제도의 배열에 의해 달성될 수 있는 것이 아니라, 그와 더불어 시민의 덕성과 교양을 발전시킴으로써 달성 가능한 것이다.

구체적으로 이러한 시민의 덕성은 공공선(common good)에 대한 지속적인 헌신을 말하며, 이러한 덕성에 대한 교육을 통해 시민들은 공동체의 이상적인 주체가 될 수 있다. 반대로 사적 이익에 대한 추구로 공공선을 훼손하는 행위가 난립하는 공동체는 공화주의자들이 가장 두려워하는 사태라고 할 수 있다.

그러나 아리스토텔레스, 마키아벨리, 루소 등은 공동체의 유지와 활력을 위해서는 공동체에 대한 헌신과 시민적 덕성 뿐만 아니라 경제적 번영과 이로부터 촉발되는 시민의 자율적인 활동이 필요하다는 것을 알고 있었다. 즉, 아무리 공공선과 그에 대한 헌신과 덕성을 교육하고 강조할지라도 공동체가 시민에게 공공선의 기반을 제공하지 못한다면 시민적 덕성은 함양될 수도, 효과를 발휘할 수도 없다는 것을 이들은 인식하고 있었던 것이다.

아리스토텔레스의 경우 국가를 가족이나 다른 단체보다 중요한 최상의 공동체로 규정한다. 좋은 국가의 존재가 모든 시민에게 행복을 제공하는 것은 아니지만, 반대로 좋은 국가가 존재하지 않는다면 시민들은 행복의 조건 자체를 지닐 수 없다는 것이 아리스토텔레스의 생각이었다. 그는 정치권력의 형태를 양적, 질적으로 구분함으로써 좋은 국가의 형태를 밝혀내기 위한 기초를 다졌는데, 여기서 양적인 기준이란 권력이 한 사람, 소수, 혹은 다수에게 주어졌는가의 기준을 말하는 것이며, 질적인 기준이란 그 정권이 모두의 이익에 봉사하는가 혹은 지배자의 특정한 이익에만 봉사하는가에 의해 결정되는 것이다.

국가 혹은 공동체의 중요성을 강조하면서도 아리스토텔레스는 시민들이 자신들의 이익을 추구하는 것은 자연스러운 것이라고 생각했다. 다만 시민들은 국가를 통해 자신들의 이익이 최대한으로 달성될 수 있다는 것을 인식해야만 하며, 단기적이고 협소한 자기 이익 때문에 공동체 전체의 이익을 해쳐서는 안 된다고 보았다. 이런 문제의식을 확장하여 아리스토텔레스는 갖가지 정치권력의 형태(군주정, 귀족정, 민주정)가 사적 이익에 의해 타락하는 경향을 지니고 있음을 두려워했다. 따라서 아리스토텔레스는 정치체제가 유지되기 위해서는 사적 이익 추구가 공동체의 타락을 유발하는 사태를 막을 수 있는 교육과 시민적 책임감을 강조했으며 계급 혹은 신분 간의 갈등을 적절히 조율할 수 있는 정치적 실체, 즉 관용과 중용의 정신을 지닌 중산층이 두텁게 자리 잡힌 사회구조가 형성되어야 한다고 주장했다.

마키아벨리도 공동체의 타락에 저항하는 시민들의 덕성에 기반한 공화국을 이상적인 정부형태로 정의한다. 아리스토텔레스는 공동체와 시민의 자유를 유지하기 위한 수단으로서 기본적으로 법에 의존한다면, 마키아벨리는 법뿐만 아니라 관습, 습관, 종교 역시 자유의 보전을 위해 필요하다고 주장한다. 특히 시민적 덕성을 훈련시키는 수단으로서 종교를 강조했다는 측면에서 마키아벨리는 토크빌과 유사점을 가진다.

또한 마키아벨리는 군주정, 귀족정, 민주정의 순수한 형태가 계속적으로 타락하는 악순환의 원리를 지적하면서 각 정부형태의 장점을 절충한 혼합정이 가장 이상적임을 역설했다. 그러나 공동체의 활력과 시민적 자유는 이러한 제도적 장치를 통해서만 달성될 수 있는 것이 아니며, 특히 사적 이익에 대한 과도한 집착은 어떤 상황에서도 공동체를 타락시킬 수 있는 것이었다. 따라서 시민들의 타락에 관한 한 오히려 정치보다도 경제가 중요한데, 공공 권력의 타락도 사적 이익을 추구하는 경제 영역을 제어하지 못했기 때문이었다.

루소 역시 공화주의자들의 대표적인 철학자로서 자유와 평등으로 특징지어지는 자연 상태(state of nature)를 상정하여 현재의 타락 상태를 벗어날 수 있는 방안을 모색한다. 그는 개인의 사적 이익에 기반한 특수의지가 아닌 일반의지에 기반을 둔 사회계약을 통해 자연 상태로의 회복이 가능하다고 생각했다. 또한 일반의지에 의한 사회계약은 타인의 의지에 억압되는 것이 아니라 스스로의 의지를 따르는 것으로서 법의 기반이 되기에 충분한 것이었다.

그러나 일반의지는 계속해서 특수의지의 위협을 받게 된다. 따라서 루소는 공동체를 타락시키는 이러한 사태를 피하기 위하여 시민들의 단호한 정치적 행동을 요청한다. 즉, 자신들의 자유와 평등이 위협되는 상황에서 시민들은 단호히 정치적 행동에 나서야 한다는 것이다.

한편 사회계약을 통한 공화국의 건설에 있어 루소는 공화국을 최초로 창설하는 입법자의 역할을 강조했다. 이 입법자는 공화국을 틀짓는 최초의 규범을 단지 경제적이고 개인적인 이익이 아닌 도덕적인 동시에 공동체에의 헌신을 강조하는 방향으로 설립해야 한다. 이를 통해서 공화국 건설의 최초 원리가 시민에게 전승되고 교육될 수 있을 것이며, 이러한 원리가 무시되고 사적으로 이용되는 경우 공화국은 타락하게 된다.

1) 모델 1: 보호적 민주주의

자유민주주의 이론은 유산자와 무산자로 나뉘는 근대적인 계급 구분 개념을 받아들인다. 이를 바탕으로 최초의 자유민주주의 이론가들은 자본주의 시장경제에 기반한 사회상과 고전적인 정치경제 법칙을 반영하여 자유민주주의 개념을 이론화하였다. 즉, 효용을 극대화하려는 개인에 대한 가정과, 이익을 두고 갈등하는 개인들의 집합으로서의 사회 개념에 입각하여 자유민주주의의 이론화를 진행한 것이다.

이와 같은 이론화는 대표적인 공리주의자인 벤담(Jeremy Bentham)과 제임스 밀(James Mill)에 의해 진행되었는데 이들 중 벤담은 다음과 같은 이론적 바탕에 기초하였다(Bentham, 2007[1789]).

첫째, 합리적이며 정당하다고 인정되는 사회적 선(善)의 유일한 기준은 최대 다수의 최대 행복이며, 행복은 개인의 쾌락(pleasure)에서 고통(pain)을 뺀 양으로 정의된다. 그리고 전체 사회가 지닌 행복의 총합을 계산할 때 각 개인은 하나의 단위로 취급될 수 있다. 둘째, 모든 개인은 자신의 쾌락을 끊임없이 추구하며 이러한 쾌락과 행복은 물질적인 소유에 기초한다. 셋째, 개인의 부를 최대화하는 방법 중 하나는 다른 사람을 지배할 수 있는 권력을 가지는 것이다. 또한 인간 노동력은 생산을 위한 가장 강력한 도구이기 때문에 모든 사람은 자신의 부를 늘리기 위하여 다른 사람의 서비스를 사용하고자 하는 욕망이 있다. 넷째, 사회란 이러한 욕망을 가진 개인들의 집합이며 이를 유지하기 위하여 법이 필요하다. 그리고 이러한 법의 구조는 최대 다수의 최대 행복을 생산해내야 한다. 다섯째, 벤담은 이러한 법의 목적이 생계의 제공(to provide subsistence), 풍요의 생산(to produce abundance), 평등의 장려

(to favour equality), 안전(치안)의 유지(to maintain security)라는 네 가지 하위 목적으로 나누어진다고 하였다.

이러한 원리에 기반한 법이 수행하는 기본적인 역할은 노동하는 사람들과 그들의 성과를 보장하는 것이다. 나아가 벤담은 안전 개념과 관련하여 노동과 재산의 사용이 보장받지 못하는 한 문명은 불가능하다고 말했다. 그러나 개인의 능력과 힘은 다르기 때문에 개인이 받는 노동의 대가도 다르다. 이러한 차이를 무시하는 어떠한 법도 결국 생산성에 대한 동기를 약화시킬 것이기 때문에 벤담에 있어서 법은 생산성을 위해 평등의 가치를 양보해야만 한다. 더불어 그에 의하면 인간은 쾌락보다 고통에 예민하기 때문에, 평등을 위한 재분배는 누군가의 쾌락을 빼앗아 다른 누군가에게 나눠줌으로써 고통을 증가시키므로 사회 전체의 행복을 위해 바람직하지 않다. 맥퍼슨은 이러한 벤담의 주장이 당시 자본주의의 발전을 반영하는 것이며 벤담 역시 개인의 재산 보호가 평등보다 위에 있다는 부르주아들의 생각을 대변하고 있었다고 비판한다.

이와 같은 사회에서 정치체제(political system)는 이중적 문제를 안게 되는데, 하나는 자유시장사회(free market society)를 육성하는 정부를 구성해야 하며 한편으로 시민 구성원들을 탐욕스러운 정부로부터 보호해야 한다는 것이다. 이러한 문제의 해결책은 정기적인 선거와 비밀투표, 언론의 자유 보장 등과 함께 투표자 개인의 소망을 자유롭고 효율적으로 표현할 수 있는 선거권(the franchise)의 확대에 있다.

벤담은 행복을 제로섬적인 것으로 파악했기 때문에 정부를 구성하는 소수에게 행복이 집중되면 정부의 지배를 받는 다수의 행복은 줄어든다고 생각했다. 따라서 이러한 문제를 막을 수 있는 길은 총선거를 통해서 선출된 정부가 다수의 피지배자들을 억압하는 것을 막을 수 있도록 그들을 자주 교체하는 것이다. 그럼에도 불구하고 벤담은 시대적인 제약 속에서 선거권의 확장보다는 선거권 제한에 대해 더 많은 관심을 가졌다.

보통선거권 개념의 가장 강력한 기초는 존 스튜어트 밀의 아버지인 제임스 밀에 의해서 만들어졌다. 그는 투표는 힘이며, 투표권의 결여는 정치적 힘의 결여라고 생각했다. 즉, 모든 사람들은 자신의 보호를 위하여 투표권을 가져야 한다는 것이다. 그러나 제임스 밀 역시 모든 여성 및 40세 이하의 남성, 가난한 사람에 대한 선거권의 제한을 주장하였다. 즉, 선거권에 대한 재산 자격을 주장한 것이다. 그러나 그의 입장은 이후 보통 선거권을 수용하는 듯한 입장으로 변하였는데, 그 이유는 어차피

보통 선거권을 노동자 계급에 부여한다 해도 대다수의 노동자 계급은 지식과 덕망을 갖춘 중간 계급의 충고와 모범에 따르게 될 것이라는 생각 때문이었다. 이처럼 제임스 밀은 정부의 운영이 결국에는 유산자에 의해 수행될 것이라는 생각을 지니고 있었다. 그럼에도 유산자에 의한 정부의 운영은 대중의 자유로운 보통선거라는 전제 위에서 주장되었다는 지점이 주목되어야 한다.

이상의 논의는 자유민주주의의 초창기 모델인 보호적 민주주의를 태동시킨 사상적 흐름에 관한 것이었다. 결론적으로 말해 이들은 민주주의라는 이상을 위해 보통선거권을 주장한 것이 아니었다. 이들은 무한한 욕망을 가진 개인들의 갈등을 제어해야 한다는 필요성에 의해서, 또한 (노동자 계급이 지적이고 덕망을 가진 유산 계급의 뜻을 따를 것이라는 가정 하에) 정부로부터의 시민 보호와 유산 계급의 경제적 번영을 위하여 보통선거권의 확대를 주장한 것이었다.

2) 모델 2: 발전적 민주주의

벤담과 제임스 밀이 생각했던 것과는 달리, 19세기 중엽부터 노동자 계급이 위협적인 존재로 부상하면서, 기존의 자유민주주의 모델은 변화하게 된다.

이 새로운 민주주의 모델은 존 스튜어트 밀(J. S. Mill)로부터 시작한다(Mill, 2002[1863]). 그는 1848년 벌어진 유럽의 연속적인 혁명과 영국의 차티스트 운동 등의 영향을 받아 새로운 민주주의 모델을 구상하였다. 기본적으로 그는 아버지 제임스 밀과 벤담의 보호적 민주주의 개념, 즉 정부로부터 시민의 보호와 자기 방어(self-protecting)의 개념을 간과하지 않았으나 인류의 발전 가능성을 더욱 중요한 요소로 취급하였다. 즉, 그에게 있어 민주주의는 인류의 발전에 기여할 수 있어야 했다. 이러한 의미에서 밀의 모델은 도덕적 모델이라고 할 수 있다. 그는 보호적 민주주의 모델과 달리 인류의 발전 가능성을 도덕적 비전에서 찾았으며, 그것은 아직은 성취되지 못했으나 언제가 달성될 수 있는 자유롭고 평등한 사회였다.

발전적 민주주의라고 불리는 모델 2는 크게 두 가지로 나누어질 수 있다. 모델 2의 첫 번째 종류는 밀에 의해 주장된 것이다(이를 모델 2A로 표현하도록 한다). 밀은 평등의 달성이라는 이상과 현존하는 계급 불평등 사이의 모순을 발견했으나, 이러한 모순을 교육, 협동조합 등으로 치유할 수 있다고 생각했다. 반면 20세기에 등장한 다른 조류의 모델(모델 2B)을 주장한 홉하우스(Hobhouse), 드웨이(Dewey) 등은 밀보다 더욱 비현실적으로 계급의 문제가 이미 끝났거나 끝나가고 있다고 주장했으며, 오히려 이러한 다원적인 차이가 자발적인 다원적 사회 그룹의 등장을 통하여 평화롭게 균형점을 찾아 해결될 수 있을 뿐 아니라 긍정적 이익을 가져올 것이라 생각했다. 이런 입장에서 정부는 사회의 적이 아니라 다원적 차이의 조정자로서 규정을 만드는 긍정적인 행위자로 정의되고 있다. 이러한 영향은 후에 국가 개입의 정당성을 뒷받침하는 논리로 활용된다.

한편, 밀은 사회가 자기이익추구에 집착하고 경쟁하는 개인들의 단순한 집합이 되어서는 안 된다고 생각했다. 반대로 사회는 개인의 능력의 행사 및 발전을 위한 공동체를 지향해야 한다고 주장했다. 그러나 밀에 의하면 사회는 아직 그러한 상태에 도달하지 못했으며, 우리는 사회를 그 같은 공동체의 상태에까지 진전시켜야 한다. 또한 그는 벤담(Bentham)과 달리 쾌락의 질적인 차이를 인정했으며 계량적으로 측정되는 생산성과 행복을 등치시키는 주장을 반박했다. 즉, 밀에 의하면 생산성의 증대가 노동자들 자신의 발전으로 이어지지는 않으며 진정한 자아의 행복은 개인이 스스로를 발전시킬 때에만 획득될 수 있는 것이다.

그럼에도 불구하고, 밀은 모든 사람이 똑같이 한 표를 가지는 것에는 반대했다. 그는 당시의 사회가 노동자와 고용자라는 대립되는 두 계급으로 분할되었다고 보았는데, 노동자의 경우 고용자보다 수적인 우위를 점하기 때문에 일인일표제가 시행될 경우 다수인 노동자 계급이 입법부와 행정부를 장악하고 자신들의 계급이익을 위해 정치권력을 행사할 것을 우려했다. 따라서 어느 한 계급이 다른 계급보다 수적으로 다수가 되는 것은 바람직하지 못하기 때문에 그는 차등적인 복수투표제를 주장했다.

따라서 밀이 제안한 선거제도는 모든 사람이 한 표씩을 행사하되 소수에게는 더 많은 표를 행사할 수 있는 특권을 보장하는 형태를 띠고 있었다. 이후에는 『의회정체론(Representative Government)』에서 일부에게 복수투표권을 부여함과 동시에 시장에서 실패한 빈민구호대상자와 문맹자 및 계산 능력이 없는 자, 파산자, 직접세를 납부하지 않는 사람들은 선거권으로부터 완전히 배제시켜야 한다고 주장했다.

이러한 견지에서 밀은 완전한 평등주의자는 아니었다. 오히려 밀의 민주주의 모델은 투표권자의 산술적인 범위에서 첫 번째 모델보다 좀 더 제약적이었다. 그러나 도덕적인 차원에서는 첫 번째 모델보다 더 민주적이었다. 특히 밀의 발전적 민주주의 모델은 이후 자유민주주의에 큰 영향을 미쳤으며 그의 노동대중에 대한 우려는 이후의 사회운동 등에 의해 불필요한 염려로 밝혀졌다.

밀이 주창한 보통선거권에 의한 계급정부의 탄생에 대한 두려움은 어떻게 사라졌을까? 이는 민주주의의 부정적 영향을 제어할 수 있는 정당시스템에 의해 가능했다. 정당시스템은 사회의 불가피한 불평등 속에서도 보통·평등선거를 조화시키면서 자유민주적인 질서를 유지시킬 수 있었으며 극단적인 쟁점은 희석시키고 유권자에 대한 정부의 책임을 감소시킴으로써 조화를 달성할 수 있었다. 밀의 발전적 민주주의 모델은 20세기 중엽의 다양한 조류의 자유주의자들에게 영향을 미쳤으며 한편에서는 사회 모순을 극복할 수 있는 노동자 교육과 생산자들의 협동조합 주창자들에게도 영향을 미쳤다.

3) 모델 3: 균형 모델

세 번째 모델은 균형 모델 혹은 다원주의 모델이라고 불린다. 이 모델은 다원주의(pluralism), 엘리트(elite), 균형(equilibrium)이라는 세 가지 키워드로 요약될 수 있다. 이는 현대의 민주주의 정치체제는 다원적 사회에 적합해야 한다는 것을 의미한다. 다원적 사회란 사회의 행위자들이 각자의 다양한 이익에 의해 특정한 그룹을 형성하는 동시에 이러한 그룹들이 병렬적으로 존재하는 사회를 의미한다. 여기서 엘리트들은 이들 그룹의 리더로서 정치과정에서 주요한 역할을 수행한다. 마지막으로 균형이란 정치적 재화의 수요와 공급 사이의 균형을 유지하는 체제로서의 민주적 정치과정을 의미한다.

이러한 모델 3을 처음으로 체계적으로 정리한 사람은 슘페터(Schumpeter)이다. 그는 민주주의는 규범적인 사회 형태나 도덕적 목적이 아니라 단순히 정부를 선출하고 권위를 부여하는 방식이라고 정의하였다. 또한 슘페터는 엘리트들의 경쟁 메커니즘은 정당에 기반하며 투표는 그들에게 다음 선거 전까지 사회를 지배할 수 있는 권한을 부여한다고 주장했다. 그에 의하면 유권자는 정책 이슈를 결정하는 것이 아니라 정책 결정을 담당하는 대표자들을 선출하는 것이다. 따라서 슘페터는 민주주의란 엘리트들이 유권자의 표(지지)를 얻기 위해 경쟁함으로써 권력을 획득하는 메커니즘을 통해 정치적 결정을 내리는 제도적 배열이라 정의하였다(Schumpeter, 1942).

모델 3은 모델 2에서 말하는 도덕적 내용을 배제하였다. 모델 3에서 민주주의는 시장메커니즘이며 여기서 투표자는 소비자이고 정치인은 기업이다. 이러한 시장 메커니즘을 따르는 모델 3에서 유권자와 정치인은 경제학에서와 같이 자신의 이익을 극대화하고자 하는 합리적 선택자이며 이러한 행태를 통해 정치체제 속에서 정치적 재화의 가장 적절한 배분이 이루어지게 된다. 즉, 경쟁적 엘리트 정당체제가 수요공급의 최대균형점을 만들어 낸다고 보는 것이다. 그러나 이러한 관점은 사회·경제적 지위가 높은 사람들이 더 효율적으로 조직되고 행동할 수 있다는 측면과 이를 바탕으로 종국에는 과두제(oligarchy)가 등장할 수 있는 가능성을 간과하고 있다. 때문에 이 모델에서의 민주주의는 경험적인 차원에서 통치의 정당성을 획득하는 것으로 제한되며 발전적 민주주의와 같이 이상적인 사회상을 제시하지 않는다. 이러한 모델 3은 모델 2의 두 번째 개념과 다원주의를 공유하지만 후자와 달리 윤리적 구성요소가 없는 철저한 시장 메커니즘 기반의 모델이라는 큰 차이를 지닌다.

모델 3의 특징은 기술적 타당성, 설명적 타당성, 정당화적 타당성이라는 측면에서 파악될 수 있다. 첫째, 모델 3은 자신의 모델이 현재 서구 자유민주주의 국가에서 지배적으로 나타나고 있다는 측면에서 경험적으로 적절한 기술적인 타당성을 지니는 모델이다. 물론 서구 유럽에서 나타나는 이념 중심의 정당균열 등 예외 사례가 있으나 모델 3은 시장사회가 존재하는 곳에서 적실성을 가지며 특히 모델 2보다 더 현실적이다. 설명적 타당성과 정당화적 타당성의 측면에서 모델 3은 많은 공격을 받았으나 모델 1, 2에 비하면 매우 현실적이며 명쾌한 설명을 제공한다고 평가받는다.

그러나 모델 3에서 이야기하는 한계 균형(optimal equilibrium)과 소비자로서의 시민주권은 이상적인 상황에 대한 가정일 뿐 실제 정치시장은 민주적이지 않다는 측면에서 문제가 있다. 균형은 불평등 속에서의 균형이며, 소비자 주권은 환상일 뿐이다. 왜냐하면 정치적 권력을 추구하는 것은 물질적 자금과 그에 기반한 동원력에 좌우될 여지가 매우 크기 때문이다. 또한 교육과 직업에 의해서 정치 참여에 대한 기회가 달라지기도 한다. 특히 이러한 불평등은 동일한 시간과 노력을 정치 참여에 투자하더라도 그 결과가 서로 다를 수 있다는 것을 내포하며 이는 곧 정치적 무관심으로 이어지게 된다.

그러나 모델 3에 의하면 일정 정도의 정치적 무관심은 문제가 되지 않는다. 왜냐하면 과도한 정치 참여는 체제의 안정성에 불안을 가져오기 때문이다. 이처럼 현실은 완전한 경쟁체제로 이루어지지 않으며, 따라서 소수의 판매자가 과두제를 형성하게 되고 소비자 주권이라는 표어는 환상이 된다. 또한 이러한 상황에서 판매자(여기에서는 정치인)는 완전 경쟁 시장과 달리 소비자들의 요구에 충실할 필요를 느끼지 못한다. 그럼에도 불구하고 모델 3은 시장사회가 신뢰받고 공동체적 결속보다 경제적 풍요를 선호하는 서구사회에서 경험적인 타당성을 유지할 수 있을 것이다.

4) 모델 4: 참여민주주의

참여민주주의는 구체적이거나 실체를 지닌 모델은 아니라고 할 수 있다. 그것은 1960년대 서구사회의 신사회운동의 슬로건으로 시작되었으며 이후 1960~70년대 노동자 계급에게 광범위하게 전파되었다. 이 시기에 이르러 정부의 정책결정과정에 시민의 참여가 필수적이라는 인식이 보편화된다. 따라서 참여민주주의는 블루칼라·화이트칼라 노동자들의 불만족과 소외감의 파생물이었다고 볼 수 있다.

참여민주주의에 대한 우리의 관심은 과연 정부가 참여를 확장시킬 수 있는지, 어떻게 참여를 확장할 것인지에 대한 질문에서 시작하여 본질적으로 참여의 확대가 바람직한 것인가에 대한 의문으로 이어진다. 이 문제에 대해서는 많은 논쟁이 존재하지만 여기서 모든 것을 다루지는 않을 것이다. 확실한 것은, 더 많은 참여가 그 자체로 사회의 불평등을 해소시켜 주는 것은 아니지만 참여의 제한과 사회의 불평등은 커다란 상관관계를 지니며, 더 평등하고 인간미 넘치는 사회는 더 많은 참여를 필요로 한다는 점이다.

우리에게 중요한 질문은 더 많은 참여가 가능한가에 대한 것이다. 근대국가의 광대한 인구는 직접민주주의를 불가능하게 만들었다. 그러나 최근 통신 및 기술의 발달은 이러한 직접민주주의의 가능성을 보여주는 듯하다. 하지만 기술적인 발달을 통해 든 시민의 참여가 가능해질 수 있을 것인지는 여전히 불분명하다. 즉, 정책이나 안건의 성질에 따라 '참여'라는 원래의 의도를 실현할 수 있는 것과 그렇지 않은 것이 구분될 것이다. 예를 들어 사형제도의 폐지, 마리화나의 합법화 등 단순한 찬성/반대 쟁점에 대해서는 문제를 명확히 할 수 있다. 그러나 광범위하고 복잡한 차원의 고려가 필요한 이슈의 경우 그것이 직접민주주의적 형식을 통해 해결되기란 매우 어렵다. 따라서 진정한 문제는 참여민주주의의 즉각적인 달성이 아니라, 어떠한 방식으로 그것에 최대한 가까워질 수 있느냐와 관련된다.

참여민주주의의 즉각적 달성이라는 측면에서, 마르크스주의적 휴머니즘과 루소의 일반의지 개념은 공동체적 지향을 강조하는 참여민주주의의 이상을 제공한다. 그러나 모델 3에 의해 조직된 현재의 자유민주주의적 사회에서는 혁명에 의한 참여민주주의의 달성이 거의 불가능하다. 우리는 단지 엘리트의 경쟁, 정치적 무관심, 이익을 향한 갈등으로 구성된 모델 3의 세계에 속해 있을 뿐이며, 문제는 이러한 상황에서 발생하는 문제들을 해결하고 참여민주주의로 나아가기 위한 전제를 발견하는 것이다. 첫 번째 전제는 사회 구성원의 의식 변화이고, 다른 하나는 사회·경제적 불평등의 축소이다. 즉, 소비자로서 개인의 의식 변화와 사회·경제적 불평등의 해소가 바로 참여민주주의로 가는 전제조건이다. 그런데 여기에는 일종의 악순환이 존재한다. 개인의 의식이 변화하고 사회·경제적 불평등이 제거되지 않으면 진정한 참여민주주의로 나아가기 힘들다. 그러나 반대로 진정한 참여민주주의가 이루어지지 않으면 이러한 개인의 의식변화는 달성되기 힘들며 사회·경제적 불평등도 완화되지 않는다.

이러한 모순을 해결하기 위한 방법은 무엇인가? 맥퍼슨은 모델 4를 모델 4－A와 모델 4－B로 나누어 검토한다. 모델 4－A에 대한 검토에서 참여민주주의의 핵심으로 맥퍼슨이 지적하는 것은 바로 기층 수준에서의 직접민주주의를 기반으로 한 대의제의 피라미드형 시스템이다. 이러한 시스템의 기초는 이웃과 일터에서의 직접민주주의에 기초한다. 면 대 면 토의 및 합의나 다수에 의한 의사 결정, 그리고 좀 더 높은 단위에서의 대표자 선출을 위한 선거, 선출된 사람들의 선출한 사람들에 대한 책임감 등이 이러한 피라미드형 시스템을 이룬다. 그러나 단순히 피라미드 형태로 조직된 의회제도는 관료적 독재로 수렴하거나, 반혁명에 의하여 전복되기 쉬우며 민중의 무관심 등으로 인해 책임성 있는 직접민주주의를 유지하기 힘들 것이라고 보고 있다.

이와 같은 한계를 극복하기 위해서, 맥퍼슨은 모델 4－B에 대한 탐구에서 정당 시스템의 중요성을 강조한다. 즉, 책임성을 가진 피라미드형 시스템은 지속적인 정당 시스템과 병행될 때 참여민주주의의 본질을 달성할 수 있다는 것이다. 기층의 직접민주주의와 상위의 대의민주주의라는 조합은 두 가지 방식으로 가능하다. 첫째 방법은 비현실적인데, 이는 서구의 의회제나 대통령제의 구조를 두 개 이상의 정당이 존재하는 소비에트 연방의 형태로 바꾸는 것이다.

반면 현실적인 참여민주주의 모델로서 맥퍼슨이 제시하는 모델 4－B는, 서구의 현 제도를 유지하면서, 위에서 이야기한 피라미드형 참여시스템으로 각 정당들이 작동하도록 개혁하는 것을 뜻한다. 즉, 피라미드형의 직접민주주의 기구를 지속적으로 운영되고 있는 정당제와 결부시키는 것이다. 경쟁적 정당제도가 유지되는 가운데 피라미드형의 참여를 유지하는 것은 각 정당 자체의 구조에 의존하는 것이다.

마지막으로 이러한 모델 4가 과연 자유주의적이냐는 질문이 남는다. 이 질문에 대한 답은 당연히 '그렇다'이다. 참여민주주의는 독재적이지도 전체주의적이지도 않을 뿐 아니라 시민의 자유로운 참여를 허용한다. 이러한 측면에서 모델 4는 모델

2에서 제기한 자유민주주의의 윤리적 원칙 없이는 존재하기 힘들다. 맥퍼슨은 자기 발전을 위한 동등한 권리를 지상 가치로 여기는 강한 의식이 반영되는 한 모델 4는 최고의 자유민주주의 전통이 될 것이라고 보고 있다.

5) 모델 5: 심의민주주의

지금까지 전통적인 자유민주주의의 발전을 맥퍼슨이 정리한 모델별로 살펴보았다. 개인의 권리와 자유에 대한 보호에서 출발하여(보호적 민주주의) 참여민주주의로까지의 전개과정이 담고 있는 핵심적인 문제는 대의제적 민주주의가 소수 엘리트 지배로 귀결될 수도 있다는 위험에 대한 경각심에서 비롯하였다. 참여민주주의가 자유민주주의의 위협에 직면하여 직접민주주의적 속성을 보완함으로써 이러한 문제점을 해결하려고 했다면 최근 논의되고 있는 심의민주주의는 직접민주주의가 지니는 일정한 한계를 극복하고자 한다. 심의민주주의 혹은 숙의민주주의는 대의민주주의의 형식성에 대한 비판에 공감하는 동시에 참여민주주의가 지닌 비심의성의 문제를 제기하고 있다. 심의민주주의론의 핵심은 시민의 능동적인 참여뿐만 아니라 신중한 판단과 토의에 기초한다는 점에 있다(주성수, 2009: 191). 여기에는 시민들이 정치인이나 엘리트에 못지않는 능력을 갖추고 있다는 기대가 전제되어 있다.

구체적으로 '심의(deliberation)'는 "경쟁적인 주장을 진지하게 저울질해보는 토의의 과정"으로 정의될 수 있다(Fishkin and Farrar, 2005: 71). 관례적으로 이러한 심의는 엘리트의 전유물로만 파악되어 왔지만 최근에는 그 의미가 일반 시민들의 의사결정 참여방식으로까지 확대되었다. 즉, 일반 시민들 역시 그 참여의 과정에서 심의를 거쳐야 하며 동시에 시민 상호간, 시민-엘리트 간의 토의를 통한 의사 결정이 요구되는 것이다. 시민들의 능동적인 참여와 심의를 중시하는 심의민주주의의 획기적인 진전은 테크놀로지의 발전, 문화 및 정치 측면에서 그 배경을 찾아볼 수 있다(Gastil and Keith, 2005: 14~16). 인터넷, 이메일 등 커뮤니케이션 수단의 급속한 발달은 시공간의 제약 없이 누구나 문제를 제기하고 의제를 제시하며 진지한 토의를 할 수 있는 조건을 창출하였다. 또 이런 풍부한 정보와 다양한 사람들의 참여가 확대되면서 획일적인 문화가 다양성의 문화로 발전해 나감으로써 다른 인종과 종교, 여성, 동성애 등의 차이를 인정하고 정체성을 중시하는 과정에서 심의과정이 더더욱 중요해지고 있다. 전통적인 엘리트적 싱크탱크 중심의 심의가 아직도 지배적이지만 시민사회단체의 의제설정과 대안제시 등 다양하고 새로운 이해 당사자들의 참여에 의한 심의적 거버넌스의 중요성도 확대되고 있다.

이러한 심의민주주의의 조건과 관련하여 바버(Barber, 1984)는 민주주의의 핵심이 시민들 사이의 '공적인 판단'을 발전시키는 데에 있다고 강조한다. 공적인 판단이란 상호의존적 심사숙고와 결정의 조건에서 상호작용을 하는 시민들에 의해서만 행사될 수 있는 공적인 기능을 말한다. 또 맷슨(Mattson, 1998: 5)은 능동적인 참여자이며 신중한 심의자 역할을 하는 이상적인 시민상을 민주적 대중으로 제시하여 설명한다. 민주적 대중은 시민들이 함께 모여 자신들의 삶에 영향을 미치는 지방 및 국가적 이슈에 심사숙고하고 공적 판단을 할 때 형성된다. 시민들은 공적인 토론모임을 통해 민주적 대중에 필요한 기술들을 익힌다. 경청, 설득, 주장, 타협 및 공통분모 모색 등의 기술이 민주적 대중의 제도 내에서 형성될 때 시민들은 자기 자신을 교육시켜 정보를 갖춘 정치적 결정을 할 수 있다. 맷슨은 민주적 대중 중심의 민주주의를 실제적(real) 민주주의라고 부르며 이를 지도자도 대표자도 없이 시민들이 모든 것을 결정하는 형태의 직접민주주의와 엄밀히 구분한다.

따라서 심의민주주의가 가능하기 위해서는 자치역량(empowerment)을 갖춘 시민들의 참여와 심의가 필수적이다. 시민참여의 중요성은 "시민들이 이슈에 대해 생각하고 대안들을 비교해보며 어떤 정책 또는 후보가 적절한지 의사표현을 하는 과정"에 있다(Weeks, 2000: 360). 이런 의미에서 시민들의 자발적인 참여에 의한 개방적이고 신중한 토의를 전제로 하는 심의민주주의가 시민참여의 핵심으로 부각되고 있다. 심의민주주의를 "공동체 의사 결정의 심의적 과정에 정보를 갖춘 시민들의 참여"라고 정의할 경우, 심의민주주의의 일차적인 조건들은 광범위한 참여, 정보를 갖춘 참여, 심사숙고하는 참여, 신뢰할 만한 결론이라고 볼 수 있다(Weeks, 2000: 361~362). 마지막 조건은 심의적 과정의 결론이 시민들뿐 아니라 이익집단, 정책결정층에게도 수용되기 위해서는 높은 신뢰성을 확보해야 한다는 것이다. 윅스(Weeks, 2000: 362)에 의하면 그러한 신뢰성이란 심의과정의 주요 방법들이 공직자가 인정할 수 있는 높은 수준의 형식적 타당성을 갖춰야 하고, 또 언론과 시민들에게도 쉽게 소통되어야 한다는 것을 말한다.

| Box 7-2 | **전자민주주의**

근래의 ICT(정보 및 커뮤니케이션 기술) 산업 발전과 더불어 전자민주주의의 가능성이 주목받고 있다. 일반적인 차원에서 전자민주주의는 민주주의 과정에 ICT를 적용하여 국가, 지역, 지방의 공적 생활에서 시민들의 참여, 발안 및 관여를 강화하고 민주적 정책결정과정의 투명성과 민주적 제도들의 책무성을 제고하며, 공공기관들의 호응성을 개선하고 공적 토론과 정책결정과정에 대한 감시를 강화하는 데 효과적인 민주주의의 새로운 모델로서 제시되고 있다(Council of Europe, 2006).

전체적으로 전자민주주의란 ICT 혁명에 의존하는 민주주의의 새로운 모델로서 특히 일부 혁신적인 지방자치단체나 시민사회단체들이 지방 또는 풀뿌리 차원에서 시행해 온 다양한 모델 또는 프로젝트를 살펴봄으로써 그 개념을 파악할 수 있다. 이러한 시각에서 본 전자민주주의는 ① 실종된 '민주적 정치'를 복원하는 수단으로 인식되며 ② 지리적으로 한정된 지역이나 지방에 관련되고, ③ ICT 인프라에 의존한다는 공통된 특징을 갖고 있다(Tsagarousianou, 1998: 168). 이런 특징을 공유하면서도 전자민주주의의 개념은 공공 정보제공을 위한 프로젝트, 풀뿌리 자치나 자치역량 모델, 주민투표를 포함한 전자투표 프로젝트, 또는 토의와 심의를 위한 심의민주주의 모델 등 다양한 접근법에 의해 정의되기도 한다(Tsagarousianou, 1998: 169). 또 전자민주주의는 주민발안과 주민투표 등의 직접민주주의뿐만 아니라 온라인 공동체, 설문 및 여론조사, 온라인 공공 정치과정 등 다양한 심의민주주의 모델을 포용하는 통합적 개념이기도 하다(Bannister and Walsh, 2002: 7).

전자민주주의와 심의민주주의를 비교할 경우, 심의민주주의를 '강한' 민주주의로 정의할 수 있다면 전자민주주의는 '빠른' 민주주의라고 할 수 있을 것이다. 강한 민주주의로서의 심의민주주의는 컴퓨터에 의존하는 신속성보다는 시간적 여유를 갖고 집단적 모임을 통해 토의하며 심사국고하는 심의성을 중시한다. 따라서 빠른 민주주의가 중시하는 시민들의 가공되지 않은 여론보다는 시민들이 개방적으로 참여하는 공론의 장에서 신중한 토의를 거쳐 심사국고된 여론이 형성되고 이를 기초로 주민투표와 선거가 진행될 것을 주장한다(주성수, 2009: 224).

그럼에도 강한 민주주의와 빠른 민주주의는 서로 대립적이라기보다는 상호보완적이라고 할 수 있다. 전자가 강조하는 시민들의 직접 참여와 토론은 후자가 중시하는 컴퓨터와 같은 편리하고 효율적인 토의 수단을 제공받음으로써 상호보완적 관계를 맺을 수 있다(Budge, 1996: 31). 또한 강한 민주주의나 빠른 민주주의 모두 공통적으로 시민의 참여에 의한 여론형성이나 정책결정을 중시하므로 모두 직접민주주의에 속하는 서로 다른 두 모델이라고 할 수 있을 것이다.

※ 전자민주주의를 구성하는 실체로서의 '온라인 공론장(on-line public opinion sphere)' 내부에서 벌어지는 정치적 경쟁에 대한 심화된 논의는 김성수(2008)의 "온라인 공론장을 둘러싼 정당과 시민사회운동의 헤게모니 경쟁에 대한 분석"(『시민사회와 NGO』 제6권 제2호)을 참조.

지금까지 살펴본 자유민주주의 전통과 함께 중요하게 고려해야 하는 부분이 있다. 고대부터 현대까지 역사적 흐름을 살펴보면, 결국 '경제성장 및 부의 분배와 정치권력의 균형과 조화를 어떤 수준에서 어떻게 달성하는가가 오랜 과제였다'는 것을 발견하게 된다. 즉, '지금 여기'의 문제는 이미 기원전부터 고민하고 해결하려고 했던 인류의 공통된 과제였다는 것이다. 대표적으로, 아리스토텔레스는 경제적 부의 문제는 정치적 독립성과 밀접한 연관을 가지기 때문에 시민적 덕성은 단지 정치적 제도나 교육만이 아니라 경제적 조건도 영향을 받는다고 강조했다. 아리스토텔레스는 경제적 불평등의 조건은 제한되어야 하고 광범위한 중산층이 중요한 정치적 공동체의 중추가 되어야 한다고 보았다. 때문에 이를 위해 토지 소유에서 일정한 한도의 제한을 부여하고 가난한 이들의 독립을 보장할 수 있도록 고용과 토지를 부여해야 한다고 주장했다(김성수, 2018: 3). 이러한 아리스토텔레스의 주장은 재산 역시 사적 소유뿐만 아니라 공공선의 관점에서 다스려져야 한다는 것이다. 이 원칙은 공화주의, 사회주의 및 현대의 민주주의자들에게 근본적인 영향을 미치고 있다. 부의 불평등을 당연한 것으로 간주했던 자유주의자들 역시 부의 격차가 공화국의 치명적인 위험이 된다는 경고에 나름대로 대응하였다는 점을 고려해야 한다.

동시에 민주주의를 제도로서의 역할로 볼 것인지 민의를 대변하는 '대중의 정서'로 볼 것인지는 주한외신기자 전 협회장이었던 브린(Michael Breen)의 주장을 새겨볼 필요가 있다. 그는 "한국인들은 국민의 뜻에 응하는 것이 민주주의의 요체라고 생각한다. 어떤 쟁점에 대한 대중의 정서가 특정한 임계질량에 이르면 뛰쳐나와 의사결정 과정에 영향력을 행사하는데 이것을 '민심'이라고 생각한다"(Breen, 2018)고 지적했듯이, 현재 우리 사회가 시위 등으로 쟁점을 해결하려는 모습을 볼 때 심각하게 고려해야 할 부분이다.

제2절 | 행정부

의회가 제정한 법률에 근거하여 국가의 정책을 판단하고 실행하며, 그 주체는 다수의 관리로 구성되어 있다. 이 정부 관리들은 부, 처, 국, 원, 위원회 등으로 불리는 조직적인 단위로 나뉘어 있다. 정부의 각 단위들은 질서 유지, 세금 징수, 기록 보존, 공공재와 서비스의 제공(예를 들면, 도로, 교육, 고형 폐기물 처리, 건강증진, 빈곤자들을 위한 금전적 원조 등)과 생산요소들의 규제나 통제(예를 들면, 철의 생산, 운송 관련 조항, 음식물 재배 및 분배 등)와 같은 중요한 활동들을 수행한다. 특히 정부는 의회와의 관계에 따라 국가의 성패에 큰 영향을 미친다.

1. 행정부의 역할

가치 분배결정을 판단하고 수행하며 감시하는 기본적인 조직으로서의 역할을 하기 때문이다. 따라서 정치체제가 더 전체주의화됨에 따라 행정부체제는 더 커지는 경향이 있다(Danziger, 2003: 147).

첫째, 행정부는 정보관리 업무를 수행한다. 국가는 정부 수집과 보관, 그리고 개개인과 사회 변화에 대한 거대한 양의 정보 분석에 책임이 있다. 이러한 정보는 사회의 활동과 환경을 기록하고, 자연과 공공재의 영향을 측정하며, 진행되고 있는 여러 결정들을 정보화하여 공공 가치의 분배와 관련된 행동 등에 중요한 자료를 제공한다.

둘째, 지식의 공급을 담당한다. 많은 관료들이 그들의 특성화된 영역에서 많은 전문기술을 개발한다. 이러한 지식은 사실상 정치체제에 의해 착수되는 모든 결정과 행동을 위한 큰 유용이 될 수 있다.

셋째, 공공재와 서비스의 공급에 기여한다. 정부의 필수 활동은 정책의 수행이다. 관료는 개개인과 단체들에 공공재와 서비스를 제공하기 위해 끊임없이 공공정책을 판단하고 적용해야 한다.

넷째, 공공정책의 규제와 집행에 참여한다. 개개인 또는 집단들의 행동을 위한 가이드라인을 형성하는 데 많은 공공정책을 판단하고 적용할 책임이 있다.

다섯째, 자원의 추출을 담당한다. 국가는 재화와 서비스를 생산하는 시민과 기업으로부터 혹은 국가 소유의 기업 경영자로부터 세금 징수 등의 활동을 실시하고, 행정 구조는 정치체제를 위한 자원의 산출을 담당한다.

한편, 행정부의 완결된 기능 수행에 있어 필수적인 역할을 수행하는 관료제는 21세기의 복잡하고 광범위한 정치사회적 · 경제적 구조 속에서 그 역할과 비중이 높아지고 있다. 심지어 행정부와 입법부가 비효율적일지라도 관료제의 역할 덕분에 정치체제가 유지되기도 한다. 베버는 현대 정치에서 관료제의 불가피성과 중요성을 특별히 강조한바, 관료제에 대해서는 뒤에서 자세하게 살펴볼 것이다.

2. 구조적 제도

1) 대통령제 정부와 의회내각제 정부

(1) 대통령제 정부

대통령제 정부형태란 미국헌법을 통해 발전되어 온 정부 형태로서, 영국에서 발전되었던 의원내각제와는 달리 입법부와 행정부를 엄격하게 분리시킴으로써 입법부와 집행부의 공화적 관계보다는 상호독립성을 더욱 강조하는 정부형태이다. 따라서 대통령제를 제대로 이해하기 위해서는 대통령제의 원형인 미국식 대통령제의 특징이 무엇인가를 살펴보아야 한다(미국정치연구, 2020: 165~173; Vermer, 1984: 38).

미국식 대통령제의 특징은 첫째, 행정부와 의회 사이에 권력이 분리되어 있는 점이다. 의회는 행정부로부터 독립되어 있으며 행정부도 의회로부터 독립되어 있다. 둘째, 국가 원수인 대통령은 국민들에 의해 선출되며 임기가 보장된다. 셋째, 대통령은 국가 원수인 동시에 행정부의 수반이다. 넷째, 대통령은 장관을 임명하며 장관은 그에게 복종한다. 그러나 대통령이 내정한 장관들은 의회의 승인을 얻어야 한다. 다섯째, 장관은 의원직을 겸직할 수 없다. 여섯째, 대통령은 의회에 책임을 지는 것이 아니라 헌법에 책임을 진다. 일곱째, 대통령은 의회를 해산할 수 없다. 의회는 탄핵 외에는 대통령을 면직시킬 수 없으며 대통령도 의회를 해산할 수 없다. 따라서 의회와 행정부 사이에는 견제와 균형이 이루어진다. 여덟째, 의회와 행정부 사이에 갈등이 있을 때 결정을 내리는 것은 사법부이다. 이것은 헌법이 최고의 권력을 갖는다는 것을 의미한다. 아홉째, 대통령제는 권력의 집중이 아니라 권력의 분립을 특징으로 하기 때문에 권력을 독점하는 핵심적 기구는 없다. 이러한 미국식 대통령제의 특징들은 대통령제를 채택한 많은 나라들에서 공통적으로 살펴볼 수 있지만, 일부의 대통령제 국가에서는 위와 같은 특징의 일부가 없거나 변형된 경우가 나타난다.

그러나 다양한 변형들에도 불구하고 대통령제를 채택한 국가에서는 공통적으로 다음과 같은 두 가지 특징이 나타난다. 첫째, 국민들에 의해 선출되어 행정부를 장악하는 대통령과 역시 국민들에 의해 선출된 입법부가 각각 민주적 정통성을 갖는다는 점이다. 따라서 대통령제는 민주적 정통성이 이원적으로 존재하는 정부 형태이다. 둘째, 대통령과 의회의 양자 모두가 각각 일정한 임기를 보장받고 선출된다는 점이다. 대통령의 재임기간은 입법부로부터 독립되어 있으며 입법부의 존속 또한 대통령으로부터 독립되어 있다(Linz and Valenzuela, 1994).

대통령제는 의원내각제에서 나타날 수 있는 의회주권적 정치구조에 대한 불신에서 비롯된 것으로 알려져 있다. 즉, 의회의 다수라고 하더라도 모든 일을 좌지우지할 수는 없도록 만들어야 한다는 것이 미국에서 대통령제를 만들 당시에 가장 많이 고려되었던 점이라 할 수 있다. 대통령제에 있어 내각은 단순한 자문기구에 불과하나 정부와 의회는 서로 견제하며 균형을 이루고 있다.

대통령제의 장점으로 집행부의 안정성, 민주주의의 증진, 그리고 보다 제한된 정부 등이 제시되고 있다. 내각제와 달리 헌법적으로 대통령의 임기가 보장된다는 점에서 대통령제는 집행부의 안정성을 가질 수 있다. 또한 직접선거이든 선거인단에 의한 간접선거이든, 국민 스스로가 유권자가 되어 국가 수반(the Chief[head] of state)을 선출한다는 측면에서 더 민주적이라 할 수 있다. 이런 측면은 열렬히 내각제를 지지하는 린쯔와 같은 학자들도 동의하는 장점이라 하겠다. 마지막으로 몽테스키외나 제임스 매디슨이 지적하는 바와 같이 권력의 분립을 통한 제한된 정부를 구성할 수 있다는 장점을 가지고 있다(Lijphart, 1992).

그러나 실상 대통령제는 장점보다는 단점이 더욱 부각되는 경우가 많으며, 레이파트와 린쯔 등 많은 학자들은 대통령제보다는 내각제를 선호하였다. 이들이 지적하는 대통령제의 단점으로 집행부와 입법부 간의 교착 상태로 인한 통일적 국정 수행의 곤란, 그리고 그에 따른 시간상의 경직이 지적될 수 있으며, 마지막으로 승자가 모든 것을 독식하는 정치체제이기 때문에 포용적이기보다는 배타적인 정부가 들어선다는 것이 있다. 여기에 대통령제의 가장 큰 문제점으로 지적되는 대통령의 독재화 가능성이 많은 학자들이 대통령제보다 내각제를 선호하는 이유라 하겠다. 특히 국회와 정부의 대립이 극한에 이를 경우에는 이를 조정할 마땅한 장치가 없으며, 정당정치와 의회정치가 자리를 잡지 못하여 권력에 대한 견제와 균형이 제대로 작동하지 않는 대통령제를 택한 제3세계의 대부분의 국가들이 권위주의 독재체제인 신대통령제로 변화하는 것을 보았을 때, 이러한 대통령제의 독재화 우려는 경험적 타당성까지 제공하고 있다.

(2) 의원내각제 정부

내각제의 역사는 의회의 발전 역사와 그 궤를 같이 한다는 말처럼 세계에서 가장 많이 채택되고 있는 정부형태로서, 의회와 집행부의 구성 및 활동을 엄격하게 분리·독립시키는 대통령제와는 달리 의회가 국정운영의 실질적인 중심에 서는 정부형태이다. 영국에서부터 발전되었던 의원내각제는 원래 의회가 정부를 통제하며, 정부는 의회에 대하여 책임을 지는 관습상의 제도로 출발하였으나, 점차 상호 견제와 협조의 제도로 발전하였다. 의원내각제에서는 국민의 선거에 의하여 부여된 정당성을 기초로 의회 내의 다수파가 정권을 획득하며, 그 다수파가 내각을 구성하여 정부를 운영하게 된다는 점에서 의회 내의 다수파와 정부의 필연적 연관성을 가져오는 구조이다.

의원내각제에 있어 내각은 전통적으로 수상으로서의 직무 수행을 위해 구성원 중 한 명을 선출하여 의회의 지지를 받게 된다. 수상은 내각의 수장이 되어 내각의 집단적 의사 결정체의 정책 지도자 역할을 수행한다. 또한 의원내각제 체제에서 내각과 수상은 정책을 제안하고 의회를 통해 안건을 법률화시키며, 각 행정 기관을 통해 정책을 이행한다. 따라서 내각은 행정부와 입법부의 혼합적 기능의 특성을 지닌다. 그러나 의회체제의 실제 정책 진행과정은 의회 내의 서로 밀착되어 있는 다수파에 의사에 달려 있다. 내각 다수파가 수상을 더 이상 지지하지 않는다면, 수상은 사임하든지 자신을 지지하는 의원들로 내각을 재구성하든지 하여, 의회 다수파의 지지를 받아야 하기 때문이다. 따라서 이러한 의원내각제는 의회와 정부와의 공화·협력에 비중을 두며, 국민에 의해 부여된 민주적 정당성이 의회를 매개로 정부와 연결된다는 점을 강조한다.

그러나 내각제는 그것을 실행하는 국가에 따라서 서로 조금씩 다른 유형을 보여준다. 내각제를 채택하는 국가들의 정치는 정부가 안정적인가 불안정한가의 여부와 효율적인가 비효율적인가의 두 가지 기준에 의하여 달라진다. 정부가 안정적이라는 것은 한번 구성된 내각이나 정부가 오랜 기간 변동 없이 지속되는 것을 의미한다. 정부가 안정되지 못하고 불안정하면 효율적으로 운용될 수 없기 때문에 이 두 가지는 밀접하게 연관되어 있다(쉬블리, 2010: 362~363). 이 두 기준을 적용할 때 내각제 국가들은 첫째, 효율적이면서 안정된 내각제, 둘째, 비효율적이면서 불안정한 내각제, 셋째, 효율성과 안정성을 기대할 수 있는 내각제 등 세 가지 유형으로 나눌 수 있다.

첫 번째 유형의 내각제는 총리중심형 내각제로서 영국형 내각제도로 불린다. 이 유형의 내각제에서는 행정부의 핵심인 내각이 의회보다 더 강력한 권한을 행사한다. 두 번째 유형의 내각제는 의회중심형 내각제로 이 유형의 내각제에서는 의회가 강력하고 행정부는 권한이 약하다. 이 유형의 예로는 프랑스의 제3공화국과 제4공화국을 들 수 있다. 세 번째 유형의 내각제는 위의 두 유형의 중간형으로 내각이나 의회가 아니라 정당이 강한 권한을 갖는 유형이다. 내각제가 실제로 운용되는 데에는 이처럼 여러 유형이 있기 때문에 내각제의 좋은 점과 나쁜 점을 이야기할 때에는 어떤 유형의 내각제인가를 명확히 해야 한다(Sartori, 1994: 102; 신명순, 2006: 120).

많은 학자들이 대통령제보다는 의원내각제를 선호하는데, 그 이유로는 의원내각제가 입법부와 집행부의 협조에 의한 신속한 국정처리가 가능하고 이에 따른 능률적·적극적인 국정수행을 펼칠 수 있으며 책임정치를 실현할 수 있다는 것이다. 이에 반하여 의원내각제의 단점으로는 정당정치에 치우칠 우려가 있으며, 입법부와 행정부가 분리되지 않음으로써 견제장치가 부재한다는 점이 있다. 또한 군소정당이 난립할 경우 정국이 불안정해지며, 정쟁이 격화될 우려가 있다는 점 등이 단점으로 지적된다.

(3) 대통령제와 의원내각제의 비교

대통령제와 의원내각제의 구분은 크게 다섯 가지 핵심적 차이에 의해서 이루어진다.

첫째, 집행부가 의회의 신임에 의존하여 존립하는가 아니면 의회 신임과 무관하게 존속하는가에 있다. 의원내각제에서는 수상과 그가 이끄는 내각이 의회에 대해서 책임을 진다. 따라서 내각은 의회의 불신임을 받게 되면 사임한다. 반면 대통령제의 대통령은 자신이 속한 정당이 소수정당의 위치에 놓이더라도, 중죄나 중대한 비행으로 인하여 탄핵받지 않는 이상은 헌법에 의하여 일정한 임기를 보장받는다.

둘째, 집행부가 의회에 의하여 선출되는가 아니면 국민에 의하여 선출되는가에 따른 차이가 있다. 의원내각제에서 수상은 <그림 7-2>에서 보는 바와 같이 의회에 의하여 선출된다. 수상이 정해지는 실제의 과정은 공식적인 선거에 의하거나 의회 내 정당 간 협상을 통하여 비공식적으로 부상하거나 국가원수가 임명하는 등 다양하다. 그러나 의원내각제의 경우는 누가 수상이 될 것인가가 결국 의회선거에 달려 있으므로 의회에 의하여 수상이 선출되는 제도이다. 반면에 대통령제는 <표 7-1>에서 보는 바와 같이 국민에 의한 직접투표를 통하든지, 미국과 같은 선거인단을 통한 간접선거를 통하든지 간에 국민에 의하여 의회와 대통령을 각각 다른 절차를 통해 선출한다. 이러한 두 정치체제의 특징을 배젓(Walter Bagehot, 1961)은 내각제가 입법부와 행정부의 권력 융합을 통한 합의에 토대를 두는 제도이고, 대통령제는 양자의 권력분립에 기초한 견제와 균형의 관계를 지향하는 제도라고 규정하였다.

표 7-1 대통령제와 의원내각제 특징 비교

	대통령제	의원내각제
대표국가	• 한국, 미국	• 영국, 일본
선출방식	• 국민에 의한 선출 • 개인의 대표	• 의회에 의한 선출 • 집단의 대표
의사 결정	• 대통령 1인이 결정, 책임	• 연대책임에 의한 합의제
임기방식	• 헌법에 의한 임기보장	• 의회의 불신임으로 임기보장 안 됨
특 징	• 행정부의 수장 • 의원직 겸직 불가 • 의회와 행정부 간 갈등발생시 사법부가 해결	• 내각의 수장 • 의회가 정부를 통제 • 정부는 의회에 대하여 책임
장 점	• 집행부 안정성 • 민주주의 증진 • 제한된 정부	• 효율적·안정적인 내각 운영 가능 • 책임정치 실현
단 점	• 시간상 경직성 발생 • 독재화의 가능성	• 정당정치에 치우칠 가능성 • 상호견제장치의 부재

셋째, 의원내각제와 대통령제는 집행부가 의사 결정구조에서 합의제의 성격을 갖는가 아니면 1인 집중제의 성격을 갖는가의 관점에서 그 차이를 확인할 수 있다. 의원내각제를 채택한 국가에서도 수상이 다른 내각의 각료보다 월등한 지위와 권력을 가질 수는 있다. 그러나 의원내각제에서의 내각은 수상을 포함하는 일체성을 가진다. 즉, 수상과 내각이 분리되지 않고 연대 책임의 원칙에 의거하여 운영되는 것이다. 반면에 대통령제에서 각료는 대통령 개인의 자문역할에 불과하며 개별적으로 대통령이 책임을 진다. 따라서 대통령제에서는 대통령 1인이 최종적인 정책결정자이며, 이

그림 7-2 대통령제와 의원내각제 대표 선출방식 비교

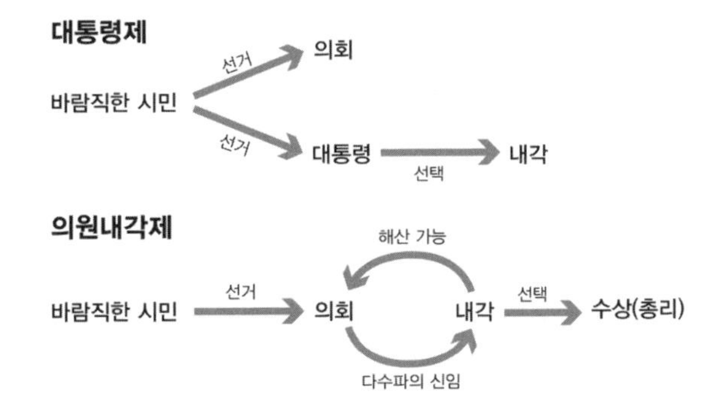

러한 판단에 대한 책임은 대통령 개인이 지게 되는 것이다(Lijphart, 1992).

넷째, 대통령제와 의원내각제의 차이는 대표관계의 차이에서 분명해진다. 국민의 선거에 의해서 정당성을 부여받은 대통령은 개인적 대표로서 자신의 의사 결정을 통해 국가질서 형성의 방향을 설정하는 반면에, 의회는 각기 다양한 계층, 다양한 집단 및 지역의 국민에 의해 선출된 다수의 의원들이 국민의 의사를 제각기 수렴하여 이를 표현하고 또 조정하는 집단적 대표라고 할 수 있다. 따라서 대통령제 정부형태가 개인적 대표인 대통령의 리더십에 의존하는 데 반해서, 의원내각제 정부형태는 원칙적으로 집단적 대표인 의회의 민주성을 중심으로 움직이고 있다고 할 수 있다(장영수, 1993: 67~147).

마지막으로 입법부와 집행부의 활동에 있어 대통령제 하에서는 상호독립의 요청에 따라 원칙적으로 정부의 법률안 제출권이 배제되고 겸직이 금지되는 반면에, 정부는 법률안 거부권을 통하여 의회의 입법 작용을 통제하고 의회는 각종 대정부 통제권, 특히 재정에 관한 통제권을 보유함으로써 상호 균형을 이루는 가운데 효율적인 견제가 가능하다. 그러나 의원내각제는 국회의원과 집행부 각료의 겸직 및 의회와 내각의 광범위한 상호 관여를 허용함으로써 협조를 통한 국정수행이 가능하다.

2) 이원집정부제(Dual Executive Systems)

이원집정부제는 국가에 따라 다소 다르기는 하나 대통령제 요소와 의원내각제 요소를 종합시켜 대통령과 수상에게 각각 국가행정권을 적절히 분배한 통치 구조를 말한다. 일반적으로 이원집정부제는 프랑스와 같은 대통령제에 내각제적 요소가 일부 가미된 준대통령제(semi-presidentialism) 또는 의회주의적 대통령제(parliamentary presidential system), 그리고 의원내각제에 대통령제적 요소가 일부 가미되어 큰 분류상으로 의원내각제로 구분되는 오스트리아, 아일랜드, 핀란드와 같은 형태로 구분된다(Duverger, 1980: 165~187).

전자에서는 대통령이 속한 정당이 의회의 다수당 또는 다수정파의 지위에 있을 경우 대통령은 아주 강력한 권한을 행사하게 된다. 대통령은 자신이 속한 당의 지도자를 수상으로 임명하고 이 수상은 의회의 신임을 확보할 수 있기 때문이다. 이 경우 대통령은 미국의 순수한 대통령제보다 더 강한 권력을 행사한다. 반면에 대통령의 정당이 소수정당이 될 경우에는 다수정당의 지도자를 수상으로 임명하게 되어 과거 프랑스에서와 같이 정파가 상이한 상태에서 대통령과 수상이 국정을 운영하는 결과를 가져오게 되며, 이 경우 이원집정부제는 내각제와 유사한 형태를 띠게 된다. 후자의 경우에는 대통령이 국민에 의해서 직선되나 실질적 권한은 약한 편으로, 대통령의 리더십과 카리스마가 강한 경우에는 대통령의 활동 범위가 넓어질 수는 있으나 원칙적으로 대통령의 권한 행사는 수상을 비롯한 내각의 동의나 승인을 얻어야 되기 때문에 실질적으로 대통령이 대외적 상징으로서 존재하는 내각제와 유사하다고 할 수 있다(Lijhpart, 1992).

이 외의 정부형태에는 남미와 아프리카 등 제3세계의 일부 국가에서 나타났던 평의회체제(Council Systems)와 스위스와 UN 등에서 실시하고 있는 입법의회체제(Assembly Systems)가 있다. 평의회체제는 사회 그룹의 대표들로 구성된 특정한 소규모 집단이 행정과 입법 기능 모두에 대한 책임을 지고 집단적 지도자의 지위를 공유하는 경우를 의미하며, 입법의회체제는 입법부의 대표들이 집단지도체제를 구성하여 운영되는 정부형태로서 강화된 직접민주적인 성격을 갖고 있다.

3. 관료제

일반적으로 사람들은 관료제에 대해서 부정적인 시각을 가지고 있다. 그러나 행정부를 비롯하여 기상청 · 우체국 · 식약청 등이 제공하는 다양한 서비스로부터 우리는 많은 혜택을 받고 있는 것이 사실이다. 관료제는 정부의 권위 있는 결정을 수행하는 곳이며, 관료는 공무원제도(civil service system)에 따른 평가로 관료제 기관에 고용된 사람들을 말한다. 보통 경찰관, 공립학교 교사, 군인, 심지어 국립대학의 교수에 이르기까지 공공정책을 수행하는 국가 행위자는 모두 관료에 포함된다.

19세기의 관료제는 다소 정치적이었다. 관료는 정치적 후견인의 지원에 의한 임용(patronage system)으로 이루어졌다. 하지만 20세기에 접어들면서 관료는 전문화되고 공무원제도에 따른 시험(merit system) 등으로 임용이 되었다. 이로써 19세기에 만연했던 정실인사의 가능성은 줄어들었다.

관료제는 계층적 조직(hierarchical chain and command)의 특징인 노동의 분화(division of labor)와 절차(procedure)가 확실하다. 이러한 시스템은 효율성과 전문성을 증진시킨다. 관료제가 가진 계층적 특징은 관료제 내외에서 명백해야 하고 이러한 성향은 대응성(reponsiveness)과 책임(accountability)을 확실하게 한다. 대응성은 환경의 요구에 대해 얼마나 민감하게 반응하는지를 가리키는 개념으로서 환경을 구성하는 외부집단의 욕구, 선호, 가치 등을 얼마나 만족시켜 주는가의 문제와 관련된다. 원칙적으로 관료의 주체(principal)는 국회와 대통령이고, 관료는 대리인(agent)의 역할을 수행하기 위해 주체의 의지를 받아들여야 한다(Lowi et al., 2017: 221~222). 책임은 행위자 혹은 기관이 다른 행위자나 기관에 대해 주어진 임무와 기능 수행의 성과에 대한 책임을 지는 것으로서 임무수행의 질에 따라 보상과 처벌이 따른다.[1] 또한 관료제는 부서(department)와 독립적인 기관(agency)으로 조직된다.

대부분의 논의에서 정부와 관료제는 동의어적인 개념이지만, 정치학자들은 구분을 분명히 하도록 시도하고 있고, 이는 양자를 구별하는 데 유용하다. 이러한 관점에서 정부는 규칙과 정책들이 적용되고 수행되는 조직과 과정을 설명하는 일반적인 개념이다. 관료제는 정부가 작동할 수 있는 특별한 구조이자 유형이다. 관료제의 구조와 유형은 독일의 정치학자 막스 베버(Weber)에 의해 고안된 것이다. 구조적으로, 관료제는 계급 조직으로 특성화된 것으로서 노동자들의 복잡한 계급을 명확히 하기 위한 목적을 가지고 있었다. 또한 베버는 관료제의 개념을, 운영 유형에 따라 몇 가지 중요한 특성으로 정의하였다. 관료제 구성원들은 ① 각각의 경우에 대처할 수 있는 명확한 행동 규칙이 있고, ② 합리적이고, ③ 임의적이지 않고, ④ 예측할 수 있고, ⑤ 비인격적이다(Weber, 1958a: 196~244).

| Box 7-3 | **관료제의 허와 실**

1. 관료제의 등장배경

고대로부터 중세에 이르는 농경사회에서는 비교적 단순한 조직들이 사회의 중추적 기능을 담당하였으나, 근대 이후 산업화의 진전과 함께 규모도 크고 복합적 성격을 띤 조직으로서의 관료제가 사회의 근간을 이루게 되었다. 이념형 관료제의 창시자라 할 수 있는 베버(Weber)는 화폐경제의 발달 및 행정사무의 양과 질의 확대가 현대 관료제 생성의 전제조건이라고 하였다.

이렇듯 화폐경제의 발달과 행정사무의 양과 질의 확대에 따른 행정 및 각종 업무의 효율적인 업무수행을 처리하기 위하여 대두된 관료제(bureaucracy)란 용어는 '공무원으로 구성된 거대한 정부조직'을 뜻하는 것이지만 행정부 조직뿐만 아니라 민간 회사, 대학 등 대규모의 조직이라면 모두 해당하는 제도이다.

하지만 국민들이나 정치인들은 관료제란 말만 들어도 낭비, 혼란, 번거로운 절차, 경직성을

---

1) 이러한 보상과 처벌은 구체적으로 임명, 보상 등의 선제적 제재(before-the-fact political weapon)와 행정명령, 처벌 등의 후발적 제재(after-the fact political weapon)로 구분된다.

연상할 만큼 좋지 않은 의미를 지니고 있다. 그 이유는 관료제의 순기능에 못지 않는 역기능이 존재하기 때문이다.

2. 관료제의 특징

관료제의 첫 번째 특징으로 노동의 분업(Division of Labor)을 말할 수 있다. 생산성을 높이기 위해서 전문적 직문활동을 강조하고 관료들은 그들의 업무를 전문화하여 효율적으로 업무수행을 한다. 또한 노동의 분업으로 인해 관료제 내에서의 직위나 직책은 많아지며 이들의 업무는 상호연계 된다. 그렇기 때문에 각각의 관료들은 다른 관료들의 업무 결과에 의존할 수밖에 없다. 즉, 관료제 하에서는 혼자의 힘으로만 완벽한 생산물을 얻을 수 없는 것이다.

둘째, 합법적으로 제정된 법규에 의한 계층제로 이루어지므로 엄격한 수직적 업무 배분과 상하 간 지배복종체계의 성격으로 인해 책임의 소재와 상하관계가 분명하여 절차에 대한 엄격한 준수가 요구된다. 즉, 높은 계층에 올라갈수록 보다 많은 감독권을 지닐 수 있고, 이로 인해 그들은 자신의 위치에 대해 자긍심을 가지게 된다.

3. 관료제의 역기능

하지만 관료제의 특성으로 인해 나타나는 관료제의 역기능 또한 무시할 수 없다. 첫째, 관료제에서는 절차를 중요시하기 때문에 규칙이나 정책을 만들 때 절차가 매우 복잡하고 시간이 많이 걸리며, 목표가 아닌 수단(규칙, 절차)에 지나치게 동조함으로써 과잉동조와 수단의 목표화가 발생하게 된다. 둘째, 책임의 한계를 명확히 하기 위하여 공적인 문서에 의해 행해져야 하므로 문서주의(red-tape)가 발생하며, 이는 곧 형식주의에 빠지게 된다. 이로 인해 관료들은 무사안일주의와 상급자의 권위에 의존하게 되어 문제 해결에 있어서 적극적이고 쇄신적인 태도를 갖지 못하게 된다. 셋째, 노동의 분업으로 인해서 다른 분야에 대한 이해가 부족하여 할거주의가 초래하게 된다. 즉, 자기가 속하고 있는 기관 · 부처 · 국 · 과만을 종적으로 생각하고 다른 부처에 대한 배려가 없어 횡적인 조정과 협조가 곤란한 현상이 발생하게 된다.

이러한 역기능을 간단히 정리하자면, 관료들은 확실한 권한과 책임소재가 주어져야만 업무를 진행한다는 것을 들 수 있다. 관료들은 아무리 급박한 상황이라 하더라도 자신의 권한을 넘어 자원과 예산을 동원하지 못하는 것이다. 상급자로부터 정확한 지시를 받아야만 한다는 문제점을 가지고 있는 이러한 현상은 2014년 한국의 세월호 참사에서도 나타났다.

최근 들어 관료제의 역할이 효율성보다는 비대화에 대한 우려의 목소리가 많다. 정치인들은 비대해진 관료제의 규모를 축소하기 위해 다양한 방법을 동원한다. 우선 정책 프로그램이나 부서를 줄이는 종료(termination)전략이 있다. 둘째, 예산을 줄이거나 규제력을 지닌 기관의 정책 범위를 축소시키는 규제철폐(deregulation) 정책이 있다. 셋째는 권력이양(devolution)이다. 이는 중앙 정부에 의해 진행되던 프로그램이나 정책을 지방정부 수준으로 이양시키는 전략이다. 넷째는 민영화 전략이다. 이것은 프로그램 혹은 정책에 대한 정부의 통제 권한과 이행 권한을 민간차원의 기업이나 회사에 넘기는 것을 말한다. 이 모든 것은 중앙 정부의 관료제의 권한을 축소시키기 위한 방안들이라 할 수 있다(Lowi et al., 2012: 228~234).

앞으로도 관료제는 뜨거운 쟁점이 될 것이며 관료제가 가진 효율성에 무게를 둘 것인지 아니면 규모의 비대화로 인한 민주적인 통제에 집중할 것인지는 과제로 남아 있다. 선출직 공무원, 즉 대통령과 의원들은 관료제에 대한 민주적인 통제를 유지할 수 있도록 경계를 늦추지 않아야 한다. 이를 통해 삼권분립 정신에 기초한 상호 견제와 힘의 균형을 이룰 수 있을 것이다.

4. 정치적 행정부의 역할

많은 정치학자들은 20세기를 '행정부의 시대'로 단정짓고 있다. 이는 입법부의 힘은 상대적으로 쇠퇴하고 행정부의 힘은 명백히 강화되고 있음을 보여주는 의미이다. 명확하고 중대한 국가의 행위를 위해 입법부의 능력이 상대적으로 줄어드는 것은 행정부의 능력이 상대적으로 강화되고 있음을 의미한다(Lowi et al., 2021: 292).

입법부와 비교해볼 때 현실적으로 행정부는 더 능률적이고 왕성한 활동력과 특정 정책 추진력을 갖추고 있다. 또한 개인이나 소규모 집단의 중심에 있는 행정부는 큰 혼란의 시대에 간단성과 명료성을 갈망하는 대중들에게 바람직한 정책을 제시할 수 있다. 만약 대중들이 영웅적인 리더십의 형태를 원한다면, 최고 통치자는 아마도 카리스마 있게 정책을 추구할 것이다. 최고 통치자는 하나의 목소리로 말하고, 사회의 압력과 요구 그리고 국제 환경에 대응하여 자신의 정치적 영향력이 확실하고 효율적으로 실행되고 있음을 시민들에게 확신시킬 수 있다. 만약 최고 통치자가 이러한 뜻을 전달할 수 있다면, 적어도 다른 정치 구조에서는 할 수 없는 분명한 리더십을 가지게 될 것이다.

'행정부의 시대'에는 특히 정치적 행정부(political executive)의 역할이 중요하다. 정치적 행정부는 정부의 최고위층을 의미하는바, 정치이념과 목표를 위한 지지를 동원하고 정치적 리더십을 발휘하는 행정부를 의미한다. '정치적 행정부'는 인적 범위에서 대통령과 대통령에 의해 임명된 국무총리를 비롯한 각 부처 장·차관직의 행정부 고위 정무직을 포함하지만 그 외연은 더욱 넓어질 수 있다. 이러한 정치적 행정부는 고위 정무직에 부여된 직책을 수행할 뿐만 아니라 집권한 정치세력의 정책의지 관철을 목표로 실무관료에서부터 고위관료에 이르기까지 관료를 직·간접적으로 지휘·감독한다. 그럼으로써 정치세력의 정책지향을 정책으로 구체화하면서 정책결정뿐 아니라 정책집행에 있어서도 정치적 행정부가 요구한 정책집행을 추진한다.

특히 대통령제하에서 정치적 행정부의 성공을 위해서는 첫째, 무엇보다도 대통령의 확고한 정책이념 정립과 정책의지가 필요하며 여기에는 민주적인 의견 수렴에 기반한 정책의 조정능력도 포함된다. 둘째, 대통령 참모조직으로서 기능하는 정치적 행정부는 행정부처의 현안정책결정과정에 개입하여 이를 조정·통제할 수 있어야 한다. 대통령은 현대 사회의 복잡하고, 광대한 국정현안문제에 대해 적시에 적절한 대응책을 홀로 집행하기 어렵다. 따라서 대통령을 가까이서 보좌해야 할 참모조직을 구축해야 한다. 이러한 정치적 행정부는 행정부처보다 한발 앞서 사회변화와 요구를 정책에 반영하여 정책을 기획하는 진취성, 유연성과 개방성을 갖춰야 한다. 이러한 작업을 위해서는 소수의 인원보다는 많은 인적 자원이 동시에 정치적 집행부를 구성해야 한다. 셋째, 국민의 선택에 의해 정권을 획득한 정치세력이 사회변혁을 담아내는 정책을 추진하고자 할 경우, 집행권이 있는 직책에까지 정권의 정체성에 부합하고 정권의 정책목표를 인식하고 공유하는 정치적 행정부원을 임명하는 것이 필요하다. 넷째, 대통령을 정점으로 하는 정치적 행정부의 정책결정과정은 사회의 요구와 변화가 투입되고 소통되는 체계와 접목되어야 한다. 선거에서 국민의 선택에 의해 정권을 획득한 정치세력이라 할지라도 사회구성원의 요구를 반영하지 않는 정치체계는 특정 세력들의 이해를 대변하는 것으로 변질되어 민주주의의 대표성 원칙을 지속적으로 유지하기 힘들기 때문이다. 다섯째, 정책네트워크 구축이 필요하다. 정치적 행정부로서 고유한 역할을 수행하기 위해서는 단기적·중장기적인 정책능력을 구비하는 것이 절대적으로 필요하다. 즉, 국정운영에 필요한 정책기획과 집행과정의 문제점을 피드백하여 수정할 수 있는 인적-정책네트워크가 필요하며 이를 위해 국정분야별로 시민단체, 민간연구기관 등 관련 연구자 및 단체로 정책 네트워크를 구성하여 지속적으로 정치적 행정부의 정책생산기능과 행정부의 정책집행 감시기능을 보충받아야 한다. 여섯째, 유권자의 정책결정과정 참여를 법적·제도적으로 보장해야 한다. 특히, 국민생활에 영향을 미치는 정책에 대해서는 의회요구가 있을 경우 즉각적인 '정보공개'와 '의회참여', 그리고 '국민의 직접 참여'를 보장할 수 있는 법적·제도적 장치를 갖추어야 한다. 특히, 한국의 경우에는 정보통신기술을 이용하여 공공서비스를 제공하는 전자정부(e-government)부분에서 최상위권을 유지하고 있다(UN Public Administration Network, 2021).

제3절 | 입법부

대부분의 국가들은 통치 기본 구조의 하나인 입법부가 있다(Derbyshire and Derbyshire, 1999). 입법부는 필수적 기구로서 의회를 두고 있다. 대부분의 국가에서 의회는 하나 혹은 둘로 구성되어 있다. 국가에 따라 명칭은 상이한바, 상원과 하원(영국: the House of Lords and House of Commons, 미국: the Senate and House of Representatives, 칠레, 멕시코, 베네수엘라: the Senate and the Chamber of Deputies, 인도: the Rajya Sabha the Lok Sabha), 입법의회(코스타리카: the Legislative Assembly, 이스라엘: the Knesset), 국회(이집트, 탄자니아, 대한민국 등: the National Assembly), 전국인민회의(중국: the National People's Congress), 참의원과 중의원(일본: the House of Councillors and the House of Representatives) 등으로 불리고 있다.

1. 입법부의 역할

입법부(legislature)는 정책 이슈들을 논의하고 조사하는 일을 해 왔다. 입법부의 어원은 '법'을 의미하는 라틴어 'legis'와 '제기와 제안'을 뜻하는 'latio'의 합성어이다. 이름의 근원은 영국 의회에서 최초로 사용되었는데, 그 의미는 '중요한 기능을 제안하다'라는 뜻이다. 프랑스에서 입법부는 'parler'라고 하는데, 이것은 '말하다'라는 의미를 가지고 있다. 일찍이 입법부는 세습군주에 대한 견제와 자문 그리고 정치 관련 집단을 대표하기 위해 만들어졌다. 입법부의 주된 기능은 공공정책의 결정에 대한 책임감을 가진다는 것이다.

일반적으로 입법부는 ① 법률제정 ② 시민의 대표 ③ 통치자 감시 등의 역할을 수행한다. 이러한 역할들에 대한 논의를 통해 우리는 입법부의 실제 기능을 일반화하는 것은 어렵다는 점을 깨달을 수 있다. 첫째, 이러한 역할들은 종종 헌법과 같은 국가의 기본 규칙들을 명확히 하는 것이 다를 수 있다. 둘째, 입법부의 기능은 국가마다 상당히 다르다. 셋째, 입법부는 국가 영역 내에서 시간에 따라 변화한다. 넷째, 일정 기간 동안에도 입법부의 역할은 국가의 이슈, 관련 사항들에 따라 변화할 수 있다.

1) 법률제정

입법부가 법률의 초안을 만들고 수정하며 그것을 법으로 만드는 일련의 과정은 분명한 것처럼 여겨지지만, 실제로 법률제정 기능을 가지는 입법부는 정책결정과정에서 지배적인 역할을 담당하는 게 아니다. 이 과정은 체제의 통치자(거부권)를 거쳐야 한다. 그럼에도 불구하고 각국의 입법부들은 정책결정에서 중요한 역할을 담당한다. 정치체제의 결정과정에서 입법부의 권한은 법률제정으로서, 이는 헌법을 통해 규정되고 있다. 2020년부터 지속된 코로나바이러스(COVID-19) 팬데믹의 위기로 많은 국가가 입법부에 재정지출 정책을 발의 승인하고 있듯이, 법률제정 권한은 국고 수입을 늘리거나 국고의 지출을 권위적으로 분배하는 것으로서, 입법부의 중요한 의무이자 책임으로 인식되고 있다. 어떤 국가에서는 입법부에서 제안된 법률안을 위원회의 권한을 통해 직접 개정할 수 있도록 특별 위원회를 구성하고 있고, 다른 어떤 국가에서는 많은 법률안들이 입법부 구성원들에 의해 직접 발의되고 초안이 만들어지기도 한다(Lowi et al., 2012: 154~161).

2) 시민의 대표

입법부는 시민들의 의견과 권익을 대표하는 역할을 한다. 각국의 입법자들은 유권자에 의해 선출되고, 선출된 입법자들은 자신을 선출해준 유권자들의 권익을 정책에 반영하여 유권자들에게 실질적인 이익이 돌아가도록 하는 중대한 책임을 맡고 있다(Lowi et al., 2012: 132~138). 그러나 입법부가 시민의 대표라는 개념이 결코 쉬운 것은 아니다. 왜냐하면 입법자들이 대표해야 할 '이익'이라는 개념은 적어도 네 가지 측면에서 고려되어야 하기 때문이다. ① 사회 계급과 종교 집단, 그리고 인종 집단들은 입법부를 지지하는 사람들로서 가장 지배적 권한이 있고, ② 입법자는 자신이 소속되어 있는 정당에 최선을 다할 의무가 있으며, ③ 특정 정당이나 단체의 이익이 아닌 국가 전체의 이익을 도모해야 하고, ④ 도덕적이고 지적인 판단을 통해 올바른 정치적 행위를 해야 한다는 점이다.

그러나 각국의 입법자들은 자신을 지지하는 경쟁적 세력의 압력을 받지 않는 경우는 거의 없다. 의회의 입법자들은 다양한 결정이나 행동들을 수행할 때 자신들의 지지 세력의 이익과 관련될 수밖에 없고, 균형적인 법률을 제정할 때에도 각 세력의 이익을 많은 부분 고려하게 된다. 심지어 이 입법자들은 보수－진보의 이데올로기, 정당에 대한 정치적 충성 등의 측면도 고려하게 된다. 그러나 이상적이지만, 입법자들은 정치적 이익과 정치적 지지 사이에 균형을 맞추기 위해 노력하고, 이는 상당히 가변적인 것으로서 특정한 사안을 통해 적절한 타협을 실시하게 된다.

3) 통치자에 대한 감시

입법자들은 통치자와의 상호작용을 통해 정치 결정을 수행한다. 일반적으로 입법자들은 정치적 최고 권한을 가지고 있는 대표자의 행동을 감시할 책임이 있다. 입법자들은 통치자가 하는 일에 영향을 미칠 근본적인 능력을 지니는데, 입법자들은 통치자를 선택하거나 통치자에 정책결정을 승인할 헌법상의 권리를 갖는다(Lowi et al., 2012: 161~164). 예를 들어, 영국과 인도 등 내각책임제 국가에서는 입법자들에 의해 최고 권력자인 수상이 선출된다.

각국 정치체제의 구성원으로서 역할을 담당하는 입법자들은 통치자가 선택한 공약을 승인할 수 있는 권리를 가지고 있다. 이스라엘 입법부는 만장일치로 내각을 승인해야 하고, 미국 상원은 대통령이 구성한 내각 및 대법원장에 대한 임명에 관해 충고와 승인의 권리를 가지고 있다. 1987년 레이건 대통령은 대법원장으로 보크(Robert Bork)를 임명하였는데, 당시 상원은 대통령의 결정을 부결시켰고 이는 입법부의 통치자 견제의 대표적 사례로 평가되고 있다. 의회제도에서 내각과 총리는 입법자 다수의 신뢰와 평가를 받게 되고, 내각의 정책이 합법적인 다수에 의해 승인된 것인지에 대해 의회는 감시할 책임이 있다.

입법자들에 의한 감시는 통치자의 정책 수행에 대한 철저한 감독으로서 입법부의 순수한 권리로 평가되고 있다. 입법부에 의한 일반적인 감시 절차는 통치자가 공공정책의 수행을 적절하게 하는지에 대한 검증 작업이다. 최소한 입법자들은 통치자의 정책 수행에 대한 토론과 논쟁의 장을 마련해야 한다. 공적인 논쟁을 통해, 통치자의 정책 구상 및 수행의 당면과제에 대한 신중한 확인 작업이 이루어져야 한다. 입법자들은 행정 각부 장관과 같은 통치자의 특별 구성원의 정책 구상 및 수행을 국회 회기 동안 감시할 수 있는 기회를 가지고 있다. 예를 들어 영국, 이탈리아, 독일 내각의 장관들은 국회에 출석하여 각 부서에서 진행하고 있는 사안들에 대해 입법자들의 질문과 비판에 답변할 의무가 있다.

대부분의 입법자들은 연속 사건이나 혹은 특별 사안에 대해 공식적으로 조사할 권한이 있다. 1990년 미 의회는 클린턴 대통령에 대한 조사(클린턴 부부가 부동산 문제로 이슈화되었던 화이트 워터게이트 사건, 클린턴의 성희롱 사건, 국회 위증에 대한 고발 사건)에 착수하였고, 대통령은 의회에 출석하여 입법자들의 질문에 답변을 하기도 하였다. 또한 행정 각부와 각 집행 기관의 행위에 대한 시민들의 불만을 독립적으로 조사하는 옴부즈맨(ombudsman) 제도를 구성한 스웨덴과 같이 혁신적인 제도적 장치를 마련한 정치체제도 있다. 입법부의 질문, 위원회제도, 옴부즈맨 제도를 통해 통치자의 부적절한 행동이 발견되면, 입법자들은 통치자가 부적절한 행동을 수정하도록 강력한 정치적 압력을 행사한다. 물론 통치자가 이러한 압력에 반대한다면, 논쟁의 최후 결정은 법적인 판결 또는 통치자와 입법자 간의 권력투쟁을 수반한다. 즉, 폭로, 조사, 기소의 메커니즘을 이른바 RIP(Revelations, Investigation, Prosecution) bomb이라고도 한다. 예전과 다르게 급속도로 발달해 온 매스미디어의 힘을 이용하여 방송매체, 신문, 인터넷 등에 각종 비리를 폭로(Revelation)하여 이를 바탕으로 입법부에서 특별검사를 임명하여 조사(Investigation)를 실시하고 검찰의 기소(Prosecution)를 통해 불신임, 탄핵과 같은 방식으로 정의를 실현하는 것이다(Lowi and Ginsberg, 2000: 716~719).

입법자들이 통치자를 감시할 수 있는 가장 근본적인 힘은 정부를 전복시킬 수 있는 능력이다. 의회제에서 입법부는 통치자가 신뢰받을 수 없는 행동을 하거나 통치자가 제안한 법률에 중대한 결함이 있을 경우 견책(불신임, 탄핵 등) 투표를 통해 통치자가 사임하도록 강요하거나 사퇴 압력을 행사할 수 있다. 예컨대 1950년대 이후 이탈리아 입법부는 평균적으로 매년 한 차례 가량 통치자가 사임하도록 압력을 가해 왔다. 심지어 대통령제에서도 입법부는 탄핵이라는 특수한 수단을 통해 통치자를 직위에서 물러나게 할 수 있는 능력을 갖고 있다. 대통령제 국가에서 대통령 탄핵은 보기 드문 일로서 미국의 경우, 대통령이 탄핵 혹은 유죄판결로 대통령 직위를 상실한 사례는 아직 없다. 그러나 1868년 존슨(Andrew Johnson) 대통령은 상원에 의해 탄핵소추 당했으나 하원에서 1표차로 부결되었고, 닉슨(Richard M. Nixon) 대통령은 워터게이트 사건과 관련하여 1974년 대통령직 사임이라는 최종 수단을 통해 탄핵심판을 회피하였다. 가장 최근의 사례로는 클린턴 대통령의 사례를 들 수 있는데, 1999년 미국 하원은 클린턴 대통령을 모니카 르윈스키(Monica Lewinsky) 성추문 및 사법방해 행위와 관련하여 탄핵 소추하였으나 상원에서 부결되었다(Lowi et al., 2005: 211~212). 우리나라의 경우에도 2004년 노무현 대통령이 선거법 제9조 공무원의 선거중립의무 위반, 대선자금 및 측근비리, 실정에 따른 경제파탄 등으로 탄핵소추 되었으나 헌법재판소에 의해 기각되었다. 그러나 2017년 3월 10일에 헌법재판소는 탄핵심판에서 대통령의 위법적·위헌적 통치행위와 국정농단 등의 사유를 제시하면서 박근혜 대통령의 파면을 결정했다. 이는 박근혜 대통령 측근의 비리가 언론을 통해 폭로된 이후 2016년 12월 9일 국회가 대통령 탄핵소추안을 의결하고 헌재에 접수한 지 92일 만의 결정으로, 헌재가 국회의 탄핵심판 청구를 인용한 것은 대한민국 헌정사 최초의 현직 대통령 파면이었다.

| Box 7-4 | 우리나라의 청문회제도

우리나라 청문회는 국회위원회가 중요안건심사에서 필요한 경우 증인·참고인·감정인으로부터 증거채택 및 증언·진술청취를 하는 절차라 할 수 있다. 청문회제도는 1988년 국회법에 따라 처음 신설되었으며 현행 국회법 제65조에 규정되어 있다. 국회법에 따르면 청문회의 개회를 위해서는 위원회의 의결을 거쳐야 하고(제65조 2항) 공개함이 원칙이며(65조 4항), 위증·증인거부 등은 증언·감정 등에 관한 법률에 따라 처벌할 수 있다(제65조 6항).

국회에서 실시되는 청문회는 크게 ① 특정사건·사안에 관한 조사를 목적으로 한 조사청문회, ② 어떤 사안의 입법화를 위한 공청회 성격을 띤 입법청문회, ③ 정부에 대한 감독권 행사의 한 방법으로 실시되는 감독청문회의 3종류로 나뉜다.

우리나라의 경우는 제13대 국회에서 1988년 11월 4일부터 헌정사상 처음으로 국회청문회가 열렸다. 제5공화국 비리조사를 위한 국회 국정감사권 발동으로 구성된 청문회이므로 그 성격상 조사청문회라고 할 수 있다. 텔레비전으로 생중계된 이 청문회는 제5공화국 비리의 본산을 겨냥한 '일해(日海) 재단 청문회', 1980년 5월 17일부터 발생한 광주 민주화운동의 발포명령자 및 그 진상을 알아내기 위한 '광주민주화운동청문회', 1980년 초에 실시된 언론통·폐합의 진상을 알아내기 위한 '언론청문회'의 3분야로 나뉘어 진행되었다.

먼저 11월 4일부터 5차례에 걸친 일해재단 청문회에는 장세동(전 국가안전기획부장·대통령경호실장)·안현태(전 대통령경호실장)·최순달(전 체신부장관)·정주영(전 현대그룹 명예회장) 등이 증인으로 출두한 가운데 일해재단 설립 및 운영과정의 비리가 집중적으로 조사되었다. 여기에서는 기금모금의 강제성과 정경유착의 실상 등이 밝혀졌다. 이어 열린 광주민주화운동청문회에는 김대중(당시 평화민주당 총재) · 정승화(12 · 12사태 당시 계엄사령관) · 심재철(당시 서울대학교 학생회장) · 신현확(당시 국무총리) · 정웅(당시 제31사단장) · 정동년(당시 전남대학교 복학생) · 정호용(당시 특전사령부사령관) · 김옥길(당시 문교부장관) 등이 증인으로 참석하였으며, 주로 12 · 12사태의 불법성과 5 · 17 비상계엄확대조치의 배경, 국가보위비상대책위원회 설치과정, 발포책임자 등이 조사되었다. 또한 11월 21일부터 12월 3일까지 모두 5차례 열린 언론청문회에는 허문도(당시 중앙정보부비서실장) · 이상재(보안사언론검열단 보좌관) · 이광표(당시 문공부장관) · 이진희(당시 MBC · 경향신문사장) · 허삼수(당시 보안사 인사처장) · 허화평(당시 국보위 문공분과위원장) 등 15명을 증인으로 출석시켜 언론인 강제해직에 대해 집중적으로 조사하였고, 그 결과 언론인 숙청작업이 개혁주도 세력의 요구로 권정달 정보처장과 이상재의 주관 아래 이루어졌음이 밝혀졌다. 국회 청문회는 과거 으레 은폐되던 전 정권의 비리를 폭로하였고, 또 공개 정치를 유도하여 민주정치실현의 한 장이 되었다는 점에서 역사적 의의가 크다.

2. 구조적 제도

1) 의회의 수

다양한 입법부의 구조적 제도 중에서 국회(chambers)라 불리는 의회(house)는 국가마다 수적 차이를 달리한다. 하나의 의회를 갖는 입법부는 전 세계 71%를 차지하고 있는데(Derbyshire, 1999), 단원제의 이점은 양원제가 가지는 업무 중복 및 혼선, 한쪽 의회의 실질적 무시 등의 위험을 줄이고 하나의 조직체의 구성을 통해 정치적 책임감을 분명히 할 수 있다는 점이다. 강력한 중앙정부를 채택하는 전 세계 45개 국가들은 단원제를 채택하고 있다. 대표적인 단원제 국가로는 알제리와 불가리아, 중국, 코스타리카, 덴마크, 핀란드, 그리스, 헝가리, 이스라엘, 케냐, 뉴질랜드, 대한민국, 스웨덴 그리고 탄자니아 등을 들 수 있다.

반대로, 양원제를 채택한 국가 중 80%는 중앙정부와 지방정부의 권력 공유 양태가 나타나는 연방제 국가다. 대표적인 연방제 국가로는 호주와 캐나다, 독일, 인도, 멕시코, 미국, 베네수엘라 등이 있다. 단일정부 중에서 22% 가량이 양원제를 채택하고 있고, 프랑스와 영국, 이탈리아 그리고 일본 등은 단일 정부와 양원제를 가미한 정치체제를 가진 국가이다(Derbyshire, 1999).

단원제의 외관상 이점에 비해 양원제가 가지는 장점은 무엇인가? 첫째, 두 개의 의회는 특정 사안과 법률에 대한 심도 있는 토의를 더 가질 수 있다. 둘째, 두 개의 의회는 두 가지 측면의 관점을 통해, 보다 바람직한 원리를 경쟁적으로 채택할 수 있다.

양원제 국가의 약 25% 가량은 하나의 의회가 지방정부를 대표하고 또 다른 의회가 연방정부를 대표한다. 일부 국가에서는 상원의회가 기능적인 단체들을 대표하는데, 아일랜드 공화국에서는 상원의원들이 농업과 노동, 산업, 문화, 그리고 공공 서비스와 같은 각 분야의 대표로 활동하거나 그 분야의 대표를 선출한다. 셋째, 영국이나 캐나다 같은 양원제 국가의 상원의원들은 개인적인 기준으로 선택되는 경우는 거의 없고, 대부분 한번 선택되면 평생을 시민의 대표가 되는 종신제를 채택하고 있다.

일부의 양원제는 단원제로 발전해 왔다. 시간이 흘러감에 따라 사안이 중복되어 두 개의 의회가 입법부의 '시민의 대표'로서의 기능을 제대로 발휘하지 못하게 되었기 때문이다. 스웨덴과 코스타리카에서는 헌법을 통해 하나의 의회를 폐지하였다. 노르웨이와 영국은 하나의 의회의 권한이 꽤 줄어들어서 더 강력한 의회의 결정을 지연할 수는 있으나 의사결정거부권을 행사할 수는 없게 되었다. 상원이 일반적으로 더 낮은 권한은 가지고 있지만 미국은 하원에 비해 상원이 더 강력한 힘을 지닌 유일한 양원제 정치체제를 택하는 국가이다(Derbyshire, 1999).

2) 입법부의 규모

입법자들의 수는 국가마다 차이가 있다. 예를 들어, 중국의 전국인민대표대회는 전국인민대표 상무위원회에서 상황에 따라 결정하며 3,500명을 초과하지 못하며 임기는 5년이다. 단일 의회 혹은 소규모의 의회는 인구비례에 의해 입법자들이 '시민'을 대표하게 된다. 일반적으로 입법자들의 정원 문제는 지역 주민의 세제곱근의 비율에 기초하여 정해진다(Taagepera and Shugart, 1989: 174~179). 그러나 인구가 더 조밀한 국가에서는 최적의 입법자 수를 결정하는 명확한 원칙이 없다. 미국의 하원의원은 435명이 선출되며, 이는 인구 554,000명당 한 명의 비율이며 상원 의원은 주별 2명씩 100명이다.

우리나라의 경우 현행법상(2022년 기준) 국회의원 정수는 300인(지역구 253인, 비례대표 47인)이다. 그리고 국회에는 의장 1인과 부의장 2인이 있다. 국회는 본회의와 위원회 및 전원위원회로 구분하여 활동하는데, '본회의'는 국회의 의사를 최종 결정하는 곳으로 각 상임위원회에서 심사한 안건을 최종적으로 결정한다. 위원회는 상임위원회(17개)와 특별위원회(3개)로 구분되어 국회의결을 필요로 하는 안건을 미리 심사한다. 상임위원회는 행정부 각 부처 소관에 따라 구성하여 소관부처 안건을 심사하며, 1개 상임위원회는 최소 12인에서 최대 25인의 국회의원으로 구성된다. 특별위원회로는 예산결산특별위원회, 윤리특별위원회, 특별위원회가 있다. 전원위원회는 본회의처럼 국회의원 전원으로 구성되는데, 위원회에서 심사한 주요 의안을 수정하여 본회의에 제출할 수 있다.

입법부가 있는 165개국 중 오직 인도만이 미국보다 더 높은 인구 비율의 입법자를 가지고 있다. 영국은 미국보다 인구가 약 3분의 1 정도 적은데, 659명이 하원의원으로 선출되고, 이는 시민 87,000명당 한 명의 비율이다. 모든 국가의 반 이상이 대표 한 명당 50,000명의 비율보다 낮은 한도에서 입법자들을 선출한다(Derbyshire and Derbyshire, 1999).

3) 입법부 조직구성 및 역할

앞에서도 설명했지만, 법치국가에 있어서 법률은 모든 국가작용의 근거가 되므로 법률의 제정 · 개정 및 폐지는 국회의 가장 중요하고 본질적인 권한이다. 이외에도 한국 국회의 경우, 헌법개정안 제안 · 의결권, 예산안 및 결산 심사, 국정감사 · 조사권, 탄핵소추권, 조약 체결 · 비준동의권 등의 다양하고 국가적으로 중요한 권한의 합리적이고 효율적인 행사를 위해서는 체계적이고 방대한 업무 분장 및 조직이 요구된다. 한국의 국회 구성을 중심으로 핵심적인 조직 및 역할을 살펴보면 다음과 같다.

① 국회의장단: 무기명투표로 선거하되 재적의원 과반수의 득표로 당선되며, 의장과 부의장의 임기는 2년이다. 의원이 의장으로 당선된 때에는 당선된 다음 날부터 그 직에 있는 동안 당적을 가질 수 없다. 이러한 의장의 권한은 대내외적인 국회의 대표, 원활한 회의운영을 위한 의사정리권, 회의장 질서유지를 위한 질서유지권, 국회의 조직과 운영에 대한 전반적 사무감독권을 갖는다.

② 국회의원: 국회의원의 의무는 헌법상의 의무로서 겸직금지의무, 청렴의무, 국익우선의무, 지위남용금지의무를 가지며, 국회법상의 의무로서는 품위유지의무, 국회의 본회의와 위원회 출석의무, 의사에 관한 법령 · 규칙 준수의무를 가진다.

국회의원의 특권은 첫째, 불체포특권을 가지는바 국회의원은 현행범인인 경우를 제외하고는 회기 중 국회의 동의 없이 체포 또는 구금되지 아니하며, 국회의원이 회기 전에 체포 또는 구금된 때에는 현행범인이 아닌 한 국회의 요구가 있으면 회기 중 석방된다. 국회의원은 면책특권으로서 국회에서 직무상 행한 발언과 표결에 관하여 국회 외에서 책임지지 아니한다.

③ 상임위원회: 상임위원회는 입법 등의 의안과 청원 등의 심사, 기타 법률에서 정하는 직무를 수행하기 위해 상설적으로 운영되는 위원회를 의미한다. 현재 우리나라는 17개의 상임위원회가 있는데, 그 분야를 살펴보면 국회운영 · 법제사법 · 정무 · 기획재정 · 교육 · 과학기술정보방송통신 · 외교통일 · 국방 · 행정안전 · 문화체육관광 · 농림수산식품해양수산 · 산업통상자원중소벤처기업 · 보건복지 · 환경노동 · 국토교통 · 정보 · 여성가족 등이 있다. 또한 각 위원회의 소관사무는 법에 의해 정해져 있다. 이러한 위원회는 특정한 안건의 심사를 위하여 소위원회를 둘 수 있다. 위원장은 당해 상임위원을 대상으로 본회의에서 무기명투표로 선거하되 재적의원 과반수의 출석과 출석의원 다수의 득표로 당선되고, 임기는 2년이다. 위원회에는 각 교섭단체별로 간사 1인을 둔다.

④ 특별위원회: 국회에 있어서 상임위원회의 소관에 속하지 않거나 또는 특히 필요가 있다고 인정하는 안건을 심사하기 위하여 특별히 설치할 수 있는 위원회이다. 특별위원회는 그때그때 부탁된 안건을 심사하는 것으로, 소관과 직무가 미리 규정되어 있는 상임위원회와는 구별된다. 특별위원회의 위원장 1인을 두며, 위원장이 선임될 때까지는 위원 중 연장자가 위원장의 직무를 대행한다. 상설특별위원회에는 예산결산특별위원회(예산안 · 기금운용계획안 및 결산), 윤리특별위원회(국회의원의 자격심사, 윤리심사 및 징계에 관한 사항), 인사청문특별위원회 등이 있다. 비상설특별위원회는 수개의 상임위원회 소관과 관련되거나 특히 필요하다고 인정한 안건을 심사하는 위원회이다.

⑤ 교섭단체: 교섭단체의 구성은 국회에 20인 이상의 소속의원을 가진 정당으로서, 이들은 하나의 교섭단체가 된다. 다른 교섭단체에 속하지 아니하는 20인 이상의 의원으로 따로 교섭단체를 구성할 수도 있다. 교섭단체의 구성 목적 및 역할은 국회에서 일정한 정당 또는 원내단체에 소속하는 의원들의 의사를 사전에 통합 · 조정하여 정파 간 교섭의 창구역할을 함으로써 국회의 의사를 원활하게 운영하려는 데 있다. 본회의 및 위원회에 있어서 발언자 수, 상임위원회 및 특별위원회 위원선임 등은 교섭단체 소속의원 수의 비율을 기준으로 시행하고 있다.

⑥ 입법지원조직: 국회의 입법지원조직은 국회의장의 지휘·감독을 받아 국회 및 국회의원의 입법활동을 지원하고 국회의 행정 업무를 수행하는 기관으로, 대표적으로 국회사무처, 국회도서관, 국회예산정책처, 국회입법조사처 등이 있다.

4) 입법의 절차와 구조

비록 현대 사회에서 정부입법의 광범위한 권한과 영역이 인정되고 있지만, 국회의원이 법률안을 국회에 제출하여 행하는 입법행위는 근원적으로 입법부의 존재 이유이자 고유한 권한이라고 볼 수 있다. 이러한 입법의 절차 및 구조를 대한민국의 국회를 중심으로 좀 더 자세히 살펴본다면, 의회 법률안의 입안 및 발의(제출)는 국회의원, 국회 상임위의 위원장 및 정부가 제출할 수 있으며 의원발의 법률안은 국회의원 10인 이상의 동의를 얻어 발의하거나 소관 위원장이 발의할 수 있으며, 법률안 발의 전 공개나 심의를 받을 의무는 없다. 법안 제출 후의 검토·분석제도로는 상임위원회의 검토보고, 예산정책처의 법안비용추계, 법제사법위원회의 체계·자구심사, 입법조사처의 입법조사분석이 있다. 이에 비해 정부 제출 법률안은 제출 전 관계기관 협의, 입법예고, 규제심사, 법제처심사, 차관회의 심의, 국무회의 심의 등 자체 심사 및 의견수렴을 거쳐야 한다.

법안 제출 이후의 절차는 의원발의안과 정부제출안에 동일하게 적용되며, 법안은 국회 내 상임위원회 심의, 본회의 심의 의결 등을 거쳐 공포된다. 즉, 의원 또는 정부로부터 법률안이 발의(제출)되면 우선 본회의에 보고되며, 본회의에서 해당 상임위원회로 회부되어 상임위원회 심의절차를 거치게 된다. 상임위원회의 법안 심의 절차로는 발의자의 제안 설명, 전문위원의 검토보고, 대체토론, 소위원회심사, 축조심사, 찬반토론 등이 있다. 상임위 심의를 거친 법안은 법제사법위원회의 체계·자구심사를 받게 되며 법제사법위원회가 심사보고서를 작성하여 국회의장에게 제출하면 본회의에서의 질의·토론을 거쳐 법안에 대한 표결이 이루어지고, 대통령에 의해 공포된다.

그림 7-3 한국의 입법절차 과정

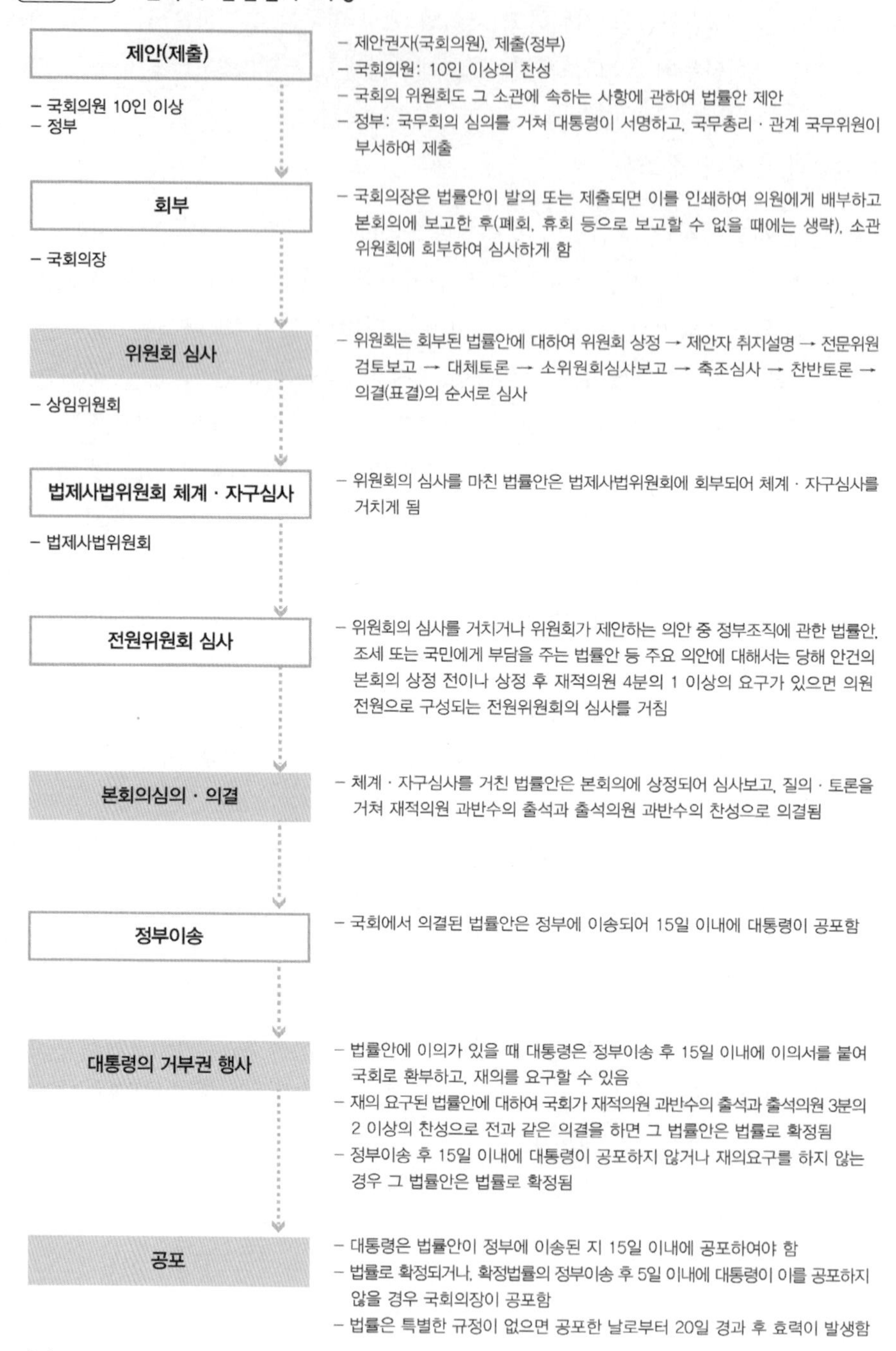

출처: www.assembly.go.kr

3. 입법부의 쇠퇴

지난 100년 동안 입법부의 권력은 행정부와 관료제에 비해 상대적으로 약화되었다. 이러한 입법부의 쇠퇴 요인은 관료제를 포함한 행정부와 입법부 간의 지속적인 견제와 균형의 원리에 대한 접근보다는 두 정치구조 간의 실질적인 차원에서의 권력 측정이라는 측면에서 접근할 수 있다(미국정치연구회, 2020: 159; Lowi et al., 2021: 285~290, 292~300).

전 세계 국가 중 약 5%는 입법부가 상대적으로 열세한 상황에 놓여 있고, 약 25%에 이르는 국가들의 입법부는 거수기에 불과하다. 다른 정치구조들과 비교하여 실질적인 입법부의 각 기관들은 상대적으로 유대감을 가지고 있다.

첫째, 입법부에는 힘을 집중하여 효과적으로 운용할 수 있는 응집력을 가진 구조가 없다. 각국의 입법부들은 상대적으로 업무 절차가 느리고, 신속한 법률제정에 방해가 되는 절차를 가지고 있다. 특히 법률 개정을 담당하는 정기 입법위원회에서 이런 성향이 두드러진다. 이와 같이 입법과정의 복잡성은 양원제에서 더욱 심각하게 발생하는데, 이는 양대 의회 사이에서 의사의 불일치가 발생하기 때문이다.

둘째, 대부분의 입법부들은 정책을 만드는 것보다는 행정부가 발의한 정책에 대응하여 반응하곤 한다. 행정부에는 유용한 자원이 풍부하게 제공되는 데 반해 입법부에는 이러한 자원이 결코 제공되지 않는다. 입법부의 예산과 편익, 직원 규모, 그리고 급여 등은 행정부와 여타 집행기구에 비해 현저히 열악하다. 또한 입법부의 전문기술과 지식 자원 역시 타 기구보다 낮은 수준이다.

셋째, 어떤 학자들은 입법부의 존재에 사회심리학적 약점이 있다고 주장한다. 이 주장에 따르면 대부분의 시민들은 분명하고 역동적이고 특별한 정치적 리더십을 원하는 데 반해, 입법부는 시민들의 이익을 위해 많은 구성원들로 이루어져 있고 시민들이 분별하기 어려운 다양한 정체성으로 구성되어 있다. 예를 들어, 위의 논의에 대하여 다음과 같은 질문을 통해 미국의 경우를 이해할 수 있을 것이다. “A라는 사안에 대해 대통령은 어떻게 생각하십니까?”라고 물었을 경우 대통령은 관련 질문에 대해 하나의 대답을 하게 된다. 하지만, “A라는 사안에 대해 의원들께서 어떻게 생각하십니까?”라고 물으면, 갖가지 대답이 나올 수 있다. 왜냐하면 미국에는 2개의 의회와 2개의 주요 정당이 있고, 입법부 내의 각 당파 사이에 다양한 의견들이 있을 수 있기 때문이다. 입법부에는 대변인과 대표가 있지만 입법부 모두의 의사를 한 사람이 일관되게 표현할 수는 없다. 결국, 입법부는 '시민의 대표' 역할을 하지만, 사회 각 구성원들은 다양한 정치적 의사를 대표하기 때문에 입법부 역시 다양한 목소리를 내게 된다.

넷째, 입법부의 약화 요인으로 매스커뮤니케이션의 발달을 꼽을 수 있다. 매스커뮤니케이션의 발달로 행정부, 특히 대통령이 방송매체를 통하여 국민과의 직접 대면이 가능하게 된 것이다. 예전의 대통령과 행정부는 의회의 정당을 통해서 국민과의 대면이 가능하였기 때문에 지지 기반, 정당성을 입법부가 지니고 있었다. 하지만 대통령과 행정부가 국민과의 직접 대면을 하면서 그들의 지지 기반을 확보할 수 있게 된 것이다. 더불어 1차, 2차 세계대전과 세계공황과 같은 국가적 위기는 행정부의 통합된 권력을 요구하였기 때문에 행정부의 세력은 점차 강화되어 갔고, 이에 반해 입법부의 세력은 약화되어 갔다.

이에 대한 경험적인 증거들은 조직적이라기보다는 개략적인데, 그 이유는 앞서 입법부의 힘이 왜 통치자나 행정부와 같은 다른 기구들과 보조를 맞추지 못하는가에 대한 논의에서 예증하였다. 분명, 모든 입법부가 무기력하거나 쇠퇴하는 기구는 아니다. 이탈리아와 일본, 스웨덴, 그리고 미국과 같은 국가는 입법부가 확실한 정치적 구조로서 강력한 권한을 행사한다. 민주주의 정치체제에서 입법부는 법률제정, 대의, 그리고 감시라는 역할을 통해 가치의 권위적 분배를 이루고, 사회에 중요한 영향을 끼치고 있다. 최소한의 사실은, 모든 사회에는 실질적인 형태의 입법부가 존재하고 있고, 그 구성원들은 다른 일반 시민들보다 더 많은 정치적 영향력을 행사한다는 사실이다.

제4절 | 사법부

사법부는 민주주의 국가의 삼부 중에서 가장 약한 권력을 가지고 있다고 알려져 왔다. 정치권력의 근원이 조직과 지지 기반이라고 할 때, 사법부는 이 양자의 측면에서 매우 취약한 구조를 가지고 있기 때문이다. 특히 입법부와 행정부가 각각 국민의 투표라는 정당성의 근원을 통하여 선출되는 것에 반하여, 사법부는 국민의 직접적인 지지라는 가장 큰 정당성의 근원을 가지지 못하는 한계로 인하여 취약한 권력

구조를 가지고 있었던 것이 사실이다. 그러나 입헌주의가 민주주의에서 가장 기본적이고 광범위하게 받아들여지는 원칙임에는 또한 틀림이 없다.

헌법이 국민의지의 결집을 반영함으로써 국가 전체의 운영에 대한 청사진을 제시하는 특수한 지위를 지닌다는 것을 전제한다면, 입헌주의는 민주주의를 거스르는 것이 아니라 오히려 민주주의를 보완하고 증진시킨다는 논의가 가능하다(김성수, 2011: 137). 이렇게 볼 때, 사법부의 영향력 증대는 사법에 대한 정치의 대체현상에 대한 일부 학계의 우려에도 불구하고 오늘날 발전된 민주주의 국가의 일반적 특징이라 할 수 있다(Forejohn and Pasquino, 2003: 248~250).

국가권력은 언제나 남용의 소지가 있으며, 이러한 남용의 여지를 제거하기 위하여 오늘날 각국의 헌법들은 국가 권력이 분립되어 서로 견제하고 균형을 이루도록 정한다. 각 민주적 법치국가들이 걸어온 역사는 사실 이러한 국가권력의 남용에 대한 기본권 보장을 위한 역사라고 해도 과언이 아닐 것이다. 국민주권의 원리에도 불구하고 현실적으로 공권력을 행사하는 자는 국민에 의하여 선출된 국민의 대표기관인 의회, 대통령 등 대의기관이기 때문에, 오늘날에도 의회 다수파의 부당한 입법이나 집행부의 자의적인 권력행사로부터 국민의 자유와 권리를 보장할 제도적 장치가 필요하기 때문에 사법부의 권력은 확보될 수 있는 것이다.

사법부의 권력 강화는 사법부가 '제왕적 사법부'가 되기 위한 것이 아니라, 입법부와 행정부 사이의 분권된 권력의 균형을 위해 필요한 것이다(최장집, 2005: 56~65). 이를 바탕으로 할 경우, 앞서 설명한 것과 같이 헌법이 사법부의 권력이 존재하기 위한 필수조건이라면 사법부의 권력 강화를 위해서는 조직(organization)과 지지 기반(constituency)이 반드시 필요하다(Lowi et al., 2021: 240~243).

1. 사법부의 역할

사법부는 입법부에서 제정한 법률을 토대로 사회에서 일어나는 다양한 분쟁과 사건들을 판결하는 기능을 담당한다. 이러한 판결은 때로는 정치적인 차원에서의 분쟁을 조절하는 데 큰 역할을 하기도 하며, 사법부는 이를 통하여 입법부와 행정부를 견제하는 기능을 수행한다. 사법부의 공공정책에 대한 간섭을 단순법조문과 판례를 적용하는 사법 소극주의(Judicial Restraint)와 적극적으로 정치적 소신을 갖고 개입하는 사법 적극주의(Judicial Activism)로 나눌 수 있다(Hague et al., 2017: 145). 무엇보다도 사법부의 가장 큰 역할은 판결기능이라 할 수 있다. 판결 기능은 주어진 상황을 판단하고, 그 상황에 규칙이나 법률을 적절하게 적용하는 것이다. 어떠한 사안이 개인 행위자들(개인 혹은 집단) 사이에서 민법과 관련이 있을 때, 재판의 주된 목적은 그 논쟁을 가라앉히는 것이다. 이러한 법률의 예로는 이혼, 계약, 손해배상 청구 등이 있다.

개인 혹은 집단이 사회 질서에 반하는 행동을 할 때 판결은 사회 질서의 중요한 기제가 될 수 있다. 이러한 것들은 대부분 형법에서의 범법 행위로서 살인, 약물 남용, 절도, 뇌물 수수, 강탈, 환경오염 등이 있다. 국가는 공공의 이익과 사회계약의 보호를 대표하고 '수용할 수 있는 사회적 행동'의 경계 안에서 행위자들 사이의 관계를 보증한다. 이러한 맥락에서 공화국에 대한 정의와 범위는 정치체제마다 크게 다르고, 수용할 수 있는 사회적 행동의 정의도 완전히 다르게 된다. 어떤 정치체제에서는 다른 사람에 의한 신체적, 경제적 폭력의 상황에 대한 규제가 비교적 덜하다. 그러나 반대로 어떤 정치체제에서는 정치 질서와 지도자에 대한 단순한 비난으로 받아들일 수 있는 사회적 행동의 위반에 징역이나 사형 등의 엄중한 처벌을 가하기도 한다.

2. 사법부의 구조

다수의 정치체제에서 사법부의 구조는 분화되어 있다. 일반적으로 하급 법원에서 올라온 상고사건이 헌법에 위배되는지를 심의하는 최종 상고 법원인 대법원과 특정 법률이 헌법을 위배하는지를 심리하는 헌법재판소로 구성되어 있다. 법원과 그 구성원들은 법률 위반 여부에 따라 범법자에 대한 처벌 여부에 대해 결정한다(사법부에 대한 좀 더 넓은 정의는 범법자에게 처벌을 가하는 경찰과 교도소, 그리고 형무소 같은 법률 집행의 기관을 포함한다). 미국에서 판결 기능은 사법 구조와 관련되어 있다. 미국은 가장 복잡한 사법체제를 지닌 국가로 대법원과 판사, 지방 검사, 변호사, 서기관 등을 포함한 연방, 주, 지방 법원이라는 광범위한 체제가 있다.

국가마다 차이가 있지만, 대부분의 정치체제는 하급 법원에서 상급 법원으로 갈수록 가능성을 호소하는 계층 구조의 사법체제를 시행한다. 대부분의 사법체제는 판결의 다른 양상에 책임을 지는 하위체제가 있다. 예를 들면, 프랑스의 사법부는 행정법을 다루는 두 개의 체제와 형법, 민법체제가 분리되어 있다. 우크라이나에서는 하나의 중요 체제가 형법과 민법을 다루는 반면에 두 번째 중요 체제는 전문 검사들이 모든 경우를 감시하고, 누가 이의를 제기하는지, 재심 또는 정규 법원에 소송을 취하하는지까지 감시한다. 영국에서는 하나의 중요한 사법체제가 형법에 대해 책임을 지고 두 번째는 민법을 다룬다.

현대 국가들 중에는 사법부가 없는 곳도 있다. 샤리아(Shari'a)라는 신성한 법은 무하마드(Muhammad)의 가르침을 코란에 자세히 상술해 놓았고, 하디스(Hadith)에 더 상세히 명시하고 있다. 아프가니스탄, 사우디아라비아, 수단과 같은 국가에서 사법적 틀로 사용하고 있는 샤리아는 인간에 의한 법률이 아니다. 코란은 삶의 사회적·정신적·윤리적인 모든 부분에 대해 규정해 놓았는데, 이 규정의 일부인 법률 부분에는 서양의 법률체계처럼 형법, 민법, 행정법과 같은 자세한 사항들이 있다(김성수, 2021: 39~42). 샤리아를 믿는 국가에는 종교법원이 있고, 코란을 위반한 경우에는 엄격한 처벌이 적용되고 있다.

많은 국가의 헌법에는 특히 지난 30여 년 동안 사법부의 '독립성'을 인정하려는 지속적인 노력이 있어 왔다. 그 노력으로 사법부 구성원의 충원은 별도의 선출제도와 임기를 보장하였다. 그러나 사법부의 독립성에 대해서는 이상과 현실의 간극이 존재한다. 판결은 가치의 분배와 사회적 목적을 위한 중대한 결정을 하는 것으로서, 사법부가 독립적이어야 한다고 말하는 사람들은 사법부가 행정부와 입법부, 그리고 정부와 같은 사회의 다른 강력한 정치적 구조들과 상호 독립적으로 결정해야 하고 행동해야 한다고 주장한다. 어떠한 체계적 연구도 이 문제를 분명히 할 수 없지만, 대부분의 국가에서 사법부는 그 사회의 최고 지도자 집단들의 권력에 도전하는 경우가 거의 없었고, 끊임없이 그들을 지지하였으며 이들은 권력과 생존을 위해 정치적으로 이용되기도 하였다.

그러나 사법부는 상대적으로 독립적인 정치구조로서의 역할을 한다. 재심이라는 권한을 행사함으로써 사법부는 다른 정치 구조의 정책결정을 재해석하거나, 심지어 헌법에 위배되는 법이나 정부행위를 위헌심사(Judicial Review)를 통하여 무효화할 수도 있다(미국정치연구회, 2020: 196~198). 전 세계 국가 중 10% 정도의 국가에서는 매우 강력한 재심체계를 시행하고 있다. 이러한 국가로는 캐나다와 콜롬비아, 독일, 인도, 이스라엘, 이탈리아, 멕시코, 노르웨이, 스위스, 그리고 미국 등이 있다. 상대적으로 사법부가 독립적인 국가에서는 다른 정치 구조들이 결국 사법부와 의존적 관계를 유지하고, 특히 행정부와 정부는 사법부의 결정을 집행하게 된다.

사법부가 정치적 독립성을 유지하기 위해서는 외부로부터의 정치적 압력에 대응해야 한다. 1930년대 미국의 루즈벨트(Franklin Roosevelt)대통령과 연방 대법원장 간의 대립은 사법부의 처리과정과 결정에 외부의 정치적 힘이 영향을 주어서 발생한 지속적이고 미묘한 과정에 대한 가시적인 예이다(Lowi et al., 2012: 252~253). 대부분의 체제에서는 사법부의 최고 지위를 지닌 집단들이 통치 집단과 가치를 공유하는 것처럼 보이는데, 이는 최고 통치자가 그들을 임명하기 때문이다. 그리고 법관들이 지배집단을 불쾌하게 할 경우 그들은 무시, 교체되거나 심지어 죽임을 당할 수도 있다. 예를 들어, 1970년대 아르헨티나에서 150명 이상의 고위 법관들이 사라졌는데 이는 아르헨티나 정부가 사형을 집행했기 때문인 것으로 추측된다.

실제로, 대부분의 현대 국가에서 나타나는 유형은 사법부가 행정 권력의 충성스러운 오른팔과 같다는 것이다. 사법부의 형식적 명목은 '정의'를 지키는 것이지만 실제로 사법부는 정치 엘리트들에게 봉사한다. 요컨대, 사법부는 판결에 대한 권한을 지니지만 판결의 집행은 행정부가 보유하고 있으므로, 진정으로 독립적인 사법부의 존재 가능성은 적다.

3. 사법부의 약화와 강화

1) 사법부 약화 요인

현대국가에서 사법부는 법치국가적 요청에 따라 헌법재판을 통하여 의회 다수파의 횡포와 그 자의적 입법으로부터 헌법을 수호할 뿐 아니라 행정재판을 통하여 행정부의 자의적인 권력 발동을 견제함으로써 헌법 수호의 역할을 담당해야 한다. 그러나 이러한 사명을 가지고 있는 사법부가 우리나라와 미국의 경우 입법부와 행정부에 비해 상대적으로 약한 권력을 가지고 있었는데, 그 이유는 무엇인가? 전통적으로 사법부가 행정부와 입법부에 비해 약화되었던 이유는 다음의 5가지 이유에 근거한다(Bickel, 1962; 김성수, 2011: 133~134).

첫째, 사법부는 소송이라는 것을 통해 사법권을 행사하는데, 그동안 소송 당사자의 지위에는 법률적 제약이 따랐다. 대중들은 단순히 정부의 작위 혹은 부작위에 동의하지 않는다고 해서 사법부를 이용할 수 있었던 것이 아니라, 법률에 근거한 소송 당사자의 자격을 가져야만 하였다. 특히 사법부를 이용할 수 있는 소송 당사자의 자격은 개인으로 제한되어 있었는데, 이때 개인이란 특정 지역에서 정부의 행위에 의해 직접적인 영향을 받은 자였다. 이러한 대중의 사법부 이용의 제한은 사법부로 하여금 중요 정치사회의 세력과 연계를 구성할 수 없게 하였고, 이로 인해 사법적 능력은 감소되었다.

둘째, 전통적으로 사법부는 대중들에게 제공되는 구제 종류에 있어 한계를 갖고 있었다. 일반적으로 사법부는 중요 사회세력과의 연대가 금지되어 있었고, 따라서 사법부의 판결은 개인의 구제를 위한 제공에 지나지 않았다.

셋째, 사법부의 법률 집행은 행정부와 집행기관을 통해 이루어졌기 때문에 사법부는 법률을 스스로 집행할 수 있는 강제력이 결여되어 있었다. 법률을 집행하는 행정부와 집행기관이 사법부의 조력 요청에 대해 반대할 경우 사법부는 직접적인 법률 집행을 할 수 있는 수단을 가지지 못하였다.

넷째, 사법부의 구성원 가운데 최고 법원의 법관들은 의회의 동의 절차를 거치고, 대통령에 의해 선출된다. 이러한 대통령과 의회의 권한은 권력분립 차원에서 바람직하다고 할 수 있는 반면, 연방 법원의 구성원에 대한 결정권을 행사하여 궁극적으로 사법부가 법적 판결을 내리는 헌법적 결정과정에 관여할 수 있게 된다.

다섯째, 의회는 사법부의 범위를 변경할 수 있는 권한을 가지고 있다. 지역 관할권을 가지고 있는 법원은 헌법을 근거로 하는 판결을 내리는 것이 아니라 의회가 제정한 법률을 근거하여 판결을 내리게 된다. 이와 같이 사법부 판결이 의회가 제정한 법률에 한정될 경우 사법권은 약화될 수 있다. 의회는 자신들이 가지고 있는 목적과 다르게 사법부가 판결을 내릴 경우 법률을 개정하여 사법부의 판결에 영향을 줄 수 있다(Murphy, 1962).

2) 사법부 강화 요인

우리나라와 미국 모두 입법부와 행정부에 비해 상대적으로 약세였던 사법부가 어떻게 강화될 수 있었는가? 이는 미국의 사법혁명(judicial revolutions) 그리고 한국 사례를 통해 살펴보면 쉽게 이해할 수 있다(김성수, 2011: 142~152). 제2차 세계대전 이후 발생한 미국의 사법혁명은 사법부의 권한 강화 및 점진적인 확대 그리고 실질적인 권력분립이라는 의미를 가져다주었는데, 이것은 크게 2가지 측면으로 나누어 볼 수 있다.

첫째, 실질적인 측면에서 사법부의 권한이 강화되었다. 사법부는 선거권과 선거지역 획정, 적법절차(due process)를 통한 권한 집행의 정당성 확보, 낙태 허용이나 인종차별 철폐 등으로 실질적 역량을 향상시켰다.

둘째, 제도적인 측면에 있어서도 사법부의 영향력이 확대되어 갔다. 우선 사법부

권력의 제한 요인이었던 소송 당사자의 범위를 확대시켰으며, 집단소송제도 등을 통하여 사법부의 판결 범위를 확대함으로써 지지 세력과 그 영향력을 확대해 나갔다. 또한 과거와 달리 법원의 판결을 계속하여 집행 관리할 수 있는 조직의 확대를 실시하였다. 이러한 세 가지 제도적 변화와 실질적 측면의 변화를 통하여 미국의 사법부는 전례 없는 사법권의 강화를 가져오게 되었다(Lowi and Ginsberg, 2002: 205~207).

한국의 경우에도 사법부의 권한 강화 현상은 뚜렷이 드러나고 있다(김성수, 2011: 153~162).

첫째, 헌법재판소의 기능 확대이다. 헌법재판소는 위헌법률심판, 탄핵심판, 정당해산심판, 권한쟁의결정, 헌법소원결정 등 헌법에 관련된 사안을 판단하기 위하여 1987년 제9차 헌법 개정을 통해 새로이 도입되었다. 헌법재판소가 처리한 헌법 관련 사안의 수는 헌재가 개원한 1988년에는 39건이었으나 1998년에는 657건, 2008년에는 1,132건 등 지난 20년 동안 급격히 증가하였으며, 2010년 1월 말에는 총 18,512건에 이르렀다.

둘째, 사법부의 정치 문제 개입을 들 수 있다. 2004년 5월 노무현 대통령 탄핵심판 위헌 결정(박명림, 2005), 동년 10월 신행정수도 건설특별법(행복도시) 위헌 결정, 2005년 호주제 헌법 불합치 결정, 이라크 파병 및 한미 FTA 위헌 여부 판결 등 잇따른 판례와 2017년 3월 10일 박근혜 대통력 탄핵소추안 인용 결정 등을 통해 정치적 사안에 대한 최종 결정을 담당하면서 국민으로부터 관심을 받았고 사법부의 영향력을 확인하는 계기를 마련하였다.

셋째, 사법부의 특성상 소송 당사자 및 몇 명의 판결에 지나지 않았던 판결의 효력이 다수로 확대되고 있다. 이를 일컬어 집단소송제라 할 수 있다. 가령 인터넷 업체나 카드회사의 정보 누출로 인하여 피해를 입은 피해자 다수가 공동으로 변호인을 선임하거나 특정 변호사나 로펌에서 해당 사건의 변호를 담당하여 적게는 수십 명 많게는 수만 명에 이르는 소송 당사자를 대신하여 판결의 효력을 얻어냄으로써 적은 비용으로도 소송에 참가할 수 있게 되었다. 집단소송제의 도입은 일반 시민들과 사법부와의 거리감을 좁혔고, 사법부의 권한이 사실상 확대되는 계기를 마련하였다.

넷째, 국민배심제의 도입을 들 수 있다. 국민배심제는 서면 중심으로 이루어지는 재판이 법정에서의 공방을 중심으로 한 공판중심주의로 변경됨에 따라 국민의 상식으로 국민이 참여하는 국민 중심의 재판이다. 이 제도는 불문법 국가에서는 이전부터 도입되었지만, 그동안 우리나라와 같은 성문법 국가에서는 소극적이었다. 성문법 국가에서 배심제가 소극적이었던 이유는 법이 국민 위에 있다는 생각에 기반하고 있었기 때문이다. 그러나 국민배심제의 도입으로 더 이상 법이 국민 위에 있는 것이 아니라 국민과 함께 있는 것이라는 생각이 저변에서부터 확대되었고, 사법부 역시 국민과 함께하는 국가 권력기구라는 새로운 인식을 마련하는 계기가 되었다(김성수, 2011: 33~34).

다섯째, 한국의 경우에서는 공위공직자에 대한 수사를 전담하는 공수처의 설립도 사법부 강화의 모습으로 볼 수 있다. 하지만 정부여당의 영향력에서 독립되지 않는다면, 과거 검찰의 정치권 유착과 다르지 않다는 비판에 서게 될 것이다.

제5절 | 정치구조와 정치발전

오늘날 민주주의 국가에서 행정부, 입법부, 사법부의 정치구조들은 국가의 필수적인 통치 구조로서 이용되고 있다. 의회에서 국회의원들은 법률안을 발의하고, 그 법률안이 국회 본회의에 의결되면 법률로 제정된다. 국회에서 제정된 법률은 재차 국회에서 개정되거나 폐기되기 전까지 대통령을 정점으로 한 행정 각 부처에서 최고 운영 원리로서 작동한다. 정치로부터 분리된 사법부는 입법부에서 제정되고 행정부에서 운영되는 법률을 심의하기도 하고 재판의 근거로서 판결하기도 한다.

또한 각 정치구조들은 헌법에 근거한 기능과 역할에 따라 상호간의 견제와 균형 그리고 무엇보다 권력을 공유하는 원리를 따른다. 민주주의가 발전한 국가일수록 정치구조 간의 기능 분화가 뚜렷하고 고유한 영역을 담당하고 있기 때문에 민주적인 의사 결정 메커니즘을 형성한다. 그러나 최근에는 사회가 점차 복잡해짐에 따라 행정부의 기능이 확대되는 경향이 나타나고 있다. 이는 어디까지나 고유한 기능 수행에 따른 현상이라 할 수 있다.

국가의 정치발전 정도를 가늠하는 데 있어 정치구조의 역할은 무엇보다 중요하다. 정치구조 간의 기능 분화와 더불어 견제와 균형 그리고 권력의 공유가 제대로 이루어지지 않는다면 민주주의는 후퇴할 수 있기 때문이다. 따라서 발전된 민주주의로 가는 데 있어서 정치구조는 사회 변화의 중심에서 작동되는 민주주의의 척도라 할 수 있다.

정당과 선거

정당은 현대정치의 꽃이라 불린다. 정당은 국민의 의사를 집약, 대변하고 국가와 사회의 중간적 위치에서 권력을 쟁취하기 위하여 대의정치의 핵심인 선거이 후보자를 출마시키며 정치인을 육성한다. 정당은 그 실질적 역할의 비중에 강약이 있을지언정 민주주의에서 권위주의, 공산주의 국가에 이르기까지 모두 존재한다. 정당은 각각 시대별·국가별 특수한 상황에 따라 한 국가의 정치적 영역 속에서 그 역할과 한계를 다양하게 변화시켜 왔다. 본 장에서 정당의 기원과 역할에서부터 정당의 종류와 정당체제에 이르기까지 정당에 대한 전반적인 개념을 살펴볼 것이다.

또한 대의민주주의의 가장 핵심 키워드라고 할 수 있는 선거에 대해서 알아볼 것이다. 특히, 선거가 가지는 의미와 다양한 선거체제가 가지는 장단점들을 살펴보고, 이러한 선거과정에서 유권자들이 어떻게 자신의 소중한 한 표를 행사하는가의 문제를 다루는 투표 행태에 대한 연구들을 알아 볼 것이다. 그리고 미디어의 발달과 함께 선거에 있어 주요한 요소로 떠오른 여론조사에 대하여 살펴볼 것이다.

제1절 | 정당

정당은 근대적 정치과정의 산물이다. 특정 이익집단이 그 구성원을 대통령, 총리, 장관과 같은 정부의 요직에 올려놓고, 직접적으로 정치권력을 잡으려고 시도하고자 한다면 그 이익집단은 그 정치적 속성과 조직을 정당으로 바꿀 수 있다. 대부분의 정당들은 다양한 이익과 집단들을 포용하는 포괄적인 조직이기 때문에, 대부분의 정치체제에서 정당은 가장 광범위한 연결 기관이라 할 수 있다. 대부분의 국가에서 정치적 이익집단들은 수천 개가 존재하지만 정당의 수는 단지 손에 꼽을 정도이다.

정당은 여론을 조직하고 정치권력과 정책결정의 중심에서 다양한 요구와 이해를 전달한다. 즉, 정당은 대중이 공공정책결정이나 지도자의 선출에 참여할 권리를 가진다는 이데올로기적 개념에 의해서이건, 엄격한 독재엘리트조차도 안정화된 체제의 질서와 통제를 확보하는 조직적 수단을 만들어내야 한다는 생각에 의해서건 결국 정치엘리트가 대중의 관심과 이해관계를 고려해야 한다는 메커니즘(mechanism)으로서 등장했다고 이해될 수 있다(LaPalombara and Weiner, 1966; 윤용희 역, 1989: 13~14).

1. 정당의 기원 및 특징

뒤베르제(M. Duverger, 1976)는 선거와 의회정치의 활성화에 따라 사회적 결사나 이익집단들은 의회 내에 집단을 창설하고 선거대책위원회를 구성하게 되는데, 이를 더 효율적으로 유지하기 위해서 만든 항구적 집단이 바로 정당이라고 정의하였다. 이렇게 선거나 다른 수단을 통해 정부권력을 획득하기 위해 조직된 집단으로 정의되는 정당은 종종 이익집단 또는 정치적 운동과 혼동된다. 그렇다면 정당이 이러한 결사체들과 구분되는 특징은 무엇인가? 일반적으로 정당은 아래와 같은 네 가지 특징에 의해서 다른 집단과 구별된다.

첫째, 정당은 정치적 직책을 획득함으로써 정부권력을 행사하는 것을 목적으로 한다. 하지만 작은 정당들은 권력을 획득하기보다는 소수 의견을 피력할 수 있는 수단으로서 참여한다. 둘째, 정당은 당원이라는 '공식적인 카드'가 있는 회원을 가진 조직단체이다. 이 점은 정당을 더 폭넓고 분산된 정치운동과 구별하게 한다. 셋째, 정당은 전형적으로 각각의 주요한 정부정책의 영역에 문제를 제기할 수 있으며, 이러한 측면에서는 이익단체와 유사할 수 있다. 마지막으로 정당은 정치적 동원을 통하여 공동의 정치적 선호와 일반적인 이데올로기적 정체성을 결합시킨다(Heywood, 2002).

2. 정당의 역할

오늘날의 민주주의를 선거를 통한 대표자의 선출과 선출된 대리인에 의한 대의민주주의라 한다면, 정당은 그러한 선거의 핵심을 담당하고 있는 존재라 할 수 있다. 정당은 매우 중요한 위치를 점하고 있으며, 다양한 정치적 기능을 담당한다. 정당은 다양한 정치적 기능과 함께 대중의 정치사회화와 정치적 참여를 촉진하고 정치권력과 체제에 대한 정당성을 부여하며, 갈등을 관리하여 국민통합을 이루어내는 등 정치발전에도 매우 중요한 일익을 담당한다. 정당의 기능은 일반적으로 아래의 여섯 가지로 요약해볼 수 있다(Lowi et al., 2021: 518~525).

첫째, 대표(representation)의 기능이다. 정당의 가장 기본적인 기능이 바로 대표 기능인데, 대의민주주의 하에서 당원과 투표자의 견해를 대변하는 역할은 정당의 가장 중요하고 기본적인 역할이라 하겠다.

둘째, 엘리트의 형성과 충원(elite formation and recruitment) 기능이다. 모든 종류의 정당은 국가에 정치적 지도자를 제공하는 책임이 있다. 이를 위해 정당은 끊임없이 정치엘리트를 자체적으로 육성, 충원하며 이들을 교육하는 기능을 담당한다.

셋째, 이해관계의 접합과 집약(interest articulation and aggregation) 기능이다. 집단적 목표를 발전시키는 과정에서 정당은 또한 사회에 존재하는 여러 가지 다양한 이해관계들을 접합시키고 집약하는 데 기여한다. 사실상 정당은 종종 기업집단, 노동집단, 종교적, 인종적 혹은 다른 집단들이 자신들의 이해관계를 발전시키거나 방어하는 매개물로 발전한다.

넷째, 사회화와 동원화(socialization and mobilization) 기능이다. 정당은 각종 사회적·정치적 이슈들을 정책화시키고 공론화시켜 논의와 토론의 장을 마련함으로써 대중의 정치사회화를 돕고, 정권의 유지와 탈취를 위해서 대중을 동원하는 속성을 가지고 있다.

다섯째, 정부조직 기능이다. 정당은 정부의 두 주요한 기관, 즉 행정부와 의회 사이의 중개자 역할을 수행한다. 특히 이러한 기능은 정치체제가 '의원내각제'일 경우 분명히 드러나는데, 정당에 의해 실질적인 정부 구성의 기능과 임무가 실행된다. 우리나라에서는 대통령이 의원 중 임명한 정무장관이 중개자의 역할을 담당한다.

여섯째, 비판과 감시(criticism and surveillance) 기능이다. 주로 야당에 기대되는 역할로서 정책 대안을 적극적으로 제시하여 현재의 정치권력을 견제하고 정책을 보완하는 기능이다. 이들은 정치조사와 정보공개 활동으로 심의기능의 내실화를 꾀하며 집권여당에 대한 정책적 대안을 제시하고 정부의 활동을 감시·비판하는 기능을 수행한다.

정당은 이러한 여섯 가지 긍정적 기능들 이외에도 부정적 기능들을 내포한다. 정당의 부정적 기능으로는 첫째, 단순히 권력을 쟁취하기 위한 잦은 이합집산을 하는 정당이 많을 경우, 이것이 국민 분열을 유도하는 경우가 많다. 특히 지역 갈등 같은 부정적 균열구조를 부추길 경우 심각한 국민 분열이 일어날 수 있다. 둘째, 효율성과 안정된 통합력을 강조할 경우 소수 핵심 당직자에 의한 간부정당화의 경향이 짙어지면서 과두 정치화가 일어날 수 있다. 셋째, 정당체제가 안정화되어 있지 않은 경우, 정당한 방법보다는 조작이나 유도를 통한 정략적 접근을 통하여 언론매체 등을 활용해 국민을 호도하고 국론을 분열시킬 수 있다. 마지막으로 정당이 정책과정에서 소외되었을 경우, 소외된 정당은 제도권 밖에서 압력을 행사하는 압력단체로 변할 가능성이 있으며, 반대로 집권세력일 경우에는 정권 재창출을 위하여 권한을 넘어서는 공권력을 행사할 수 있다.

3. 정당의 분류

앞서 정당의 역할과 기능에 대하여 다루었다면, 여기에서는 정당을 선거전략, 사회의 대표성, 원칙과 조직의 수용력, 사회균열 정도 등의 기준으로 그 유형을 다음과 같이 나누어 볼 수 있다(Diamond and Gunther, 2001: 9).

표 8-1 정당의 유형

		다원주의 정당 (Pluralistic)	헤게모니 중심 정당 (Proto-Hegemonic)
엘리트 정당 (Elite Party)		지역 유지 정당 (Local Notable) 상공인 계층 정당 (Clientelistic)	
대중 기반 정당 (Mass-Based Party)	이데올로기적 사회주의 정당 (Ideological /Socialist)	계급 집단적 정당 (Class-mass)	레닌주의 정당 (Leninist)
	이데올로기적 민족주의 정당 (Ideological /Nationalist)	다원주의적 민족주의자 (Pluralist Nationalist)	극단적 민족주의 정당 (Ultranationalist)
	종교주의적 정당 (Religious)	종파 대중 정당 (Denominational-mass)	종교적 근본주의 정당 (Religious Fundamentalist)
인종 기반 정당 (Ethnicity-Based Party)		인종 정당 (Ethnic) 의회 정당 (Congress)	
선거인 정당 (Electoralist Party)		포괄 정당 (Catch-all) 정책지향적 정당 (Programmatic) 개인적 정당 (Personalistic)	
운동정당 (Movement Party)		좌익 자유주의 정당 (Left-Libertarian) 산업화 이후 급진적 우익 정당 (Post-Industrial Extreme Right)	

출처: Larry Diamond, and Richard Gunther, 2001, *Political Parties and Democracy*, Baltimore: Johns Hopkins University Press, p.9.

1) 엘리트 정당(Elite Party)

엘리트 정당은 특별한 지역을 기반으로 엘리트적인 구조를 보이는 정당이다. 엘리트 정당의 특징을 살펴보면 다음과 같다. 기능적인 면으로는 후보자 지명권이 정당 지도자에게 있으며, 수직적 사회 네트워크에 의존하여 선거 운동과 동원이 이루어진다. 사회적 이슈는 지도층에 의해 이루어지며 국가적 이슈보다는 지역적 이슈를 보다 중요시하고, 정당 지도자 간의 이해관계에 의하여 정부가 구성되고 정책이 결정된다. 이러한 특징을 보이는 엘리트 정당은 크게 지역 유지 정당(Local Notable

Party)과 상공인 정당(Clientelistic Party)으로 구분할 수 있다. 지역 유지 정당은 19세기 초부터 19세기 중엽 유럽에 처음으로 나타난 정당의 형태로서 재산과 명성을 가진 지역 유지들이 지역의 이익과 지역 유지의 권위를 이용한 호소를 통해 투표 수를 확보하고 의회를 구성하는 경우를 의미한다. 중앙당의 개념과 역할은 적고, 정당은 상징적인 호소일 뿐 후보자 개인적 자질 외에 조직적 구조나 연계는 없는 형태이다. 투표권의 확대와 도시화로 인한 인구 감소 그리고 근대화에 따른 인식의 변화로 이러한 정당 유형은 약화되었다. 상공인 계층 정당(Clientelistic Party)은 지역 유지뿐만 아니라 새로운 중산층, 전문직을 가진 사람들이 상호협력하여 정당을 구성한 사례를 의미한다. 상공인 계층 정당 역시 중앙당 개념 및 이념 등의 프로그램이 상대적으로 약하였고, 이후 사회경제적 근대화로 인해 정당의 기능이 약화되었다.

2) 대중 기반 정당(Mass-Based Party)

정당의 두 번째 형태인 대중 기반 정당은 19세기 후반에서 20세기 초 무렵 유럽에서 등장하기 시작하였다. 등장의 배경은 노동자 계급이 증가하고 정치적 참여의식이 고취되어 대중 정당의 기초가 형성되면서부터였다. 이 과정에서 정당의 이념과 당원을 증가시키기 위하여 종교, 노조 집단 등과 같은 사회 구성 단체들과 상호제휴를 하였고, 이를 통해 전국적인 조직을 갖추게 되었다.

이러한 정당의 형태는 이념적으로 사회주의, 민족주의, 종교 등의 기준으로 다시 나눌 수 있다.

대중 중심의 정당은 민주주의적 정치체제를 선호하며 누구든 가입이 보장되고 모든 기관과 게임의 법칙(rule of game)을 인정하는 계급 집단적/민족주의 정당(Class-mass/Nationalist Party)과 종파 대중 정당(Denominational-Mass Party)의 성격을 갖는다. 이와는 다르게 민주적 체제를 배제하고 급진적 변화를 성취하고자 하며 필요한 기관만을 인정하고 정당에 충성심이 강한 자, 선택된 자만이 가입할 수 있으며 그들에게 충성심을 강조하는 레닌주의 정당(Leninst Party), 극단적 민족주의 정당(Ultranationalist Party), 종교적 근본주의 정당(Religious Fundamentalist Party)도 존재한다.

대중 기반 정당들은 다음과 같은 공통점을 가지고 있다.

첫째, 후보자는 정당의 지도체제 또는 전문 관료직에 의하여 정당과 이념에 대한 충성심의 기준으로 선출되어야 한다. 둘째, 선거 운동과 캠페인은 조직적인 자원에 의해 선전과 홍보가 이루어져야 한다. 셋째, 정당의 성격을 유지하기 위하여 선거

전략의 일관성을 유지하여야 한다. 넷째, 정당의 이념에 맞추어 노동자 계급, 종교인, 국수주의자들의 이익을 대변한다. 다섯째, 자신 혹은 지도층의 이념을 퍼뜨리는 데 주력한다. 여섯째, 지배적 정치체제를 추구하는 정당은 자신의 이념과 배합되지 않은 정당과는 협력하지 않는다. 일곱째, 국민적인 지지를 얻는 것에 실패하더라도 국회 등 다른 제도화된 기구를 통하여 사회적 영향력을 계속해서 창출한다.

(1) 이데올로기적 사회주의 정당

① 계급 집단적 정당(Class-Mass Party): 다원주의 중심

계급 집단적 정당은 그들의 지역적, 기능적(노조 등)인 기반을 바탕으로 형성되었다. 계급 집단적 정당의 목표는 선거에서 이기고 정부의 관직을 얻는 것에 있다. 이들은 선거에 승리하기 위하여 정당원의 채용과정에 폭 넓은 길을 열어두고 있으며, 회원의 활동성을 통한 선거 동원에 의존한다. 계급 집단적 정당의 정책 방향은 선거구민 대다수의 이익을 중요시하는 이슈에 초점을 맞추고 있다. 이러한 형태의 정당으로 스웨덴, 칠레, 독일의 사민당(Social Democratic Party)을 꼽을 수 있다.

② 레닌주의 정당(Leninist Party): 헤게모니 중심

레닌주의 정당의 목표는 기존의 정치체제를 무너뜨리고 새로운 혁명적 변화 즉, 새로운 사회를 구성하는 데 있다. 사회주의 이념의 전파에 있어서는 다른 집단과의 타협이 없으며 모든 정책결정은 권위적이며 중앙집권적이라 할 수 있다.

이 정당의 특징으로 사회구성원의 한 부분(서유럽의 노조, 지식을 가진 중산층, 아시아의 농부 등)을 조직화하여 사회로 침투하는 것을 들 수 있다. 정당은 그들 스스로를 프롤레타리아, 노동자 계급을 대표한다고 묘사하고 있으나 그 방법에 있어서는 전술한 바와 같이 중앙집권적인 위로부터의 통치(top down rule)라고 볼 수 있다.

(2) 이데올로기적 민족주의 정당

① 다원적 민족주의 정당(Pluralist Nationalist Party) :다원주의 중심

다원적 민족주의 정당의 특징은 1990년 후반 스페인의 바스크 국민당(Basque Nationalist Party), 타이완의 민주진보 정당(Democratic Progressive Party)과 같이 대중적 지지 기반을 구축하고 시민들에게 표를 얻기 위하여 시민들을 설득시킬 뿐만 아니라, 다른 제2의 단체라 할 수 있는 문화단체나 종교단체 또는 노조 등에 협조를 구하기도 한다는 점이다. 이렇게 하여 일반대중의 선거 참여를 유도하며, 민족주의적 색채를 구현하기 위하여 객관적인 사회 특성(동일한 민족, 언어, 문화 등)을 정당 성격에 포함시킴으로써 지역의 자치권·독립 등을 요구하는 경우도 있다.

② 극단적 민족주의 정당(Ultranationalist [proto-hegemonic] Party): 헤게모니 중심

파시스트, 뉴파시스트, 나치당과 같은 극단적 민족주의 정당은 카리스마적 지도자와 이념을 바탕으로 개인보다 인종, 국가를 더 위대한 존재로 부각시킨다. 이들은 보통 인종우월주의, 백인우월주의 등에 빠져 있는 경우가 많다. 그들은 정권획득을 위하여 비공식적인 군사 집단을 동원하는 등의 강압적 수단을 사용하기도 한다. 무력을 동원해서라도 정권을 창출한다는 점에서는 레닌주의 정당과 유사하지만 레닌주의 정당은 이념적 색체에 변함이 없는 반면, 극단적 민족주의자들은 카리스마 지도자의 성향에 따라 정당의 이념도 달라질 수 있다는 점에서 레닌주의 정당들과는 다르다고 볼 수 있다. 특히 이와 같은 극단적 민족주의 정당에서는 지도자가 무너지면 정당자체도 소멸할 수 있다.

(3) 종교주의적 정당

① 종파 대중 정당(Denominational-Mass Party): 다원주의 중심

이탈리아와 독일 등의 예에서 볼 수 있듯이, 다양한 정치단체가 강제로 해산되었던 비민주적 정치체제 하에서 제2차 세계대전이 발발하게 되었다. 제2차 세계대전을 겪는 동안 교회는 가장 강력한 조직체로서 사회 전반에 영향력을 미치기 시작하면서 2차 세계대전 후 정치적 정당의 형태로 발전하였다. 이러한 예로는 서유럽의 기독민주당(Christian democratic party), 폴란드의 기독교 민주주의(Christian Democracy), 체코공화국의 기독교 민주연합(Christian and Democratic Union) 등의 정당을 들 수 있다. 유럽에서 기독교는 일반인들이 쉽게 동화될 수 있는 교리에 바탕을 둔 이념을 상징화시킴으로써 대중적 지지 기반을 만들 수 있었다. 이러한 기독교 정당은 가입자의 당비, 계급적 구조, 정당 신문 등의 측면에서 보면 일반 대중 정당과 비슷한 구조와 체제를 갖추고 있다. 그러나 이러한 정당은 세속적 이념과는 거리를 두고 행동하며 종교적 가치와 전통적 신념(낙태, 이혼, 성적 취향 등)에 큰 비중을 두고 있지만 대중적 지지기반 확보를 위하여 경제적 자유주의, 인간적인 점을 주장하며 유연성을 갖기도 한다. 독일, 프랑스, 네덜란드, 벨기에, 이탈리아 등의 국가에

서 1980년 후반 기독교민주당 성향 정당의 지지율은 45%에 달하기도 했다(Macridis and Burg, 1991: 64).

② 종교적 근본주의 정당(Religious Fundamentalist Party): 헤게모니 중심

종교적 근본주의 정당이 종파 대중 정당(Denominational−mass Party)과 다른 점은 종파 대중 정당의 지지 기반이 다원적인 데 반해, 종교적 근본주의 정당은 엄격하게 종교적 원칙으로 국가와 사회를 재인식하려 한다는 점이다. 이들은 사회와 정부를 강력한 종교적 교리에 의하여 재구성하여 생활에서 교리와 진리를 지켜야 한다고 주장한다. 이러한 정당의 예로는 아프카니스탄의 탈레반(Taliban), 알제리의 이슬람 구원 전선(Islamic Salvation Front), 터키의 복지당(Welfare Party), 이란의 호메이니파 (Shiia)를 들 수 있다.

3) 인종적 기반의 정당(Ethnicity-Based Party): 다원주의 중심

인종적 기반의 정당은 아프리카 대륙에서 쉽게 찾을 수 있으며, 남아프리카의 잉카타 자유당(Inkatha Freedom Party), 불가리아의 터키쉬 소수당(Turkish minority party), 자유와 권리를 위한 운동(Movement for Rights and Freedoms), 루마니아의 헝가리안 민주연합(the Hungarian Democratic Union), 그리고 인도의 알칼리 종교당 (Akali Religious Party) 등을 들 수 있다.

이 정당들의 특징을 살펴보자면 다음과 같다. 같은 인종적 색채를 강조하고 자신들의 이익을 대변하는 정당으로서, 대중적 기반은 무시한다. 민족주의적 정당은 기존 구조로부터 자신들의 자치권을 찾으려고 하는 반면에, 인종에 기반을 둔 정당은 기존의 정치구조를 이용하여 자신들의 이익을 추구하고 이를 다른 집단으로부터 지키는 것을 우선으로 한다. 또한 기능적 이득과 이념성이 결여되어 있으며 기존에 존재해 왔던 상공인 계층 정당(Clientelistic Party)의 개념만을 유지한다. 이들은 인종적 리더가 있을 경우에는 중앙집권적 형태를 띠지만, 인종적 리더가 존재하지 않을 경우에는 분산적인 형태를 보인다. 후보자에 있어서는 체계적인 인종 지도부를 선출하고, 선거동원은 수직적인 사회네트워크를 이용하며 특정 이슈, 특정 인종의 이익을 대변한다. 인종 정당(Ethnic Party)과 의회 정당(Congress Party)의 차이점은 전자의 경우에는 같은 인종들 안에서 투표 지지 기반을 형성하는 데 반해 후자에서는 인종 집단끼리 서로 연합하여 자신들의 목적을 달성하기 위하여 선거운동과 캠페인 활동을 한다는 것이다. 그렇기 때문에 선거 후에는 항상 문제가 발생하기 마련이다.

4) 선거인 정당(Electoralist Party): 다원주의 중심

선거인 정당은 평상시에는 조직력이 약하여 조직의 틀만 유지하지만 선거전에 있어서는 선거의 승리를 위하여 현대적 선거기술과 전문인들을 고용하여 선거에 임하는 정당형태이다. 이러한 형태에는 합리적 포괄 정당(Catch-all Party), 정책 지향적 정당(Programmatic Party), 개인적 정당(Personalistic Party)을 들 수 있다.

(1) 합리적 포괄 정당(Catch-all Party)

포괄 정당(Catch-all Party)은 산업화 이후 이념적 성향이 약화되면서 등장하게 된다. 기존의 투표형태가 정당을 중심(정당일체감)으로 이루어져 오던 전통적인 방식에서 후보자 중심으로 이루어지는 변화에 의해 선거결과가 정당이 아닌 후보자 중심으로 좌우되는 현상이 나타나면서 출현하게 되었다.

포괄 정당은 선거에서 승리하기 위해 가능한 많은 사회적 이익을 통합하는 가운데, 유권자의 기호와 중심 성향에 초점을 맞춰 홍보한다. 이와 같은 이유로 포괄 정당을 흔히 만물상 정당 혹은 백화점식 정당이라고 지칭하기도 한다.

이와 같은 정당의 확실한 예로 미국의 클린턴, 오바마 등의 민주당(The Democratic Party), 토니 블레어의 노동당(Labour Party), 캐나다의 저스틴 트뤼도의 자유당(Liberal Party of Canada) 등 많은 나라에서 목격할 수 있다. 이 정당들은 우선 연예인, 아나운서, 대중 선동가, 특정 직업군 대표자 그리고 인터넷매체 운영자들과 같이 유권자에게 가장 어필할 수 있는 사람을 선정하고 대중매체를 통해 후보자 개인의 장·단점에 중심을 맞추어 선거홍보를 진행한다. 이들은 사회·경제적으로 국민의 이익을 대변하는 공약을 내세운다. 하지만 이러한 정당의 형태에서는 시민의 무관심이 사회적 유대감 형성을 어렵게 할 수 있다는 취약점이 존재한다.

(2) 정책 지향적 정당(Programmatic Party)

정책 지향적 정당의 예로는 멕시코의 국가 행동당(National Action Party), 1980년대 이후의 미국의 공화당(Republican Party) 등을 들 수 있다. 이들의 성격은 대중적 기반에 바탕을 둔 이념적 단체로 합리적·효율적 정당과 비슷하다. 하지만 합리적이고 효율적인 정당이 선거의 승리를 위해 이념 성향이나 정책들을 바꾸는 것과 달리,

이들은 이념과 정책적(Programmatic)인 측면에 중점을 두어 행정부와 정부의 의제(agenda)를 강조하는 정당 유형이다. 두 정당의 대표적 특징은 친 기업 정책성향을 가지고 있어 정부의 시장개입에 소극적이며, 기업의 투자 증진을 위해 법인세 인하 등에 적극적이다. 또한 이들은 야당일 경우 정부에 정당이상의 정치적 압력단체로서의 힘을 얻기 위해 외부 세력을 귀합하는 모습을 보인다.

(3) 개인적 정당(Personalistic Party)

가장 전형적인 예는 중국의 시진핑, 베네수엘라의 차베스, 러시아의 푸틴, 터키의 에드로안, 인도의 모디 등을 들 수 있으며, 이 정당의 합리성은 단지 지도자를 선거에서 이기게 하여 정권을 창출하는 데 있다. 이와 같은 정당은 지역 유지 정당(Traditional Local Notable)과 비슷하지만 제도적 체제 속에서 이루어지며 전임자 또는 국민적 지도자가 정치적 야심을 이루기 위하여 카리스마를 가진 지도자로 조직되었다는 것이 다르다.

이 정당의 특징은 후보자 선택은 정당 지도자가 하고 개인 중심의 선거동원이 진행된다는 점이다. 이 정당은 모두를 포용하기 위해 특정 사회조직을 배제하여 이익을 대변하는 역할이 약하기 때문에 시민의 지지 기반이 약하다는 특징이 있다. 또한 선거 후에 정당을 제도화하는 것은 지도자의 능력에 따라 좌우된다. 한마디로 개인적 정당의 개념은 선거에서 이겨 정부에서 힘을 행사하고 이익단체의 경제적 이익을 대변하며 경제적 배분법칙을 중요시하는 것이다.

5) 운동 정당(Movement Party): 다원주의 중심

운동 정당은 독일의 녹색당(Green Party), 오스트리아의 자유운동(Freedom Movement)처럼 환경, 탈물질적 가치, 인지적 해방 등 특정 운동의 요소를 포함한다. 이러한 형태의 정당으로 좌익 자유주의 정당(Left Libertarian Party)과 산업화 후의 급진적 우익정당(Post Industrial and Extreme Right Party)을 들 수 있다.

(1) 좌익 자유주의 정당(Left Libertarian Party)

좌익 자유주의 정당은 '삶의 질'을 중시하는 탈물질주의적(post-materialist)인 성격을 지니고 있다. 이들은 경제적 이슈보다는 정신적 욕망과 신체적 해방 등 다른 여러 가지 사회적 이슈에 보다 많은 관심을 갖는다. 과거 경제발전을 통한 발생하는 이득의 소유와 분배에 초점을 맞추었다면, 이제는 정신적인 것, 윤리적인 것, 공정한 것, 환경적인 것 등에 초점을 맞추어 실천하는 공동체 꾸미기를 주장한다. 시장경제와 관료조직보다는 사회적 결속과 자유적 참여제도를 만들어야 한다고 주장하는 신사회운동의 요소를 내포하는 경우가 많다. 대표적으로 기존정치의 비민주적인 것을 비판하는 유럽과 미국의 녹색당의 활동을 들 수 있다. 녹색당의 지지 세력은 교육수준이 높고 비종교적인 중산층이 다수를 차지하며 그 외로 성소수자, 환경운동가 등으로 볼 수 있다.

(2) 산업화 후의 급진적 우익정당(Post Industrial and Extreme Right Party)

1920년 등장했던 파시스트 정당의 연장이라 할 수 있는 급진적 우익정당이 산업화 후 더욱 우익화된 형태로 등장한 급진화 된 정당으로 볼 수 있다. 질서와 전통, 정체성, 안정 등을 통해 산업화 후 황폐화된 인간의 속성을 찾고자 하는 정당으로 정부의 경제적 간섭과 복지제도에 반대한다. 이들은 복지가 인간을 나태하게 한다는 기본적인 사상을 지니고 있으며, 미국의 공화당 후보였던 뷰캐넌(Pat Buchannon)이나 45대 대통령인 트럼프처럼 이민자 또는 소수자들을 사회 문제의 원인으로 보며, 이들에게 도움을 주는 복지정책을 반대하고 강력한 이민법을 적용하여 미국과 멕시코 국경 사이에 장벽을 설치할 것을 주장한다(Lowi et al., 2021: 271). 그 외 영국의 유럽연합(EU) 탈퇴(Brexit)의 주역인 영국 보수당 보리스 존슨 총리의 경우와 같이 기존정당이면서 급진적 우익정당의 성격을 보여주는 경우도 존재한다. 주요 지지세력의 특성은 우파성향이 강하며 농민, 중소상인, 노동자 등의 전통적인 중산층으로 경제적·문화적 불안감이 주요 자원이 되고 있다.

4. 정당체계

정당체계는 중요한 정당 간의 상호작용을 나타낸다. 정당들은 경쟁적 상호활동에서 각각 다른 정당들의 주도권에 반응한다. 정당체계는 모든 정당들에게 적용되는 법률적 규제를 반영하기도 한다. 정당체계는 일반적으로 네 가지로 분류되는데, 일당제, 지배 정당체계, 양당제, 다당제가 있다. 그리고 정당의 활동을 금지하는 사우디아라비아나 오만 같은 무정당제 국가도 존재한다.

1) 일당제(one party system)

대부분 권위주의 국가에서 나타나는 현상으로, 하나의 정당만이 합법적으로 인정되거나 여러 정당이 존재하더라도 실질적으로 한 정당만이 주도적 역할을 하는 경우이다. 민주주의의 기본요소인 정치적 자유나 권리등은 정치과정에서 대부분 무시된다. 과거 프랑코 통치하의 스페인, 히틀러 통치하의 독일, 무솔리니 통치하의 이탈리아가 있으며, 1990년 초반 이전의 베트남, 대만, 몽골, 요르단 을 포함한 다수의 아프리카 국가들에서 목격할 수 있다(신명순, 2017: 280-281). 일당제 국가의 특징은 의회는 정당의 결정을 추인하는 역할을 하며 정부는 정당과 밀접하게 연결되어 새로운 정당의 출현을 원천적으로 봉쇄한다.

2) 지배 정당체계(dominant party system)

지배 정당체계는 다양한 정당들이 존재하나 하나의 정당만이 집권 가능성이 있는 정당체계이다. 한 정당이 주도적으로 권한을 독점하는 모습은 일당제와 비슷하지만 정부에 대한 비판을 허용하며 다른 정당의 활동을 제한하지 않는다는 점에서 일당제와 차이가 있다(Arian and Bames, 1974: 592-614). 대표적인 사례로 멕시코, 일본, 남아프리카공화국, 스웨덴, 과거 한국의 유신 정부의 경우가 지배 정당체계를 가지고 있는 국가라고 볼 수 있다.

멕시코의 제도혁명당(Party of the Institutionalized Revolution)은 1929년부터 2000년 대통령선거에서 야당인 국가행동당(National Action Party)에 패하기까지 71년간 지배정당을 유지했다(신명순, 2017: 282). 남아프리카공화국의 아프리카민족회의(ANC: African National Congress)는 인종 차별정책(apartheid)에 반대했던 세력들과 다수 흑인들 중에서 가장 강력한 지위를 가지며, 자신들의 지지자들에 대한 보상으로 관직을 이용하는 방법으로 큰 혜택을 보고 있다. 대조적으로 야당들은 협소한 사회적 기반을 갖고 있으며, 약하고 분열되어 있다(Hague et al., 2017: 325).

한편, 스웨덴은 경쟁적이고 잘 규제된 다당제가 작동하고 있음에도 불구하고 지속적으로 지배적인 정당의 독특한 예로 자리하고 있다. 사회민주노동당(SAP: Sveriges Socialdemokratiska Arbetareparti)은 전쟁 이후 몇 번을 제외하고는 항상 정부를 구성하였다. 1945년과 1998년 사이에 서유럽에서 가장 높은 비율인 평균 44%의 득표율을 기록했다. SAP는 스웨덴에서 가장 강력한 역사적·사회적·이념적 지위를 점유하고 있다. 역사적으로 SAP는 스웨덴에서 가장 오래된 정당이며, 일찍이 1917년에 주도적인 정당이 되었다. 이념적으로 SAP는 중도좌파의 중추적인 이념적 지위를 차지한다.

장기적으로 보았을 때 지배 정당은 그들 자신이 이룬 성공의 희생양이 되는 경향이 있다. 지배 정당의 위치적 단점은, 계파들이 내부에서 발전하는 경향이 있으며 내부지향적인 시각과 정책에 대한 관심의 결여와 부패로 이어진다는 것을 의미한다. 일본의 계파로 이루어진 보수적 자유민주당(LDP: Liberal Democrats)은 여전히 지배 정당이지만, 정당 관심의 결여와 부패의 지속성을 보여주는 전형적인 예이다(Hague et al., 2017: 325). 자민당은 준(準)민주주의 국가들의 지배 정당들이 이용하는 기제들, 즉 투표 조작 또는 협박을 사용하지 않았다. 하지만 1955년과 1993년 사이 자민당의 지속적인 집권은 국가와 당이 맞물리면서 부패가 발생하게 되었다. 자민당은 자신의 힘을 강화하기 위해 국가의 후원을 이용하였으며, 당 분파들을 통하여 캠페인 자금과 같은 자원들을 후보자들에게 분배하는 과정에서 부패를 일반화하였다. 이러한 사건으로 자민당 내 '오자와' 계파가 탈당하여 민주당으로 독립하여 수차례 의원내각제 내에서 내각을 구성하였지만, 2010년 이후 다시 자민당이 지배 정당으로 등장하여 개헌을 추진하고 있다(신명순, 2017: 285).

3) 양당제(two-party system)

양당제는 여러 정당 중 두 개의 주요 정당들이 단일 정부를 구성하기 위하여 경쟁하는 체계를 말한다. 영국의 보수당과 노동당, 미국의 민주당과 공화당이 대표적인 양당제 구도를 보여주는 국가의 정당체계이다. 양당제에서는 비견할 만한 크기의 두 개의 주요 정당들이 선거 지지를 위해 경쟁하며, 정치적 경쟁의 틀을 제공한다. 나머지 정당들은 있다고 해도 거의 정부의 형성과 정책에 영향력이 없다. 두 주요 정당 중 어느 쪽도 자체적으로 지배적인 것은 아니지만, 이들은 서로 결합되어 강한 정당체계를 구성한다.

오늘날 미국은 가장 확실한 양당제를 가진 국가이다. 비록 미국의 정당들이 유럽의 기준에서는 약해 보일지라도, 양당제는 미국 역사의 지속적인 특징이라 할 수 있다. 미국의 공화당과 민주당은 1860년대 이후 선거정치를 지배해 왔으며, 단순다수 선거제도에 의해 소수 정당들이 진입하기 힘든 높은 장애물을 제공하였다. 각 주마다 2명씩 선출되는 상원과 인구비례에 따라 선출되는 하원으로 구성되어 있는 제도 역시 양당제를 강화하고 있다. 미국의 경우는, 서유럽에서 나타나는 이념적 응집력과 대중적 멤버십이 결여된 취약한 정당들이 그러한 약점에도 불구하고 개인의 이해관계 집합과 집약이라는 측면에서 강한 정당체계를 만들 수 있다는 것을 보여준다(Lowi, Ginsberg and Shepsle, 2005). 그뿐 아니라 미국 거의 모든 주에서 두 정당이 선거구를 조정할 수 있다는 점도 양당제에 유리하게 작용한다(Hague et al., 2017: 326).

영국 역시 양당제 패턴의 전형을 보여주고 있다. 분명히 보수당과 노동당은 정기적으로 권력을 교체하고, 유권자들에게 분명한 책임성을 제공한다. 그러나 제3의 정당들도 세력을 확장해 왔다. 미국에서보다 훨씬 더 그렇다. 2001년 중도 자유민주당은 659명으로 구성된 의회에서 지난 50여 년 동안 제3당이 차지한 의석 수 중에서 가장 많은 52석을 얻었다. 또한 자유민주당은 지방정부에서 비례대표제도의 부분적인 도입 등으로 스코틀랜드와 웨일즈의 새로운 의회에서도 약진하는 결과를 보였다.

양당제 형태는 지배 정당들과 같이 이제 쇠퇴하는 것처럼 보이며, 단순다수선거제도에 의해 연명하고 있다. 뒤베르제는 '단순다수 단일투표제도는 양당제에 호의적이다'(Duverger, 1954)라고 하였다. 따라서 뉴질랜드와 남아프리카공화국은 최근 단순다수 선거제도로부터 비례대표제나 결선투표제 등의 다른 제도를 도입하면서 양당제를 약화시켰다.

캐나다와 같이 단순다수제를 선호하는 국가에서조차 양당제는 약화되고 있다. 전통적으로 보수당과 자유당에 의해 지배되어 왔지만, 캐나다의 보수당은 1993년 선거에서 2개의 의석만을 획득하였다. 두 개의 지역 정당들-퀘벡 블록(Bloc Quebecois)과 개혁당(Reform Party)-이 자유당의 지배 하에서 주요한 야당으로 부상하였다. 캐나다의 지역분화는 전국적 양당제에 의해 제공되어 왔던 통합보다 더 강력한 것으로 입증되었다.

4) 다당제(multi-party system)

다당제는 2개 이상의 정당이 존재하며 의회는 몇몇 소수 정당들로 구성되고, 연합정권(연정) 또는 드물게 지도 정당에 의한 소수 정부를 구성한다. 다당제는 비례대표제의 결과일 경우가 많으며, 비례대표제는 유럽 대륙과 스칸디나비아에서 지배적인 선거제도이다.

다당제에서는 연립정부가 구성될 경우가 대부분이기에 안정적 거버넌스가 가능한가에 대한 의문을 가지게 된다. 영미권에서 다당제의 연정은 혼란스럽고 책임성이 부족한, 약하고 불안정한 정부를 생산한다고 한때 여겨졌다. 만약 국정운영이 잘못되어 간다면, 연합정권 하에서는 어느 정당이 비판을 받아야 하는지 불확실하기 때문이다. 몇몇 국가들, 특히 이탈리아에서의 연정은 형성은 느리지만 몰락은 빨랐고, 지속적인 정치적 불안정을 보였다. 이러한 모습은 영국의 단일 정당 내각이나 미국의 백악관에 대한 책임의 집중과 비교되어 비판받았다.

하지만 연정에 대한 의견들은 대륙경제의 전후 복구가 확고해짐에 따라, 1960년대에 보다 긍정적으로 변화되었다. 실제 운영에 있어서 연립정부가 일관성이 없다고 하더라도 정책들이 동요하거나 소멸되는 상황까지는 이어지지 않았다. 예를 들어, 대부분의 스칸디나비아 국가에서 연정은 유사한 이념적 성향을 가진 정당들로 구성되었으며 정책은 이들 간의 합의에 의해 형성되었다. 연정은 결성과 해체를 거듭했지만, 정책적 연속성은 위협을 받지 않았다. 다당제 연합들에 의해 형성된 거버넌스는 강한 사회적 분화가 존재하는 복잡한 사회에 잘 적응되고 있다.

그러나 연합정권이 약한 정부를 낳는다는 논의는 1990년대에 다시 떠올랐다. 이러한 재해석은 정부 예산적자의 축소, 국영기업의 사유화, 사회복지지출의 축소 등과 같은 1990년대의 어려운 의제를 반영한다. 정부를 구성하는 정당들의 수가 많을수록 그러한 개혁 프로그램에 대한 동의에 이르기 어렵다고 주장되었던 것이다. 새로운 시장개혁을 가장 열성적으로 추진할 수 있었던 것은 다당제 국가들이 아닌 영국과 뉴질랜드 등 전통적 양당제 국가들에서였다. 다당제를 채택한 대륙 유럽의 시장개혁은 많이 뒤쳐졌고, 이는 세계경제에 적응하는 데에 필요한 신속한 정책 변화를 생산하는 데 다당제가 충분히 유연한지를 의심하게 만들었다.

하지만 여러 유럽대륙 국가들은 조심스럽게 개혁 의제를 수행하기 시작하였다. 증가하는 실업에 대응하여 독일의 사회민주당, 녹색연합은 2003년 보건 의료비용 증가의 제한을 포함하는 신중한 개혁 제안들을 진전시켰다. 이러한 사례들을 통해 보았을 때, 경제가 자연스러운 성장 궤도에 놓여 있는 상황에서는 연정이 안정적인 정책적 연속성을 제공할 수 있지만, 경제적 약화 국면에서는 상대적으로 효율성이 뒤쳐지며 특히 경제회복에 있어 약한 경향을 나타낸다고 볼 수 있다.

사실 1990년대의 경제개혁과 관련한 유럽 대륙의 부진한 개혁 성과는 유럽 대륙 국가들이 지닌 사회주의적 혹은 사회민주주의적 전통과 무관하지 않다. 70년대 말부터 시작된 선진국의 경기 침체와 스태그플레이션에도 불구하고, 다당제 유럽국가들은 양당제 영미권 국가들의 신속한 경제개혁 노선을 단선적으로 받아들이지 않았으며, 기업과 자본가에게 유리한 경제개혁에 대한 비판과 합의의 과정은 더욱 오래 걸렸다.

반면, 경제위기 및 뒤이은 경제개혁이라는 국가적 과제와 관련하여, 한국의 사례는 다당제 연합정권임에도 불구하고 상당히 빠른 속도로 급격한 경제개혁을 수행했던 사례로 제시될 수 있다. 즉, 한국의 경우 1987년 민주화 이후 정책수행의 장애였던 여소야대 현상 타파를 위하여 민주정의당, 통일민주당과 신민주공화당의 합당으로 탄생한 민자당의 김영삼 정부는 전격적으로 과거 군사정권의 전두환·노태우 처벌, 공직자재산공개, 저비용선거를 위한 정치자금법, 금융실명제, 하나회해체(군부) 등 개혁을 처리하였다. 1997년 외환위기 이후 새정치국민회의와 자민련의 연합정권으로 탄생한 김대중 대통령의 국민의 정부는 IMF측에서 요구한 경제개혁을 급격하게 추진하는 모습을 보여주었다. 이는 다당제와 경제개혁 성과의 부정적인 인과적 연결성을 강하게 주장하는 것에 문제가 있음을 보여주는 반례라고 할 수 있을 것이다. 정책적 안정성이나 수행능력에 있어 다당제 연정이 일정한 특성을 띤다기보다는, 연정에 속한 정당들의 특성이나 그들 간 정책적 노선의 합의 및 유사성을 더욱 중요한 것으로 생각할 수 있는 것이다.

다당제는 양당제에 비해 유권자들에게 많은 선택의 여지와 정당들의 성격이 뚜렷하다는 장점이 있다(신명순, 2017: 289).

5. 정당체제의 형성과 변화

정당의 체제를 결정하는 요인은 무엇이 있는가? 일반적으로 논의되고 있는 정당의 기원에는 크게 두 가지 갈래가 있다. 우선 역사적으로 형성된 사회적 갈등의 분화에서 그 기원을 찾을 수 있다는 사회학적 접근방법이 있다. 나머지 하나는 정치적 제도와 법의 발달과정에서 형성되었다고 판단하는 제도주의적 접근방법이다.

우선 사회적 갈등의 분화와 그 심화과정에서의 정당 출현에 대한 논의는 립셋과 로칸(Seymour Lipset and Stein Rokkan)이 제시하였다. 그들은 19세기와 20세기 초반 유럽에서의 정당 출현이 사회 그룹 간 이해관계의 분화 과정에서 발전된 것으로 보았다. 사회에 다양한 이익들이 존재하면서 사회적 균열(social cleavages)이 형성된다. 정당은 형성된 사회균열을 대변하기 위하여 정치균열(political cleavages)화 한 것으로 볼 수 있다(Lipset and Rokkan, 1967: 1－64). 즉, 정당체계의 등장은 사회적 갈등의 정치적 진화로 파악할 수 있는 것이다. 당시 유럽에서는 산업혁명과 민족주의의 발전과정에서 경제적 갈등, 그리고 지방과 도시지역 간 갈등이 주요 갈등으로 등장하였고, 이러한 역사적·사회적 맥락에서 비롯된 갈등의 발전과정으로 정당을 파악할 수 있다.

반면 뒤베르제(Duverger)는 정당체계의 출현이 제도적 장치의 발전에서 출발하였다고 보고 있다. 익히 알려진 바와 같이 '뒤베르제의 법칙(Duverger's Law)'은 소선거구제에서 다수대표제의 채택이 일어난다면, 그 사회의 정당형태는 양당제에 가까울 것이라는 내용을 담고 있다. 이러한 제도주의적 접근의 결론은 한 사회의 정당체계는 사회적 맥락에서 형성되는 것이 아니며, 선거제도와 헌법에 의해 결정된 법에 의해 정당과 당선자가 결정된다는 내용으로 파악할 수 있다. 그러나 제도주의적 접근은 정당체계의 변화를 설명하지 못한다는 약점이 지적되고 있다.

최근의 학계에서는 상황에 맞게 그 해석을 활용하고 있다. 제도주의적 접근과정의 약점은 앞서 이야기하였지만, 정당 출현 이전의 제도의 존재에 관한 여부를 설명할 수 없다는 점이다. 제도나 헌법을 제정하기 위해서는 그러한 제도의 출현에 의해 이익을 얻을 수 있는 사람들이 모여야 한다는 선행 과정이 필요하다. 게다가 그러한 과정에서는 반드시 분파와 갈등이 등장할 수밖에 없다. 가령 미국 건국 과정에서 등장한 연방주의자와 반연방주의자들의 모임은 미국의 정당 출현에 대한 원류로 인정받고 있다. 1820년대 당시 미국에는 잘 조직화된 정당들이 존재했으며 현재도 존재하는 민주당은 가장 오래된 정당이다. 즉, 사회학적 접근 관점에서 바라본 정당의 출현은 제도와 법의 출현 이전부터 나타날 수 있으며, 자연히 역사적 갈등을 반영할 수밖에 없다.

그러나 정당체계의 안정성 측면에서는 제도주의적 접근방법이 설득력을 얻고 있다. 제도가 마련되어 있거나 헌법적 구조가 안정적으로 작동하고 있는 정치과정에서, 정치 엘리트들과 유권자들은 제도적 제약에서의 균형점을 찾기 위해 합리적으로 상호연계과정을 찾고자 한다. 이러한 균형점으로 도달하는 과정에서의 여러 논의를 통해, 정당체계는 안정적으로 유지될 수 있다.

지금까지 소개한 접근방법은 각자만의 강점과 약점을 지니고 있다. 사회균열이 정치균열로 대변한다는 정치현상의 단순화와 제도적 균형점을 찾는 과정에 대한 설명이 부족하다는 비판을 받고 있다. 대안으로 합리적 선택 이론을 효과적으로 차용하였다. 하지만 최근 증가하고 있는 사회 변동과 그에 대한 정당의 역할에 대한 논의에서는 사회학적 접근방법이 설득력을 갖는다. 하지만 분명한 것은 두 가지 접근방법이 정당체계의 변화에서 나타나는 다양한 측면과 관련해서 각각 능동적으로 활용될 필요가 있다는 것이다.

제2절 | 선거

선거는 대의민주주의 체제에서 국민이 정책결정에 참가하는 가장 기본적인 행위이며, 주권을 행사하는 가장 구체적이고 기본적인 행위라고 할 수 있다. 한 국가에 있어 사회구성원들의 다양한 이해는 선거에 의해서 표명되며, 선거를 통해 선택된 대표자를 통해서 구현된다. 그렇기 때문에 일반적으로 선거는 민주주의적 결정이라는 표상과 연결된다. 즉, 선거는 대표기관 혹은 지도자의 자리에 인물을 선임하는 제도로서, 일반 시민들이 정책결정의 심의나 도출에 직접 참여할 수 없기 때문에 대표기관이나 지도적 인사에게 민주주의적 요구를 하는 공적 생활의 방법으로서 높이 평가된다.

선거의 가장 분명한 기능은 공직에 대한 후보자 간의 경쟁 그리고 다음 선거에서 승리자에 대한 책임을 물을 수 있는 수단을 제공하는 것이다. 또한 선거운동은 유권자와 후보자 간에 대화를 가능하게 하며, 이는 곧 시민사회와 국가 간의 대화를 의미하기도 한다. 경쟁적 선거는 새로운 공직자에게 권위를 부여하거나 교체하는 기능을 하며, 이는 결국 이들이 자신의 의무를 보다 효과적으로 수행하는 데 기여한다(Ginsberg, 1982).

그러나 권위주의나 전체주의 국가에서는 선거가 경쟁적이지 않다는 점을 유의해야 한다. 대부분의 권위주의적 통치자들은 입법부를 유지하되, 그 충원 수단으로서 통제된 선거를 주로 이용하였다.

1. 선거제도

선거제도와 관련된 대부분의 논란은 투표를 의석으로 전환하는 규칙에 대한 것이다. 이 규칙들은 민주주의의 내부적 작동을 형성하는 것으로 기술적이고 전문적이지만 매우 필수적인 요소이다. 앞으로 우리는 이러한 선거에서 투표를 의석으로 전환시키는 규칙을 살펴볼 것이다.

선거에 있어서 주된 질문은 제도를 통해 한 정당의 의석수가 그 정당이 선거에서 얻은 표수에 직접적으로 비례하도록 보장되는가의 여부에 관한 것이다. 비례대표제란 이러한 비례성의 목표를 달성하기 위한 기제가 의석 배정과정에 내재되어 있음을 의미한다. 이에 비해, 단순다수제와 절대다수제는 유권자의 지지율과 비례적이지 않다. 이 제도들은 정당들이 득표에 비례하는 만큼의 의석을 배정받는다는 보장을 하지 않는다. 그림 <표 8－2>를 통해 비례대표제와 비(非)비례대표제를 알아보자.

표 8-2 선거제도의 유형

		절차	사용 국가
단순다수제와 절대다수제	단순다수제	한 번만 투표하여 최다득표자를 당선자로 한다.	영국, 미국, 캐나다, 인도, 바하마, 바베이도스, 벨리즈, 보츠와나, 도미니카 연방, 가나, 그레나다, 자메이카, 미크로네시아 연방공화국, 팔라우, 세인트키츠네비스, 세인트루시아, 세인트빈센트 그레나딘(17개국)
	절대다수제: 대안투표제 (선호투표제)	유권자는 후보자에 대한 선호 순위를 정한다. 제1선호를 가지고 과반수의 지지를 획득한 후보가 없는 경우 최하위 후보가 탈락되며, 그 후보에게 투표한 사람들의 표가 제2선호에 따라 다른 후보들에게 재분배된다. 한 후보가 과반수를 가질 때까지 이 절차를 반복한다.	호주
	2차 투표제	첫 번째 투표에서 아무도 과반수를 득표하지 못하면, 선두에 있는 후보들(대개 1위와 2위 두 명)이 제2차 결선 투표를 하게 된다.	프랑스, 키리바시, 말리, 우크라이나 (1994년만 사용),
비례대표제	명부제	유권자는 정당의 후보 명부에 투표한다. 다만 많은 국가에서 명부에 있는 후보 개인에 대한 선호도 표현할 수 있도록 허용한다.	브라질, 이스라엘, 스웨덴, 러시아, 아르헨티나, 오스트리아, 벨기에 , 베냉, 불가리아, 케이프 베르데, 칠레, 코스타리카, 크로아티아, 키프로스, 체코, 덴마크, 도미니카 공화국, 엘살바도르, 에스토니아, 핀란드, 그리스, 가이아나, 아이슬란드, 인도네시아, 라트비아, 리히텐슈타인, 룩셈부르크, 나미비아, 네덜란드, 노르웨이,

			페루, 폴란드, 포르투갈, 루마니아, 산마리노, 상투메프린시페, 세르비아, 슬로바키아, 슬로베니아, 남아프리카 공화국, 스페인, 수리남, 스위스, 우크라이나, 우르과이(46개국)
	단기이양제	유권자는 후보자에 대한 선호 순위를 정한다. 후보자가 당선되기 위해서는 정해진 투표 수(쿼터)를 받아야 한다. 첫 번째 선호를 가지고 이러한 쿼터를 초과한 후보는 당선자가 된다. 초과(surplus) 투표(즉, 쿼터를 초과하여 얻은 표)는 이들 표에 표현된 제2선호 후보에게 분배된다. 어떤 후보도 쿼터에 달성하지 못할 경우에는 최하위 후보가 탈락되며, 이들에 대한 투표 또한 이양된다. 모든 의석이 채워질 때까지 이 절차를 계속한다.	아일랜드, 말타, 에스토니아 (1990년만 사용)
혼합 선거제	다수제적 혼합제	일부 의원은 지역구를 통해 선출하고, 나머지는 비례대표제를 통해 선출한다. 보통 투표자는 두 개의 표를 던진다. 하나는 지역구 선거(대개 단순다수제를 사용) 그리고 다른 하나는 비례대표 선거(대개 명부제를 사용)에 던진다. 다수제적 혼합제에서는 이 두 개가 서로 분리되어 있으며, 전반적으로 비례적인 결과를 달성하기 위한 기제가 존재하지 않는다.	일본, 헝가리, 리투아니아, 모나코, 파나마, 세네갈, 타이완, 태국
	비례제혼합제 혹은 추가 의석제	다수제적 혼합제와 같으나, 다만 지역구 선거와 비례대표 선거가 연결되어 있어 전반적으로 비례적인 결과를 얻을 수 있다. 정당에 대한 투표가 각 정당이 가져갈 의석수를 결정한다. 일단 지역구 선거에서 승리한 후보들을 당선시킨 후 남은 의석은 명부에서 차례로 채운다.	대한민국, 독일, 레소토, 뉴질랜드, 이탈리아, 멕시코

※ 참고: R. Niemi Leduc, and P. Norris eds., 2002, *Comparing Democracies 2: New Challenges in the Study of Elections*

and Voting, Thousand Oak, CA and London: Sage; David M. Farrell, 2011, *Electoral System: A Comparative Introduction* (2nd Edition), NY: Palgrave Macmillan.
※※ 21대 총선부터 준연동제 비례대표제를 도입.

1) 단순다수제와 절대다수제

비례적이지 않은 선거제도에서 정당들은 그들이 획득한 득표의 비율에 비례하여 의석을 보장받지 않는다. 그 대신 각각의 선거구 내에서 승자가 독식하는 방식을 취한다. 이러한 제도들은 단순다수제 혹은 절대다수제의 형태로 나타난다

단순다수제에서는 각 선거구에서 가장 많은 득표를 한 후보가 바로 승자가 된다. 먼저 기준점을 통과하는 것이란 의미에서 FPTP(first-past-the-post)로 불리기도 한다. 최다득표면 충분하며 과반수 득표는 불필요하다. 이 제도의 오래된 역사성과 단순성에도 불구하고 단순다수제는 이제 점점 드물어지고 있다. 이 제도는 주로 영국과 영국의 영향을 받은 몇몇 국가들(캐나다, 카리브해의 여러 섬나라들, 인도, 미국 등)에만 남아 있다. 그러나 인도가 워낙 인구가 많기 때문에, 민주적 통치를 받고 살고 있는 전 세계 사람들의 약 절반이 아직도 단순다수제를 사용하고 있는 셈이다 (Lijphart, 1999).

단순다수제의 가장 중요한 점은 득표수에서 우세한 정당에게 돌아가는 의석에서 득표율보다 의석이 많을 수 있는 일종의 보너스를 챙길 가능성이 높다는 점이다. 즉, 특정 정당이 과반수가 안 되는 표를 얻고도 과반수가 넘는 의석을 가질 수 있는 것이다. 어떻게 이러한 편향성이 발생하는가를 보기 위해, 모든 선거구에서 'A정당'과 'B정당' 두 정당만이 경쟁하는 사례를 가정해보자. 모든 선거구에서 A정당이 B정당에 한 표 차이로 승리하고, 한 선거구에서만 B정당이 A정당에 큰 표 차이로 이겼다고 가정해보자. 전체 득표 면에서는 B정당이 A정당에 앞설 수 있지만, 오히려 결과는 A정당이 거의 모든 의석을 독차지하게 된다. 이러한 사례는 각 선거구 내에서 승자에게 모든 것을 주고 패자에게는 아무것도 주지 않는 이 방법이 안고 있는 내재적 편향성을 극적으로 보여주는 것이다.

이러한 약점에 더불어 단순다수제 선거의 결과에 선거구 경계가 미치는 중요성은 정당들로 하여금 게리멘더링(gerrymandering), 즉 자기 정당의 득표 효율성을 향상시키는 방향으로 반대세력이 많은 선거구는 포기하고 지지세력이 많은 선거구들을 묶어 선거구 경계를 고의적으로 조작하는 행위를 시도할 동기를 부여한다. 또한 규모

가 큰 정당에게는 유리하고 군소정당에게는 불리하다(신명순, 2017: 345~346).

그러나 한편으로 이러한 실제 득표 확대 효과의 정치적 중요성은 단일의 과반수 정당이 정부를 구성할 수 있다는 점에 있다. 전국적 정당을 가진 의원내각제에 있어서, 단순다수제는 분열된 사회(divided society)에서 과반수당 정부(majority government)를 구성할 수 있다.

그러나 이러한 확대 효과는 한 국가 전역에 걸쳐서 주요 정당들이 경쟁하는 경우에 가장 효과적이라는 점을 유의해야 한다. 영국의 경우처럼 노동당과 보수당이 서로 경쟁할 때 가장 잘 적용되며 그에 따라 마치 진자운동과 같이 한 번은 한 정당이, 다음번은 다른 정당이 의회 과반수당이 되는 것이 가능하다. 그러나 인도와 같이 정당이 보다 파편화된 국가에서는 과반수당 정부가 출현할 가능성이 그리 크지 않다. 정당체제가 갈수록 지역적 색채를 띠는 인도의 경우, 단순다수제 선거를 해도 1989년 이래 한 번도 과반수당 정부가 출현하지 못했다. 단순다수제가 갖고 있는 과반수당 정부 구성 능력은 자주 과장되는 경향이 있다. 그 이유는 이 제도가 영국을 넘어서 다른 지역에서 어떻게 작동하는가를 제대로 고려하지 못했기 때문이다. 더 나아가, 최근 정당 충성심의 약화 현상은 단지 두 개의 강한 정당이 전국적으로 경쟁하는 경우가 점차 줄고 있음을 의미한다.

한편 절대다수제는 민주주의적 가치를 실현하는 데 적합한 것으로 보이곤 한다. 이 방식은 승리 후보가 되기 위해 과반수의 득표를 할 것을 요구하는데, 이러한 결과는 통상적으로 2차 투표를 거쳐서 달성된다. 첫 번째 투표에서 어떤 후보도 과반수의 득표를 하지 못하면 또 한 번의 투표를 하게 되는데, 보통 상위 두 후보만을 대상으로 하는 결선투표(runoff election)의 형태를 취한다. 장점은 다음과 같다. 첫째, 유권자에게 선택의 기회를 한번 더 주며, 둘째로 당선자는 유권자 50% 이상의 지지를 받았기에 정당성이 강화된다(신명순, 2017: 352~353).

서유럽의 많은 국가들이 20세기 초반 비례대표제로 전환하기 이전에 절대다수제를 사용하였다. 이 제도는 프랑스와 프랑스의 과거 식민지 국가에 아직도 남아 있다. 민주주의자들에게 절대다수제의 논리는 직관적으로 매우 강한 설득력을 갖는다. 즉, 투표자의 과반수(심지어 투표 여부에 상관없이 유권자의 과반수)에게 받아들여질 수 있음을 증명하기 이전에 그 어떤 후보도 선출되어서는 안 된다는 것이다.

그리고 비(非)비례대표제 중에 대안투표제(alternative vote arrangement)가 있다. 유권자는 모든 후보자들에 대해 선호 순서를 정하고 만약 한 후보가 첫 번째 선호에서 과반을 얻게 되면 당선되지만, 과반을 못 얻게 되면 최하위 후보는 탈락되고 그 후보자에게 선호한 표가 재분배된다. 이 과정은 한 후보가 과반을 득표할 때까지 계속된다. 호주와 파푸아뉴기니가 이러한 제도를 전국 의회 선거에서 사용하고 있다.

2) 비례대표제

비례대표제는 19세기 말 경에 유럽에서 등장하였는데 현재에는 비례대표제가 단순다수제와 절대다수제에 비해 더 보편화되었다. 비례대표제의 운영 원칙은 지역보다는 정당을 대표하는 것이다. 이 생각은 직설적이면서도 설득력이 있다. 즉, 정당은 그들이 얻은 득표율에 비례하여 의석을 부여받아야 한다는 것이다. 완벽하게 비례적인 제도 하에서라면, 모든 정당이 득표율과 동일한 의석 점유율을 갖게 될 것이다. 즉, 40%의 득표율은 40%의 의석 점유율이 될 것이다.

비례대표제는 기본적으로 정당의 득표율에 비례해 당선자 수를 결정하는 선거 제도이다. 따라서 비례대표제는 공약을 보고 특정 정당을 지지하면 득표율에 따라 비례대표 의석이 배분되는 제도로 국민의 의사를 가장 정확하게 의석에 반영하고자 하는 목적이 있다. 비례대표제의 장점은 소수파에게도 그 득표비례에 따라 의석을 부여하여 소수대표를 보장할 수 있다는 점, 사표(死票)를 방지하고 득표 수와 당선자 수의 비례관계를 합리화할 수 있다는 점, 다수파가 의석을 많이 차지하는 것을 막고 여론을 공정하게 반영할 수 있다는 점이 있다. 반면 단점으로는 소당 분립으로 인한 정국불안정과 정당 간부의 후보 지정 과정에서의 폐단 등이 거론된다.

비록 비례대표제의 구조가 비례성의 원칙을 염두에 두고 고안된 것이지만 대부분의 비례대표제가 실제로 완벽하게 비례적이지는 않다. 통상적으로 이 제도 또한 가장 큰 정당에게 적어도 약간의 보너스를 제공하며, 가장 작은 정당들에게는 의도적으로 혹은 실제 운영과정에서 불이익을 주게 된다. 이러한 이유로 인해, '비례적'이라고 이름 붙여진 제도가 모두 다 완벽하게 비례적이라고 가정하는 것은 옳지 않다.

비례대표제 하에서 하나의 정당이 과반수의 의석을 차지하는 경우는 극히 드물다. 따라서 과반수당 정부는 이례적인 경우이며, 연합정부가 표준이 된다. 비례대표제 하에서는 선거 이후 다음 정부를 어떤 정당들이 구성할 것인가에 대한 협상이 의회 내에서 벌어지는 경우가 많기 때문에, 이 제도는 정부를 선출하는 방법이라기보다는 의회를 선출하는 방법으로 해석되어야 한다.

비례대표 선거제도의 대표적인 방법으로 유권자의 선택에 중점을 둔 '단기이양식'

과 정당 중심의 선거에 중점을 둔 '명부식'이 있다(신명순, 2017: 354~378). 많이 사용되고 있는 명부식 비례대표제는 유권자가 각 후보에 투표하는 것 외에 정당에 투표를 하고, 정당이 제출한 명부에 따라 의석을 배분한다. 이는 선거인이 각 정당의 후보자 명부에 투표하여 그 명부 내에서 투표의 이양을 인정하는 것으로 정당 중심의 선거에 중심을 둔다. 정당명부식 비례대표제는 비례대표 명부를 전국 단위로 할 것인지, 전국을 몇 개 권역으로 나누고 각 권역에 정당별로 비례대표 명단을 만들 것인지에 따라 전국단위 비례대표제와 권역별 비례대표제로 나눈다.

반면 단기이양식 비례대표제는 유권자가 출마한 후보 전원에 대해 선호 순위를 매겨 각 후보가 법정 당선 표준 득표수의 초과분을 지정된 차순위 입후보자에게 이양하는 것으로, 유권자의 정당지지도보다는 각 후보자에 대한 선택의 자유에 중점을 둔다. 주로 중·대 선거구제에서 2인 이상의 당선자를 뽑을 때 사용된다.

3) 혼합선거제도

단순다수제와 비례대표제는 일반적으로 두 개의 대안으로 여겨지고 있으나 두 개를 결합한 혼성 형태가 등장하였다. 이러한 혼합선거제도는 양 제도의 좋은 점만을 추구한다. 이 제도는 단순다수제의 지리적 대표성과 비례대표제의 정당 대표성을 결합하고 있다.

혼합선거제도를 처음 도입한 국가는 독일이다. 독일에서는 유권자가 두 개의 표를 던지게 되는데, 하나는 지역구 후보에게, 그리고 다른 하나는 지역의 정당명부에 던진다. 독일 하원의 절반 의석은 각 지역구에서 단순다수제에 의해 선출된 후보에 의해 채워진다. 그러나 정당명부 투표가 더 중요한데, 그 이유는 정당명부 득표에 의해 각 지역에서 각 정당에게 돌아갈 의석수가 결정되기 때문이다. 지역구에서 직접적으로 선출된 후보에다가 정당명부에 올라가 있는 후보들이 그 순위대로 더해지는데, 이 과정은 각 정당에게 비례적으로 정해진 의석수가 각 지역에서 채워질 때까지 계속된다. 만약 한 정당이 정당투표에 의해 결정된 의석수보다 더 많은 의석을 지역구에서 당선시키게 된다면, 그 정당은 추가 의석을 유지하고, 그에 따라 연방의회의 의석수가 증가하게 된다. 2002년의 경우 사회민주당은 4개의 추가 의석을, 그리고 기독민주당은 1개의 추가 의석을 얻었다.

이러한 혼합선거제도는 비록 지역구에 비해 정당명부의 의석비율이 매우 낮기는 하지만 일본, 태국, 러시아, 그리고 몇몇 구공산권 국가에서 유지되고 있다. 우리나라에서는 2004년부터 유권자가 지역구 후보와 별도로 정당에 대한 투표를 실시하여 전국 정당 득표율에 따라 비려대표 의석을 배분하여 선거전 선거관리위원회에 각 정당이 등록한 정당 후보명부 순위에 따라 비례대표 의원 당선을 결정하고 있다. 더불어 2020년 총선부터 준연동제 비례대표제를 시행하고 있다.

2. 선거제도에 대한 평가

선거제도를 평가함에 있어서 아직도 논쟁이 되고 있는 이슈는 선거제도와 정당체계의 관계이다. 고전적 연구에서 뒤베르제는 단순다수제와 양당제 사이에서 거의 완전한 상관관계가 관찰된다고 주장하였다(Duverger, 1970: 217). 뒤베르제의 법칙으로 알려진 이 내용은 첫째, 단순다수제는 양당제와 친화성이 있고, 둘째, 결선투표제와 비례대표제는 다당제와 친화성이 있다는 것이었다(Duverger, 1970).

뒤베르제는 또한 선거제도의 두 가지 효과를 구분하였는데 두 가지 효과란 기계적 효과와 심리적 효과이다. 기계적 효과는 투표를 의석으로 전환하는 규칙으로부터 직접적으로 발생한다. 예를 들면, 많은 비례대표제에서 사용되는 봉쇄조항(threshold)이 이에 해당한다. 심리적 효과는 이러한 규칙이 유권자가 투표를 하는 방식에 미치는 영향을 말한다. 예를 들어, 영국과 미국에서 사용되는 단순다수제는 유권자로 하여금 자신의 지역구에서 승리 가능성이 낮은 소수 정당 후보에게 표를 주는 것을 꺼리도록 하는 효과가 있다. 한때 뒤베르제의 법칙이 단순다수제를 선호하는 것으로 보였는데, 그 이유는 비례대표제와 그것이 초래하는 다당제는 불안정한 연정을 탄생시키는 잘못을 저지른다고 생각되었기 때문이다.

한편으로, 1960년대 들어 선거제도와 같은 정치적 제도에 과도한 무게를 부여하는 데 대한 반발이 시작되었다. 로칸(Rokkan)과 같은 학자는 보다 사회학적 접근법을 적용하여, 20세기 초반 비례대표제가 도입되기 이전부터 유럽은 사회적 균열구조로 인해 다당제를 갖고 있었음을 지적하였다(Rokkan, 1970). 이러한 주장을 최근의 상황에 적용하여, 제시비츠(Jesiwicz)도 구공산권 유럽국가에 대해 똑같은 지적을 하였다. 즉, 보통 정치적 파편화가 비례대표제의 도입에 선행하고 있으며, 비례대표제가 정치적 파편화를 초래하는 것은 아니라는 것이다(Jesiwicz, 2003: 182).

최선의 선거제도는 무엇인가? 실제로 최선의 선거제도라는 것은 없다. 경주 코스마다 그에 가장 적합한 자동차가 있듯이 각 국가의 환경에 따라 그에 가장 적합한 선거제도가 있을 뿐이다. 예를 들어, 북아일랜드와 같이 사회적 분열의 정도가 심한 국가에서는 비례대표제가 소수 집단에 근거를 둔 정당에게도 최소한의 대표를 제공해줄 것이다. 이를 통하여 다수에 의한 폭정의 위험이 조금은 줄어들 수 있다.

이와는 대조적으로, 두 개의 주요 정당이 전국적 차원에서 경쟁하는 상황에서는 단순다수제가 선거에서 승리한 단일 정당에 의한 정부를 초래하는 것이 보통이다. 각각의 새 정부는 연정 파트너와의 타협을 통해 자신의 정책 색깔을 약화시킬 필요 없이, 정책을 그대로 집행할 수 있다. 이러한 철학은 영국에서 발견되는데, 패배한 정당도 언젠가 자신이 다시 집권할 것이라는 것을 알기에 상대 정당이 통치를 잘할 것으로 믿고 맡길 의지가 있는 것이다.

다만 단순다수제는 변덕스럽고 과장된 방식으로 정당의 집권과 실권을 초래할 수 있다는 점을 인정해야 한다. 캐나다가 좋은 사례이다. 1984년 보수당은 겨우 절반의 득표율을 가지고 총 의석의 3/4를 획득했다. 9년 후 선거에서 보수당은 경이적인 방식으로 실권하였는데, 16%의 득표율에도 불구하고 단 2개의 의석만을 확보하였던 것이다.

선거제도란 그 이론적 약점이 무엇인가에 상관없이, 일단 첫 번째 선거를 거쳐 확립되고 나면 계속 유지되는 경향이 있다. 결국에는 하나의 제도를 통해 권력을 잡은 정당의 입장에서는 또 다른 제도로 바꿀 이유가 없는 것이다. 그러나 비록 선거제도 개혁이 흔하지는 않지만, 불가능한 것은 아니다. 1990년대에는 일본, 이탈리아, 뉴질랜드 등이 선거제도를 바꾸었다. 이 세 국가는 모두 혼합선거제도를 채택하였는데, 이들은 최근의 선거제도 개혁의 효과를 연구할 수 있는 좋은 사례가 된다.

제3절 | 투표행태

현대 정치에서 선거는 민주주의 작동의 가장 중요한 기제 중 하나이다. 국민들은 선거에서의 투표를 통해 일정 기간 자신들의 정치적 권한을 위임시킬 대표를 선출한다. 그렇다면 유권자들은 무엇을 기준으로 그러한 대표를 뽑는 결정을 내리는가? 즉, 유권자의 투표결정 요인은 무엇인가에 대한 문제는 정치학의 주요 연구과제 중 하나이다.[1] 이를 밝히기 위해 선거 연구가들은 유권자들의 투표참여태도, 동기나 투표의사의 결정시기 등 심리적 동향을 조사하여 통계적으로 분석하고 이러한 요인들과 선거결과의 상관관계를 연구한다. 선거에 대한 연구는 시기에 따라 기본적인 시각에 있어서 커다란 차이를 보인다. 이러한 이론적 시각의 변화는 투표행태에 대한 연구가 일찍부터 주도되어 왔던 미국의 역사적·사회적 변화와 밀접한 상관관계를 가지며 이루어져 왔다. 미국선거연구에서의 이론은 크게 사회학적 이론, 사회심리학적 이론, 경제학적 이론, 인지심리학적 이론으로 크게 구분해볼 수 있으며 각 이론의 전성기는 시대에 따라 변해 왔다.

1. 사회학적 이론

미국의 선거 연구분야에서 설문조사방법에 의한 최초의 경험적 연구로는 콜럼비아 대학의 라자스펠트, 버럴슨, 거뎃(Lazarsfeld, Berelson, Gaudet)의 『국민의 선택(The People's Choice)』(1948)을 들 수 있다. 물론 그 이전에도 집합적인 자료를 이용한 경험적 연구가 없었던 것은 아니었다. 예를 들어서, 작은 단위의 시나 주에서 인구 조사 결과와 투표결과 등의 생태적 자료를 이용하여 종교나 인종, 경제적 지위 등이 투표결정에 미친 영향에 대한 경험적 연구는 이미 존재했었다. 그러나 이들의 연구는 개인을 분석의 단위로 한 설문조사결과를 응용한 최초의 미시적 연구였다는 특징이 있다.

이 연구에 따르면 개인이 소속하고 있는 사회집단의 특성이 개인의 투표선택을 결정적으로 좌우한다. 특히 사회경제적 지위, 거주지, 종교의 세 가지 변수가 투표선택을 예측하는 데 있어서 가장 중요한 변수라고 밝혔다. 사회경제적 지위는 유권자 개개인의 교육 수준, 소득 수준, 직업 등에 의해서 측정되는 것으로 한 사회 내에서 개인이 차지하는 사회경제적 위치를 총체적으로 보여주는 개념이다.

당시 파슨스(Parsons, 1951)의 사회학적 패러다임의 범주에 깊이 빠져 있던 사회과학 일반에서는 사회적인 성격이 정치적 선호를 결정한다는 주장을 내세우며 개인의 투표행태는 단지 사회경제적인 특성들의 종속 변수에 불과하다는 설이 지배적이었다. 사회학적 모형은 유권자의 사회적 배경을 설명변수로 삼아 투표선택행위를 설

---

1) 한국대선의 투표행태에 관한 연구는 Sungsoo Kim and Shin Jungsub (2017), "Issue Competition and Presidential Debates in Multiparty Systems:evidence from the 2002, 2007, and 2012 Korean Presidential Elections", *Asian Journal of Communication* Vol 27, Issue 3 참조.

명하려는 분석의 틀이다. 이 이론은 도시와 농촌의 분화, 지역적 구분, 종족, 언어, 종교, 계급 등의 사회균열구조(특히 계급적 균열)에 상응하여 정당이 편성되었던 서유럽의 투표 행태연구에서 중요시되었다.

그러나 사회배경변수는 단기적으로 안정되어 있기 때문에 변화가 심한 투표선택을 설명하기에 부적합하다는 비판을 받고 있다. 사실 미국과 같이 계급균열이 상대적으로 약하고 사회주의 정당이 존재하지 않는 선거에는 사회학적 모형을 적용하기 어렵다. 1960년대 이후 서유럽에서도 경직된 투표 모형의 설명력이 약화되었다는 것이 통설이지만, 그럼에도 불구하고 개인의 사회경제적 지위와 투표성향의 상관관계는 여전히 고려해야 할 중요한 측면이다.

한국의 경우 유권자의 사회경제적 변수 중에서 '출신지역'이 사회심리적 차별의식, 엘리트 충원의 지역편향성, 정치경제적 불평등 구조 등과 맞물려, 큰 영향을 미치고 있음이 확인되고 있다.

2. 사회심리학적 이론

미국에서 오늘날까지 선거행태연구의 고전이라고 일컬어지는 『미국의 유권자(American Voters)』(Campbell et al., 1960; Campbell et al., 1966)의 저자들인 미시간학파의 기본적인 시각은 사회심리학적이라고 할 수 있다. 이들은 사회학적 이론이 주장하는 것처럼 개인의 투표결정이 소속된 집단의 성격에 의해 좌우된다면 선거결과의 유동성은 어디에서 유래되는 것인지 의문을 가지게 되었다. 개인이 소속하고 있는 계급이나 계층·종교·성별·교육 등의 사회적 배경은 단시일 내에 변하지 않는다. 그렇다면 선거에서 정당의 성공 여부는 유권자의 사회적 변수로부터 예측이 가능할 것이고, 그 결과는 한동안 커다란 변화 없이 안정될 것이다. 그러나 실제로 선거결과는 장기적으로 안정되어 있는 것 같으면서도 단기적으로 예측을 불허하며 매우 유동적이다. 이에 미시간학파는 정적인 집단의 개념을 동적인 투표결정으로 연결시켜 주는 매개변수가 있을 것이라는 데 착안하게 되었다. 이들이 고안해낸 개념은 정당 일체감 또는 정당 소속감으로서 집단에의 소속이 정당에 대한 선호도에 일정한 영향을 주며, 이 정당선호도가 다시 투표선택에 결정적인 영향을 미친다고 주장한다.

선거과정에서 유권자가 정당을 지지하고 후보를 선택하는 데 가장 큰 영향력을 행사하는 요인 중 하나로 지적되는 정당 일체감은 특정한 유형의 당파적 태도로서, 유권자가 특히 정당을 대상으로 오랫동안 내면적으로 간직하는 애착심 또는 귀속의식이다(Belknap and Campbell, 1952; Campbell, Gurin and Miller, 1954: 88~111). 정당 일체감이 지닌 선거적 효용성은 다음과 같다. 첫째, 유권자가 정치적 쟁점(issue)에 대한 견해와 입장을 형성하는 데 많은 영향을 미친다. 둘째, 정치에 대한 관심을 높인다. 셋째, 투표행태를 결정하는 요인이 되고, 궁극적으로 선거의 안정성과 정당의 제도화에 기여한다. 넷째, 세련된 정치의식을 지니지 못한 유권자에게 비용이 가장 덜 들면서도 분명한 판단의 실마리를 제공해준다. 즉, 선거과정에서 쟁점, 정책, 인물 등 다른 요인에 비해 가장 쉽게 투표 결정에 영향력을 행사할 수 있는 변수라는 것이다. 이러한 효용성과 더불어 정당 일체감은 투표 선택에서 직접적인 효과로 작용할 뿐 아니라 유권자가 정책 쟁점에 대한 자신의 견해를 정립하거나 정당 및 후보자의 입장을 인지하는 데 영향을 미침으로써 투표 선택에 간접적인 영향을 미치고 있다(Abramson, Aldriz and Rohde, 2010: 142).

미시건학파에 따르면 선거를 앞두고 제공되는 일체의 정보는 유권자의 정당 일체감에 근거한 선택적 취득(selective updating), 즉 유권자가 지지 정당에 대한 심리적 일체감에 따라 유리한 방향으로 정보를 취사선택하는 과정을 거쳐 유권자의 인지적 투표 결정 요인을 지지 정당에 편향되도록 형성한다. 다시 말해, 정당 일체감이 인식의 선별 기제로 작용함으로써 정당 지지는 자신의 지지 정향에 부합하거나 일치하는 것에 관심의 초점을 맞춘다는 것이다. 그리하여, 인식의 선별 기제로서 정당 일체감은 과거의 정치사회적 경험을 걸러내는 역할을 하며, 이후의 정치적 대상에 대해 비교적 안정적이고 예측할 수 있는 방향으로 반응하는 태도를 만든다는 것이다. 이러한 주장은 정당 지지자가 자신이 지지하는 정당에 대해 되도록 긍정적으로 평가하며, 반대하는 정당에 대해서는 부정적으로 평가한다는 것을 암시한다.

이러한 정당 일체감은 정당에 대한 심리적 밀착감, 편향성 등 다분히 감정적인 변수이며, 유권자의 계산적이고 이성적인 합리성과는 거리가 멀다. 미시건학파에 따르면 정당 일체감은 정치에 입문하기 이전인 어린 시절부터 부모에게서 전수 받으며, 정치문화를 습득하고 내면화하는 정치사회화 과정을 통해 형성된다. 그리고 이러한 감정적 변수는 성인이 되어 정치적 대상을 인지하거나 평가할 때 영향을 미친다. 따라서 정당 일체감에 의한 투표는 인물이나 정책 본위의 투표에 비해 다소 비합리적이고 감정적인 투표라고 할 수 있다.

한편, 1976년에 출간된 『변화하는 미국 유권자(The Changing American Voter)』는 정당 일체감의 역할은 감소하고 정치적 이념과 쟁점에 대한 태도의 일관성은 증대된다는 점을 증명하면서 이러한 사회심리학적 시각에 대한 본격적인 도전을 시작했다. 이들의 비판은 다음과 같다.

첫째, 정책 쟁점,[2] 경제 상황과 같은 단기적 영향력이 유권자의 내면을 장기적으로 지배해 온 정당 일체감의 약화를 초래할 수 있으며, 이러한 요인에 의해 유권자의 투표행태가 변할 수 있다는 점이다(Kaufman, Petrocik and Show, 2008: 31~32). 정당 일체감은 지속되거나 장기간 유지되는 것이 아니라 대통령이나 정당의 업적에 대한 회고적 평가나 유권자의 불만족, 후보자에 대한 평가, 과거의 투표행태 등에 의해 바뀔 수 있다는 것이다(Smith, 1985: 264). 하지만 단기적 영향력의 한계는 정당 일체감과는 다르게 쟁점을 이해하는 데 시간과 지식이 필요하다는 것에 있다(Abramson, Aldriz and Rohde, 2010: 157).

둘째, 미시건학파가 주장한 사회심리학적 관점으로서의 정당 일체감은 유권자가 합리적으로만 행동하지 않는 이유를 설명하는 심리학적 모형으로서 중요한 역할을 해 왔으나, 이를 통해 투표행태를 설명하는 데 몇 가지 한계점이 내재한다는 것이다. 정당 일체감은 유권자와 정당의 관계를 좋고 싫음의 단일 차원으로 파악함으로써 상호관계를 지나치게 단순화한다. 이와 더불어 정당 일체감이란 용어는 하나의 용어에 규범적, 정서적 차원의 내용을 혼합함으로써 유권자가 정당과 관련해 어떤 행태를 취할 것인가를 설명하기 위한 일반적 모형으로 받아들이는 데 한계가 있다.

셋째, 만약 정당 일체감을 지닌 모든 유권자가 자신의 정당 일체감과 완벽하게 조응하는 인식적 투표 결정 요인을 형성하고 이에 근거해 투표한다면, 집권당의 업적이나 성취와는 무관하게 투표가 이루어진다는 점에서 대의민주주의의 반응성을 상실한다는 것이다.

---

2) 한국의 경우 북한의 문제를 들 수 있을 것이다. 특히 2017년 김정은 체제에서의 핵실험 성공은 북한의 문제를 한반도 차원에서 세계 차원으로 확대하는 결과와 더불어 2018년 문재인대통령과 김정은위원장의 판문점 정상회담, 그리고 트럼프대통령과 김정은위원장의 싱가포르 정상회담은 김정은 체제의 공고화와 북한의 비핵화 이슈가 한반도 비핵화라는 다소 혼란스러운 질서의 변화를 가져왔다. 그 결과 보수진영과 진보진영 간의 사회균열구조가 강화되는 현상이 나타났다.

3. 경제학적 이론

경제학적 이론은 기본적으로 인간은 합리적이라는 가정에서 출발한다. 우리는 이미 6장에서 합리적 선택 이론에 대해서 살펴보았다. 그러므로 여기서는 합리적 선택 이론을 기반으로 한 대표적인 세 가지 경제적 투표 행태 이론을 살펴보도록 한다.

첫째, 회고적 투표(retrospective voting)이다. 회고적 투표란 현직 대통령 또는 현직 국회의원이 재직 시절에 수행했던 업적이나 발생했던 사건에 대한 평가를 기반으로 이루어지는 투표를 의미한다. 회고적 투표 유형을 지지하는 학자들은 유권자의 합리적 선택이 현직자의 과거 업적과 사건에 기반을 둔 평가에 근원하며, 투표란 과거 업적에 대한 현직자(incumbent) 보상 내지는 벌칙으로 해석될 수 있다고 주장한다. 이 시각에 따르면 유권자의 후보자 선택은 현직자에 대한 회고적 평가에 근거해 현직자를 심판하는 합리적 선택으로 볼 수 있다. 유권자는 현직자의 과거 업적에 근거해 자신의 정치적 이익을 실현할 수 있는 기대효용을 계산한 후, 기대효용이 높을 경우 현직자를 재신임하며, 기대효용이 낮을 경우 기권하거나 도전자에게 투표한다는 것이다.

둘째, 전망적 투표(prospective voting)이다. 전망적 투표란 과거의 정책 이행 결과에 기반을 두고 선거 시 제시되는 정책적 공약을 평가하고, 유권자의 정책적 입장과 유사한 정책적 입장을 제시하는 정당에 투표하는 것을 의미한다. 전망적 투표 유형을 체계화한 다운스(Downs)는 전망적 투표자가 정당을 선택하는 과정을 다음과 같이 정리했다(Downs, 1957: ch3).

1) 유권자는 현 정부 하에서 받고 있는 효용과 다른 정당이 집권했을 때 받을 것으로 믿는 기대효용을 비교해서 현재 정당과의 효용 차이를 계산한다. 이후 정당과의 차이 값에 따라 정당을 순서대로 나열한다.
2) 양당정치에서 유권자는 자신이 선호하는 정당에 투표한다. 정당이 두 개 이상 존재하는 다당제에서는 다른 유권자의 선호도를 고려해 자신의 투표행위를 결정한다. 방식은 다음과 같다.
   ㄱ) 유권자가 선호하는 정당이 이길 가능성이 클 경우, 해당 정당에 투표한다.
   ㄴ) 유권자가 선호하는 정당이 이길 가능성이 거의 없을 경우, 유권자가 가장 선호하지 않는 정당이 이기는 경우를 막기 위해 이길 가능성이 큰 다른 정당에 투표한다.

ㄷ) 그렇지만 유권자가 자신이 선호하는 정당이 미래에 승리할 가능성이 있거나 해당 정당에 대한 지지 표명을 원할 경우, 선호 정당에 투표한다.

3) 유권자가 정당에 대한 우선순위를 정할 수 없을 경우, 다음과 같은 행위를 할 수 있다.

ㄱ) 각 정당이 제시하는 공약이 다를지라도 최소 두 개 정당이 우선순위에서 동률일 경우, 유권자는 기권한다.

ㄴ) 각 정당이 유사한 정당정책을 제시할 경우, 여당의 현재 정책 업적과 여당의 과거 정책 업적을 비교해 현재가 과거보다 나을 경우 여당을 지지하고, 과거가 나을 경우 야당을 지지한다. 현재와 과거의 여당 업적이 유사할 경우 기권한다.

합리적 선택 이론의 시각으로서 회고적 투표 성향과 전망적 투표 성향의 공통점과 차이점은 다음과 같다. 첫째, 회고적 투표와 전망적 투표가 공유하는 이론적 전제는 유권자가 자신의 정치적 목적을 실현할 수 있는 최선의 후보를 선택해 투표한다는 점이다. 반면 두 유형 간의 차이는 최선의 후보를 계산하는 판단 근거가 어디에 근원하는가에 있다. 회고적 투표의 경우에는 판단의 근거가 현직자의 정책 수행 결과인 데 반해, 전망적 투표의 경우에는 후보자가 아닌 정당의 정책 공약을 판단 준거로 삼는다. 즉, 회고적 투표가 결과에 초점을 맞추는 반면, 전망적 투표는 바람직한 결과를 이행하기 위한 공약에 초점을 맞춘다.

둘째, 전망적 투표자는 선거 시 제시되는 정당의 정책 공약을 평가하기 위해 이미 발생한 정책 결과를 활용한다. 반면 회고적 투표자는 현직자가 이행한 정책 결과를 기준으로 현직자에 대한 보상을 제공하거나 벌칙을 가한다. 달리 표현하면, 회고적 투표자의 경우 예감 함수는 이미 발생한 정책적 결과에 기반을 두는 반면, 전망적 투표자의 경우 앞으로 발생할 정책적 약속에 기반을 둔다.

셋째, 회고적 투표자는 현직자라는 후보자 평가에 초점을 맞추지만, 전망적 투표자는 정당이 평가의 대상이다. 또한 회고적 투표자의 경우 현직자만의 정책 수행 결과에 초점을 두는 반면, 전망적 투표자는 어느 정당의 공약이 자신의 정책적 입장과 유사한지를 비교한다. 따라서 정당의 정책 공약과 유권자의 정책적 입장 간의 차이에 대한 이슈 투표논의가 가능해진다.

마지막으로 피오리나(Fiorina)는 합리적 선택 이론의 회고적 시각과 전망적 시각을 종합한다. 피오리나에 따르면, 합리적 유권자는 정당정책에 대한 기대효용을 계산할 때, 과거 정당의 업적 평가 요약치인 정당 일체감에 비추어 정당을 선택한다. 합리적 유권자는 회고적 투표자처럼 과거에 대한 평가도 중요시하며, 전망적 투표자처럼 정당이 제시하는 정당정책 공약에 대한 평가도 중요시한다. 이러한 두 가지 시각을 잇는 연결고리로서 과거 정당의 업적평가에 대한 축약된 가치라 할 수 있는 정당 일체감이 사용된다(Fiorina, 1981).

그렇지만 피오리나가 주장하는 정당 일체감이란 사회심리학에서 주장해 온 정당 일체감과는 차이가 있다. 피오리나에 의하면 유권자의 정당 일체감은 정당정책을 평가할 때 주요한 기제가 된다. 하지만, 정책 평가 결과도 정당 일체감의 수준에 영향을 미친다는 것이다. 따라서 피오리나의 정당 일체감이란 유아기 때 생성되어 바뀌지 않는 연대감이기보다는 정책 평가에 의하여 바뀔 여지가 있는 연대감이다. 이러한 점에서 피오리나가 제시한 정당 일체감을 통한 평가는 감정적이기보다는 인지적이며, 합리적 계산에 기반을 둔 평가이다.

피오리나의 회고적·전망적 투표자는 회고적 투표자와는 달리 현직자 임기 동안한 업적만을 평가하는 것이 아니라 현직자의 정당이 과거에 행한 업적을 총체적으로 평가한다. 또한 피오리나의 합리적 유권자는 정당정책에 대한 평가가 정책 수행결과에 대한 객관적 평가가 아닌 정당 일체감을 통한 주관적 평가를 내린다는 점에서 다운스와 차이를 보인다. 유권자는 일체감을 형성하고 있는 정당에 대해서는 우호적 평가를 내리는 반면, 일체감을 형성하지 않고 있는 정당에 대해서는 부정적 평가를 내린다. 따라서 합리적 유권자의 주관적 평가 경향에 비추어 볼 때 비선호 정당의 정책적 제안이 선호 정당의 정책적 제안보다 훨씬 설득력이 있어야 긍정적인 평가가 내려질 수 있다고 예측된다. 달리 표현하면 선호 정당과 비선호 정당의 정책 공약이 종합적인 측면에서 유사하게 평가될 경우에 합리적 유권자는 기존의 선호 정당에 좀 더 긍정적 평가를 내릴 가능성이 크다.

피오리나는 다운스가 제시한 전망적 투표 시각과도 차이를 보인다. 첫째, 해럽과 밀러(Harrop and Miller, 1987: 149~150)가 지적한 것처럼 전망적 투표자는 미래의 행위를 예측하기 위해 정당의 과거 업적을 이용한다. 회고적-전망적 투표자의 경우에 과거의 업적 평가가 현재의 정당 일체감에 직접 영향을 미치며, 그 영향을 받은 정당 일체감은 정당정책을 평가하는 기준이 된다. 둘째, 전망적 투표자는 제시된 정당정책을 정당 간에 비교하기 위해 정당의 과거 업적을 평가하는 반면, 회고적-전망적 투표자는 현 정부의 업적 평가를 보상하거나 처벌하기 위해 과거 업적을 평가한다. 셋째, 전망적 투표자는 제시된 정책에 더욱 관심을 갖지만, 회고적-전망적 투표자는 정책보다는 결과에 더 관심을 가진다. 결론적으로 정당 일체감 개념은 투표자의 기대효용 공식에서 기본적인 판단기준이 될 수 있으며, 이 판단의 역할은 후보자의 정책, 이슈, 이념 등을 평가하는 데 영향을 줄 수 있다(Petrocik, 1989: 44).

이상에서 살펴본 합리적 선택 이론에 기반한 경제적 투표 행태 이론은 논리적으로 매우 설득력이 있을 뿐 아니라 민주주의에 맞는 유권자상을 전제하고 있다는 점에서, 체계적인 일반 이론을 꿈꾸는 사람이나 민주주의를 옹호하는 사람들에게 커다란 희망을 주었다. 그럼에도 불구하고, 실제 경험적 연구에서는 미미한 증거만을 확보함으로써 처음에 약속했던 기대에는 훨씬 못 미치는 결과를 낳았다.

4. 인지심리학적 이론

인지심리학적 이론은 인간성에 대한 기본 가정에 있어서 사회심리학적 이론과 차이를 보인다. 사회심리학적 인간이 비합리적이고 감정적인 존재로 상정된다면, 인지심리학적 인간은 합리적이고 이성적인 존재로 묘사된다. 그러나 인지심리학의 합리성의 개념은 경제학적인 의미에서의 효율성에 기반을 둔 합리성과 근본적인 차이를 보인다. 사이몬은 현대정치학 연구에 응용되는 인간 합리성에는 두 가지 주요한 이론이 있다고 한다. 하나는 경제학에서 주로 사용되어 온 실체적이고 총체적인 합리성 이론이고, 다른 하나는 인지심리학에 뿌리를 둔 절차적으로 한계가 있는 제한된 합리성이다(Simon, 1985). 전자가 인간행위의 결정과정에는 관심이 없으며 주어진 조건에 따라 일률적인 행위를 예측하는 데 반해서, 후자는 결정 과정상의 인지적인 한계를 강조하기 때문에 개인에 따라 차별적인 행위를 예측하게 된다.

인지심리학적 이론은 앞의 세 이론과 같이 하나의 패러다임이나 커다란 흐름을 보여줄 정도로 학파를 형성하지 못하였다고 평가할 수 있다. 그러나 경제학적 투표행태이론의 취약한 개별적 특성과 경험적 설명력을 보완하고 있다는 점에서 세부적인 분야에서 인지심리학적 설명의 의의가 있다. 인지심리학적 이론이 응용될 수 있는 대표적인 사례를 살펴보면 이 점을 쉽게 이해할 수 있을 것이다.

경제학적 이론에 의하면 유권자가 자신이 가장 큰 관심을 갖고 있는 정책에 근거하여 투표 선택을 하는 쟁점투표(Hague et al., 2017: 374)를 하지 못하는 이유는 정당이 차별적인 정책적 대안을 제시하지 않았기 때문이다. 이는 만일 외부적 상황에 변화가 생기면 유권자의 투표행태도 변할 것임을 시사한다. 즉, 정당이 뚜렷한 정책적 대안을 제시하면 모든 유권자는 쟁점투표를 하게 될 것이라고 가정하는 것이다. 그러나 인지심리학적 이론은 인지능력에 있어서 한계가 있는 유권자를 전제한다. 따라서 비록 외부적 상황이 변한다 하여도 이에 반응하여 모든 유권자가 일률적인 변화를 하지는 않을 것이라고 예측한다.

경제학적 이론이 쟁점투표를 무차별하게 다루는 데 비하여, 카마인과 스팀슨(Carmines and Stimson, 1980)은 '쉬운 쟁점'과 '어려운 쟁점'으로 쟁점투표를 구별한다. 쉬운 쟁점은 상징성이 강하고 정책 목표에 해당하는 것이므로 이해하기가 용이하다. 따라서 장시간 정치 현안이 되는 경우가 많다. 반면에 어려운 쟁점은 기술적인 문제를 다루고 정책 수단에 해당하는 것이므로 이해가 어려워 장시간 정치현안이 되지 못한다. 보통의 유권자는 쉬운 쟁점투표를 많이 하는 데 반하여, 어려운 쟁점투표를 하기 위해서는 상당한 수준의 지식과 관심이 필요하다는 것이 그들 주장의 핵심이다. 따라서 외부적으로 뚜렷한 정책적 대안이 주어진다 해도 보통의 유권자들이 어려운 쟁점투표를 하리라고 기대하는 것은 무리가 있을 것이라고 이들은 암시한다. 즉, 쟁점투표에도 개인의 인지능력과 이슈를 보도하는 언론노출의 빈도수(신두철 · 김성수, 2016) 그리고 다당제 선거구도에서 정당의 규모에 따라 선택하는 전략(Shin and Kim, 2017)에 따른 뚜렷한 차이가 발견된다는 것이다.

제4절 | 여론조사

1. 여론조사의 중요성

여론조사는 시간이 지날수록 정치인이나 유권자, 그리고 학자들에게도 중요한 요소로 부각이 되고 있다. 우선 여론(Public Opinion)은 일반적으로 정치적 이슈나 지도자, 제도, 또는 사건에 대한 시민들의 태도라고 정의할 수 있다. 특히 민주주의 국가에서는 투표권을 가지고 있는 유권자들의 선호를 어떻게 이해하고 정책 과정에 반영하는지가 중요하기 때문에 여론 자체가 대통령이나 의원, 심지어 법원 등 다양한 정치 행위자들에게 영향을 미치는 중요한 요소가 된다. 대중의 선호를 잘 파악함으로써 정책의 설득력과 정당성을 확보할 수 있고, 여론의 지지도를 파악함으로써 기존 정책에 대한 평가와 동시에 미래에 대한 예측을 가능하게 한다. 한편 여론조사는 정책 결정자들의 의도에 따라 이용될 수 있는 측면을 가지고 있기도 하다.

| Box 8-1 | 여론조사를 믿을 수 있는가?

보궐선거를 앞두고 언론기관들은 앞을 다투어 지지율을 게시한다.

여론조사와 체감온도는 과연 일치할까? 1982년 미국 캘리포니아 주지사 선거에서 민주당의 전 LA 시장 톰 브래들리와 공화당의 조지 딕메지안 후보자가 맞붙었다. 시장 재임 시 보여준 탁월한 능력으로 선거전부터 브래들리의 압도적 승리가 예상됐다. 여론조사에서 86%라는 압도적인 지지를 받았기 때문이었다. 당선은 기정사실이었다. 선거 결과가 발표되기 전 브래들리 당선을 확정하고 결과를 기다린 지역신문도 있었다. 하지만 결과는 달랐다. 절대 열세였던 딕메지안이 1.2%p 차로 브래들리를 눌렀다. 무슨 일이 있었던 것일까. 딕메지안 후보 측의 분석이 흥미롭다. 선거를 총괄했던 빌 로버츠는 백인 유권자들의 대답에서 원인을 찾았다. 백인 유권자들이 속으로 딕메지안을 지지했지만, 드러내지 않았다는 것이다. 높은 지명도와 능력을 갖춘 흑인 후보자를 부정하는 것이 '인종차별자'로 보일 수 있어서 응답을 회피했다는 것이다. 이 선거 이후로 유권자들이 자기의 생각을 직접적으로 드러내지 않는 절제된 행태를 의미하는 브래들리 효과(Bradley Effect)라는 정치 용어가 생겼다.

우리나라에서도 여론 조사와 결과가 달랐던 선거 사례가 있었다. 2010년 지방 선거였다. 선거 전에 발생한 북한의 천안함 도발 등으로 선거는 당시 한나라당에게 유리한 분위기였다. 여론조사도 한나라당의 지지율이 높았다. 하지만 결과는 달랐다. 228개 기초단체장 선거구에서 민주당이 91곳을 차지하였고, 한나라당은 83곳을 차지하는데 그쳤다. 특히 서울에서는 민주당이 25개 구청장 가운데 21개를 차지했다. 안보 위기감이 높아지고, 46명 수병의 희생에 대한 북한 책임론을 질타하는 사회 분위기 속에서 자칫 '친북주의자'로 더 나가 '빨갱이'로 낙인찍힐 두려움 때문에 민주당 후보에 대한 지지 의사를 숨기거나 회피했던 것이다.

2017년 헌정사상 초유의 현직대통령 탄핵이 있었다. 다수 국민의지지 속에 더불어민주당으로 정권교체가 이루어졌다. 이후 여러 의혹 속에서도 상대적으로 높은 지지율이 유지됐다. 악재에도 지지율이 유지된 이유는 무엇일까? 인지부조화 때문이었다. 과거를 단죄하며 옹립한 정부에 대한 부정은 자기 스스로에 대한 부정이 된다. 동시에 정부를 부정하는 것은 과거의 모순을 지지하는 적폐세력으로 몰릴 수도 있기 때문이다.

사회심리학자 레온 페스팅거(Leon Festinger)는 인간은 자신의 신념과 행동의 일치를 보이려고 한다고 주장한다. 기존에 믿고 있던 생각과 모순될 때 합리적이거나 상식적인 선택보다는 부조리하지만, 기존 생각에 부합하는 생각을 선택한다는 것이다. 이런 이유로 여론조사에서 모호한 입장을 보이게 되는 것이다. 또한 반대를 수용하는 태도도 문제다. 반대 의사를 표현하거나 정부를 비판하는 경우에는 누구든지 좌표를 찍고 무차별에 가까운 공격이 이어진다. 극렬반대자가 아니고서는 입장표명이 어렵다.

> 정치인들은 여론조사에 너무 취해서는 안 된다. 비난에 대한 두려움은 사람의 마음을 움츠리게 한다. 진심을 말하지 못하게 한다. 단순다수 대표제 선거제도는 단 한 표로 당락이 결정된다. '노인이 앉아서도 보는 것을 어린아이는 산꼭대기에서도 못 본다'라는 나이지리아 속담이 있다. 성숙하며, 낮은 자세에서 국민의 마음을 볼 수 있는 지혜를 모아야 한다. 네거티브 선거보다는 정책대결 선거가 돼야 하는 이유이다.

※ 김성수. 경기일보, 2021년 3월 29일

여론조사를 어떠한 방법으로 시행하는지에 따라 의도한 답변을 유도할 수도 있고, 변수에 따라 결과가 달라지기 때문에 조작이 가능하다는 문제점도 가지고 있다. 뿐만 아니라 정책 결정자들에 의해 여론조사는 대중들의 정치적 요구를 분출하는 도구로 사용되어 적극적 요구를 잠재우기도 한다.

2. 여론조사 방법

정치 행위자는 여론을 파악하기 위해 다양한 방법을 동원한다. 시간이 지남에 따라 여론조사 방법은 나날이 발전을 거듭하고 있고, 그 종류도 다양하다. 구체적인 여론조사 방법을 살펴보기 이전에 한 가지 고려해야 할 사항이 있다. 종종 여론조사는 특정 수의 사람들이 어떻게 전체를 대표할 수 있는지에 의문을 제기하는 사람들에게 그 신빙성이나 의미 자체를 의심받곤 한다는 것이다. 하지만 여론조사에서 중요한 것은 여론조사 자체가 개개인의 의견을 모두 수용하려는 데에 그 취지가 있는 것이 아니라는 점이다. 얼마나 많은 사람들이 어떻게 반응하는지를 측정하려는 데 목적이 있는 것이다.

여론조사가 어떻게 진행되는지에 대해 간단히 살펴보도록 하자. 여론조사를 위해서는 우선 조사목적과 가설을 분명히 하는 것으로 시작한다. 다음은 조사 디자인(research design)을 작성해야 하는데, 이 단계에서는 주로 표본추출 작업(sampling)과 설문지 작성 작업이 이루어진다. 표본은 규모가 크면 클수록 많은 대표성을 확보할 수 있기 때문에 더 유용하다. 표본은 무엇보다 무작위(random)로 선별되어야 한다. 이것은 표본추출 과정의 가장 기본적인 원칙이고 또한 그러해야 한다. 표본추출을 위해서는 다양한 방법이 있다. 오늘날 여론조사를 위해서 전화 인터뷰가 많이 사용된다. 전화 인터뷰는 보통 많은 질문들을 허용하지 않고, 즉흥적인 설명을 하지 않는 것이 특징이다. 가정 방문 인터뷰(In-home interview)는 실시되긴 하지만 비용이 많이 든다는 문제를 안고 있다. 집락표본추출(duster sampling) 방식은 표본을 보통 특정한 인근 지역에서 추출하게 된다. 때문에 사실상 무작위의 원칙을 훼손할 가능성이 높다. 이러한 문제를 해결해 줄 수 있는 방법이 우편이나 온라인을 이용한 여론조사이다. 이 방법은 매우 효율적이고, 비용도 상당히 아낄 수 있다. 그러나 질문에 답변을 유도하기 위한 인센티브를 제공하기 때문에 대표성에 있어서는 취약한 점을 가지고 있다. 그래서 보통 전화 인터뷰를 많이 사용하는데, 이때 무작위 디지털 다이얼(Random Digit Dialing: RDD) 방식을 사용하게 된다. 전화면접조사(Computer Assisted Telephone Interviewing: CATI)와 전화 자동응답시스템(Automatic Response System: ARS)도 유용하게 쓰인다. 하지만 CATI의 경우 비용이 만만치 않다는 문제를 가지고 있고, ARS방식도 객관성과 과학성이 결여된 조사방법이라는 비판을 받은 바 있다.

다음으로 면접조사원이 설문지의 순서에 따라 응답자에게 질문하여 그들의 답변을 받고 기록하는 정보수집과정이 있다. 이때에는 적절한 날짜, 적절한 시간을 정하여 면접조사를 하는 일, 조사원에 대한 훈련과 감독, 그리고 입수된 데이터의 검토, 즉 인터뷰어가 응답자와 거짓 없이 인터뷰를 하였는지 여부를 가려내는 심사 등을 수행하게 된다. 네 번째는 입수된 데이터를 컴퓨터에 입력하여 단순한 통계, 교차분석, 또는 다변인 통계분석을 통해 데이터를 정리하고 보고서를 내는 작업이다.

여론조사의 방법론적 기반은 사회조사방법이고, 사회조사는 확률표본 추출기법을 기초로 한다. 즉 적절한 수의 표본을 확률 이론에 근거하여 추출하면 표본의 모집단(예를 들어 전국 유권자 전체)을 대표할 수 있기 때문에 조사대상 응답자는 소수이지만 다수의 모집단에 적용하여 조사 결과를 일반화할 수 있는 것이다.

3. 여론조사의 한계

일률적으로 제시되는 여론조사 문항들이 다양한 배경을 가진 응답자들의 복잡 다양한 의견을 포괄적으로 수렴해낼 수 있는가에 대한 지적이 있어 왔다. 모든 사람에게 적용할 수 있는 공통분모에 맞추어 질문을 하면 개개인에게는 잘 맞지 않는 질문이 되어 버리는 경우가 있기 때문이다.

둘째로는 여론조사의 결과가 응답자의 진실성을 완벽하게 반영하는 것이 아니라는 문제점이 있다. 곧 응답자가 자신은 보수적인 사람이라고 대답했다고 하여 반드시 그 사람이 보수적인 사람이라고 단정할 수 없는 것이다. 결국 응답자의 대답 속에 담겨져 있는 인위적인 요소를 인정해야 한다. 셋째는 조사 전문가가 여론의 향배나 쟁점에 대한 자신의 주관적인 판단에 따라 설문지를 작성하는 경우가 종종 있다는 점이다. 조사 전문가의 주관 개입은 여론조사의 객관성과 타당성과 연관된 문제점이라 할 수 있다. 이는 결과 분석에도 영향을 주게 된다. 특히 표본추출 과정에서의 주관 개입이 가능하지만, 질문의 유형이나 형식도 이를 위한 유용한 도구가 된다. 이러한 문제점들로 인해 여론조사 결과에 대해서는 항상 다음과 같은 요소들을 따져봐야 한다. 1) 누가 이 여론조사를 실시했는가? 2) 누가 여론조사를 위한 예산을 부담했고, 왜 그러했는가? 3) 얼마나 많은 사람들이 인터뷰에 응했는가? 4) 어떻게 참여자들이 선별되었는가? 5) 여론조사에 응한 참여자들은 어떤 지역, 혹은 어떤 집단에 소속되어 있는 사람들인가? 6) 여론조사 결과는 사람들이 인터뷰에 응한 답변을 기초로 하여 나타났는가? 7) 누가 인터뷰를 했어야 했고, 하지 말았어야 했는가? 혹은 응답률은 어느 정도였는가? 8) 언제 여론조사가 실시되었는가? 9) 인터뷰는 어떤 방법으로 실시되었는가? 10) 인터넷을 이용한 여론조사는 어떠한가? 11) 표본추출에 있어서의 오류 혹은 조사 결과는 어떠한가? 12) 누가 먼저 했는가? 13) 조사 결과를 왜곡시킬 수 있는 다른 요소들에는 어떠한 것들이 있는가? 14) 어떠한 질문을 했는가? 15) 어떤 순서로 질문을 배열했는가? 16) 여론조사를 가장한 푸시폴(push-poll)은 어떻게 해야 하는가? 17) 동일한 주제에 대한 다른 여론조사는 없는가? 다른 조사들도 같은 결과가 나왔는가? 만약 다르다면 그 이유가 무엇인가? 18) 출구 조사는 어떠했는가? 19) 여론조사보고서에 포함되어야 할 다른 요소들에는 어떤 것이 있는가? 20) 모든 질문에 답변을 했고, 답변 또한 괜찮았다. 그렇다면 그 조사는 정확한 것이라 판단하고 보고해야 하는가?

위에서 살펴본 질문들은 실시된 여론조사가 과연 과학적인 조사인지 아니면 비과학적 조사인지를 결정하는 데 도움을 준다. 제대로 된 과학적인 여론조사는 응답자들뿐만 아니라 그 외의 다양한 사람들의 의견까지 알 수 있는 정보가 된다.

제5절 | 정당의 발전과 공정한 선거를 위하여

정당은 슘페터가 주장하는 균형민주주의에서 정의하는 사회균열구조를 정상적인 소통의 방식으로 정치화시키는 역할을 한다.[3] 이러한 명제를 전제로, 정당의 역할과 지지를 합리적 선택의 결과물로 고려하는 주류이론 이외에도 전망이론으로 분석을 하면 재미있는 가정을 도출할 수 있다. 전망이론(prospect theory)은 인간은 자신의 이익을 극대화하기 위하여 합리적인 판단을 한다는 전통적인 기대효용이론의 가정을 거부하고 인간이 비합리적인 판단도 한다고 주장한다. 여기서의 고려 대상은 심리적인 이유이다. 인간은 얻는 것보다는 잃는 것(loss avoidance)에 더 관심을 갖는다는 것이다(Gilovich, Griffin, and Kahneman, 2002). 이익에서 느끼는 효용보다는 손실에서 느끼는 비효용이 더 중요하다고 생각한다는 것이다. 이런 논리에 입각한다면, 분배보다는 성장을 우선으로 하며 현상유지와 점진적 변화를 추구하는 보수성향의 정당이 분배의 논리를 주장하는 진보성향의 정당보다 지속적인 지지를 받을 수 있다는 결론에 도달할 수 있다. 프리드먼(Bejamin Friedman, 2006)은 그의 저서에서 저성장은 도덕적 타락을 가져 온다고 주장한다. 경제성장은 과거에 비하여 윤택하다는 비교우위에 의하여 비경제적 함의인 관용과 평화를 가져 올 수 있지만 세속적 불황(secular stagnation)과 그로부터 나타나게 되는 저소비는 참을성을 분노와 폭력으로 전환시킨다는 것이다. 보수정당은 '성장'이라는 연속성을 제공하기 때문에 잃는다는 것에 대한 서운함을 방지해줄 수 있다면, 이에 비해 진보정당의 분배 담론은 단계로서는 이해할 수 있으나 연속성으로 볼 때 상실감을 함의하기에 서운함과 배신감을 줄 수 있다. 결국 보수주의자는 진보주의자가 되기는 힘들어도 진보주의자가 보수주의자로 탈바꿈하는 것은 쉽다. 이것이 바로 어려운 환경 속에서도 보수정당이 현대사회에서 기본적인 지지율을 유지하는 이유일 것이다.

선거를 통한 다수의 의사를 권력행위의 정당성의 원천으로 이해하기 시작한 것은 사회계약론의 등장과 더불어 시작되었다고 볼 수 있다. 대표적 사회계약론자 중의 한 명인 로크(Locke)는 대의 민주주의는 사회에서 갈등을 조절할 수 있는 적절한 구

3) 물론 우리사회에서는 한국전쟁 이후 이념의 우편향성으로 진보적인 담론을 수용할 수 있는 정당이 제도화되는 데 시간이 걸렸고, 그 결과 아직도 이념적 균열구조에 의하여 사회갈등이 표면화되는 현상이 아직도 남아 있다.

조적 장치라고 주장하였다. 이러한 전통은 19세기 이후부터 선거를 통하여 다수결의 원칙에 따라 권력의 향방을 정하고 선택받지 못한 소수는 자신들의 주장을 보류 또는 포기하고 다수의 의견을 따르는 대의 민주주의의 원칙으로 이해되고 있다. 하지만 선거를 통해 권력의 획득을 정당화하여 통치하기 위해서는 고려되어야 하는 규범적인 원칙이 존재한다. 우선적으로 선거는 공정한 경쟁을 통하여 치루어졌으며 이번에는 소수의 주장이 관철되지 못했지만 다음번 선거에서는 다수의 일원으로 자신의 의사가 대표성을 가질 수 있다는 가능성에 대한 구조적 확신이 있어야 한다. 그와 더불어 선거를 통하여 다수의 주장이 대표성을 갖지만 다수가 소수의 의견을 무시하는 것이 아니라 그들의 권리를 보호해줄 거라는 믿음과 신뢰가 전제되어야 한다. 결과적으로 선거의 의미는 공정한 게임의 원칙과 상호신뢰가 기반이 되어야 한다. 우리 사회에서 민주주의로 전환 이후 치러지는 선거에서 지속적으로 절차와 신뢰성에 대하여 의문을 갖게 된다면 대의 민주주의의 꽃인 선거의 의미는 퇴색하게 될 것이다.

물론, 대의 민주주의에서 직접 민주주의 형태를 갖고 있는 헌법 개정과 같은 공공정책의 쟁점에 대하여 실시되는 국민투표(referendum), 시민들에게 특정한 쟁점에 대하여 묻는 국민투표(referendum initiative)나 의회의 의제(agenda initiative)에 포함시킬 수 있도록 허용하는 발의(initiative), 그리고 선출직 공무원 임기 중에 사임을 물을 수 있는 소환(recall)이 존재한다.

정치권력

제1절 | 권력의 정의

자유주의자인 하이에크와 뷰캐넌은 경쟁과 선택이 권력(또는 강제력)을 대체할 수 있을 것이라고 주장하였다. 그러나 목적을 달성하기 위하여 힘을 사용하는 경우는 쉽게 나타난다. 권력의 어원은 라틴어 'protere'에서 유래된 '할 수 있는'이라는 의미를 가지고 있다(Hague et al., 2017: 9). 러셀(Russell)은 '권력은 의도한 결과를 만드는 것'이라고 정의하였다(Russell, 1938). 즉 권력은 한 개인이 어떠한 수단과 방법을 사용하여 다른 사람들로 하여금 자신이 원하는 방향으로 행동하도록 하는 것이다. 예를 들어 목적의 확보를 위하여 자연을 극복한다거나, 유인 또는 강제력을 통하여 상대를 제압한다거나, 마지막으로 목적을 성취하기 위하여 다른 사람들과 연합하여 집단행동을 이루는 경우 모두를 권력의 사용이라고 볼 수 있다. 일반적인 개인들의 경우에도 집단행동을 성공적으로 수행했을 경우 권력을 발생시킬 수 있다.

권력(Power)은 다음과 같이 세 가지로 정리할 수 있다.

① 자연을 극복하는 행위(Power to secure ends over nature)
② 강제력이나 유도를 통하여 다른 사람을 제압하는 행위(Power over others through inducement or coercion)
③ 집단적으로 힘을 사용하는 행위(Power with others)

그러나 보통의 경우, 권력은 누구나 소유할 수 있는 것이 아니다. 받는 사람이 있는가 하면, 단지 배분되는 가치를 받는 사람이 있다. 가치를 배분받는 사람들 중에서도 모두 동등한 가치를 배분 받는 것은 아니다. 자신의 몫이 큰 사람이 있는가 하면, 반면에 작거나 전혀 받지 못한 사람도 있다. 이 모든 현상 속에서 이미 권력을 가진 자와 가지지 못한 자가 분리된다. 이때 권력을 장악하고 있는 사람들을 우리는 엘리트라고 부른다(오명호, 1990: 306). 권력관계는 사회생활 전반에 나타나는 기본적인 현상이다. 개인과 개인, 집단과 집단, 심지어 국가와 국가 간에도 권력관계가 나타나지 않는 곳은 없다. 대부분 우리는 상대방보다 힘의 우위를 지니기를 원하며, 반대로 남에게 복종하며 지배받는 것을 싫어한다. 그래서 사회는 어디서나 권력을 위해 경쟁하고 대립한다. 정치학은 사회전반에 걸쳐 누가 권력을 장악하고, 어떻게 그것을 행사하며 어떻게 그것을 정당화하는지를 기본적인 관심사로 삼는 학문으로 이해되곤 한다. 따라서 권력에 대한 이해는 정치학에서 매우 중요하다. 정치학에서 권력은 통제 자체보다는 목적을 이루기 위한 능력이라는 점에서 상대에 대한 권력관계에 초점을 맞춘다.

데이비드 이스턴(David Easton)은 정치를 사회적 가치의 권위적인 배분이라고 정의내린 바 있다. 이 정의에 따르면 권력은 정치학에서 가장 핵심적인 개념이다. 왜냐하면 이때 가치를 배분할 수 있는 영향력이나 능력이 반드시 필요하기 때문이다. 그 능력이 바로 권력, 정확히 말하자면 정치권력인 것이다. 라스웰(Lasswell)은 "권력 개념은 아마도 정치학의 전반에 걸쳐서 가장 기본적인 개념이며, 정치과정은 권력의 형성, 분배, 행사"라며 권력의 중요성을 주장한 바 있다(Lasswell and Kaplan, 1950: 75).

여기서 권력을 소유하고 있는 자는 엘리트이고, 엘리트는 일반적 가치와 특별한 가치 모두를 소유한 영향력을 가진 인물로 볼 수 있다(Bill and Hardgrave, 1981: 162). 이러한 전제는 향후 정치권력을 엘리트주의적 관점으로 분석하는 데 많은 도움을 주고 있다. 먼저 다니엘 벨(Daniel Bell)은 엘리트주의적인 관점에서 정치권력을 파악한다. 벨은 마르크스주의와 파슨스(Talcott Parsons)의 기능주의적 접근 모두를 비판하면서, 다원주의에서 중요시하는 이익집단의 요구에 대한 조정기능이 아니라 후기산업사회에서 나타나는 기능적 합리성(functional rationality)에 기반을 둔 행정부의 거대한 권력집중화 현상을 국가정책 수립의 중요한 요소로 들고 있다(Bell, 1973: 13). 그는 상품의 생산·교환과정을 통해 사회가 공통된 가치체계를 통해 통합된다고 주장하는 뒤르껭(Emile Durkheim)에서 파슨스로 연결되는 다원적 견해와 거리를 둔다. 벨은 국가에 대한 자신의 주장과 관련하여 정책 수립과정에서 엘리트의 역할을 강조하면서, 기존 정책을 토대로 향상된 대안을 구축하는 점진적 방식(incremental model)으로 변화하는 내적 정치화 현상에 초점을 맞추는 아론 윌다브스키(Aaron Wildavsky, 1974), 윌리엄 니스케넌(William Niskanen, 1971)과 같은 다원주의자들과 제임스 오코너(James O'Connor)와 같은 신사회운동적 시각(탈물질주의)을 내포한 생태적 마르크스주의자들과는 시각을 달리하고 있다(Bell, 1973). 이러한 측면에서 벨의 주장은 다원주의적인 입장이 아닌 엘리트주의적인 입장이라고 볼 수 있는 것이다.

또 다른 엘리트주의 학자인 랄프 다렌도르프(Ralf Darendorf) 역시 마르크스주의와 다른 입장을 갖고 있다. 그는 사회적 갈등의 결정 요인이 필연적으로 사회적 조직에 수반되는 권력과 권위의 불평등이라고 주장하면서, 마르크스가 말하는 것과는 달리 경제적으로나 신분적으로 불평등이 제거된 후에도 이러한 사회적 불평등은 지속될 것이라 주장한다. 사회구조는 공통적 가치를 공유하기보다 뚜렷한 목적을 성취하기 위하여 강제력을 행사하는, 오히려 효율적인 여타의 지위들에 대해 통제력을 행사할 수 있는 권리를 부여받은 엘리트들에 의해 지배되는 것으로 보아야 한다고 주장했다(Darendorf, 1959: 165).

이처럼 엘리트주의적인 입장에서 바라보는 국가와 사회는 다원주의적인 시각과 계급주의적인 시각과는 사뭇 다르다는 것을 알 수 있다. 엘리트주의자들이 말하듯이 사회 전반에 광범위한 영향을 미치는 중대한 정책결정은 항상 소수의 엘리트에 의하여 내려지는 것이 현대사회의 현실이라고 볼 수 있다. 이러한 측면에서 엘리트주의에서 바라보는 국가와 사회, 그리고 엘리트와 권력 간의 상호 연관성은 권력, 권위와 정당성의 관점에서 접근하는 것이 필요하다.

엘리트주의의 주된 관심 사항은 국가를 구성하는 조직 상호간의 연결망이라고 할 수 있다. 국가는 사회의 지배적 조직이며 엘리트들의 전략에 의해 형성된 조직 간의 권력구조나 조직 그 자체의 확대판으로 인식된다. 이러한 조직들은 국가 내 환경의 우월적 지배 또는 기득권을 유지하기 위해 갈등하고 경쟁하는 엘리트들에 의해 구조화되며 진화해왔다. 즉, 권력구조는 생존 문제가 우선순인 일반 사회 구성원들의 상호관계 속에서 역사적으로 진화해 온 체계는 아니라는 것이다. 이 점이 엘리트주의가 다원주의, 계급주의와 근본적으로 다르게 국가를 바라보는 시각이다. 이러한 관점에서 볼 때, 국가 내 권력구조 안 조직의 목표는 물론이고 조직의 생존 전략 역시 자원과 관할권을 어떻게 소유 할지를 둘러싼 환경의 지배에 맞추어져 있으며 그 안에서 발생하는 엘리트들 간의 상호경쟁이며 갈등이다. 이러한 갈등은 조직 내에서 그리고 조직들 간의 관계 속에서 쉽게 발생한다. 갈등은 엘리트 상호 간의 협상, 양보, 법적 명령, 그리고 때로는 강제력에 의해서 조종되며 갈등의 해결과정 속에서 일부의 조직은 생존하기도 하고 나머지는 소멸하기도 한다. 또한 조직들은 상호 갈등 해결과정에서 균형점 획득이 불가능하거나 통제가 불확실한 상황에 처했을 때 플랜 B로서 합병·공동투자를 추진할 수 있으며 일부의 조직이 다른 조직에 종속되거나, 또는 자신들이 통제하고자 하는 다른 조직들과의 여러 가지 다른 협의를 통하여 불확실성을 제거하려고 노력한다(Pfeffer and Salancik, 1978).

국가의 사회적 속성은 조직의 엘리트들에게 있어서 행동의 제약으로 인식되기도 하며, 동시에 조직이 생존하고 운영되는 모든 조건을 조성시켜 주기도 한다. 국가는 사회 구성원 개개인들이 규칙을 준수하고 공권력을 인정하고 사회질서 유지를 위한 분별력을 습득하여 적합한 신념 속에서 행동하도록 계도할 수 있기 때문이다. 이러한 국가의 사회화 과정은, 사회 구성원들은 자신이 속한 조직 또는 집단 내에서 행동의 적절한 한계를 인정함으로써 조직과 집단의 명령과 절차를 수용하며 외부의 공권력인 경찰과 법원 등 관료조직에 의한 제재의 효율성을 신뢰하도록 한다. 이에 따라 개개인들은 정당한 권력을 지닌 관료조직이 내린 지시에 자발적으로 복종함으로써 사회를 안정적으로 유지한다. 결론적으로 국가는 사회의 여러 조직과 집단으로 이루어져 있다. 환경지배를 위해 갈등하고 경쟁하는 엘리트들은 관료조직을 도

표 9-1 이론적 시각과 연구방식의 요소들

분석 수준	세계관 기능적 관계 정치적 관계	방법	중심적 사회과정	주요한 사회 자원	국가 · 사회 간의 관계	국가의 주요한 측면
조직	합리화된 구조 조직상의 갈등	구조 내의 지배적인 원인들	산업화 사회에서 지배방식의 합리화	정치적 권력	상호조직 간, 권위와 갈등에 예속	관료 주의

구로 이용하고 사회 구성원들이 사회내 조직과 집단 안팎의 규정과 절차에 따르도록 한다. 결국 사회는 엘리트들의 권력에 의해 움직인다고 볼 수 있다.

엘리트주의적 시각에서 볼 때 권력은 결정을 내리는 국가로부터 유래된 권위조직으로 보고 있다. 능력을 가지고 있는 이익집단은 권력의 중심으로 계속 접근하면서 자신들의 목적을 이루기 위해 국가조직을 통제하거나 권위조직에 접근하면서 이익을 창출하려는 시도를 한다. 결국 영향력이 점점 강화되면서 지배적 이익집단 즉 지배세력으로 전환한다. 자연스럽게 상호 간에 강화된 순환구조로서 지배세력과 국가는 접근을 용이하게 하기 위하여 각자의 주변을 제도화시키게 되며, 국가의 내부조직과 지배적 이익집단의 외부조직은 상호 간에 동질화되는 경향이 발생한다. 국가의 내부조직은 지배적 이익집단을 대변하는 동시에 정치적 영역으로의 통로를 확보하려 하는 다른 이익집단들의 다양한 요구들을 제한함으로써 반대되는 사회집단의 정치 참여 수준 및 그들의 요구에 제한적 환경을 만들어 낸다. 바로 이 점이 국가의 구조 그 자체를 권력의 원천 이자 엘리트의 보금자리라고 할 수 있는 이유이다.

한편, 엘리트주의는 다원주의, 계급주의와 마찬가지로 엘리트 간의 기능적 제약과 정치적 행위 간의 갈등이라는 측면을 권력의 기초로 상정한다. 엘리트주의는 산업사회에서 권력의 본질에 대해 공통된 견해를 보이고 있는 듯하다. 기든스(Anthony Giddens)는 권력관계란 정례화된 자율성 · 종속관계, 즉 "예속적 행위자와 지배적 행위자 간의 관계"라고 주장하며, "자원은 권력을 행사하고, 지배구조를 재생산하는 매개물이다"라고 권력관계를 밝히고 있다(Giddens, 1979: 91). 사회학자 알랭 투렌(Alain Touraine)은 "우리 사회는 거대한 정책결정기구의 권력과 비밀, 즉 통제, 조작, 그리고 억압의 … 중요성에 의해 지배된다"라고 주장한다(Touraine, 1977: 157). 또한 그는 사회적 지배가 경제적 착취보다 더 중요하다고 하였다. 사회학자 랜덜 콜린스(Randall Collins)는 "소위 사회란 세력연합 또는 지배와 복종의 두 가지 원칙 중 어느 하나 또는 양자에 의해 결합된 조직과 집단의 유동적인 연결망에 불과하다"라고 주장하며(Collins, 1968: 51), 국가와 사회가 상당히 포괄적인 계급적 생산관계의 규범으로부터 유래된다는 마르크스적 견해를 거부한다. 그는 정치 · 경제영역은 독립적이지만 상호작용하는 사회이며, 지배구조와 하위구조는 경제적 자원을 둘러싼 투쟁과 지배기구에 대한 갈등의 결과로서 이해되어야 한다고 주장한다(Collins, 1968).

엘리트주의에서 볼 때 산업화과정에서의 역할, 엘리트간의 경쟁, 정책결정에서의 합리화 간의 관계는 매우 중요하다. 산업화는 사회의 점증하는 이해관계의 복잡성과 다양성으로 인해 발생하는 비생산적 요인을 제거하고 효율성을 극대하기 위해서는 기술 관료들에 의한 조정과 통제를 바탕으로 하는 국가계획을 필요로 하게 된다. 국가계획의 실질적 필요성은 다음과 같다. 시장에서 발생하는 교환행위의 주체가 감추어진 시장의 익명성과 노동시장에서의 고용주와 피고용인의 종속적 관계, 상품시장에서의 판매·구매자의 상호권리를 보장하는 형식적·법률적 평등은 경쟁을 기반으로 하는 시장에서 자연발생하지 않기에 관리가 필요하다. 그리고 무엇보다 산업화를 위하여 경제의 효율성이 떨어지는 중복투자, 선택과 집중 부재, 관료화 그리고 이에 수반하는 노동·자본의 비효율적 배분에서 엘리트적인 요소(조정과 통제)를 필요로 하게 된다. 조정과 통제 과정에서 사회적 불평등은 발생 할 수 있다. 하지만 발생하는 사회적 불평등은 국가구조 안에서 조직들 간의 합리적 타협 속에서 유래하는 것이지, 그것이 곧 개인적 가치와 기술의 차이에서 유래한다고 볼 수는 없다는 것이 엘리트주의의 주장이다. 다시 말해, 불평등은 합리성을 기반으로 분배된 것이기에 점차적으로 균형점을 찾을 것이란 것이다.

엘리트주의는 제7장 정치구조에서 다루는 자유민주주의 모델 3의 엘리트경쟁 메커니즘과 유사한 부분이 있다. 민주주의는 대중적 지지를 얻기 위한 엘리트 간 경쟁의 결과, 즉 주로 선거민의 지지를 확보하려는 정당엘리트 및 정치권력을 추구하는 다른 엘리트들의 조합 또는 경쟁으로 유지되는 정치제도이다. 현대 사회에서 대중참여는 그들의 가입과 지지에 좌우되는 조직들, 즉 노동조합, 정당, 각종 이익단체(전문가·과학자·상업인·노동자단체 등)의 확대를 통해서 가능해진다. 하지만 엘리트주의에서 주장하는 참여는 개인적 선호와 계급이익에 의해서라기보다는 조직의 엘리트에 의해 동원되며, 대중은 조직 내의 엘리트들의 성향에 의해 동원이 반복되곤 한다. 엘리트들은 신통치엘리트 이론가들이 주장하듯 그들의 지지자, 유권자, 또는 반대 구성원들이 엘리트에 적대되는 정보에 접근하는 것을 통제하기 위하여 엘리트 자신의 직책에 부여된 권력을 행사하여 통제한다. 또한 자신들이 유리한 사회적 쟁점을 선택하여 선동하고 세뇌시켜 개개인들을 집단의식으로 통제하고, 참여를 관리함으로써 대중여론을 이끌어 간다. 또한 경제는 대규모 조직, 특히 기업들에 의해 지배되므로 경제세력의 정치적 대표성은 이들 엘리트들 간의 공개적 경쟁보다는 조직들(기업, 노동조합, 국가기관) 간의 의식적인 조정을 통해서 조합주의적 지배 형태로 나타나게 된다. 조합주의적 국가에서 참여는 고도로 조직화되며, 엘리트들은 그들의 사회적 조직을 기반으로 정치행위를 통제하며 권력을 사용한다.

국가의 합리적 행위는 산업화 및 엘리트 경쟁을 필연적으로 수반하여 나타난다. 시장 자본주의에서 대기업 간의 상호관계에 대한 시장의 규제는 점차 감소하며, 이러한 대기업들로 구성된 경제를 운영하는 데 있어 필요한 기술적 요구조건은 행정·통치기능의 집중화를 필연적으로 불러오게 된다. 국가의 합리적 행위는 여러 가지 측면에서 나타날 수 있다. 전문 관료와 전문가들로 구성된 정책부처들은 편협적이고 단기적인 차원에서 제기된 이익집단의 요구가 아니라 근본적이고 미래지향적인 관점에서 문제를 해결하는 장기계획을 개발하고자 한다. 따라서 사회 내 발생하는 단기적 요구는 타협을 통하여 선택적으로 무시되거나 조정을 받게 된다. 이 과정에서 국가는 장기적 목적을 달성하기 위하여 단기기적 요구와 계획을 통합하며 그 과정에서 권력을 사용함으로 정당성의 문제가 야기된다. 문제의 해결책은 합리적 판단이 전제된다는 것이다. 효율적으로 권력을 집중시키거나 경우에 따라선 사안을 분산하여 사용한다. 구체적으로 살펴 보다면, 행정기관은 점차로 정책결정권을 다수의 이익이 충돌하여 합의 도출이 어려운 입법부로부터 이양 받게 합리적 판단을 전제로 정책을 집행한다. 중앙정부는 세입을 증대시키고 장기와 단기 공공정책의 순위를 결정하기 위해 지방정부로부터 더 많은 책임을 이양 받는다. 지방정부는 예산을 받아 중앙정부에서 결정된 정책의 시행을 담당한다. 하지만 지역현황을 고려할 때 정책집행에 필요 예산의 갈등이 발생할 수 있다. 이런 경우, 지방관리들은 내부규정 및 기존계획이 중앙정부의 명령과 합치되며 사전에 승인된 정책과 일치한다고 주장하며 예산을 증액시키거나 예산 삭감을 피할 수 있다. 합리화는 문제해결의 논리이며 효율성을 정당화하는 전략이라고 할 수 있다.

이처럼 권력관계와 엘리트는 상호 밀접한 관련이 있다. 이 두 개념은 따로 분리하여 연구할 수 없는 불가분의 관계이다. 민주주의의 본래 의미대로 모든 민중들이 참여하는 가운데 정치가 행해지고, 누구나 영향력을 행사하는 것은 이상일 뿐이다. 현실적으로 그것은 불가능하기 때문에 사회는 대표를 뽑고, 그들에게 부여된 대표성으로 인해 권한이 주어진다. 주어진 권한을 통해 지배하는 자가 있는가 하면, 자신이 획득한 힘을 통해 사회에 영향력을 미치며 지배하는 사람도 있다. 결국 인간이 모인 곳에 권력이 있고, 권력이 있는 곳에 엘리트가 있다.

따라서 다음과 같은 문제에 대해 알아보고자 한다. 우선 권력의 개념과 관련하여 '관계로 본 권력'과 '결정의 개념으로 본 권력'을 나누어 살펴본다. 또한 베버가 이야기 한 권력과 권위, 그리고 정당성(legitimacy)의 문제를 소개할 것이다.

그림 9-1 권력자와 피권력자 간의 관계

A ──────────────────────────► B

(권력자: power holder) (피권력자: power subject)

1. 인과관계(causality) – R. Dahl, H. A. Simon, J. G. March, J. N. Nagel
2. 의도(intention) – B. Barry, H. Goldhammer and E. A. Shils, A. Etzioni
3. 갈등(conflict) – S. I. Benn, E. Dahlstrom, J. P. R. French
4. 제재(sanction) – H. Lasswell & A. Kaplan, P. Blau, R. Bierstedt
5. 영향력(influence) – F. Oppenheim
6. 예방(prevention)
7. 처벌(punishment) – G. Karlsson
8. 의존(dependence) – R. M. Emerson

※ 출처: Jan-Erik Lane and Hans Stenlund, 1984, "Power", Giovanni Sartory ed., *Social Science Concepts: A Systematic Analysis*, Beverly Hills: Sage Publications, pp. 327~380을 재구성.

1. 권력의 개념

마키아벨리(Machiavelli)는 일찍이 권력이란 정치적 덕목을 가진 사람이 사회적으로 존재화하려는 그 자체라고 설명했다. 러셀(Bertrand Russell)은 물리학에서의 기본적 개념이 에너지이듯이 사회과학의 근본적 개념은 권력이라고 전제했다. 뿐만 아니라 라스웰은 『권력과 사회(Power and Society)』에서 권력이란 한 사람이 다른 사람의 행동을 지배하고 결정하는 능력이라고 정의하였다. 결국 이 말들을 종합해보면 권력은 인간의 사회적 관계 속에서 어떤 개인이나 집단이 다른 개인이나 집단을 좌우할 수 있는 능력 혹은 힘으로서, 거기에는 반드시 강압적인 물리적 또는 심리적 요소가 수반된다고 볼 수 있다.

이렇게 정의된 권력의 개념은 그 특징에 따라 관계와 결정으로 구분하여 찾을 수 있다(오명호, 1990: 306). 권력이라는 개념은 기본적으로 권력자와 피권력자, 즉 영향을 미치는 사람과 영향을 받는 사람 간의 관계가 형성되어야 이해될 수 있다. 이것은 비단 개인뿐만 아니라 집단이나 국가를 포함하는 모든 사회적 단위 간의 상호관계가 전제되어야 한다. 권력과 관련한 이 관계의 특성을 얀 에릭 레인(Jan–Erik Lane)과 한스 스텐런드(Hans Stenlund)는 다음과 같이 8가지로 나누어 설명하였다(Lane and Stenlund, 1984).

1) 정치권력은 권력자와 피권력자 간의 인과관계라고 이해할 수 있다. 달은 권력관계를 "A는 B가 하지 않을 수도 있는 무엇인가를 하게 만들 수 있는 한, A는 B에 대하여 권력을 소유"(Dahl, 1957: 202~203)하는 것이라고 설명했다. 사이몬은 "A가 B에 대하여 권력을 갖는다는 말은 A의 행위가 B의 행위의 원인이 된다는 말로 대치될 수 있다"(Simon, 1957: 5)라고 이해한다. 결국 권력자와 피권력자 사이에서 발생하는 행위에 대한 인과관계가 권력에서 비롯됨을 설명하고 있는 것이다.
2) 권력관계에는 권력자의 의도가 전제된다. 골드해머와 쉴즈는 "어떤 사람이 그의 의도에 따라 다른 사람들의 행위에 영향을 미치는 한, 그는 권력을 소유한다"(Goldhammer and Shils, 1939: 171)라고 설명한다. 에치오니도 "권력은 어떤 행위자가 그의 방향성과 그가 지지하는 규범을 다른 행위자가 실행하게끔 유도하거나 영향력을 줄 수 있는 행위자의 능력이다"라고 정의한다(Etzioni, 1975: 344). 의도 역시 권력의 종류로 볼 수 있다.
3) 권력관계에는 상반되는 의도들이 갈등을 일으키기도 한다. 단순히 권력자의 일방적 의도만이 권력에 영향을 미치는 것이 아니라, 피권력자의 요구 및 이해와 충돌하여 생기는 갈등으로 권력관계를 이해해야 한다는 것이다. 벤은 권력관계를 "A는 B에 대한 그의 권력으로 어떤 의도한 결과를 성공적으로 달성한다. A는 B가 C를 하게끔 만듦으로써 그러한 결과를 달성하게 되는데, 이때 B는 A가 원하지 않았다면 C를 하지 않았을 것이다. 뿐만 아니라 비록 B는 싫었지만, A는 그것을 극복시킬 수 있는 방법을 갖고 있었다"(Benn, 1967: 424)라고 정의한다. 의도를 관철하기 위해 발생된 갈등을 해결하는 행위도 권력이라 볼 수 있다.
4) 권력관계는 제재의 내용도 포함한다. 라스웰과 카프란은 "권력이란 영향력 행사의 특별한 경우이다. 그것은 어떤 의도된 정책에 대하여 동조하지 않을 때 실제적 또는 위협적인 가혹한 박탈을 통해 타인의 정책에 작용을 미치는 과정인 것이다"(Lasswell and Kaplan, 1950: 76)라고 정의 내린다. 상대방과의 갈등과 저항에도 불구하고 제재를 통해 권력자의 의도대로 결과를 유도한다는 것이다.
5) 권력관계는 영향력이라고 이해할 수 있다. 오펜하임은 영향력에 의한 권력관계는 설득이나 억제의 형태로 나타날 수 있으며, 강요나 제재를 앞세우지 않고 합리적인 설득으로 상대방의 선택을 유도하는 특성을 강조하고 있다(Lane and Stenlund, 1984: 360 재인용).
6) 권력은 예방이라고 이해할 수 있다. 예방이라고 이해할 때에는 영향력과 같이 권력자가 피권력자로 하여금 무엇인가를 하도록 만들기보다는 하지 못하도록 하는 의미가 내

포되어 있다. 이때 예방의 방법으로서 실천적 측면으로서의 물리적 강제(physical coercion)와 제도적 측면으로서의 물리적 억제(physical constraint)의 형태가 있다.

7) 권력관계에서는 처벌이 존재하기도 한다. 칼슨은 피권력자가 권력자에게 굴복하지 않을 때에는 손해나 처벌을 가하여 보상을 회수하는 경우를 강조한다(Karlsson, 1962: 364). 제재와 어느 정도 중복되는 부분이 없지 않지만 피권력자의 물리적 또는 금전적 이익에 손상을 미친다는 것이 특징이다.

8) 권력은 의존의 의미를 포함한다. 이는 이머슨이 주장하는 내용으로서, 사회관계란 상호성에 입각하고 있기 때문에 A의 B에 대한 권력은 B의 A에 대한 의존성과 같다고 정의한다. 결국 권력이란 B가 A에게 의존하는 경향을 만들어내는 것이다(Lane and Stenlund, 1984: 379~380 재인용). 일종의 리더십이라 볼 수 있다.

한편 결정의 시각에서 권력을 설명하는 사람들은 매우 복잡하고 얽히고설킨 권력관계의 방식을 밝혀내기에 관계를 통한 설명은 무리가 따를 수 있다고 주장한다. 따라서 집단이나 사회와 같은 다양한 구성요소들로 이루어지는 체제의 수준에서 권력관계를 다룰 때에는 권력을 어떤 정책결정의 맥락에서 파악하는 것이 바람직할 때가 있다는 것이다.

결정과 권력을 연관시킬 때 권력은 어떤 집단의 결정을 좌우할 수 있는 능력을 의미한다. 예컨대 어떤 집단의 결정을 놓고 A와 B의 두 세력 간에 이해나 의견의 대립이 있을 때 어느 쪽이 결정을 좌우하는 데 결정적 혹은 중추적이냐에 따라 그 결과가 나타난다. A가 결정을 한다면, 결국 A가 결정적인 위치에 있다는 것은 단순히 결정에 영향을 미칠 수 있다는 것을 의미할 뿐이다.

대통령이나 영국의 총리가 권력자인 이유는 국민들과의 관계 속에서 그가 지배자이기 때문이 아니라 국가의 중요사안에 대한 최종 결정권한을 가지고 있기 때문이다. 종합해보면 이때의 권력은 "권력 집단적인 정책결정에 영향을 미칠 수 있는 능력"이라고 정의 내릴 수 있다.

| Box 9-1 | 세종대왕의 통치력

세종대왕은 본시 믿음이 강한 불교신자였다. 그럼에도 주자의 성리학이 송나라 산업발전의 원인이라는 신념 속에 과감하게 자신의 믿음 버리고 성리학을 받아드린다. 결단과 추진력으로 300여 개의 사찰을 30여 개로 줄였다.

중국 역사상 풍요로움의 상징인 송나라는 특히 남송시대 주자 성리학의 개혁사상을 바탕으로 농업혁명을 이끌어 낸다. 시비법, 이앙법 등을 선보인 양자강 유역의 강남개발 농업이 대표적이다. 항주 인구만 백만 명이 훌쩍 넘었다. 농업 잉여가 증가하면서 자연스럽게 산업의 분업화가 일어난다. 농업사회에서 산업사회로의 전환되었다. 목화, 도자기등과 더불어 화약, 나침판, 종이, 금속활자가 발명되었고 시장이 커지며 유통을 위해 세계 최초로 지폐가 사용 되었다.

세종은 혁신적 사상의 소개와 더불어 궁에 모판을 만들어 농법을 연구하며 물과 일조량의 관계를 수치화하기 위하여 측우기와 해시계 발명을 독려해 농업혁명을 이끌었다. 이어지는 산업사회는 노동의 분업화와 더불어 사회구조의 변화로 혼란이 예측되었다. 구체적으로, 노동 집약적 가족 형태인 대가족이 핵가족으로 변화되고 시장이 활성화 되며 등장하는 세속 주의적 가치를 조절할 규범이 필요하게 된 것이다. 집현전에서 윤리와 도덕을 강조하는 성리학을 연구 하였으며, 혼란을 극소하기 위한 시급함이 훈민정음 이라는 글 과 인쇄술의 발명으로 서적을 인쇄해 백성들이 읽을 수 있게 유포하여 그 역할을 다하게 했다. 동시에 정치적 사회화를 위한 교육기관으로 '서당' 그리고 문화로써 조상을 모시는 '신주'를 모시는 사당건립을 육성했다. 물론 변화는 순기능만 잉태한 것은 아니었다. 조선 중 후기로 들어가면서 친족중심의 파벌과 당파가 공고화되면서 분란이 생기게 된다. 하지만 우리는 중요한 시사점을 찾을 수 있다. 세종은 자신의 신념을 낮추면서 까지 단호한 정책결정을 시행하여 조선의 기틀 잡았으며, 동시에 주자성리학을 지속가능한 발전의 철학으로 선택했다는 것이다.

2. 권력의 형태

일찍이 러셀은 권력의 형태를 직접적인 물리적 권력, 유인으로서의 보상과 처벌, 의견에 대한 영향력 등으로 구분한 바 있다(Russell, 1938: 25). 권력의 개념을 "의도적 영향력"이라고 정의한다면 권력의 형태는 <그림 9－2>와 같이 설명될 수 있다.

영향력은 권력과 마찬가지로 개인, 집단, 국가 등 모든 사회적 단위 전반에 걸쳐 나타난다. 영향력은 A가 B에게 무엇을 하도록 행동을 유도하는 것을 말한다. 영향력은 크게 현재적 영향력(manifest influence)과 잠재적 영향력(potential influence)으로 나뉜다(Dahl, 1991: 27~34). 현재적 영향력은 분명하게 상대방의 행태에 변화를 가져오는 유형을 말한다. 반면 잠재적 영향력이란 A가 영향력을 행사하려는 시도가 없었음에도 불구하고 B가 A의 내재된 영향력의 실체를 인지하고 행동의 변화를 보이는 경우를 의미한다(홍득표, 1999: 72). 교수 연구실을 방문하는 학생이 예의를 갖추어 행동하는 것은 잠재적 영향력관계에 놓인 교수와 학생의 대표적 예이다.

그림 9-2 권력의 형태

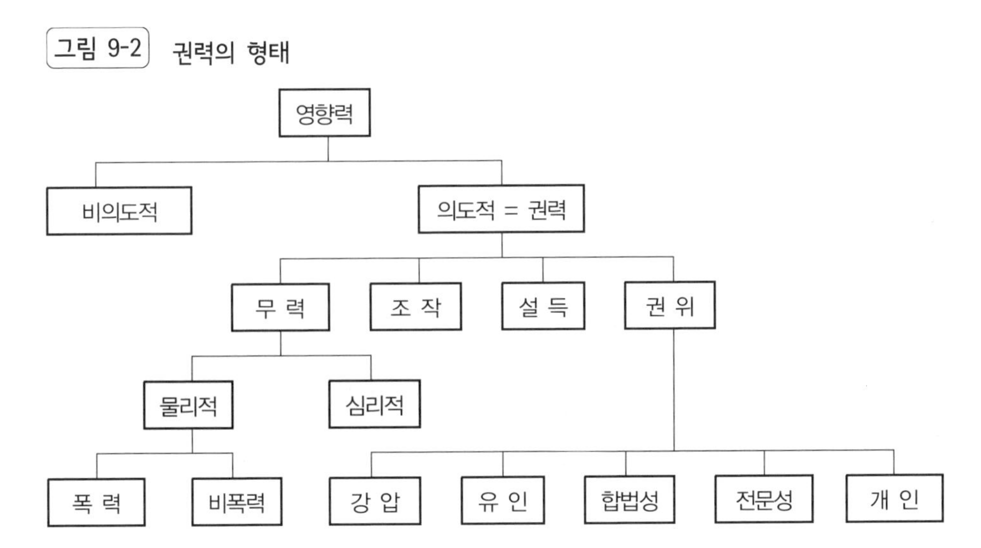

※ 출처: Dennis H. Wrong, 1988, *Power: Its Forms, Bases, and Uses*, Chicago: The University of Chicago Press, p.24.

의도적 영향력이라 이해하는 권력에 대해서 막스 베버(Max Weber)는 자신의 의사를 타인으로 하여금 수용하도록 강제할 수 있는 실질적인 힘이라고 정의한 바 있다. 다시 말하자면, 자기 의사를 타인에게 강요할 수 있는 의지이기도 하다. 권력이 반드시 권위를 수반하지는 않는다. 예를 들어 독재자는 권력은 가지고 있지만 권위는 지니고 있지 못한 경우가 많다. 왜냐하면 그는 권력의 정당성을 상실하였기 때문이다.

권력은 크게 무력, 조작, 설득, 권위의 형태로 나타난다. 무력은 권위와 달리 물리적인 실질적 힘을 이용한 권력을 말한다(Wrong, 1988: 24~28). 무력은 타인의 자유를 제한하거나 신체적(물리적 폭력) 혹은 심리적(정신적 압박) 고통을 통해 폭력을 행사한다. 그러나 무력은 폭력만이 아니라 비폭력을 통해서도 행사된다. 비폭력, 평화적인 방법을 통해 상대방의 행동을 유도하기 위해서 농성이나 시위 등의 구체적인 방법을 사용하기도 한다. 다음으로 조작이란 권력자가 피권력자에게 자신의 의도를 숨긴 채 피권력자를 권력자의 의도대로 행위를 하게 만드는 것이다. 데이비드 이스턴(David Easton)은 조작에 대해서 "B가 A의 의도를 모르는 채 자신의 자유의지라 생각하며 A의 의도대로 움직이는 것"이라고 정의하고 있다(Easton, 1958: 179).

이와 같은 예로 한국에서 대선이라든지, 총선이 있기 전에 남북 긴장관계 등을 이용하여 선거에서 유리하게 이끌고 가는 것을 들 수 있다. 이러한 조작은 권력의 다른 형태들에 비해 비열하다는 평가를 받고 있다. 설득이란 A가 B에게 논쟁과 호소, 권고를 하여 B가 A의 견해를 바탕으로 행동을 하는 경우, 이것을 A가 B를 설득하였다고 할 수 있다. 여기에서 B는 A에게 보상을 원하거나 처벌을 두려워하여 A의 의도대로 움직이는 것이 아니라 B의 자발적인 행동으로 A의 의도를 이행한다. 이와 같은 이유로 설득을 권력의 형태로 보지 않을 수도 있다. 하지만 설득을 권력의 형태로 볼 수 있는 것은 A의 의도에 따라 B가 행동하게 만들기 때문이다. 설득에서는 다른 권력의 형태들에 비해서 대화가 중요한 요소로 나타난다. 현재는 매스미디어의 급속한 발달로 TV, 신문, 인터넷 등의 수단을 이용한 광범위한 설득이 이루어지고 있다. 설득과 권위의 차이점은 스테인(Stein)이 오래전에 정의한 것과 같이 "권위는 권력자의 판단을 검증하지 아니하고 수용하는 것이고, 설득은 권력자의 판단을 검증하고 수용한다"라고 말할 수 있다(Wrong, 1988: 35). 즉, 설득이라는 것은 피권력자가 설득자의 판단을 검증하고 그것이 옳다고 판단되는 경우에 권력자의 의도대로 행동하는 것이라고 할 수 있다. 권위는 사람들로 하여금 권력자를 따르도록 하는 정당성을 제공해주는 것으로, 피지배자가 지배자에 대하여 그의 지배가 정당하다고 믿을 때 성립되는 지배자의 권력을 의미한다.

권위는 강압(coercive), 유인(induced), 합법성(legitimate), 전문성(competent), 개인(personal)의 형태로 나누어 볼 수 있다. 우선 강압적 권위(coercive authority)는 A가 B의 동의를 얻기 위해서 무력을 수단으로 위협하는 행위로, B는 A가 그의 의도를 이행하기 위하여 자신에게 무력을 사용할 가능성이 있다고 믿게 되어 A의 의도대로 행동하는 것으로 풀이될 수 있다. 이와 같은 예로는 군부 독재 시 공권력의 명령에 불복종하면 처벌을 당할 것을 우려하여 본인 스스로가 군의 명령에 따라서 행동하는 행위 또는 체제 유지를 위한 북한의 핵개발을 들 수 있다.

강압적 권위에 대응하는 것은 유인에 의한 권위(authority by inducement)이다. 강압적 권위가 처벌당할 것을 두려워하여 피지배자가 지배자에게 순응하는 것이라면, 유인에 의한 권위는 보상받고자 하는 심리로 피지배자가 지배자에게 순응하는 것이라고 할 수 있다. 예컨대 A는 A가 원하는 행위를 B가 하도록 보상을 약속하는 교환적인 관계로 생각할 수 있다. 이와 같은 유인에 의한 권위는 마르크스가 지적했던 것과 같이 부르주아가 프롤레타리아에게 특별한 보상을 취하지 않지만, 프롤레타리아는 부르주아가 자신들에게 경제적 보상을 해주리라는 기대로 노동력을 착취당하는 원리와 같다고 볼 수 있다. 강압적 권위가 정치권력에 근간하고 있다면 유인에 의한 권위는 경제적 권력에 기반하고 있다고 볼 수 있다.

정당적 권위(legitimate authority)는 권력자는 피권력자를 명령할 권리를 지니고 있고, 피권력자는 권력자에게 복종할 의무가 있는 권력관계를 뜻한다. 정당적 권위는 권력자의 판단을 검증하고 수용하는 설득과는 구분된다. 이것은 연인, 친구 간의 관계에서 나타나는 명령과 복종의 관계가 아니라 사회적으로 인정하는 부모와 자식, 간수와 죄수의 관계에서 나타날 수 있는 명령과 복종을 기반으로 하는 권위라고 할 수 있다. 정당적 권위는 피지배자에 대한 지속적인 감시를 해야 하는 강압적 권위와 지속적인 보상을 주어야 하는 유인에 의한 권위보다는 효과적이라고 할 수 있다. 그 종류로는 동의(consent)에 의한 자발적 행위, 설득이나 영향력과는 구분되는 의무(mandatory)와 책임(obligation)으로 나눌 수 있다. 하지만 독재자는 권력을 합법적으로 부여받았다고 할 수 있을 뿐, 권위의 정당성(legitimacy)을 지녔다고 할 수는 없다.

전문적 권위(competent authority)는 권력자의 특별하고, 전문적인 지식으로 인하여 피권력자가 권력자의 의도대로 행위하는 것을 말한다. 이와 같은 예는 병원에서 의사의 권위를 들 수 있다. 의사가 환자에게 술, 담배를 끊으라고 권유하는 것은 협박도 유인도 아닌 전문지식을 통한 것이다. 이에 환자는 의사의 전문지식을 믿고 그에 따른다. 이와 같은 권위를 전문적 권위라고 할 수 있다.

마지막으로 개인적 권위(personal authority)는 피권력자가 권력자에게 불균형적인 사랑이나 보상을 원하면서 형성되는 권위이다. 이 관계는 강압의 두려움, 보상의 기대, 전문가의 충고 등으로 이루어지는 것이 아니라 사랑, 존경, 우정과 같은 요소로 이루어진다. 이와 같은 예는 사랑하는 사람 간의 권위, 친구들 간의 권위, 그리고 무엇보다도 종교적 권위 등을 들 수 있다. 막스 베버의 권위의 개념 중 카리스마 권위가 이에 해당한다.

| Box 9-2 | 갤브레이스(Galbraith)의 정치권력

밀턴 프리드먼으로 대표되는 주류의 통화주의 경제학과는 대척점에 서며 미국의 진보파 경제학자인 갤브레이스(John Kenneth Galbraith)가 제시한 권력 이론은 대중들에게 많은 관심을 받고 있다. 갤브레이스는 자유주의 관점이 가진 경쟁이론에 대한 비판에서 시작해, 현대사회에서는 보다 복합적이고 복잡한 생산 공정과 제품을 가지며 '테크노스트럭처(technostructure)'의 개념이 보다 적합하다고 주장하며, 기업은 이러한 체계가 정착되면서 경영, 기획 등이 조직화된 권력의 주체라 주장한다.

갤브레이스는 1983년 펴낸 『권력과 정치(The Anatomy of Power)』라는 책에서 권력이 무엇이며 어디에서 나오는지에 대한 근원적인 질문을 던진다. 갤브레이스는 이러한 권력을 크게

3가지 종류로 나누는데, 적절한 처벌 권력(condign power), 보상적 권력(compensatory power), 그리고 조건부의 권력(conditioned power)이 그것이다.

표 9-2 갤브레이스가 본 권력의 3가지 유형과 원천 및 특징

권력의 유형	원천	특징
적절한 처벌 권력 (condign power)	성격 (personality)	적절한 처벌(condign)은 곧 물리적인 힘(force) 혹은 성격적 특성에서 기인하는 카리스마 등에 기반한 권력이라고 할 수 있다.
보상적 권력 (compensatory power)	재산 (property)	긍정적인 보상(affirmative reward)의 제공으로 인해 형성되는 권력으로, 가령 열심히 일하면 이에 상응하는 대가로 물질적 이득을 받는 등의 경우에서 찾아볼 수 있다.
조건부의 권력 (conditioned power)	단체 (organization)	처벌 권력과 보상 권력을 동시에 소유한 권력으로, 설득이나 교육 및 사회적 책임(social commitment)이 개개인에게 다른 이들의 의지에 따르도록 하는 변화를 발생시키며 나타나는 권력이다. 현대 사회에서 주로 기업이 가지고 있는 권력이라고 할 수 있다.

적절한 처벌의 권력(condign power)은 힘이나 위협의 사용을 통해 실행되는 권력을 의미한다. 이는 주로 물리적인 권력 또는 위협(threat)을 통해 사용된다.

보상적인 권력(compensatory power)은 적절한 처벌의 권력과는 상반되게, 긍정적인 보상(affirmative reward)의 제공으로 인해 형성되는 권력이다. 현대 사회에서 주로 행해지는 권력으로 인센티브와 같은 보상에 기반하여 행해지는 권력이다. 주로 노동의 대가로는 임금을 생각할 수 있다. 동시에 부는 매우 유용한 권력의 원천으로서 작용하는데, 언론 등의 광고시간을 구매하여 일반 대중들을 적절하게 설득하는 것도 하나의 보상으로 볼 수 있다. 결국 보상이 직접적 또는 간접적으로 이루어지면 보상의 원천은 부이다.

조건부의 권력(conditioned power)은 믿음에 대한 변화를 통해 실천되는 것으로서, 설득, 교육, 복종에 대한 문화인식 혹은 올바르고 자연스러운 것으로 여겨지는 것에 대한 사회적 책임(social commitment)이 개개인에게 다른 이들의 의지를 따를 것을 발생시키는 권력이다. 조직에서 가지는 권위와 같은 요건들에 기반을 둔 권력으로, 현대사회에서는 주로 기업, 군대나 교회와 같은 조직체를 기점으로 이뤄진다. 이 권력은 적절한 처벌의 권력이나 보상적 권력보다도 더욱 주요한 권력이라고 할 수 있는데, 이는 처벌과 보상(존재하던 과거 노예제와는)과는 달리 처벌적 권력(징계)과 보상적 권력(승진 및 성과급)을 동시에 소유하면서 조직이라는 특성이 내포하는 심리적 결집력과 강제력을 조합된 종합적 권력이라고 볼 수 있다. 갤브레이스는 이러한 권력의 틀을 정치에 적용하며, 정치세계에서 구성원들이 힘을 가지고 있다고는 하나 결국 현대사회에서 가장 큰 권력을 독차지하게 되는 것은 종합적 권력을 가지고 있는 기업, 즉 최고 경영자(CEO)라고 지적한다.

제2절 | 엘리트 이론

1. 엘리트 이론의 전개

'엘리트'의 어원을 거슬러 올라가 보면 당초 이 용어는 17세기에 매우 탁월한 상품을 가리키는 말로 사용되다가, 그 후 군의 정예부대나 귀족의 상위층과 같은 우수한 사회집단을 지칭하게 되었다(Bottomore, 1964: 7). 그러나 엘리트라는 용어는 모스카, 파레토, 미헬스와 같은 고전적 엘리트 이론가들에 의하여 오늘날과 같은 개념이 정립되었다. 그들은 엘리트 이론의 몇 가지 전제를 형성해 놓았다. 첫째, 과거의 정치학이 도의(道義)나 정의(正義)와 같은 윤리적인 성격을 띠는 정책 건의나 이데올로기적 성격을 지닌 데 반하여, 실제로 우리에게 필요한 연구는 사회나 정치적 현실에 관한 법칙이나 사실에 치중하는 보다 과학적인 연구임을 역설한다. 그리하여 이들은 불변한 경험의 진리로부터 조직화된 소수를 기본 명제로 내세웠다. 통치형태의 다양한 외형에도 불구하고 항상 그 실질적 통치는 조직화된 소수인 엘리트들에 의해서 이루어져 왔다는 것이다. 둘째로 이들은 마르크스(Marx) 이론에 대한 대항의식으로 엘리트 이론을 형성해 왔다. 이들은 마르크스 이론이 과학이 아닌 노동자 계급을 위한 계시적 이데올로기라고 비판한다. 엘리트 이론가들에 따르면 '계급 없는 평등한 사회'라는 것은 존재할 수 없으며, 정치는 단순한 경제적 계급구조의 반영이 아니라 엘리트의 성격적 특성이나 정치적 기능, 통치상의 방법 여하에 따라 좌우된다고 보았다(오명호, 1990: 314~315).

현대사회의 권력과 지배의 구조에 대한 이론은 크게 나누어 세 가지 방향으로 전개되었다. 고전적 엘리트 이론으로부터 시작한 통합 엘리트 이론, 엘리트의 다원주의적 성격을 강조하는 다원주의적 엘리트 이론, 그리고 신통치 엘리트 이론이다(장달중, 2002: 124~125).

첫 번째는 통합 엘리트 권력론으로 모스카(Gaetano Mosca), 파레토(Vilfredo

Pareto), 그리고 미헬스(Robert Michels)의 엘리트 지배 이론에 영향을 받은 밀즈(C. Wright Mills)나 헌터(Floyd Hunter), 돔호프(G. William Domhoff) 등의 사회학자들에 의하여 개발된 이론이다. 두 번째로 우리는 선진 산업사회에서 정치권력이 보다 참여적이고 민주적으로 행사되고 있다고 주장하는 다원론적 이론을 들 수 있다. 이 이론은 로버트 달(Robert A. Dahl), 넬슨 폴즈비(Nelson Polsby)와 레이몬드 울핑거(Raymond Wolfinger), 켈러(Suzanne Keller), 로즈(Arnold Rose) 등의 정치학자들이 개발한 이론으로 계급을 정치권력의 구조적 결정 요인으로 보는 마르크스적 해석에 정면도전한 베버의 정치 이론을 발전시킨 것이다. 세 번째의 이론은 신통치 엘리트 권력론으로 정치학자인 바크라크(Peter Bachrach)와 바라츠(Morton Baratz)가 다원적 권력론의 문제점을 지적하여 개발한 이론과 정보통제와 선호조작을 주장하는 루카스(Lukes)와 다이지서(Digeser)가 있다.

2. 통합 엘리트 이론

통합 엘리트 이론은 통치 엘리트 이론으로도 불리며 모스카, 파레토, 미헬스의 고전적 엘리트 이론가들로부터 밀즈나 헌터, 돔호프 같은 근대적 엘리트 이론가들에게로 그 명맥이 이어지며 엘리트 이론의 가장 큰 줄기를 이루고 있다. 고전적 엘리트 이론은 엘리트를 하나의 '통합'된 집단으로 파악한다. 엘리트는 조직 면에서나, 개인적 자질 면에서나 대중과는 구별되는 우위성과 지배능력이 있다고 인정되는 것이다. 또한 어떠한 정치체제가 구축되어 있는가와 상관없이 지배는 엘리트에 의해서 이루어지며 대중이 정치권력에 영향력을 행사할 수 있는 가능성은 희박하다고 보는 견해이다.

1) 고전적 엘리트 이론

(1) 모스카(Gaetano Mosca)

이탈리아 정치학자이자 정치인이었던 모스카는 엘리트 이론의 시조라고도 볼 수 있는 인물이다. 그는 정치권력의 층화를 지배 계급(ruling class)인 엘리트 계층, 그리고 전문적 기능인(technocrats), 경영자(managers), 공직자(civil servants) 등의 하위 엘리트(subelite), 마지막으로 피지배 계급인 대중(masses)으로 파악한다(Mosca, 1939: 67). 모스카는 이러한 세 가지 계층 중 엘리트인 소수의 지배가 불가피하다는 기본

명제를 내세우고 있다. 그는 소수의 엘리트가 다수의 대중을 지배할 수 있는 근거로 다음과 같은 네 가지 요소를 들고 있다. 첫째, 조직의 힘이다. 조그마한 집단은 큰 집단보다 쉽게 조직될 수 있고, 환경의 변화에 쉽게 적응할 수 있는 장점을 지닌다. 따라서 여기서 그는 유명한 명제인 '조직화된 소수(organized minority)'의 '비조직화된 다수(unorganized majority)'에 대한 지배는 불가피하다는 이론을 도출해낸다. 둘째, '지배정당화 담론(political formula)'이라고 모스카가 부르는 법률적·도덕적 기초나 원칙이다. 인간의 통치현상이 단순한 물질적·질적 힘이 아닌 어떤 도덕적 원칙에 입각하여 있다는 것이다. 셋째, 엘리트는 대중과 구별되는 특별한 자질이 있다는 것이다. 그들은 지적이고 물질적인 우월성뿐만 아니라 도덕적 우월성까지 가지고 있다. 마지막 특성은 정치 계급이 사회적 세력(social forces)을 통제할 수 있다는 것이다. 사회적 세력이란 어떤 사회에 있어서 사회적 의의를 갖는 모든 것, 즉 돈, 토지, 군사적 용맹성, 종교, 교육, 육체노동, 과학 등을 의미하는데 엘리트는 이러한 요소들을 통제할 수 있다는 것이다(오명호, 1990: 317~318).

또한 모스카는 엘리트 교체와 충원의 문제를 정치제제와 권위행사의 형태에 따라 구분하였다. 그에 의하면 권력의 행사는 전제적인 형태와 자유주의적인 형태가 있으며, 엘리트의 충원 방식에는 귀족주의적 경향과 민주주의적 경향이 있다. 귀족주의적 경향은 지배 계급의 모든 성원이 기존의 지배 계급의 자손으로부터 보충되는 것을 말한다. 반면에 민주주의 경향은 지배 계급이 피지배 계급으로부터 보충되는 것을 말한다. 그런데 오늘날 많은 국가에서 권위의 행사에 있어서는 자유주의적 경향이 나타남에도 불구하고, 실질적인 엘리트 충원의 경우에는 귀족적인 경향이 많이 나타난다고 볼 수 있다. 그는 두 경향이 각각 극단까지 추진될 경우에는 지배하는 계급과 지배되는 계급 사이의 균형을 파괴할 위험이 있으므로 국가의 안정, 즉 파국이 결코 초래되지 않는 평온한 상태는 바로 이 두 경향이 적절하게 균형을 유지해나가는 것에 달려 있다고 기술하고 있다(G. Mosca, 1939: 428).

(2) 파레토(Vilfredo Pareto)

이탈리아 철학자이자 경제학자인 파레토는 이탈리아의 상위 20%가 전체 부의 80%를 소유한다는 사실을 밝혀낸 후 파레토 법칙[1]이라는 이름을 얻게 된다. 그는

1) 전체 결과의 80%가 전체 원인의 20%에서 일어나는 현상을 뜻하며 2대8 법칙이라고도 한다. 파레토의 영향을 받은 조셉 주란(Joseph Juran)이 경영학에서 처음으로 사용하였다.

정치학자로서 인류역사를 바탕으로 여우 형(型)과 사자 형(型)이라는 엘리트의 두 가지 유형을 제시하고 이러한 엘리트 유형이 사회의 변동에 맞추어 순환한다는 이론을 내세웠다. 엘리트는 전통과 현상유지를 중히 여기고 권력의 행사 면에서는 '힘'을 사용하는 특성을 지닌 사자 형, 그리고 변화와 쇄신을 앞세우고 권력의 행사 면에서는 설득과 책략, 후원 방식 등을 통한 흡수의 방법에 능한 여우 형으로 나뉜다는 것이다. 그리고 이러한 두 가지 엘리트의 유형이 시대에 따라 적절히 순환해 나간다는 것이다(Turner and Beeghly, 1981: 406~425).

파레토는 모스카보다 지배 엘리트와 피지배 세력을 더 확연하게 구분하고, 엘리트의 리더십에 의해 사회의 공리가 증가될 뿐만 아니라 욕구가 충족될 수 있다는 플라톤적 지도자 이론을 택하였다. 그는 정치권력의 행사에 직접적·간접적으로 영향을 미치는 '상위 계층', 즉 엘리트와 비통치 엘리트로 사회를 구분하였다. 파레토는 사회를 통치 엘리트와 비통치 엘리트로 확연히 구분하여 민주주의 정치체제와 여타 정치체제 간의 차이조차 인정하고 있지 않지만, 모스카와 마찬가지로 이 통치 엘리트가 계급적인 영속성을 갖는 집단은 아니라고 보았다. 그는 '순환' 개념을 통하여 사회의 문화적 패턴에 따라 구엘리트가 쇠퇴하고 새로운 엘리트가 탄생한다고 보고 있다. 모스카가 엘리트의 순환을 사회적으로 문화적인 관점에서 보고 있는 데 반하여, 파레토는 심리적인 차원에서 엘리트의 순환을 설명하고 있다(장달중, 2002: 127). 우리나라의 경우 5공화국의 6.29 선언을 통하여 민주주의로 제도적 전환이 이루어진 후, 민정당의 노태우 후보는 '보통사람론'을 내세움으로써 전두환 전 대통령에 의한 심리적 부담감을 해소하는 '여우형' 전략을 차용했다고 볼 수 있다. 이처럼 파레토는 엘리트의 자격은 시대에 따라 변하며, 인류의 역사에서 구엘리트가 몰락하고 새로운 엘리트가 등장하며 항상 엘리트가 지배한다는 점에서는 변함이 없다고 주장한다.

(3) 미헬스(Robert Michels)

독일 정치학자 미헬스는 그의 저서 『정당론(Political Parties)』에서 '과두제의 철칙(iron law of oligarchic rule)'이라는 개념을 소개하였다. 그는 독일사회민주당에 당원으로 있으면서 가장 혁신적이면서 마르크스주의적이었던 정당인 사민당조차 엘리트들에 의한 과두지배체제로 전환되는 것을 보면서 집단적인 조직에서는 반드시 관료제가 나타날 수밖에 없으며, 그 관료제의 종착은 필연적으로 과두제로 향한다는 것을 경험적 분석을 통해 주장하였다.

미헬스는 조직이 과두제로 갈 수밖에 없는 이유로 크게 두 가지를 들고 있다. 첫째, 조직 자체의 특성 때문이다. 조직은 특정한 목적에 의하여 형성됨에도 불구하고, 일단 조직이 한번 만들어지면 그 조직의 생명을 유지시키는 것 자체가 목적이 되어 버리고 만다. 이러한 특성 때문에 조직의 권력을 장악한 엘리트들은 일단 한번 권력을 잡으면 그것을 유지하기 위해서 보수화와 영속화를 기반으로 조직을 운영한다는 것이다. 둘째, 일반 대중의 심리적인 요인 때문이다. 대중은 지배정당화의 도덕적 기제(general ethical principles)를 선점하고 있는 강력한 지도자에게 의존하기를 원하는 심리와 무관심 그리고 재정적 독립을 가지고 있으며, 실질적인 내용보다는 형식적이며 상징적인 이미지에 쉽게 농락당하기 때문에 엘리트들의 조작에 쉽게 넘어간다는 것이다.

표 9-3 고전적 엘리트 이론 정리

	가이타노 모스카 (Gaetano Mosca)	빌프레도 파레토 (Vilfredo Pareto)	로베르트 미헬스 (Robert Michels)
기본관점	모든 사회는 지배계급과 피지배계급으로 구성된다.	모든 사람들은 엘리트들에 의해 통치 받는다.	모든 종류의 조직에는 영구적인 과두제적 경향이 존재한다.
핵심개념	• 정치적 계급 • 정치공식 (political formula: 지배 정당화 담론) • 사회세력	• 통치 엘리트	• 지배적 과두집단 • 일반적 도덕 원리 (general ethical principles: 지배 정당화의 도덕적 기제) • 권력
문제의식	• 엘리트의 본성은 무엇인가? • 사회 내에서 엘리트들이 차지하는 지위의 기반은 무엇인가? • 엘리트들은 스스로의 지위를 어떻게 유지하는가?	• 엘리트의 본성은 무엇인가? • 어떤 상황에서 엘리트 집단의 변동이 일어나는가? • 엘리트들은 스스로의 지위를 어떻게 유지하는가?	• 조직들은 왜 위계적으로 조직되는가? • 과두제의 특징은 무엇인가? • 과두제는 어떻게 유지되는가?
연구방법	다양한 역사적 사례들의 비교연구	다양한 역사적 사례들의 비교연구 및 사회심리학	자료수집 및 통계분석

그동안 우리는 엘리트 지배가 현실정치의 필수적인 현상이라 하더라도 엘리트 지배의 틀을 제공하는 조직 속에서는 민주주의를 통하여 엘리트 지배의 경직성을 어

느 정도 완화시킬 수 있을 것으로 기대해 왔다. 그러나 미헬스에 의하면 정당이라고 하는 조직조차 본질적으로 조직위계제의 상층부로부터 권력이 행사되는 엘리트적 조직이라는 것이다. 조직화는 정당 발전의 필수불가결한 특징이며, 이와 같은 조직화는 관료화를 낳고, 관료화는 소수에 의한 과두지배의 경향을 필연적으로 탄생시킨다는 것이다. 결국 변화는 소수 과두지배체제 내의 갈등을 통해서만 나타날 수 있다고 생각할 수 있다. 그의 주장은 독일 사민당의 혁명적 특성을 반영한 것뿐이라는 지적과 더불어 엘리트 간의 경쟁을 통한 대의민주주의의 실현 가능성을 무시했다는 비판을 받고 있다.

2) 근대 엘리트 이론

(1) 밀즈(C. Wright Mills)

우리는 근대의 통합 엘리트 이론가 중 대표적인 사람을 이야기할 때, 현대 미국 사회는 권력 엘리트(Power Elite)들에 의해서 지배되고 있다고 주장하며, 이러한 권력 엘리트들의 부도덕성 문제를 신랄하게 파헤친 미국의 사회학자 밀즈를 빼놓고 이야기할 수 없다. 그의 저서 『Power Elites(권력 엘리트)』에서 엘리트의 내부적 단합과 동질성을 전제로 엘리트의 통합성을 강조하며, 1950년대의 미국 사회를 권력 엘리트에 의한 지배로 파악한다. 밀즈는 지위방법(positional method)에 따라 미국 사회 내의 제집단 중 미국을 움직이는 권력 엘리트는 중요 기업(major corporations), 군부(military establishment), 정부(government) 등 세 개의 제도적 영역에 걸쳐서 상층부에 위치하고 있는 사람들 간의 유기적 통합으로 구성된다고 주장했다(Mills, 1959: 3~4). 그는 이러한 권력의 삼각지대(triangle of power)가 확고하게 확대되고 유지되면서 미국의 주요한 역사적 결정들을 주도해 왔다고 주장한다.

우리가 밀즈의 연구에서 주목해야 할 것은 미국의 서로 다른 세 지대의 권력 엘리트들이 어떻게 통합된 단위로써 이해와 행동의 통일을 유지해 나가는가하는 것에 대한 요인분석이다. 그는 이러한 요인을 크게 세 가지로 분석하였다. 첫째, 그들은 사회적 근원(social origins), 교육, 경력, 생활양식 등을 함께하는 데서 오는 사회적·심리적 친근감을 갖는다. 각 분야의 엘리트들은 비록 현재 종사하는 분야는 다르지만 비슷한 성장환경을 가지고 있으며, 권력 엘리트 간의 상호 결혼을 통해서 이러한 친밀감을 확장시킨다. 둘째, 권력 엘리트들이 차지하고 있는 세 개의 제도적 영역들은 상호 간 이해의 일치로 특징지어진다. 각 분야의 엘리트들은 서로 간의 업무에 도움을 주면서 통합적 이해관계를 가지게 된다. 즉, 각 제도적 영역 간의 이해가 일치하기 때문에 그만큼 권력 엘리트의 결합과 응집력 형성에 기여한다는 것이다. 마지막 요인은, 세 개의 제도적 영역 간에는 고위 역할의 상호교환이 이루어진다는 것이다. 각 분야에서 일정 수준 이상의 고위 계층이 되면 다른 분야의 엘리트 계층으로의 이동이 쉬워지며, 이러한 자리의 상호 이동을 통해서 엘리트들 간의 역할 교환이 이루어진다는 것이다. 그들에게 대중은 통제와 조정의 대상일 뿐이다.

밀즈의 권력 엘리트 이론은 미국은 다원적인 사회집단이 다양하게 참여하여 정치적 의사결정을 만들어내는 개방적이고 투명적인 사회가 아니라 고도로 권력이 집중된 폐쇄적인 사회라는 것이다. 이러한 시각은 고전적 엘리트 이론가들의 통합 엘리트 이론의 흐름을 고스란히 이어받고 있다. 그러나 고전적 엘리트 이론과 달리, 그는 당시 미국 사회의 부정과 모순이 바로 엘리트들의 무책임성과 도덕적 해이 때문이라고 주장하면서 엘리트들의 긍정적인 역할보다는 부정적인 측면에 초점을 맞추었다는 것에 기존의 이론과 차별성을 둘 수 있다고 하겠다.

(2) 헌터(Floyd Hunter)

미국의 사회학자인 헌터는 엘리트를 현대에 있어 특정한 지역의 경험적 분석을 통하여 분석하였다. 통합 엘리트 이론에 의하면 개인 간의 관계는 평등하지 않은 피라미드형 구조를 이루고 있다. 이때 이 피라미드의 최상부를 차지하고 있는 사람들이 통치 엘리트이다. 이 통치 엘리트 집단은 다른 사회 집단을 지배하고, 정책 형성과정에서 비교적 많은 영향력을 행사한다. 이상과 같은 권력 구조론을 실증하기 위해서 헌터는 소위 명성방법(reputational method)에 의존하여 지역사회권력(community power)의 피라미드식 구조를 밝혀냈다. 즉, 인구가 약 50만 명인(1950년대 초) 미국 조지아 주의 애틀랜타 시의 저명인사록에서 정치계, 경제계, 자유기업계, 문화계, 교육계 등 여러 정치사회집단의 지도자들 175명을 정선해낸다. 그리고 그 지역사회 내 27명의 저명인사들에게 위의 175명 중 누가 그 지역사회 내의 정책 형성과정에서 가장 큰 영향력이 있는지를 물어서 다시 40명을 엄선해낸다. 그 결과 40명 중 11명은 상업계의 이사장 · 회사 사장 등이고, 7명은 제조업계의 이사장 내지 회사 사장이고, 5명은 공직의 사회 지도자이고, 2명은 노동단체의 지도자라는 사실을 밝혀낸다(Hunter, 1969: 76). 그리고 이 지도자들은 거의가 서로 인근 지역에 모여 살고 있으며, 시내에서 만날 때에는 거의가 일정한 장소에서 만난다는 것이다.

이런 경험적 연구를 통해서 헌터는 애틀랜타 시에는 지역사회권력구조(community power structure)가 있다고 결론을 내린다. 이런 지역사회권력구조 연구를 한 지 몇 년 후 헌터는 이상과 같은 명성방법을 통해서 미국 전역의 권력구조의 최상층부는 미국의 경제인이라는 사실을 발견해낸다(장달중, 2002: 128). 하지만 그의 연구기간이었던 1953년과 현재는 많이 다르다는 점을 고려해야 한다.

3. 다원주의 엘리트 이론

지금까지 우리는 고전적인 통합 엘리트 이론의 근대적 흐름까지 살펴보았다. 그러나 근대적인 이론가들 중에서는 이러한 엘리트 집단의 통합성과 응집력에 의문을 제기하고, 엘리트는 서로 경쟁적인 복수 엘리트로 구성되어 있다는 다원적 견해들이 나타나고 있다. 이들은 엘리트 집단의 권력이 다소 산만하게 분산되어 있으며, 어느 한 집단이 권력을 독점하는 것이 아니라 여러 복수 엘리트들이 서로 권력을 나누어 행사하는 다원성을 강조한다. 다원주의 엘리트 이론가들은 따라서 통합 엘리트 이론가들과 달리 다양한 엘리트들이 일반 대중의 지지를 얻기 위한 경쟁 속에서 민주주의적인 가치가 실현된다고 본 슘페터(Schumpeter)의 이론적 흐름을 계승한다.

1) 달(Robert A. Dahl)

다원주의 엘리트 이론의 대표적인 사람은 로버트 달이다. 그는 크게 두 가지 개념을 가지고 통합 엘리트론자들을 비판한다. 하나는 권력 개념의 축소에 대한 문제제기이며, 또 다른 하나는 권력의 합법성의 문제이다. 달은 권력의 범위(scope of power)가 엄격히 조사되고 구분되어야 한다고 이야기한다. 그는 통합 엘리트 이론가들이 엘리트 집단을 하나의 집단으로 보는 것과 달리 사회에는 여러 엘리트 집단들이 존재하고 각각의 자율성을 가지고 있으며, 특정한 사안에 따라 영향력을 행사하는 정도의 순위가 계속해서 달라진다고 이야기한다. 또한 단순히 영향력을 행사할 수 있는 위치에 있는 것과 그것을 행사할 의도까지 가지고 있는 경우를 분리해서 분석하며, 후자의 경우만이 통치 엘리트의 범주에 들어간다고 이야기한다. 그는 예일대학교(Yale University)가 위치하고 있는 뉴헤븐(New Haven)의 지역사회 내 여러 가지 정책의 형성과정을 조사하면서 그 지역사회 내에서는 권력 엘리트라고 할 수 있는 경제계의 지도자들이 정책 수립과정에 참여해 영향력을 미칠 수 있는 잠재적 권력을 가지고는 있으나, 실제로는 한 건에도 참여하지 않았고 영향력도 미치지 않았다는 것을 발견했다(Dahl, 1963: ch.6). 달은 또한 권력의 합법성의 측면에도 초점을 맞추었다. 권력이란 단순히 피지배자의 두려움이나 무지에 의해서 엘리트에게 주어진 것이 아니라 피지배 계층의 이익에 의해서 엘리트들에게 양도된 것으로 본다.

달은 계속해서 통합 엘리트 이론을 다음과 같이 비판한다. 통합 엘리트 이론과 같이 엘리트만이 통치를 수행하며 일반 대중이 지배를 받기만 한다고 가정하면, 정책결정과정에서는 매번 엘리트의 입장만이 채택되어야 한다고 전제한다. 즉, 엘리트 A와 일반 대중 B가 각각 정책 a와 b를 다르게 선호한다고 할 때 늘 A의 선택이 채택되어야 하며, 이것이 경험적으로 증명되어야 한다는 것이다. 그러나 실제 정책결정과정에서 나타나는 상황에서는 늘 엘리트가 승리하는 것은 아니다. 오히려 근대 민주주의 사회에서 엘리트들은 자신들의 권력을 유지하기 위해서 선거라는 것을 거쳐야 하는데, 이때 다른 엘리트와의 경쟁 중 좀 더 많은 대중의 지지를 받기 위하여 대중의 의견을 반영할 수밖에 없다는 것이다. 달은 이러한 현상을 '기대반응의 법칙(the rule of anticipated reaction)'이라고 불렀다(Dahl, 1958: 463~469). 달은 이러한 주장을 코네티컷 주 뉴헤븐에서의 경험적 분석을 통해서 증명했다. 실제로 코네티컷의 뉴헤븐에서 일어나는 정책결정과정을 관찰해본 결과, 우리가 흔히 엘리트라고 생각하는 계층의 의도와는 다른 정책결정이 많이 일어나는 것을 알아낼 수 있었던 것이다.

현대의 대의민주주의는 국민에 의한 정부의 구성이라는 원리에 직접적으로 충실하기보다는 엘리트에 의한 정부의 구성이라는 형태를 띠고 있다. 즉, 모든 국민들이 직접 정부를 구성하기보다는 국민들이 선출한 정치엘리트들이 국민에 대해 책임성을 지고 통치를 수행한다는 것이며 이러한 현대의 대의민주주의에서는 국민주권과 엘리트의 결정이 서로 조화를 이루고 있다. 특히 달(Dahl, 1972)은 다두제(Polyarchy)이라는 개념을 통해 다양한 이익집단과 단체들을 대표하는 다수의 엘리트들이 경쟁하고 타협하는 체제로서의 현대 대의민주주의를 묘사하는데, 이는 권력을 획득하기 위한 경쟁과 통치엘리트에 대한 국민의 신뢰도 평가가 결합될 때 가능하다. 달리 말해, 정치엘리트에 상당 수준 의존하는 현대 대의민주주의에서는 엘리트의 정책결정과 대중 참여의 조화가 요구된다.

2) 켈러(Suzanne Keller)

켈러의 다원주의 권력론은 그의 전략적 엘리트(strategic elites)라는 개념에서 출발한다. 전략적 엘리트란 "그들의 판단, 결정(decisions), 행동(actions)이 사회의 많은 구성원들에게 중요하고도 불리한 결과를 미칠 수 있는 사람들"이다(Keller, 1963: 20). 켈러는 이러한 전략적 엘리트들이 밀즈의 권력 엘리트처럼 서로 간에 밀접한 연계나 상호이동을 통해 통합되어 있는 것이 아니라 기능적으로 분화된 특수하고 전문화된 분야에서 자율적이고 독립적으로 존재한다고 주장한다. 각 분야의 엘리트들은 각자의 분야에서 최상층의 자리에 올라가기까지 고도의 전문성(specialization)을 요구받고 이러한 전문성은 오랜 훈련과 경험을 통해 습득된다. 이렇게 각 분야별로 형성된 전문성 때문에 밀즈가 이야기한 엘리트들의 같은 영역 간의 중첩성(overlap)이나 역할 간 상호교환성의 기능은 나타나기 힘들다는 것이다.

따라서 서로 다른 기능적 분야에서 활약하는 이러한 다양한 전략적 엘리트들은 상대적으로 자율적인 성격을 띠게 된다. 그들은 서로 다른 사람들로 구성되어 있으며, 충원 층에 있어서도 반드시 같은 사회 계급 출신이라고 볼 수 없다. 또한 각자의 역할 수행에 있어서도 고도의 전문성과 능력에 입각한 자율성을 확보하게 된다. 결과적으로 전략적 엘리트들의 전문성과 자율성은 사회 내 하나의 막강한 엘리트의 출현 가능성을 견제할 수 있으며, 권력의 남용을 방지할 수 있다고 본다(오명호, 1990: 346~347).

4. 신통치 엘리트 이론

신통치 엘리트 이론은 맨 처음에 소개한 통합 엘리트 이론 혹은 통치 엘리트 이론이라고 부르던 고전적 엘리트 이론의 흐름을 기본적으로 이어받았다. 따라서 사실 전통적인 통합 엘리트 이론과 비교해서 근본적으로 다른 것이 없다. 다만 차이가 있다면 신통치 엘리트 이론은 다원주의적 엘리트 이론을 비판하기 위한 성격이 강하며, 바크라크와 바라츠의 결정(decision)과 무결정(nondecision)이라는 권력의 양면성(two faces) 개념을 이용하여 설명한다는 점이 주목할 만하다.

신통치 엘리트 이론가들은 달로 대표되는 다원주의 엘리트 이론가들의 권력 개념의 축소를 비판한다. 신통치 엘리트 권력론을 대표하는 바크라크와 바라츠에 의하면, 어떤 결정은 권력 때문에도 이루어지지만 권력과 유사한 개념인 힘(force), 영향력(influence), 권위(authority) 때문에도 이루어진다는 것이다. 다시 말하면 권력 엘리트는 직접 정책결정과정에 참여해서 그 정책을 자기가 원하는 방향으로 인도할 수도 있지만 직접 정책결정과정에 참여하지 않고서도 힘, 영향력, 권위에 의해서 그 정책을 자기가 원하는 방향으로 인도할 수 있다는 것이다. 특정 이슈들이 어떻게 제기되었는지를 의문을 갖고 파악하는 것도 필요하다는 주장이다. 바크라크와 바라츠는 전자를 결정이라고 부르고 후자를 무결정이라고 부르며, 권력은 반드시 양면성을 띠고 있다고 주장한다(Bachrach and Baratz, 1962: 947~952).

그들은 다원주의 엘리트 이론가들의 민주주의에 대한 생각에도 반대되는 입장을 취한다. 달(Dahl)과 같은 다원주의 엘리트 이론가들은 기대반응의 법칙 때문에 대중이 아무리 정치에 관심이 없다고 하더라도 권력 엘리트들은 일반 대중의 기대에 크게 벗어나는 정치를 할 수 없다고 이야기한다. 그러나 마지막 질문인 '누가 선호를 형성하는가'에 대해서 루카스(Lukes)와 다이지서(Digeser)와 같은 신통치 엘리트 이론가들은 일반 시민의 대다수가 정치에 무감각하게 된 원인은 바로 권력 엘리트들이 정보를 통제하면서 선호의 형성을 조작하기 때문이다(장달중, 2002: 132~133). 따라서 엘리트들은 정치 전반을 자기들이 원하는 방향으로 대중들을 선동하면서 이끌어 나갈 수 있다. 가장 단순한 선동의 방식은 비판해서는 안 되는 성역을 만들고 동조해서는 안 되는 금기를 만들거나 아니면 어느 한 쪽도 선택하지 말 것을 제시한다. 더불어 다이지서는 엘리트들이 커뮤니케이션과 생각 등을 통제하는 방식으로 권력을 유지함으로써 대중들이 엘리트에게 위협이 되는 요소들을 필요하다고 느끼지 않도록 한다는 점을 강조하였다(Digeser, 1992: 980). 루카스(Lukes, 2005: 24)는 "사람들이 권력에 대한 다른 대안을 보거나 상상할 수 없기 때문에 아니면 그것을 자연스럽게 불변의 것으로 보기 때문이건, 혹은 그것을 성스럽게 임명되거나 유익한 것으로 가치를 매기기 때문이건, 사람들이 현존하는 사물의 질서 속에서 자신의 역할을 수용하는 가운데 어느 정도이든지 간에 자신의 관점, 인식과 선호를 형성하여 불만을 갖는 것을 막는 것이 최고이자 가장 서서히 작용하는 권력의 작업 아니겠는가?"라고 주장하고 있다(Hague et al., 2017: 11 재인용). 그들은 이러한 통제가 갈등과정에서 대중의 선호를 의식적으로 통제하기도 하지만, 무의식적으로 조작된 의견의 일치 혹은 동조를 할 수 있다는 사실을 추가하였다.

제3절 | 정치권력과 엘리트의 위상

우리는 지금까지 정치권력의 정의를 통하여 여러 유형의 엘리트 이론에 대해서 살펴보았다. 엘리트 이론은 크게 하나의 통합된 엘리트 계층이 있으며 사회는 대중의 의지와 무관하게 이러한 통합된 엘리트들의 이해관계에 의해서 움직여 나간다는 통합(통치)엘리트 이론과 엘리트는 다양한 수준과 이해관계를 가진 집단들로 이루어져 있으며 이러한 엘리트들의 경쟁 속에서 대중들의 이익이 실현된다는 다원주의적 엘리트 이론으로 그리고 선동과 조정에 의해 이루어지는 신통치 엘리트 이론으로 나누어져 발전해 왔음을 알 수 있었다. 각각의 이론들은 저마다 엘리트의 구성과 역할에 대해서 긍정적 혹은 부정적인 분석을 하고 있다.

그럼에도 불구하고 모든 엘리트 이론이 공통적으로 전제하는 것은 정치권력의 세계에서 엘리트는 존재할 수밖에 없으며 우리는 그 존재를 부정할 수 없다는 것이다. 그러나 여기서 우리가 간과해서는 안 되는 중요한 점은 정치 현실에서 엘리트와 대중이라는 구분이 존재하며, 엘리트의 대중에 대한 지배가 엄연한 사실이라고 해도 그것이 민주주의가 현실 세계에 더 이상 존재할 수 없다는 절망적 비관론만을 이야기하는 것은 아니라는 것이다.

라스웰(Lasswell)과 카프란(Kaplan)의 다음 말은 이러한 비관론에 빠진 사람들에게 큰 메시지를 던져 준다. “사회구조가 민주적이냐 아니냐 하는 것은 엘리트가 존재하느냐의 여부에 있는 것이 아니라, 엘리트의 일반 대중에 대한 관계, 즉 과연 어떻게 그 엘리트가 충원되는가, 또한 어떻게 그 권력을 행사하는가에 달려 있다”(Lasswell and Kaplan, 1998: 202). 즉, 엘리트들의 충원 및 권력 행사가 우리의 선택과 밀접한 관계가 있다는 것이다. 그와 동시에 선택된 자의 권력행사는 선택한 자들의 의지가 반영되어야 한다는 주장이다. 대표적 사회계약론자인 홉스(Hobbes)는 모든 피지배자들이 리바이던(통치자)에게 복종하는 이유는 피지배자가 리바이던의 창조자이기 때문에 리바이던이 피지배자들에게 부당하게 행동하는 것은 불가능하다는 전제를 강조했다. 동시에 리바이던이 피지배자를 해하려 한다면 자신을 보호하기 위하여 저항할 수 있다는 거부권을 인정함으로써 사회계약과 주권양도의 목적을 분명히 했다(김성수, 2018: 37). 하지만 여기서 두 번째 정의는 첫 번째 정의를 지향하는 목적이지 우선 순위는 아닌 것이다. 역사적 경험을 보더라도 이상보다는 결국 권력을 행사(exercise power)하는 자에 달린 것이다.

에이브러햄 링컨 미국 대통령의 고언이 생각나는 부분이다. "한 인간의 품성을 시험해 보려면 그에게 권력을 줘보라(If you want to test a man's character, give him power)." 즉 권력은 대중의 의지와 부합될 때 더욱 빛을 내는 것이다.

제10장

정치경제

『정치와 시장(Politics and Markets)』에서 린드블럼(Charles E. Lindblom)은 정치학과 경제학이 학문적 영역에서는 물론이고 현실적인 영역에서도 상당히 많은 부분을 공유하고 있다고 보았다(Lindblom, 1977: 8). 그는 정치학과 경제학이 기본적인 사회 메커니즘과 체제를 분석하는 일련의 과정에 공동으로 관여해야 한다고 주장했다. 정치학과 경제학의 조합은 1760년대 영국 고전학파가 가장 먼저 정치경제학이라는 이름으로 불렀다. 정치경제학은 자본주의 경제발전을 위한 국가의 역할을 다룬 학문으로, 경제학의 모태라고 볼 수 있다(김성수, 2020: 1). 마르크스는 자본주의 지배계급의 착취라는 관점에서 정치경제학을 비판하였지만, 정치경제학의 목적은 경제와 정치의 밀접한 관계에 있어서 상호보완적 발전을 모색했다는 점이 중요하다.

이 장에서는 정치경제 이론의 핵심적인 문제의식과 쟁점들을 중심으로 국가와 시장의 관계를 조명하고자 한다. 이를 위해 먼저 정치체제와 경제체제 간의 유사성과 차이점에 주목하여 국가와 시장의 관계를 설명한다. 이어서 현대 정치경제학의 주된 쟁점들을 주제별로 검토하여 시장에 대한 국가의 개입에 대해 성찰한다.

제1절 | 정치와 경제

정치와 경제는 각각이 추구하는 목표, 그 목표를 추구하기 위한 제도적인 영역, 그리고 이 목표를 선택하는 가장 기초적인 행위자 등 세 가지 특징에 의해 구분된다. 이러한 구분에 따르면 경제는 시장을 통해 개인들이 번영을 추구하는 것인 반면에 정치는 정부를 통해 집단적 행위자들이 공통으로 정의를 추구하는 것으로 정의된다. 그러나 정치와 경제를 이처럼 단순하고 명확하게 구분하는 것은 쉽지 않다. 왜냐하면 양자는 매우 유기적으로 연결되어 있기 때문이다(Clark, 1998). 경제학이 초기에 정치경제학으로 불렸다는 것은 이러한 것을 잘 보여주는 실례이다. 하지만 이러한 사실에도 불구하고 정치경제학의 특징을 이해하기 위해서는 정치적인 것과 경제적인 것의 개념을 구체적으로 알아보고 양자의 차이를 구별해보는 것이 필요하다. 아래에서는 추구하는 목표, 제도적인 영역, 주요 행위자를 중심으로 정치와 시장의 관계를 간략하게 살펴본다.

1. 추구하는 목표

경제는 활용 가능한 자원들로부터 가능한 최상의 물질적 생활수준을 달성하려는 노력들과 관련되어 있다. 번영과 관련된 경제의 가장 중요한 목표는 효율성, 성장, 그리고 안정이라는 세 가지 차원을 가지고 있다. 반면에 정치는 시민들의 권리를 확립하고 보호하려는 노력과 관련되어 있다. 정치가 추구하는 궁극적 목적은 정의이며, 이 목표는 개인의 자유, 이익과 의무의 공평한 배분, 그리고 사회질서로 요약될 수 있다.

경제는 자치적인 시장이라고 할 수 있다. 즉, 정치와 구별되는 경제만의 가장 고유한 구별은 바로 정치 영역으로부터 벗어나 있는 시장이라고 할 수 있다. “자기규제적 시장은 사회를 제도적으로 경제적 영역과 정치적 영역으로 구분하도록 요구할 뿐이다”(Polanyi, 1944: 71)라는 폴라니의 말처럼 경제와 정치의 가장 큰 구분은 결국 시장이라는 단어 하나로 함축하여 표현할 수 있다. 이러한 관점에서 정부의 역할은 결국 스미스(Smith)의 말처럼 질서 유지와 국방에 국한되며, 공적인 영역은 사적 영역에서 결핍된 공공재를 제공하는 데 머물러야 한다(Smith, 1986[1776]). 그리고 이러한 시장의 최종 목적은 자본의 축적과 경제 발전이라고 할 수 있다.

경제가 사적 이익을 중심으로 한다면 정치는 공적 이익을 중심으로 한다. 이때 사적이란 개인 또는 집단 간의 직접적 교환이 일어나는 일을 말하며, 공적이란 다른 사람에 영향을 미치는 행위 또는 영역에서 벌어지는 실질적인 일이거나 집단적 아이덴티티와 가치를 공유한다. 후자는 개인의 목적이나 개인적인 사회적 연결망을 통하여 구축되는 것이 아니다. 정치는 가치의 권위적 배분이다. 경제는 자발적 교환이지만 정치적 분배는 권위를 포함한다(Caporaso and Levine, 1993: 17~21). 권위는 평등·복지·정의 등 시장에서 확보되지 못하는 권리들을 보장한다. 하지만 자발적 교환 행위를 방해하지 않으며 상호 간의 이익 추구를 위하여 만들어진 이익 구조에 관여하지 않는다. 결국 정부는 특정한 제도적 장치를 통해 개인의 교환 행위를 초월한 권위를 보유하고 정책결정과 승낙을 확보한다. 그러나 번영과 정의는 빈번하게 불가분의 관계에 있으며 서로를 강화시켜 주는 작용을 하기 때문에 추구하는 목표에 따라 경제적 과정과 정치적 과정을 구분하는 데는 다소 무리가 있다.

2. 제도적인 영역

정치는 일반적으로 정부와 관련된 활동들을 가리키는 반면에 경제는 시장에서 일어나는 활동들을 다룬다. 우선 정치란 권위, 공공생활, 정부 개념과 연관되어 존재한다. 이러한 특징을 구체적으로 보면 정치는 첫 번째 정부 중심적(B)이라고 할 수 있다. 정부는 관료, 정당, 입법부, 법원 등의 튼튼한 구조로 조직되어 있다. 정치의 세계는 또한 권리와 의무라는 규범과 정치과정상의 여러 절차들, 실질적 행위를 담당하는 정치조직(agent)으로 구성(언론이나 이익단체도 정책에 영향을 줄 수 있지만 정부의 조직은 아니다)된다(Wendt and Duvall, 1989: 43). 정부는 권위, 이념, 주권 등을 포함한 국가와는 다르다. 이러한 것들은 정부가 관여는 하지 않지만 정치적인 것임에는 틀림없다. 이러한 특징은 위에서 설명한 정치가 추구하는 목표와도 관련된다(Caporaso and Levine, 1993: 43). 두 번째로 정치는 개인 또는 집단 간의 이익을 위하여 직접적인 교환이 일어나는 사적영역이 아니라 공적 이익을 추구하는 공공영역(A)에 영향을 준다는 점이다. 정부와 공공영역은 불가분의 관계에 있다. 왜냐하면 공공분야는 정부와 사회의 중요한 연결고리이기 때문이다. 정부입장에서 공공영역은 권위와 통치의 정당성을 제공하는 바탕이 되며, 공공영역에서 정부는 사회적 목적을 표현하

그림 10-1 정치의 개념들 사이의 관계

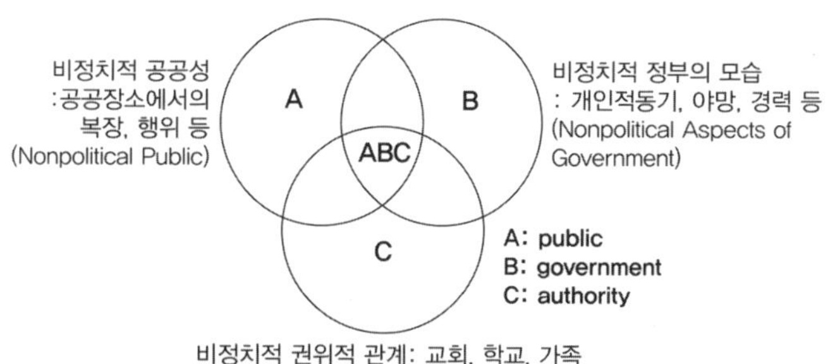

※ 출처: James A. Caporaso, and David P. Levine, 1992, *The Theories of Political Economy*, New York: Cambridge University Press.

고 실현할 수 있는 곳이기 때문이다(Dewey, 1927; Arendt, 1986). 마지막으로 정치는 사회 전체의 이익을 위하여 권위적 공공결정을 내리는 행위와 제도적 장치라 할 수 있다(Easton, 1981).[1] 즉, 정치적 분배는 권위(C)를 동반하고 있다. <그림 10－1>을 보면 정부가 권위를 사용하여 공공영역에서 사회 전체의 이득을 추구하는 모습(ABC)과 구분되는 관습과 인식의 정책연결망(policy networks)(Kazenstein, 1978: 19)에서 나타나는 비정치적 공공성, 비정치적 정부의 모습, 그리고 비정치적 권위적 관계를 보여주고 있다.

반면, 경제는 자발적 교환이 이루어지는 시장이라는 제도를 중심으로 운영된다. 시장에서 상업적인 영리를 추구하는 기업들의 우세는 경제활동 역시 공동의 목표를 추구하는 일군의 사람들에 의해 수행됨을 보여주지만, 경제활동은 효율성, 최소한의 노력, 목적을 위한 수단 등을 통해 우리가 필요로 하는 것을 취하는 행위라고 할 수 있다. 경제행위는 첫째로 계산(calculation)에 따라 수행된다 (Caporaso and Levine, 1993: 23). 희소한 자원으로부터 어떻게 이윤을 극대화할 것인가가 경제행위의 특징이다(Weber, 1978). 이는 효율성과 제한된 선택의 개념에 기반하고 있으며, 기본적으로 공공의 영역보다는 개인의 사적인 영역에서 이루어지는 것이다. 또한 경제적 계산은 개인이 원하는 욕구를 만족시키기 위하여 가능한 모든 방법을 사용하는 행위에 기초한다. 이러한 경제적 효율성을 추구하는 과정에서 합리성이라는 개념이 등장한다. 경제학의 도구적 합리성은 효율을 최고의 가치로 두며 인간을 목적이 아닌

1) 권위는 자발적 행위를 방해하지 않음에도 시장에서 확보되지 않는 권리들(평등, 정의 등)을 보장하기 위한 정치적 분배를 위하여 필요하다.

수단으로 대하게끔 만든다. 둘째로, 경제는 생산과 순환을 통하여 사회에 필요한 물질적 공급(material provisioning)을 하는 행위의 과정이라고 정의될 수 있다(Marx, 1964: 41). 생산과 순환을 통하여 사회 내의 물질적 삶의 필요 부분을 충족시키며 재생산과 성장을 추구하여 가치를 창출하는 역할을 담당한다. 그리고 경제와 정치의 구분은 시장에서 이루어지는 것이라고 볼 수 있다(Polanyi, 1944: 71). 즉, 정부의 간섭 없이 자치적인 시장만이 경제라고 보는 시각도 존재한다. 하지만 국가는 자본의 축적과 경제 발전을 위하여 외부성이나 사적영역의 부족한 부분의 수단을 강구하는 역할을 수행하곤 한다.

그러나 정치와 경제를 구분하는 이러한 방식도 모호하기는 마찬가지이다. 경제적인 거래처럼 정치활동도 종종 고유한 이익을 가진 개인들이나 그룹들 간의 상호 호혜적인 교환으로 이루어진다. 정치행위에서 왜 그리고 무엇을 하는가를 말하기 위해서는 경제적 계산이 필요하다. 반면에 공공재를 공급 또는 유통해야 하는 시장도 다양한 정치적인 차원을 가지고 있다는 점을 상기해야 한다. 시장의 작동과정에서 거래의 질서, 분배의 정당성 등을 둘러싼 권력과 권위의 문제가 지속적으로 제기되며 이는 정치와 명확하게 구분하기 어려운 것이다. 이러한 관찰에 비추어 볼 때, 제도적인 구분(정부/시장)은 정치와 시장을 구분하는 유일한 잣대가 될 수 없다(Caporaso and Levine, 1992: 24-25). 물론, 경제를 분리하는 학자들은 공공재의 공급을 사회적 현상으로만 간주하기도 한다.

3. 정치와 경제의 관계

시장은 자원과 상품을 공급하거나 요구하는 개인의 선택이 상호작용함으로써 가격을 결정하는 교환체계이다. 경제는 물질을 공급하는 행위라고 할 수 있다. 경제행위는 사회의 물질적 삶의 과정이다. 생산과 유통을 통하여 기본적인 수요를 충족시킨다. 특히 경제에 있어서는 재생산과 성장이 분배보다 중요하며, 수요와 잉여가치를 어떻게 이용할 것인가가 중요하다. 경제의 이러한 물질적 공급의 측면에서는 선택보다 요구가 더 우선시되며, 개인보다는 경제 시스템의 일련의 순환과정이 중요하게 부각된다. 결국 경제에서는 재화의 희소성에서 비롯되는 수요의 문제를 해결하기 위한 생산·재생산을 강조하고 지속적인 경제적 잉여를 보장하는 데 활동의 목표가 있다. 경제의 목표인 번영을 달성하기 위한 시장의 잠재성을 평가하기 위해, 효율성, 성장, 안정이라는 세 가지 차원을 검토해보자(Clark, 1998: 6-20).

1) 효율성과 자유

시장의 효율성을 신뢰하는 입장에서 볼 때, 완전경쟁 시장은 몇 가지 예외를 제외하고 최적의 가치 활용을 향해 자원들을 이끌며, '파레토 최적(Pareto－ optimal)' 혹은 효율적인 경제라 부를 수 있는 상황을 산출한다. 이 상황에서는 그 누구도 타인을 빈곤하게 만들지 않고 자신을 부유하게 만들 수 없다. 가격정보, 자원의 활용과 상품의 판매에 있어서 개인들과 기업들이 합리적 선택을 할 수 있도록 이끄는 최소의 정치적인 감독만 존재하는 상황에서 시장 내에서 수많은 거래들이 조정된다(Pareto, 1935).

시장은 자유로운 개인들이 상호호혜적인 거래를 하도록 허용함으로써 효율성을 달성한다. 개인들은 그들이 시장에 진입하기 위해 보유한 자원이 허용하는 최대효용의 수준에 도달할 때까지 상호 간 교환을 수행한다. 경쟁은 효율성을 촉진하는 중요한 요소로서, 기업들과 개인들은 가능한 낮은 가격으로 생산을 가능하게 하는 가장 효율적 기술을 채택해야 하는 지속적인 압력에 놓이게 된다.

그러나 시장의 효율성에 대해 긍정적인 시각만 있는 것은 아니다. 부정적인 입장에서 볼 때, 경쟁은 진입장벽, 자원의 부동성, 정보의 부족, 생산의 분화, 그리고 기술적인 조건들과 자신을 경쟁으로부터 보호하려는 개인들의 노력으로부터 비롯되는 권력의 집중에 의해 불완전한 성격을 가지게 된다. 이러한 시장의 불완전성은 결국 비효율성을 유발할 수 있다. 매매되는 상품의 실질가격과 일치하지 않는 거래에서 발생하는 모든 비용, 즉 정보의 수집, 계약의 체결, 거래조건의 이행 등에 따르는 높은 거래비용은 시장의 효율성을 떨어뜨린다. 또한 시장적인 활동의 근저에 놓여 있는 경쟁적인 개인주의도 효율성을 저해하는 데 결정적일 수 있다. 강력한 경쟁은 사회적 결속을 약화시킴으로써 소외, 무관심, 적대감을 유발할 수 있다. 이러한 심리적인 상황은 낮은 생산성, 범죄, 사회 동요 등으로 표현되며 효율성에 영향을 미친다.

시장이 경제적 효율성을 달성했다고 하더라도, 그것이 보다 넓은 사회적 효율성을 달성하는 데는 실패하는 경우도 있다. 경제적 효율성이 돈이나 상품을 활용한 개인적 선호의 충족을 의미하는 반면에 사회적 효율성이라는 개념은 개인의 구매력으로 충족될 수 없는, 혹은 집단적인 행동을 통해서만 달성될 수 있는 목표가 존재함을 인정한다.

정부는 시장의 불완전성에 적극적으로 반응함으로써 효율성을 증가시킬 수 있다.

정보의 부족과 이상과열은 정부의 조치들로 해결될 수도 있으며(George Akerlof and Robert J. Shiller, 2010), 건전한 경쟁을 가로막는 사적 권력의 집중은 반독점법이나 규제, 공적인 소유에 의해 완화될 수 있다. 정부는 또한 생산에 필요한 자원들의 질과 양을 향상시킴으로써 효율성을 촉진한다.[2] 경기가 후퇴하는 기간 동안 정부는 고용을 창출하고 생산을 증가시키는 정책들을 추구할 수 있다(Keynes, 1936).

이러한 경제적 효율성의 제고에 덧붙여, 정부는 시장에서 달성될 수 없는 목표들(교육, 국방, 사회보장, 환경보호 등)을 추구함으로써 보다 넓은 사회적 효율성을 달성하는 데 기여하기도 한다(Alford and Friedland, 1985). 시민들은 안전한 사회와 깨끗한 자연, 사회적 정의를 원할 수 있다. 그러나 시장은 오로지 이득을 추구하는 돈 있는 자들의 수요에만 반응할 수 있다. 비영리적인 것들에 대한 선호가 존재할 때, 사회적 효율성과 번영은 정부가 담당하게 된다.

그러나 정부의 활동이 경제적 효율성과 시민의 자율성을 저해한다는 주장도 만만치 않게 제기되고 있다. 시장의 힘들이 경쟁을 통해 효율성을 달성하는 것과는 달리 정부는 내적으로 효율성을 달성하려는 강한 압력을 받지 않을 수 있다. 공공재는 강제적인 과세를 통해 재정이 공급되므로, 정부는 고객을 잃을 걱정 없이 만족스럽지 못한 서비스들을 제공할 수 있다. 게다가 관료제도는 작동에 있어서 더디고 경직되어 있다(Miller, 1990). 이런 문제들은 자기 이익만을 추구하는 정치인들과 관료들을 통해 나타나기도 하며, 이들이 추구하는 높은 수입과 권력의 증가는 효율성을 심각하게 저해한다(임혁백, 1999).

이와 더불어 정부는 규제를 강요하고, 인센티브를 바꾸고, 자원의 투입방향을 조정함으로써 시장의 효율성을 증가시키려고 한다. 이 경우 정부의 개입은 사적 재산권의 안정성을 침해하고 개인들의 합리적인 선택의 동기를 저해할 수도 있다.

2) 성장과 평등

시장은 경제적인 자원의 활용 가능성과 생산성 모두를 증가시키는 데 필요한 강력한 메커니즘이다. 직접적으로 개인적인 것에 관한 결정의 긍정적이거나 부정적인 결과를 미침으로써 시장은 산업적인 활동에 강한 동기들을 부여한다. 이러한 시장의

2) 시장에서 정보의 비대칭성(market of lemon)과 이상과열(irrational exuberance)로 인하여 불안정성의 대안으로 전통경제학에서 강조하는 경제적동기와 합리적 반응을 넘어 비경제적 동기와 비합리적 반응 즉, 심리적 요인에 초점을 맞춘 행동경제학(Behavioral Economics)도 정부의 역할에 정당성을 실어주고 있다.

동기부여의 결과로서 추가적인 자원들이 활용 가능해지고 자원의 질이 향상되며, 혁신과 위기를 감수하려는 모험 정신이 고취된다. 시장은 또한 성장을 이끄는 심리적인 변화들을 일으킨다. 도덕적이고 문화적인 규범들을 최소화함으로써 시장은 개인들이 전통적인 역할과 기대의 틀을 넘어서 자신의 정체성을 만들어낼 수 있게 한다.

그러나 성장을 위한 시장의 능력은 적절한 사회간접자본(infrastructure)를 구축할 수 없을 경우 억제된다. 성장은 운송시스템과 교육, 그리고 다른 공공재를 필요로 하며, 이것들은 사적인 이익을 직접적으로 보장해주지 않기 때문에 시장에 의해 제공되기는 어렵다. 성장을 억제하는 또 다른 요인은 정보의 부족에서 비롯되는 불확실성이다(George Akerlof and Robert J. Shiller, 2010). 투자가들은 그들이 감내하는 위험의 정도를 정확하게 평가할 수 없을 때 성장에 필수적인 벤처에 재정을 투입하려 하지 않을 것이다. 성장은 부와 수입이 너무나 집중되어 소비재에 대한 지출이 뒤처지는 경우 억제될 수도 있다. 시장과 관련된 경쟁적 개인주의 역시 성장에 장애를 초래할 수 있다. 사회적인 지위를 위한 경쟁이 개인의 영향력을 과시하기 위한 과도한 소비로 이어질 수 있기 때문이다. 과도한 경쟁과 개인주의는 좌절감과 시기심을 조장할 수 있으며 이는 생산성과 성장에 부정적인 영향을 미칠 수 있다(Keynes, 1936).

성장은 사회가 소비보다 많은 생산을 하고 이렇게 얻은 잉여를 생산적인 투자에 투입할 수 있는 능력에 달려 있다. 정부는 잉여를 생산하는 사회의 능력을 증진시킬 수 있다. 관습과 전통이 자원을 효율적으로 사용하는 것을 가로막을 때, 정부는 역동적인 생산을 위해 이 자원들을 전환시킬 능력을 보유하고 있다(Buchanan, 1985). 또한 조세, 지출, 이자율에 대한 통제를 통해 정부는 자원들을 자본축적을 향해 전환할 수 있다. 교육과 연구에 대한 재정지원을 통해 정부는 장기간에 걸친 경제성장에 기여할 수 있으며, 끝으로 잘 정비된 재산권, 유연하게 작동하는 법률체계, 안정적인 시장의 상황을 구축함으로써 개인 투자가들을 위해 불확실성을 감소시킬 수 있다.

그러나 정부의 징세와 차입은 생산적인 민간 투자로 이어질 수 있는 자금을 흡수할 위험이 있다. 또한 과도한 규제는 자원들을 가장 효율적인 사용으로부터 이탈시킴으로써 불황을 유발할 수 있다. 보조금과 기타 형태의 보호장치들은 혁신과 현대화의 압력으로부터 기업들을 보호함으로써 성장을 저해할 수 있다. 개인의 기본권 보장을 위한 정부의 수입 재분배정책은 또한 생산활동에 참여하려는 동기들을 떨어뜨리고, 성공을 부정하고 실패에 보상을 제공함으로써 성장을 위한 시장의 잠재성을 잠식할 수 있다(Friedman, 1962).

3) 안정과 질서

시장은 전문화와 교환관계를 형성하여 상호의존관계를 형성함으로써 소비자 선호, 테크놀로지, 자원 활용 가능성의 변화에 매우 유연하게 반응할 수 있다.[3] 가격 메커니즘을 통하여, 기업과 소비자들이 각각 자신의 생산과 소비를 조정하기 때문에 이러한 변화들은 즉각 적절한 반응들을 이끌어내게 된다. 시장은 심각한 불균형이 발생하기 전에 빠른 조정을 통하여 안정에 기여한다. 경쟁의 압박은 변화하는 사업 환경에 대한 즉각적이고 효율적인 대응에 보상을 제공한다. 금융시장 역시 안정에 기여할 수 있다. 경제가 정체에 빠지면 이자율은 차입과 투자가 또다시 매력을 가질 때까지 하락한다. 역으로 경제가 과열될 경우에는 치솟는 이자율이 경제가 다시 안정될 때까지 차입과 지출을 억제한다.

그러나 시장에 존재하는 '호황과 불황'의 순환은 시장이 경제활동들을 조직하는 지배적인 제도가 된 이후로 지속되었다. 자본주의의 초창기에, 이러한 순환주기는 경제행위자들이 지속적인 가격 상승을 예견함으로써 '투기적인 거품'이 생겨나는 특정 시장에서만 발견되었다. 이러한 거품이 파열됨으로써 몇몇 투자가들이 금융적인 파산을 겪었다. 그러나 현대에는 시장들의 상호접속과 금융시장의 과도한 확대가 국내적이고 국제적인 불안정의 순환주기를 가져오게 되었다. 이러한 불안정은 부분적으로 기대의 역할로 설명될 수 있다(George Akerlof and Robert J. Shiller, 2010). 투자가들 사이에서 비관적인 심리의 확대가 실물경제에 파급됨으로써 경기후퇴와 실업을 낳게 되는 것이다. 역으로 낙관주의는 인플레이션을 촉발할 수 있는 신규 투자와 높은 지출로 이어질 수 있다.

적절한 정부의 정책들은 안정에 필수적인 '기업의 신뢰'를 고무할 수 있다(Wolf, 1988). 심지어 몇몇 기업들이 반대하는 정책들도 경제 전반에 긍정적으로 작용할 수 있다. 예를 들어 반독점정책, 최저임금법, 그리고 진보적인 과세는 안정을 위협하는 부와 권력의 집중을 억제할 수 있다. 또한 경기 후퇴나 인플레이션이 발생할 경우,

3) 반면 기존의 전통가치보다는 자기중심주의적 태도로 가치적 정향을 변화시킴으로써 사회구조의 변화를 가져오게 되고, 정부는 이를 보완하기 위하여 시민교육 등을 통하여 인간관계의 증진을 추구한다.

정부는 적절한 재정 및 통화정책을 통해 반응할 수 있다.

그러나 자원을 재조정하고 소득을 재분배하려는 정부의 노력은 이윤을 감소시키고 재계의 신뢰를 떨어뜨림으로써 불안정을 유발할 수 있다. 또한 재선을 노리는 정치인들이 유권자를 유혹하기 위해 임시적인 호황을 만들어내려는 생각으로 경제를 과열시킴으로써 '정치적인 사업 사이클(political business cycle)'이 생겨날 수 있다. 일단 선거가 끝난 후 이러한 경기 부양 정책들이 취소됨으로써 경제가 불황에 접어들 위험이 있다. 정부관료들이 선의에 의해 정책을 수행한다고 할지라도, 금융통화정책은 불안정을 증가시킬 수 있다. 이따금 관료들과 정치인들이 어떤 문제를 인식하고, 대응을 마련하고, 정책을 집행하며, 결과들을 기다릴 때 경제상황이 바뀔 수 있고, 그럼으로써 정책이 더 이상 적합하지 못한 것이 될 수 있다(임혁백, 1999). 보다 일반적으로 번영을 유지하기 위해 정부는 이자율의 인상같이 시장 스스로 안정을 도모하려는 메커니즘을 억압하게 된다. 번영이 인위적으로 연장될 때, 그 뒤에 오는 불황은 더욱 심각할 수 있다.

이상에서 우리는 정치와 경제의 기본적 개념에 대해서 개괄적으로 살펴보았다. 물론 소득과 재산의 재분배와 공적인 가치를 재발견하고, 공적인 영역과 사적인 영역의 경계에서 작동하는 생산과 교환에 초점을 맞추는 현대 정치경제학의 발전을 고려할 때, 이러한 이념형은 지나치게 단순한 분류일 수도 있다. 적어도 20세기의 정치경제학은 인접 사회과학의 업적을 흡수하면서 발전해 왔기 때문이다. 이러한 변화와 최근의 쟁점에 대해서는 아래에서 보다 자세하게 논의하기로 한다. 요컨대, 고전적인 정의에 입각해볼 때 경제란 효율과 사적 영역의 문제이며, 정치는 민주적 절차와 공적 영역의 문제라고 요약할 수 있다. 따라서 정치경제의 과제는 이러한 두 가지 상반되는 영역의 유기적인 상호보완적 통합을 어떻게 이루어 낼 것인가의 문제를 해결하는 데 있다.

표 10-1 정치 · 경제 제도로서의 시장과 정부

<table>
<tr><th rowspan="5">경제제도</th><th colspan="2"></th><th>효율성</th><th>성장</th><th>안정성</th></tr>
<tr><td rowspan="2">시장</td><td>긍정</td><td>개인 간의 경쟁</td><td>규범의 최소화
기술개발과 자원 증대</td><td>유연성(예: 이자율)</td></tr>
<tr><td>부정</td><td>외부성(externalities),
동기부여의 문제</td><td>사회 인프라의 부족 초래</td><td>독과점 → 불황과
실업으로 이어짐</td></tr>
<tr><td rowspan="2">정부</td><td>긍정</td><td>불안정한 시장에
효율성을 증진시킴
(예: 공공교육-
기술인력 양성)</td><td>시장의 잉여가치
창출과정에 정부가
개입함으로써 조정 가능
(예: 자본축적에 관여:
세금, 이자율 등)</td><td>불황, 인플레이션 발생
시 정부 개입
(예: 통화 · 재정정책)</td></tr>
<tr><td>부정</td><td>시장보다는 효율성이
떨어짐(예: 관료주의,
정치적 욕망, 선거 등)</td><td>정부의 개입이 생산적
투자에 부정적 영향을
끼치는 경우</td><td>재산권을 침해할 수
있으며 사업 의욕의
저하로 이어짐</td></tr>
<tr><th rowspan="5">정치제도</th><th colspan="2"></th><th>자유</th><th>공평</th><th>질서</th></tr>
<tr><td rowspan="2">시장</td><td>긍정</td><td>개인의 자유</td><td>수요공급의 성립에 따라
개인의 능력 보장</td><td>지배관계를 상호보존의
교환관계로
환원함으로써
상호의존적 관계를 형성</td></tr>
<tr><td>부정</td><td>비-상품
(non-commodity)
공급의 부족
(예: 국방서비스 등)</td><td>부(富)가 개인의 지위
부여(기회의 평등 결여)</td><td>전통적 가치와
사회구조의 약화 →
자기중심주의</td></tr>
<tr><td rowspan="2">정부</td><td>긍정</td><td>시민들의 가능한 선택의
폭을 넓힘으로써 자유
보장(개인 차원에서는
불가능함)
(예: 교육, 국방,
사회보장, 환경보호)</td><td>사적재산권 외의
기본권(인권) 보장</td><td>질서 있는 인간관계의
증진(예: 문화 등)</td></tr>
<tr><td>부정</td><td>때때로 시민의 자유를
제한하기도 함
(예: 세금, 법, 규제)</td><td>공평(equity)에 대한 다른
개념들이 존재함</td><td>정부의 자원
배분과정에서 시민들의
개인적 이익이 반영될
수 있음</td></tr>
</table>

제2절 | 정치경제학의 기본 분석틀

아래의 <그림 10-2>에 제시된 모델은 정치경제의 기본적인 개념을 이해할 수 있게 해준다. 이 그림은 상당히 복잡한 생산과 교환 시스템을 극도로 단순하게 도식화한 것이다(Baumol and Blinder, 2001: ch.8; Ruffin and Gregory, 2000: ch.6).

그림 10-2 **정치 · 경제체제**

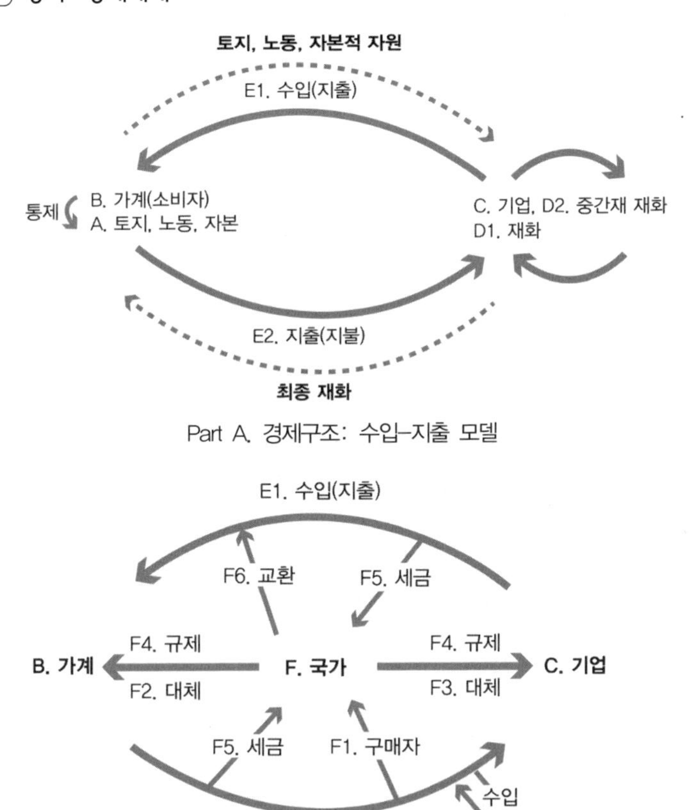

1. 생산요소, 기업, 가계/소비자

위의 모델에 따르면, 자본주의 발달의 초기에는 토지(land)와 노동(labor), 그리고 자본(capital)으로 구성된 세 가지 생산요소(A)가 경제를 구성하는 기본 요소였다. 이러한 생산 요소들은 경제학 용어에서 가계(household)라고 표현하는 소유자에 의해 통제된다(B).

기업(C)이라고 불리는 몇몇의 행위자들(이 책에서는 '기업'과 '생산자'를 상호교환적으로 사용)은 재화(D1)를 생산하기 위하여 이 생산 요소들의 결합을 시도한다.

기업은 자신의 자원들로 재화를 생산하는 단일한 개인일 수도 있다. 예를 들면, 건설현장에서 미장이 일을 하는 임금노동자는 자신의 노동 기술을 통해 건설 현장에 서비스를 제공한다. 또한 기업은 토지와 1차 상품과 같은 미가공품, 노동력, 그리고 자본 등과 같은 다양한 생산 자원들을 사용하는 거대 조직체일 수도 있다. 예를 들면 기업은 목재와 흑연, 고무, 기계, 그리고 노동력과 같은 생산 자원들을 활용해 간단한 형태의 연필들을 생산한다. 즉, 기업은 이러한 생산 요소들을 연필이라는 최종 생산물로 바꾸는 것이다. 어떤 재화들은 보다 복잡한 재화를 만들기 위하여 확보되기도 한다. 기업의 생산과정에서 사용되는 이러한 재화들은 일반적으로 중간재(intermediate goods)라고 부른다(D2). 예를 들어, 연필 공장에서는 다른 어떤 기업에 의해 제공되는 흑연(연필심)과 또 다른 어떤 기업에 의해 제공되는 목재 등을 연필의 생산과정에서 중간재로 사용한다.

가계는 최종 생산물을 확보하고자 할 때, 소비자로서 두 번째 역할을 담당한다. 소비자는 자신이 원하는 상품을 얻기 위하여 기업과의 교환을 통해 일정한 가치를 제공한다. 이처럼 가계/소비자와 기업 사이에서 등장한 것이 바로 지불체계이다(<그림 10-2> E1과 E2). 기업은 재화를 생산하는 과정에서 필요한 생산 자원들을 적절하게 통제하기 위하여, 가계에 그 무엇인가를 지불해야만 한다. 소비자의 역할을 담당하는 가계 역시 자신이 원하는 최종 생산물을 얻기 위해서는 기업에 그 무엇인가를 지불해야만 한다. 즉, 상호간의 일정한 지불체계가 성립되는 것이다. 따라서 우리는 그 어떤 개인이나 집단도 소비자 또는 기업의 역할을 할 수 있으며, 개인과 집단 모두 생산 자원들을 재화로 바꾸거나 최종 상품을 얻는 일련의 과정들에서 상호 밀접한 연관성을 맺고 있다는 점에 주목할 필요가 있다.

지불의 규모(가격)는 자신들이 원하는 재화를 얻기 위하여 자신들이 가진 그 무엇인가를 포기하거나 교환의 대가로 제공할 수 있는 두 행위자 간에 적절한 동의가 이루어졌을 때 성립된다. 경제학 용어에서 각각 행위자들은 교환 이전보다 교환 이후에 보다 높은 수준의 효용성을 확보했기 때문에, 이들은 교환을 통해 '효용성'을 증가시킨 경우라고 할 수 있다. 예를 들면, 감자를 재배하고 있는 어느 한 농부는 고기잡이를 하고 있는 어느 한 어부와의 교환과정에서 어부에게 자신의 감자를 포기하고 제공하는 대신에 어부로부터 어부가 포기한 물고기를 제공받음으로써, 보다 높은 수준의 가치를 확보하여 효용성을 증진시킬 수 있다. 이것은 재화와 재화 간의 직접적인 교환 사례이다.

사실 거의 모든 체제에서는 물물 교역이라고 불리는 재화와 재화 간의 상호교환 체제가 있었다. 그러나 대부분의 체제들은 재화 간의 교환을 위한 표준 메커니즘을 발달시킨다. 대표적인 예로 화폐를 들 수 있다. 소비자는 최종 재화를 교환하기 위하여 일정한 금액의 화폐를 생산자에게 지불한다.

만약 소비자들이 공급받기를 원하는 양보다 더 많은 규모의 재화를 기업들이 제공하게 된다면, 분명 그 재화의 가격은 하락할 것이다. 이것이 수요와 공급이 결정되는 원리이다. 만약 수요가 공급보다 적다면, 가격은 떨어질 것이다. 반대로 수요가 공급보다 많다면, 가격은 올라갈 것이다. 이 이론에 의하면, 충분한 규모의 생산자들과 소비자들이 교환을 실시하게 되면 상품의 가격은 수요와 공급의 '균형점(Equilibrium Point)'이라고 알려진 완벽한 균형 지점에 이르게 된다(<그림 10-3> 참조). 하지만 1970년대의 석유파동을 전후한 시기와 같이 물가가 상승하는데도 실업이 늘어나는 현상을 스태그플레이션이라고 한다(<그림 10-4 참조>). 경제성장을 위한 확장 정책은 물가를 상승시키고, 물가 안정을 위한 긴축정책은 실업률을 증가시키게 된다. 결국 이때 정부는 산업구조조정을 통해 해결책을 찾을 수밖에 없게 된다.

기업이 상품을 생산하는 과정에 필요한 생산 자원들을 확보하기 위해 지불한 것(E1)과 소비자가 자신이 원하는 최종 재화를 확보하기 위해 기업에 지불한 것(E2) 사이에는 어떤 차이가 있을 수도 있다(<그림 10-2> 참조). 만약 기업이 상품을 생산하는 과정에서 지불한 비용보다 상품을 판매해서 얻은 이익이 더 많다면, 이 기업은 분명 성공적인 역할을 수행한 것이다. 즉, 지불된 비용을 초과한 금액이 '이윤'으로 기업에게 돌아온 것이다. 그러나 반대로 기업이 상품 판매를 통해 얻은 이익이 생산과정에서 지불한 비용보다 작다면, 이 기업은 분명 실패한 것이다. 즉, 판매 이

그림 10-3 재화의 수요와 공급 간의 관계

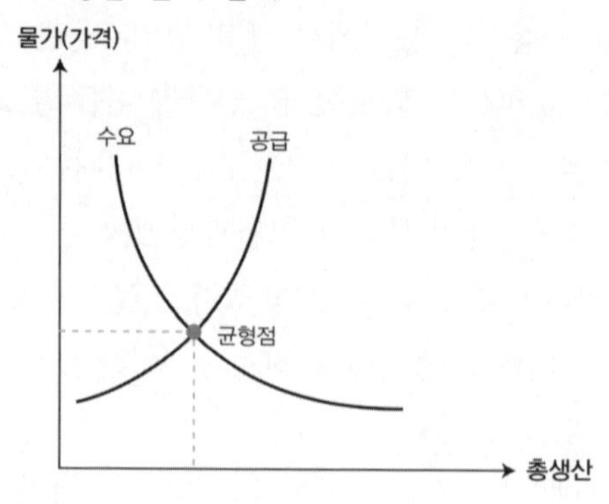

그림 10-4 스태그플레이션

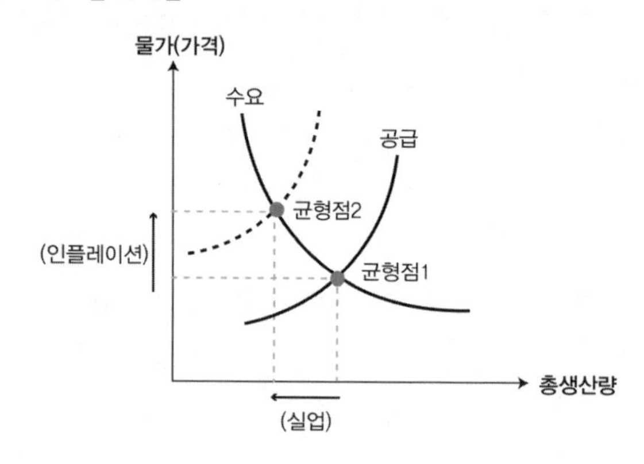

익을 초과한 생산 비용이 기업에게 '손실'로 돌아오는 것이다. 그런 점에서 기업은 당연히 이윤을 최대화하고 손실은 최소화하기 위한 명백한 노력들을 전개한다.

2. 생산과 소비

이와 같은 방식으로 교환체제는 전 세계 곳곳에서 실행되고 있다. 가계는 재화를 얻기 위해 자신들의 자원을 소비하고, 기업은 생산 자원에 대한 대가로서 가계에 소득을 제공한다. 이상적인 측면에서 볼 때, 모든 사람들은 자신들이 보다 필요로 하거나 욕망하는 그 무엇인가를 위해 끊임없이 가치들을 교환한다. 체제가 점점 더 복잡해짐에 따라, 보다 많은 행위자들이 재화의 생산 및 분배 과정에 포함된다. 게다가 화폐를 위하여 재화를 제공하고, 자신이 원하는 재화를 위해 화폐를 제공하는 교환이 지속됨에 따라, 특정한 행위자들은 보다 복잡하고 거대한 교환들을 조직하는 중개인으로 활동할 수도 있다.

이러한 순환이 지속적으로 이루어짐에 따라, 경제체제 내의 모든 행위자들에 의해 보다 많은 재화들이 생산되고, 구입되며, 판매되고, 소비된다. 대부분의 경제체제에 있어 실제적인 교환의 복잡성은 우리의 이해력을 넘어선다. 예를 들어 우리가 시장에서 사과를 구입하고 그 값을 지불한 경우, 과연 우리는 그 가치를 형성하는 데 있어 조금씩 기여해 온 수많은 사람들을 모두 떠올릴 수 있을까? 그것은 사과를 생산하고, 분배하며, 소비하는 일련의 과정들 속의 모든 행위자들을 포함하는 작업이다. 충분한 시간을 가지고 고민에 고민을 거듭한다면, 아마 우리는 우리가 그랬던 것처럼(우리는 사과를 구입하기 위해 비용을 지불함으로써 그 가치에 분명한 기여를 했다!) 그 가치를 형성하는 과정에 관여한 수백여 명의 사람들을 정리할 수 있을 것이다.

만약 다른 사람들이 교환을 통해 우리가 통제하고 있는 생산물이나 재화를 확보하기 위하여 상당한 비용을 기꺼이 지불한다면, 아마 우리는 보다 강력한 재력을 가지게 될 것이다. 이 경우 우리들이 소유하고 있는 자원들의 사용과 관련해 보다 많은 선택권을 가질 수 있을 것이다. 예를 들어, 우리가 등산 중에 200년이 넘은 산삼을 무려 열 뿌리나 캤다고 가정해보자. 이때 우리가 선택할 수 있는 경우의 수는 너무나도 많다. 우리는 열 뿌리 모두를 먹어 버리거나, 일부는 먹고 일부는 팔아서 돈을 확보할 수도 있다. 그리고 그 돈으로 다시 다른 재화나 서비스를 구입할 수도 있다. 즉, 무한히 넓은 가능성의 세계가 펼쳐지는 것이다. 개인적으로 한 번에 다 먹어 버리기보다는 새로운 자원의 꾸러미를 만들 수 있는 선택을 하는 것이 보다 현명하고 합리적일 것이다.

생각해보면, 우리들은 모두 효용을 극대화시키는 전략을 모색함으로써 보다 나은 삶의 질을 향유하고자 한다. 어떤 사람은 화폐나 음식, 또는 귀금속 등의 축적을 원할지도 모른다. 다른 사람은 개인적인 만족을 위해 모든 돈을 소비하고자 할 수도 있다. 또 어떤 사람은 자기 소유의 고급 주택이나 고급 자동차를 가지기 위해 노력할 것이고, 또 다른 어떤 사람은 축적보다는 무소유를 통해 행복을 추구할 수도 있다.

3. 국가와 세계의 참여

지금까지 우리는 경제체제 모델에 대한 첫 번째 접근을 가졌다. 생산 요소들을 위한 지불과 최종 재화들을 위한 지불의 순환적인 교환은 시스템을 움직이는 동력이 된다. 그러나 이 모델은 지극히 단순한 것이다. 그중에서도 특히 우리는 지금까지의 설명들에서 결정적인 부분을 배제하고 있었다. 바로 정치체제이다. 따라서 <그림 10－2> Part B에서는 국가(F)가 추가되었다. 사실 경제와 국가 사이의 상호작용은 결과적으로 정치경제라는 역동적인 과정으로 귀착된다. <그림 10－2>의 Part B를 보면, 국가는 F1에서 F6까지의 구분을 통해 분류된 6가지 일반적인 방법으로 경제체제에 강력한 영향을 미친다. 따라서 우리는 국가가 어떠한 경제적 활동을 규제할 수 있는지와 재화의 소비자(가계) 혹은 재화의 생산자(기업)를 대체할 수 있는지, 어떤 행위자에게 세금을 부과할 수 있는지, 그리고 어떤 행위자에게 재화와 화폐를 양도할 수 있는지 등에 대해 주의 깊게 살펴보아야 한다. 이것은 6가지 차원의 행태와 관련된 국가의 행동들이 정치경제의 다른 형태들과 구별되는 근거가 될 것이다.

<그림 10－2>의 Part B는 경제행위자들의 행태에 영향을 끼치는 국외의 행위자가 존재함을 보여준다. 생산자들은 국가의 잉여 상품들을 국외의 소비자들에게 재화의 형태로 판매할 수 있다. 이를 가리켜 수출이라고 한다. 동시에 소비자들은 국외의 지역 생산자들을 통해 재화를 구매할 수 있다. 이를 가리켜 수입이라고 한다. 그러므로 수입과 수출이 이루어지는 경제체제 안팎에서는 소득의 새로운 흐름이 존재한다(G). 게다가 국가(행위자의 모국이나 타국)는 무역규제를 철폐함으로써 자유를 촉진하는 정책을 수행한다. 이번 장에서는 보다 쉬운 이해를 돕기 위해 세계 잉여 생산물에 대한 정치경제의 역할을 배제하고 있지만, 현실에서 외부 행위자들의 역할은 매우 중요하게 다루어져야 한다.

이상에서 설명한 모델은 또한 일반적인 정치경제과정을 보여주지만 매우 특수한 경제 행위들에 대해서는 고려하지 않고 있다. 그중에서도 반드시 짚고 넘어가야 할 두 가지 중요한 사실들이 있다.

첫째, <그림 10－2>의 Part B는 전체 모델 속에서 나타나는 특정한 경제행위자의 역할을 명확히 보여주지 않고 있다. 가계는 모든 것을 소비하기보다는 수입의 일부를 저축할 수 있다. 이러한 저축은 금융체계에 포함되어 있다. 이러한 투자자들은 자본을 자원으로 사용하기 위하여 이를 가계에 지불하고, 기업들은 투자자들에게 투자의 대가로 이윤을 배당한다. 현재 금융시스템의 성장과 현실적인 작동은 파생상품 등에서 나타나듯 산업자본주의와 다른 특징들을 낳고 있으며 금융자본과 관련된 국가의 개입은 사회과학과 정치경제 실무에 있어서 그 중요성이 증가하고 있다.

둘째, 이 모델에서는 독립적인 개인들을 경제행위자로 간주하고 있지만, 정치행위자로서 경제활동을 하는 사람들은 개인일 수도 있고, 집단일 수도 있다. 실제 경제에서 몇몇의 행위자들은 생산과 교환의 과정에서 관계된 이익을 증가시키기 위해 다른 행위자들의 자원과 자신의 자원을 결합시킨다. 그들은 협력을 모색하고, 조직과 기관을 구성하며, 자원의 사용을 통제하기 위해 노력할 것이다. 이러한 협력은 개인 소유자들이 공동의 이익을 추구하는 농협이나 노동자 조합 같은 조직에서 나타나고, 카르텔과 같은 시장의 몫이나 가격을 통제할 시 등장하며, 경영자 직능단체나 대기업과 같이 통제되고 비경쟁적인 자본에서 출현하게 된다. 따라서 경제영역에서 발생하는 정치적인 과정과 제도의 문제를 고려하는 것 역시 매우 중요하다 할 수 있다.

제3절 | 정치경제학의 전개

1. 자본주의의 발달과 민주주의

자본주의가 발달하던 시대, 초기의 계몽주의 학자들은 민주주의와 자본주의는 서로 공존할 수 없다고 생각하였다(김성수, 2020: 33~75). 루소(Rousseau)는 자본주의가 계급의 이익을 대변하게 되기 때문에 민주주의의 자유원리에 위배된다고 생각했다. 그는 소유란 자신의 필요와 자신의 노동에 기초해야 하는데 자본주의 하에서 인간은 자신의 노동으로부터 소외되며, 과도한 부를 소유한 계급이 가난한 계급을 구속하는 일이 행해질 수 있다고 비판하였다. 공화주의 사상의 선구자인 루소는 정치적인 측면에서 다수의 의사가 반영된 일반의지가 시민사회의 균형을 유지하는 토대가 되며, 이를 통해 인간은 자신을 통치할 수 있는 도덕적 자유를 가질 수 있다고 생각했다. 왜냐하면 일반의지는 개인들의 이익의 합이지만, 동시에 그것을 초월하여 개인들의 자유의지를 실현시키고 사회 전체의 조화와 균형, 진보를 보장하기 때문이다. 따라서 그는 정부가 일반의지를 지키기 위하여 절대적 불평등을 해소해야 할 의무를 짊어진다고 주장한다.

한편, 로크(Locke)는 인간이 자신의 노동에 의하여 축적한 것은 자신의 자산으로 소유할 권리가 있지만 이 권리는 자신의 필수적인 수요만 충족하는 것으로 제한되어야 한다고 주장했다. 그는 루소와 마찬가지로 산업사회보다 작은 커뮤니티와 중소기업 소유의 사회를 선호했다. 그에 의하면 자연 상태에서 인간은 완벽한 자유와 평등을 누렸으며 복종도 통치도 존재하지 않았다. 그렇지만 그들은 자연 상태에서 자신들의 안전을 위하여 자신들을 통치할 권력을 위임할 정부를 선택할 자유를 가지게 되었다. 그러나 자본주의는 계급분파와 이익을 표현하게 되어 재산을 가진 자들만이 대표되는 정부를 선택할 권리를 지니게 되었고 재산이 없는 자들은 정부를 선택할 권리를 갖지 못하게 되었다. 따라서 로크는 자본주의는 자유, 평등, 커뮤니티에 위배된다는 결론에 도달하게 된다. 즉, 화폐, 상속, 임금노동에 기반한 부의 집적은 자본의 집중을 가져왔고, 지배 계급은 자산을 보호하는 입장에서 재산을 가지지 못한 자의 참여를 거부하게 된다고 주장한다. 그렇기 때문에 사유재산을 보호하는 자본주의와 모든 사람의 정치 참여를 필요로 하는 민주주의는 공존할 수 없다고 하였다.

홉스(Hobbes) 역시 자연 상태를 가정하였는데, 그에 따르면 자연 상태에서 사람들은 서로 격리되어 자유스럽게 살아가고 있으며 그 어떤 구속도 없이 자신의 욕망을 채우고 살고 있다. 이러한 상태에서는 정치적 국가도 사회도 존재하지 않는다. 하지만 누군가가 자신의 생명과 재산을 앗아갈 수 있다는 두려움 때문에 사람들은 사회를 형성하여 절대자인 리바이어던(Leviathan)에게 모든 것을 양도하여 보호를 받게 된다는 것이다. 그러나 현명한 리바이어던은 개인적 소유를 압류하여 자기 것으로 만들지 않고 사유재산을 보장함으로써 세금과 지지를 얻어내어 권력을 유지한다. 홉스는 현명한 리바이어던은 상업자본주의 증진을 위하여 일하는 것이 의무라고 한다. 왜냐하면 개인은 리바이어던과의 관계에서 작은 권리만 가지고 있기 때문이다. 재화의 생산, 유통, 분배뿐만 아니라 모든 정치, 경제 관계는 계약적 관계이며 이와 관련된 모든 규칙은 리바이어던에 의해 통제된다. 따라서 군주는 정치권력뿐만 아니라 경제를 증진하기 위한 노력을 경주하며, 민주주의는 자본주의에 배치된다.

이처럼 초기의 계몽주의 사상가들은 민주주의와 자본주의는 공존하기 힘들다고 하였다. 그러나 점차 민주주의와 자본주의의 상호보완이 가능하다는 주장들이 나오기 시작하였다(김성수, 2004). 벤담(Betham)과 밀(Mill)의 공리주의 철학은 이러한 변화의 선구자였다(김성수, 2018: 69~74, 135~149). 이들에게 인간은 행복을 극대화하고 고통을 최소화하는 합리적 존재이다. 행복을 측정하는 척도는 재산이다. 공리주의 철학은 개개인의 행복의 합을 사회 전체의 행복으로 보았기 때문에 개인의 재산, 즉 행복을 보호하기 위한 권력을 요청한다. 자본과 노동의 관계에 대한 그들의 성찰은 시장에 대한 국가의 역할로 나아간다. 대부분의 사람들은 노동자이며 가난하다. 이들이 부유해지기 위해서는 자본의 성장이 필요하다. 왜냐하면 자본의 성장을 통해 투자가 증가하고, 이는 곧 고용의 창출과 이윤의 사회적 재분배라는 선순환 고리를 만들어 내기 때문이다. 이러한 과정을 통해 전체적인 사회의 공리가 증가한다. 이러한 선순환 과정에서 국가의 역할은 무엇인가? 사람들은 사회 전체의 행복을 중시하면서도 개인의 사유재산을 보호받고자 하기 때문에 노동의 대가를 보장받으려 한다. 바로 여기에 국가의 의무와 역할이 있다. 즉, 민주적인 정부는 자본주의 경제를 보호한다는 시장민주주의의 기본적인 가정이 탄생하는 것이다. 공리주의에 따르면 왕정이나 귀족정치야말로 개인들의 권리와 재산을 침해하며, 근대 계급으로서의 노동자와 자본가들은 봉건적 통치에 대항한다는 공통된 이해관계에 입각해 민주정치와 자본주의 경제를 이끌게 된다. 결론적으로 이들은 자본주의의 발달을 위해서는 개인의 권리를 침해하는 왕정 귀족주의로부터 벗어나 개인의 권리를 보호해주는 민주주의가 필요하다고 하였다.

이러한 공리주의 사상은 자유주의와의 조합을 통하여 현대에도 이어지고 있다. 슘페터(Schumpeter)는 그의 저서 『자본주의 사회주의 그리고 민주주의(Capitalism, Socialism and Democracy)』를 통하여 "역사적으로 현대 민주주의는 자유로운 시장 경제활동을 보장한 자본주의의 등장과 함께 시작되었고, 민주주의는 봉건주의를 타파하면서 자본주의 체제가 정립되는 기반을 제공하였다"라고 주장하였다(Schumpeter, 1942).[4] 배링턴 무어(Moore, 1966) 역시 『독재와 민주주의의 사회적 기원(Social

---

4) 슘페터는 자본가의 새로운 도전을 통해 만들어지는 창조적 파괴가 자본주의를 붕괴시킨다는 주장으로 사회주의로의 전환을 예측한다. 그 이유는 자본가의 혁신은 점점 경제대상을 파괴하기 때문에 기업이 관료주의화되면서 더 이상 혁신산업이 없어지게 되며, 관료화로 인한 자신의 노력과 비례하지 않는 이미 정량화된 의무와 급여로 사유재산과 계약의 자유를 상실하며, 교육의 확대로 지식인들의 불만이 커지게 된다는 점을 지적했다. 결국 둔화된 시장의 불

Origins of Dictarship and Democracy)』을 통하여 영국, 프랑스, 미국은 상업부르주아의 등장으로 농업기반 사회를 변화시켜 그들이 자유로운 경제활동을 할 수 있는 자본주의의 등장을 가져오게 된 반면에, 일본과 독일은 지주귀족들이 상업 계급을 지배함으로써 파시스트적 산업근대화와 권위적 체제가 이루어졌고, 러시아의 경우에는 상업부르주아가 근대화의 방향을 제시하는 데 실패하여 혁명적 과정(노동자, 농민의 불만)을 통해 공산주의가 출현하였다고 하였다. 즉, 자본주의의 성공적인 농업사회의 지배와 전환은 지주계급의 몰락을 가져오게 되는 민주주의 등장의 조건이었다(Moore, 1966).

달은 사유재산제, 자유주의 시장경제는 민주적 제도를 가지고 있으며 국유재산제 혹은 계획경제는 권위주의 체제에서 나타난다고 하였다(Dahl, 1990). 립셋과 러너는 계량적 접근을 통해 GNP와 민주주의 정치체제는 양의 상관관계를 맺고 있다고 하였다. 이들은 민주주의 체제의 형성에 중요한 교육, 문맹률, 언론, 참여 등의 수준이 경제 수준에 따라 크게 좌우된다고 생각하였다. 이렇듯 초기 계몽주의 학자들이 자본주의와 민주주의의 상존 불가능성을 주장한 반면에 계몽주의 이후의 학자들은 자본주의와 민주주의의 상호보완성을 주장하였다(Lipset, 1993; Lerner, 1958).

김성수는 『자본주의와 민주주의, 상생(相生)의 정치경제학을 위하여』에서 자본주의, 자유주의, 민주주의가 균형적인 조합을 이룬 정치경제를 구성하는 것이 바람직한 공동체의 역사적인 조건이라고 주장한다. 자유주의는 신분제 중심의 봉건주의를 붕괴시키는 동력을 선사했다. 봉건주의은 무너지고 능력이 중심이 되는 자본주의가 등장하게 되었다. 능력에 의해 평가 받으며 자유로워질 것 같았던 삶은 놀라운 시장주의의 발달로 능력 중심의 신분제(?)로 불평등이 심화되면서 자유주의 가치를 침해하게 된다. 다시 자유주의 가치를 보장하기 위한 민주주의가 등장하게 된다. 즉, 자유주의적 자본주의 모델에 권리보장(권리의 자유)을 위해 동등한 목소리를 낼 수 있는 정치적 자유가 보장되는 민주주의가 접목되어 경제적 종속으로부터 벗어나는 모델이다. 기본적으로 자본주의는 소유의 자유, 시장주의는 선택의 자유, 그리고 민주주의는 권리의 자유라는 자유주의 전통의 맥을 같이 한다.

확실성을 제거하며 사회개선과 기업과 정부간의 마찰을 줄일 수 있는 효율적 수단으로 정부가 개입하는 사회주의 체제가 등장한다고 주장하였다. 하지만 모든 것의 전제는 놀라운 자본주의 성장이 있기 때문이다.

그림 10-5 자유주의적 자본주의 민주주의(Liberal Capitalist Democracy)

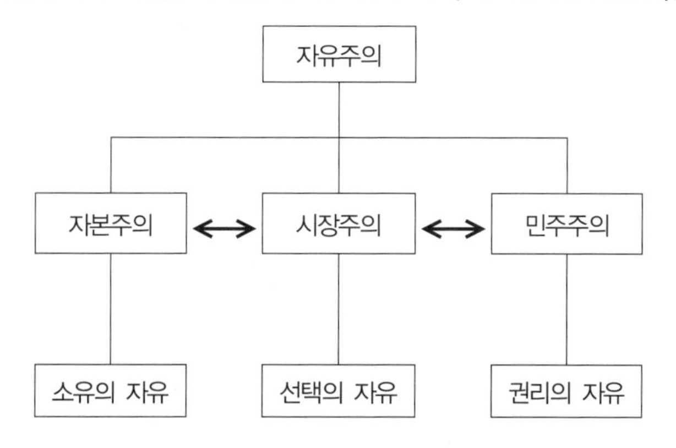

역사적으로 자유주의적 자본주의에 관한 대부분의 관심은 시장 내 인간과 사회의 상호관계에서 발생하는 불평등에 초점을 맞추고 있다. 이러한 긴장관계는 개인의 권리보장을 위하여 자유와 평등을 기반으로 하는 민주주의로 인간과 사회의 관계를 제도적 그리고 비제도적 영역까지 바람직한 방향으로 조정할 수 있다는 것이다(김성수, 2020).

반면에 현대의 사상가들 중에도 자본주의가 민주주의에 장애 요소가 된다고 보는 학자들 역시 존재한다. 특히 이러한 주장은 마르크스주의 계열 학자들의 일반적인 주장이다. 자본주의 아래에서의 민주주의는 부르주아 민주주의이므로 결국 계급 간의 갈등이 존재하며, 갈등의 해결은 사유재산의 금지를 통한 노동 계급의 해방으로 가능하다는 것이다(Poulantzas, 1973; Bobbio, 1989).

한편 린드블럼은 『정치와 시장(Politics and Markets)』을 통하여 기업 기능의 확대는 새로운 핵심적 상위 계층을 창출하게 되며 그들의 목소리는 매스미디어라는 기술을 통하여 과거보다 쉽게 전파된다고 한다. 결국 민주주의의 장애는 바로 개인기업의 자율성의 확대에 있다고 주장한다(Lindblom, 1977).

이와는 다른 전통으로 정부의 과도한 민주주의 원칙이 시장과 개인의 자유를 침해한다고 생각하는 학자들도 있다. 아담 스미스나 프리드먼, 하이예크 같은 자유시장경제 주창자들은 자본주의와 민주주의 생존의 최대 위협은 근대민주주의 국가가 복지에 책임을 갖고 정부의 역할을 확대하는 데 있다고 하였다. 또한 복지 등의 문제는 사적 영역에서 담당해야 한다고 하였다. 사적 영역에 대한 국가의 침투는 자유정부와 시장체제의 기능을 저해함으로써 오히려 자유와 생산성을 저하시킨다는 것이다(Smith, 1776; Freedman, 1959; Hayak, 1944).

또한, 올슨은 민주주의와 자본주의의 부정적인 관계를 역설하였다. 안정된 사회에서 개인과 기업의 행위는 필연적으로 연합할 수밖에 없으며, 이들은 긴밀한 연결망을 만들어 기업의 입장을 대변하는 로비스트들의 활동을 증가시키고, 이는 경제의 효율성과 역동성, 그리고 정치적 통치행위의 제한을 가져와 다수의 소비자들에게 불이익을 창출하는 긍긍적으로 민주적 권리에 부정적 영향을 미치게 된다(Olson, 1982).

2. 자본주의와 민주주의의 관계

앞에서 다루었듯 자본주의는 통치질서라면 시장경제와 계획경제는 경제질서라 볼 수 있다. 본 서에서는 자유주의와 연속성에서 시장주의와 민주주의와의 관계를 다룬다. 시장경제가 민주주의에 긍정적인 영향을 미친다는 관점을 알아보자.[5]

첫째, 정치적 자유와 권리는 본질적으로 경제적 자유와 권리로부터 파생된 것으로서, 이들 양자는 상호보완 관계에 있다는 것이다. 이것은 기본적으로 시장경제와 민주주의를 모두 자유주의적 관점에서 바라보는 인식에 근거한 것이다. 자유주의적 관점은 사회의 경제적 자원을 압도적으로 통제하고 있는 국가에서는 민주주의의 핵심인 개인적 자유와 권리 역시 안전하게 확보될 수 없음을 지적한다. 시민사회에 대한 국가권력의 침투를 저지할 수 있는 대항권력은 본질적으로 시장경제에 내재한 경제 권력의 분산과 사유재산권에 근거하기 때문이다.

둘째, 시장경제와 민주주의는 동일한 작동원리에 기초하고 있다는 주장이다. 다운스(Anthony Downs)로 대표되는 이들의 주장에 의하면 시장경제에서는 이윤을 극대화하려는 생산자가 소비자들이 원하는 상품을 제공해야 하는 것과 마찬가지로 (Downs, 1957), 민주주의 하에서 권력을 장악하려는 정치인이나 정당은 투표로 계산되는 국민의 지지를 극대화하기 위해서 국민이 원하는 정책을 제공하게 된다는 것이다. 다시 말해, 시장경제와 민주주의는 생산자와 소비자, 정치인 및 정당과 유권자 간의 다원적인 경쟁에 의해서 소비자 주권과 국민 주권이 실현되고, 그 결과 경

5) 자본주의와 민주주의의 관계에 대한 더욱 심화된 논의는 김성수(2018)의 『자본주의와 민주주의, 상생의 정치경제학을 위하여』와 김성수(2004)의 "민주주의, 시장경제 그리고 부패"(『부패학회보』 제9권 제1호)를 참조.

제적 재화와 정치권력의 효율적 배분이 이루어진다는 동일한 작동원리에 기초하고 있기 때문에 양자는 서로를 강화한다는 것이다(임혁백, 1999: 67).

셋째, 시장경제의 발전은 기존의 사회질서와 계급구조를 파괴하고 새로운 사회질서와 구조를 창출함으로써 민주주의의 사회구조적 기반을 성숙시킨다는 입장이다(김호진, 1994: 6). 경제 발전은 독립적인 중산층을 두텁게 형성할 뿐만 아니라 노동계급을 출현, 성장, 조직화시키고 이들로 하여금 정치적, 경제적, 사회적 시민권의 확대를 요구하게 유인함으로써, 결과적으로 시민사회의 형성 및 성숙을 통한 민주주의의 실현을 촉진시킨다는 근대화론자들의 주장은 세계 곳곳에서 일어난 민주화의 물결 속에서 더욱 큰 설득력을 확보하고 있다(김성수, 2003: 137~138).

다음으로 시장경제의 발전이 민주주의의 실현에 있어 부정적인 영향을 미친다는 관점을 알아보자. 이들은 시장경제와 민주주의가 기본적으로 상이한 조직원리에 기초하고 있기 때문에 긴장관계가 계속될 것이라고 주장한다. 즉, 시장경제는 소유하고 있는 생산수단이나 자본에 비례하여 권력을 배분하는 1달러 1표주의의 불평등체제인 데 반해, 민주주의는 생산수단이나 자본의 소유에 관계없이 모든 개인에게 똑같은 권력을 배분하는 1인 1표주의의 평등체제이기 때문에 두 원리 사이에서 긴장이 발생하는 것은 당연한 이치라는 것이다. 이를 정리하면 첫째, 시장경제에서 필연적인 투자의 사적 통제라는 구조적 제약은 시민들의 집단적 선택을 제약하고 '인민의 지배'라는 민주주의의 기본 원리를 침해하게 된다(Roemer, 1988). 둘째, 시장경제의 사적소유제도는 권력자원의 동원능력에 있어 자본가들에게 절대적 우위를 안겨줌으로써 특히, 자본소득이 노동소득을 능가하기 때문에 동등한 접근이라는 민주주의의 원칙을 침해하게 된다(Miliband, 1969; Piketty, 2013). 셋째, 시장관계가 지배하게 되면 사회적 결정은 경제적 결정에 종속되게 되고 사회관계는 경제의 부속물이 된다. 즉, '민주주의를 압도하는 자본'에 의하여 사회관계는 경제의 논리를 따르게 된다(Polanyi, 1998: 89). 넷째, 제국주의적 착취와 지배 하에 놓여 있는 제3세계 국가에서는 시장경제가 오히려 민주주의의 실현을 저해한다. 종속이론가들에 따르면 주변부에 대한 중심부의 착취는 주변부의 생산·유통·분배의 구조를 왜곡시키고, 계급구조의 파행을 가져옴으로써 주변부 국가의 경제 발전을 억제하는 경향이 있다는 것이다(Wallerstein, 1976).

이번에는 민주주의가 시장경제에 긍정적인 영향을 미친다는 주장을 알아보자.

첫째, 민주주의는 시장경제를 보호하고 발전시킨다는 점이다. 이것은 민주주의가 지배 계층이 피지배 대중에게 고임금이나 복지 같은 일정 수준 이상의 '물질적 양보'와 보통선거권과 자유로운 정치활동의 보장 같은 '정치적 양보'를 하게 함으로써, 시장경제체제를 전복시키려는 피지배 대중의 혁명적 분노와 봉기로부터 시장경제를 보호하는 기능을 수행한다는 것이다.

둘째, 피지배 대중이 지역이나 직장 수준에서 정책결정과정에 직접 참여하는 참여민주주의에서는 사회나 직장에 대한 피지배 대중의 책임감과 주체의식이 강화되어 체제의 안정과 함께 경제 발전이 가능하다는 것이다.

셋째, 노동 계급의 정치 참여는 생산방식의 혁신을 촉진함으로써 결과적으로 경제 발전으로 이어진다는 것이다. 실제 민주주의 제도는 노동 계급에게도 참정권을 부여하여 자신들의 이익을 대표할 수 있는 정당이나 단체를 조직할 수 있게 하였다. 노동조합이 합법화되면서 노조의 요구 사항은 증대하였고 영향력 역시 커졌다. 이것은 기업이 시장경쟁에서 승리하기 위하여 기술혁신과 조직혁신에 보다 집중하게 하는 계기가 되고, 이 또한 경제 발전이라는 결과로 이어지게 된다.

넷째, 민주주의의 확대와 심화는 사회 수준에서 제도의 합리성과 체제의 효율성을 제고함으로써 시장경제의 발전을 유도한다는 것이다. 즉, 성숙된 민주주의에서는 비합리적인 제도들이 개혁되고 사회적 효율성을 저하시키는 요소들이 제거되어, 사회 전체적인 측면에서 인적 자원의 효율적 활용이 가능해지고 체제의 효율성이 증진된다는 것이다.

마지막으로 민주주의가 시장경제에 부정적인 영향을 미친다는 논의에 대해서 알아보자. 민주주의가 시장경제에 미치는 부정적 영향에 대한 논의는 주로 신자유주의자들을 중심으로 민주주의의 효율성에 의문을 제기하는 형식으로 이루어지고 있다. 민주주의는 투표를 통해 결집된 시민들의 지지를 바탕으로 정부를 구성하고 이 정부를 통해 자원을 분배하는데, 이 정치적 자원배분의 결과는 항상 시장적 자원배분에 비해 비효율적인 것으로 간주된다. 시장의 행위자, 즉 기업과 소비자에 대한 공권력의 보호는 창조적이고 자발적인 이윤추구보다는 무임승차(free-rider)(Olson, 1971)와 도덕적 해이(moral hazard)(Friedman, 1981)를 부추기는 경향이 있으며 그로 인해 국가는 과도한 복지지출을 할 수밖에 없는 딜레마에 빠지게 된다. 복지의 확대와 규제는 기업의 조세부담으로 이어져 기업의 투자의욕을 떨어뜨리며 그로 인해 생산과 고용이 정체됨으로써 오히려 국민들의 복지가 후퇴하게 된다는 것이다.

제4절 | 정치경제학의 주요 쟁점

1. 정치경제학의 발전과 주요 쟁점

제2차 세계대전 이후부터 적어도 1970년대 후반까지 공공경제 부문은 놀랍게 확대되었다. 공공지출과 국내총생산 간의 관계를 고려할 때, 공공 부문의 규모는 전쟁 이전보다 적어도 세 배 이상 확대되었고, 모든 OECD 국가의 국민총생산의 40~50%를 차지하고 있었다(Tanzi and Schuknecht, 2000: 6, 52~53). 경제 및 사회생활에서 국가는 이중적인 방식으로 존재한다. 국가는 수많은 사회적 지출을 제공하는데, 이 지출은 안보 및 국방, 노령자 복지, 보건, 교육, 연구, 운송, 에너지, 통신, 환경 보호에 이르기까지 많은 비용을 초래한다. 다른 한편, 국가는 지속적으로 규제 및 금융 수단을 통해 게임의 규칙을 마련하고 문제점을 해결함으로써 시장의 작동에 개입한다.

소득과 재산의 재분배 등 경제 자원의 조절을 통한 공공 부문의 활동은 사회에 매우 중요한 결과를 미치고 있다. 따라서 국가의 활동수단과 역할 그리고 그 범위는 현대 정치경제학의 쟁점이라고 할 수 있다.

가장 적절한 국가의 (혹은 공공경제 부문의) 규모는 무엇인가? 국가에 부여된 임무는 무엇이고, 이 임무는 과연 공공 부문에 의해 완벽하게 보장될 수 있는가? 국가는 사회적 급부와 서비스를 스스로 생산할 수 있는가, 아니면 그것을 민간 부문에 위임해야 하는가? 이와 관련해 국가는 필요한 경우 공적인 자산을 매각할 수 있는가? 국가는 어떠한 수단으로 소득을 재분배하고 소외된 사람들을 지원하는가? 또 어떠한 상황에서 민간기업을 국유화하거나 국영기업을 민영화하는가? 민간 부문의 활동을 규율하는 제도적 수단들을 유지 또는 감소시켜야 하는가? 공공예산은 반드시 거시경제적인 균형에 맞추어 계획되고 집행되어야 하는가? 공적 부채의 한계는 무엇인가?

경제학 내부에서 시장에 대한 국가의 역할과 활동, 특히 국민경제에 대한 국가의 역할과 시민의 복지를 고려하는 것은 주로 공공경제학(Public Economy)의 연구 주제이다. 비교정치의 전통에서 시장에 대한 국가의 역할은 주로 '발전' 개념을 중심으로 연구되어 왔는데, 이에 대한 설명은 다음 장에서 소개하고 이 장에서는 주로 공공경제학의 쟁점을 중심으로 현대 정치경제학의 과제를 설명하고자 한다.

정치경제학의 핵심은 최근의 신자유주의 담론에 의해 많은 영향을 받고 있음에도 여전히 정부와 행정 복지 기구들과 공기업의 활동으로 이루어진 공공 부문에 초점을 맞추고 있다. 그러나 정치경제학의 범위는 국가의 활동에만 머무르는 것이 아니라 매우 탄력적인 공공 부문과 민간 부문의 경계에 관심을 기울이기도 한다. 예를 들어 최근에는 자발적으로 공익과 관련한 재화와 서비스를 제공하는 구호단체와 같은 비영리 민간단체들이 증가하고 있으며 이처럼 공적 부문과 사적 부문의 경계를 넘나드는 이들의 경제활동은 정치경제학의 새로운 연구 주제가 되고 있다. 정치경제학은 또한 거시경제적인 논의에서 벗어나 보다 미시적으로 환경·에너지·운송·교육 등 국가의 특정한 정책들을 연구 대상으로 삼으며 이것은 공공정책 분석(public policy analysis)이라는 복합학문의 발전을 촉진하고 있다(장행준, 2005: 226-227). 가장 미시적인 수준에서 최근의 정치경제학은 경제 주체들이 경제환경을 어떻게 인지하고 해석하며 어떠한 선택을 내리는지에 대하여 관심을 기울이며, 이 분야는 경제학과 정치학, 사회학, 심리학 등 인접 사회과학 간의 활발한 대화를 촉진하고 있다.

사실, 경제학 이론체계에서 공공 부문에 대한 연구는 상대적으로 천천히 발전해 왔다. 경제학의 주제는 언제나 자유로운 개인들의 생산 및 교환관계에 초점을 맞추었고, 국가와 공공 부문의 역할은 상대적으로 소홀하게 다루는 경향이 있었다. 주지하다시피, 고전 정치경제학의 창시자인 아담 스미스(Smith, 1986[1776])는 경제세계가 '보이지 않는 손'에 의해 선천적인 질서를 부여 받는다고 주장했다. 이 질서는 위로부터 주어지는 것이 아니라 수입이나 이익을 극대화하려는 합리적 행위자, 즉 개인들 간의 교환과 거래의 결과였다. 물론 스미스 자신은 특수한 이익의 자유로운 표현이 집단적인 복지를 저해할 수 있음을 잘 알고 있었고, 이러한 위험을 적절한 법적, 제도적 틀로 억제하고자 했으나 그가 경제학에 안겨준 자유주의 사상은 후학들이 계속해서 자유로운 개인들 간의 거래에 집중하도록 이끌었다(김성수, 2018: 75~91). 물론 리카르도(Ricardo, 1971[1821])를 비롯한 고전파 경제학자들도 재정을 통한 부의 재분배 문제에 관심을 가졌지만 그들은 조세의 결정이 정치지출의 결정과 상당히 독립되어 이루어져야 하며 공공지출은 개인의 보호로 제한되어야 한다고 주장했다.

국가의 활동, 특히 공적인 지출이 생산적인 자원들을 흡수하고 그 결과 민간 부문과의 경쟁을 유발할 수도 있다는 생각은 19세기 말, 일군의 이탈리아 학자들(판탈레오니(Maffeo Pantaleoni), 마졸라(Ugo Mazzola), 비티 데마르코(Viti de Marco), 바로네(Enrico

Barone) 등)과 스웨덴 학자들(윅셀(Knut Wicksell), 린달(Erik Robert Lindahl))에 의해 주장되었다. 이 학자들은 공공서비스의 불가분성(indivisibility)에 관심을 기울였다. 한계효용학파의 영향을 받은 이 학자들은 공공 부문이 민간 부문처럼 소비자들의 욕구에 따라야 한다고 생각했다. 그러나 현재까지 이어지는 이러한 고전파 전통은 적어도 2차 세계대전을 전후한 시기부터 20세기 후반이 될 때까지 주류가 되지 못했다.

전 세계적인 대공황과 제2차 세계대전, 그 뒤를 이은 냉전체제에서 전 세계로 퍼져나간 케인스의 일반 이론은 공공경제, 보다 광범위하게는 국가의 재정적인 역할이 경제적인 균형을 달성하는 데 필수적임을 명확히 했지만, 자원분배와 복지 제공에 있어서 국가가 수행하는 역할에 대해서는 구체적인 언급을 하지 않았다. 공공경제연구가 민간경제와 동등한 관심을 부여받게 된 것은 1950년대 사뮤엘슨(Samuelson)과 머스그레이브(Musgrave) 등 케인스 후예들의 기여를 통해서였다. 그러나 과거의 경제학이 과도하게 영리적 시장 부문에 집중했던 것과 마찬가지로 케인스학파의 공공부문에 대한 성찰은 자원의 최적 배분에 대한 공공 부문의 기여를 과도하게 강조했다는 비판이 제기되었다. 또한 케인스학파는 시장의 실패에 대해 언급하면서 그것을 제거하기 위한 공공 부문의 개입을 강조했지만, 공공 부문에 고유한 정치적 결함에 대해서는 주의를 소홀히 했다는 지적도 있었다. 이러한 이론적 공백은 1970년대의 경제위기와 더불어 통화주의자들의 비판의 대상이 되었고 다양한 경제연구를 촉진하는 계기가 되었다.

정치경제학은 국가의 역할에 대해 상이한 관점을 가진 두 가지 경향을 중심으로 발전해 왔다. 다분히 공리주의적 논리를 담은 개인주의(individualist) 혹은 자유주의적 관점에서 공적인 결정은 시민－소비자의 개인적 선호를 반영해야 한다. 이러한 관점에서 볼 때 국가는 자신을 구성하는 개인들의 목표를 달성하는 수단으로 간주될 수 있다. 경제분석에서 이 접근법은 머스그레이브와 사무엘슨 같은 학자들에 의해 전통경제 이론의 틀 안에서 발전했다. 그러나 이 전통은 다시 두 가지 방식으로 확대되었다. 애로우(Arrow, 1951)는 개인적 선호의 집합 시스템에 기초해 집단적인 선호를 설명하는 연구의 시초가 되었으며, 다른 한편으로는 수많은 저자들이 제도의 역할과 제도적인 결정과정에 주의를 기울임으로써 전통적인 정치경제영역을 확대했다. 특히 윅셀(Wicksell)과 뷰캐넌(Buchanan)의 접근방법은 개인적 선호의 우월성을 인정하고 정치제도가 개인의 복지를 연장하며 집단적인 면에서 개인의 선호를 구체화하기 위해서만 존재한다고 간주했다(Van Zijp, 1993; Buchanan, 1980).

일반이익에 보다 관심을 두는 두 번째 방법은 더 이상 개인적 선호에 의지하지 않고 결정을 내리는 기존의 정치조직에 의지한다는 점에서 개인주의적 전통과 구분된다. 홀리즘(holism)이라 불리는 이 이론은 공적인 결정은 개인적 선호를 다양하게 할 수 있고 일정한 구조적 영향력을 적용할 수 있다. 이처럼 현대의 정치경제학은 공공 부문이 본질적으로 국가경제의 축을 이루고 있고 특히 공공경제활동이 민간경제활동과 지속적으로 상호작용하고 있음을 인정한다.

이 같은 현대 정치경제학자들의 논의를 앞에서 제기한 세 가지 주제를 중심으로 요약해볼 수 있을 것이다. 공공경제 분석의 선구자 중 하나인 머스그레이브는 자원의 효율적 배분, 적절한 소득 재분배, 경제안정화야 말로 공공경제의 핵심과제라고 주장하였다(Musgrave, 1959).

2. 자원의 최적 배분

자원배분(allocation of resources)은 서로 다른 용도에 따라 사용자 간에 자원을 배분하는 것을 말한다. 파레토에 따르면 자원의 최적 배분 상태란 타인의 효용을 감소시키지 않고서는 어떤 개인의 효용을 증가시킬 수 없도록 자원이 배분되어 있는 상태이다. 모든 경제체제의 근본문제는 효율의 극대가 이루어지도록 자원배분을 달성하는 것이다. 자원은 소비자가 가장 원하는 재화의 생산에 목적을 두어야 한다. 또한 자원은 가장 생산적인 산업의 배분이어야 한다. 이론상으로 자원의 최적 배분은 완전경쟁에 의해 달성된다. 완전경쟁 하에서 최적 배분은 자동적으로 달성된다. 하지만 독과점 등 불완전 경쟁이 존재하고, 시장에 대한 정보가 완벽하게 주어져 있지 않으며, 제도적·심리적 요인이 작용하는 현실에서는 최적의 배분 상태가 달성될 수 없다.

시장에 대한 국가의 개입은 주로 다음과 같은 시장의 실패와 관련해 설명된다(<그림 10-6> 참조). 우선 어떤 시장의 행위자는 타인의 효용을 침해하는 '시장의 지배력'을 획득할 수 있다. 이것은 독점, 카르텔, 혹은 과점적 경쟁 등과 같은 다양한 형태의 불완전 경쟁을 초래함으로써 자원배분의 효율성을 저해하게 된다. 다음

그림 10-6 시장실패

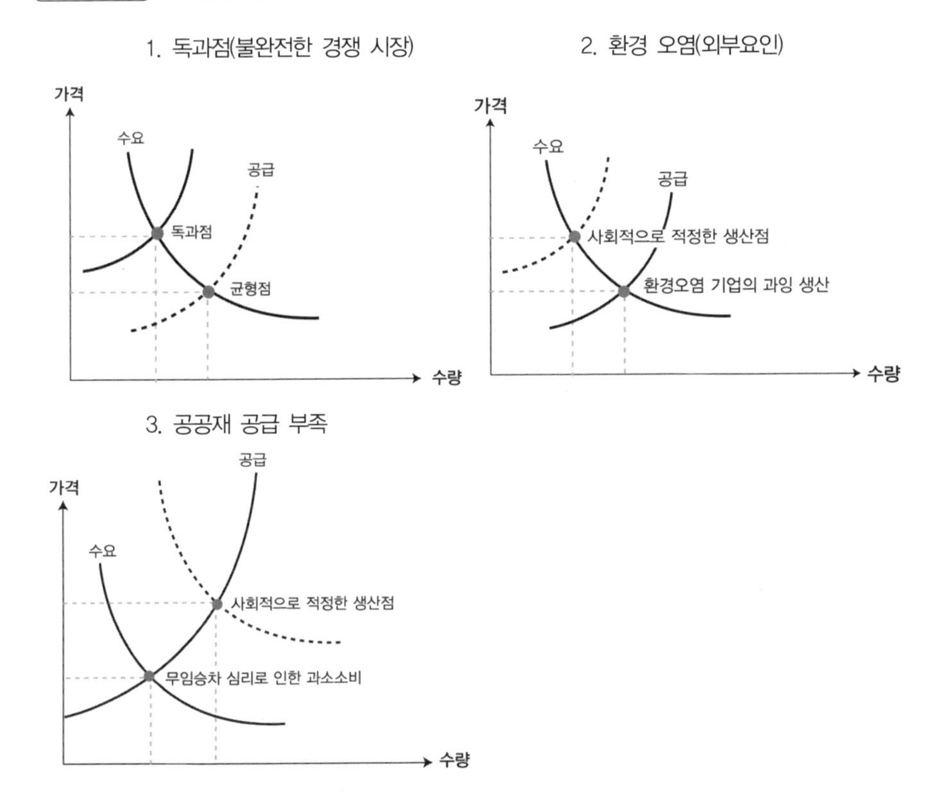

으로 어떤 행위자의 행위는 생산방식에 내재하거나 기타 시장에 중요한 영향을 미치는 환경오염 등의 사회적 비용이 증가하는 부정적 외부효과(externality)를 산출하기도 한다. 끝으로 어떤 시장은 재화의 성격이나 교환의 특성 때문에 자원의 최적 배분이 달성되지 못하는 경우가 있다. 공공재의 경우 발생하는 비용에 비해 수익성은 떨어지므로 시장의 행위자들은 공급을 기피하는 경향이 있다(Bator, 1958: 351~379).

현대 정치경제학의 첫 번째 쟁점은 이러한 자원배분의 왜곡에 대해 어떠한 처방을 내릴 것인가와 관련된다. 케인스 경제정책을 추구해 온 학자들은 시장의 실패를 자유방임적인 시장체계에서 빈번하게 발생하는 문제로 간주하며, 시장의 효율성을 복원하고 분배의 정의 달성하기 위해 시장에 대한 국가의 개입을 요청한다(김성수, 2018: 216; Caporaso and Levine, 1992: 119~121). 예를 든다면, 신고전학자는 실업을 개인의 선호와 경기 순환과정에서 오는 자발적 현상으로 보아 수요와 공급의 균형점에서 해결될 것이라고 주장하지만 케인즈 학파는 수요 부족이 실업과 불안정한 경기 순환구조를 만들기 때문에 정부가 개입하여 경제를 안정시키고 고용수준을 유지해야 한다고 본다.

이에 비해 신자유주의 경제학은 시장 중심적인 정책을 통해 시장의 실패를 해결할 것을 주장한다. 특히 프리드먼(Friedman, 1962)은 시장의 실패가 곧바로 정부의 개입으로 이어져서는 안 된다고 경고하는데, 그 이유는 '정부의 실패(government failure)'로 인한 비용이 시장의 실패보다 더 클 수 있기 때문이다. 정부의 실패는 민주주의와 다른 형태의 정부에 고유한 문제에서 비롯되는데, 민간 부문과 정부의 관료기구에 존재하는 특수한 이익을 보유한 그룹(지대추구자, rent-seeker)에 의해 초래된다(Grindle, 1991: 41; Samuels and Mercuro, 1984).

이상의 주류 경제학과는 달리 마르크스주의의 전통은 자원의 최적 배분 문제는 사적 소유로부터 발생하는 근본적인 문제라고 주장하며 생산수단의 사회화라는 보다 급진적인 처방을 제시한다. 주류경제학이 시장의 실패를 비정상적이고 예외적인 특수상황으로 간주하는 반면에 마르크스주의자들은 그것을 자본주의 경제의 고유한 특징으로 간주하며, 시장에 의한 자원의 배분보다는 생산수단의 사회적 관리라는 대안을 선호한다.

3. 소득과 재산의 재분배

경제학에서 재분배(redistribution)는 어떤 사람으로부터 다른 사람에게로의 소득, 부 혹은 재산의 이전을 의미한다. 재분배는 한 사회의 가난한 구성원들을 이롭게 하기 위해 재화가 분배되어야 하고 부유한 사람은 가난한 사람을 원조할 의무를 가지고 있다는 것을 뜻한다. 이러한 의무는 어디에서 유래하는가? 마르크스주의 경제학에서는 부유한 사람들이 가난한 사람들을 착취하는 사회구조를 비판하고 과도한 부의 축적을 사회로 환원해야 할 책임을 강조한다(Sherman, 1995: 70~71). 이에 비해 주류 경제학은 더 많은 사람들을 소비자로 만듦으로써 생산과 고용을 자극하고, 개인들이 더 나은 삶의 수준을 누릴 수 있도록 동등한 기회를 제공할 필요성에서 재분배의 의의를 찾는다. 소득의 재분배는 개인이 제공하는 노동의 양에 기초해 보상을 받을 수 없게 하는 시장경제의 비효율성을 바로잡기 위해 개인들이 거두는 수입의 양을 평등하게 만드는 정책이다. 오늘날 소득의 재분배는 대부분의 선진국가에서 대개 소득 관련 세제와 복지정책을 통해 이루어지고 있다.

부의 재분배는 보유한 자산을 다른 사람에게 이전함으로써 경제적 평등을 달성하려는 정책을 의미한다. 자본주의와 공산주의 이념에 상관없이 모든 정치체제는 이와 같은 부의 이전을 촉진하고 있는데, 그 방법은 과세와 복지, 국영화 등이 있다.

과세를 통한 소득 및 재산의 균등화 효과는 소득 배분, 고용 규모, 그리고 자원배분에 영향을 주게 된다. 특히 과세를 통한 재분배 수단으로 가장 많이 활용되는 것은 소득세와 재산세이다. 소득의 균등화를 위해서는 누진소득세가 활용된다. 하지만 과도한 조세는 투자 의욕을 떨어뜨리고 가계의 지출을 억제한다. 또한 고율의 소득세는 저축을 약화시키는 문제를 낳기도 한다. 경제적 능력이 불평등한 원인이 주로 재산의 불균등한 소득에서 유래할 경우 누진 상속세를 통한 균형을 도모할 수 있다.

다음으로 사회보장을 통한 재분배는 저소득층의 교육, 보건, 주거 등 기초생활 지원을 통해 구매력과 수요를 유지시킴으로써 생산과 경제성장을 도모함과 동시에 공적 부조, 사회보험 등의 안전망을 구축하는 정책이다. 공적 부조는 주로 빈곤층을 대상으로 하며 납세능력이 없는 극빈곤층에 대해 납세자의 부담으로 무상급여를 제공하는 완전한 재분배이다. 사회보험은 실업, 재해, 질병, 노령에 대한 정책으로 그 재원은 개인과 기업이 부담한다. 보험급부는 피보험자인 개인에게만 지출된다.

역사적으로 보이지 않는 손을 바탕으로 한 사회의 예정조화를 굳게 신봉하고 민간경제활동에 대한 정부의 개입을 최소화할 것을 주장한 스미스의 사상과 그 뒤를 이은 공리주의 철학은 자유방임과 작은 정부를 주장했다(Clark, 1998: 159). 그러나 자본주의 사회가 발전하면서 경제적 불평등, 주기적인 경기의 후퇴, 공황 및 실업 등 심각한 사회문제가 발생함에 따라 작은 정부에 대한 재고가 요구되었다. 1926년 케인스는 『자유방임의 종언(The End of Laissez-Faire)』이라는 저서를 통해 건전한 국민경제의 발전을 위한 정부의 역할을 강조했다. 피구(Pigou, 1912: 3~4)는 복지의 개념을 경제적 복지와 비경제적 복지로 구분했는데, 경제적 복지란 직간접적으로 화폐척도와 관계를 맺는 것이며 실질국민소득을 통해 구체화된다고 주장했다. 그는 다른 조건에 변함이 없는 한 국민소득의 증대(경제성장), 평등(분배의 평등화), 안정(고용, 물가, 경기안정)이 경제적 복지를 증대시킨다는 명제를 이끌어 냈다.

이에 대해 재분배정책에 대한 비판자들은 역사적으로 삶의 수준의 향상은 재분배

수준이 더 낮았던 경우에 일어났다고 주장한다. 특히 공공선택 이론은 재분배가 정부에 대한 영향력이 결여된 가난한 사람들보다는 정치권력자들을 이롭게 하는 경향이 있다고 주장한다. 최근에 복지와 재분배에 관련된 국가의 활동에 부정적인 학자들은 이러한 국가의 보호가 가난한 사람들의 자활의지를 저해하고 국가에 대한 의존을 강화시키며 과도한 조세가 부유한 사람들의 소비와 투자를 억제함으로써 경제성장을 가로막는 것으로 간주한다.

4. 공공경제와 물가의 안정화

오늘날 자본주의 국가에서는 인플레이션 현상이 일상화되고 있다. 이는 가격구조의 자동조절 기능이 경직화되어 있음을 반영하는 동시에 팽창한 정부 개입이 경기조정과 지속적인 경제성장을 위해 무리하게 유효수요를 확대한 결과로 설명되곤 한다(Hayek, 1979). 그러나 인플레이션을 유발하는 요인은 일반화할 수 없을 만큼 복잡하고 다양하다. 현재의 인플레이션은 단순히 정부의 통화관리 실패나 전반적인 초과수요로만 설명할 수 없으며, 임금인상 압력, (인플레이션 예상에 관한) 심리적 요인, 해외의 경기회복에 따른 원료확보 경쟁, 상품 및 노동시장에서 부문별 수급불균형, 시장지배력을 보유한 대기업의 자의적인 가격결정, 단기자금의 투기적 이동 등이 수많은 요인으로 작용한다.

인플레이션의 원인과 처방에 대해서는 경제학파별로 주요한 설명을 제시하고 있는데, 가장 전통적인 이론은 케인스학파의 수요견인설(demand-pull theory)로서 수요가 공급을 초과할 때 인플레이션이 발생한다는 이론이다(Keynes, 1936). 인플레이션의 원인을 수요와 공급의 불균형에서 발견하는 것은 케인스학파와 통화주의학파의 화폐수량설의 공통된 견해이지만 처방에서는 큰 차이를 보인다. 케인스의 이론에서는 총수요가 완전고용산출량을 초과할 때 인플레이션이 일어난다고 설명한다. 불완전 고용 하에서는 총수요가 증가할 때 물가상승이 일어나지 않고 생산량만 증가하며, 완전고용이 달성되고 계속 총수요가 증가할 때 비로소 물가가 상승하게 된다.

그러나 화폐수량설에 따르면 다른 조건이 일정하다고 가정할 경우 화폐수요에 비해 화폐공급이 상대적으로 과다할 경우에 인플레이션이 발생한다. 프리드먼(Friedman, 1959: 8; Friedman and Schwartz, 1963: 676~677)을 중심으로 한 신화폐수량설은 화폐의 유통속도가 일정한 것이 아니라 가변적임을 인정하고 물가가 화폐량에 정비례한다는 고전적인 이론으로부터 다소 후퇴했지만 여전히 인플레이션의 원인을 화폐량의 증가에서 찾고 있다.

이러한 인식의 차이는 상이한 처방으로 이어진다. 즉, 케인스의 이론에서는 총수요를 억제하기 위한 긴축재정정책[6]을, 화폐수량설에서는 통화량을 감소시키는 긴축금융정책[7]을 처방으로 제시한다.

인플레이션의 원인에 대한 또 다른 설명은 비용인상설(cost-push theory)이다(Kemp, 1979; Canto, Miles and Laffer, 1983). 이 이론은 생산요소 및 재화의 가격이 경쟁적인 시장 메커니즘에 의해 결정되는 것이 아니라 현실적으로 시장이 불완전하기 때문에 독점적 공급자가 가격을 통제한다는 점에서 인플레이션의 원인을 찾는다. 임금인상설은 불완전 고용 상태일지라도 특정 산업의 강력한 노동조합이 생산성의 증가를 상회하는 임금인상을 요구할 경우, 이것이 생산물의 가격을 인상시키고 다른 산업에도 파급효과를 미쳐 사회 전반적인 물가의 상승을 가져온다고 주장한다. 노조의 임금인상은 시장에 대한 기업의 지배력과도 밀접한 관계가 있다. 강력한 시장지배력을 가진 기업에서는 노조의 임금인상 요구가 쉽게 관철되는 경향이 있지만 경쟁적인 지위를 보유한 기업에서는 임금인상이 어려운 경향이 있다는 것이다.

이윤인상설(Weintraub, 1978)에 의하면 노조가 생산성 증가를 초월한 임금인상을 관철할 때, 기업가는 임금인상분을 지불하고도 자신의 이윤을 확보할 수 있도록 상품의 가격을 인상시키며 이것이 물가상승을 가져온다.

이상의 이론에 근거해 정부는 물가안정에 대해 다음과 같은 정책 수단을 통해 시장에 개입할 수 있다. 기본적으로 물가안정정책은 생산과 고용에 큰 영향을 주지 않는 범위 내에서 통화의 구매력 유지를 목표로 한다. 여기에는 주로 생활필수품과 임금을 대상으로 한 직접적인 가격통제정책을 활용할 수 있다. 이 경우 시장의 자율성을 저해하고 경제의 규모가 클 경우 예상하지 못한 부작용을 유발할 수 있다. 간접적인 물가관리정책으로 과다한 수요가 작용하고 있을 경우 상품에 대한 세제상

---

6) 예시: 긴축재정시 세금 낮추고 지출 낮춤(복지 감소)-흑자 재정 정책-국내 통화량 감소-인플레이션 가능-경기 둔화(물가 안정)-금리 올림-투자 또는 소비 위축. 반대로 재정 팽창시 정부지출 확대로 국내 통화량 증가-물가 상승-통화량 증가로 경기 부양-적자 누적. 결국 균형재정은 호경기시 긴축재정이라고 일반적으로 판단한다.

7) 중앙은행의 역할로 인플레이션 조절: 0.25% 단위의 금리 조정시 시장에 실질적으로 2~3%의 영향력을 줄 수 있으므로 이자율을 올린다든지 국공채 매각으로 시장자금회수 또는 지급준비율을 높여 일반은행의 대출을 낮추거나, 위에 열거한 역할을 동시에 수행할 수도 있다.

특혜, 보조금 지급 등을 통한 생산장려정책과, 수요를 충족시키기 위한 수입정책을 활용할 수 있다. 또한 국가는 독과점을 방지함으로써 이윤인상을 억제하고, 재정지출 감소를 통한 총수요 억제, 금리 및 지불준비율 조정을 통한 수요억제정책 등을 활용할 수 있다.

제5절 | 정치경제학의 과제

본 장에서는 정치경제와 관련된 정치체제를 분류해보았으며 각각의 특성에 관한 접근법들을 살펴보았다. 개념들은 정치학 및 경제학적 언어의 혼합이 요구되는 추상적인 것들이다. 정치경제적 관점에서 이념에 따라 가치를 두는 지향점은 다를 수 있다. 고전적 자유주의자들은 개인과 자유, 보수주의자들은 위계질서와 공동체, 급진주의자들은 평등과 공동체, 그리고 현대적 자유주의자들은 개인과 평등에 초점을 맞추고 있다. 이 네 가지는 현대 정치학의 추세로서 정치체제와 경제체제 간의 근본적인 연결고리를 제공한다는 측면에서 매우 중요하다. 정치체제와 경제체제는 국가와 매우 밀접한 연관을 지니고 있으며, 이들을 따로 떨어뜨려 생각한다는 것은 불가능할 정도로 힘든 일이다. 정치체제는 생산체제와 자원의 분배라는 측면에서 경제체제와 많은 연관을 맺고 있고 이 내부에서는 상당한 변화가 이루어지고 있다. 극단적인 예로, 어떤 국가에서는 사적 행위자의 모든 활동을 보장하는 데 반해, 다른 국가에서는 경제 활동을 오로지 국가가 통제 및 계획하고 있다.

공산주의 혹은 자본주의와 같이 체제에 관한 고찰에 있어, 강한 규범적 판단을 회피하기는 매우 어려울 것이다. 이러한 어려움은 아마도 정치사회와 국가의 체제(－ism)를 동일시하는 경향(국가체제에 관한 긍정적이거나 부정적인 느낌이 강하게 드는 것)에 의해 발생되는 문제일 것이다. 예를 들면, 공산주의에 대해서는 부정적인 평가를 내릴 것이다. 왜냐하면 북한이나 구소련과 같은 공산주의 국가의 정부들은 신뢰할 수 없게끔 사회화되어 왔기 때문이다. 하지만 그들이 적용했던 경제체제가 전통 공산주의 이념과 얼마만큼 유사한가를 비교한다면 부정적인 관점만을 도출할 수 없을 것이다. 특정사례에서 발생한 현상으로 모든 현상을 객관화하는 오류는 지양해야 한다.

국가 정치경제의 타당성을 평가하는 것은 현대 정치세계의 효율성을 이해하기 위해 중요한 논의일 것이다. 최근 계획경제에 대한 옹호는 여러 국가의 지도자들과 국민들 사이에서 쇠퇴하고 있다는 주장도 있지만 현대 자본주의사회 자체가 기업과 정부의 도움으로 경제의 방향성이 좌우되는 계획경제라 보는 관점도 존재한다. 현대시장은 단지 사적영역으로 치부해 자유주의의 원리인 개인의 자유만 적용되서는 안되며 정부의 개입과 그에 힘입은 기업의 확장성을 볼 때 공공의 영역으로 보아야 한다는 것이다(Bowles and Gintis, 1987). 시장에도 민주주의의 원리가 적용되어야 한다는 시각이다. 동시에 정치제도에서 다루었던, 애쓰모글루와 로빈슨은 역사적 사례를 통하여 국가가 경제적 번영의 길로 가려면 포용적 사회, 즉 사유재산을 보호하는 자유시장경제를 만들어야 한다고 주장한다(Acemoglu and Robinson, 2012). 하지만 시장경제체제가 반드시 포용적 제도를 보장한다는 것은 아니다. 공정한 경쟁의 장이 만들어지지 않는다면 시장을 지배하는 기업 때문에 기업혁신과 중소기업의 창업 그리고 일자리 창출이 확대되지 않을 것이며, 개인의 자율성과 창조성을 지지할 수 있는 노동과 복지의 상호연동적인 시스템이 부재한다면 사회적 갈등과 저항이 확산될 수 있다(김성수, 2018: 244~246). 바로 이 부분이 국가의 시장개입을 정당화하는 주된 이유일 것이다.

'모든 국가가 현실 경제와 정치적 발전에 무관하게 동일한 정치경제에 의해 운영되는 것이 최선의 방법일까' 하는 근본적인 의문을 가질 수 있을 것이다. 이것은 만약 정치·경제체제에 관한 세계 여러 국가들의 현재의 변화를 인정한다면, 국가들이 채택하는 정치적 선택에 관한 많은 과제와 중요한 의문들에 대한 이해를 얻을 수 있을 것이고, 이 책을 다시금 상기하면서 관점의 다양성을 통해 이러한 의문들을 해결해볼 수 있을 것이다.

정치발전론과 민주주의 공고화

근대화(modernization)는 전 세계 국가와 인류의 역사적 운명을 결정지었던 거대한 변화였다. 자본주의 등장과 산업혁명, 시민혁명과 근대국가의 등장 등 서구의 특유한 발전과정은 후대 학자들에 의하여 근대화라는 개념으로 확립되었다. 정치학에 있어서도 근대화는 매우 중요한 주제로서 근대화에 의해 촉발된 정치의 변동(change)과 발전(development)에 대한 연구는 비교정치의 고전적인 주제라고 할 수 있다. 이는 제2차 세계대전 이후 재편된 국제질서 하에서 신생국의 발전을 연구하는 과정에서 지속적으로 다루어졌다. 이 과정에서 근대화를 정치발전이라는 개념과 연관시키고, 경제 발전과 정치발전의 관계, 대중의 정치 참여와 정치체제의 제도화의 관계 등에 대한 연구들이 활발하게 진행되었다. 이처럼 근대화와 정치발전에 대한 연구는 전후 기간 동안 비교정치의 핵심적인 연구 분야를 차지했으나 동시에 이와 같은 연구에 대한 비판도 상당한 정도로 제기되었다. 특히 정치발전과 경제 발전의 상관관계에 대한 주장의 경우 제3세계 국가의 권위주의 · 전체주의화는 정치발전론에 대한 심각한 비판으로 다가왔다.

한편, 1990년을 전후로 소비에트 연방이 해체되고 동구권의 공산주의 국가들이 붕괴하면서, 그리고 제3세계 국가들에서 역시 권위주의 정권이 해체되면서 현실적으로 진행된 자유민주주의 및 시장경제체제로의 이행이 비교정치의 시급한 주제로 떠올랐다. 이 장에서는 근대화론과 정치발전론의 연구 성과의 전통 위에서 '제3의 민주화 물결'로 상징되는 민주주의 전환(transition) 및 민주주의 체제의 공고화(consolidation)를 집중적으로 분석하고 현재 관심이 고조되는 민주주의 위기에 대하여 다룬다. 1990년대 이후 급부상하고 있는 민주주의 전환과 공고화의 이론에서 중요한 것은 구조변화를 설명하는 과거 정치발전론이 주목하지 않았던 정치적 행위자 중심의 연구가 급속히 발전했다는 것이다. 즉, 권위주의체제의 엘리트 집권자들과 민주화를 주장하는 저항 세력 간의 전략적 선택과 타협에 대한 미시적인 접근이 개발된 것이다. 민주화에 대한 비교정치론적 논의는 전환의 이론에서 나아가 공고화에 대한 과학적 분석을 위한 관심으로 확대·발전하게 되는데, 이는 단순히 민주주의적 제도의 수립이라는 정치체제의 변동이 민주화의 종료가 아니라는 것을 의미한다. 다시 말해 국가와 사회의 구성원들이 새롭게 수립된 민주주의 정치체제를 신뢰할 수 있을 때 진정한 민주주의 체제의 수립, 즉 공고화가 가능해진다는 것이다.

제1절 | 근대화 이론과 종속 이론

1. 근대화의 개념과 요소

우리는 데카르트와 스피노자로부터 시작되는 신으로부터 인간중심 철학으로의 변화와 산업혁명으로 절정을 장식한 역사적 변화를 가리켜 '근대화'라고 부른다. 구체제의 붕괴와 근대적인 산업사회의 출현이라는 이 거대한 변화과정은 서구를 중심으로 나타난 역사적 사건으로서, 17세기부터 19세기까지 유럽과 북아메리카 등 서구를 중심으로 진행된 정치·경제·사회의 변화과정을 의미한다. 근대화는 서구에서 전개되었던 혁명적 변화였지만 그것은 서구만이 아닌 세계적 차원에서의 변화로 발전되어 20세기 전후 들어 아시아, 아프리카, 남아메리카 등 비서구 지역으로 근대화의 물결 속에서 그 변화의 양상과 특징은 매우 다양하고 복잡한 성격을 띠게 되었다.

근대화라는 거대한 사회변화를 이해하기 위해 우선적으로 근대 이전과 이후에 대한 사회 구분, 즉 전통사회와 근대사회의 구분에 대한 이해가 필요하다. 먼저, 전통사회는 가족과 같은 1차 집단 중심으로 가족의 지위가 곧 개인의 지위가 되었고, 더불어 사회 전체의 가치로 인식되었으며, 특히 생존을 위한 경제활동이 중심적으로 이루어졌다. 전통사회와 달리 근대사회는 가족과 같은 1차 집단 중심이 아닌 기업, 노조, 단체 등의 2차 집단을 중심으로 사회적 지위가 개인의 지위가 되었다. 사회가 점차 복잡해짐에 따라 근대사회에서는 비개인적인 경제활동이 활발히 전개되었고, 민족국가가 출현하여 정치 · 경제 · 사회 · 문화 · 심리 발전에 대한 이데올로기적 자극제가 되었다.

파슨스(Parsons)는 전통사회적 행위유형은 감정적 요소(affectivity)에 영향을 받기 쉽고 집단적 성격(collectivism)과 귀속적 특징(ascriptive judgement)을 지니는 데 반하여, 근대적 행위유형은 감정중립적(affectivity neutral), 개인적(individualistic)이며, 업적중심적(achievement–oriented)인 특성을 가지고 있다고 지적하였다. 그리고 전통사회에서는 사회적 기능이 분산되어 있고 편익의 배분이 신분이나 세습제 등 특수기준에 의해 이루어지는 데 반해, 근대사회에서는 사회관계가 보다 세분화되고 보상체계도 신분적 기준보다는 객관적 · 보편적 기준에 근거하게 된다고 강조하였다. 또한 근대사회는 전통사회에 비하여 지역적 및 사회적 이동성이 높고, 1차 산업 중심의 폐쇄경제가 경제 기반인 전통사회에 비해, 근대사회는 2차 산업을 중심으로 하는 교환경제를 그 기반으로 하고 있다는 것이다(김홍우 외, 2002: 298).

산업혁명은 정치 · 경제 · 사회적으로 노동의 분화를 촉진시켰다. 수공업(manufacturing)에 의존하던 경제활동은 공장제 공업(industrializing)으로 변화하게 되었고, 소품종 소량생산에서 다품종 대량생산으로 생산성의 놀라운 향상을 가져왔다. 산업혁명의 단초가 된, 방적기의 발명은 수공업에서 기계제 공업으로의 진보를 의미하였고, 면공업 분야의 성장과 함께 산업 전반에 각종 기계가 생산수단으로 도입되어 기계중심의 대량생산 경제체제의 확립을 가져왔다. 동시에 자동화로 기계가 인간을 대신하게 됨에 따라 시민들은 다양한 일에 종사하게 되었고 결국 생산성은 더욱 증가하게 되었다. 또한 눈부신 생산성 증가를 불러온 노동 분업은 경제시장의 구조를 변화시키기도 했다.

산업혁명을 통하여 각종 조직이 설립되면서 시장은 자체적인 구조를 형성하기에 이른 것이다. 과거 물물교환이나 자급자족에 치중하던 경제의 양상이 이윤을 획득하기 위한 경쟁구조로 변화하게 되었고, 기술과 자본력을 확보한 조직들은 독과점을 통해 막대한 부를 축적하였다. 결국 노동 분업은 경제의 전문성, 조직화를 통해 규모를 확대시키게 되었다.

생산성 향상을 위한 정부의 역할이 증대하여 권력의 집중화 경향이 두드러졌으며, 각종 문화의 변화, 즉 재화에 대한 사람들의 기호 변화가 시작되었다. 이와 같이 과학의 발전으로 인한 전문성 확대, 규모의 증가라는 변화를 통해 복잡·다양한 인간관계의 확대를 가져오게 되었다.

2. 근대화 이론과 유형

사회과학 영역에서 근대화 개념은 정치·경제·사회·문화 등 전 영역의 진보와 동의어로 사용되기 때문에 근대화 이론은 사실상 근대화되지 못한 국가 혹은 저발전 국가는 근대화되어야 한다는 당위성을 내포한다. 이러한 시각을 가지고 있는 학자들은 보다 잘사는 나라일수록 민주주의를 유지하는 기회가 많아지며, 높은 수준의 산업화·도시화·부·교육 등의 지표들이 민주주의의 정치적 상관 요인의 형성과 밀접하게 관련이 있다고 지적하거나, 국가가 경제적·사회적으로 더욱 발전할수록 혹은 더욱 높은 수준의 산업화·도시화·교육·커뮤니케이션 등을 달성할수록 국가는 정치적으로 더욱 진보하려는 경향이 있다고 생각하였다. 근대화에 대한 당위론적 사고는 근대화를 위해서는 일정 단계를 거쳐야 한다는 주장이나 사회적 안정을 강조하는 주장, 근대화와 발전을 구분하는 주장 등 다양한 시각으로 변화하였다.

이와 관련된 이론은 발전과 근대화의 과정을 각 사회가 거치는 일련의 단계들로 정의하는 것이다. 근대화를 두세 가지 단계로 단순하게 나누는 진화론이다. 이는 전통적·근대적, 기계적·유기적, 토속적·도시적, 저발전·발전 등과 같은 용어들로 표현될 수 있다. 그러나 이러한 용어들은 너무 광범위한 의미를 내포하기 때문에 추상적인 유형화에 지나지 않는다.

구조적 관점은 민주화를 근대화라는 거대한 역사적 변화의 산물로서 이해한다. 이 관점에 따르면, 산업화와 자본주의의 발달이 근대화의 역사적 진행을 이룬다고 본다. 이로 인해, 자본주의가 민주주의를 촉진한다는 것이다. 일반적으로 근대는 인류가 겪게 될 하나의 보편적인 역사적 경험이자 산물로서 모든 사회는 근대화를 통하여 민주주의의 길로 들어서게 된다는 것이다. 이러한 근대화의 이론적 가정은 제2차 세계대전 이후 1960년대까지 사회과학의 정통 이론으로 군림하였다.

먼저 로스토우(Rostow, 1971a; Rostow, 1971b)는 그의 저서 『경제성장단계: 반(反) 공산당 선언(Stages of Economic Growth: A Non-Communist Manifesto)』과 『정치와 성장의 단계(Politics and the Stages of Growth)』를 통해 ① 전통사회, ② 도약을 위한 준비단계, ③ 도약단계, ④ 성숙을 향한 추진단계, ⑤ 고도의 대중소비단계, ⑥ 질적인 성장단계 등 여섯 가지 단계를 제시하였다. 로스토우의 경제성장단계론은 경제 발전론이지만 다수의 정치학자들에 의해 근대화 일반 이론으로 적용되고 있다.

오르간스키(Organski, 1973)는 『정치발전의 단계(Stages of Political Development)』에서 정부의 역할을 ① 원시국가의 통일, ② 산업화, ③ 국가의 복지, ④ 풍요의 단계 등 네 단계로 구분하였다. 오르간스키는 국가의 목적을 달성하기 위한 인적·물적 자원의 동원화 과정에서 나타나는 정부의 효율성을 증대시키는 관점에서 정치발전을 규정했다. 오르간스키의 발전론은 새로 등장한 선진국가의 경우와 마찬가지로 제3세계가 저발전단계에서 자본주의적인 민주주의, 풍요, 대중소비단계로 성장할 것이라는 점을 전제로 한다.

오르간스키와는 달리, 블랙(Black)은 단선론적인 단계 이론의 진화론적인 의미를 극복하려는 시도의 일환으로 근대화 단계를 설정하였다. 그는 『근대화의 동학: 비교역사 연구(Dynamic of Modernization: A Study of Comparative History)』를 통해 다음과 같이 단계를 평가할 수 있는 기준에 대해 언급했다. 즉, ① 전통사회에 대한 근대성의 도전, ② 전통적인 지도자의 중요성이 감소할 때 나타나는 근대화 주도 지도력의 공고화, ③ 지방적·농업적인 사회에서 도시적·공업적인 사회로의 변화와 경제의 변모, ④ 사회의 통합 등이다(Black, 1966).

립셋(Lipset)은 근대화가 소득과 교육 수준 향상을 가져와 민주화를 가능하게 만든다는 근대 이론의 가설을 통계적으로 입증하려 노력하였다. 그는 유럽과 북미 그리고 남미의 사회경제적 발전 정도(근대화 수준)와 민주주의의 상관관계 조사를 통해 민주화된 국가일수록 보다 높은 수준의 사회경제적 발전(부, 산업화, 도시화, 교육 등)이 이루어지고 있다는 것을 밝혀냈고, 결과적으로 국가가 잘살수록 민주주의를 유지할 확률이 높다는 것을 입증했다(Lipset, 1959: 69~105). 경제적 풍요는 교육받는 중산 계급을 만들어 내면서 사회구조의 변화 그리고 민주주의 의식에 도움이 되는 세속주의의 증대와 전통적 유대의 축소 등의 문화적 변화를 가져온다(Lipset, 1960: 45, 51).비록 이러한 계량적 근거는 두 개의 변수 간의 단순한 상관관계에 불과하지만 자본주의의 발달은 민주화에 기여할 수 있다는 점을 간접적으로 증명하는 것임을 주장하였다(Lipset, 1960).

러셋(Russett) 역시 사회경제적인 발전 정도에 따라 민주적인 정치체제의 출현이 비례적으로 나타난다고 하였다. 그는 109개국에 적용된 9개 지표의 통계적인 수치를 통하여 국가의 사회경제적인 수준이 높아질수록 그 체제는 포괄적이거나 다두정치(Polyarchy)에 가까울 가능성이 크다고 하였다(Russett, 1965).

또한 헌팅턴(Huntington) 역시 근대화로 인한 경제 발전이 민주화에 중요한 요인들 중의 하나라고 판단한다. 비민주적인 권위주의 체제에 동요가 생기는 것은 정당성의 하락과 밀접한 관련이 있는데, 지속적인 군부의 정치개입은[1] 단기적으로 효율적인 측면이 있기 때문에 불가피한 경우가 있다고 하더라도 장기적으로 부정적인 요소가 훨씬 더 많다고 평가한다. 따라서 군사정권들이 애초에 공약한 경제개발의 달성에 실패하는 경우, 심각한 정당성 문제에 직면할 것은 당연한 일이고, 만약 어느 정도 경제개발에 성공하였다 하더라도 경제개발 달성 이후에는 다른 정치적 목표와 가치를 제시하고 집권의 대의명분을 밝혀야 하지만 그 이상의 집권은 명분이 없다는 주장이 제기되는 이른바 정권수행 딜레마에 빠짐으로써 불가피하게 정치무대에서의 후퇴를 강요당하게 된다는 것이다(Huntington, 1991: 46~55). 또한 권위주의 체제 하에서의 경제 발전은 중산층을 확대시키는데 이들이 민주화를 강력히 요구하게 된다는 것이다. 경제 발전으로 형성된 중산층은 높은 교육 수준과 함께 시민문화를 간직하게 됨으로써 민주주의로의 복귀를 권위주의 정권에 강하게 요구한다는 것이다.

이처럼 근대화를 통한 자본주의가 민주주의에 긍정적인 영향을 미친다는 측면에는 대표적으로 다원주의적 관점을 들 수 있다. 다원주의 관점에서는 자본주의 경제를 근대화의 한 과정으로 간주하며 민주주의를 정치 참여의 권리 및 기회의 신장이라는 관점에서 규정하고, 국가를 발전된 정치제도로 규정한다. 요컨대, 근대화는 시민들의 의식 변화를 이루게 하여 민주주의의 근간이라 할 수 있는 참여를 활성화하기 때문에 다원주의에 있어서 자본주의와 민주주의는 사회 발전을 이룰 수 있는 필수불가결한 요소이다. 또한 참여를 통하여 개인 간의 경쟁과 갈등이 발생하고, 개인

---

1) 한편, 군부의 정치개입은 쿠데타를 주도하는 군사지도자의 개인적·심리적 의지와 군이 독점하고 있는 폭력이라는 수단, 전문기술, 군사 리더십과 같은 능력, 그리고 문민 정치인의 정치관리의 실패, 정당의 미발달, 낮은 수준의 정치문화, 국가통일의 결여, 부정부패의 만연, 사회불안과 무질서 등 정치·경제·사회적인 여건과 명분을 제공하는 기회 요인 등이 상호 복합적으로 작용하여 발생한다.

들의 중첩적인 집단의 가입 등의 현상으로 첨예한 의견대립이 아닌 사회적 합의를 도출하게 되어 경쟁과 갈등의 심화로 발생할 수 있는 사회의 혼란은 완화되고 사회는 발전되어 가는 것이다.

한편, 헌팅턴(S. Huntington)은 『변동하는 사회의 정치질서(Political Order in Changing Societies)』에서 근대화에 수반되는 급격한 사회적·경제적 변동에 직면한 사회의 안정을 강조했다. 근대화는 산업화, 경제성장, 사회유동성의 증대, 정치 참여 등을 함축하는데, 헌팅턴은 새로운 집단의 정치개입을 제한하고, 대중매체의 보도와 높은 수준의 교육에 대한 접근을 한정하여 대중의 동원화를 억제함으로써 근대화과정을 통제하고 규제하려는 정책을 지지했다. 그는 대중의 높은 정치참여로 인한 불안정과 혁명의 불확실성보다는 현상유지를 선호하였기 때문에 민주주의보다는 정치적 퇴보를 어떻게 막아낼 것인가에 집중했다. 근대화가 불러일으키는 정치체제에 대한 도전과 참여 확대의 요구는 이를 수용할 수 있는 국가 능력의 한계를 불러일으키기 때문에 민주적 제도화와 질서 간의 불균형은 억압을 초래할 가능성이 있으며, 보다 많은 참여를 유도하는 요구의 극단적인 증폭은 퇴보와 불안정을 초래할 수 있다는 것이다(Huntington, 1969).

헌팅턴의 복잡한 모형은 정치변동을 사회적·경제적 조건의 단순한 산물로서 이해하는 학자들의 단선적인 성장론을 보완하는 역할을 할 수 있다. 그러나 그는 변동에서 나타나는 사회적 붕괴의 위험성과 그 위험성을 억제하는 것을 지나치게 강조하여 안정, 질서, 균형, 조화의 가치 등에 의존하는 보수적인 성향을 노정한다는

그림 11-1 헌팅톤의 근대화 모델

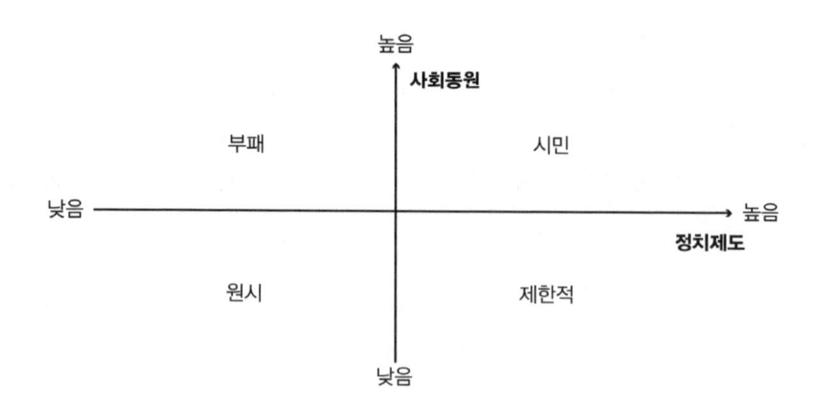

비판점을 갖는다. 그는 궁극적으로 대중이 참여하고 동원되는 사회가 잠재적으로 지니는 분열적인 성격보다는 권위(authority)를 통한 제도적인 안정을 강조하였다. 이 같은 헌팅턴의 보수적 견해는 민주주의보다는 권위주의를 옹호한다는 비판을 받는다.

3. 제3세계의 근대화론과 종속 이론

1) 제3세계의 근대화 이론

근대화를 촉발시킨 사상, 제도, 경제적 여건 등이 그 나라에서 자생적으로 발생되었는지 아니면 외부적 충격이나 외세의 영향에 의해 비롯되었는지에 따라서 근대화를 자생적 근대화와 외생적 근대화로 분류할 수 있다. 이 분류에 따르면 제3세계, 특히 아프리카는 주로 외생적인 근대화를 경험한 국가들이다(하비슨, 2017). 자생적 근대화를 이룬 국가들은 영국, 독일 등 서구제국과 일본이 포함된다. 이들 나라에서는 근대화의 특징들이 오랜 세월에 걸쳐 서서히 일어났다. 이들 나라에서 공업화는 무역과 통신의 발달이나 교육 등의 측면에서 근대화가 이미 상당히 진전된 상황에서 일어났으며, 이에 필요한 자본과 기술은 대부분 국내에서 획득되었다. 반면에 여타 지역에서는 근대화가 비교적 급속히 일어난 결과, 과거와의 단절현상이 심하였다. 산업화는 대개 근대화와 동시에 진행되었으며, 그 바탕이 되는 자본과 기술은 주로 다른 나라로부터 들여온 것에 의존하였다. 그 결과 토착자본가나 부르주아는 독자적인 기능을 담당하는 정치세력으로 성장하지 못하고 국가의 비호나 외국의 세력에 의존하는 경우가 많았다. 결과적으로 이러한 두 종류의 근대화는 매우 상이한 정치적 결과들을 초래하였다.

첫째로, 근대화가 오랜 세월을 두고 서서히 이루어진 서구 유럽에서는 각계각층의 인구와 사회세력들이 변화에 적응할 수 있는 시간적 여유를 가질 수 있었다. 그러나 불과 한 세대에 지나지 않는 시기 동안 급속한 변화를 경험한 제3세계 여러 나라들은 갑작스런 변혁에 적응할 시간적 여유를 갖지 못해 사회적 동원만 확대되어 여러 사회조직과 정치세력들 간에 마찰과 갈등의 씨를 축적해 왔다.

둘째로, 근대화 및 공업화가 외생적이냐 자생적이냐의 여부에 따라서 정치세력과 경제적 계급들 간의 갈등구조에도 큰 차이가 난다. 밖으로부터 자극된 근대화 과정을 밟은 나라들은 사회변동의 충격과 부작용이 생길 때 그 책임을 외부에 전가하기 쉽다. 이 때문에 외부의 적에 대항하여 국내적 단결을 유지하기는 용이하나 그 대신 내부적 개혁이 지연되기 쉽다. 그러나 안으로부터 시작된 근대화는 비록 실패하여도 그 책임을 외부에 쉽사리 전가할 수가 없다. 따라서 경제적 갈등이나 정치적 투쟁은 자연히 국내적 모순을 주요 쟁점으로 하며, 귀족·부르주아·노동자 등을 주축으로 하는 갈등구조는 오랜 시간을 거쳐 서서히 안정화된다. 또 외생적인 근대화와 공업화를 이루어 온 나라들의 경우에는 부르주아 계급의 전통이 약하기 때문에 이들의 기능을 통상 지식인이나 정부 등이 떠맡는 경우가 많다. 토착적 자본가와 부르주아 계급의 정치적 바탕이 약한 만큼, 변화의 충격과 이로 인해 생기기 쉬운 사회 각 부문과 계층 간 그리고 경우에 따라서는 종교 또는 부족 간의 갈등을 흡수·조정할 수 있는 갈등해결의 장치가 마련되지 못한 것이다(Graham, 2019). 이 때문에 정치변동은 종종 폭력과 강압적 수단을 수반하고 단절적으로 전개되는 수가 많다.

셋째로, 제3세계의 여러 나라들은 선진국에 비하여 경제적 기회와 기술 수준에서 커다란 격차가 존재하는 상황에서 근대화를 경험하였다. 선진국들은 그들의 공업화를 이룩할 즈음 식민지로부터 값싼 원료를 들여오거나 제품을 팔 수 있는 손쉬운 시장을 가질 수 있었고 스스로의 무역 및 금융체계를 독자적으로 창설하고 운용해 나갔다. 그러나 후진국은 식민지도 없을 뿐더러 선진국의 무역 및 국제금융체제의 지배 속에서 공업화를 이룩하고 발전해 가야 하는 어려움을 안고 있었다. 이런 여건 속에서 자립적인 발전계획을 세우고 추진해 간다는 것은 여간 어려운 일이 아니다. 물론 후진국은 선진국들이 이미 개발해 놓은 기술을 곧 사용할 수 있기 때문에 막대한 기술개발의 부담과 시행착오의 과정을 반복하지 않고 발전할 수 있는 이점도 있다. 그러나 선진국의 최신기술은 후진국의 여건이나 고용사정에 적합하지 못한 경우가 허다할 뿐더러 기술을 선진국에 의존할수록 자립적 발전을 이룩하기는 그만큼 어려워질 위험성이 존재한다.

넷째로, 제3세계의 발전은 대부분 선진국을 따라잡겠다는 정치적 의지가 앞서기 때문에 정치주도형 내지 중앙집권적 특성을 갖는다(Wade, 1990; Amsden, 1989). 선진국에서는 경제체제의 변화가 먼저 일어나 정치변동을 이끌어 나갔으나, 후진지역에서는 국제사회에서 자국의 지위를 끌어올리고자 하는 정치적 의지가 근대화의 원동력이 되어 경제 발전을 촉진하였다. 근대화 과정에서 정치는 이른바 브레인 역할을 담당하였다. 이 때문에 자본축적과 투자의 효율성이 높아지고 짧은 기간 내에 높은 수준의 경제성장을 이룬 나라도 많지만, 동시에 행정의 비대화와 중앙집권화로 인한 부작용 또한 적지 않게 수반되었다. 선진국의 정치와 행정은 경제가 발전함에 따라서 점차 민주화된 것에 비해 후진국의 경우 경제성장이 빠른 나라일수록 정치체제가 권위주의화되고 행정체제가 더욱 관료화하는 경향이 존재하는 것이다.

끝으로 근대화 과정에서 정부가 당면하는 과제나 정부에 대한 국민의 요구체계에도 선진국과 후진국 간에는 큰 차이가 난다. 대부분의 선진국들은 야경국가관이 지배적인 이념으로 등장하였을 때 근대화의 과업과 공업화 과정이 시작되었다. 국가는 경제활동과 사회 부문에 크게 개입하지 않고 가능한 한 자율성을 부여하는 것을 이상적으로 삼고 있었다. 정부에 대한 국민의 요구도 비교적 단순하고 점진적인 것들이었다. 이에 반해서 후진국에서는 많은 문제들이 근대화를 시작하면서부터 일시에 중첩적으로 발생하였다. 더구나 교통통신의 발달로 말미암아 선진국의 문화와 정치이념이 한꺼번에 몰려와 전시효과와 기대수준을 높이게 되었다. 선진국에서 전래된 복지국가 이념과 소비문화에 대한 기대는 정부에 대한 국민의 기대수준을 더욱 높여 정치에 커다란 압력 요인으로 작용하였다. 급격한 사회이동과 인구증가, 도시화, 문자 해득률의 증대로 말미암아 참여의식은 고양되었고, 이에 따라 정부의 서비스와 권력의 정당성에 대한 국민의 요구도 점점 높아지게 되었다. 배제된 자율성의 문제이다(Evans, 1995; Onis, 1991). 실제로 정부가 갖는 능력이 이와 같은 요구수준을 감당하지 못할 때, 권력에 대한 대항세력이 생기거나 정부에 대한 비판적인 태도가 팽배해지기 때문에 후진국의 정치 상황은 늘 불안해지곤 한다.

2) 종속 이론 및 종속적 발전론

경제적 번영을 유지하고 있는 몇몇 소수의 신흥공업국(NICs)들을 제외하면, 식민지 시대 이후 경제 발전을 시도한 대부분의 국가들은 크게 성공하지 못했다. 이처럼 저개발 국가들이 경제적 발전과정에서 적지 않은 어려움을 겪는 원인에 대해 일각의 분석가들은 고도의 경제 발전을 이룩한 선진 국가에 대한 저개발 국가들의 취약성과 의존성 때문이라고 단정짓는다. 이러한 분석가들의 견해가 바로 정치경제 발전에 관한 가장 일반적이고 명확한 이론들 중 하나인 종속 이론적 접근법 또는 세계체제 이론이며, 이는 아프리카 사례를 통하여 다시 주목받고 있다.

이념적 요소와 기술적 요소를 모두 가지고 있는 종속 이론적 접근법은 제3세계의 '후발 국가'들이 현재의 선진국들에서 강력한 경제적 성장을 견인했던 것과 동일한 발전과정을 따를 수 없다고 주장한다. 현재의 후발 국가들이 발전을 이루고자 하는 세계체제와 현재의 선진국들이 직면했었던 당시의 세계체제는 분명 다르기 때문이다(Isbister, 1998).

특히 이념적인 측면에서 종속 이론적 접근법은 선진 '자본주의/제국주의' 국가에 의한 오랜 착취의 역사를 주요 문제로 설정한다. 선진국들은 수십 년, 심지어는 수세기 동안 그들의 경제와 군대, 그리고 세계체제에 대한 정치적 지배를 통해 개발도상국들의 정치경제를 조종하고 통제하였다. 실제로 자본주의 국가들이 20세기 말에도 그들의 번영을 지속할 수 있었던 주요 원인 중 하나가 바로 개발도상국들의 정치경제에 대한 자본주의 국가들의 지속적인 착취이다. 특히 착취는 자본, 시장과 가격, 과학기술 등에 대한 전반적인 통제를 통해 이루어진다. 즉, 자본주의 국가들은 저개발 국가들을 지속적으로 희생시킴으로써 막대한 이익을 거두는 것이다. 이러한 관점에서 보았을 때, 선진국들의 행위는 후발 국가들의 발전을 저해할 뿐만 아니라 발전에 대한 그들의 노력이 가지는 성과를 사실상 왜곡하고 망가뜨려 '볼품없게' 만들어 버렸다.

종속 이론적 접근법의 기술적인 요소 역시 이와 유사한 분석을 제시한다. 하지만 전적인 책임을 단지 모든 자본주의 국가에게만 두지는 않는다는 점에서 차이를 갖는다. 오히려 이들은 많은 경제행위자들이 이용하는 경제적 계층화에 그 책임을 묻는다. 먼저 계층의 최상위는 중심부로, 이는 미국·독일·일본 등과 같은 선진국들과 제너럴 모터스(General Motors), 지멘스(Siemens), 마쓰시타(Matsushita) 등과 같은 선진국의 기업들, 그리고 세계적인 금융기관 또는 중국 같은 경우에는 '일대일로' 정책을 추진하는 정부의 역할 등으로 구성된다. 한편 계층의 최하위는 주변부의 가장자리에 있는 개발도상국의 마을들이다. 여기서 많은 행위자들은 착취에 관여한다. 마을의 자원들은 지방의 경제행위자들에 의해 착취되며, 이들은 다시 보다 더 강력한 핵심적 행위자들에 의해 착취당한다. 마지막으로 브라질, 멕시코, 남아공, 대만 등과 같은 반주변부에는 중간적 집단 국가들이 존재한다. 반주변부 국가의 경제행위자들은 주변부를 이용하고, 중심부 국가에 의한 착취의 수준을 제한할 수 있다.

대부분의 개발도상국들에서는 특정한 현대적 영역과 일련의 부유한 행위자들이 등장하는데, 그 이유는 이러한 영역들과 행위자들이 국제적인 자본가들과 협력하기 때문이다. 그러나 이러한 국가에서 발전은 매우 불균등한 형태로 나타난다. 국가의 관료체제와 억압적 군부와 같은 '국가 영역'과 몇몇 제한된 '경제 영역'에서는 구조적이고 기술혁신적인 발전이 분명하게 나타나지만, 나머지 영역에 존재하는 인구의 대다수는 여전히 저개발과 빈곤이라는 곤혹스러운 상황 속에 갇혀 있는 것이다(Cardoso and Faletto, 1979; Heredia, 1997). 예를 들어, 브라질의 발전에 대한 에반스(Evans, 1979)의 분석에 따르면, 브라질에서는 ① 다국적 기업과 ② 브라질의 자본가 계급, 그리고 ③ 브라질 국가 기구 등과 같은 세 가지 주요 행위자들이 상호협력적인 동맹체를 구성하였다. 그리고 다국적 기업으로 대표되는 동맹체 내의 특정 집단들은 이 동맹체를 통해 브라질의 풍부한 자원들로부터 발생되는 대부분의 이익들을 사실상 배타적인 형태로 획득하고 있다. 반면, 브라질의 대다수 국민들은 여전히 가난하고 후진적인 상태에 놓여 있다.

일반적으로 주변부 국가들은 중심부 국가들을 위한 천연 자원의 공급자이자, 값싼 노동력의 제공자 역할을 담당한다. 그리고 이러한 개발도상국들이 이용할 수 있는 경제적 옵션들은 국제적인 환경의 다른 행위자들에 의해 극도로 제한된다. 실제로 연속적인 착취에 저항하는 소규모의 운동들이 간헐적으로 일어나고 있다. 하지만 여전히 대부분의 주변부에서는 종속과 열악한 경제 개발이 지속되고 있는 것이 현실이다(Isbister, 1998; So, 1990; Wallerstein, 1974 · 1980 · 1989; Wilber and Jameson, 1995).

발전의 과정이 대체로 국제 정치경제의 영향을 받는 것은 분명하다. 그러나 상당수의 분석가들은 종속 이론적 접근법의 유효성에 대해 적잖은 이의를 제기한다. 먼저 선진 자본주의 국가들은 대부분 무자비하고 착취적이라는 주장에 대한 반론이 만만치 않게 제기된다(Almond, 1987; Weatherby, 1997b). 둘째, 신흥공업국들의 급속한 경제 성장은 종속접근법의 주요 논쟁점들과는 모순적이라는 주장 역시 줄기차게 제기된다. 일례로 아프리카와 라틴아메리카의 국가들과 비교해, 아시아의 많은 개발도상국들이 보여준 괄목할 만한 성공은 발전을 위한 결정적인 요소가 외국 자본에 대한 의존 정도가 아니라 바로 문화라는 사실을 의미하는 것이라고 주장하는 사람들도 있다(Fallows, 1994; Huntington, 1987). 셋째, 국제적인 문제들뿐만 아니라, 부패의 만연과 민족 집단들 간의 갈등 등과 같은 국가의 심각한 내부적 문제들도 국가의 성장을 제한하는 주요 원인이 될 수 있다는 지적도 있다(Isbister, 1998). 즉, 종속 이론적 접근법은 국제적 차원에 지나치게 집중한 나머지 국내적 차원에 대한 균형 있는 조명을 간과했다는 것이다. 넷째, 실제로 1990년대에 최고의 경제 성장률을 기록했던 많은 국가들은 보다 발전된 선진국들이 아니라, 몇몇의 개발도상국들이었다는 사실에 근거한 반론이 제기된다(World Bank, 1998: table 11).

이 같은 논쟁에 응하여, 종속 이론가들은 중심부의 경제행위자들이 더욱 더 활발하게 주변국의 천연 자원뿐만 아니라 값싼 노동력을 착취하고 있다고 주장한다. 그들은 이러한 현상이 처음 몇 년 동안은 보다 높은 성장률을 낳을 것이지만, 1990년대 후반에 경제 성장을 달성한 많은 국가에서 경제적 쇠퇴가 나타났던 점을 상기해 볼 때, 이러한 긍정적인 현상들이 그리 오랫동안 지속되지는 않을 것이라고 주장한다. 나아가 종속 이론가들은 그렇게 달성된 성장의 형태가 매우 불균등하다는 사실을 다시 한 번 지적한다. 즉, 대다수 발전도상국들이 최소한의 경제 성장만을 경험하고 있을 뿐만 아니라, 높은 경제성장률을 보여주고 있는 발전도상국들에서도 대부분의 실질적 이익은 대다수의 국민들이 아닌 특정한 소수 엘리트 계급들에 의해서만 향유된다는 것이다.

종속 이론가들은 세계체제 하에서의 종속 패턴과 깊은 불균형이 더욱 복잡해졌다고 주장한다. 또한 종속 이론적 접근법은 '발전의 장애물들'에 관해서는 물론이고, 선진 공업국들과 그들의 기업들이 개발도상국의 정치경제에 대대적으로 관여했을 때 '개발도상국들이 얻게 되는 이익의 규모와 분배'에 대해서도 끊임없이 논쟁의 여지가 충분한 질문들을 제기한다.

제2절 | 정치발전론과 발전국가론

1. 정치발전의 정의 및 특성

정치체제의 변화는 주로 발전(development)이나 근대화(modernization)의 측면에서 논의되었다. 이 두 가지 개념 모두 그 의미가 분명하지 않지만 앞서 설명한 근대화보다는 발전 개념이 상대적으로 명료하기 때문에 근대화 이론을 포함하여 정치발전론이 폭넓게 사용되고 있다. 특정 사회체제를 보다 발전된 것으로 지정한다는 것은 그 체제 내에 상대적으로 높은 수준을 나타내는 어떤 주요한 특성들이 명백하게 존재한다는 사실을 의미한다.

몇 가지 특성들은 보다 발전된 사회체제의 일반적인 지표들이다. 이러한 특성들은 정치 · 경제 · 사회 · 문화, 그리고 개인들의 수준을 나타내며, 다양한 방법으로 분류될 수 있다. 보다 발전된 사회체제와 관련되어 있는 세 가지 특징들을 열거해본다면, 집단·조직·사회의 전문화와 상호의존성, 역할과 기능의 구별 등을 강조하는 조직적 특징과 환경을 통제하고 재화와 서비스를 생산하기 위해 점점 더 복잡하고 정교해진 인공물들을 사용하는 기술적 특징, 그리고 향상된 지식과 합리성, 세속적 가치, 개인주의가 정신적·감정적·평가적 정향을 지배하는 개인적 특징으로 설명할 수 있다(Bill and Hardgrave, 1981: 63).

사실상 대부분의 국가들은 자국의 발전 수준을 높이기 위해 끊임없이 노력하고 있다. 공공 영역과 사적 영역의 행위자들은 보다 발전된 체제로의 변화 양상들을 촉진시키기 위해 여러 가지 전략들을 고안하였다. 사실 많은 사회적 지표들은 개인적·조직적·기술적 측면에서 발생되는 발전의 정도를 반영한다. 이러한 사회적 지표에는 도시화의 확대, 생산력의 증대, 소비력의 증가, 의사소통의 확장, 광범위해진 네트워크, 칼로리 섭취량의 증가, 사망률의 감소, 교육 수준의 상승, 식자율의 증가, 사회적 유동성의 증가 등이 있다. 모든 국가들은 이 중에서도 기술적 특징의 핵심이라고 할 수 있는 경제 발전에 비중을 두고 있다. 이용 가능한 재화와 서비스의 증가는 시민들에게 보다 안정적이고 편리한 삶의 전망을 제시한다. 따라서 대부분의 국가들은 경제 성장을 촉진시킬 수 있는 전략들을 식별하여 추진한다. 이때 경제성장은 주로 국민의 경제적 생산력(국민 총생산 또는 국내 총생산)에 의해 평가된다. 물론 특정한 몇몇 경우에는 전반적인 생산력(GNP 합계, 1인당 GDP)의 측정이 경제 발전의 주요 지표가 될 것이다. 그리고 경우에 따라서는 위의 세 가지 특징들 중 하나의 성장률이 중요시될 수도 있고, 소득분배지표인 지니계수(Gini Coefficient)를 주요시하는 경우도 있다.

우리는 과연 무엇이 발전 국가를 형성하는지에 대해 정확하게 정의할 수 있을까? 그것은 사실상 불가능하다. 근대적인 체제와 근대적이지 않은 체제, 그리고 발전된 체제와 발전되지 않은 체제를 뚜렷하게 구별할 수 있는 합의된 수단은 존재하지 않는다. 현재 선진국과 개발도상국 간의 가장 일반적인 차이는 경제 발전의 유일한 평가기준인 1인당 GNP 또는 GDP 그리고 인간개발지수(Human Development Index) 등이 상대적으로 높은 나라에 근거하는 경우가 많다.

정치발전의 특성들을 정의하고 정치발전의 일반적인 과정을 설명해보자. 커트라이트(Cutright, 1963)는 정치발전을 법에 의한 통치를 확고히 하고, 합법적인 선거를 실시하며, 대의기구들을 확립하는 것이라고 정의하였다. 정치체제의 발전에 대한 이 같은 정의에 대해 어떻게 생각하는가? 많은 학자들은 이 개념이 지나치게 편파적이라고 이의를 제기한다. 그렇게 생각하는 이유는 무엇일까? 그리고 만약 이것이 적절한 이의제기라면, 과연 어떠한 개념이 정치체제의 발전이 가지는 특성들을 잘 표현할 수 있을까? 보다 발전된 정치체제의 주요 특성들을 정의하는 최근의 시도들은 다음의 네 가지 측면들을 강조한다.

첫째, 중앙 정부로의 권력 집중화이다. 정치적 권위의 전통적인 근원들이 점차 약화되면서, 대부분의 권력과 권위는 단독 국가 차원의 정치체제로 급격하게 집중되기 시작한다. 시민들은 공적 가치들을 분배하는 국가의 권리와 함께 그러한 분배를 권위적인 것으로 받아들이는 자신의 책임을 인정한다. 헌법이나 법률과 같이 합법적으로 공식적인 정부 조직들과 기구들이 수립된다.

둘째, 특별한 정치구조이다. 중요한 정치적 기능을 수행하기 위하여 전문화된 정치기구가 등장한다. 입법부와 행정부, 정당, 그리고 정치적 이익단체 등과 같은 정치 기구들은 복잡하고 유기적인 형태를 가지고 있다. 그리고 이러한 기구들의 활동은 일반적으로 합리성과 효율성이라는 관료주의적 원칙들에 근거한다.

셋째, 근대적 형식의 정치 행태이다. 정치체제와 민족국가는 개인들이 충성하고 지지하는 실체이다. 즉, 개인들은 가족 집단을 넘어 정치체제와 민족국가에 대하여 강한 정체성을 발전시킨다. 그리고 유권자와 사회 주요 행위자 같은 개개인들이 정치과정에 참여함으로써, 활발한 정치적 역할이 널리 확산된다.

넷째, 정치체제의 능력 확대이다. 정치체제는 국민들의 지지를 얻고, 국민들의 요구에 응답하며, 환경을 통제할 수 있다. 전반적으로 정치 기구는 보다 안정되고 응집되며, 정치 구조 역시 보다 더 효율적으로 작동한다. 또한 정치행위는 그 목표와 목적에 부합되어, 더욱 효과적인 형태로 추진된다.

정치체제의 특성 분석은 정치발전 수준을 가늠할 수 있게 해주는 가장 좋은 지표일 것이다. 알몬드와 포월(Almond and Powell, 2000)에 따르면, 정치체제는 다음과 같은 다섯 가지 주요 능력들을 향상시킴으로써 보다 높은 수준의 정치발전에 도달할 수 있다. 첫째, 추출(extractive)은 정치체제가 주위 환경의 인적·물적 자원을 이용하는 정도에 대한 지표이며, 둘째, 규제(regulative)는 정치체제가 인간과 집단의 행동을 통제하는 능력, 셋째, 응답(responsive)은 가치배분의 요구에 응하여 정치체제가 의사와 정책을 결정하는 능력, 넷째, 분배(distributive)는 제도화된 구조와 절차를 통해 가치를 배분하는 정치체제의 능력, 다섯째, 상징(symbolic)은 이미지와 의미를 조작하고 비물질적인 보상과 가치를 분배하는 정치체제의 능력으로서 이 다섯 가지는 정치체제의 발전 정도를 파악할 수 있는 지표가 된다.

2. 정치발전의 과정과 모형

정치발전의 과정은 정치세계를 분석하는 사람들뿐만 아니라 자신들의 사회를 형성하고자 하는 사람들에게도 매우 큰 관심사이다. 일부 학자들에 따르면, 정치발전은 주로 경제와 사회체제 발전의 영향을 받아 발생한다. 경제 발전, 도시화, 사회적 동원, 보다 발전된 정치체제에 대한 시민들의 욕구의 증가 등과 같은 근대적 요소들이 증가하고, 이러한 근대적 요소들은 복잡한 경제 활동들을 위한 경제 기반을 제공해주고 현대 시민의 욕구를 충족시킨다는 것이다.

<그림 11-2>의 모형 A는 이러한 인과관계의 구조를 도식화한 것으로서, 여기서 정치발전은 종속 변수에 해당한다. 모형 A의 관점에 따르면, 독립변수인 근대화 요소들은 정치체제의 발전을 가능케 하는 물질적 · 인적 자원을 제공한다. 그리고 향상된 경제적 능력은 정치체제가 분배할 수 있는 재화를 생산한다. 또한 보다 근대적인 신념을 가진 도시 사람들은 정부의 권위를 기꺼이 받아들이고, 정치에 활발하게 참여한다. 요컨대 정치체제는 사회와 경제 영역에서 발생하는 변화들에 대한 일련

그림 11-2 **발전 모형**

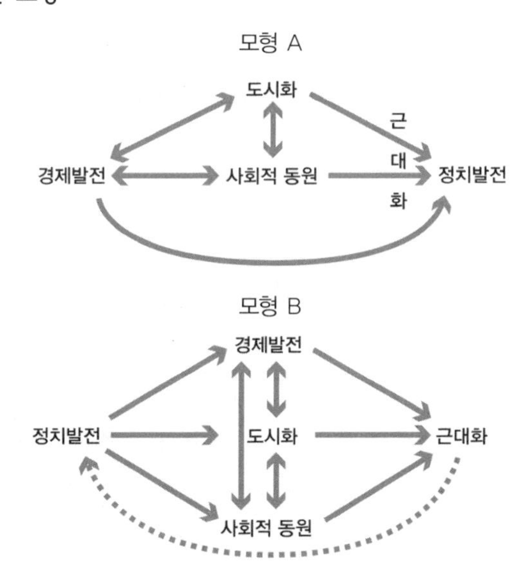

의 대응으로서 보다 복잡하고 전문화된 구조들을 발달시킨다.

정치발전에 대한 이 같은 설명들은 일반적으로 18세기와 19세기에 발달된 정치체제 분석에 근거한다. 그러나 지난 60년 동안 앞서 발전을 이룩한 국가에 대한 연구들은 변화의 결과가 아닌 변화를 야기하는 힘으로서 정치체제를 인식하는 동시에, 그것이 가지는 힘과 영향력의 점증적인 성장에 주목한다. 이러한 관점에 따르면, 정치체제는 사회·경제체제의 발전을 주도하는 결정적인 원동력이다.

분명 정치 영역과 경제 영역, 그리고 사회 영역 등의 발전은 상호 의존적이다. 그러나 <그림 11-2>의 모형 B는 사회 내 다른 영역들의 변화를 야기하는 동인(독립변수)으로서 작용하는 정치체제의 중요성을 강조하였다. 가나(Ghana)의 초대 대통령인 크와메 은크루마(Kwame Nkrumah)는 "정치적 왕국을 먼저 추구하라. 그러면 나머지는 모두 부가적인 것으로서 네게 따라오게 될 것이다"라고 말했다(Graham, 2019: 75). 이는 우선적으로 정치체제의 발전이 달성되면, 이는 곧 사회와 경제의 발전을 유도하는 수단이 될 것이라고 가정하는 종교적 기원을 인용한 것이다. 실제로 정치적 지도자에 의한 가치 배분은 개인과 집단의 행위와 정치경제, 그리고 사회 변화의 방향 등을 주도하는 것은 물론 심지어는 이를 결정하기까지 한다.

모형 B에 따르면, 새로운 정치 엘리트가 지배권을 획득했을 경우, 이 집단은 정치체제에 매우 직접적인 통제를 가한다. 정치 엘리트의 노골적인 정책결정들과 행위들로 인해, 강력한 지도자 집단은 근대적인 형태의 정치 기구를 창설하고 근대적 형태의 정치적 행위들을 조장한다. 예를 들어, 지도자는 새로운 정부 구조의 수립과 전통적인 권위에 근거한 권력의 약화, 특정 기능을 원활하게 수행하기 위한 정부 관료제에 권한 부여, 정당의 창설, 정치과정에 특정 집단들의 동원, 그리고 인적·자연적 자원들에 대한 국가의 통제권을 옹호하는 정책들의 제정 등과 같은 행위들을 할 수 있다. 정치체제에 직접적인 통제가 가해졌을 때, 정치 지도자는 정치경제와 교육, 문화, 국가 정체성, 미디어, 그리고 종교적 관습 등과 같은 사회적·경제적 생활 영역을 근대화시키기 위한 구조와 과정, 그리고 공공정책들을 강력하게 채택할 수 있다.

한편, 대부분의 정치발전 분석들은 사회체제의 조직적이고 기술적인 차원에 대한 거시적 수준의 구조적 역동성에 초점을 두고 있지만, 개인적 차원의 분석들은 미시적 수준의 역동성에 주목한다. 이러한 분석들은 발전의 형태와 속도의 변화를 설명함에 있어, 사회의 심리적 요인들을 강조한다. 단순한 정치적 신념에만 한정하지 않고 보다 광범위한 신념체제에 집중하는 것은 물론 그러한 신념들과 근대화 및 발전 사이의 밀접한 관련성에도 주된 관심을 두고 있다. 개인적 차원에서 진행된 대부분의 연구들은 집단이나 국가의 태도보다는 일정한 국가 내의 개인들이 지닌 특유의 정치적 신념 유형에 초점을 맞추고 있다(Inkeles and Smith, 1974; Inkeles et al., 1985; Inkeles, 1996; McClelland, 1961).

대표적으로, 사회학자 인켈스(Inkeles)는 근대성과 개인적 특성에 관한 저명한 업적을 남겼다(Inkeles and Smith, 1974; Inkeles et al., 1985). 그는 6개 개발도상국(아르헨티나, 방글라데시, 칠레, 인도, 이스라엘의 동양계 유대인, 나이지리아)의 5,500명의 응답자를 대상으로 광범위한 통계조사를 실시했고, 개발도상국에 거주하는 근대적인 개인들의 일곱 가지 일반적 특성을 도출하여 이를 '근대성 증후군(syndrome of modernity)'이라 지칭했다.

① 인간과 행위에 대한 새로운 경험에의 개방성
② 전통적인 권위적 기구(예: 부모, 종교적 지도자 등)에 대한 개인적 충성에서 현대적인 제도(예: 정부의 지도자 등)에 대한 개인적 충성으로의 이동
③ 현대의 과학기술에 대한 신뢰 강화와 삶에 대한 숙명론적 태도의 약화
④ 자신과 자신의 자녀를 위한 사회적 이동(social mobility)의 욕망
⑤ 계획과 시간엄수의 가치에 대한 믿음
⑥ 지역 정치와 사회적 사건에 대한 관심
⑦ 뉴스에 대한(특히 국가와 국제적 사건에 관한) 관심

인켈스(Inkeles et al., 1985: 102)는 6개 국가의 근대적인 개인들이 지닌 이 같은 신념들에는 분명 주목할 만한 유사성이 있다고 결론 내렸다. 이를 기초로 그는 '심리적 구조에 관한 인류의 단일성(unity of mankind in terms of psychic structure)'을 주장했다. 이는 다른 말로 표현하면, 실제로 모든 문화의 근대적인 개인들에게는 동일한 특성들이 나타난다는 것이다.

그러나 전통적 인성(personality)과 근대적 인성에 관한 방대한 규모의 연구에도 불구하고, 아직까지 많은 이슈들이 해결되지 않고 있다. 예를 들어, 대부분의 연구들은 모든 문화에 공통적으로 존재하는 근대성 증후군을 확립하지 못했다. 또한 정치 혹은 경제의 발전 정도가 전체 인구의 특정 수가 가지고 있는 근대적 사고방식의 존재와 연관되어 있는지도 불분명하다. 사실 대부분의 개발도상국에는 새로운 신념

과 행위들을 열정적으로 받아들이는 개인들과 집단들이 있는가 하면, 동시에 오래된 신념과 행위에 고집스럽게 집착하는 개인들과 집단 역시 존재한다. 때문에 발전과 근대화가 새로이 출현한 근대적인 개인들의 행태(신념과 행위)와 집단행동, 그리고 사회적 발전 사이에서 매우 분명한 상호작용을 가지고 있는지는 여전히 논쟁적이다.

3. 발전국가론

'발전국가(developmental state)' 이론은 근대화 이론, 종속 이론 등의 한계를 뛰어넘어 후발산업화 과정에서 국가의 전략적 시장개입의 중요성을 부각시킨 이론으로, 동아시아 성장에 관한 가장 유력한 설명을 제시하면서 등장했다. 발전국가론의 핵심은 "국가(정부)가 전략적 개입을 통해 시장을 지도함으로써 압축적 경제성장을 달성하는 발전양식"으로 정의할 수 있는바, 정책집행 과정에서 발휘되는 국가 정부의 시장간섭 능력을 중시한다. 이러한 발전국가론은 1980년대와 1990년대 민영화와 자유화를 주창하는 대처리즘과 레이거노믹스(Reaganomics)를 계기로 득세한 신자유주의 발전론과 대비된다. 신자유주의 발전론은 국가의 시장 지도가 아니라 시장 중심의 효율적인 자원 배분을 통해 지속적인 번영을 달성할 수 있다는 주장이다. 신자유주의적 발전론에서는 특정 기업 육성이나 산업분야 보호 등의 국가 역할은 중요하지 않다.

1) 신자유주의(Neoliberalism) 접근법

많은 나라들이 양자택일의 하나로서 신자유주의로의 변형을 시도해 왔다. 시장 중심의 정치경제 모형에 근거한 신자유주의적 이론은 국가의 행위가 자유로운 시장의 효율성을 손상시키고 왜곡시킨다고 보고, 국가의 행위를 엄격하게 제한한다. 따라서 신자유주의적 이론은 공공 부문의 지출을 최소화하고, 국가는 경제를 거의 규제하지 않으며, 국가 간의 경계선을 넘어선 직접적인 외국인 투자와 자유 무역을 장려한다. 이는 결국 복지국가 모델로부터의 후퇴를 야기하였으며, 사회적 안정망이 시장에 맡겨지는 불안정한 결과를 가져오게 되었다.

특히 1970년대 중반 초기에 많은 국가들이 신자유주의적 이론의 변형을 채택하였다. 브라질, 케냐, 멕시코 등과 같은 각 정권들이 국가주권주의적 이론을 통해 이룩한 자국의 경제성장 수준에 대한 실망감과 국제 금융 사회의 압력으로 인해 신자유주의적인 방향으로 체제를 개혁하였다(Stepan and Linz, 1996). 또한 중국·폴란드·짐바브웨 등과 같은 국가들은 중앙 통제 정치경제와 관련된 강력한 국가주권주의를 포기하였다.

2) 발전국가(developmental state) 접근법

일부 국가들은 국가주권주의와 신자유주의의 요소를 결합한 혼합 발전 전략을 채택하였다. 이는 지난 20년 동안 고도의 경제성장을 달성하는 데 특히 효과적이었다. 이러한 발전국가 이론은 세 가지 거시적인 전략에 근거한다(Amsden, 1989; Kim, 2008: 41~65; Wade, 1990; Evans, 1995).

첫째, 국가주도 수출 지향적 자본주의 정책이다. 시장 정치경제와 같이, 적극적인 자본주의가 선호되고 기업에 대한 정부의 제약은 최소화한다. 하지만 국가는 '정치'로부터 경제를 분리함으로써, 기업에 강력한 지원을 제공하는 상당한 개입주의자가 된다. 국가는 교육을 통해 노동력을 제공한다. 또한 투자를 조장하고, 재화의 수출을 장려하며, 높은 수준의 국내 소비를 억제하는 과세·지출정책을 실행한다.

둘째, 표적 시장 선정정책이다. 기업과 국가는 국제시장에서 성공적으로 팔릴 수 있는 특별한 재화를 생산하기 위해 협력한다. 초기에는 시장의 영역을 획득하고 소비자의 지지를 얻기 위해 적당한 질의 재화를 원가 이하로 판매하고, 이후 점진적으로 가격을 올리고 품질도 향상시킨다. 생산의 중심을 섬유, 신발, 인형과 같은 단순하고 노동집약적인 재화에서 조선, 전자, 자동차와 같이 정교한 생산 기술을 필요로 하는 좀 더 복잡한 재화로 서서히 이동시킨다. 대개 외국 자본의 투자가 장려됨에도 불구하고, 관세와 같은 국가의 정책은 수입품으로부터 생산자를 보호한다(Kim, 2008: 65~73).

셋째, 농업 지원정책이다. 비록 식량의 자급자족까지는 달성할 수 없을지라도, 정부의 정책은 효율적인 국내 식량 생산을 강력하게 장려한다. 소규모의 자영농들에게 토지를 재분배하고, 국내 식량 생산에 보조금을 지원하며, 수입품에 관세를 부과한다(Johnson, 1985; Simone and Feraru, 1995). 예를 들어, 우리나라에서는 박정희 정부가 정부 주도로 벼의 품종 개량을 시도하여 1971년에 단위 면적당 수확량이 매우 높은 통일벼를 개발함으로써, 보릿고개(식량부족시기)를 극복하고 식량의 자급자족체계를 마련할 수 있는 일대 전환기를 이룩하였다.

넷째, 신성장이론에서 주장하는 지식의 역할이다. 지식 축적이 인적자본의 새로운 동력을 창조하여 새로운 시도를 만들고 이러한 시도는 자본과 결합하여 중간재(기계 공정, 마케팅과 유통의 변화)를 만들게 되어 지속가능한 성장이 가능하다는 것이다(Romer, 1986; Lucas, 1988). 발전의 토대가 될 수 있는 경제 인적 자본의 형성 및 축적을 위해서는 '교육'과 '복지', 그리고 '치안'과 '인프라'가 필요하다. 하지만 아프리카 여러 국가들은 정부와 기득권의 부패로 인해 자원의 효율적인 집행이 이루어지지 않아 토대 구축에 어려움을 겪고 있다(Kim, 2016).

이러한 국가들은 급속한 경제적 확장 기간 동안 국가적 안정성을 유지하고 발전의 기반시설을 제공하는 데 있어 대체로 효율적이었다. 그러나 같은 기간 동안 정치적 자유를 제한하고, 이익집단의 정치 참여를 억제하기도 했다. 비교적 다루기 쉬운 숙련된 노동력을 확보하기 위하여 노동조합 또는 경제적 기반을 가진 다른 이익집단들의 정치적 행동을 정책적으로 금지해 온 것이다. 실제로 이 같은 국가들의 대부분은 숙련된 노동자를 양산하기 위한 교육비는 별도로 하더라도, 공공 재화와 서비스를 제공함에 있어 단지 최소 수준의 잉여자원만을 국민들에게 분배했다. 그러나 발전 수준이 지속적으로 향상되면서 이들 중 몇몇 국가들은 기존의 억압기제를 점차적으로 완화 및 제거함으로써, 국민들이 다원주의적인 형태로 정치에 활발하게 참여하는 것을 허용하였다.

초기 발전국가들의 성공 사례는 대부분 아시아에서 발생했다. 일본을 시작으로 싱가포르와 한국, 그리고 대만과 홍콩 등이 뒤를 이었으며, 가장 최근에는 말레이시아와 인도네시아가 이 대열에 합류했다. 전략적 변형을 시도한 다른 개발도상국들의 경우, 베트남과 칠레 등은 상대적으로 높은 수준의 다년도 경제 성장을 성취한 반면 브라질과 인도, 멕시코 등은 그러한 고성장을 유지하는 데 실패하였다. 즉, 전체적으로 성공과 실패가 혼재된 것이다.

그런 점에서 이러한 국가 중에 대규모의 현대적 산업 영역을 비교적 성공적으로 확립한 국가들을 신흥공업국(NICs)으로 다시 분류할 수 있다. 그러나 이 같은 신흥공업국들의 상당수는 경제 발전의 수준과 속도, 그리고 지속성이라는 측면에서 일정 수준의 한계를 보이고 있다. 실제로 대부분의 신흥공업국들은 경제 발전의 상당 부분을 외부 행위자와 외채, FDI(해외자본의 직접투자) 그리고 대외 시장 등에 의존하고 있으며, 갈수록 노동자들을 통제하는 데 있어서도 많은 어려움을 겪고 있다.

게다가 1990년대 후반에 들어서면서, 보다 성공적인 모습을 보이고 있던 아시아의 신흥공업국들(NICs)조차도 실패하는 것처럼 보였다. 1997년 7월 통화 문제를 일으킨 태국을 시발점으로 아시아의 급격한 경제성장세는 갑작스럽고 심각하게 쇠퇴하기 시작했다. 대부분의 아시아 국가에서 가시적으로 나타난 이러한 쇠퇴는 GDP의 마이너스 성장과 높은 실업률, 그리고 부동산·주식과 같은 재산 가치의 막대한 손실 등으로 분명하게 나타났다. 물론 고도의 경제 성장을 지속하고 있는 중국이나 싱가포르 같은 몇몇 국가들은 심각한 위기상황을 적절히 잘 극복했음을 보여주고 있지만, 아시아의 경제 '위기' 이후 급속한 경제 성장을 거듭하고 있던 라틴아메리카의 몇몇 개발도상국들에서도 아시아와 유사한 문제들이 뒤따르고 있다는 점 역시 간과할 수 없는 분명한 사실이다(Mahon, 1999).

이러한 부정적인 경제 상황의 폭과 깊이는 심지어 일본에서조차도 발전국가 모형의 잠재적인 이익뿐만 아니라, 그것이 야기하는 돌풍까지도 전체적으로 재고하게 만들었다. 국가가 선호하는 기업에 대한 과잉보호, 은행 시스템과 통화에 대한 부적절한 규제, 그리고 부동산과 주식에 대한 제어 불가능한 투기 등과 같은 다양한 문제점들이 지적되었다. 3~4년 안에 몇몇 국가들의 경제는 이전의 경제적 활력을 회복하였지만, 그 외 다른 국가들의 경제는 여전히 회복을 위하여 고군분투하고 있다. 그런 점에서 이러한 경제적 혼란은 많은 개발도상국들에게 "과연 발전국가 이론이 폭넓은 경제적 성장과 광범위한 경제적 안정성을 확보하고 최대화하는 데 있어 최선의 방법이 될 수 있는가?"에 대한 의문을 다시금 초래하였다. 자율적 시장의 중요성이 강조되는 이유이다.

4. 발전론의 한계와 의의

지금까지 발전론 및 정치발전의 주제 하에 제기된 다양한 이론적 입장에 대하여 살펴보았다. 미국의 현대적 사회과학 체계를 사실상 정초하였던 파슨스(Talcott Parsons)의 영향 하에 태동한 정치발전론은 경제적인 발전, 즉 경제 성장이 민주주의라는 발전된 정치로의 이행을 가져올 것이라는 다소 간단한 가설을 증명하기 위한 학문적인 도전이었다. 이러한 도전은 경제성장에도 불구하고 권위주의 체제가 수립되거나, 혹은 끝없는 저발전의 고리에서 헤어나지 못하는 제3세계 국가들의 실제 사례가 대거 등장하면서 심각한 공격에 직면하게 되었다.

이러한 현상은 발전의 목표를 무엇으로 설정하느냐에 따라 다르게 나타난다. 상이한 발전의 목표들로는, 첫째, 변화보다는 체제 유지를 추구하는 전통적 경향, 둘째, 민주주의와 인권을 발전의 우선순위로 두는 자유주의적 경향, 셋째, 민주주의를 연기하더라도 경제를 우선시하는 권위주의적 경향, 마지막으로, 폭력을 수단으로 삼는 대중 동원을 통한 기존 체제의 붕괴에 바탕한 발전을 추구하는 혁명적 경향을 들 수 있다. 결국, 정치발전은 이익과 권력의 동원을 어떻게 조화시키느냐가 관건이라고 할 수 있다.

비교정치의 맥락에서 정치발전론이 지니는 진정한 의미는 바로 정치발전론자들의 연구가 다양한 변수들의 인과관계를 통하여 정치의 세계를 과학적으로 설명하고 분석할 수 있는 도구들과 이론들을 제공하는 큰 계기가 되었다는 측면에 있다. 두 차례의 세계대전 끝에 새로운 국제질서가 수립되고 누구도 인류의 정치적·경제적 미래를 예측할 수 없는 상황에서 정치발전론은 근대화 이론의 큰 맥락 속에서 민주적이고 다원주의적인 정치공동체라는 하나의 비전과 실천적이고 과학적인 지침을 제공했던 것이다. 무엇보다 정치발전론자들에 의해 개발 및 개량된 구조적 분석 기법과 정치 연구에 대한 통계 기법의 활용은 비교정치의 모태가 되었다고 하여도 과언이 아닐 것이다.

그렇다면 정치발전론자들이 그토록 증명하고자 했던, 경제 발전에 따른 정치발전이라는 명제는 완전히 부정당한 것일까? 정치발전, 즉 발전된 정치를 공동체의 공공선(common good)을 존중하되 개인적·집단적 정체성과 이익의 표출을 인정하는 다원적 민주주의로 정의하였을 때, 정치발전론의 정신은 여전히 세계의 여러 국가들이 추구하는 민주적 정치체제의 이념에 반영되어 있다. 그러나 정치발전의 유산은 여기서 끝나지 않았으며, 실제로 발전된 정치체제로 이행하는 과정에 대한 연구가 1980년대 중·후반과 2000년대 초에 다시금 태동하게 되었다. 다음 절에서 살펴볼 민주주의 전환과 공고화에 대한 이론이 바로 민주주의라는 발전된 정치체제로의 이행을 새로운 시각에서 연구한 비교정치의 또 다른 대표 분과라고 할 수 있다.

제3절 | 새로운 민주화 물결과 민주주의 전환

1. 민주화 물결과 정치적 함의

앞서 살펴본 근대화론은 근대화와 발전을 통해 자유민주주의 정치체제의 수립이 달성될 것이라는 이론적 설명과는 달리, 제3세계 국가에서 군부독재, 관료적 권위주의 등의 정치체제가 다수 수립됨으로써 그 이론적 적실성에 큰 도전을 받게 되었다. 그러나 자유진영과 공산진영의 줄다리기라고 할 수 있는 냉전이 종식된 1990년을 전후로 역사에서 그 유례를 찾아보기 힘들 만큼 많은 국가들의 정치체제가 붕괴되었다. 당시 혼란을 경험했던 국가에서는 민주주의적 정치체제를 수립하고자 하는 광범위한 노력이 전개되었고, 전 세계 195개국 가운데 42%인 82개국이 자유국가이고 30%(59개국)가 부분적 자유, 28%인 54개국이 부자유국으로 분류되었다(Freedom House, 2021).

불과 1977년까지만 해도 20개 남미 국가들 중에서 12개 국가들이 군부권위주의 체제 하에 있었고, 중동과 아프리카 및 동아시아 지역에서도 억압적인 군부정권들이 집권해 있었다. 개발도상국가에서 권위주의 정권들이 들어섰던 이유는 몇 가지로 정리할 수 있다. 첫째, 초기에 수립된 민주주의적 정치체계가 주민들이 기대하였던 것만큼 재화와 용역을 제공하는 데 실패하면서 지배층에 대한 피지배층의 불만이 고조되었기 때문, 둘째 많은 신생국가들이 식민지로부터 독립하였지만 경제적 위기에 직면하였고, 오히려 빈곤에 대한 국민들의 불만으로 신생국가들은 정치적 불안정과 혼란을 겪게 되었기 때문, 셋째 사회 계층들 간의 긴장과 분열이 증대되었기 때문이다. 특히 남미 사회들에서는 좌파적 이데올로기에 물든 하층 계급과 노동자들이 조직적으로 엘리트 계층에 도전하고 위협을 가하였다. 이런 상황에서 군부세력들이 엘리트 계층의 안전과 이익을 보호하고 사회적 안정을 기하기 위하여 강압적으로 정권을 장악하는 경향이 있었다. 넷째, 개발도상국가에서 등장한 권위주의 체제는 이전의 민주주의가 성과를 거두지 못한 그들 사회의 발전이나 근대화를 위한 대안적 통로로 이해되었기 때문이다. 즉, 강력한 국가를 강조한 조합주의(corporatism)나 배타적인 통치 행위에 기반을 둔 관료적 권위주의 등이 개발도상국들의 발전문제를 해결할 수 있는 대안으로 간주된 것이다.

최초의 민주주의 전환은 1970년대 중반 남부 유럽에서 시작되었다. 포르투갈에서는 권위주의적 독재자에 불만을 가진 군장교단이 쿠데타를 일으켰다. 당시 군부쿠데타는 제한된 목적을 갖고 있었다. 그러나 국내 상황은 완전히 혁명으로 변화하였고, 수개월 동안 좌익과 우익 간의 갈등을 거친 후 민주주의 체제로 변화하기 시작하였다(Porch, 1977). 그리스의 경우 1967년 이래 정권을 장악해 온 군사평의회는 그리스 정치를 재구조화하려고 하였으나 국민적 지지를 얻지 못해 마침내 1974년 터키군이 사이프러스를 침공하였을 때 이에 대처하는 데 실패하였고, 결국 국민들로부터의 신뢰를 얻지 못하여 퇴진하게 되었다(Williams, 1984).

남미에서는 1978년 도미니카공화국에서 처음으로 민주주의 전환이 시작되었다. 이어 1979년에 에콰도르, 1980년대에 온두라스와 페루에서 각기 민주주의 전환이 이루어졌다. 아르헨티나는 1983년에, 엘살바도르와 과테말라는 1984년에 각기 새 정부를 구성하였고, 브라질은 1970년대 후반부터 권위주의 이탈과정을 거치기 시작하여 1984년 사이에 민주주의 전환이 이루어졌다.

아시아에서는 1966년부터 20년 동안 장기 집권한 마르코스(Ferdinand Marcos)가 1987년 물러나고, 아키노(Corazon Aquino)가 대통령 선거에서 승리함으로써 필리핀이 민주주의 전환과정에 들어서게 되었다. 대만과 한국에서도 이 시기에 권위주의 체제의 종지부를 찍고 개방적이고 다원적인 민주주의 체제가 등장하였다.

이처럼 1974년부터 1990년에 이르기까지 남부 유럽, 남미, 아시아에서 권위주의 체제에서 민주주의 체제로 전환되었는바, 그 첫 번째 물결은 1820년대부터 1926년 사이에 발생한 것으로 이때 약 30여 개의 국가들이 자유민주주의를 확립하였으나 이들 중 몇몇 국가에서는 다시 민주주의를 포기하는 '역전되는 현상'이 발생하였고, 이러한 현상은 두 번째 물결이 발생할 때까지 지속되었다. 두 번째 물결은 1945년부터 1962년 사이에 발생한 것으로, 이 시기는 36개의 민주주의 정부들을 탄생시켰다. 이후 또 한 번의 반전기를 거친 후, 1974년에 세 번째 물결이 시작되었다. 이 시기 동안 민주주의 정부는 약 90개국으로 늘어났고 이는 이전보다 두 배 이상 높은 수치였다. 물론 이 기간 동안 세계의 총 국가 수가 극적으로 증가하기는 하였지만, 자유민주주의 내지는 선거 민주주의 국가의 비율이 증가한 것은 보다 최근의 일이다. 네 번째는 아프리카 대륙에서 발생한 민주화 물결이라고 볼 수 있다. 튀니지에서 대학졸업자지만 직업 없이 과일행상을 하다 단속에 맞선 무함마드 부아지지의 분신이 단초가 되어 극심한 생활고(곡물값 폭등), 청년실업, 억압통치 그리고 집권층의 부정부패에 실망한 청년들이 공권력의 폭력에 저항하는 반정부 시위가 2010년 12월 18일부터 촉발되었다. 이 시위의 물결은 북아프리카뿐만 아니라 중동지역의 이집트, 리비아, 예멘, 수단 등으로 확산되었다. 페이스북, 트위터와 같은 소셜 미디어를 활용해 시위대는 시위를 조직하고 사람들과 소통하며 인식을 확대시켜 나갔다. 이러한 시위 물결을 '아랍의 봄'이라고 한다. 하지만 북아프리카의 민주화가 파편적으로 발생하는 이유는 장기집권으로 대안세력이 부재하여 부족 간 반목이 심해 강력한 리더십이 요구되기 때문으로 볼 수 있다.

민주화 과정에서 정치 참여 집단들은 갈등하는 목표와 공통의 목표를 함께 갖는다. 온건파와 급진파는 정권을 퇴진시키고 권력에 참여하는 데 공통의 이해를 갖지만, 어떤 종류의 새로운 체제를 창출할 것인가에 대해 일치를 보지 못한다. 개혁파와 온건파는 민주주의를 창출하는 데에 공통의 이해관계를 갖지만 반대로 그들은 종종 민주주의를 창출하기 위해 많은 비용을 지불하고, 새로운 체제에서 어떻게 권력을 나누어 가질 것인가 하는 문제를 놓고 치열하게 분열한다. 또한 보수파와 급진파는 누가 지배할 것인가 하는 문제에 있어서는 전적으로 대립하면서도 중앙의 민주적 집단을 약화시키고 사회의 정치를 양극화하는 데에 공통의 이해를 갖는다(Huntington, 1991).

2. 민주주의 전환의 조건

일반적으로 한 국가에서 민주주의로 전환되기 위해서는 다음과 같은 요건들이 충족되어야 한다. 정치적 반대자들에 대한 자의적 또는 타의적 관용이 필요하고, 능력 있는 대체 후보자들 사이에서 자유로운 선거가 이루어져야 하며, 정치적 지도자는 자신의 권한이 영향력을 지니는 기간이 제한되어 있고, 아울러 선거 결과를 받아들여야 한다는 점이다. 민주화 과정에서 얻게 되는 진정으로 중요한 혜택은 바로 정치가들과 정치 지도자들이 평화롭게 패배할 수 있다는 것이다(Mansbridge, 1991: 6). 민주주의 확산의 요인에 대해서는 그동안 다양한 설명들이 제기되어 왔는데, 아래에서는 민주주의 확산을 크게 다섯 가지 원인으로 정리하였다(Huntington, 1991).

첫째, 외부 행위자들의 압력은 민주주의 전환에 있어 매우 중요한 요인이 될 수 있다(Wiarda, 1985: 85~86). 예를 들어, 세계은행은 경제적 원조를 조건으로 특정 국가들로 하여금 민주적 개혁을 수용하도록 점진적인 압박을 가해 왔다. 카톨릭은 아르헨티나와 브라질 같은 가톨릭 국가에서 등장한 권위주의 정권에 대한 시민들의 묵인을 와해시켜 정부의 권위에 대한 복종의 교리적 중요성을 격하시킴으로써, 민주주의 전환에 일정 수준 기여하였다. 또한 1980년대 후반 미하일 고르바초프(Mikhail Gorbachev) 정권 하에서의 소련은 헝가리나 폴란드와 같은 동유럽 국가의 비대중적인 전체주의 지도자들을 지지하기 위해서 더 이상 개입하지 않았는데, 이 역시 민주주의 전환을 위해 긍정적인 영향력을 제공하였다.

둘째, 권위주의 정권과 전체주의 체제 붕괴는 민주화를 위한 기회의 장을 제공하였다. 민주주의 체제에서는 자신들의 요구를 표출할 수 있는 기회를 얻게 된 반면, 비민주적인 정치체제는 변화를 요구하는 시민들의 압력들을 억제할 수 있는 방편을 더 이상 소유할 수 없게 되었다. 이는 북아프리카와 동아프리카, 아르헨티나, 칠레, 그리고 중동에서뿐만 아니라, 소련과 중동부 유럽 등에서 발생한 민주화의 주요 요인이었다.

셋째, 경제 발전 역시 결정적 요인이었다. 많은 학자들이 민주주의는 상대적으로 부유한 나라에서 발생할 가능성이 가장 높으며, 빈곤은 민주 정부를 유지하는 데 있어 중대한 장애가 된다고 단정하였다(Diamond et al., 1997). 부유한 국가들에서는 욕구를 충족시킬 수 있을 만큼의 풍부한 자원들이 존재하기 때문에 민주화와 관련된 참여와 요구들이 증가해도 심각한 정치적 쇠퇴는 발생하지 않을 것이라고 주장하였다. 즉, 부유함은 시민들과 지도자들을 안심시키는 것이다. 반면 빈곤한 나라에서는 민주주의보다는 의식주, 다시 말해 먹고 사는 문제가 보다 시급하고 절실한 문제이기 때문에 민주주의에 대한 욕구와 갈망이 부유한 국가들보다는 미약하다고 간주하였다.

넷째, 민주주의 확산은 전이 효과(Contagion Effect) 혹은 눈덩이 효과(Snowballing Effect)를 통해 설명된다. 실제로 다수의 주변 국가들이 민주주의 전환에 성공하기 시작할 경우, 국민들은 민주적인 정부 형태에 대해 높은 가치를 부여하면서 자신들의 정부 역시도 민주적인 형태를 취해야 한다는 결론에 이르게 되고, 나아가 자국의 지도자들에게 민주적인 개혁을 이행할 것을 요구하게 된다는 것이다.

다섯째, 민주주의 전환에 있어 매우 중요한 핵심 요소는 바로 민주주의를 허용하고 이에 헌신하는 정치 지도자의 존재이다. 멕시코의 폭스(Vincent Fox)와 남아프리카공화국의 만델라(Nelson Mandela), 이란의 하타미(Mohammad Khatami), 인도네시아의 수카르노푸트리(Megawati Sukamoputh) 그리고 모로코의 모하메드 6세(Mohammad

VI)와 같이 정치 지도자들은 정치체제의 가장 핵심적인 목표인 민주화에 대한 자신들의 헌신적인 노력에 기반을 둔 폭넓은 대중적 지지와 권력을 확보하곤 한다.

현대 사회에서는 민주화에 부여된 다양한 이념적 가치들이 존재하기 때문에 거의 모든 정치 지도자들은 자신의 정치적 지지를 유지하기 위하여 최소한 민주적인 과정들을 수호하고 확장하는 것이 자신의 의무임을 명백하게 밝혀야 한다. 그러므로 국가 내의 오피니언 리더들이나 특정 국가 또는 국제기구에서 온 지도자들은 민주적 관행들을 마련하고 심화시키기 위한 정치 지도자들의 행동을 강력하게 촉구할 수 있다(Diamond et al., 1997; Sorensen, 1998).

3. 민주주의 전환의 분석방법 및 이론

민주화에 대한 연구는 구조적 요인 중심의 근대화 이론 혹은 거시적 접근에서 발생론적 혹은 미시적 접근으로 확대되었다. 1960년대 근대화 이론은 제3세계 국가의 민주화 선행조건으로 일인당 소득, 교육, 도시화 수준, 정치문화, 역사적 배경 등 사회경제적인 요소들을 제시하였다(Kim, 2008: 18~20). 그러나 이 같은 사회경제적 결정주의는 민주주의 전환과정에서 엘리트의 역할을 중시하는 발생론적 이론에게 도전을 받았다. 발생론적 이론은 결정주의론보다는 정치적 계산과 선택, 그리고 사회구조보다는 정치엘리트의 선택에 연구의 초점을 두었다. 또한 발생론자들은 민주화를 정치엘리트 간의 전략적 상호작용과 타협의 산물로 보았다. 즉, 민주주의 전환은 엘리트의 성향, 계산, 협약 등에 의해 결정된다고 파악하였다(O'Donnell and Schmitter, 1986). 이러한 엘리트의 분화를 중심으로 민주주의 전환을 설명하는 엘리트주의자들은 이들의 전략적 선택을 중요하게 생각하기 때문에 전략 선택 이론(contingency theory)이라고도 불린다(Przeworski, 1986).

1) 민주주의로의 세 가지 길: 비교역사적 사례 분석

구조결정론이 아니라 행위자 및 역사적 사례 중심의 민주주의 전환과정을 탁월하게 분석한 대표적인 역사적 제도주의 연구로 무어(Moore)의 『독재와 민주주의의 사회적 기원(Social Origins of Dictatorship and Democracy)』이 있다. 무어는 이 명저에서 사회계급 분석을 통한 구조적 변화에 대한 설명을 시도하였다. 그는 산업화 이전의 사회가 근대적 세계로 들어서기 위해서는 부르주아 혁명(자본주의와 서구민주주의), 보수적 근대화(자본주의와 권위주의), 공산주의(계획경제와 좌익독재)라는 세 개의 도정이 있다고 전제하고 근대화 과정은 이 세 개의 서로 다른 혁명적 변화로 이루어진 정치체제 하에서 서로 다르게 추진될 수 있다는 것을 주장하며, 이러한 상이한 역사적 변환은 각 사회의 계급적 구성과 정치권력의 상호작용에 기인한다고 밝히고 있다(Moore, 1966: 433~441).

근대적 세계로의 변환의 첫 번째 길인 부르주아 혁명으로의 변화는 우선 영국·프랑스·미국 등과 같이 초기의 산업화에 성공한 나라들의 경우가 해당된다. 영국의 경우 전통사회의 토지귀족 계급이 일찍이 상업에 눈을 떠서 도시의 상공 계급과 융합하여 재력을 바탕으로 하는 부르주아 계급을 형성하는데, 이 부르주아지가 시민혁명을 통하여 군주의 권력을 약화시키고 의회민주주의를 확립하였다. 혁명이 성공한 이후로는 민주주의와 자본주의가 병행해서 발전해 나간 유형이라고 볼 수 있다.

두 번째의 길은 독일이나 일본이 택한 보수적 근대화의 길이다. 이것은 국가에 의한 위로부터의 혁명으로, 국가 주도의 산업화를 통한 근대화의 방법이다. 독일의 경우, 토지귀족 계급이 상업화 과정을 통한 부르주아화에 성공하지 못하였고 또한 군주를 견제할 만한 힘도 없었기 때문에 결국 산업화는 군주가 주도하는 강한 국가에 의해 추진되면서, 정치체제는 반동적인 형태를 띠는 파시즘에 이르렀다는 것이다.

세 번째의 길은 소련이나 중국의 농민혁명을 통한 공산주의 방식이다. 이러한 사회에서는 왕조절대주의 하에서 강력한 농업관료가 지배하면서 상업, 산업 계급의 성장을 가로막고 농민에 대한 억압과 수탈을 일삼는데, 결국 농민들의 불만과 저항이 고조되어 볼셰비키와 중국 공산당이 주도하는 농민혁명이 이루어졌다는 것이다. 그리고 산업화는 혁명 후 공산당이 주도하는 강한 국가체제하에 진행된다.

이러한 논의 속에서 무어는 민주주의의 정착이 토지귀족 계급, 부르주아지, 농민, 군주의 네 가지 주체들 간의 역학관계에 좌우된다고 보았다. 전통사회의 권력 기반이었던 토지귀족 계급은 농업의 산업화를 통하여 도시의 상업 계급과 융화되어 부르주아지를 형성하였으며, 이 과정에서 많은 농민들은 점차로 도시의 상업과 산업부문에 흡수되어 농촌사회에서 저항 세력화될 소지가 없어지는 등 부르주아지의 독립적인 재력과 권력의 기반이 서서히 구축되어 나갔다고 볼 수 있다. 결국 경제력과 힘을 겸비한 부르주아지가 국가권력을 견제하면서 의회를 만들고 민주주의를 정착시켜 나갔다. 무어는 이러한 부르주아지의 등장이야말로 민주주의 정착의 결정적인 요인이라고 보았으며, "부르주아 없이는 민주주의가 없다"라는 명제를 주창하였다(Moore, 1966: 418).

2) 계급관계의 역동성과 민주주의 전환

다음은 자본주의가 발달되면 그로 인해 계급관계가 바뀌게 되면서 민주화 여부가 결정된다는 구조적 접근방법에 속하는 이론이다. 근대화 이론에서도 자본주의의 발달은 중산층의 확대와 이들의 민주주의 선호 경향이 민주화를 촉진하는 것으로 되어 있으나, 루시마이어(Diethch Rueschemeyer)와 스테판(Evelyne Huber Stephens) 그리고 스테판(John D. Stephens)은 자본주의의 발달이 가져오는 계급적 구성의 변화가 계급 간의 권력 관계에 영향을 미치면서 민주화에 연결되는 보다 구체적인 구조적 설명을 시도하고 있다는 점에서 주목할 만하다. 이들은 우선 민주주의 정의에 있어서 보편적 참정권, 국가의 책임성, 기본적 자유와 인권의 세 가지 차원을 제시하고 있는데, 첫째와 둘째가 민주주의의 본질에 해당된다고 보고 있다(Rueschemeyer et al., 1992: 43). 이들은 민주주의의 가능성이 기본적으로 '계급적 권력의 균형'에 의하여 좌우된다고 본다. 통치의 권리를 둘러싼 지배 계급과 피지배 계급 사이의 투쟁이야말로 민주주의를 역사적 의제로 만들고 그 전망을 결정짓게 된다. 자본주의의 발달은 계급구조에 작용하며 계급 간의 권력균형을 바꿈으로써 민주주의의 가능성을 좌우하게 된다는 것이다. 그러면 구체적으로 자본주의의 발달로 인한 계급 간의 투쟁으로 권력의 균형이 어떻게 바뀌어 가는가를 검토해보기로 한다.

첫째, 대지주는 역사적으로 가장 반민주적인 세력이다. 이들은 농촌의 값싼 노동력의 보급에 전적으로 의존하고 있다. 민주화는 농촌 일꾼들의 지위를 향상시켜 이들의 노동력을 값싸게 묶어놓을 수 없게 되기 때문에, 지주들은 토지로부터 적절한 이윤을 보장받아야 할 그들의 이해의 측면에서 민주주의가 본질적으로 적합하지 않다고 믿는다. 대지주들이 막강한 권력을 가지는 경우, 특히 그들이 국가권력과 밀착되어 있을 때에는 언제나 민주화에 대해서 강한 저항을 보인 바 있다(Rueschemeyer et al., 1992: 58~59).

둘째, 자본의 소유자이면서 경영자인 부르주아지의 등장을 생각해볼 수 있다. 정통 마르크스주의자들이나 자유주의 사회과학의 견해에 의하면 부르주아지는 민주주의의 일차적인 주도자이다. 하지만 이 견해에는 문제가 있는 것으로 나타난다. 물론 대지주들처럼 반민주적인 태도를 노골화하지는 않았지만, 그렇다고 해서 부르주아지는 완전한 민주주의의 도입을 서두르지도 않았다. 시기와 사례별로 차이가 있기는 하지만 대체로 부르주아지는 경합과 의회민주주의 정부의 도입에는 찬성함으로써 시민사회의 발달과 중산층 및 노동자 계급의 참여에 기여한 것은 사실이다. 그러나 독일·스웨덴·덴마크 등에서는 노동자 계급의 조직이 사회주의자들의 입지를 강화시킬 위험이 있었을 때에는 전면적인 의회민주주의의 실현에는 단호히 반대한 것으로 보인다. 남미에서는 이들이 군사 쿠데타에 의한 의회민주주의와 시민적 자유의 종식을 공공연하게 지지하는 경우도 있었다. 일반적으로 부르주아지는 그들의 이해가 크게 손상되지 않는 한 노동자 계급에 참정권을 인정하는 정도의 민주적 개혁에는 지지를 보냈고 민주주의의 정착에 기여한 점도 있으나, 상황이 바뀌어 그들의 이해에 도움이 되지 않을 경우에는 민주화에 극히 애매한 태도를 견지한 것으로 보인다(Rueschemeyer et al., 1992: 270~271).

셋째, 조직화된 노동자 계급이야말로 완전한 민주주의의 발전에 결정적인 역할을 담당하는 것으로 파악된다. 많은 나라에서 '노동'의 역할이 정치과정에서 제외되어 왔고 민주주의 운영에서 가시적인 것이 되지 못했으나, 노동자 계급은 참정권의 확대를 위한 꾸준한 투쟁과정에서 중요한 몫을 하였다. 나라에 따라서는 노동자 계급이 독자적인 조직력과 힘을 발휘 못하는 경우가 있었으나, 이때는 다른 계급과의 연합이 민주화에 주효한 것으로 나타난다. 유럽에서는 노동자 계급의 세력 강화가 '제2인터내셔널(Second International)'의 정당과 그 산하 노동조합의 형태로 이루어졌는데, 이외에도 독립적 기술공들의 선동, 노동운동 실패에 대한 지연된 대응, 자유주의 정당 내의 노동자 계급 지지 세력의 압력 등으로 민주화는 가일층 힘을 얻게 되었다. 그리고 남미에서는 노동조합을 비롯해서 다양한 이데올로기 정당들이 노동계급과의 연대로 완전한 민주주의의 도입에 기여했다(Rueschemeyer et al., 1992: 270).

넷째, 중간 계급의 입장은 매우 애매한 것으로 나타난다. 역사적으로 상인, 공인, 농부, 소규모 기업인 등으로 이루어지는 도시 또는 농촌 쁘띠 부르주아지(petty bourgeoisie)는 노동자 계급의 가장 의미 있는 연합세력일 수 있었다. 그러나 이들은 지배 계급과의 관계, 그리고 이해의 다양성 등으로 그 역할이 모호하였던 것이 사실이다. 결국 계급구조 속 중간적 지위와 자기들의 내부적 이질성 등으로 말미암아 그들의 이해는 다양한 해석과 구성이 불가피하였고, 많은 경우 지배 계급의 영향력에 크게 좌우되었다. 때에 따라서는 그들의 이익에 반하는 정치적 운동을 지지하는 경우도 있었다(Rueschemeyer et al., 1992: 272).

한편, 루시마이어(Rueschemeyer) 등은 부르주아들이 민주화의 가장 결정적인 주도세력이라는 무어(Moore)의 주장, 또는 립셋(Lipset)이나 헌팅턴(Huntington) 등처럼 자본주의의 발달에 있어서 중간 계급이 민주주의의 편이라는 견해를 고정된 것으로 받아들이지 않는다. 루시마이어(Rueschemeyer)는 부르주아지가 오히려 강한 반민주 세력으로 등장할 수도 있고, 중간 계급의 이해와 역할도 매우 애매한 것으로 분석한다. 결국 꾸준하고도 강력한 민주화 요구세력으로서의 조직화된 노동 계급의 단합과 정치적 참여 강도는 다른 계급들의 동정과 지원의 결과에 좌우된다는 결론이 도출된다.

민주화에서 사회 계급의 역할에 못지않게 중요한 몫을 담당하는 것은 국가와 초국가적 권력이다. 자본주의 국가는 세수능력이 경제의 건강한 상태에 의존하기 때문에 자본의 소유주와 경영자들과의 종속적인 관계에 들어가지 않을 수 없는 사정이 있지만, 경우에 따라서는 지배 계급에 덜 종속적이고 피지배 계급의 이익에 보다 수용적인 상황이 전개될 수도 있다. 따라서 서유럽의 조그마한 민주주의 나라들의 사례에서 보듯이 만일 노동자 계급과 사회주의 정당들이 충분한 힘을 축적하게 될 때에는 국가와 사회의 관계가 변환되어 피지배 계급의 이익이 국가에 의해 보다 증진될 수 있으며 민주화가 촉진될 수 있다. 그러나 쁘띠 부르주아지, 소농, 노동자 계급과 같은 일반 대중에 대해서 국가장치(state apparatus)나 자율성(autonomy)을 확보하고 있을 때에는 민주화에 도움이 되지 않는 상황이 전개될 수 있다. 즉, 국가가 자원이 풍부하고 권력적일 경우 피지배 계급은 지배체제에 민주적인 규칙을 강요할 만한 힘을 가질 수 없기 때문이다. 끝으로 초국가적인 권력의 영향력도 무시할 수 없다. 예를 들면 한 나라가 다른 나라에 경제적으로 종속되어 있으면 그만큼 산업화가 지연되고 노동자 계급의 규모도 작아서 민주화세력을 약화시킬 수 있다. 어떤 나라의 지정학적 존재성이 높아서 대규모군사, 경제원조로 국가장치가 계급세력보다도 비대해지면 그만큼 민주화에는 불리할 수 있다. 전쟁도 군부의 힘을 키워 견제세력이 없을 때에는 민주화의 가능성을 위협할 수 있다. 하지만 초국가적인 이데올로기 및 문화적 흐름은 민주화를 촉진할 수 있다. 공산권의 몰락과 더불어 자유민주주의가 세계적인 확산을 이룩한 것이 그 좋은 예이다(Rueschemeyer et al.,1992: 65~75).

3) 엘리트의 상호작용과 합리적 선택

민주화에 있어서 엘리트들의 주동적인 역할의 재인식은 사회과학분야에서 강조되는 구조와 행위주체 간 상호 연관성의 중시라는 흐름과 맞물려 있다. 즉, 역사적 사건의 설명에 있어서 구조의 일방적인 제약성뿐만 아니라 구조를 재생산하고 변환시켜 나가는 행위주체의 역할이 새로운 분석초점이 되고 있기 때문이다. 여기서 행위주체란 개인을 비롯해서 국가기구, 집단, 결사, 계급 등의 다양한 집합체를 가리키는데, 이러한 행위주체들은 역사적으로 전승되어 오는 구조의 제약을 받기는 하지만 역사적 변환의 결정적인 원동력이 될 수 있다는 입장이다(Kim, 2008: 24~25).

이러한 이론적 시각이 민주화 연구에 적용될 경우에는 행위주체로서 엘리트의 역할이 분석의 초점이 될 수 있으며, 이들의 대립과 투쟁 그리고 협상과 합의의 일련의 과정이 핵심적인 설명 틀을 이루게 된다.

이러한 민주주의 전환과정에서의 엘리트에 대한 초점을 둔 분석에서는 몇 가지 두드러진 이론적 관심사가 부각되고 있다. 그 하나는 엘리트의 분류이고 또 하나는 그 상호작용의 제도적인 분석이다. 대체로 민주화를 둘러싼 태도와 전략 면에서 엘리트들은 몇 개의 유형으로 분류되며, 또한 상호작용의 양상과 관련해서는 합리적 선택이라는 특정한 기준에서 분석되는 것이 특징이다.

엘리트의 상황적 선택을 중시하는 전략 선택 이론은 오도넬(O'Donnell)과 슈미터(Schmitter)의 엘리트 중심 이론으로부터 출발하였다. 이들은 근대화 이론을 지나치게 결정론적이라고 비판하면서, 권위주의 정권의 붕괴와 민주화 전환을 위한 전제조건을 은연중에 제시한다. 라틴아메리카와 남부 유럽의 민주화 과정에 대한 많은 연구들이 '지배엘리트의 분열'을 전제로 하지 않고는 민주화 전환에 대한 이해가 불가능하다고 주장한다. 오도넬과 슈미터는 민주화 전환도 그 시작이 권위주의 체제 내부의 심각한 분열, 주로 강경파와 온건파 간의 갈등에 기인하지 않은 예가 없다고 주장한다(O'Donnell and Schmitter, 1986: 19). 엘리트주의자에 의하면 지배블록 내부의 분열, 즉 강경파와 온건파 간의 갈등이 권위주의 정권의 반체제 세력에 대한 통제력을 약화시키고 결국 민주화 전환을 촉진한다. 슈미터는 정권이 응집력을 유지하는 한 시민사회로부터의 어떠한 도전도 효과적으로 탄압하고 정권을 유지할 수 있다고 주장한다. 엘리트주의자들의 '엘리트 분열 없이 민주화 전환은 불가능하다'라는 명제는 많은 남부 유럽 및 라틴아메리카의 경우에서 증명되었다. 남부 유럽 국가들, 특히 그리스, 포르투갈, 스페인의 경우 권위주의 정권의 내부 분열이 그 정권의 붕괴로 이어졌다. 브라질, 아르헨티나, 볼리비아 같은 라틴아메리카 국가들도 1980년대 전반 경제 위기가 권위주의 정권 내부 분열을 초래하였고 이는 민주화 전환으로 이어졌다.

이러한 엘리트 중심 이론은 전략 선택 이론으로 발전하였다. 기본적으로 전략 선택 이론은 분석적 마르크스주의자인 쉐보르스키의 주도 하에 이루어지고 있다. 전략 선택 이론은 일국적 동학과 정치적 요인, 전략적 선택과 같은 행위적 요인을, 그리고 일반화보다는 개별사례의 특수성을 강조한다. 즉, 민주화는 사회 구성원이 통제할 수 없는 거시경제적 변화에 의해 결정되는 것도 아니고, 특정 계급의 프로젝트의 결과도 아니며, 민중의 영웅적 저항이 축적된 결과도 아니라(임혁백, 1991: 176), 구조적 조건의 제약 속에서 서로 갈등하는 행위자들의 전략적 선택에 의해 결정된다는 것이다.

전략 선택 이론은 민주화를 기본적으로 '권력블록'과 '반대세력'의 내부 동학과 관련하여 설명한다. 즉, 권력블록이 응집되어 있느냐, 분열되어 있느냐, 분열되어 있다면 개방파 내지 개혁파가 어떠한 선택을 하느냐는 전략적 선택, 그리고 반대세력이 단결되어 있느냐, 분열되어 있느냐, 분열되어 있다면 이 중 온건파가 어떠한 '전략적 선택'을 하느냐의 게임 이론적 상호작용의 결과라는 것이다(Kim, 2008: 36~38; 임혁백, 1990: 51).

| Box 11-1 | 한국의 민주주의 전환과정: 계급적 접근과 시민사회 접근

1. 한국 민주화에 대한 계급적 설명: 중산층의 역할※1)

1987년 민주화 운동은 경제적 성공과 정치문화의 결합이 만들어낸 한국 정치발전의 토대 위에서 촉발되었다고 볼 수 있다. 민주화 선행조건 접근법에서는 다수 국가들의 계량적 교차 비교 분석에 근거, 민주주의가 태동, 발전하기 위해서는 어느 정도 수준의 경제적 부가 축적되어야 한다고 주장한다. 근대화 이론 주창자들에 따르면 산업화 과정이 사회 전반의 교육 수준, 커뮤니케이션, 도시화 및 직업 전문화의 심화 등 구조적인 변동을 가져다줌으로써 안정적 민주주의 정치 형태 구성의 가능성을 높여준다고 주장한다. 경제적 발전은 결국 국가 권력에 접근하고자 중산층, 노동 계층 및 부르주아 계층 같은 새로운 정치 세력들을 배양함으로써 민주화에 대한 사회적 압력을 창조한다는 것이다.

한국의 경우, 과거 권위주의 정권 하에서 수출 지향적 생산을 근간으로 한 국가주도형 경제 정책이 빠른 경제 발전을 이룩하면서 그에 수반된 도시화, 직업 분화 및 교육 수준의 향상을 통해 한국사회 구조를 크게 변형시켜 왔음은 재론의 여지가 없다. 가장 두드러진 변화는 1970년에 26%를 차지하던 농업활동의 비율이 1990년에 9%로 줄어든 사실에서 보이듯이 농업 중심의 사회가 산업 중심으로 크게 바뀌었고 더불어 서비스 분야도 팽창해 왔다는 데 있다. 1950년대부터 1980년대에 이르기까지 산업화를 거치는 동안 한국 중산층에서 전문가·지식인·언론직·사무직 등 비육체노동자가 차지하는 비율은 1955년의 4.8%에서 1985년의 17.1%로 큰 폭으로 증가한 반면 공장, 광산, 건설 및 운송업에 종사하는 육체노동자의 비율은 1955년 12.5%에서 1985년 34%로의 증가세를 보였다. 또 다른 중요한 변화로는 비농업 자영업 인구의 증가를 들 수가 있는데 이들이 차지하는 비율은 1955년 7.5%에서 1985년 21%로 증가하였다. 자영업 활동의 대부분은 상업이나 서비스 분야에서 이루어져 왔지만 가장 괄목할 만한 성장은 제조업 분야에서 나타났고, 그 대다수는 대기업과 연계된 소규모 하청 생산활동의 형태를 띠었다. 한편 농민이 차지하는 비율은 1955년 70.6%에서 1985년 23.9%로 크게 하락하였다.

이러한 산업화 과정에서 농촌 지역으로부터 도시 산업 현장으로의 대대적인 인구이동이 이루어지면서 교육받을 기회 역시 대폭 향상되었다. 1980년대 초반부터 전문직 기술을 가진, 상대적으로 젊고 현대적 감각의 인재들이 전략적으로 점차 여러 사회 조직과 기관에서 기반을 확대해 갔다. 이에 관한 통계를 살펴보면, 도시화 수준의 경우 1960년에 28.5%였던 것이 1990년에는 74.1%로 크게 증가하였다. 더욱이 교육에 큰 가치를 두고 있는 유교적 전통과 빠른 산업화 과정이 맞물리면서 교육의 수준이 크게 향상되었다. 1960년에 35%였던 중등교육기관 입학률은 1980년대에 이르러 거의 80%에 육박하게 되었다. 중산층의 규모와 더불어 그들의 정치적 의식은 꾸준히 증가하여 한국사회에서의 중추로 자리매김하기 시작했다.

문화 이론가들의 주장에 의하면 산업화 또는 근대화 과정은 위와 같은 구조적 변화를 수반함은 물론 더 나아가 도시화, 교육 수준의 향상, 직업 전문화, 그리고 정치사회화 수단으로서의 선거 등을 통해서 민주주의를 지지하는 문화적 성향, 즉 자유주의적 가치의 보편화를 가져온다. 정치문화란 정치체제에 대한 태도 및 행위의 유형 그리고 생활양식 및 신념체제에서 유추된 체제 내 자신의 역할 등을 포함하는 개념이다. 다시 말하면, 문화는 정치체제에 대한 개인 및 집단 성향의 유형을 형성하는 데 커다란 영향을 미친다. 따라서 문화란 정치에서의 주요 가치 및 성분인 권력, 통치, 권위, 정부 등에 대한 개인 및 집단 성향의 유형을 형성하는 중요한 지표로 간주될 수 있다. 민주주의가 공고화되기 위해서는 정치 지도자나 국민 등 관련 행위자들이 민주주의라는 개념에 대해서 과거의 도구적이고 우발적인 태도에서 벗어나 이를 좀 더 관례화·내면화·강령화시킬 필요가 있다. 다른 한편 문화는 세대 간 혹은 사회집단 간에 문화적 규범·태도·행동양식 등을 습득하는 과정인 사회화 과정이나 정책결정과정에 영향력을 가진다. 따라서 과연 어떠한 요인들이 관련 행위자들로 하여금 정치적·사회적 변화를 유추하게 만들었는지에 대해 추적하기 위해서는 그 국가의 가치 및 문화적 성향의 변화를 살펴보는 것이 중요하다.

한국의 정치문화를 고찰하는 데 있어서는 다양한 문화적 요소들, 특히 유교와 기독교의 영향을 근대화 과정에서 야기된 사회 제변화들이 한국민들의 정치문화 및 행태에 미친 영향들과의 관계 속에서 분석하는 것이 중요하다. 비록 조선왕조 500년에 걸쳐 유교가 지배적인 국가통치 이데올로기이기는 했지만, 근대 한국의 정치문화는 한 가지 색채를 띠고 있기보다는 어느 한 종교나 이데올로기의 독점적 우위 없이 불교·기독교·샤머니즘·유교 등이 혼합된 형태를 띠고 발전해 왔다. 이러한 혼합은 정신적 구제라는 측면에서 유교가 할 수 없었던 종교적인 기능을 기독교 · 불교 · 샤머니즘이 충족시켜 왔기 때문에 가능했다. 더불어 유교는 다른 이데올로기나 종교에 대해서 비교적 덜 폐쇄적이었기 때문이다. 전통적인 유교 철학에서는 질서 유지와 위계 존중을 그 중심적 가치로 삼고 있다. 하지만 창시자 공자 스스로가 당대 개혁의 주창자였던 것처럼 유교가 지배하던 전통적 한국 사회나 현대 한국 사회에서도 실제로 많은 사람들이 부당한 권위에 대해 저항하거나 항변할 줄 아는 시민 성향을 나타냈었다. 따라서 유교 영향권 사회에서 민주주의가 등장하는 것은 불가능한 일이 아니라 할 수 있다. 자비로운 정부, 엘리트의 책임의식, 부정한 정권에 대항할 수 있는 국민들의 권리 등과 같은 유교적 아이디어들은 모두 시민성, 평등, 공공 책임성 등에 대한 민주주의적 요추들과 일치한다고 볼 수 있다. 비록 한국 국민들 중 자신을 유교 신봉자라고 생각하는 사람은 극소수이지만, 대다수 한국민들의 생활양식에는 유교적 예식과 가치가 배어 있다. 따라서 국가 지도 이념으로서의 유교는 사라진 지 오래되었다 하더라도 그들의 일상생활 속에 유교가 깊이 뿌리내리고 있다는 주장은 설득력을 가진다.

근대 한국 사회에서는 권위와 위계질서에 대한 보수적 전통 유교 윤리에서 벗어나 점차 개인주의와 평등주의 같은 근대적 가치로의 가치 변동이 있어 왔다. 이는 부분적으로 기독교의 영향도 있었고 근대화의 부산물이기도 했다. 이 과정은 전통적 가치와 기독교적 가치 모두 서로에게 영향을 미쳤다. 오늘날 한국의 기독교인들이 많이 하는 새벽 기도는 한국에서 독특하게 볼 수 있는 관습으로서 기독교와 전통문화가 접목된 기독교의 토착화라고 할 수 있다. 한국 사회에서 천주교와 개신교 모두 중요한 역할을 수행해 왔고 오늘날 기독교 신앙이 주요 종교 중의 하나임은 재론할 여지가 없다. 실제로 현재 한국의 거의 모든 마을마다 교회나 예배당이 있어 서구의 가치, 태도 및 문화를 도입하는 중요한 역할을 하고 있다. 기독교 신앙은 한국 사회에 종교적 계몽을 통하여(특히 여성의 지위와 관련하여) 자유, 평등 및 인권 등의 현대적 사회가치들을 도입했을 뿐만 아니라 일본 식민지 하에서의 민족 교육의 활성화, 독립운동 및 민주화운동과도 관련을 가짐으로써 우리 사회에 쉽게 자리매김할 수 있었다. 한국의 기독교인들은 교회활동 참여를 통해서 민주적 정부절차를 배울 수 있었고, 교회 조직이 확대됨에 따라서 교회 활동도 상당 부분 정치적 이슈 및 사회운동에 연루되기 시작하였다.

그러나 한편 높은 교육열 및 인내와 같은 유교적 가치들 역시 한국 사회의 근대화에 간과할 수 없는 역할을 수행해 왔다. 그 결과 유교적 가치와 기독교적 가치, 그리고 경제개발에 따른 근대, 탈근대적 가치들이 한국 사회에 복합적으로 등장하게 되었다. 한편 이러한 복합적 정치문화의 등장은 상이한 집단들 간에 차별성의 확대로 나타나기도 했다. 다시 말하면 근대화를 거치면서 한국민들의 정치적 성향은 다채롭고 복잡한 성향을 띠게 되었고 더불어 정치체제에 대한 기대나 요구 자체도 자연스럽게 성장해 왔던 것이다.

2. 한국 민주화에 대한 시민사회적 설명[※2)]

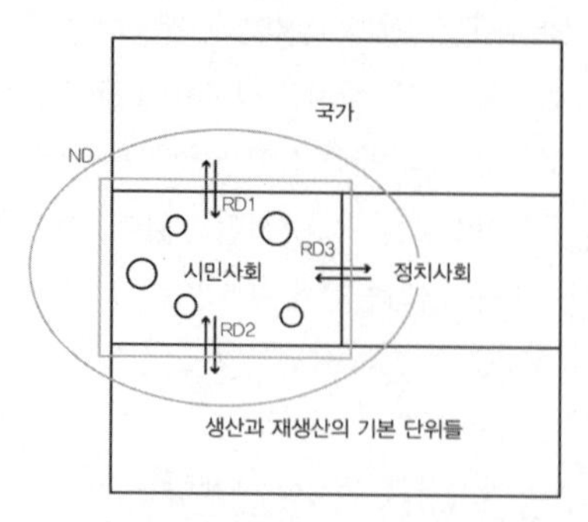

〈시민사회와 여타 사회적 공간들〉

시민사회의 영역은 우선적으로 여러 다른 사회적 공간들과의 구분 및 이들과의 관계를 통해 규명될 수 있다. 우선적으로 시민사회는 국가로부터 분리되며, 정권으로부터 지배 · 통제 받지 않는 자율적 활동의 공간이다. 즉, 시민사회는 자발적인 조직과 결사가 이루어지는 공간이며 국가기구 및 정부활동에 의한 지배의 공간과는 구분되는 것이다. 따라서 시민사회는 국가와 갈등 혹은 협력이라는 일정한 관계를 맺게 된다(RD1: relational dimension). 한편으로 시민사회는 생산과 재생산의 영역, 즉 기업 · 가계 · 부족에 의해 운영되는 사적인 경제활동의 영역으로부터도 구분된다. 시민사회는 사적 영역으로부터 활동을 위한 자원과 지지를 동원하고 경제영역에 존재하는 이들의 의견과 요구를 대변할 수 있지만, 시민사회에 의해 동원되는 경제영역의 행위자들과 동원을 수행하는 시민사회의 행위자들은 구분되며 이 두 공간 역시 국가와 시민사회와 마찬가지로 관계적으로 존재한다(RD2). 즉, 시민사회는 국가와 경제, 두 영역으로부터 독립된 이중의 자율성(dual autonomy)을 가지고 있다.

또한 시민사회는 국가와 경제를 매개하는 다른 공간인 정치사회와도 구분되는데, 정치사회는 국가기구와 공권력을 장악하기 위하여 경쟁하는 정치행위자들이 활동하는 공간을 지칭한다. 비록 시민사회와 정치사회의 행위자들이 협력적으로 활동할 수 있지만 시민사회의 행위자들은 정치사회의 행위자들과 달리 국가기구 내부의 지위를 차지하고자 하는 목표를 지니고 있지 않다. 대신에, 시민사회 행위자들은 국가의 외부에서 국가 자체에 영향을 미치는 것을 추구한다. 시민사회는 정치사회에 존재하는 정당을 지지할 수 있지만, 정당이 시민사회의 행위자들을 완전히 포섭하게 되는 경우 이들은 더 이상 시민사회의 행위자가 아닌 것이다. 정치사회와 시민사회의 관계를 우리는 RD3으로 표현할 수 있을 것이다.

시민사회적 접근법은 이렇듯 시민사회와 여타 사회적 공간의 상호작용을 통해 정치적 현상을 분석하는 접근법을 의미한다. 그러나 관계적인 측면 외에도 시민사회의 조직적 차원(OD: organizational dimension)과 규범적 차원(ND: normative dimension) 역시 시민사회를 규정짓는 또 다른 변수들이라고 할 수 있다. 조직적 특성이란 공적인 것(the public)에 참여하는 사회의 자발적 조직들로 시민사회가 구성된다는 다원주의적인 의미를 내포한다. 한편 규범적 차원에서 정의되는 시민사회의 특성이란 시민사회가 자발적 결사체로서 자치적(self-governance)인 규범을 형성하게 된다는 것을 의미한다. 시민사회 영역에 존재하는 여러 집단들 간의 상호작용을 통해서 새로운 규범과 윤리가 형성되고, 이는 곧 여타 영역(국가, 정치사회, 경제)에 영향을 주게 되는 것이다. 특히 시민사회와 국가는 국가의 통치가 시민사회의 자치를 인정하지 않는 경우 혹은 시민사회 내부에서 형성된 새로운 규범이 정부에 의해 거부되는 경우, 정부 권위에 대한 시민사회의 불인정과 저항을 초래하는 갈등적인 관계로 비화될 가능성을 내포하고 있다. 한국의 민주화 역시 전두환 정권에 대한 시민사회의 저항이라는 국가-시민사회의 갈등 관계의 한 사례라고 할 수 있는 것이다.

4.19혁명에 뒤이은 5.16쿠데타나, 80년 서울의 봄을 종식시킨 신군부의 쿠데타와 같이 한국 국가는 민주화를 위한 시민사회의 저항을 군사적 억압을 통해 억누를 수 있었지만, 1987년의 경우 우선적으로 대외적인 측면에서 국가 행위의 제약이 존재했다. 즉, 1988년 서울올림픽을 앞두고 물리적 폭력을 활용함으로써 시민사회의 정당한 요구를 억압하는 사태가 발생하는 것은 국제적인 위신과 정권의 정당성을 추락시킬 위험을 강하게 내포하고 있었던 것이다.

대외적인 제약 외에도 시민사회의 자율성이 극대화되었던 측면을 시민사회 내적인 측면에서 파악할 수 있다. 즉, 1960년과 다르게 학생운동 그룹은 정권에 대항하는 운동에서 홀로 고립되어 있지 않았으며, 1980년과 다르게 시민사회는 전국적인 연대를 구축하고 있었던 것이다. 또한 1987년의 민주화운동을 추동한 시민사회 행위자들은 이전과는 다르게 중산층을 비롯한 일반 시민들로부터 지지를 이끌어내고 있었다. 즉, 시민사회와 갈등관계에 놓인 국가는 여타 제약에 처해 있었던 반면 시민사회의 경우 지지와 자원의 동원, 그리고 조직력의 측면에서 그 자율성이 어느 때보다 강력해져 있었던 것이다.

한편으로 정치사회와 시민사회의 관계라는 측면에서 1987년 민주화를 살펴볼 때 특징적인 것으로 우선 정권에 대한 강경한 저항을 수행하는 강성야당의 존재를 들 수 있다. 야당 내부의 강경 저항 분파는 정권에 대한 온건적인 태도를 취하는 야당 분파 세력에 대항하여 정치사회 내의 주도권을 잡을 수 있었다. 이러한 정치사회 내의 주도권을 바탕으로 강경 야당 세력은 민주화 운동을 수행하고 있는 시민사회 집단들과 연합할 수 있었다.

그러나 강성야당의 존재, 시민사회와 정치사회의 연대는 박정희 대통령 사망 전후의 정국과 유사한 것이었다. 1987년 민주화 과정에서 특징적으로 발견되는 정치사회-시민사회 관계는 이 관계가 과거보다 더욱 체계적이고 조직적이었다는 것에 있다. 유신정권 말기에 나타난 정치사회-시민사회의 관계 양상은 야당 지도자와 종교 지도자라는 엘리트들의 개별적인 관계를 중심으로 하는 것이었다. 즉, 시민사회의 중대 요소인 학생운동 그룹과 노동조합 집단은 민주화를 위한 동맹에서 배제되었으며, 야당 지도자와 종교 지도자의 연합과 학생운동-노동조합의 연합은 각기 분열된 투쟁을 수행했다. 반면 1987년 민주화 정국에서 시민사회와 정치사회는 단순한 선언과 의견표명 수준에서의 연대에 그친 것이 아니라 광범위한 대중을 동원할 수 있었던 민주헌법쟁취국민운동본부(재야단체인 민통련과 통일민주당의 연대 단체) 등 조직적인 차원의 연대를 수행했던 것이다.

결론적으로 억압적 국가활동의 제약, 정치사회와의 광범위하고 조직적인 연대라는 국가-정치사회-시민사회의 관계적인 틀 속에서 한국의 시민사회는 민주화를 위한 투쟁을 성공시킬 수 있었던 것이다.

※1) Sungsoo Kim, 2008, *The Role of the Middle Class in Korea Democratization*, Edison: Jimoondang.
※2) Sunhyuk Kim, 2000, *The Politics of Democratization in Korea: The Role of Civil Society*, Pittsburgh: University of Pittsburgh Press, pp. 11~16, pp. 99~101 참조.

4. 민주주의와 시민사회

1) 시민사회의 역할

시민사회는 정치철학적으로 그리스 철학에서부터 근대 계몽주의자들, 18세기 헤겔을 거쳐 마르크스, 하버마스에 이르기까지 다양하게 정의되어 왔다. 특히 경제적 이익 추구의 장으로서 '시장'을 시민사회에 포함시킬지 여부가 급진적 개념과 자유주의적 개념 사이의 주요한 논쟁점이었다. 그럼에도 시민사회를 국가 및 직접적인 정치의 장과 구분되며, 이질적이고 광범위한 개인들과 집단들이 다양한 가치와 목표를 위해 활동하는 사회공간으로 이해할 수 있다. 특히 하버마스는 시민사회를 공적 영역에 속한 것으로 바라보며, 공적 영역을 여론이 형성되는 사회공간이자, 경제적 활동이나 통치행위가 아닌 자유로운 사회성원들이 공개적으로 의견을 표출하는 곳으로 정의하였다.

역사적 변화 속에서 시민사회 개념의 변화와 함께, 시민사회는 또한 다양한 문화권에 따라 다르게 이해되었다. 다양한 문화권으로 초점을 맞춰보면, 시민사회의 의미는 각양각색의 특성을 보여준다. 서구와 정치적·경제적·문화적 상황이 다른 남미·동유럽·아시아 등지의 시민사회 개념은 그 의미가 서구 유럽 중심의 시민사회와 대조를 이룬다. 서구에서는 시민성의 회복과 시민참여의 전통을 복구하려는 비정치적이고 문화적인 특성이 강하다면, 비서구에서는 전제적이거나 권위주의적 정권과 통치에 대한 저항과 투쟁에서 발전되어 정치화된 모습이 부각된다(Barber, 1998: 14). 이러한 상반된 유형을 혹자는 전자를 '시민사회 I' 유형, 후자를 '시민사회 II' 유형으로 구분하기도 한다(Edwards and Foley, 1998: 39).

제3의 물결 이후에 민주주의 체제로 전환한 국가들 역시 안정적인 민주주의 체제와 시민사회를 이룩하였다기보다는, 여전히 현재진행형에 있다고 볼 때, 후자의 '시민사회 II'의 논의는 오늘날 시민사회 논쟁에 많은 이슈를 제공해주고 있다.

1970년대 말과 1980년대를 통해 남미와 동구에서는 시민사회가 민주화운동의 장이자 사회운동의 원동력으로 작용하였다. 동구 민주화운동의 시작이 되었던 폴란드의 솔리다리티(solidarity) 운동은 공산정권의 위로부터의 개혁과 민중의 아래로부터의 항쟁 사이에서 '제3의 길'로서 시민사회 연대전략으로 민주화를 이끌었던 공로를 남겼다. 1981년 계엄령이 발표되면서 세계의 이목이 집중되었던 폴란드에서 노동자 · 학생 · 지식인 · 언론 · 교회 · 독서모임 등 무수한 결사체들이 시민사회를 "국가에 맞서는 자율적인 사회정치적 공간"으로 발전시켜 가면서, 시민사회 관련 논문 · 기사 · 저서 등 출판물이 홍수처럼 발간되기도 하였다(Schecter, 2000: 1). 동독에서도 지식인 중심의 무수한 포럼들과 주민자치 모임들이 시민사회 지평을 넓히며 동독에 기여하였다. 한편, 남미의 민주화 과정에서는 시민사회가 군부독재라는 "억압적인 국가권력에 맞서 정면 투쟁하였던 사회영역"을 뜻하였으며, 동시에 "기존의 무기력한 정당들의 자리를 대신하는 독립영역"으로도 이해되었다(Edwards and Foley, 1998: 7). 이와 같은 민주화운동으로서 시민사회의 역할은 1990년대 초부터 미국과 유럽으로 이식되면서 '사회개혁', '사회경제', '공동체 건설', '파트너십 전략' 등으로 확대 · 응용되어 시민사회의 역할론으로 논의되어 왔다(Ehrenberg, 1999). 아프리카의 시민사회의 역할은 권리기반 접근방식으로 요약될 수 있다. 물론 권리와 전통적 권위의 관계, 권리의 원천들 간의 경쟁, 그리고 시민사회가 추구하는 목적 등 많은 갈등 지점과 논쟁점들이 존재한다. 여기서는 여성, 아동, 장애인의 권리를 포함한 인권과 환경권, 경제권 등의 분야에서 괄목할 만한 변화를 목격할 수 있다(하비슨, 2017: 160, 168~187).

시민사회는 민주주의에서 시민의 참여라는 핵심적 요건을 이끌어내는 영역으로서, 시민사회에 대한 논의는 비단 권위주의에서 민주주의로 가는 민주주의로의 전환의 동학에서뿐만이 아니라, 민주주의로의 전환 이후의 공고화 단계에서도 중요하게 다루어지고 있다. 시민사회와 민주주의의 관계에 대해서는 다양한 견해가 존재한다. 일반적으로 시민사회는 민주정치의 발전은 물론이고 성숙한 운영의 기반이 된다고 여겨진다. 과도한 권력에 국민이 적절하게 대응할 수 있는 민주정치의 발전을 기대하기 위해서는 성숙한 시민사회를 통하여 국민에 의한 정치가 규정되어야 한다. 그러나 시민사회의 발전은 성숙한 민주정치 운영의 기반이 되기도 하지만 민주정치의 운영을 더욱 복잡하게 만드는 요인이 되기도 한다. 시민사회의 발전은 한 마디로 시민사회의 다원화와 분화로 규정될 수 있으며, 이러한 시민사회의 분화는 시민사회 자체 내의 갈등을 야기하고, 이러한 갈등은 정치과정을 통하여 보다 복잡한 이해관계로 표출된다.

2) 시민사회와의 관계

시민사회가 과연 민주주의 발전에 긍정적인 영향만을 가져 올 것인가에 대한 논의는 논란이 있을 수 있는 부분이다. 특히 시민사회가 헤겔적 의미의, 이기적 개인들의 사적 이익을 위한 투쟁의 장으로 전락할 경우에는 시민사회가 오히려 민주주의 발전에 해가 될 수도 있다. 히(He)에 따르면, 시민사회는 민주주의 없이 존재할 수 있고, 시민사회가 자동적으로 민주주의 정치체제를 유도하는 것은 아니다. 또한 특정 시민사회 형태들은 민주주의 질서를 왜곡시킬 수 있고, 또 시민 결사체들은 많은 비시민적이고 비민주적인 요소들을 가질 수 있어 민주주의의 부정적인 요인이 될 수 있다(He, 2002: 209~210). 특히 아프리카의 경우에 시민사회는 인종적 분열, 원조자 의존 그리고 엘리트 주도의 여론 장악의 수단 등으로 이용되기 때문에 이를 부정적으로 보는 주장이 존재한다(하비슨, 2017: 160).

반 틸(Jon Van Till)은 이러한 시민사회와 민주주의 간의 논의에 대해서 시민사회가 민주주의의 필요조건이 될 수도 있고, 장애물로 제기될 수도 있으며, 또 전혀 무관한 관계로도 나타날 수 있다고 지적한다(Van Till, 2000). 그의 논의를 정리하자면, 첫째, 국가가 오만한 권력을 행사하며 자율적인 사회영역의 존재를 위협하는 경우, 비영리섹터는 민주주의의 필요조건이 될 수 있다. 이것은 제3세계 민주화 과정에서 일반화된 현상으로 볼 수 있다. 민주주의 공고화에 대한 시민사회의 기여는 사회집단들의 집약된, 신뢰할 만한 그리고 실행 가능한 정보를 정부에 전달하는 것이며, 자기표현과 정체성 표현을 위한 채널 역할을 한다. 둘째, 사적 집단들, 경제적 이해, 민족 배경 혹은 기타, 다른 근거에 기초하는 사적 집단들이 진정한 공동 목적의 의식을 해치며 시민권의 결속을 왜곡시키게 되면, 비영리섹터는 민주주의에 심각한 걸림돌이 될 수 있다. 이는 많은 이익집단들이 집단이기주의를 추구하는 문제로 볼 수 있다.

한편, 슈미터(Schmitter)에 따르면, 시민사회가 민주주의에 방해가 되는 부정적인 영향을 미치는 경우에는 다수결의 형성을 더 어렵게 하고 시간을 끌며 과정을 불투명하게 함으로써 민주적 정부의 정통성을 약화시킬 수 있다고 판단하였다. 그는 미국의 정책 형성과정에서 상위 계층 주도의 목소리가 대표되는 문제, 즉 체계적으로 편향된 영향력의 분포 문제가 제기될 수도 있음을 지적하였고, 각 사회집단 혹은 사회운동이 자신들만의 이해를 챙기는 문제가 발생하기도 한다고 꼬집었다. 또한 비영리 조직들이 권익주창 활동에서 물러나 자신들의 좁은 의미의 역할을 추구하게 되면, 비영리 조직들은 민주주의에 대체적으로 무관한 관계를 가질 수 있으며, 서구사회에서 일반화된 상업화 문제를 지적하였다(Schmitter, 1993). 이러한 문제점들에 대하여 슈미터는 공동체 의식과의 조화가 필요하다는 주장을 결론적으로 제시하였다.

시민사회 내에서의 사회적 자본과 민주주의 간의 상관관계에 대한 연구자인 푸트남(Robert Putnam)은 시민사회와 시민사회운동을 주도하는 시민사회단체들의 사회적 자본이 민주주의 발전에 긍정적인 요인을 미친다고 주장하였다(Putnam, 2000). 그러나 사회적 자본이 언제나 그의 주장처럼 좋은 결과만 가져오는 것은 아니다. 시민사회단체가 시민사회에 개방적인 연결망을 형성하고 시민들에게 시민문화의 주요한 가치와 신념을 갖도록 사회화의 기능을 수행하면 사회적 자본 형성에 긍정적인 영향을 줄 수 있지만, 폐쇄적이고 권위적이며 공적 이익과는 동떨어진 집단적 이기주의를 강하게 내세우면 사회적 자본 형성에 부정적인 영향을 줄 가능성도 있다.

시민사회를 민주화 전환의 주요한 동원으로 보는 경우에는 시민사회를 전환의 결정적인 요인으로 바라보는 경향이 강하다. 특히 민주주의로의 전환과 공고화 과정에 있어 시민사회가 매우 중요한 역할을 한다는 다이아몬드(Diamond, 1999)의 주장은 민주주의 전환에 있어서의 시민사회의 역할을 연구하는 학자들 사이에서 일반적으로 받아들여지고 있다. 이러한 시민사회에 대한 강조는 민주주의 전환기뿐만 아니라, 갓 탄생한 민주주의 체제가 다시 권위주의화되는 것을 방지하기 위해서라도 민주주의 공고화 시기에 더욱 중요하게 받아들여지고 있다. 왜냐하면 시민사회의 성숙 없이 단순히 정치제도의 민주화만으로 지속적이고 안정적인 민주화가 보장되는 것은 아니기 때문이다.

시민사회 이론은 근대 자본주의 사회에서 '시민사회'라는 자율적인 영역의 보장이 시민권의 보장과 민주적 참여를 가능케 하는 전제가 되고 민주주의 체제를 공고하게 발전시켜 나간다고 한다. 또한 시민 자치 권력의 실현과 책임 있는 시민의 교육의 실천을 위해 정치단체뿐 아니라, 비정치적인 결사체와 이웃모임(neighborhood)이 중요한 역할을 한다고 본다. 또한 시민사회단체를 중앙 집중적 정치가 낳은 심각한 시민 소외에 도전할 수 있는 유일한 자치 권력의 도구로 간주하며, 정부와 시민 사이의 '중개기관'으로 중시하기도 한다.

시민사회와 민주주의의 관계에 대해서는 한편으로, 시민사회가 민주주의 체제 하에서 어떠한 역할을 수행해야 하는가에 대한 역할론적 차원에서도 바라볼 수 있다. 시민사회의 역할론적 차원에서, 시민사회의 역할은 두 가지로 나누어서 생각해볼 수 있다. 첫째, 자유주의적인 입장은 시민사회를 국가와 사적인 영역 사이에 존재하는 중간적 실체(intermediary entity)로서 자발적이며 자율적인 성격을 띤 것으로 본다. 이로 인해서 시민사회가 국가권력을 제한하고 공무원들의 책임을 물을 뿐만 아니라 경우에 따라서는 자발적인 참여와 협조로 국가의 부담을 덜어줌으로써 오히려 국가의 권위에 정당성을 부여하는 역할도 담당하는 것으로 바라본다(Diamond, 1994: 5~6). 그러나 좀 더 급진적인 입장에서는 시민사회가 자생적으로 포용적일 수 있다는 가정을 받아들이지 않으며 경제적 및 사회적 불평등에서 오는 자원과 지식, 그리고 사회적 인정 등의 차이로 말미암아 국민들의 참여는 제한을 받기 마련이라고 비판하고 나선다. 따라서 시민사회는 권력과 관련된 갈등적인 실천과 밀접히 관련되기 마련이고, 자본주의 사회의 불평등을 교정하고 국가가 개재된 불균형 상태를 바로잡기 위해서는 시민사회가 국가 자체를 변화시켜야 한다고 주장한다. 어떤 의미에서 이를 위한 투쟁이나 집단적 행동은 민주주의의 건강한 모습이기도 하다는 것이다.

시민사회의 역할에 대한 이러한 상이한 견해는 민주주의 공고화에도 그대로 반영될 수 있다. 자유주의적인 입장은 시민사회가 국가를 도와줌으로써 그 부담을 덜어주는 최소국가의 역할에 만족하는 것이라면, 과격한 입장은 시민사회의 활성화와 논쟁적인 정치(contentious politics)를 통하여 국가제도를 변환시키고 사회적·경제적 불평등을 교정하여 사회정의를 확립하는 보다 역동적인 시민사회의 위상을 정립하고자 한다. 따라서 민주화의 강화과정에서도 국가를 개혁하고 시민권을 확대하며 민주적 권리를 확보해 나가기 위한 시민사회의 사회적 항의와 투쟁이 지속적으로 추진되어야 한다는 것이다.

5. 민주주의 공고화

1) 공고화를 위한 조건

권위주의 체제에서 민주주의 체제로의 전환이 끝나면 그 다음으로 민주주의가 공고화되는 국면에 접어들게 된다. 그러나 민주주의 전환 단계와 공고화 단계는 그 특성 면에서 두드러진 차이가 나타날 수 있다. 즉, 전환단계에서는 주요한 정치적 행위자들의 대립과 폭력, 협상과 타협이 엇갈리는 정치적 상호작용이 격렬하게 나타난다. 반면, 그 이후의 공고화 단계에서는 새롭게 형성된 민주 정부가 다양한 사회경제적 과제들을 점진적으로 해결해 나가는, 다소 차분하지만 어려운 과정이 진행된다. 공고화 단계에서는 전환단계와 달리 사회·경제적 구조와 정치적 제도가 새로이 형성된 민주적 정부에게 요구하는 여러 가지 제약에 관심이 모아지고 국가의 정책 수립과 문제해결 능력에 보다 많은 비중이 옮겨갈 수 있다. 전환기에 우후죽순처럼 형성된 수많은 시민단체들이 종래에는 충족될 수 없던 새로운 욕구들로 정부를 당혹스럽게 만들 것이고 문제 해결의 핵심이 될 경제적 효율성의 향상은 지지부진할 수 있으며, 정치적 제도의 확립은 그만큼 더딜 수밖에 없다.

민주주의 전환보다 더 어렵게 보이는 민주주의 공고화(Democratic Consolidation)를 위한 조건들에는 어떤 것이 있을까?

민주주의 공고화는 크게 행태적(behaviorally), 정태적(attitudinal), 헌법적 차원(constitutional)의 결합적 측면에서 정의될 수 있다(Linz and Stepan, 1996: 182). 첫째, 행태적 측면에서, 민주주의 체제가 더 이상 비민주주의 체제로의 회귀를 위한 어떠한 정치적 집단에 의한 체제 전복의 시도나 폭력적 정부 탈환의 시도로부터 위협받지 않을 경우 우리는 이를 민주주의 공고화가 이루어졌다고 한다. 둘째, 정태적 측면에서, 민주주의 체제가 어떠한 정치적·경제적 위기의 위협 속에서도 국민들 대다수가 앞으로의 어떠한 정치적 변화라도 민주적 절차 아래에서 도출될 것이라는 믿음을 가지고 있을 때 우리는 민주주의의 공고화가 이루어졌다고 말한다. 셋째, 헌법적으로, 민주주의 체제 아래서 일어나는 사회적 갈등이 이미 제도화된 규정과 규범에 따라서만 해결되며, 이와 반대로 편법적인 갈등의 해결 시도는 전혀 효과적이지도 않고 많은 비용이 수반될 때 우리는 민주주의의 공고화가 이루어졌다고 말한다. 결론적으로 민주주의의 공고화는 민주주의가 사회적·제도적 뿐만 아니라 심지어 사회구성원 전반의 심리적인 기저까지 제도화·내재화되는 것을 말한다(Linz and Stepan, 2006: 182).

실천적 측면에서 린쯔와 스테판은 민주주의 공고화를 위한 다섯 가지 조건을 제시한다(Linz and Stepan, 2006: 183~189). 첫째, 민주주의 공고화는 자유롭고 생동감 넘치는 시민사회에 기초해야 한다. 둘째, 상대적으로 자율성을 가진 정치사회가 존재해야 한다. 셋째, 정부와 국가기구는 개인의 자유와 결사적 삶을 보장하는 법의 통치에 따라야 한다. 넷째, 새로운 민주정부를 운영하기에 적합한 국가 관료시스템이 구축되어야 한다. 마지막으로, 제도화된 경제사회가 존재해야 한다. 결론적으로 공고화된 민주주의를 달성하기 위해서는 상호 독립적 자율성을 가진 시민사회와 정치사회가 법의 통치에 따라 효율적인 관료시스템과 제도화된 경제사회와 함께 운영되어야 한다고 볼 수 있다. 그리고 이러한 조건들은 결국 '삶의 질 향상'이라는 민주주의의 궁극적 목표를 이루어내기 위하여 유기적으로 잘 조직되어야 한다고 말할 수 있다.

현대의 공고화된 민주주의는 이상의 다섯 가지 주된 상호 관련된 영역으로 구성된 것으로 인정될 수 있다. 이들 각각은 적당하게 기능한다. 하지만, 그 자체의 주요 조직 원리를 갖는다. 민주주의는 정권 이상의 것이며, 상호작용하는 하나의 체제이다. 그러한 체제의 어떤 유익한 영역도 자신 혹은 종종 다른 영역의 도움 없이 적절하게 기능할 수 없다. 예를 들면, 민주주의에서의 시민사회는 단체를 결사하기 위해서 결사의 권리를 보장하는 법 지배에 대한 지지가 필요하며, 민주적 권리를 행사하지 못하게 하는 불법수단을 사용하려는 사람들에게 법적인 제재를 사실상 부여할 국가기제에 대한 지지가 필요하다. 게다가 민주체제의 각 영역은 다른 영역에 영향을 미친다. 예를 들면, 정치사회는 헌법과 주요 법률을 만들고, 국가 기제를 운영하고 경제사회를 위한 전반적인 통제기구를 만들어 낸다. 따라서 공고화된 민주주의에서 각 영역 간의 지속적인 통제가 존재하는데, 이들 각각은 다른 영역으로부터 나오는 힘의 '장'에 정확히 놓여 있다.

남미의 민주주의 공고화 연구는 정당과 정당체제의 중요한 역할을 주목한다. 정당체제의 구성은 남미의 정치발전을 이해하는 데 유익한 비교 분석의 틀을 제공한다고 전제한다. 그리고 비록 정당체제는 협력과 대결을 동시에 증진시키고 있기는 하지만 민주화 과정에 매우 중요한 것으로 파악된다. 왜냐하면 정당체제는 모든 집단들이 자기들의 이익을 표현할 수 있게끔 도와줄 뿐만 아니라 정부로 하여금 통치할 수 있게끔 만들 수 있기 때문이라는 것이다. 따라서 이러한 결과를 가져오게 만드는 결정적인 변수는 '정당의 제도화'이며 이러한 정당의 제도화가 이루어지지 않으면, 민주정치는 불규칙적이고 정당성 확립이 힘들어지며 통치는 더욱 복잡해질 수 있다고 본다(Mainwaring and Scully, 1995).

아프리카의 일당제는 집단적 가치를 중시하는 전통과 식민 지배의 잔재에 기초한다고 볼 수 있다. 탄자니아 초대 대통령으로 20년간 장기집권한 줄리어스 니에레레(Julius Nyerere)는 일당제와 아프리카적 전통인 '화합이 중시되는 부족 사회 원칙'을 아프리카식 민주주의의 뿌리라고 주장하였다(Graham, 2019: 74). 그는 정당이 계급의 이익을 대변하는 조직으로 서구사회에는 적합하지만, 부족적 정체성이 뚜렷한 아프리카에서는 수없이 많은 부족 정당들이 난립할 것이라 사회혼란만 가중시킬 것이라는 점을 강조하였다. 그의 논리는 어느 정도 설득력을 가지고 있기도 하다. 르완다는 1991년 헌법을 개정하여 민주적 다당제를 도입했는데 부족 중심 지도세력의 분열로 정당은 사당화되어 사회적 분열이 증가되는 결과를 가져왔다(하비슨, 2017: 288). 안타깝게도 이러한 정당문화가 아프리카 '정당의 제도화'를 제한하여 민주정치는 불안정한 상태이며 잠비아의 룽구(Edgar Lungu)와 콩고민주공화국의 카빌라(Joseph Kahila)와 같이 장기집권이 이어지고 있다(Graham, 2019: 103). 하지만 비민주적 법률과 권위주의 통치의 국제사회와 자국민의 저항은 아프리카 지도자들이 스스로 권좌에서 물러나고 있다는 것이다. 앙골라의 산토스(Jose Eduardo dos Santos, 2017년), 남아프리카의 주마(2018년), 에티오피아의 데살렌(2018년)이 대표적이다.

남미 연구에 대하여 다른 시각에서 바라보고 있다. 남미지역에 있어서의 민주주의 강화는 노동과 자본의 계급 간 타협과 국가의 노동행정을 통한 측면 지원에 크게 의존하는 것으로 파악한다(Buchanan, 1995). 이는 정부, 고용자협회, 노동조합으로 이루어지는 삼자 대표기구가 노동관계, 사회보장, 임금책정과정 등과 관련되는 공동의 경제 정책을 상호 협의하고 수립하는 조합주의적 체제를 말한다. 이러한 조합주의적 제도가 확립된 나라에서는 민주주의의 공고화가 이루어지는 반면, 그렇지 않은 경우에는 민주적 실험은 실패로 끝날 수 있다는 것이다. 한편, 오도넬(O'Donnell)은 신생민주주의 국가의 비형식적이고 비제도적인 차원에 관심을 가졌다. 오도넬은 라틴아메리카의 신생 민주주의 국가들을 연구하면서 비록 신생민주주의 국가들이 형식적인 차원의 민주주의 요건들을 나타내고 있다고 하더라도 이러한 모습들은 실제 민주주의와는 다른 기만적인 모습일 수 있다고 주장했다. 특히, 신생 민주주의 국가에서는 족벌주의(nepotism)나 족벌 자본주의(crony capitalism) 및 부패의 만연과 같은 비형식적인 차원에서의 비민주적 모습들로 인하여 실질적인 민주주의 국가로의 도약이 저해 받고 있다고 하였다. 오도넬은 특히 비형식적 차원의 룰(informal rules)을 강조하였다. 그는 룰이 개인들이 제도적 틀 안에서 어떻게 행동하여야 하는가를 제시해주는 준거 틀이 된다고 하였다. 형식적 룰의 제도화는 이러한 개인들의 행동의 가이드라인을 제공해주고 그들의 행동을 예측가능하게 만들어 준다. 그러나 현실에서 우리는 형식적 룰과 실제적 행동 사이의 간극을 경험하게 된다. 실질적으로 많은 경우에 개인들은 형식적 룰보다는 비형식적 룰에 좀 더 친근하게 행동한다. 따라서 민주적 공고화와 제도화에 좀 더 가까이 다가갈 수 있는 방법은 이러한 형식적 룰과 실제적 행동 사이의 간극을 좁히는 것에 있다(O'Donnell, 1996).

남미와 아프리카의 민주주의 공고화와 관련하여 인권이나 시민권과 같은 민주주의의 질적인 측면 또는 세계적 개입을 크게 부각시키는 연구도 있다. 흔히 민주화라고 하면 정치적 민주주의의 제도화라는 측면에만 치중하는 경향이 일반적이다. 이에 반기를 들고 오히려 인권이라든가 시민권, 고유문화 그리고 성과 같은 민주주의의 문화적인 내용에 보다 비중을 두어야 한다는 입장이 존재하는 것이다(Jelin and Hershberg, 1996). 즉, 대부분의 연구는 제도적 형성에 치중한 나머지 체제 이면에서 발생할 수 있는 자유를 지향하는 민주화, 그리고 평등을 주요 관심사로 다루는 사회적 민주화 사이의 밀접한 연관을 간과하고 있다는 것이다. 민주화와 관련하여 인권, 군사적 특권, 범죄와 형벌, 인종적 차별, 민족성과 정체성의 문제, 성의 정치, 시장경제 등의 폭넓은 쟁점들이 논의될 수 있다. 그 외 민주적 거버넌스와 집행에 관한 분야도 관심을 가져야 한다(하비슨, 2017: 138). 민주화는 공식적인 제도적 변화와 병행해서 민주적인 실천을 확대하고 시민권의 문화를 강화하는 일을 아울러 이루어 낼 수 있는 능력에 달려 있다고 주장된다. 그 외로 세계를 강타한 테러리즘과 국지전은 아프리카에 대한 새로운 형식의 정치적 외부개입을, 그리고 마지막 남은 블루오션이라는 인식과 풍부한 자원은 또 다른 형태의 경제적 외부개입을 초래하여 국내행위자와 외부행위자와의 관계 수준에 따라 민주주의 공고화에 영향을 주고 있다.

2) 국가능력과 공고화

민주주의가 강화되기 위해서는 국가의 능력이 매우 중요한 몫을 하게 된다. 민주주의 전환기에 엄청나게 증가한 다양한 집단과 결사들이 제기하기 시작하는 폭발적인 요구들을 수용하고 해결하기 위해서는 국가의 능력이 최대의 변수가 될 수밖에 없다. 민주화과정에서 국가는 여러 가지 어려운 과제들에 직면하기 마련이다. 우선

자기 영토와 주민들에 대하여 법의 지배를 정착시켜야 하며, 경제적 성장을 도모하고 국가통제와 관련해서는 국민들의 자발적인 승낙을 유도해내야 한다. 그리고 사회 전체의 자원들을 적절히 배분하는 역할 등이 추가될 수 있다. 이러한 기본목표들이 달성되려면 무엇보다도 국가는 목표달성과 방법에 관련되는 적절한 수용능력을 가지고 있어야 하며, 이러한 국가능력이 갖추어지지 않으면 민주화는 진행되기 어렵다. 비효과적인 장치와 무능한 집권자들로 운영되는 국가, 사회의 소수 특권층의 욕구에만 수용적인 국가는 실패하기 마련이고 법의 편파적 집행과 권력의 사유화, 그리고 저조한 시민의식 등과 같은 비민주적인 장애물에서 헤어나기 힘들 수밖에 없다(Huber, 1995: 166~167).

쉐보르스키(Przeworski)도 민주화에 있어서 국가의 역할이 매우 중요하다는 것을 강조하였다. 민주주의 전환과정은 비록 일시적일지라도 경제적 조건의 악화나 위기를 수반할 수 있기 때문에 새로이 수립된 민주적 정부로서는 신생 민주적 제도들을 강화하면서, 동시에 그 제도들은 정치적으로 비중 있는 집단들이 그들의 요구를 대의제도의 틀 속에서 추진할 수 있는 통로와 유인책을 제공하여 이를 극복해야 한다. 그러나 경제적 난국의 타개는 여러 가지 개혁을 수반하기 때문에 오히려 일시적으로 악화될 수도 있으며, 이를 해결하는 것은 결코 쉬운 일이 아니다. 결국 경제 개혁을 진행시키면서 민주적 제도를 동시에 정착시키기 위해서는 '효율적 국가(effective state)'의 등장이 절실하다. 국민의 물리적 안정을 보장해주고 시민권의 적절한 행사의 조건을 만들어 주며, 도덕적 지도력을 확립하고, 공공저축의 동원, 자원배분의 조정, 소득분배의 개혁 등을 원만히 수행할 수 있는 국가능력의 확보가 무엇보다도 중요하다. 신자유주의적인 처방에서는 개인과 집단의 공적 및 사적 생활영역을 조직화하는 데 있어 국가의 역할이 매우 과소평가되고 있다. 그는 민주주의를 강화하기 위해서는 국가의 기능과 권한을 축소할 것이 아니라 재조직하여 효과적인 것으로 만들 것을 제안하며 효과적인 국가 없이는 민주주의도 있을 수 없다는 강한 주장을 하였다(Przeworski, 1995: 10~12).

국가능력이 결여된 민주주의는 어떤 모습을 띠고 있는가? 레이파트(Lijphart)는 '원심적 민주주의(centrifugal democracy)' 또는 '양극화 정치(polarized politics)'로 이러한 상황을 묘사하였다. 즉, 반체제적인 정당, 양대 대결구조, 하나 또는 그 이상의 정당이 중심 위치에 있는 경우 양극화, 원심적 충동, 이데올로기적 유형화, 무책임한 반대, 정치적 경매심리 등으로 특징지어지는데, 이러한 원심적 민주주의는 설혹 붕괴를 면하게 되더라도 계속적인 정치적 교착 상태와 부동성이 불가피하게 나타나며 그 원인은 역시 국가능력의 부재로 귀결된다. 예를 들어, 프랑스 제3공화국의 경우 국가는 현상유지에 급급한 나머지 효과적인 집행부, 분명한 경제적·사회적 대안, 그리고 강력한 정당체제를 출현시킬 수 없었으며 결과적으로 '교착된 사회(stalemate society)'로 빠질 수밖에 없었다는 것이다(Siaroff, 2000). 독일 바이마르공화국, 전후의 이탈리아와 핀란드, 오스트리아의 제1공화국, 1930년대의 스페인, 1973년 이전의 칠레, 1970년대 초의 벨기에, 1982년 이후의 엘살바도르, 1910년 이후의 포르투갈 등도 이러한 원심적 민주주의 유형에 해당된다(Sartori, 1976: 132~140). 2000년대 이후에는 아프리카의 브룬디, 말리, 앙골라, 짐바브웨, 차드, 수단, 에티오피아 등이 장기집권, 내전 그리고 쿠데타 등으로 불안정한 정치 상태를 보이고 있다(World Bank, 2017, 2020, 2021).

6. 민주주의의 위기

정치문화에서 다루었듯 , 인간은 기본적으로 소속본능을 갖고 태어난다. 첫 시작은 가족이며, 그 다음이 또래들이다. 사회에 진출하게 되면 환경에 따라 소속감을 만들어 간다. 니체(F.W. Nietzsche)는 르상티망(ressentiment: 시기심)이라고 하였다. 조직이 정한 가치 기준에 충성하면서 동질감을 느끼거나 아니면 반대의 가치 기준을 따르며 동질감을 만든다. 이도 저도 마음에 들지 않는다면, 나는 우월하고, 다른 사람은 열등하다는 믿음 속에서 우월감에 도취되기도 한다.

근대화 과정에서 시민의 권리와 자유는 자유주의, 시장경제, 합리성, 평등, 세속주의 등의 보편적 가치를 통해 강화되었고, 발전되었다. 보편적 가치는 개인적인 차원이 아니라 인류를 대상으로 한 계몽주의의 이상적 가치였다. 보편적 가치로서 진보와 보수를 막론하고, 우리 사회를 구조화하였다. 그리고 우리는 누군가에 의해 구조화된 사회의 일원이라는 사실을 잊고 순응한다.

생존을 위해 고군분투해야 하는 현대인의 마음속에서 보편적 가치는 점점 설 자리를 잃어간다. 이상주의는 보수, 진보의 여부와는 상관없이 엘리트들의 산물이기에 배타주의가 내재되어 있다. 결국, 대다수 사회구성원들은 자신들의 취향, 감수성, 가치관 그리고 실수까지 비슷한 정치인을 우상하는 팬덤을 만들게 된다. 명백한 물질적 대가는 없지만, 나의 정체성이 누군가에 의해 선택되는 순간 기쁨의 동질감을 갖게 된다. 정체성정치의 등장이다.

정체성 정치는 일종의 정치적 부족주의 현상이다(Chua, 2018). 현대사회에서 보편적 가치의 공유보다 상대적 박탈감 속에서 차별의식이 강화되면서 '나와 같은 사람'이라는 모습에 마음이 끌리게 된다는 것이다. 그들이 잘해서 지지하는 것이 아니라, 자신이 지지하기 때문에 잘하고 있다는 평가를 받아야 한다는 것이다. 정치인을 지지하는 것처럼 보이지만 본질은 그들을 매개로 자신은 정의롭다는 자기의식을 지속적인 자기증명으로 자존감을 유지하고 싶은 것이다.

정치인은 계층, 계급, 성, 분파 등의 집단화로 응집력을 강화시킨다. 편 가르기를 통해 위기와 공포로 군중들의 이성을 마비시키고 이성적인 개인과는 다르게 선동에 휘둘리는 군중으로 만든다. 동시에 프레임을 만들어 비판해서는 안 되는 성역을 만들어 학문과 양심의 자유, 사상과 표현의 자유라는 기본권리를 위협하며 동조하면 안 되는 금기 영역을 만들어 사실보다 감정에 치유쳐 스스로를 피해자로 만들어 대중주의로 더욱 침몰하게 된다(Mounk, 2018). 개인의 자유를 지키기 위해 고안된 언론자유, 사법부의 독립, 삼권분립, 법치가 무너지고 '국민의 뜻'이라는 한마디로 권위주의가 등장해 권리도 보장 받을 수 없는 민주주의가 되곤 한다. 레비츠키(Steven Levitsky)와 지블란(Daniel Ziblatt)은 민주적 규범의 핵심인 상호인정과 존중(mutual tolerance)과 권력의 절제(forbearance)가 이루어지지 않으면 형식적 또는 절차적 법치주의 만으로는 자유민주주의를 지킬 수 없음 강조하며 민주주의의 위기를 지적한다(Levitsky and Ziblatt 2018). 정치적 라이벌과 기득권을 적을 만들고 언론을 가짜뉴스로 치부해 관용보다는 증오와 대립의 정치적 양극화를 만든다. 정치적 양극화는 국수주의적 대중주의와 결합해 대중적 폭발력을 확보하기도 한다.

제4절 | 민주주의의 전망

지금까지 민주주의 체제로의 전환에 관한 이론들과 민주적 체제의 공고화를 설명하는 이론들에 대해 자세하게 살펴보았다. 민주주의 체제로의 전환은 즉흥적이고 우연하게 진행되는 것이 아니라 권위주위로 회귀하지 않기 위한 국가의 섬세하고 치밀한 능력과 시민사회의 역할이 중요한 요건임을 확인했다. 구체제의 붕괴과정이 민주화라고 생각했던 대다수 사람들에게 민주주의 전환과 공고화의 이론은 민주화라는 것이 치밀하게 배열된 역사적·구조적 조건들과 그러한 조건 속에서 행위자들이 선택한 적절한 전략에 좌우되는 매우 귀중한 것임을 깨우칠 수 있게 해주는 기회가 되었다.

세계 대다수 국가들이 민주주의 체제로 전환된 현시점에서 비교정치의 가장 큰 주제 중 하나인 민주주의 연구가 어떤 방향을 향해 발전해 나갈 것인지는 아직까지 미지수이다. 무엇보다 세계정세는 전 세계적인 민주주의 전환이 진행되었던 냉전 종식 당시의 시기와 아랍의 봄을 지나, 또 다시 권위주의 정권 또는 자국우선의 보수정권 회귀가 진행되는 경향을 보인다. 시장 중심의 경제질서로의 세계적 재편과정에서 발생한 양극화 및 사회적 불안의 증대는 이러한 체제 회귀에 대한 하나의 설명을 제공할 수 있을 것으로 보인다. 2020년부터 시작된 코로나바이러스(COVID-19) 팬데믹은 세계경제를 더욱 심각하게 만들었고 '실용주의' 등의 수사를 뒷받침으로 하여 개발도상국뿐만 아니라 선진산업국가들에서도 국민 전체의 후생 향상보다 오직 경제성장만을 추구하는 권위주의적 정치행태의 복귀 조짐을 가져오고 있다. 특히 유럽국가 등지에서 나타나는 인종주의적 극우정당의 득세와 민주주의 절차를 통해 선출된 지도자들의 스스로 '대중주의'라는 미명으로 민주주의를 훼손하는 것이다. 또 하나는 중동과 아프리카에서 민주혁명 후 집권한 이슬람 원리주의 세력 또는 다민족국가에서 나타나는 자민족우선주의 세력에 의한 문화와 전통에 기반을 둔 권위주의 통치로의 복귀이다.

물론 시민사회와 국가의 역할을 고민하는 가운데 민주주의 체제의 안정을 추구했던 민주주의 공고화론은 이러한 모색을 위한 굳건한 밑받침이 되어 줄 수 있을 것이다. 그러나 정치발전론이 시대의 흐름과 함께 쇄신되었던 것과 마찬가지로 민주주의의 미래를 예측하기 위한 또한 민주주의를 발전시키고 비민주주의를 극복할 만한 이론적 시도와 변화가 요구될 것으로 보인다. 역사적 조건들에 대한 구조적 분석과 행위자들의 전략적 선택을 결합시킬 수 있었던 이론적 발전의 유산을 딛고 비교정치가 발전해 나가야 할 방향은 어디일까? 바람직한 정치공동체, 민주주의의 더 정교하고 확장된 의미에 대한 모색과 함께할 때, 또한 지금 우리가 살아가고 있는 현실에서 이루어지고 있는 정치와 민주적 제 가치들을 결합시키고자 하는 노력을 포기하지 않을 때 이러한 고민은 언젠가 결실을 맺을 수 있을 것이다(김성수, 2018: 2~3).

비교정치는 과거와 현재의 연구 성과를 바탕으로 이러한 새로운 변화와 위험에 대해 적실한 진단과 예측, 처방을 내릴 수 있어야 하며, 민주주의 이행과 공고화의 이론은 이 경우 우리가 다시금 돌아볼 수 있는 이론적 자원이라고 할 수 있을 것이다.

사회운동

제1절 | 사회운동

정당과 이익집단 등의 공식적이고 제도화된 방식으로 정치과정에 영향을 미치는 경우도 존재하지만, 일반대중들이 정치에 관여하는 데 있어서 보다 유연하고 덜 공식적인 방식도 존재한다. 이러한 시도들을 사회운동이라 부르며, 이러한 형태의 활동은 정치적으로 중요한 영향을 미쳐 왔다. 우리나라는 2016년의 대통령 탄핵을 가져온 촛불시위를 들 수 있으며, 인도의 독립과정에 간디가 주도한 시민불복종운동 그리고 미국의 인권운동의 동력을 제공한 킹목사가 주동한 알라바마 몽고메리카운티의 버스체계 보이콧운동, 중동과 아시아에서 벌어지는 조직화되지 않은 이슬람 원리주의 운동, 튀니지에서 밀값 폭등에 대한 불만시위가 시발점이 되어 아랍 각국으로 퍼져나간 비공식적인 활동 등이 사회운동 범주에 포함될 수 있다.

사회운동(social movement)은 기존의 규범 · 가치 · 제도 · 체제 등을 변화시킬 목적으로 다수의 개인들이 조직적으로 행동하는 집합행동의 한 형태이다. 사회운동은 비공식적인 집단운동으로서 지도자 집단에 의하여 행동의 일관성을 가지나 제한적이지 않고 유연한 선택을 사용하는 행위이다. 그러므로 사회운동은 기존의 규범이나 가치의 유형이 정당하지 못하다는 신념을 공유하는 다수의 개인들이 새로운 대안적인 규범이나 가치를 제도화하기 위해 인적 · 물적 자원을 동원하여 조직적으로 활동하는 집합적 행동이라고 정의된다.

초기의 사회운동연구가들은 대부분 규범지향적이고, 개혁적인 사회운동보다는 혁명적 사회운동에 더 많은 관심을 기울였는데, 그 이유는 국가에 상대할 만한 시민사회의 성장이 이루어지지 못하여 제도적인 수준의 개혁적 사회운동이 활성화되지 못했기 때문이다. 또한 사회운동이라 부를 만한 집합적 행동들은 근본적인 사회변동을 지향하는 혁명의 과정 속에 포함되어 있었기 때문이다. 따라서 초기의 사회운동연구자들은 프랑스혁명이나 러시아혁명 등과 같이 근대의 국민국가 형성에 결정적인 계기를 마련했던 사회혁명이 연구 대상이었고, 에드워즈(Edwards, 1927)와 페티(Petee, 1938), 그리고 브린턴(Brinton, 1938) 등은 프랑스혁명과 러시아혁명을 연구함으로써 '혁명의 자연사'(natural history)를 일반화하려고 하였다.

그러나 1950년대 이후 집합행동연구자들의 관심은 혁명보다는 사회운동으로 옮겨갔다. 그 이유는 시민사회의 성장과 함께 다양한 형태의 사회운동이 활성화되면서 이념적 혁명운동보다는 노동운동을 비롯한 이익집단운동과 사회문제 해결을 지향하는 개혁적 사회운동이 사회학자들의 주된 관심대상이 되었기 때문이다. 이 시기에는 사회운동과 혁명에 관한 보다 체계적이고 과학적인 이론들이 활발하게 전개되었는데, 스멜저(Smelser)의 『집합행동 이론(Theory of Collective Behavior)』의 출간(Smelser, 1962)으로부터 시작된 구조기능주의적 접근, 1960년대 초에 발표된 데이비스(Davies, 1960)의 논문 "혁명의 일반 이론을 향하여(Toward a Theory of Revolution)"에 의해 촉발된 사회심리학적 접근, 1970년대 이후 합리적 선택 이론과 자원동원이론, 역사구조적 접근, 신사회운동론, 그리고 최근의 구성주의 이론에 이르기까지 집합행동과 사회운동의 이론들이 눈부시게 발전하였다.

1. 사회운동의 개념

사회운동이란 개념과 용어가 처음 등장한 것은 19세기 유럽에서다. 이 당시 사회운동이란 단어는 아주 구체적인 의미를 가지고 있었다. 즉, 사회운동이란 사회주의적, 공산주의적, 또는 무정부주의적 경향을 가진 새로운 산업노동 계급의 운동을 의미하였다. 유럽 사회에서 사회운동과 노동운동을 동일시하는 이와 같은 경향은 20세기 초반까지 지속되었다. 하지만 이렇게 협소한 개념정의는 농민운동, 파시즘, 민족사회주의 그리고 식민지의 독립운동 등을 고려하여 볼 때 더 이상 유용한 것이 못 된다. 그렇지만 운동의 제한된 목표로 인하여 소규모 집단의 이익을 위한 운동과 전체 사회질서의 변화를 추구하는 대중운동과 구분하는 것은 바람직한 일이다. 바로 이러한 대중운동이 전통적인 의미를 가지는 사회운동인 것이다. 소규모 집단의 이익을 위한 운동은 저항운동의 성격을 갖기도 하지만, KKK단, Alt－Right, 네오나치등과 같이 백인우월적이고 사회적·정치적 변동에 대립되는 운동이 있기도 하고, 이에 반대편에 서 있는 ANTFA(진보의 끝)라는 사회주의, 무정부주의, 그리고 공산주의가 종합된 형태의 운동도 존재한다. 그 외로 흑인운동과 같이 어떤 집단의 불만을 시정하기 위한 대중운동도 있다. 사회운동과 정치운동을 구분하는 것은 가능하지만, 운동의 구성원들이 정치권력 쟁취에 목표를 두지 않더라도 모든 운동이 정치적 연관성을 가지고 있다는 사실에 주목할 필요가 있다.

사회운동은 일종의 특수한 합의된 행위(concerted action)집단이라고 할 수 있다. 이 집단은 폭도, 군중보다 더 오래 지속되며, 더욱 통합적이 된다. 그러나 정치분파나 기타 결사체처럼 조직화되지는 못하였다. 사회운동은 하나의 전체적인 공식조직을 갖지 않지만, 그 속에 노동조합과 정당, 소비자 조합, 그리고 기타 조직 등을 포함하는 노동운동 등의 조직화된 집단을 포함한다. 집단 성원 간의 집단의식(연대감, 혹은 소속감)은 다양한 편차를 가지고 발생하지만 사회운동에 필수적인 요소라고 할 수 있다. 이러한 기준에 따라 사회운동은 사회경향과 구분된다. 이것은 종종 운동으로 취급되기도 하고 많은 개인들의 조정되지 않은 행위이지만 도시 주변의 지역운동, 일시적 유행 등과 유사한 결과를 갖는다.

2. 사회운동론의 기원과 흐름

독일학자 로렌츠 폰 슈타인(Lorenz von Stein)은 사회주의와 공산주의의 실제 정치적 의미는 사회사상의 형태로서의 가치에 있는 것이 아니라, 경제적 착취를 폐지하고, 노동자들에게 완전한 자아의 발전을 성취할 수 있는 기회를 부여하는 새로운 사회질서를 향해 산업 프롤레타리아를 지도하고, 이들의 열망을 표출하도록 하였다는 사실에 있다는 것을 최초로 인식한 인물이었다.

1850년 폰 슈타인은 그의 저서 『프랑스 사회운동의 역사(History of the French Social Movements from 1789 to the Present)』를 통해 마르크스의 계급갈등 사상을 예상하고, 지배 계급과 피지배 계급 노동자들 사이의 필연적인 갈등으로 프랑스 혁명운동을 설명하였다. 마르크스와 같이 폰 슈타인은 보다 큰 사회의 구조 내에서 혁명적인 사회운동의 원인을 고찰했으며 국가는 사회의 불평등을 완화하여야 하고, 국가가 불평등을 유지함으로써 이익을 얻게 되는 사람들에 의해 국가가 통제된다고 하였다(Von Stein, 1850).

1900년대에 사회심리학적으로 접근한 르봉(Gustave Le Bon)은 특수한 돌발사건 등의 연대기나 일화에 관심을 가지고 그의 저서 『군중(The Crowd)』에서 군중을 구성하는 개인들이 군중 안에 있을 때에는 홀로 있을 때와는 다르게 행동한다는 주장을 하였다. 즉, 인간은 군중 속에 들어갈 때 심리적인 변화가 나타난다는 것이다. 군중의 효과는 모든 사람들에게 급속한 평준화의 영향을 행사하고, 따라서 군중은 구성원 개인들보다 지적으로 열등해지며, 완전히 낮은 수준의 심성의 성향을 보여주고 개인에게는 없었던 폭력적 성향을 띠게 되는 것이다. 이렇게 군중의 성향이 나오는 기제로 그는 수적인 힘으로부터 군중 속의 개인은 책임감이 사라지는 느낌을 가지게 되는 익명성, 병과 같이 타인에게 전파되는 전염성, 그리고 개인에게 전달되는 명령을 무비판적으로 받아들이는 암시성을 들고 있다(Le Bon, 1903).

1930년대에 들어 많은 사회적 문제들을 경제적인 문제들로 바라본 데이비스(Davis)는 『현재의 사회운동(Contemporary Social Movements)』에서 사회운동이란 사회생활의 불만족스런 조건에 대한 개인과 집단의 반응이라고 판단하여 사회적 문제들을 경제적 문제로 상정하고 정신적, 사회적 분열을 야기시키는 부적응이 존재한다고 보았으며, 운동을 조화로운 상태를 만들기 위한 시도로써 발전시켰다(Davis, 1930: 8). 그 후 11년 뒤 데이비스는 『사회운동의 심리(Psychology of Social Movement)』라는 책에서 사회운동에 대한 개인의 감수성 문제(Davis, 1944)를 중점적으로 다루며 사회경제 상태의 변화에 반동보다는 기대상승(rising expectations)을 집합행동이나 혁명의 원인으로 지목했다.

1940년대에 라이들러(Harry W. Laidler)는 1944년에 그의 저서 『경제적 사회운동(Social Economic Movements)』을 출간하여 마르크스와 폰 슈타인의 전통 속에서 운동을 세계 사회주의를 향한 진화의 과정으로 정의하였다. 1940년대 후반에 허버트 블루머(Herbert Blumer)는 사회운동에 대한 광범위한 정의를 시도하여 사회운동이란 새로운 삶의 질서를 세우기 위한 집합적인 기획이라고 주장하였다. 여기에 덧붙여 그는 미국인 학자들에게 수용되고 있었던 운동의 분류를 일반적 · 구체적 · 표출적인 운동으로 제시하였다(Laidler, 1944).

1950년대에는 미국으로 이주해 온 독일인 허벌(Heberle)이 1951년에 『사회운동: 정치생태학(Social Movements: Introduction to Political Sociology)』라는 책에서 사회운동을 사회질서, 특히 소유권과 노동관계의 기본적인 제도에서의 근본적인 변화를 일으키는 데 목표를 둔 것으로 정의하였다. 바로 이러한 점에서 그는 폰 슈타인을 넘어선다. 허벌은 폰 슈타인의 분석을 사회에서의 근본적인 변화를 모색하는 모든 집단들을 포괄할 수 있도록 확대하였다. 허벌은 사회운동의 본질을 첫째, 가장 중요한 점으로서 사회운동은 경향(trend)이 아니라고 본다. 즉, 사회경향은 대부분 무계획적으로 일어난다고 보고 있다. 둘째로 그는 정당과 사회운동을 구분하기 시작하였다. 참된 사회운동은 이데올로기나 일련의 본질적인 사상에 의해 항상 통합된다. 반면 정당은 사상의 공동체에 의해서가 아니라 개인적인 후원의 단순한 조직망으로서 결합된 것으로 보고 정당과 사회운동을 구분하였다(Heberle, 1951).

1960년대 스멜저(Smelser)는 운동이 지향하는 정도에 따라 규범지향적 사회운동(norm-directed social movement)과 가치지향적 사회운동(value-directed social movement)으로 운동을 구분하였다. 규범지향적 사회운동은 사회규범이나 제도의 수준에서의 변동을 지향하는 운동이고, 가치지향적 사회운동은 그 사회의 가치체계 또는 기본적인 사회질서의 변화를 추구하는 사회운동이다(Smelser, 1962: 270~312). 또한 블루머(Blumer)는 사회운동의 목표에 따라 운동을 개혁적 운동(reformative movement)과 혁명적 운동(revolutionary movement)으로 구분하기도 한다(Blumer, 1969).

1960년대 이후부터 인권운동, 반전운동, 여성운동, 학생운동 등의 확산은 사회의 중대한 변화를 가져왔다. 특히 1960년대 중반의 사회운동은 다수 시민들의 공동 문제를 집합적으로 해결하기 위한 노력을 나타내는 것으로 점차 정의되었으며(Toch, 1965), 1970년 초반에 이르러서는 1960년대 미국의 사회운동에 대한 연구들이 현실화되어 사회운동을 구조적·사상적 변화를 향한 태도와 행위로 정의하였다(Ash, 1972).

| Box 12-1 | 노동운동의 역사

노동운동이 처음 발생한 곳은 산업혁명을 맨 먼저 이룩한 영국이었다. 영국 노동운동의 선구자는 17세기 후반 중세의 직인층에서 발생한 우애조합(friendly society)이다. 이 조합은 상호부조와 친목 도모를 목적으로 조직되었는데, 그 후 영국의 노동조합운동은 이 조합의 영향을 받아 공제운동의 형태로 이어졌다. 18세기 후반 산업혁명의 진행으로 종래의 수공업직인이 임금노동자로 전락하자 신식기계와 공장제 공업의 발전에 반감을 품은 노동자 계급은 러다이트 운동(luddites movement)이라는 공장기계 파괴운동을 벌이기도 하였다. 영국 정부는 1799년 단결금지법을 제정하여 노동운동을 탄압하였으나, 1822년에 이 법을 폐지하였다. 이에 따라 노동운동도 급속히 발전하여 오언 등의 지도로 1834년 50만 명 이상의 조합원을 포함하는 전국노동조합대연합이 결성되었으나 방해와 재정궁핍 등으로 실패하였다.

또 1832년에 제정된 신선거법에 불만을 품은 노동자들은 선거권 확장을 요구하며 차티스트 운동이라는 폭력적 정치운동을 전개하기도 하였고, 1844년 로치데일의 노동자 28명이 시작한 로치데일조합(rochedale society of equitable pioneers)이라고 하는 소비협동조합운동도 노동운동의 유력한 일부가 되었다. 17세기 후반 점차 자본주의의 기초가 안정되어 감에 따라 새로운 노동조합운동이 탄생하였는데, 1851년 합동기계공조합을 선구로 토목공·탄갱부·방직공들 사이에 널리 퍼진 직업별노동조합(craft union)이 그것이다. 이 운동은 정치적으로 자본주의 체제를 용인하면서 숙련직공이 단결하여 자본가에 대하여 일정한 임금수준을 유지하도록 하려는 운동으로서 오늘날의 노동조합운동의 출발점이 되었다.

이상에서 살펴본 바와 같이 노동운동은 본능적·자연발생적인 운동에서 조직적·계획적인 사회운동으로 발전하였다. 이와 함께 사회주의 정당운동도 나타났는데, 18세기 후반 자본주의의 모순을 비판하여 평화와 협동의 원리에 입각한 이상사회의 건설을 주장했던 공상적 사회주의는 본래 노동운동과는 관계가 없는 것이었다. 그러나 마르크스와 엥겔스가 양자를 결합하여 1847년 세계 노동자들의 단결을 전제로 하는 공산주의 동맹을 결성하고 이듬해 그 강령이라 할 수 있는 공산당선언을 발표하였다. 이 조직은 1851년 해산되었다. 그 후 서유럽 제국의 사회주의자들과 노동조합 대표자들이 국제적 단결을 강화하기 위하여 1864년 런던에서 제1인터내셔널을 결성하였고, 1889년 파리에서 제2인터내셔널을 조직하였다. 그러나 이들은 각각 내부 분열과 제1차 세계대전에 따른 국가 간의 대립으로 붕괴되었으며, 1919년에 서유럽의 사회민주주의 정당들이 제2인터내셔널을 재건하여 1940년 와해될 때까지 공산주의를 모체로 하고 있던 제3인터내셔널과 대항하였다.

그러나 제2차 세계대전이 시작되면서 독일 · 이탈리아 · 에스파냐 등에서 파시즘(Fascism)이 대두되어 노동운동은 이들 국가 내에서 크게 제약받게 되었다. 제2차 세계대전 종료 후인 1945년 파리에서 세계노동조합연맹(World Federation of Trade Unions)이 결성되었으나 냉전의 격화에 따른 내부 분열로 서방 자유세계의 노동조합들이 탈퇴, 1949년 런던에서 국제자유노동조합연맹(International Confederation of Free Trade Unions)이 조직되어 세계노동조합연맹에 대항하게 되었으며, 많은 자본주의 국가에서 사회민주주의 정당이 단독으로 집권하거나 연립정부에 참가하였다.

이후 노동운동은 세계 각국에서 빠르게 활성화되어, 오늘날 많은 국가에서 노동운동은 무시할 수 없는 사회적 세력으로 자리매김하였다.

제2절 | 고전적 사회운동론

사회과학자들이 집단행동의 원인에 본격적인 관심을 갖게 된 것은 19세기 후반부터 1950년대에 이르는 시기였다. 이 시기에는 콘하우저(William Kornhauser) 등의 대중사회 이론, 시카고학파의 집단행동 이론(collective behavior theory), 스멜저 등의 구조기능주의 이론이 사회운동을 설명하는 주요한 접근법으로 등장하였으며, 공통적으로 집합행위의 생성 단계에 초점을 맞추어 집합행동의 직접적인 원인을 미시적, 심리적 요인에서 찾았다(Kornhauser, 1959).

집합행동의 근원으로서 산업화와 같은 사회변동이 야기한 사회적 긴장을 강조한 구조기능주의적 설명 외에도 집합행동론 역시 그러한 사회적 긴장이 집단행동으로 연결되는 직접적 요인으로 개인의 심리적 파탄(break down)을 강조하였다.

특히, 군중행동을 중심으로 접근했던 초기의 집합행동론자들은 집합행동을 군중 상황 속에서의 비합리적이고 감정적인 행동, 모방되거나 감정적으로 전염되는 행동, 또는 원자화되고 소외된 대중에 의한 충동적인 행동, 욕구의 좌절에 의한 공격적인 행동 등과 같이 대부분 병리적인 사회심리학적 특성들에 의해 집합행동을 설명하려했다.

또한, 테드 거(Ted R. Gurr)는 사회 내에서 개인이 받고자 하는 기대치와 실제로 받는 몫 사이의 간격이 커질수록 '상대적 박탈감(relative deprivation)'이 커져 이것이 공격성과 혁명적 분노를 유발한다고 보았다(Gurr, 1970). 이와 같은 현상은 특히 사회가 급속히 변화하는 시기에 심화되기 쉽다고 하였는데, 데이비스(Davis)는 객관적인 사회경제 상태의 변화보다도 변화의 양상에 대해서 사람들이 갖는 '기대상승(rising expectation)'이 집합행동이나 혁명의 주요한 원인이 된다고 하였다(Davis, 1962). 이와 같은 기대와 현실 간의 괴리라는 대중의 상대적 박탈감이 정치적 폭력이나 사회운동의 원인이 된다는 상대적 박탈 이론은 초기의 집합행동론에 비하여 보다 세련된 사회심리학적 접근으로서 집합행동과 사회운동의 연구와 이론구성에 적지 않은 공헌을 남겼다.

한편, 파슨스의 사회체계론으로부터 영향을 받은 스멜저(Smelser)는 집합행동을 사람들이 구조적 긴장(structural strains)에 반응해서 그들의 사회문화적 환경을 재구성하려는 활동이라고 규정하였는데, 그는 집합행동이란 사회가 불균형 상태에 있을 때 변화를 지향하는 일반화된 신념에 기초해서 사회문화적 환경을 재구성할 것을 목적으로 전개되는 비제도화(uninstitutionalized)된 행동이라고 보았다(Smelser, 1962: 98~99). 호퍼(Hoffer) 역시 현재로부터의 탈출 욕구, 미래에 대한 불확실성 등의 심리적 요인과 더불어 민족주의, 시오니즘 등의 (전염적 정의로서) 주변 요인들을 통한 변화에 대한 갈증 또는 신념을 대중운동의 원인으로 규명하였다(Hoffer, 1966).

이와 같이 고전적 접근들은 사회변동에 적절히 적응하지 못한 원자화된 개인들의 인지적 부조화, 박탈감, 불안, 소외, 신념 등을 집합행동의 원인으로 파악하였다. 이러한 시각에서 사회운동은 정치적인 것이라기보다는 심리적 긴장이나 부조화를 해소하는 집단적 반응, 그리고 일시적·퇴행적 분출행위로 이해되었다.

이러한 연구 정향은 볼셰비키 혁명과 파시즘과 같은 대중들의 극단적 집단행동 경험에 대한 서구 학자들의 부정적 인식을 반영한 것이었다. 특히 정치적 불만 표출의 채널이 다양한 집단들에게 이미 제도적으로 개방되어 있다고 믿는 서구의 다원주의자들에게 사회운동은 '비정상적'인 것으로 받아들여졌다.

그러나 1960년대를 휩쓴 다양한 사회운동들, 즉 인권운동, 환경운동, 반전운동, 여성운동, 학생운동 등의 확산은 집합행동을 이해하는 기존의 시각에 중대한 변화를 초래하였다. 이러한 운동들의 확산은 결국 기존의 집단행태 이론 등에 강한 의구심과 그 논리적 결함을 불러일으키게 되었고 새로운 사회운동 이론들의 등장을 유도하였다.

표 12-1 전통적 집합행동 이론 분류와 특징

	전통적 집합행동(CB)론			
	시카고학파 CB론	구조적 CB론	대중사회론	상대적 박탈론
대표 이론가	Park & Burgess, Blumer Turner & KillianLang & Lang	Smelser	Hopper, Hoffer Kornhauser Lipset, Arendt	Gurr, Runciman Huntington Davies, Crosby
운동은 특수현상인가	특수	특수	특수	특수
운동의 원인	현실의 집합적 재정의를 필요로 하는 위기적 상황	구조적 해체	문화적 지체, 긴장소외를 인도하는 급격한 변동	불공정 박탈감을 야기하는 변동
운동 활동과 '통상' 행동과의 차이	전혀 다르다. 특수한 상황에서 생기는 인지적 정의로 인도된다.	전혀 다르다. 이상한 힘에 의한 믿음에 인도된다.	전혀 다르다. 비합리적, 자연발생적, 정서적, 정신병리적	꼭 다르지는 않지만 합리적인 사고보다 정서적 사고에 인도된다.
참가자의 특징	통상의 문화가 주는 지침의 결여	기존 문화와 제도에 대한 반대심리로 대안적 정체성을 찾는 행위	광신적, 정신병리적, 비합리적이고 소외되고 있다.	불공정의 감각부터 욕구불만을 갖는다.
운동참가의 이유	새로운 사회질서의 구축	구조적 해체의 심리적 긴장에 대한 반응	잘 통합되어 있지 않고 비합리적이고 광신적이기 때문	개인적 욕구불만을 없애기 위함
운동의 발전, 확대 방법	창발적 규범, 전파	일반화된 신념을 기초로 한 동원	권유와 암시	특정화하고 있지 않음
사회운동에서 조직의 역할	성공한 운동은 조직이 된다. 하지만 최초의 단계에서는 중심적이 아니다.	운동을 산출한 것은 아니지만 그 발전에는 유익하다.	운동의 발전을 방해한다.	중심변수는 아니다.
전략이나 자원에 대한 관심	한정적 관심	한정적 관심	없음	없음
운동의 성과를 결정하는 것	예상 외의 사건과 운동의 '자연스러운 역사'	당국의 대응	운동은 '자연스러운 역사'	특정화하고 있지 않음

제3절 | 현대적 사회운동론

위에서 살펴보았듯이, 사회운동에 관한 전통적인 관점은 사회운동을 병리적 · 비정상적인 것으로 전제하였던 데에 반하여, 20세기에 접어들면서 사회운동 자체를 과학적 연구 대상으로 삼고 그 발생 원인과 특성에 대해 객관적이고 과학적으로 접근하려는 시도가 시작된다. 이처럼 사회운동의 동학을 연구함에 있어 이론적 바탕을 제공하는 사회운동론은 기본적으로 구조기능주의에 대한 반발로 발전한 갈등 이론에 영향을 많이 받았다. 갈등 이론은 다렌도르프(Dahrendorf, 1959)와 코서(Coser, 1956)에 의해서 발전하였는데, 이들은 사회적 갈등에 주목하여 사회를 분석하였다. 이들에 의하면 사회적 갈등이란 가치를 위한 투쟁이며, 지위나 권력, 희소자원에 대한 소유 주장이다. 그리고 그 안에서 갈등하는 집단들의 목적은 단지 추구하는 가치를 얻는 것뿐만이 아니라 경쟁자에게 상처를 입히거나 제거하는 것이다(Oberschall, 1993). 이와 같은 사회적 갈등을 중시하는 갈등 이론은 기능 이론과 달리 사회는 정태적인 것이 아니라 모든 시점에서 변동 과정의 영향을 받는다고 생각한다. 또한 기능주의자들이 사회의 정연한 질서를 강조하는 것과 달리 갈등주의자들은 사회체계 모든 곳에서 분쟁과 갈등을 보며, 사회 내의 모든 요소가 안정성에 기여한다고 주장하는 기능주의자들과 달리 붕괴와 변동에 기여하는 많은 사회적 요소들에 주목한다(김성수, 2007: 54).

이러한 흐름 속에서 사회운동[1)]에 관한 연구관심은 19세기와 20세기 초의 사회혁명에 대한 관심과 함께 현대 사회과학의 주요 주제로 발전해 왔으며, 정치사회학의 핵심영역으로 주목받기 시작하였다. 1970년대는 유럽에서 이른바 '68혁명'으로 불리던 세계사적 저항운동이 신사회운동이라는 새로운 형태의 운동으로 유럽 구석구석에 확산되어 가던 시기였다. 한편, 미국에서는 1960년대 흑인인권운동에 이어 반전운동이 꽃을 피우고 있었으며, 환경운동, 반핵평화운동, 여성운동 등 새로운 이슈의 사회운동이 유럽에서와 마찬가지로 확장되어 가고 있었다.

1) 사회운동에 관한 다양한 정의를 집약하여 표현해본다면, "사회운동은 공동의 목적을 갖고, 엘리트, 반대세력 및 정부 당국의 일관된 상호작용 관계에 대한 연대활동을 하는 사람들의 집합적 도전이다"라고 할 수 있다. Sidney Tarrow, 1998, *Power in Movement: Social Movements and Contenious Politics*, Cambridge: Cambridge University Press, pp. 3~4.

그림 12-1 사회운동의 분류

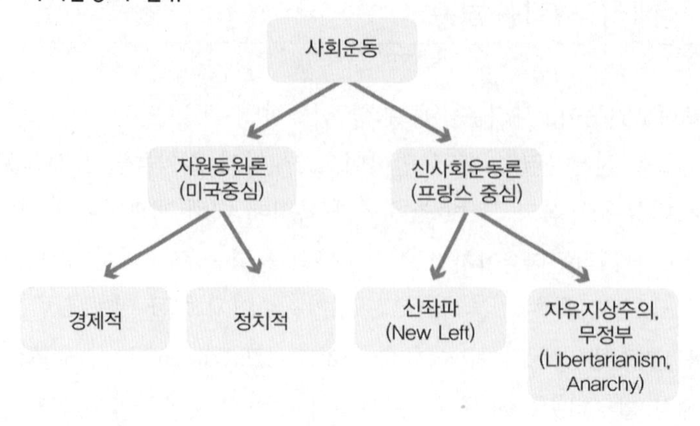

이러한 새로운 운동의 바람을 타고 유럽에서는 신사회운동 모델(new social movement model)이라 불리는 새로운 사회운동 이론이 등장하였다. 신사회운동 모델은 계급적 전통의 정치체제에서 생성된 신좌파적 사회과학 패러다임의 산물로 볼 수 있다. 실제로 신사회운동론은 사회운동의 동학을 설명하기보다는 새로운 사회운동의 원인으로서의 서구 복지국가의 구조, 일상생활에 대한 정부의 광범위한 개입, 주체에 대한 근대적 사회구성의 억압적 성격 등을 밝힘으로써 오히려 후기 산업사회의 모순적 구조를 드러내는 데 초점을 맞추었다(조대엽, 2007: 25). 반면에, 이 시기에 미국에서는 거대사회운동이 쇠퇴하면서 제도화된 시민단체를 중심으로 새로운 사회운동이 확산되었다. 바로 이 시점에서 사회운동에 대한 기존의 사회심리학적 접근방식을 전면적으로 비판하면서 등장한 것이 바로 자원동원 모델(resource mobilization model)이다. 사회심리학적 모델은 사회운동을 제도적 사회과정을 깨트리는 비정상적 집합행동으로 설명했다. 그러나 자원동원 모델은 기존의 고전적 접근과는 달리 봉기나 반란 등을 포함한 다양한 집합행동들을 폐쇄적이고 억압적인 기성질서에 대한 합목적적, 정치적 도전으로 이해한다. 즉, 시민사회운동이란 정치과정에서 배제된 도전집단들이 구체적 분배이득을 추구한다는 점에서 본질적으로 제도화된 정치방식과 동질적이며, 차이가 있다면 단지 다른 수단, 즉 비인습적 수단과 전술에 의해 이루어지는 정치방식일 뿐이라고 정의했다(임경훈, 2002: 327).

이러한 자원동원 모델은 합리적 조직행동의 관점에서 사회운동을 정상적 사회과정으로 설명함으로써 사회운동연구에 획기적인 이론적 전환을 가져왔다. 특히 80년대 중반을 기점으로 자원동원 모델은 방법론적 개인주의와 계산적 합리성에 입각한 모델의 편협성을 탈피하여 신사회운동론과의 교류, 사회심리학과의 '화해' 및 상징적 상호작용 이론의 도입을 통해 연구의 폭과 지평을 넓혀나갔다.

1. 신사회운동론

신사회운동은 지난 1970~80년대 서유럽과 북아메리카에서 크게 증대한 환경, 평화, 여성, 반핵, 반문화, 녹색당 운동 등 기존의 사회운동 영역에서 볼 수 없었던 새롭게 등장한 사회운동들을 지칭한다. 서구에서 신사회운동의 출현은 케인스적 복지국가의 성공과 풍요한 사회의 실현에 의한 탈물질과 계급갈등 완화와 깊은 연관을 갖는다(Pinto, 1981: 173~194; Melucci, 1980: 199－226; Klandermans, 1986: 13~37). 2차 대전 이후 노사 간의 대타협에 기반을 둔 복지자본주의, 그리고 경제성장과 대중소비가 결합한 풍요한 사회는 자본주의 사회의 핵심적 취약점인 노동과 자본 간의 모순을 정치와 경제의 중심영역으로부터 분리시키는 결과를 낳았다. 그러나 1960년대 중반 이후 선진자본주의는 풍요와 진보의 미몽을 깨는 충격을 경험한다. 미국의 인권운동, 반전운동, 학생운동, 도시빈민운동, 히피문화, 그리고 프랑스의 '5월 운동', 독일의 학생운동, 이탈리아의 '뜨거운 가을'이 그것이다.

1960년대 사회운동에서는, 2장에서 다룬 것처럼 서구문명의 발달과 함께 구성되어 우리의 정신세계를 제어하는 문화산업을 비판한 비판 이론가 아도르노(Adorno)의 연장선상에서 마르쿠제(Marcuse)가 주장한 억압적 관용(repressive tolerance)이라는 비판적 정의가 많은 학생, 여성, 흑인, 성소수자 등에게 영향을 주었다. 그는 억압적 관용을 "자유로운 사회에서는 억압을 느끼기 어렵기 때문에 사회구성원 대부분은 무의식적으로 억압을 받아들이고 기꺼이 복종한다"는 것으로 설명하면서 기존 질서에 저항하거나 기존 질서를 허용하지 않는 억압적 관용인 해방적 관용(liberating tolerance)이라는 담론을 주장한다(홍지수, 2017: 30). 이러한 도전의 여파는 1970년대로 이어져 여성운동, 환경운동, 반전운동(특히, 베트남전 반대), 반핵평화운동, 지역 및 공동체운동, 소수자 인권운동 등 구사회운동과 뚜렷이 구별되는 새로운 형태(정체성: identity)의 사회운동을 촉발하였다. 이러한 현상은 비교정치에서는 수학적 완벽성을 추구하던 행태주의의 종말을 가져오게 되면서 후기 행태주의의 등장을 알리게 되는 계기가 되었다. 이 운동들은 서구사회가 선진자본주의의 효율적 관리를 통하여 기본 욕구는 물론 인간다운 삶을 보장하는 데에는 성공하였지만, 성차별, 물질만능주의에 의한 환경오염, 국가의 비대화에 의한 관료주의의 폐단, 냉전과 군사주의 등 새로운 쟁점과 갈등 요인을 산출하였다는 사실에 주목한다.

신사회운동은 성숙된 시민사회의 이면에 새로운 한계와 폐단이 누증되고 있음을 자각하고 이를 종래의 사회운동과는 다른 방식으로 해소하고자 하는 운동의 형태라고 할 수 있다. 결국 신사회운동은 탈산업주의, 탈근대주의가 설득력을 더해 가는 가운데 현대적 전환의 추세 속에서 근대적 형태의 사회운동이 당면한 전략적, 실천적, 이념적 한계를 극복하려는 의도를 갖고 태어난 사회운동의 한 형태라 할 수 있다(권태환 외, 2001: 12~13).

그림 12-2 **신사회운동의 두 방향**

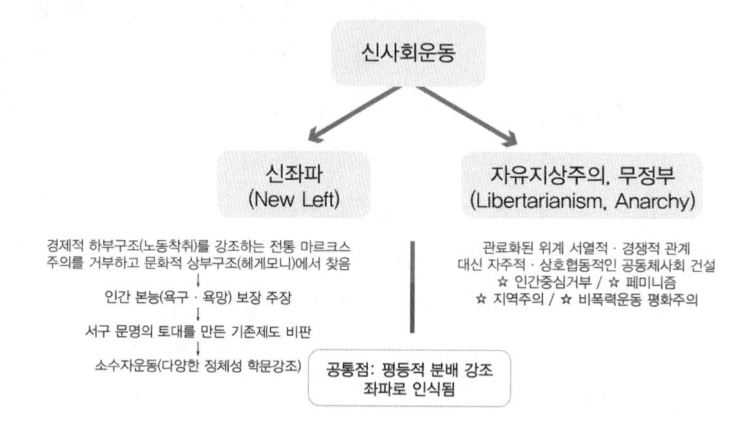

신사회운동은 유물론에 바탕을 둔 전통적 마르크스주의를 거부하며 인간의 기본적 욕망 또는 욕구의 해방을 주장하는 신좌파(New Left), 그리고 산업화 과정 속에서 제도화된 서열적·경쟁적 관계 대신 자주적이며 상호협동적인 공동체를 추구하는 자유지상주의(Libertarianism) 또는 무정부주의로 나뉜다. 신좌파는 서구 문명의 토대인 기존제도를 비판하며 인간의 본능에 기초한 다양한 정체성 영역을 강조한다. 반면에, 자유지상주의·무정부는 개발·성장·산업을 주도한 인간중심주의를 거부하며 비계급적인 자연사회의 균형, 즉 생태주의와 남성의 폭력성에 의하여 관철된 기존 국가의 서열적 지배구조를 비판하면서 남성지배·여성복종이라는 불평등을 거부하는 페미니즘을 지지한다. 그 외도 시민권력을 추구하는 분권주의와 국가의 본질이 강권적 폭력이라 주장하며 비폭력적 평화주의를 추구한다. 하지만 평등적 삶의 추구를 목적으로 가지고 있다는 점에서 두 사조는 공통부문을 지니고 있으며 이로 인해 좌파적 사고로 인식되기도 한다.

이 운동들이 '새로운' 사회운동으로 불리는 것은 무엇 때문일까? 과거에는 이와 같은 운동의 양식들이 나타나지 않았던 것일까?[2] 신사회운동을 새로운 운동이라 부르는 이유는 그것이 이제까지 산업사회 혹은 자본주의의 대표적인 사회운동이라 할 수 있는 노동운동과 비교하여 그 위치 · 목표 · 조직 · 행동수단의 측면에서 새로운 운동양식이라는 사실에 기인한다. 즉, 노동운동으로 대표되는 기존의 구사회운동이 분배구조 개선과 소유관계 개혁을 통한 물질적 진보를 주요 목표로 추구해 왔다면, 신사회운동은 이런 인간 중심의 물질적 진보를 거부하는 해방적 자율성과 정체성을 적극적으로 모색한다.

표 12-2 노동운동과 신사회운동의 비교

	노동운동	신사회운동
위치	정치체계 내부	시민사회
목표	정치적 통합 · 경제적 권리	가치와 생활양식 변화/시민사회방어
조직	형식적 · 위계적	네트워크/풀뿌리
행동수단	정치적 동원	직접행동/문화혁신

※ 출처: 앨런 스코트, 이복수 역, 1994, 『이데올로기와 신사회운동』, 한울, 30쪽.

신사회운동의 특징에 대해서는 학자별로 약간의 차이를 보이며 다양한 개념들이 주장되고 있다. 예를 들어, 브란트(Brand, 1990)는 여러 논자들에게서 공통적으로 발견되는 신사회운동의 특징으로서 ① 지위, 분배, 지배의 문제 대신에 소외, 생활양식과 삶의 질, 생존의 문제가 전면적으로 부각되며, ② 전후세대 중에서 중간층이 이 운동을 주도하며 이들은 문제 당사자들이나 주변 계층들과 동맹을 맺고, ③ 탈물질주의적 가치를 추구하며, 다원적이고 분산된 문화에 많은 관심을 가지고, 다양한 삶의 스타일을 추구하며, ④ 탈중심적이며 자율적인 밑으로부터의 민주주의 원리를 강조한다는 점을 지적한다. 한편, 보그스(Boggs, 1986)는 신사회운동이란 경제적 정책,

2) 신사회운동의 '새로움'에 대한 의문과 문제제기는 1987년에 열린 탈라하시(Tallahassee) 콜로키움에 모인 20여 명의 관련 분야 사회학자들에 의해 집중적으로 다루어지기도 하였다. 이 콜로키움에서 제기된 논점들은 3년 후 출간되었다. 자세한 내용은 다음의 책을 참조. Russell Dalton and Manfred Kuechler eds., 1990, *Challenging the Political Order: New Social and Political Movement in Western Democracies*, London: Polity Press.

생태계의 불균형, 군사주의와 핵정치, 그리고 관료주의라는 네 가지 잠재적 갈등요소와 결합되어 있다고 본다. 하워드(Howard, 1989)는 신사회운동은 현존하는 민주주의에 대한 실천적 비판의 담지자이며, 현재 '형성 중에 있는 민주적 시민사회'를 구축해 나갈 것이라고 전망한다. 포크(Falk)는 신사회운동의 다섯 가지 주요 목표를 제시하고 이 같은 목표달성을 위한 투쟁방식으로 '저항, 합법성 거부, 책임성, 시민권력화'를 제시하였다(Falk, 1987: 173~196).

이러한 신사회운동론의 이론적 배경은 잉글하트(Ronald Inglehart)의 탈물질주의에 대한 연구에 기반하고 있다. 후기산업사회로 진입한 서방사회는 그 구성원들의 물질적인 기본욕구가 어느 정도 충족된 사회이기 때문에 사회운동의 목표가 '탈물질적 가치(postmaterial values)'를 지향한다고 진단한다. 즉, 양(量)보다는 질(質)에 대한 추구이며, 노동운동과 관련하여 볼 때 임금인상과 같은 전통적인 주장보다는 통제로부터의 자유 및 자율성을 요구하는 방향으로 전환된다는 것이다. 잉글하트는 이와 같이 후기 산업사회에서 나타나는 탈물질적 전이를 사회구성원들이 정체성과 자기존엄성의 문제를 탐닉하게 되는 경향과 연계시킨다. 그는 현대사회 구성원의 특징적 현상인 고학력화는 위계적인 조직질서를 거부하고 권위에의 무조건적 위임에 비판적인 성향으로 나타난다고 지적하면서 이를 서부 유럽 6개국에 대한 사례연구를 통하여 증명하였다(Inglehart, 1977).

이와 같은 신사회운동의 성공 여부는 신사회운동 단체의 자원동원(resource mobilization)과 관련되어 있다. 특히 정치세력화의 일차적 과정을 신사회운동의 가치가 확대되는 과정 또는 시민들의 새로운 욕구를 동원하는 과정이라고 한다면, 이 과정에서 가장 중대한 문제는 신사회운동 단체의 자원동원과 관련된 것들이다. 신사회운동의 리더십, 새로운 쟁점에 대한 시민들의 인지(cognition)와 인식(recognition), 참여하는 사람들의 열의와 관심의 전파 방식, 매스컴의 활용, 조직구조와 지지자의 동원능력 등등의 문제가 신사회운동의 세력 결집 정도를 좌우한다.

특히, 현대의 모든 사회운동은 대개 상징적 동원을 위한 노력을 수반한다. 운동의 지도자들은 지지자들을 얻고, 그들을 적과 구별 짓기 위해 저항의 상징을 제공한다. 그러나 운동에 있어 상징의 정치학은 하나의 패러독스를 가진다. 그것은 새로운 운동의 정체성을 만들어 내는 역동적인 발전적 상징과 기존의 문화에 기초한 사람들에게 친숙한 전통적 상징을 제공하는 것 사이에 존재한다. 즉, 사회운동가들은 사람들에게 친숙하지만 수동성을 이끄는 전통적 상징, 그리고 사람들을 능동적으로 이끌기는 하지만 친숙하지 않은 상징 사이에서 중도적인 상징을 이끌어 내야 한다(Tarrow, 1998: 106~107).

이러한 운동을 위한 상징들은 역사적, 문화적, 이데올로기적 흐름 속에서 투쟁의 상황적 배경을 중심으로 유연하게 변화해 나갔다. 역사적으로 마르크스주의가 레닌의 소련과 마오의 중국에서 변형되어 나타난 것이 그러한 예일 것이다.

사회운동에 있어 투쟁의 정치는 흔히 불평(grievance)과 연결되어 있다. 이는 흔히 부정의(injustice)와 부당한(unjust) 것으로부터 출발한다. 즉, 부정의와 부당함으로부터 기인한 불평의 씨앗은 주요한 투쟁의 구성요소가 된다. 그러나 이러한 부정의와 부당함에 대한 인식은 개인마다 다르기에, 이것이 사회운동으로 이어지기 위해서는 공적인 방향에서의 도전자들의 부정의한 구조에 대한 잠재적인 공유가 필요하다.

이러한 부정의에 대한 불평은 다분히 감정적인 요소이다. 감정 중에서도 화(anger)는 매우 강렬한 투쟁의 씨앗이라고 할 수 있다. 이러한 감정적 차원에서 종교는 사회운동구조의 중요한 요소이다. 중요한 사회운동의 감정적 동원 기제로는 종교와 함께 민족주의와 페미니즘 등등을 들 수 있다.

사회운동의 구조는 대중의 광범위한 동의가 필요하다. 특히나 튀니지에서 촉발된 '아랍의 봄'의 사례는 SNS를 포함한 미디어의 역할이 지대함을 여실히 보여주었다. 미디어는 사회운동구조에 매우 중요한 역할을 미친다. 동일한 사건에 대해서도 미디어의 보도에 따라 운동은 동원화될 수도 있고, 그렇지 않을 수도 있다. 그러나 미디어의 역할에서 문제시 되는 것은 과연 그것이 얼마나 중립적인가 하는 것이다. 특히 자본주의 사회에서의 미디어는 미디어 산업의 논리에 따라서 움직인다는 것이다. 미디어는 사람들에게 어필할 수 있는 자극적인 뉴스만을 중심으로 다루게 된다. 이러한 경향은 저항의 사이클을 종종 일반적인 난동에서 폭력으로 전화시키곤 한다. 왜냐하면 조용히 하는 수많은 사람들의 평화시위보다, 한두 명의 과격한 행동이 더 미디어에 보도될 확률이 높기 때문이다.

이처럼 기존의 문화적 구조와 미디어의 역할은 사회운동 구조를 제한(gate- keeping)한다. 그러나 새로운 운동은 늘 구성되고 있으며, 그러한 운동은 그들의 사회문화적 구조를 초월한다. 이것은 사회운동이 단순히 동의적 동원이나 미디어 구조에 의해서 이루어지는 것이 아니라 투쟁의 과정 그 자체에 의해서 이루어지기 때문이다.

사회운동구조에 있어 중요한 요소는 결국 집단행동을 하는 사람들의 공고화이며,

이는 그들이 어떠한 것을 공유하느냐와 그것을 가지고 어떻게 상호작용하느냐에 달려 있다. 문화적 상징은 자동적으로 동원적 상징으로 이어지지 않으며, 그것을 투쟁의 구조로 변화시킬 수 있는 행위자를 필요로 한다.

한편, 시민들을 신사회운동이라는 공공영역으로 끌어내는 과정에서 사회에 내재된 관습·관행·제도·규범 등의 문제도 중요한 의미를 갖는다. 한 사회의 가족구조가 가족원으로 하여금 신사회운동이라는 일종의 저항집단 또는 문제아집단에 쉽사리 가입하도록 용인하는가의 여부는 자원동원의 성패를 가름한다. 한 사회의 지배적 이데올로기(dominant ideology) 역시 그것에 대한 저항적 표정을 함축하는 신사회운동의 성패를 좌우하는 중대한 요인이 될 수 있다(Dalton and Kuechleret, 1990: 277~300).

신사회운동이 비판받는 부분은 가치관의 변화라는 추상적 개념에서 시작하여 동기에 둔감하다는 점이다. 그 외로 가치관 변화의 지표인 탈물질주의적 사고는 발전거부적 성향으로 진전될 수도 있고 급진적이며 무정부주의로 치우치게 될 수 있다는 점이 문제점으로 지적받고 있다.

2. 자원동원 이론

신사회운동 모델이 주로 서구 유럽의 사회운동 이론가들에 의해서 주도되었다면, 자원동원 모델은 북미를 중심으로 한 다원주의적 시민사회론을 중심으로 발달되었다. 자원동원 이론은 1950~60년대의 주류를 이루었는데, 사회운동을 탈제도적 집단행위로 파악하며 사회적 안정을 해치는 부정적인 행위라고 바라보는 '집단행동론'[3]에 반발하여 등장하였다.

집단행동론과 자원동원론의 근본적인 차이점은 과거 집단행동 이론이 "왜 운동이 일어나는가?"라는 질문이었다면, 자원동원 모델은 "운동은 어떻게 일어나는가?"라는 질문을 던진다는 것이다.

특히 자원동원론은 기존 집단행태 모델의 한계였던 구조적, 정적 접근방식에서 탈피하여 사회운동에 대한 동적인 접근방식을 가능케 하였으며, 사회운동을 사회해체의 결과라기보다는 사회조직의 산물로 인식함으로써, 집합행동을 제도화된 행동

3) 논의의 간편화를 위하여 1950~60년대 심리학에 기초한 여러 사회운동 분석모델을 집단행동 모델로 칭한다.

의 확장으로 규정하고, 논의의 초점을 개인이나 사회체계의 차원에서 집합적 행위자로서의 조직으로 옮기면서, 사회운동 연구에 관한 새로운 지평을 열었다.

이는 사회의 특정 집단을 실재하는 것으로 보지 않고 사회적 구성물로 간주하면서 어떤 집단은 왜 동원된 집단으로 만들어지며 또 다른 집단은 왜 동원 상태에 이르지 못하는가라는 새로운 질문으로 관심의 초점이 바뀌게 되었다는 것을 의미한다.

이러한 자원동원론의 시작은 합리적 선택에서 다루었듯이 올슨(Mancur Olson)으로부터 출발한다. 잉글하트의 연구가 신사회운동의 이론적 배경을 제공하였다면 자원동원 이론의 이론적 배경을 제공한 것은 합리적 선택에서 다루었던 올슨이다. 올슨의 분석은 하나의 역설적 상황에서 출발한다. 다수의 개인들이 힘을 합쳐서 단체행동을 행사하는 것이 유리하다고 판단되면 단체행동은 당연히 일어난다는 것이 일반적으로 상식이다. 올슨의 시도는 이러한 통념에 근본적인 의문을 품고 개인들이 힘을 합쳐서 단체행동을 이끌면 공동의 이익을 실현할 수 있는 가능성이 높은데도 불구하고 대개의 경우 아무런 집단행동도 일어나지 않는다는 점에 주목한다. 그 이유에 대한 논리적 설명을 시도하는데, 그는 이를 '무임승차의 딜레마(free-rider's dilemma)'라고 명명한다. 집합행동은 개인들에게 선택적 동기(incentive)를 부여해주어야 가능한 것이라고 설명하였다. 올슨은 사회운동에 참여하는 데에는 반드시 동기 유발이나 부담의 부가 등이 필요하다며 개인들의 내적 동기를 중시하였다. 그러나 올슨의 논리가 집단행태 이론을 대체하여 자원동원 이론이 등장하는 결정적인 계기를 제공하였지만, 그의 논의는 시민사회운동을 분석하는 데 이론적 한계를 가지고 있었다. 왜냐하면 그의 이론은 '사회운동이 왜 일어나지 않나'에 초점을 맞추었고, 그렇기에 대규모 집단행동의 실현 가능성에 대해서는 회의적이었다. 특히 그의 이론이 발표된 지 불과 몇 년 후, 미국과 유럽에서 대규모 시민사회운동이 일어나면서 그의 이론은 적실성을 의심 받게 되었다. 더욱이 1970년대의 미국 사회는 '운동의 시대'라고 일컬어질 만큼 학생운동 · 여성운동 · 환경운동과 같은 대규모 시민사회운동의 물결이 거세게 일어났다.

자원동원 이론의 기본가정은 사회운동의 필요조건이라고 할 수 있는 사회적 불만이나 변동을 지향하는 사람들은 어느 사회에나 존재하며, 따라서 사회운동의 발생과 전개 과정은 축적된 사회적 불만의 양보다는 자원동원의 가능성 여부와 그 정도에 의해 결정된다는 것이다. 이와 같은 자원동원 이론의 논리는 이 이론이 출현하게 된 배경과 밀접히 관련되어 있다. 즉, 혁명이나 정치적 폭력, 사회적 불만, 그리고 사회체계의 불균형에 의거해서 설명해 온 전통적인 사회심리학적 접근과 구조기능론적 접근을 비판하고, 1960년대 이후 서구사회에서 등장한 새로운 형태의 사회운동에 대한 새로운 연구방법의 필요성에 의해 출현하게 된 것이다.

자원동원 이론이 설명하고자 했던 집합행동은 서구의 다원적 민주주의 정치체제에서 발생한 집합행동이었기 때문에, 경쟁관계 속 참여 집단들의 조직구조와 전략이 논의의 핵심으로 대두되었다.

따라서 자원동원 이론은 ① 집합행동은 합리적이며, ② 그 목표는 제도화된 권력관계에서 나타나는 이익의 갈등에 의해 규정되고, ③ 갈등으로 인한 불만은 모든 사회에 산재하여 자원과 조직, 그리고 기회의 변화 등에 의해 결정되며, ④ 공식적으로 구조화된 조직이 현대 사회운동의 전형적인 형태로서, ⑤ 집합행동의 성공은 전략적인 요인들과 정치과정에 의해 포괄적으로 설명된다는 점을 강조하였다.

페로우(Perrow)는 자원동원 이론을 크게 두 가지로 구분하였는데, 하나는 오버셜(Obershall)과 틸리(Tilly), 그리고 갬슨(Gamson) 등으로 대표되는 정치사회학적 접근이고, 다른 하나는 매카시(McCarthy)와 젤드(Zald)에 의해 대표되는 경제사회학적 접근이다(Perrow, 1979). 정치사회학적 접근은 집합행동을 정상적인 정치과정에서 파생되는 것으로 보고 정치적 자원을 집합행동의 중심적 설명변인으로 설정하여 조직연대나 정치적 기회 및 전략 등을 분석하는 모델이고, 경제사회학적 접근은 경제조직을 대상으로 개발된 투입-산출 모델과 같은 경제 이론에 근거해서 집합행동의 조직을 분석하는 모델이다.

우선 자원동원의 메커니즘을 경제적 행위와 유사하게 생각하는 매카시와 젤드는 시민사회운동을 제도권 내에서의 이익집결행위와 기본적으로 큰 차이가 없는 것으로 간주하며, 단지 어떠한 맥락과 방식으로 등장하는가가 다를 뿐이라고 보았다. 이들은 시민사회운동은 좌절감이나 박탈감만으로 발생하는 것이 아니고 상당한 비용이 투자되어야 한다고 간주하였다. 이들은 운동이 발생하는 가장 중요한 조건으로 조직(organization)을 꼽으며, 사회운동이란 조직적 기반 위에서 전개되는 합리적 집합행동이라고 설명하였다. 이들은 특히 조직이 사회운동에 대한 참여 비용을 낮추어 준다고 주장한다. 따라서 매카시와 젤드는 운동을 위한 경영형 리더십이 존재하고 충분한 자금 등의 자원들이 제공될 경우에 시민사회운동이 가능하다고 말한다. 이러한 견해는 북미의 다원주의자들에게는 매우 당연한 것으로 인정되는데, 이들은 시민사회 내의 다양한 자발적 결사체의 형성의 하나라고 볼 수 있는 사회운동단체의 형성을 중요하게 여기기 때문이다. 이들은 또한 동원의 조직화를 중시한다. 국가의 탄압과 사회단체의 지지 등이 집합행동에 참여하는 비용을 높이거나 낮춘다는 것이다. 이렇게 볼 때, 자원동원 모델은 사회운동 영역을 사회운동들 사이에, 또는 운동과 기존의 이익집단, 운동과 정부 당국 사이에 벌어지는 경쟁의 장으로 이해하고 운동조직을 마치 시장에서 경쟁하는 기업조직과 동일한 것으로 인식하는 것이다 (Mayer, 1991).

한편, 자원동원과정을 갈등조직들 간의 정치적 조직과 전략을 중심으로 보는 틸리와 오버셜은, 시민사회운동을 특정한 가치체계에 대한 강한 신념에서 비롯된 것으로 보는 베버적 관점을 거부하고 이익과 전략을 중심으로 한 갈등집단의 일련의 동원과정으로 분석하는 오버셀의 해석에 동의하였다(권태환 외, 2001: 63). 정치적 동원과정을 정리하면 다음과 같다.

표 12-3 정치적 동원 모델

상위 집단과 권력과의 관계	집단 내부조직의 특성		
	공동체 모델	조직의 부재	협회적 모델
통합	A	B	C
분리	D	E	F

A: 집단행동 가능성 상대적으로 낮음
Why? 상류계층 지역공동체 대표
B: 결속력 약함, 개인적으로 후원·복종관계 성립
C: 노동조합, 직능단체 등이 정부의 정책과정에 참여
D: 집단의 위협을 느끼면 강력한 집단행동
E: 집단행동 빈도는 낮으나 행동발생 시 짧은 시간에 폭발적으로 발생
F: 집단행동 조직과 지도자 나타남

틸리는 또한 시민사회운동의 발생에서 장기적으로 도전자 집단의 조직과 이익, 그리고 이를 견제하는 기회성 및 탄압이 가장 중요한 것으로 보고, 이익은 탄압의 정도를 결정지으며 또 단체의 조직과 동원은 그 이익에도 역으로 영향을 미친다고 보았다. 이 모델의 결점으로 믿음이나 관습 및 권리 등의 요인이 경시되었다고도 볼 수 있으나 틸리는 이러한 요인들은 이익, 조직, 동원, 탄압의 주요 요인에 간접적으로 영향을 미치는 것으로 다루어질 수 있다고 보았다(Tilly, 1978: 57~58). 틸리는 이익이 단기적으로 당사자의 주관적 발언이나 행위에서 추론될 수도 있으며, 장기적으로 사회적 지위나 생산관계 등과 이해관계의 관련을 일반적으로 분석함으로써 추론될 수도 있다고 하였다. 틸리는 이와 함께, 동원의 개념을 사회의 역사적 맥락

에 따라서 방어적 동원, 공격적 동원, 준비적 동원의 세 가지 종류로 구분하여 비교하였다. 방어적 동원이란 외부적 적에 대해 투쟁하기 위해 집단이 자신의 자원을 동원하는 경우로 정의되며, 농민반란이 전형적인 사례이다. 공격적 동원은 자신의 이익을 실현시키기 위해서 자원을 끌어오는 것으로 자주 위로부터의 조직화를 수반한다. 준비적 동원이란 장차의 기회와 위협을 예상하여 어느 한 단체가 자원을 끌어오는 경우로 대개 위로부터의 조직화로 이루어지며, 19세기의 노동조합운동이 여기에 해당된다(Tilly, 1978: 73~74). 간단하게 정리한다면 어느 사회나 자생적 사회적 연계망(netness: 친목모임, 운동동호회 등)이 존재한다. 이 모임이 범주적 정체성(category: 지역, 직업, 성별 등)을 갖고 있는 다른 모임과 연결망을 형성(catness)하여 자연스럽게 조합한 형태(catent)의 조직화가 이루어진다는 것이다. 이러한 시도로 틸리는 검증이 불가능한 심리학적 요인을 극복했으며, 자원의 양과 질에 따라 사회적 동원이 좌우될 수 있다는 근거를 제시했다. 마지막으로 사회운동은 정상적 현상이라는 점을 강조했다.

이와 같은 자원동원 모델에 대한 다양한 논의에도 불구하고, 자원동원 모델의 연구자들은 공통적으로 사회적 긴장과 불만이 어느 시대나 사회를 막론하고 항상 존재하기 때문에 사회운동 연구의 초점을 사회적 불만이나 갈등 자체보다 이것들이 집단행동으로 전환되는 조건을 규명하는 데로 이동해야 한다고 경제적 요인을 주장한다. 왜냐하면, 자원동원 모델에 따르면 사회구성원들이 느끼는 불만은 사회변동을 야기하는 부차적인 요소이며, 일차적인 발생요소는 집단의 자원, 조직, 집합행위의 기회 등에 있어서 장기적으로 표출되는 변화라고 주장한다. 왜냐하면 사회구성원들이 느끼는 '불만'은 그 구성원들이 소속된 사회제도들에 의해 지속적으로 야기되는 것으로 궁극적으로 사회체제가 변화하지 않는 한 변화될 수 없는 상대적인 불변적 요인이기 때문이다.

결국, 자원동원 모델에 의하면 '불만'이 시민사회운동으로 전환되는 계기는 잠재적 운동집단이 각종 자원(resource), 예를 들어 운동조직, 이데올로기, 지도자, 외부 엘리트의 협조, 자금 등을 성공적으로 조달할 때이다. 이러한 관점에서 자원동원 모델은 자원들을 동원하고 그 흐름을 일상화함으로써 운동의 지속성을 확보하는 운동조직(SMO: social movement organization)과 전문 운동가, 외부 엘리트들의 협조 등 요인이 같은 목적을 공유하는 사회운동산업(SMI: social movement industry)으로의 전위, 마지막으로 사회운동부문(SMS: social movement sector)의 다수의 적극적인 참여로 기성 권력과의 경쟁에서 사회운동이 성공할 수 있는 결정적 변수들의 진행과정으로 시민사회운동을 파악한다(McCarthy and Zald, 1977: 1212~1241).

또한 결론적으로 자원동원 모델은 집합행동론의 사회운동에 대한 심리적이고 사회 병리적인 해석을 지양하고 사회운동의 정치적이고 합리적인 면을 강조하고, 현대사회운동에 있어 조직의 전략적 행동과 자원 동원의 중요성을 제기했다는 점에서 사회운동의 합리성과 정치적 목표, 자원의 중요성, 운동의 동원구조를 이해하는 데 기여한 바가 크다.

그러나 지난 20년간 사회운동론을 풍미했던 자원동원론은 최근 들어 많은 비판을 받고 있어 그 모델의 수정이 요구된다. 첫째, 자원동원론의 연구와는 달리 운동의 초기에는 자원이 외부에서 유입되는 것이 아니라 저항집단의 내부에서 충당되는 경우가 많으며, 사회운동조직은 공식성이 강한 '전문사회운동조직'의 형태보다는 훨씬 느슨한 형태의 조직을 주로 취한다는 사실이 밝혀지고 있다(Jenkins, 1983: 527~553).

둘째, 자원동원론은 집합행동론의 사회심리적 접근에 대한 과도한 반응으로 운동에서 필수적인 집합적 비판의식, 대안적 의미체계의 형성과 같은 상징적인 국면을 간과하였다는 비판을 받고 있다(Hirsch, 1990: 243~254).

셋째, 자원동원 모델은 사회운동의 목표, 이데올로기적 내용, 참여자의 동기 등에는 둔감하여 사회운동을 지나치게 '정상적'인 현상으로 이해하고 있고, 운동 동학을 이해하는 데 있어서 동기나 불만이 집단행동으로 비화되는 인지적 전환과정을 간과하고 있다고 비판받고 있다(Buechler, 1993: 217~235). 즉, 사회운동의 지지자들이 자기 이익에 대한 합리적 계산뿐만 아니라 내면적 가치나 감정의 맥락에서 움직이며, 따라서 동원화의 주된 과제는 집합체의 연대성과 도덕적 실천에 의해서 이루어질 수 있다는 것이다. 결국, 집단의 동원능력은 대개 기존의 조직화 수준에 의해 결정되는데, 집단의 성원들에게 있어 배타적인 그리고 강력하고도 특징적인 동질성과 긴밀한 개인 간 네트워크를 공유하는 집단은 높은 수준으로 조직화되고 나아가 쉽게 동원화될 수 있다는 것이다(김수철, 2002).

마지막으로, 자원동원 모델은 위계적인 공식 운동조직과 운동전문가의 역할만을 지나치게 강조하고 있어 공식 운동조직의 관료화나 소수 엘리트들에 의한 과두제화를 정당화할 수 있는 가능성이 있다는 것이 문제점으로 지적된다(McAdam, 1982: 20－35).

표 12-4 자원동원론 분류와 특징

	자원동원론		
	합리적 행위론	조직/기업자론	정치과정론
대표적 이론가	Olson, Granovetter	McCarthy & Zald	Tilly, Gamson, Oberschall
운동은 특수현상인가	비특수	비특수	비특수
운동의 원인	다른 수단으로는 획득되지 않는 개인적 이해의 추구	자유재량자원의 증가와 운동기업자의 유용성	'정통한' 수단으로 획득되지 않은 이익 추구를 목표로 하는 권력과 자원의 불평등배분
운동활동과 '통상' 행동과의 차이	매우 유사하다. 합리적 이익 최대화의 추구에 인도된다.	매우 유사하다. 제도적, 조직적 요인에 인도된다.	유사하다. 하지만 정치과정의 무질서한 측면이 포함된다.
참가자의 특징	합리적이고 이기적인 개인	합리적이고 통합된 조직성원	합리적이고 (때로는) 이데올로기적이기도 한 조직이나 연대집단의 성원
운동참가의 이유	개인적 이익의 실현 때문	개인적, 집단적 이익의 실현 때문	집단이익의 실현 때문
운동의 발전, 확대 방법	참가를 합리적인 것으로 함으로써	자원의 축적과 사용을 통해서	도전자집단의 성원의 동원과 자원이나 전술의 전략적 사용을 통해서
사회운동에서 조직의 역할	중심변수는 아니다.	운동에 앞서고 또 그 후에도 존재한다. 운동 목표실현에 있어 중심적	운동에 앞서고 또 그 후에도 존재한다. 운동 목표실현에 있어 중심적
전략이나 자원에 대한 관심	한정적 관심	가설, 명제의 중심	가설, 명제의 중심
운동의 성과를 결정하는 것	행위자를 집합행위에 참가, 공헌시키는 설득력	목표, 조직, 전략의 특질	목표, 조직, 전략의 특질

제4절 | 구성주의적 사회운동론

우리는 위에서 집합행동과 사회운동이 일어나는 원인은 무엇이며, 또 무엇이 그것을 지속시키는가 하는 의문들에 대한 세 가지 주요 접근법을 살펴보았다. 각각의 이론은 사회운동이 개인의 사회심리학적 요인에서부터 연유한다고 보는 집단행동론과 사회심리학적 접근법, 개인과 집단의 합리성과 조직의 동원능력을 중심으로 설명하는 자원동원론, 그리고 경제적 발달에 따른 가치관의 변화가 사회운동을 추동시키는 주요한 열쇠라고 생각하는 신사회운동론이다. 그러나 멜루치(Melucci)가 적절히 표현한 바와 같이 전통적인 집합행동 이론들이 '행동이 없는 행위자들(actors without actions)'의 연구에 초점을 맞추었다면, 근래의 자원동원 이론과 신사회운동론은 '행위자가 없는 행동(actions without actors)'의 연구에 집중하는 경향이 있다고 할 수 있다(Melucci, 1988). 다시 말해서 군중행동과 대중행동을 중심으로 한 고전적인 집합행동 이론과 구조기능주의적 접근, 그리고 사회심리학적 접근들은 집합행동의 과정보다는 집합행동 참여자들의 개인적 동기와 심리적인 불만 또는 집합행동을 발생시키는 구조적인 긴장 등에 중점을 두었으며, 반대로 합리적 선택 이론이나 자원동원 이론, 그리고 초기의 신사회운동론 등은 집합행동과 사회운동의 과정, 특히 사회운동조직의 동원전략에 초점을 맞추었다.

즉, 기존의 사회운동에 대한 이론들은 집합행동이 일어나는 원인으로 사회구성원들의 개인적 또는 사회적 불만이나 구조적 긴장 혹은 구조적 불균형, 사회체계 수준에서의 구조적 모순, 정치적 기회의 확대, 가용한 자원의 증가 등과 같은 구조적 조건을 중요하게 생각하였다. 그러나 구성주의 이론가들에 의하면 그러한 구조적 조건들은 사회운동이 발생할 수 있는 잠재적인 조건을 제공할 뿐이며, 실제로 사회운동이 발생하기 위해서는 먼저 그와 같은 구조적 조건을 행위자들이 자신들에게 의미 있는 상황으로 해석하고 정의하지 않으면 안 된다. 즉, 사회운동 이론에 있어 구성주의적 접근은 사회운동이 객관적인 구조적 긴장이나 개인적, 사회심리적 불만에 의해 자동적으로 발생하는 것이라기보다는 다수의 개인들이 자신들의 사회적 조건에 대한 기존의 인식 틀을 재구성하고 더 나아가 현재의 조건을 변화시킬 것을 목적으로 하는 사회운동에의 참여가 의미 있는 일이라고 해석하는 '집합행동의 틀(collective action frame)'을 공유하게 되었을 때 비로소 발생하는 것이라는(Snow et al., 1986: 464~481), 다분히 사회심리학적인 기본전제를 가지고 사회운동연구에 새롭게 접근하였다.

이러한 측면에서, 최근의 사회운동 이론가들은 사회운동의 일반 이론으로서의 자원동원 이론과 신사회운동 이론이 지닌 한계를 인식하고, 그 한계를 극복하는 대안으로서 구조와 과정 및 행위자와 행위가 모두 포함될 수 있는 새로운 패러다임으로서 구성주의 이론을 제안하게 되었다. 구성주의 이론가들은 전통적인 집합행동 이론과 대중운동 이론, 구조기능주의 이론과 사회심리학적 접근 등에서 발견할 수 있는 지적 자원들과 자원동원 이론 및 신사회운동론의 이론적 성과들을 선택적으로 수용하면서 새로운 이론적 패러다임의 구성을 제안한다.

특히, 구성주의적 접근법은 합리적 선택이라는 경제적 합리성에 바탕을 둔 자원동원론의 한계에 대한 비판에서 출발한다. 특정한 순간의 선택적 상황을 중시하는 합리적 선택 이론과 달리 구성주의적 접근법은 사회운동을 하나의 정치적 현상으로 바라보는 것이다. 즉, 사회운동을 정치과정 속에 나타나는 지속성 있는 과정으로 바라본다. 이처럼 사회운동을 지속성을 가진 정치적 현상으로 보는 구성주의적 접근법은 정치적 기회구조라는 개념을 중심으로 사회운동을 설명한다.

정치적 기회란 개념은 1960년대의 서구유럽과 미국에서 동시에 발생한 신사회운동에서 기인하였는데, 하버마스(Habermas)와 프랑크푸르트학파에 의해서 주도된 이 지배적인 패러다임은 기본적인 사회구조와 동원의 잠재력이 행동으로 어떻게 전환되는가를 추적하는 데 있어 정치적 기회와 제한을 매우 중요한 요소로 바라본다(Tarrow, 1998). 특히, 정치적 기회구조란 정치과정에의 참여를 조건 짓는 제도와 관행 그리고 무엇보다도 문화를 의미하며, 이는 일반적으로 정치적 접근권에 대한 제약 정도를 설명하는 분석적 개념으로 사용되거나 도전 세력에 열려 있는 권력 자원에 대한 개방성의 정도를 측정하는 지표로 사용되고 있다(김성수, 2007: 57). 도전세력은 기존 문명과 제도 등을 비판하면서 개방성 확보를 시도하곤 한다. 그러면 이제 구성주의자들이 이야기하는 정치적 기회의 다양한 차원들을 분류해보도록 하자.

첫째, 사회경제적 환경의 변화이다. 산업화나 민주화, 경제 발전과 같은 사회경제적 환경의 변화는 사회운동의 기회구조를 변화시킨다. 특히 정치적 자유화를 통한 경쟁의 증대는 정치적 기회를 증대시킬 수 있으며 사회운동의 확산을 불러일으킬 수 있다. 또한 신사회운동론자들이 이야기하는 바와 같이 경제적 수준의 향상은 개인의 가치관의 변화를 불러일으키며, 이러한 변화는 정치적 요구의 증대와 함께 사회운동의 기회를 확대시킬 수 있다. 그러나 중요한 것은 단순히 증대된 경쟁의 출현, 그 자체만으로 사회운동을 불러올 수는 없다는 것이다. 집단적 정체성이나 개인 간의 굳건한 네트워크의 결속이 없는 한, 조직들은 지속적인 사회운동을 유지하기 위한 이념적 일체성을 조직적 유대로 얻을 수 없다는 것이다.

둘째, 바로 위에서 제기한 집단적 정체성이나 지역적 네트워크의 향상을 불러오는 풀뿌리 조직의 활성화이다. 즉, 자원동원론에서 이야기하는 비정치적 형태의 조직들의 확대와 활성화는 정치적 기회의 확대를 가져올 수 있다는 것이다. 특히 멜루치가 강조하는 집합적 정체성(collective identity)의 측면에서 이러한 풀뿌리 조직의 활성화는 사회운동이 활성화되는 데 중요하다. 멜루치는 사회운동 자체(보다 정확하게는 집합행동)를 행위자들이 의미를 창출하며 의사를 소통하고 협상하여 의사를 결정해 나가는 과정(Melucci, 1989)이라고 주장하였는데, 그와 같은 과정은 사회운동에 참여하는 참여자들의 집단 내부에서 진행되는 과정으로서 집합적 정체성의 형성을 그 핵심으로 한다. 즉, 운동집단은 스스로를 집단으로 정의할 수 있어야 하고, 그 구성원들은 사회적 환경에 대한 공통된 견해와 공유된 목표, 그리고 행동의 가능성과 한계에 대한 공통된 인식 등을 발전시킴으로써 집합적 정체성을 형성해야만 성공적으로 집합행동을 수행할 수 있다는 것이다.

세 번째는 인지적 해방을 통한 능동적, 주체적 활동의 증가이다. 갬슨(Gamson, 1992: 7)에 의하면 집합행동의 틀(collective action frame)은 "사회운동을 촉진하고 정당화하는 행동 지향적 신념과 의미들의 복합체"라고 정의된다. 다시 말해서 집합행동의 틀은 개인들로 하여금 집합행동 참여가 의미 있는 일이라는 신념을 갖도록 이끄는 일련의 집합적인 신념들(collective beliefs)이라는 것이다. 맥아담(McAdam, 1982) 역시 '인지적 해방(cognitive liberation)'을 통한 행위주체의 의식변화를 사회운동의 매우 중요한 요소로 정의했다. 그가 제기한 인지적 해방의 개념에 따르면, 기존 체제의 정당성에 대해 의문을 갖게 되는 것, 운명론적 체념에서 벗어나 변화를 요구하게 되는 것, 새롭게 정치적 효능감(참여가 변화를 가져 올 수 있다는 신념)을 갖게 되는 것 등을 포함하는 '의식의 변화'를 통해서 사회운동의 참여자들은 비로소 집합행동에 나서게 된다는 것이다. 이러한 의식의 변화를 통한 사회운동의 확대와 정치적 기회구조의 증대라는 논리는 신사회운동론에서 이야기하는 탈물질주의 가치관의 증대를 통한 새로운 사회운동의 확대라는 주장과 유사하다.

네 번째는 국가 자율성의 문제이다. 국가의 힘, 즉 국가의 자율성과 정치적 기회 역시 매우 밀접한 관계를 가지고 있다. 먼저, 일반적으로 그들의 명령에 있어 효과적인 정치 도구를 가진 중앙집권화된(centralized) 국가들은 집단행동의 행위자들을 정치체제의 정점으로 이끌어 낸다. 반면에 분권화된(decentralized) 국가들은 집단행동의 행위자들에게 다양한 목표물들을 제공하기 때문에 하나의 목표로 자원을 동원하기가 힘들다. 이러한 현상은 1960년대 미국과 프랑스에서 나타난 학생운동에서 찾을 수 있다. 중앙집권화된 프랑스의 경우, 1968년 학생운동이 일어났을 때 이들이 급속하게 정치적 영역으로 진입하여 제5공화국을 위협하였지만, 분권화된 미국의 경우에는 훨씬 더 다양한 영역에서, 더 오랜 기간이 걸렸다(Tarrow, 1998: 81).

또한 강력한 힘을 가지고 억압을 가하는 국가와 그렇지 않은 국가 사이에도 차이가 존재한다. 전자의 경우가 후자의 경우보다 훨씬 더 사회운동이 일어나기 어려운 경향이 있다. 억압(repression)은 집단행동을 약화시키기도 한다. 하지만 조직화와 동원화를 증가시키기도 한다. 훨씬 더 가혹하고 갑작스러운 억압이 장기적 측면에서는 역설적으로 좀 더 효과적인 조직화와 동원화를 야기할 수도 있다. 즉, 대중정치를 억압하는 권위주의 국가의 효과적인 탄압은 집단행동에 있어 훨씬 더 급진적이고, 더 효율적인 조직을 만드는 역할을 한다. 결국 권위주의 국가에 있어 의견의 표출을 정기적으로 할 수 없는 제도적 억압은, 심지어 중도에 있는 사람들조차도 급진적인 세력으로 변화시킬 수 있는 것이다(Tarrow, 1998: 83).

정치적 기회구조의 변화를 가져오는 이러한 네 가지 주요한 변화들 이외에도 정치적 기회를 증대시키는 변수들로는 제도적 접근(access)의 증대, 엘리트의 분열, 동맹의 등장 등이 있다. 그런데 이때 제도적 접근에의 증대와 저항(protest) 간의 함수는 곡선을 그리게 되는데, 접근성이 완전히 자유로운 상태나 접근성의 완전한 부재상태에서는 거대한 저항(the greatest degree of protest)을 생산할 수 없으며, 그 중간적 상태에서 최대의 저항이 일어날 수 있다는 것이다. 한편, 엘리트 내부에서의 분열은 역시 경쟁의 발발을 촉진하며 정치적 기회의 증대를 가져오는데, 엘리트 내부의 분열은 자원이 부족한 집단들에게 집단행동의 위험을 감수할 동인을 제공할 뿐만 아니라 권력에서 소외된 엘리트들에게 대중들의 호민관(평민의 대표) 역할을 할 수 있는 용기를 북돋아 준다(Tarrow, 1998: 79).

정치적 기회가 증대되는 마지막 상황은 영향력 있는 동맹의 등장이다. 구체제에 대한 도전자들은 그들의 행동에 보조를 함께 할 수 있는 친구와 같은 동맹자들과 연대할 때 집단행동을 취하도록 촉진된다. 경쟁적 정치의 가장 괄목할 만한 특징 중 하나는 그것이 다른 사람들의 정치 기회를 증대시킨다는 것이다. 즉, 저항집단들(protesting groups)의 행동은 다른 사람들이 따라하고 보고 배울 수 있는 것으로써, 특정 운동은 다른 집단들에게 전시효과로써 보여질 수 있다.

이상과 같이 구성주의적 접근법에서는 사회심리학적이고 구조적인 변수들이 모두 포함된 다양한 요인들로 인하여 정치적 기회구조가 확대 혹은 제한될 수 있다고 바라보며, 이러한 정치적 기회구조의 변화가 지속성을 가진 정치현상으로서의 사회운동을 설명하는 데 있어 매우 적실성을 가진다고 본다. 하지만 구성주의적 접근법은 관념론적이라는 비판속에 경험적 분석을 인도할 일반화된 가설을 만드는 데 어려움이 제기되기도 한다(Benford, 1997: 409~430).

제5절 | 사회운동론의 의의

지금까지 사회운동에 대한 다양한 이론적 흐름을 살펴보았다. 비교정치의 주된 연구 대상이 공식적인 정치제도 및 사건을 중심으로 진행되었다면, 사회운동은 그러한 연구들로는 설명될 수 없는 분야를 다룬다. 즉, 우리는 정치라는 단어를 생각할 때에는 선거, 정당, 정부 등의 개념 외에도 사회적인 집단의 정치 참여에 대한 다양한 움직임을 떠올릴 수 있다. 이는 앞서 다루었던 다원주의적 관점에서도, 혹은 계급주의적 관점에서도 이론을 뒷받침해주는 핵심적인 구성요소로서, 정치체제를 작동시키기 위한 사회적인 요구가 어떠한 방식으로 구성되는가의 문제라고 할 수 있다. 사회운동론은 이처럼 비교정치가 그 이론적 정교화를 꾀하고 현실적인 대안을 제시할 수 있는 실천적 역할을 하기 위해서는 결코 무시해서는 안 되는 영역인 것이다.

이와 관련하여 사회운동을 비정상적인 요인과 결부시키는 전통적인 이론으로부터 행위자들의 합리적 선택에 기반하는 정치현상으로 바라보는 자원동원론, 가치관의 변동 및 발생에 의거한 현상으로 바라보는 신사회운동론 등을 살펴보았다. 또한 구성주의 이론의 경우 가장 최근의 이론적 움직임으로서, 행위자의 행위 동인과 행위의 동학을 함께 설명하고자 하는 야심찬 기획이라고 할 수 있다. 무엇보다 사회적·정치적 현상은 단순히 자유로운 행위자의 선택이나 구조적으로 결정된 법칙에 의해 발생하는 것이 아니라 구조와 행위자의 상호작용 가운데에서 태동하고 전개된다는 측면에서, 구성주의적 연구 흐름은 사회운동에 대한 과학적 접근의 발전을 위해 바람직한 움직임이라고 평가할 수 있을 것이다.

세계화

최근 비교정치는 합리적 선택, 정치제도, 정치문화 등의 중범위 이론 등을 바탕으로 각국의 정치 현상을 설명하고 있다. 그러나 비교정치의 분석 대상인 각 국가들의 정치 전반은 언제나 '세계' 혹은 '국가 간 체계'라는 더 큰 차원의 일부분으로서 존재해 왔다. 즉, 최근 들어 증대된 국가 간 경제 영역의 통합, 정치적 협력의 증대를 차치하더라도 근대 주권 국가들은 그 탄생부터 국제적인 주권 국가시스템의 일부로서 존재하고 있었던 것이다. 이렇듯 국가들로 이루어진 세계적인 차원의 시스템 하에서 각국은 타국 및 집합적인 세계적 경향에 영향을 받기도 하지만 반대로 일국이 타국과 세계 정치 전반에 영향을 끼치기도 한다. 따라서 세계 속에서 각 국가들이 어떤 식으로 상호작용하며, 국가를 벗어나는 행위자 및 제도의 존재 양상은 어떠한가에 대한 검토는 비교정치적인 분석을 심화하기 위해서 필수적으로 요구된다.

이 장에서는 먼저 전통적인 국가 간 상호작용의 메커니즘을 살펴보기 위해 국가 간 경쟁 및 갈등에 대해 살펴보고, 다음으로 국가 간 협력을 위한 메커니즘과 제도적 장치들에 대해서 살펴볼 것이다. 이를 통해 제2차 세계대전 이후 진행된 탈식민화 및 이와 더불어 형성된 전 세계적 주권국가시스템에서 각국이 어떤 식으로 서로를 제약하고 새로운 정치적 목적을 성취하기 위해 어떠한 기회를 형성하는가에 대해 살펴볼 수 있을 것이다.

다음으로 보다 최근의 조류와 관련된 것으로 국제기구의 역할과 글로벌 스탠더드(global standard)의 문제에 대해 살펴보도록 할 것이다. 주지하듯이 세계화(globalization), 즉 각국의 정치·경제·사회적 통합 현상이 가속화되는 과정에서 신자유주의가 세계 정치경제 질서의 지배적 담론으로 자리매김했다. 이는 서구 중심의 일원화된 글로벌 스탠더드가 각국에 반영됨으로써 각 국가의 정치적·경제적 조직 및 운영이 세계적인 차원에서 수렴되고 있음을 보여준다. 따라서 이러한 글로벌 스탠더드는 어떤 과정으로 형성되었고 어떻게 각국으로 전파되는지, 아울러 세계화가 야기해 온 문제점과 도전요소들을 살펴본다.

제1절 | 국가 간 경쟁

1. 세력 균형

상대적 이익(relative gains)은 국제정치이론에 있어 현실주의적 관점을 대표한다. 한정된 자원을 둘러싼 국가들 사이의 경쟁이 심화되는 상황을 의미한다. 이러한 국제정치 환경 하에서는 협력적 전략에 따른 동의를 쉽게 이룰 수 없다. '세력 균형'은 이 같은 홉스적(Hobbesian) 상황에서 직접적인 분쟁을 해결하는 방법의 하나로 등장한 개념이다. 정치, 경제 그리고 군사력과 같은 권력 분야에 있어 대략의 평등이 존재한다면 경쟁적인 국가들 사이의 세력 균형이 가능하다. 달리 말해, 세력 균형 상황이 달성되었다는 것은 각 국가의 행위자들이 타 국가의 일방적인 상대적 이익 추구 행위에 대해 복수 혹은 보복을 가할 수 있는 조건이 마련되어 있다는 의미다.

세력 균형이라는 용어는 광범위하게 사용되며 다양한 의미로 활용되고 있지만, 정치학에서는 주로 현실주의적 관점과 연동되며, 다음과 같은 몇 가지 주요 요소들이 세력 균형의 고전적 개념을 이룬다(Kaplan, 1957; Morgenthau, 1993).

1. 국가들 사이의 일반적인 안정과 현상 유지를 위해 노력한다.
2. 잠재적인 침략자들의 행위는 이를 극복할 수 있는 반대 권력에 의해서만 통제되고 결국 평화는 경쟁적인 국가들 간의 균형에 의해 확보될 수 있다.
3. 세력 균형 유지를 담보할 수 있는 소수의 권력 국가들이 존재한다.
4. 이 권력 국가들과 기타 국가들은 우정과 이데올로기가 아닌 자국 이익 및 체제 안정을 기반으로 하여 지속적으로 가변적 동맹을 현실화하고 있다.
5. 체제의 전반적 균형에 위협이 될 수 있는 행위를 보호하기 위해 일국 혹은 여러 권력 국가들은 반대급부 성격의 일국 혹은 관련 국가의 사안에 개입해야 한다.
6. 주기적 정치 폭력이나 전쟁은 국가들이 자국의 안전을 위해 행사하는 것이지 체제의 안위를 위해 항상 사용하는 것은 아니다.

17세기 근대 국가의 등장 이래로 몇몇 소수 국가들은 많은 다른 나라에 대하여 자국의 이익을 달성하기 위해 권력을 행사해 왔다. 몇몇 학자들은 1648년 베스트팔렌 평화 시기부터 1914년 제1차 세계대전까지의 기간을 고전적 세력 균형의 시기로 분류하고 국제관계의 특성을 기술하였다. 이 설명은 유럽 국가의 행위와 가변적 동맹에 주로 적용되었고, 300여 년 동안 유럽 국가들은 국제 정치의 핵심적 행위자로 공헌하였다. 처칠(Winston Churchill)은 영국의 '균형자'적 역할을 강조하며, 지난 400년의 영국의 대외정책은 대륙의 강력하고, 가장 공격적이며, 가장 우월한 권력에 반대해 왔고, 약한 국가의 편에 함께 해 왔다고 하였다.

그러나 19세기 후반 국제체제의 변화와 맞물려 세력 균형의 정치가 흔들리게 되었다. 이데올로기와 민족주의의 성장은 특히 주목할 만한 것들로서 이 요소들은 국가들 간의 용이한 동맹 체결을 방해하였다. 이것은 프랑스와 독일 간의 깊은 반감을 불러일으켰고, 어떠한 문제이든 양국은 양극단에 위치하였다.

이념적 스펙트럼에 따른 국제관계의 이합집산이 이루어졌다. 제2차 세계대전 이후 미국을 중심으로 한 자유진영과 소련을 중심으로 한 공산진영 간의 대립이 가속화하였다. 고전적으로 융통성을 가졌던 국가들 사이의 탈 이데올로기적인 균형은 붕괴되었다. 국가 간의 권력 경쟁의 무대 역시 유럽에서 전 세계로 확대되었다. 게다가 신기술이 전쟁무기에 속속 적용되면서 상대국의 통제에 필요한 기존의 대외정책 기제들이 지닌 용이성마저 점차 감소했다.

제2차 세계대전 이후 고전적 세력균형체제는 두 진영 간의 대립체제로 대체되었다. 세력균형체제에 있어 미국과 그 동맹국들은 소련과 그 동맹국들에 대항하여 균형을 이루고 있었다. 각 진영에서는 초강대국과 결탁하였고, 타 진영과 이데올로기적 반감을 가지고 있었으며, 진영 내 동맹관계를 매우 견고히 하였다. 또한 양 진영은 헤게모니 달성을 위해 각 진영을 보호하였다. 그리고 군사력은 냉전 기간 양 진영이 세력 균형을 유지하는 데 필수적인 요소로 작용하였다.

그러나 1970년대 초반부터 소련이 붕괴한 1991년까지 국제체제는 점차 다극화 양상을 보였다. 이 기간 동안 각 진영 간의 응집은 점차 느슨해졌고 중국과 일본, 서유럽과 같은 강력한 행위자들이 등장했으며, 이와 같은 국가들은 독립적인 영역을 확보해 나가기 시작했다. 비록 다극화가 고전적 세력균형체제는 아니었지만 여전히 이데올로기적 특수성과 불가변성은 잔존해 있었다. 동시에, 미국과 소련은 국제사회의 우월성을 지속해 나갔으며, 군사력과 다수의 핵무기 보유를 위해 노력했다.

1991년 소련의 해체는 탈냉전 시대의 도래로 이어졌다. 탈냉전 시기에 접어들어 국제체제는 다극화 요소를 지니고 있었지만, 소련 붕괴는 궁극적으로 군사력과 경제력의 우월성을 통한 미국의 단일 헤게모니 등장 배경으로 작용하였다. 미국은 UN을 통해 평화유지 역할을 주도적으로 수행했고, 아울러 집단적 안전보장체제가 UN(1990년 걸프전)과 NATO(1999년 코소보 사태)를 통해 실천적으로 작동하였다. 이는 전적으로 미국의 일방적 의사를 반영한 것이었다.

2. 공포의 균형

현대 군사 기술이 지닌 파괴적인 능력은 전통적 세력 균형 정치의 기반을 침식하는 핵심 요인이다. 전면적인 전쟁은 국가 간 주요 외교정책 중 하나로 고려될 뿐이다. 핵무기의 가공할 만한 군사 기술과 대량살상 능력의 발전은 자국이 상대국을 침략하면 바로 상대국으로부터 보복 공격의 대상이 될 수밖에 없다는 한계를 기반으로 이루어졌다. 국가 간 핵무기 보유 및 막대한 전쟁 비용은 전쟁을 방지하는 역할을 한다.

대량살상무기의 저지 전략은 각 국가의 자발적인 두려움에 근거하는데, 이러한 점들은 '상대국은 무기와 화력에서 수적 우세를 확보했는가? 상대국은 공격·방어 능력의 측면에서 기술적으로 우수한 체제를 보유했는가? 상대방의 선제공격 시 대응 공격력은 확보되었는가?' 하는 질문을 통해 나타난다.

상호 전쟁 억제의 불확실성을 극복하기 위하여 국가들은 파괴적 능력, 무기의 수, 기술적 정교성 등을 확대하고 있다. 이러한 점들은 어떠한 분쟁의 상황에서도 파국의 원인으로 상대국에 대해 용납할 수 없는 손해를 미칠 수 있다는 확신을 가지게 한다. 그러므로 세력 균형은 상호확증파괴(Mutual Assured Destruction: MAD) 개념에 입각한 공포의 균형으로 발전하였다. 심지어 이런 시각에서 상대국 기술의 비약적 발전에 대한 공포와 세력 우위에 대한 동경은 군사력의 양적·질적 확대의 원인으로 작용했다. 1970년대와 1980년대에는 군사력 확대가 지속되었고, 대량살상무기 군비경쟁이 치열했으며, 인류를 전멸시킬 정도의 가공할 무기 생산이 줄을 이었다. 한마디로 세력 균형 정치는 위험했고, 핵무기 시대에 있어 강력한 국가들을 규제할 만한 합리적 메커니즘이 되지 못했다.

1990년 이후로 핵무기 제한에 관하여 구소련의 핵무기를 그대로 물려받은 러시아와 미국 간의 협상이 있었다. 과거 냉전시대와 달리 양국의 핵무기 사용 가능성은 줄어들었고, 당시 대통령이었던 아버지 부시(George H. W. Bush)는 '대통령 핵구상'(Presidential Nuclear Initiatives: PNIs)을 통해 육상 플랫폼 기반의 해외 전술핵무기를 철수하는 등 사상 최대 규모의 핵감축을 단행하기도 했다. 그러나 아들 부시(George W. Bush) 대통령은 러시아와의 탄도탄요격미사일제한조약(Anti-Ballistic Missile Treaty: ABM)에서 탈퇴하고 미사일방어체제(Missile Defense: MD)를 구축하는 등 일방적 요소를 보이기도 했다. 전 세계 핵탄두 수는 1986년 70,300개로 최고치를 기록했고, 2021년 기준 대략 13,100개 수준(러시아 6,257개, 미국 5,550개, 중국 350개, 프랑스 290개, 영국 225개, 파키스탄 165개, 인도 156개, 이스라엘 90개, 북한 40~50개)을 보이고 있다. 한편 9·11 테러 이후 테러단체들이 대량살상무기를 획득할 경우에 대한 우려가 전 세계적으로 점증해 왔고, 미국이 소위 '악의 축(axis of evil)'으로 규정한 북한의 핵개발이 현실화하고, 이란이 핵개발을 지속하면서 기존 강대국 중심의 공포의 균형에 새로운 형태의 불안정이 등장하고 있다(Cimbala, 2000; Arms Control Association, 2021).

3. 지배와 피지배

대부분의 국가들이 주권적 평등을 향유하는 데 반해, 일부 국가들은 다른 국가에 비해 더 강력한 권한을 분명히 행사하고 있다. 이러한 측면에서 한 국가가 다른 국가에 실질적인 영향력을 가지게 되는 상황은 다음과 같은 네 가지 주된 통제 기제와 수단(leverage)의 형태에 기반을 둔다.

1. 경제적 수단(economic leverage)은 일국이 다른 국가에 제공할 수 있는 이익이 되는 무역과 재정적 상호행위, 그리고 경제 구조에 기반을 두고 있다.
2. 군사적 수단(military leverage)은 타국의 군사적 도발, 위협 행동과 같은 부정적 요인이나, 타국 보호를 위한 군사적 원조, 군사 자원의 저장, 훈련 등과 같은 긍정적 요인 양 측면을 모두 포함한다.
3. 정치적 수단(political leverage)은 협상기술과 효율적인 정치제도, 그리고 국가 상호간 정치적 자원 행사 등을 통해 상대 국가의 행위에 영향을 발휘할 수 있다.
4. 문화적 수단(cultural leverage)은 자국의 종교, 언어, 영화 등과 같은 문화적 요소의 전파 혹은 이식을 통해 상대 국가의 행위에 영향을 끼치는 것을 의미한다.

1) 식민주의/제국주의

17세기에서 19세기에 걸쳐서 식민주의와 제국주의라고 불리는 국가들 간의 지배와 종속의 관계 양상이 나타났다. 국가의 목적은 다른 국가에 대한 지배권 확보에 초점을 맞추고 있었다. 첫째, 피지배국(a subordinate state)은 지배국에 자원과 인적, 그리고 물적 자원을 제공할 수 있었다. 둘째, 피지배국은 지배국 생산물의 시장으로서의 기능을 수행할 수 있었다. 셋째, 피지배국은 지배국과 경쟁국의 완충지대로서의 역할 및 지배국의 전략적 요충지로서도 중요한 기능을 수행할 수 있었다. 넷째, 정치적·종교적 가치에 따른 선교활동은 피지배국에 대한 지배국의 정당성을 확보할 수 있는 계기가 되었다. 다섯째, 피지배국은 지배국의 위신을 세우는 데 많은 기여를 할 수 있었다.

식민지배는 정치적·경제적·군사적 통제의 혼합된 결과인 데 반해 지배국은 다른 역점을 두고 있었다.

1. 식민지 분리주의는 지배국의 노동력 착취를 명확하게 했다. 피지배국의 정치적·경제적·사회적 체제 향상을 위한 노력은 거의 없었다. 일반적으로 이 형태는 벨기에, 독일, 포르투갈 등에 의해 아프리카, 아시아 식민지에서 주류를 이뤘다.
2. 식민지 동화(융화)주의는 지배국의 외적인 확장을 위해 피지배국에 시도되었다. 피지배국이 여전히 착취되고 있는 반면, 지배국의 제도, 지식, 그리고 문화는 피지배국 엘리트

에 소개되었고 이는 정치적 · 경제적 · 문화적 발전의 기본이 되었다. 이 형태는 특히 프랑스 등에 의한 아시아 식민지 통치 방식의 주류를 이뤘다.

3. 간접적 통치 형태는 지배국이 피지배국에 취하는 중간 통제 방식으로, 전통적 지도자와 정부 기관 그리고 문화 등을 통해 피지배국을 지배하고, 더불어 피지배국의 기존 형태를 대신할 지배국의 현대적 형태를 전파하였다. 영국은 1945년 식민지 국가들의 독립 이전에 이러한 통치 형태를 취했고, 미국은 라틴아메리카와 태평양 주변 국가를 이러한 방식으로 통치하였다.

2) 신식민주의

제2차 세계대전 이후 50년 동안 대부분의 국가들은 식민지배에서 벗어나게 되었다. 그러나 완전한 정치적 독립은 여전히 이루어지지 않았고, 강대국의 영향에서 벗어나지 못하고 있었다. 대신 신식민주의(neocolonialism)라는 이름의 새로운 지배 및 종속 관계가 나타났다. 이러한 새로운 유형은 앞서 설명했던 종속에 대한 논의와 같이 탈식민주의 시대에 있어서 정치적 독립을 포함한 국가 발전의 제약 요소로 설명되고 있다.

식민 지배국의 철수에도 불구하고, 기존 식민지 내의 정치 · 군사적 상황은 여전히 지배국에 의해 좌우되었고, 그들의 경제적 영향력 또한 심대하였다. 원조와 차관, 기술 이전, 군사력 유지, 그리고 경제적 관여 등을 통해 지배국은 과거 식민지 통치를 하였던 국가에서 계속적인 통제를 지속할 수 있었다. 겉으로 명확히 드러나지는 않았지만, 소규모 식민지 엘리트와 IMF, 다국적 기업, 그리고 다국적 행위자 등과의 미묘한 제휴를 통해 과거 지배국의 영향력이 유지되었다(Maxfield, 1997; So, 1990).

월러스타인(Immanuel Wallerstein, 1980)은 약소국가에 대한 강대국가의 직접적인 지배체제는 세계체제(world system)에 의해 대체되어 왔다고 주장하였다. 미국과 EU, 그리고 일본과 같은 소수의 강력한 '중심부(core)' 국가는 숙련된 노동과 높은 임금을 특징으로 하여 자본과 기술집약적인 고임금재화를 생산한다. 반면 개발도상국과 같은 '주변부(periphery)' 국가는 숙련되지 않은 노동과 낮은 임금을 특징으로 하여 노동집약적인 저임금 재화를 생산하고, 신흥공업국 등의 '반주변부(semi-periphery)' 국가들은 주변부와 중심부의 특징을 모두 지니고 있다. 즉, 세계체제는 중심부적 생산과 주변부적 생산 사이의 위계체제를 특징으로 한다.

세계 정치에 있어 이념적인 문제 중 하나가 바로 소수의 국가들이 저발전국가들을 지배해 그들로부터 무수한 이익을 확보한다는 점이다. 이와 같은 종속적 접근들은 저발전 국가의 '저발전화' 과정에 대한 설명, 그리고 발전도상에 먼저 진입한 국가들이 왜 착취를 통해 그들의 자원을 재분배하는가에 대한 설명을 제공한다.

또한 신식민주의는 경제적 종속뿐만 아니라 문화적 종속의 형태로도 나타난다. 즉, 지배국은 자국의 문화를 피지배국들에 전파, 이식하여 피지배국들이 지배국을 동경하며 지배국의 정책에 호의적이도록 유도한다. 예를 들어 탈식민 이후에도 프랑스는 구아프리카 식민지에 자국 문화를 전파, 이식시켜 아프리카 엘리트들이 친프랑스 정책을 추구하도록 만들었다. 미국은 할리우드 영화, 영어 등으로 대표되는 자국 문화를 다른 국가에 전파, 이식시켜 헤게모니를 추구한다는 비난을 받고 있다.

| Box 13-1 | 아프가니스탄 미군 철수

2021년 8월 30일은 20년을 지속해 온 아프가니스탄 전쟁이 종식된 날이었다. 그러나 미국이 수행한 '가장 긴 전쟁(the longest war in American history)'으로 불리는 아프가니스탄 전쟁의 종식은 혼란과 비판으로 얼룩졌다. 미군은 '도망치듯' 철수했고, 철수 과정에서 이슬람국가(ISIS) 지부 격인 현지 극단세력의 자살테러로 적지 않은 미군이 희생됐다. 무엇보다 미국과 서방에 협력한 많은 아프가니스탄 사람들이 탈출 수송기에 오르지 못한 채 현지에 남겨졌다.

2001년 미국이 아프가니스탄을 침공한 주요 목적은 탈레반(Taliban) 정권을 전복하는 것이었다. 아프가니스탄 침공은 9·11 테러의 책임자 응징을 위한 사실상 미국의 첫 번째 행동이었다. 2001년 10월 7일 미국은 소위 '항구적 자유 작전(Operation Enduring Freedom)'을 통해 군사행동을 개시했고, 당시 탈레반 정권은 두 달이 채 못 되어 와해됐다. 9·11 테러를 기획한 것으로 알려진 오사마 빈 라덴(Osama bin Laden)은 미국의 추적을 피해 달아났다. (빈 라덴은 10년 후인 2011년 미군 특수부대에 의해 사살됐다).

전쟁 발발 20년 후 바이든(Joe Biden) 미국 대통령은 아프가니스탄에서의 미국 임무 종료를 선언했다. 탈레반이 회복 불가능한 타격을 입고, 아프가니스탄에 민주주의 정권이 확립되어서가 아니었다. 탈레반은 미군이 완전히 철군하기도 전인 2021년 8월 15일 이미 카불(Kabul)을 장악했고, 미군이 떠난 아프가니스탄은 곧바로 탈레반의 전면 통치 하에 들어갔다. 그동안 무슨 일이 있었던 것일까? 20년 동안 지속된 아프가니스탄 전쟁과, 아프가니스탄에서 미군의 철수가 오늘날 세계체제에 함의하는 바는 무엇일까? 현대 세계체제에서 지배-피지배 관계가 의미하는 바는 무엇일까?

9·11 테러는 탈냉전 세계체제 측면에서 미국이 일방향적 외교정책을 확립하는 계기로 작용했다. 부시 독트린(Bush Doctrine)으로 불리는 부시(George W. Bush) 행정부의 외교정책은 '일방주의'와 '선제공격'으로 압축된다. 부시 정권이 북한, 이란, 이라크를 악의 축(axis of evil)

으로 지목한 것도 같은 맥락에서 비롯됐다. 소련 붕괴 이후 세계 유일 초강대국으로 등장한 미국의 탈냉전적 정체성이 보다 선명히 등장한 순간이었다. 아프가니스탄도 예외가 아니었다. 미국은 탈레반 축출 이후 미국식 자유민주주의를 아프가니스탄에 이식하려 시도했다.

그러나 '민주주의 아프가니스탄'의 수립은 미국의 뜻대로 되지 않았다. 무엇보다 탈레반 국내 정치세력들의 분열상이 극심했다. 카르자이(Hamid Karzai)가 미국의 지원을 등에 업고 대통령에 당선되었지만, 정부 내 만연한 부패 구조와 아프가니스탄의 고질적 문제로 대두되어 온 아편 생산 체제를 근절하지 못했고, 이를 통한 탈레반 세력의 활동 역시 막지 못했다. 경기 부양에도 실패하면서 정치권에 실망한 국민들이 증가했고, 설상가상으로 2009년 대선의 부정선거 논란이 겹치면서 미국과의 관계도 소원해졌다. 1,200만 유권자 가운데 가니(Ashraf Ghani) 전 대통령이 당선된 2014년 대선에 참가한 유권자는 700만, 5년 후인 2019년에는 200만도 되지 않는 유권자가 투표권을 행사했다. '무늬만' 민주주의인 채로 연명해 온 것이다. 카불과 지역 세력들, 인구의 다수를 차지하는 파슈툰족(Pashutuns)과 소수 인종으로 분류되는 타지크족(Tajiks), 하자라족(Hazaras), 우즈베크족(Uzbeks) 간의 갈등도 지속됐다.

미국의 판단 착오도 탈레반의 재집권을 부른 주요한 이유였다. 미국은 아프가니스탄 정부군(ANDSF) 능력을 과대평가했다. 미국 정부 기관들은 정부군이 주요 도시를 탈레반 공격으로부터 보호할 수 있는 충분한 역량을 가지고 있다고 평가해 왔다. 2021년 3월 미국 정보기관이 바이든 행정부에 제출한 자료만 하더라도 "탈레반의 공격이 개시되더라도 아프가니스탄 전체를 장악하는 데 2~3년이 걸릴 것"이라고 내다봤다(Graeme Smith, 2021). 하지만 실제 탈레반의 공격이 시작된 이후 아프가니스탄 정부군은 변변한 저항조차 하지 못하며 무력함을 드러냈고, 탈레반은 수 주 만에 아프가니스탄의 지배권을 확립했다.

바이든 대통령은 "아프가니스탄 정부군이 스스로 싸울 의지가 없는 전쟁에서 미군이 싸울 수도, 싸울 필요도 없다"고 항변했지만(Rachel S. Cohen, 2021), 아프가니스탄에서의 철수와 그에 따른 탈레반의 재집권은 세계 경찰(global policeman)로서의 미국의 이미지에 씻기 어려운 오점으로 남게 될 것으로 보인다. 무엇보다 트럼프(Donald J. Trump) 전 대통령의 '미국 우선주의(America First)' 선언 이후 감지되고 있는 고립주의로의 회귀 움직임, 나아가 중국 및 러시아의 재부상에 따라 부각되고 있는 신냉전(The Second Cold War) 질서 하 미국 헤게모니의 상대적 쇠퇴 문제를 보여주는 신호탄이 된 상징적 사건으로 남을지도 모른다.

4. 탈냉전 세계의 경쟁

2차대전 이후 세계의 국제질서는 새롭게 부상한 미국이라는 초강대국을 맞이했다. 냉전 시기에도 미국은 구소련보다 군사력과 기술력, 그리고 경제력 측면에서 우월성을 가지고 있었다. 구소련의 붕괴는 냉전 종식의 중요한 대사건으로 간주되었다. 세계체제는 탈냉전과 함께 새로운 상황을 맞이했고, 미국과 소련으로 대표되었던 양극체제는 소멸되었다. 한편 중국의 성장은 21세기 탈냉전 구도의 흐름을 급속히 바꾸는 기제로 작용하고 있다. 중국은 세계 인구에서 매우 높은 비중과 함께 높은 경제 성장률을 기록하며 세계 경제의 큰 손으로 자리매김했다. 2010년 세계 최대의 제조 대국이 되었고, 2013년에는 세계 최대 무역 대국으로 성장했다. 중국은 이 과정에서 늘어난 외환의 일부로 국부펀드를 조성하여 유럽과 같은 타국에 투자하기도 했다.

1978년 개혁개방 이후 30년 넘게 평균 10% 이상의 경제성장률을 기록해 세계 주요 경제대국 가운데 가장 빠른 성장세를 보여 온 중국의 성장은 2010년 이후 다소 둔화됐다. 물론 성장세의 둔화가 성장의 둔화마저 의미하는 것은 아니다. 예컨대 중국 국가통계국은 2017년 국내총생산(GDP)이 82조 7000억위안으로 전년 대비 8조위안, 달러로는 1조 2000억달러가 늘었다고 발표했다. 2016년 기준 스페인 GDP가 1조 2000억달러에 달했던 점을 상기하면, 1년 새 중국 내에서 스페인만한 경제가 새로 생겨난 셈이다. 이러한 중국의 성장에는 신제품에 대한 투자 및 신성장동력 또한 중요한 역할을 했다. 중국은 첫 중대형 여객기 C919를 만들었으며, 고속철도 푸싱호(複興號)의 연구개발과 실용화에 성공했다. 이밖에 심해탐측, 양자통신 분야에서도 성과를 이뤄냈다. 우주개발에도 박차를 가해 2019년에는 인류 최초로 탐사선을 달의 뒷면에 착륙시켰고, 2021년에는 화성에 무인탐사선을 무사히 안착시켰다. 미국 투자은행 골드만삭스는 중국이 2027년이 되면 미국을 따라잡고 세계 제1의 경제대국이 될 것이라고 예측했다. 영국의 경제경영연구소(CEBR: Centre for Economics and Business Research)는 중국이 미국을 넘어 세계 최대 경제대국이 되는 해를 2028년으로 잡았다.

탈냉전의 상황은 다음의 네 가지 주요 추세를 보이고 있다. 첫째, 군사력(military power)은 국가 간의 관계에 있어 여전히 중요한 요인이다. 냉전 붕괴 이후 10년 간 감소하던 세계 군사비 총지출액은 2000년대 이후 다시 증가하기 시작해, 2010년 이미 1990년 수준을 초과했고, 2020년 기준 2조 달러에 육박했다(Stockholm International Peace Reserach Institute, 2021). 냉전 시기에 비해 지역적 분쟁은 오히려 더 증가했고, 다극화 세계에서 민족주의는 만연하게 되었다. UN과 다른 행위자들은 국가들 간의 분쟁을 예방하기 위한 해결책을 제대로 제시하지 못했다.

둘째, 경제적 경쟁의 심화는 냉전 기간 동안 동맹관계를 유지해 오던 발전국가들을 분리시켰다. 주요 권력국가 사이의 경쟁은 군사력 혹은 이념적 문제보다는 경제적 문제가 주요 요인으로 작용해 왔다. 세계경제체제는 시장 중심이라는 큰 틀에서 지역적으로 세분화되는 특징을 가지고 있다. 미국을 중심으로 한 북미 지역, EU, 중국과 일본을 중심으로 한 동아시아 등 크게 셋으로 나눌 수 있다. 기타 지역으로는 남미, 중앙아시아 회교 국가들을 들 수 있을 것이다.

셋째, 국가중심체제는 다국적 기업과 같은 초국가적 존재들의 중요성 부각과 함께 전개되었다. 강력한 새로운 행위자로 GM, Apple, IBM, MS, China National Petroleum, Toyota Motors, Daimler Benz, Samsung과 같은 초국적 기업(Transnational Corporations: TNCs)이 있다. 2000년의 총 경제생산 기준으로 경제 단위를 비교하였을 때 국가와 기업의 비율이 50:50이었다면(Kegley and Wittkopf, 2001: table 7.3), 2015년 총 경제 생산을 기준으로 가늠해보면 전 세계 100개 경제 단위 중 31개는 국가이고, 나머지 69개는 다국적 기업이다(Global Justice Now, 2016). 이는 기업의 비율이 늘고 있다는 것을 보여준다. 2015년에 제출된 한 통계자료에서는 다국적 기업과 특정 국가의 경제규모를 비교하였는데, 이 자료를 통해 월마트는 스페인, 러시아보다 부유하며, 애플은 스웨덴, 쉘은 벨기에, 중국석유공사는 한국, 삼성전자는 터키보다 부유하다는 것을 알 수 있다. 또한 초국가체제는 IMF, OPEC, NATO, IGOs, INGOs 등의 기타 비국가적 행위자들을 포함한다.

국가의 영역은 초국가 행위자에게는 그 중요성이 덜하다. IGO와 INGOs는 국가이익 또는 국가 주권을 부정하는 것이 아니라, 국제적 의제를 추구한다. 세계 경제에서 다국적 기업은 이익 극대화라는 단일 목적을 통해 일국에서부터 다른 일국으로의 운용 및 자원에 대한 변환을 실현할 수 있다. 비록 다국적 기업들의 본사가 특정국에 위치해 있더라도, 이들은 그 특정국뿐만 아니라 다른 국가에서도 활동할 수 있다. 각국은 자국의 안전 보장 및 번영을 위해 다국적 기업들의 활동을 제한하거나 때로는 다국적 기업 존재 자체를 인정하지 않을 수도 있다. 반면 일부 국가에서 다국적 기업은 정부의 직접적 참여나 통제 없이 운영될 수 있고, 국가의 법과 조세제도를 피할 수 있다(Keohane and Nye, 2001; Russett and Star and Kinsella, 2000).

넷째, 이런 추세 및 다른 요인에 의해 더 복잡한 국제체제가 등장하기 시작했다. 예를 들어, 미국은 우월한 군사력을 통해 단일 헤게모니 체제와 세계 자본주의를 주도하고 있었는데,[1] 중국 · 일본 · 러시아 등과 같은 주요 국가들이 군사 및 경제력에 있어 새로운 잠재적 세력으로 등장하게 되었다. 이러한 국가와 다른 행위자들의 다양한 특색들은 국가들 사이의 관계 및 협력 구성에 유동적인 영향을 가져왔고, 다극체제가 등장함에 따라 훨씬 복잡하게 작용하였다. 이러한 다극체제의 결과와 특징들에 대한 학자들의 견해는 분분하다. 그러나 20세기의 경험적인 연구들을 통해 살펴보면, 분명한 것은 국제체제에서 국가 간 경쟁, 군사력 충돌이 훨씬 많아졌다는 점이며, 양극체제에서 다극체제로 변화한 이후 체제문제가 심화되었다는 점이다(Brecher and Wilkenfeld, 1997; Kegly and Wittkopf, 2001: ch.15; Russett and Starr and Kinsella, 2000).

이런 관점에서 국가들은 여전히 군사력을 통한 직접적 통제를 하며, 국가 영역 내에서 대부분의 행위자의 행동을 강제할 수 있다. 그럼에도 불구하고 초국가적이고 다국적 기업들은 실질적인 영향력을 행사하고 있으며, 그에 따라 국제적 경제력을 확보한다. 세계 문화와 의사통로 채널을 구성하고, 국가의 법적 통제력이 미치지 않는 외부에서 활동한다.

또한 분명한 사실은 세계체제에 있어 비국가적 행위자의 다양성은 꾸준히 증가하고 있다는 것이다. IGOs, EU, NATO뿐만 아니라 다국적 협력 및 세계 경제행위자인 WTO와 IMF는 대표적인 행위자로서의 역할을 하고 있다. 정보통신 기술과 같은 신기술의 발달, 세계를 연결해주는 새로운 차원의 네트워크들은 사람과 사람을 연계해주고, 세계체제의 잠재적인 변화 요인으로 커다란 영향력을 끼친다. 결국 세계화는 세계 전역에 걸쳐 정보와 행동의 네트워크에 의해 다양한 사회문화적 · 경제적 · 군사적 · 환경적 현상이 꾸준히 통합되는 것이라 볼 수 있다.

---

1) 「Foreign Policy」 사설에 의하면 셰일(Shale) 가스의 기록적인 생산혁명(fracking)으로 미국의 석유 수입이 감소하고 국제유가가 급락하면서, 미국의 위상은 재정립될 것이고 그러한 여파는 세계질서에도 영향을 줄 것이다. 2013년 「Exxon Mobil」 보고서에 의하면 미국은 2025년 에너지 수출국이 될 것이다. 결국 ① 석유자원에 대한 이익이 적어지면서 미국은 중동에 대한 관심사가 적어질 것이다. ② 석유 수출 감소로 러시아의 위기가 도래할 것이다. ③ 미국과 중국의 패권 경쟁에서 미국이 우세한 것으로 결론이 날 것이다.

제2절 | 국가들 사이의 협력

1. 전통적인 외교와 협약

다른 국가와 상호 이익이 되는 협력적인 타협을 통해 발전을 이루고 낮은 비용으로 목적을 달성하는 것이 가능하다면 이것은 선호할 수 있는 것일까? 신자유주의(현대 이상주의자) 관점에서 보면 국가는 협력을 통해 타협을 이루려는 선호를 가지고 있다. 이에 반해 현실주의자들은 협력에 관하여 좀 더 냉소적인 입장을 가지고 있다. 그들은 국가 이익의 실현이 상호의존적 협력을 통해서보다는 힘에 의한 수단의 전략적 판단의 결과라고 생각하고 있다.

국가는 외교(diplomacy)라는 국가 상호 간의 메커니즘을 통해 상호 간 격식을 갖추고 대등하게 행위한다. 일반적으로 외교는 국가의 역량 있는 대표자와 다른 대표자의 협상과 토론을 통해 이루어진다. 국가들은 대사, 문화사절단 등의 행위자와 대사관, 무역위원회 등의 형태를 갖추어, '정규적인 외교 통로'와 비공식적 의사매체를 통해서 다른 국가와 이익을 원활히 공유하고 잠재적인 문제를 해결한다.

전통적인 외교는 국가의 이익에 관해 외교관들이 정면으로 맞서는 논의로서 신중을 요하는 전략이다. 그러나 화상회의와 같은 현대의 의사매체들은 외교관이나 국가 지도자는 물론 일반 시민들에게까지도 상호 관계의 새로운 모델을 제시한다. 새로운 기술의 발전은 텔레플로마시[2]를 가능하게 했으며, 리비아의 지도자 카다피(Muammar Qaddafi)는 걸프 전쟁(1990) 기간 동안 CNN에 전화하여 전화상으로 평화정책의 제안에 대해 수락하는 사례도 있었다. 또 다른 사례로 지난 2001년 미국의 조지 부시(George W. Bush) 대통령의 '테러와의 전쟁' 기간에 일어난 일을 들 수 있다. 부시의 반대편에 서 있는 아프가니스탄의 탈레반(Taliban)과 알 카에다(Al-Qaeda)의 지도자 오사마 빈 라덴(Osama Bin Laden)은 각각 텔레비전 연설을 통해 상대방에게 의사를 전했고, 그들은 자신들의 행동에 지지를 받기 위해 설득을 시도했다.

대부분 동맹과 조약은 국가 간의 역할에 대한 제한된 설정을 포함한다. 북미자유

---

2) teleplomacy: 번잡한 외교 루트를 피해 TV를 이용해서 상대국에 자국의 주장이나 의견을 직접 전하는 과정(tele[vision]+[di]plomacy)이다.

무역협정(NAFTA)은 세 개의 국가가 무역의 복잡한 절차에 관해 협력하기 위해 만든 조약이다. 그리고 유럽연합(EU)은 27개(2021년 기준) 유럽 국가(2020년 1월 31일부로 영국이 EU를 탈퇴)들이 정치 · 경제 · 문화 · 군사적 협력을 목적으로 설립한 다자 간, 다목적 협의체이다. 안전 협정의 예로서는, 북대서양조약기구(NATO)와 전략무기감축협정(START II, 1993, 미국과 러시아 간의 조약)이 있다.

어떤 협정들은 국제 레짐(international regimes)이라고 일컫는다. 이것은 기준 · 규칙 · 절차로서 협정 참여 국가들의 행위에 영향을 미친다. 이러한 협정들은 국제 무역(세계무역기구: WTO), 무기 억제(예를 들면, 핵확산방지조약. NPT, 1968), 환경 보호(예를 들면, 온실가스 배출에 관한 교토 의정서[Kyoto Protocol, 1997]) 등에서 많이 나타난다. 많은 국제 레짐들은 참여 국가의 협정 법률화와 변경, 그리고 이행을 통해 영구적인 조직으로 남는다.

이와 같이 국가들 간의 상호행위는 동맹, 조약, 레짐에 의해 실질적으로 이루어지고 있다. 국제 협력의 다른 형태로는 협정(agreement)이 있다. 협정은 참여 국가들이 협정 조건에 지속적으로 동의하거나 일정한 해결책에 관해 논의하고 이를 수용한다는 의사를 기록한 것이지만, 협정은 위반될 수 있다. 아래 두 가지는 협정 위반의 사례이다.

- 첫째, 참여국들은 자국의 목표가 실현되지 않을 경우 협정을 무시하거나 위반한다. 석유수출국기구(OPEC) 회원 국가들의 추가 수입 욕구는 석유수출국기구의 생산과 가격에 관한 상호 협정 위반의 결과를 초래했다.
- 둘째, 참여국들은 다른 국가들의 행위를 인정하지 않을 수 있다. 페르시아 걸프 전쟁 이후 (대개 UN에 의해 지원된) 미국은 반복적으로 이라크의 화학 및 핵무기 시설을 제거하기 위해 평화 조약을 위반했다. 대신 이라크는 협정을 준수했고, 미국은 이라크의 주권을 침해했다.

국가들 사이의 상호작용을 강화하고 채널의 공식화를 도모하는 광범위한 노력이 바로 국제법(international law)이다. 1625년 국제법의 아버지 휴고 그로티우스(Hugo Grotius)는 『전쟁과 평화에 관한 법률(On the Laws of War and Peace)』을 출간했다(Grotius, 1625/1957). 이 법률은 자연법(natural law)을 강조하고, 행위의 분별은 국가들 간 지속적 관계를 통해 형성되며, 나아가 상호간 적대행위를 금지하고 파괴적 행동을 자제시켜 평화를 구현한다.

그러나 불행하게도, '분별 있는' 행위는 국가의 정치적 필요에 따라 새롭게 정의되어 왔고 이는 국가들 간 상호 의사의 불일치와 폭력을 발생시켰다. 19세기에 이르러 자연법은 실증주의 법에 밀려나게 되었고, 국가들 간의 우호적·비우호적 행위들은 국제 조약 혹은 협약과 같은 명확한 문서 협정 형태로 나타났다. 실증주의 법은 국가 주변 수로 3마일 제한 등과 같은 지리학적 경계의 판결과 국제 수로상의 고래 포경 제한법 같은 환경 자원의 국가 사용 규제, 그리고 우주법과 같은 초국가적 자원에 대한 국가의 권리와 그 제한 등을 규정하기 위해 적극 노력하고 있다.

심지어 조약과 협약 등의 실증주의 법은 국가 간 분쟁이 발생했을 때 허용할 수 없는 행위와 허용할 수 있는 행위를 구별하기 위해 노력했다. 헬싱키 협정은 '불필요한 고통'을 수반하는 유리 내장 탄환이나, 기타 형태의 폭력을 사용하지 않도록 모든 전투원들에게 의무화했다. '공정한' 전쟁에 관한 제네바 협정은 독가스 사용을 금지하였고, 포획된 포로에 대한 인간적 대우를 강조하였다. 하지만 이것 역시 군인들이 포로가 되기 이전에 경험할 수 있는 가공할 만한 고통과 죽음의 모든 상태로부터 탈출한 것은 아니었다.

실증주의 법이 명확히 협정의 형태로 나타난 것은 커다란 발전을 가져왔지만, 협정의 유효성은 협정 당사국의 의지에 전적으로 좌우되었다. 국가들은 특별 협정을 맺거나, 협정을 위반하기도 했으며, 때로는 협정 위반에 대한 비난까지도 부인하였다. 이에 헤이그 국제사법재판소(International Court of Justice: ICJ)는 실증주의 국제법의 위반을 판결하기 위해 네덜란드 헤이그에 1945년 설립되었고, 세계의 가장 권위 있는 법적 기구 역할을 담당해 오고 있다.

그러나 1990년대 이전까지 국제사법재판소는 활발한 활동을 전개하지 못했다. 1946년부터 1991년 사이에 단지 46건의 사건을 담당하여 19건에 권고 결정을 내렸는데, 실제 국가들 사이의 분쟁에 관한 문제는 소수에 지나지 않았다. 그러나 냉전 종식 이후 10여 년간 국제사법재판소의 활동은 꾸준히 증가 추세를 보여 왔다. 국제사법재판소는 1992년에서 1995년 사이에 24건의 사건을 담당했고, 1990년대 중반 이후 담당 사건은 매년 14건 정도를 기록했으며, 현재에는 수많은 권고 의견을 내놓고 있다(Kegley and Wittkopf, 2001: 615). 국제사법재판소는 '국가 간 분쟁'을 재판하는 곳이다.

최근 다른 중요한 발전은 정치 지도자의 체포와 기소 및 심각한 인권위반자 등 '국제 범죄자'에 대한 국제법 사용의 확대이다. 1998년 유엔 외교 사절 회의에서 채택되어, 2003년 로마 규정에 근거하여 헤이그에 위치한 상설 국제형사재판소(International Criminal Court: ICC)이다. 국제형사재판소는 특히 '비인간적 범죄' 혹은 무자비한 학살과 같이 많은 사람들에게 자행되는 중범죄에 대해 형사소추 및 기소를 실시한다. 몇몇 경우에 있어서 자국민에 대한 폭력을 직접적으로 자행하는 지도자를 목표로 하기도 하는데 대표적인 경우로는 캄보디아(Pol Pot's Khmer Rouge regime)와 칠레(전 대통령 Augusto Pinochet)의 사례가 있다.

또한 국제형사재판소의 경우 다른 민족 구성원들에 대해 학살을 일삼은 지도자들에 대한 소추가 주류를 이뤘다. 대표적으로, 다르푸르 사건(Darfur Conflict)으로 알려진 수단 대통령 알바시르(al-Bashir)의 기독교계 흑인 농민 학살, 세르비아 지도자로서 알바니아계 주민들을 대상으로 인종청소를 실시했던 전 유고연방 대통령 밀로세비치(Slobodan Milosevic)와 카라지치(Radovan Karadzic), 그리고 그 추종자들, 또 르완다에서 대량학살을 자행한 후투(Hutus)족과 투치(Tutsis)족, 쿠르드 반역자 오잘란(Abdullah Ocalan) 등이다(Gutman and Rieff, 1999). 현재 국제형사재판소의 관할권 확대 여부를 두고 논쟁이 진행되고 있다. 특히 군인들의 폭력 행위 사례와 같이 직접적인 전쟁 범죄에 책임이 있는 지도자들에 대한 처벌이 논의되었다. 걸프전에서의 후세인(Saddam Hussein) 전 이라크 대통령과 부시(George W. Bush) 전 미국 대통령, 포클랜드 전쟁에서의 대처(Margaret Thatcher: 전 영국 수상) 등이 당사자였다.

이와 같이 국제재판소들의 활발한 활동은 국제법의 영역을 전 세계로 공격적으로 확대하면서, 국가들 사이의 분쟁 해결뿐만 아니라 해당 국가의 국민들에게 국가가 자행하는 극단적인 폭력에 대한 책임을 묻고 있다. 이에 관한 고려 사항들로는 군인들에 대한 법적 책임이 있는 정치 지도자들을 어떻게 처리해야 할 것인가? 각 국가들이 국제재판소의 판결을 거부할 경우 어떻게 해야 할 것인가? 국가들이 국제사법재판소의 판결을 전적으로 수용한다면 국제 정치에 어떤 변화가 발생할 것인가? 하는 점들이 있다.

2. 국제기구

'국제기구'는 국가들의 행위와 정책에 영향을 주려는 목적을 가진, 여러 갈래에 걸친 제도적인 다수의 조직체들을 일컫는 광범위한 용어이다. 이 국제조직들 중 일부는 국가들 사이의 분쟁 해결을 모색하기 위해 노력하고 있고, 특정 지역의 정치·경제·사회·문화·환경적 이슈들을 관심의 대상으로 삼지만, 관심사 중 대다수가 세계적 중요성을 가지는 사안들이다. 국제기구에는 크게 두 가지 주요 유형이 있다.

첫째, 국제 NGOs(INGOs)로서 이 기구는 비정부 조직들(NGOs)의 범국가적 형태를 띤다. NGOs는 실제 국가 정부 기구의 일부로서가 아니라, 자율적으로 공공정책 진흥 및 정부에 의해 제공되는 서비스, 프로그램, 정보에 대한 제공 및 감시를 위해 활동하는 단체이다. 1960년과 2000년 사이 최소 3개국 이상에서 활동하는 수많은 INGOs는 1,000에서 30,000개 이상으로 꾸준히 증가했다. 세계적으로 영향력 있는 5,000개의 주요 INGOs는 중요한 공헌을 하고 있고, 때로는 정부정책에 많은 영향을 행사하기도 한다(Weiss, 1996). INGOs의 구성원들은 초국가적 차원의 문제에 관여한다. 예를 들면, 국제사면위원회(Amnesty International)의 인권 보호에 대한 관심, 세계야생동물연합(World Wildlife Federation)의 동물보호, 국경 없는 의사회(Doctors without Borders)의 인도주의적 차원에서의 의료 해택 제공, (미국의) 우려하는 과학자 동맹(Union of Concerned Scientists)의 파괴적 기술을 억제하기 위한 로비활동 등이 있다. 비록 INGOs의 관심사들이 지역적이거나 세계적인 경향을 보일지라도, 이 INGOs의 행위 및 실효성은 국내 이익 단체들에 동일한 구조로 적용된다.

둘째, 국가로서 사적 집단이나 개인들이 아닌, 각국 정부의 대표로 그 기능을 수행하는 정부 간 기구(IGOs)가 존재한다. 현재 300여 개의 소수 IGOs가 활동하고 있으며, IGOs의 구성원들은 국가들 사이의 관계를 조율하는 데 잠재적인 능력을 가지고 있다. IGOs는 국가들 간 의사소통의 장을 제공해주며, 국가들은 이 장에서 참여를 모색한다. IGOs는 정책을 이행하기 위해서 국가 영역을 초월한 문제에 정책 이행을 도모하고 있으며, 국제법 및 조약을 제정하고, 국가들 사이의 분쟁에 관여한다.

20세기 강력하고 넓은 범위에 걸쳐 영향력을 행사하는 IGOs는 두 가지 주요 국제기구(국제연맹과 국제연합)로 발전해 왔다. 국제연맹(the League of Nations)은 침략에 반대하여 집단적 안보를 위한 조직으로 1921년 설립되었다. 그러나 국제평화와 안전이라는 목적을 위해 수립된 국제연맹은 1930년대 이탈리아의 에티오피아 침략과 일본의 만주 침략 사례에서 외교적, 정치적 그리고 군사적으로 목적 달성에 실패하는 한계를 드러냈다.

| Box 13-2 | NGO가 수행하는 역할과 기능

- 사회개혁기능: 새로운 아이디어를 현실적으로 실천
- 사회통합기능: 산업화, 도시화된 사회에서 가족 · 친족의 역할이 감소하는 데 따른 사람들의 소속감, 타인의 인정 등에 대한 욕구충족과 갈등감소의 완충 기능
- 전통보존기능: 전통가치의 보존 기능
- 사회비판기능: 현실의 잘못된 인식과 지배적인 가치에 대한 도덕적 · 이념적 비판 기능
- 환류교정기능: 사회가 한 방향으로만 흘러가는 데 대한 교정 기능
- 복지제공기능: 정부와 시장이 돌보지 않거나 못하는 집단에 대한 서비스 제공 기능
- 사회적 목적추구 기능: 범사회적 목적의 추구가 필요할 때 동원할 수 있는 잠재적 에너지의 저수지 기능
- 경제체제 지원기능: 다양한 직업의 근로자들 사이에 사회적 · 지적 · 기술적 연계 제공 기능
- 개인잠재력 성취기능: 개인의 잠재력과 능력을 표현할 수 있는 장의 제공 기능
- 여가기능: 놀이 · 여가 · 오락의 제공 기능

※ 출처: (Smith, 1991: 2.1~2.12.) David Horton Smith, 1998, "The Impact of the Nonprofit Voluntary Sector in Society", *The Nonprofit Organization Handbook*, McGraw-Hill Book Company: New York.

제2차 세계대전 이후, 국제연합(the United Nations, 이후로는 UN)은 또 다른 국제적 기구로서 1945년에 창설되었다. 평화 유지를 주요 목적으로 하는 UN은 실패와 성공의 기록들을 가지고 있지만, 70여 년 이상 동안 국제정치환경은 국제연합을 통해 개선되었다. 최소한 UN은 중재자로서 이익 당사국들의 충동 부분에 대한 대안으로서 효과적인 역할을 해 왔다. UN 관리들 및 각국 대표들은 전쟁의 단계적 보호와 분쟁 중재 노력을 추진해 왔다. 또한 국제적 공공 여론을 통해 침략에 대한 반대를 도덕적으로 강제하기 위해 지속적인 노력을 실시해 왔다.

UN 평화유지군(United Nations peacekeeping force)은 유사시 각국의 정부가 자발적으로 파견하는 인력으로 대부분 직접 전투원을 파견하여 분쟁 지역에 관여를 할 수 있다. 이것은 다국적군인 동시에 시민군으로서 UN 안전보장이사회의 결의를 거쳐 파견된다. UN 평화유지군은 실제로 방어의 목적으로 다국적군을 파견하여 평화를 유지하기 위하여 무력을 행사하기도 한다. 미국과 소련 간의 냉전 시기 동안 두 국가들은 안전보장이사회에서 UN의 평화유지활동에 대한 거부권을 행사했고, UN은 이를 따라야만 했다. 그럼에도 불구하고, 1949년과 1965년의 인도와 파키스탄 분쟁, 1960년 콩고 내전, 1964년 키프로스에서 그리스와 터키 간의 분쟁, 1978년 이스라엘과 레바논의 분쟁 등의 사례와 같이 1948년과 1988년 사이 UN 평화유지군의

활동은 12번도 넘게 일어났다. 최근에는 파견국에 필요한 인력을 '미션(Mission)'이라는 이름으로 적정 파견하고 있으며, 2011년부터 활동하기 시작한 남수단 미션과 2013년부터 활동하기 시작한 말리 미션이 대표적이다. 평화유지군은 파견된 분쟁지역을 감시·관찰하며 평화 협정 이행을 위해 파견 지역의 전투원을 지원하는 역할을 수행하기 때문에, 현대에는 군인과 민간인 모두를 포함하는 포괄적인 개념으로 자리잡고 있으며 정치·경제·사회·문화 등 다양한 형태로 이루어지고 있다(하비슨, 2017: 270~274).

위의 사례와 같이 UN 평화유지군은 국가들 간 평화 협정을 위한 협의를 실시하는 동안 국가 간의 휴전선 경계 임무를 맡는다. 역설적으로 UN 평화유지군 임무 수행기간 동안에는 정치적 폭력사태가 감소하고 있다. 그 이유는 평화유지 활동 기간에는 반대세력의 활동이 현저히 낮아지기 때문이다. 예를 들면, UN 평화유지군은 카슈미르 지역에서 70년도 넘게 인도와 파키스탄 간의 평화 유지를 위해 노력해 오고 있다.

1953년부터 1961년까지 UN 사무총장을 역임했던 함마르셸드(Dag Hammarskjold)는 '예방 외교(preventive diplomacy)'를 통해 UN이 다양한 공헌을 해 왔다고 하였다. 그의 '예방 외교'란 결국 국가 간 분쟁 기간 동안 정치 및 군사 등 광범위한 분야에서의 주요 권력에 대한 제한이 이루어졌음을 의미했다. 이와 같이 세계평화를 위한 UN 평화유지군의 활동은 1988년 노벨평화상 수상으로 이어졌다.

1990년대 초반 탈냉전 기간 동안 UN의 역할은 한층 확대됐다. 세계패권의 한 축을 담당했던 소련은 붕괴됐다. 다른 한 축이었던 미국은 세계 평화 유지를 도모하도록 집단적 안전보장(collective security)체제를 제안했고, '신세계질서(new world order)'를 제시했다. UN은 이러한 미국의 집단적 군사체제의 이행 및 조직을 도왔다. 1988년 이후 38개국의 UN 평화유지활동들이 전개되었고, 이는 50년 동안 단지 13차례의 활동을 보인 과거와는 대조를 이루는 것이다(Kegley and Wittkopf, 2001: 622).

탈냉전과 더불어 주목되는 사항이 하나 더 있다. 과거 냉전시대에는 국가들 간의 평화 유지가 핵심이었다면 이제 탈냉전시대의 중심 목적은 국가들 간의 평화를 넘어 국가 내 평화이다. 1991년과 1992년에는 7가지 평화유지 임무가 세워졌고, 대표적으로 앙골라, 엘살바도르, 서부 사하라, 캄보디아, 소말리아의 5개 국가 등에서는 국가 내부 집단의 정치적 폭력 예방을 위한 임무 수행이 전개되었다. 이와 다른 목적을 가진 사례로는 구유고슬라비아 분쟁과 같은 국가 내부 문제를 다룬 사례가 있다. 그러나 국가 내부 문제에 관한 UN 평화유지군의 개입은 많은 어려움을 가지고 있다. 국가 경계 및 파병 전투원들의 신분이 애매하다는 난제가 그것이다. 그러나 국내 분쟁에 관한 124개의 UN 평화 유지 연구들은 UN의 평화 유지 활동이 국가 내부 폭력의 종식과 국가 민주화 가능성에 긍정적인 영향을 주었다고 평가했다(Doyle and Sambanis, 2000). 한국에서는 과거 앙골라에 파견한 평화 유지군, 동티모르의 상록수 부대와 같이 전투병력을 주로 파견하였으나, 이후에는 남수단, 라이베리아, 코트디부아르 등의 분쟁지역에 임무단, 참모장교, 감시단 등 군인, 민간인을 다양하게 파견하는 등의 국제협력 방향으로 활동을 이어나가고 있다.

효과적인 평화구축 노력을 위한 필요요인을 정리한다면 다음과 같다(하비슨, 2017: 271). 첫째, 현장의 상황변화에 유연하고 즉각적으로 대처 또는 반응해야 한다. 둘째, 평화 유지 업무의 방해자들을 구분하고 그들과 물리적 방법뿐만 아니라 효과적으로 거래도 해야 한다. 셋째, 주요 국내 행위자들이 처한 긴장과 갈등의 원인, 능력, 정치적 도전, 그리고 경제적 기회 등의 상황을 이해해야 한다(Cammack et al., 2006). 마지막으로 UN 평화유지군 외의 다른 외부행위자들이 한 목소리로 말하도록 협조체제를 구축해야 한다(Ijo, 2005).

또한 UN은 많은 비군사적 부분에서도 편리를 제공하며, 국가의 안전 · 안정 · 번영을 도모해준다. 세계보건기구(WHO), 유엔교육과학문화기구(UNESCO), 유엔무역개발회의(UNCTAD) 등의 각종 기구 및 위원회들은 세계적 난제를 경감하기 위해서 노력하고 있고, 인권, 농업발전, 환경 보호, 난민, 아동복지, 재해 구휼 사업 등을 통해 인류의 삶의 질을 강화하고 있다. 이러한 노력들은 인류의 고난을 해소하는 데 기여할 뿐만 아니라 정치 폭력과 같은 비인간적 삶에 대한 개선을 위해서도 중요한 역할을 담당한다.

그러나 국제정치에서 갈등과 전쟁이 지속되고 있기 때문에 국가 사이의 모든 분쟁을 해결하기에 UN은 역부족이다. 많은 국가들은 UN의 국가 부흥을 위한 재정적 · 정치적 활동에는 지지를 보내지만, 국가의 이익과 배치되는 일에는 무관심하거나 반대의 목소리를 제기한다. UN은 국가 간 대화 채널을 개설하여 국가 간 협력을 도모하고, 국가 내 문제를 해결하기 위해서 UN 산하기관을 통한 지속적인 토론과 협의를 모색하고 있다. 이러한 UN의 공헌은 2001년 코피 아난(Kofi Annan) 사무총장의 노벨 평화상 수상으로 이어지기도 했다.

제3절 | 세계화와 글로벌 스탠더드

1. 세계화와 신자유주의

세계화(globalization)란 정치 · 경제 · 사회 · 문화 등 사회관계의 모든 영역이 국민국가의 영역을 넘어서 전 세계적으로 통합되어 가고, 동시에 이 통합이 각 국가 및 사회에 영향을 미치는 현상을 의미한다(Jessop 1999; McGrew, 1992). 현대 세계화의 가장 중요한 특징은 세계화 과정의 빠른 속도와 세계적인 동시성이라고 할 수 있다(Crutzen, 2002; Schellnhuber and Crutzen et al., 2004). 과거에 벌어진 세계적 수준의 통합은 경제적이거나 인구학적이었던 데 반해 지난 40년에 걸친 글로벌한 힘의 영역은 환경과 정치의 세계화를 포함한다. 기술변화 자체의 속도는 변하지 않았을지도 모르지만 세계의 한편에서 이루어진 결정이 다른 곳에서 효과를 나타내는 데 걸리는 시간이 과거보다 훨씬 단축되었다. 동시성과 가속성이 세계화를 특징짓는 효과로 자리매김한 것이다. 이러한 동시성은 국제관계의 성격변화를 야기하였는데, 세계가 보다 복잡해지고 불확실해짐에 따라 2008년 금융위기와 같은 세계적인 차원의 충격이 빈번하게 일어날 가능성이 높아졌다. 국가안보 측면에서의 위협 역시 마찬가지라고 할 수 있다(Hass et al., 2010).

이처럼 세계화는 다차원적인 현상으로서 이에 대해 다양한 논의가 이어져 왔으나 세계화 현상의 구체적인 내용이나 발전방향에 대해서는 합의가 존재하기 어렵다. 왜냐하면 세계화는 다차원적인 동시에 각 국가 혹은 지역마다, 또는 정치, 경제, 사회, 문화의 영역마다 불균등한 결과로 이어지기 때문이다(McGrew, 1992).

세계화를 정의하기 위한 여러 시도 및 그 과정에서의 혼란에도 불구하고, 세계화는 '국민국가들과 그 주권이 초국민적인 행위자, 이들의 권력 기회, 방향 설정, 정체성, 네트워크를 통해 마주치고 서로 연결되는 과정'(Beck, 2000), 또는 '현대 세계체계를 형성하는 국민국가(와 이것이 함축하는 사회)를 초월하는 다차원적인 연계들 및 상호 연관성'(McGrew, 1992)을 의미하는 것으로서 다소 추상적인 차원에서나마 정의할 수 있다. 이를 구조적 · 전략적 차원으로 나누어본다면, 세계화는 세계 전역에서 벌어지는 활동 사이의 연관성이 증대되어 가는 과정인 동시에, 다른 한편으로 상이한 제도적 질서 또는 기능적 시스템 사이에서 사회 활동의 전 세계적 조정을 위한 주체들의 시도를 의미한다(Jessop, 1999: 21~22).

이처럼 국가 간 정치 · 경제 · 사회 · 문화적 통합이라고 정의되는 세계화를 경제적인 측면에 집중하여 바라보았을 때, 다시 말해 각국 시장의 통합과 세계시장의 형성이라는 관점에서 세계화를 살펴볼 때, 세계화를 추동하는 동인은 최근 수많은 논자들에 의해 회자되었던 '신자유주의(neo−liberalism)'라는 개념과 연결된다. 세계화와 국제화(internationalization)라는 용어를 탄생시킨 신자유주의는 현재 국제사회에서 지배적인 영향력을 행사하고 있는 새로운 게임의 룰, 즉 새로운 경제체제로 자리잡고 있다. 이 같은 신자유주의는 국내 경제에 대한 정부 간섭의 최소화와 시장경제체제의 자유로운 작동, 그리고 기업 활동 및 재산권에 대한 규제의 축소 및 철폐 등을 주장한다는 점에서 그 표면적인 특징들이 드러난다.

실제로 1970년대 이래 국제경제의 상호의존 증대와 국제시장의 활성화는 단순히 교통 및 통신 기술의 발전뿐만 아니라 이와 같은 신자유주의적 세계화, 그리고 이 세계화를 이끌어 가는 정치 · 경제 · 사회 영역 행위자들의 실천과 관련이 있다. 우선 수치적으로만 보더라도 경제적 상호의존은 국제무역의 측면에서 급격한 증대를 이루었다. 국제무역의 규모는 2차 세계대전 이후 국가경제의 발전 속도보다 평균 4배 이상으로 급격하게 증대되었으며 관세장벽 역시 상당한 정도로 낮아졌다. 특히 무역은 그 특성에 있어서도 많은 변화를 겪었다. 국제적인 무역량의 상당 부분은 사실상 다국적 기업 내부 계열사 간의 상품 및 자본 이전이 차지한다. 예컨대 제너럴 모터스는 자동차에 필요한 컴퓨터 기술을 동남아시아로부터 기술력은 떨어지나 노동력에서 상대적 우위에 있는 멕시코로 수입하여 멕시코에서 미국에서 판매될 차를 조립하는 데 사용한다. 또한 파트너 관계 혹은 공급체인(supply chain)으로 연결되어 있는 국가들 간의 상품판매는 장기간의 계약 하에 기업들 사이에서 부분적으로 완성된 생산품이 거래되는 방식으로 이루어지고 있다(Hass et al., 2010).

투자의 측면에 있어서도 1960년대 금융 규제가 상당수로 철폐된 이후 전 세계적인 자본 흐름이 급격하게 성장하였다. IMF의 조사에 의하면(IMF 2007) 전 세계의 자본 흐름 총액은 1995년 1조 5,000만 달러(세계 GDP의 3%)에서 2005년 12조 달러(세계 GDP의 15%)로 증가하였고, 2007년 세계 GDP의 21.4%의 비중을 차지한 뒤로 계속 감소세를 보이고 있다. 2017년 세계 자본 흐름 총액은 약 1조 8,000억 달러(세계 GDP의 6.9%)로 국제 경제 위기의 영향이 계속 남아 있는 것으로 평가되고 있다(World Bank, 2017). 자본 흐름은 기업의 투자 외에도 공공 및 개인의 국채매입을 포함한다. 특히 미국의 경우 재무부 발행 채권, 국부펀드, 개인펀드를 다른 나라에 판매함으로써 적자예산을 유지하고 있다. 또한 해외직접투자(FDI) 역시 1970년 1,000억 달러에서 2000년 1조 5,000억 달러로 증가하였으며 이후 급락했다가 2007년에는 3조 1,100억 달러(세계 GDP의 5.28%)까지 다시 증가하였다. 이후 세계 경기 약화에 따른 영향으로 2017년에는 1조 9,500억 달러(세계 GDP의 2.36%)까지 감소하였다(World Investment Report, 2017).

신자유주의적 세계화가 이와 같은 경제적 상호의존의 증대를 이끌어가는 방식은 다양하다. 우선 대외적인 측면에서 신자유주의는 정치적 수단과 외교, 경제적 압박, 그리고 군사적인 위협 등의 방법을 최대한 활용하여 재화와 서비스의 자유로운 무역과 교류를 증진함으로써, 해외 시장을 점차 개방 및 확장해 나갈 것을 주장한다. 실제로 신자유주의자들은 WTO나 IMF, 혹은 세계은행(World Bank)과 같은 거대한 국제 조직들을 이용해 세계경제의 주도권을 잡은 뒤, 특정 국가의 개별적이고 특수한 상황이나 형편 등을 고려하지 않은 거센 경제적인 압박을 동원하여 시장 개방을 강요한다. 그러면서도 신자유주의자들은 UN과 같은 세계정부의 역할은 최소한도로 줄이길 원한다. 뿐만 아니라, 이들은 자국이 군사적으로 강해지는 것을 원하면서도, 다른 한편으로 정부의 역할 증대나 과중한 예산이 소요되는 정책 등은 탐탁지 않게 생각한다.

그러던 중 1990년대 '워싱턴 컨센서스(Washington Consensus)'라 불리는 현재의 신자유주의 체제의 모양을 갖춘 미국의 경제체제 확산에 대한 합의가 이루어지게 된다. '워싱턴 컨센서스'라는 용어는 정치경제학자인 윌리암슨(John Williamson)이 1990년의 그의 저서에서 처음 명명하여 소개하였다. 이것은 미국 행정부와 IMF, 그리고 세계은행이 위치해 있는 워싱턴에서 주요 정책결정자들 사이에서 이루어진 합의를 말한다. 당시 남미를 중심으로 한 제3세계 개발도상국들에서 일어나는 경제위기에 대해 미국식 경제체제를 해결책으로 삼고 위기 극복에 대한 대안을 마련하기 위해 자리가 준비되었다. 워싱턴 컨센서스는 제3세계 국가들이 시행해야 할 구조조정 조치들을 포함하여, 정부예산 삭감, 자본시장 자유화, 외환시장 개방, 관세 인하, 국가 기간산업 민영화, 정부 규제 축소, 재산권 보호, 외국 자본에 의한 국내 우량기업의 합병 및 매수 허용 등의 내용을 담고 있다. 구체적으로 이는 IMF 및 세계은행이 과거의 발전주의적 차관 형태(프로젝트 차관: Project Loan)에서 앞서 말한 신자유주의적 경제 개혁 및 구조조정을 조건(conditionality)으로 차관을 제공하는 형태(구조

조정 차관: Structural Adjustment Loan)로 전환하게 되는 제도적 변화를 수반하게 되었다. 또한 여기서 제시된 민영화, 재정 긴축 등의 신자유주의적 개혁 요건은 하나의 글로벌 스탠더드(global standard)로서 IMF와 세계은행의 영향력에 힘입어 제3세계를 비롯한 전 세계 국가의 경제 모델로 수출되기에 이른다. 그런데 여기서 간과해서는 안 되는 사실은, 이러한 조치들이 대상국에게는 감당하기 힘든 조치이자 그 자체가 강압적인 성격을 가지고 있다는 것이다.

때문에 미국의 '신자유주의'는 상당한 비판을 받고 있다. 신자유주의 비판의 대표 인사인 촘스키(Noam Chomsky)는 사실상 미국식 경제체제의 확산에는 음모가 숨어 있다고 노골적으로 지적한다. 최고의 전성기를 누리고 있는 미국의 성장 가도에 장애가 되고 그들의 이익에 위협이 된 것은 중남미를 중심으로 한 급진주의 체제와 민족주의 체제였다. 이러한 체제 자체가 미국 중심의 국제체제 안정에 커다란 위협을 주는 위험천만한 요소임은 사실이지만, 세계 자본주의 체제의 번영을 위협하는 국가를 폭력으로 전복시킨 미국의 행위는 안정을 되찾는다는 구실로 정당화되었다(Chomsky, 1999: 29). 그 가운데 신자유주의는 하나의 도구가 되었다. 촘스키는 그의 책에서 비밀문서의 공개로 밝혀진 정책 입안자 조지 케넌(George Kennan)의 발언을 소개했다. 케넌은 "인권, 생활수준의 향상, 민주주의 등과 같은 애매하고 비현실적인 목표에 대한 논란을 그만두어야 할 것이며, 이타심이나 세계복리라는 이상적 슬로건에 얽매이지 말고 힘의 논리에 철저히 충실해야 할 것"이라고 충고한 바 있다(Chomsky, 1999: 30). 결국 현재의 신자유주의 경제체제는 많은 이들이 비판하는 바대로 "세계 경제를 미국 기업이 진출하기 쉽게 만들어 이익을 극대화하기 위한 금융자본주의의 음모"적 성격을 지니고 있다.

| Box 13-3 | 신보수주의(Neo-Conservatism)

제2차 세계대전 이후, 미국과 캐나다 등지에서 레오 스트라우스(Leo Strauss)의 철학적 이념을 바탕으로 점차 발전해 온 신보수주의는 미국의 부시(George W. Bush) 정권 하에서 전 세계적으로 역사상 최고의 영향력을 행사하는 미국의 이론적 기반이 되는 하나의 사상으로까지 자리잡았다.

그런데 이 같은 신보수주의는 종종 신자유주의와 거의 같은 개념으로 오해되곤 한다. 이는 신보수주의의 기초를 마련했던 대부(god-father)들의 기본방향들 가운데, 경제적 측면에서의 표면적인 성향들이 신자유주의와 상당히 닮아 있기 때문이다. 실제로 신보수주의자들은 안정과 대폭적인 경제 성장, 그리고 잉여예산과 같은 잠재적 이익뿐만 아니라, 예산 적자와 같은 성장

속에서 본래 존재하던 위험의 필요성을 받아들이기 위해 세율을 낮춘다. 한편, 경제 영역뿐만 아니라, 정치, 사회, 문화 등의 모든 영역에 시장원리를 도입하고 철저한 자유를 보장할 것을 주장하는 이른바 자유지상주의자들이라 불리는 신자유주의자들 역시 국가 비용구조의 개선과 '작고 효율적인 정부'를 통한 국가 경쟁력의 제고와 우선가치들을 실현하기 위하여, 감세정책과 복지 축소 및 능률성 확대를 위한 정책 등을 정부에게 강력하게 요구한다. 바로 이 점 때문에 사람들은 종종 신보수주의와 신사유주의를 비슷한 개념으로 오해한다.

그러나 신보수주의는 신자유주의와 분명하게 다르다. 우선 지향하는 정부를 살펴보면, 신자유주의자들이 작은 정부를 희망하는 데 반해, 신보수주의자들은 '작지만 강한 정부'라는 상호모순적인 내용의 정부를 추구한다. 실제로 신보수주의자인 어빙 크리스톨(Irving Kristol)은 역사적으로 미국 국민들은 지나치게 간섭적인 정부는 싫어해 왔지만, 언제나 약한 정부보다는 강한 정부를 선호해 왔다는 점을 강조한다(Kristol, 2004: 66). 다음으로 복지국가와 관련된 측면을 살펴보면, 기본적으로 신보수주의자들은 복지국가에 대한 좌파세력의 과장된 기대들을 격렬하게 비판한다. 그러나 국가의 역할 범위에 있어서, 신보수주의자들은 신자유주의자들보다 제한적이다(Adam Wolfson, 2004: 335). 자유지상주의자들인 신자유주의자들은 거대정부가 개인의 모든 자유를 억압할 것이라 주장하는 데 반해, 신보수주의자들은 개인의 이익 추구를 장려하는 민주주의의 특성이 오히려 전체의 이익을 침해하도록 만들 것이라고 보기 때문이다. 따라서 신보수주의자들은 복지국가를 일정 부분 긍정한다.

하지만 신보수주의자들은 경제적 측면을 제외한 나머지 부문들에서는 지극히 보수적인 성향을 드러낸다. 실제로 신보수주의자들은 기존의 전통적 가치들과 질서를 유지하기 위한 정부의 개입은 오히려 적극적으로 찬성하는 입장을 취한다. 물론 전통적 가치와 질서에 대한 강조는 보수주의자들이 가진 성향이기도 하다. 그러나 외교적인 측면에 있어서, 보수주의자들은 자신들의 전통 보존에 중점을 두면서 타문화에 대해서는 일체의 간섭이나 개입을 하지 않는 반면에, 신보수주의자들은 전통의 보존과 발전을 위해서는 자신들이 생각하는 최고의 가치와 질서를 타 문화에 전파하면서 적극적으로 개입해야 할 의무가 있다고 본다.

이와 관련된 가장 대표적인 예가 바로 민주주의적 가치이다. 실제로 신보수주의자들은 미국이 전 세계적인 차원에서 민주주의를 적극적으로 교육해야 함은 물론, 국제사회에서 민주주의의 책임 있는 조타수 역할을 해야 한다고 믿고 있다. 그리고 이 같은 믿음을 바탕으로 신보수주의자들은 대외정책에 있어서 차별화된 성향들―레오 스트라우스와 도널드 케이건이 이 같은 체계를 마련했다―을 구체화하였다. 이를 간략하게 살펴보면 다음과 같다. 첫째, 신보수주의자들은 애국심이란 지극히 자연스럽고 건강한 감정으로서, 그 필요성을 알고 적극적으로 장려해야 한다고 믿는다. 둘째, 세계정부(World Government)에 대해서는 그것이 전 세계적인 차원의 독재로 이어질 수 있는 가능성을 내포하고 있기 때문에, 상당히 위험한 것이라고 인식한다. 셋째, 언제 어디에서든 적과 친구를 구분할 줄 아는 능력은 반드시 필요하다고 주장한다. 넷째,

국내와 국외를 막론하고 국가의 이익은 반드시 지켜야 하며, 이를 위해서는 강력한 군사력이 뒷받침되어야 한다고 역설한다. 미국은 이러한 신보수주의자들의 대외정책적인 성향들을 바탕으로 하고 있기 때문에, 특별한 경우를 제외한 대부분의 경우에 있어서 민주주의 국가를 대내외적인 반민주 세력의 공격으로부터 방어하고 지켜내야 한다는 그들만의 신성한 의무감을 지니고 있다.

이외에도 신보수주의자들은 스트라우스가 중요시했던 도덕적 가치와 절대적 선, 그리고 기독교 신앙 등과 관련해서도 같은 관점을 유지하며, 역사와 종교, 교육, 그리고 국가관 등을 확립하기 위해 정부의 역할과 개입을 확대할 것을 주장한다. 때문에 신보수주의자들은 전통주의자나 자유지상주의자들과는 달리 정치에 상당한 관심을 가지며, 심지어는 최우선적 의의를 두기도 한다. 바로 이 같은 점들 때문에, 앞서 이야기한 '작지만 강한 정부'라는 지향점이 대두되는 것이기도 하다.

신보수주의가 지니는 세계적인 영향력은 매우 막강하다. 부시와 클린턴 정부 하에서 네오콘들이 미친 영향은 이라크 전쟁을 비롯한 국제사회에서의 여러 분쟁과 경제적 위기, 비대칭적 균형을 바탕으로 한 FTA 등으로 나타났다.

2. 신자유주의 글로벌 스탠더드의 전파

앞에서 살펴본 것처럼 신자유주의는 단순히 사상적인 조류에 불과한 것이 아니라 IMF와 세계은행이라는 제도적 기반 위에서 워싱턴 컨센서스라는 국가 간의 합의로 표면화됨으로써 하나의 국제적인 기준(global standard)으로 기능하게 되었다. 구체적으로 신자유주의적 글로벌 스탠더드는 경제영역, 특히 경제에 개입하던 과거의 국가 기능을 약화시키는 방향으로 각국의 경제 및 정치 운영의 메커니즘을 변형시키고 신자유주의적 기준으로 수렴시키고 있다.

그런데 여기서 문제가 되는 것은 이러한 글로벌 스탠더드가 과연 각 국가에 어떠한 방식으로 전파되는가와 관련된다. 여기서는 글로벌 스탠더드의 전파와 확산의 문제를 살펴보기 위해서 각국의 경제관료라는 행위자의 측면에 집중해 보도록 한다. 즉, 신자유주의 글로벌 스탠더드는 단순한 외부 강제나 각국의 자발적인 동의에 의해 단선적으로 전파된다기보다는 글로벌 스탠더드를 전파하는 중심부 및 이를 수입하는 주변부 개도국 국가 내부에서 벌어지는 행위자들의 견제에 의해 하나의 전략적 자원으로서 수출되고 수입된다는 것이다.

이러한 행위자 중심의 분석에서 우리가 집중해야 할 대상은 다름 아닌 각국의 경제관료들이라고 할 수 있다. 왜냐하면 결과적으로 각국의 경제 시스템을 운영하고 변형할 수 있는 능력을 지닌 이들이 바로 경제관료이기 때문이다. 그러나 각국에서의 권력관계, 그리고 이들의 몇몇 특성의 차이에 따라 이들 경제 전문가 관료 집단은 테크노크라트(technocrat)와 테크노폴(technopol)이라는 두 그룹으로 구분될 수 있다. 더군다나 이들 간의 견제에 의해 글로벌 스탠더드의 전파가 실질적으로 진행되었다는 측면에서 이러한 구분과 전문가 관료 그룹의 특징에 대해 자세히 살펴볼 필요가 있을 것이다.

1) 테크노크라트와 테크노폴

일반적으로 테크노크라트(technocrat)는 공공영역 및 사적 영역에 존재하는 복잡한 조직 내부에서 고도의 학문적인 훈련 및 전문성을 바탕으로 핵심적인 의사 결정을 내리는 집단으로 정의되며(Collier, 1979: 403), 흔히 기술관료라고 불리기도 한다. 그러나 테크노크라트라는 개념은 사적 영역보다는 공공영역, 즉 국가의 특정한 관료층을 지칭하는 개념으로 주로 활용된다. 국가의 기술관료라는 측면에서 이들은 정치가가 아닌 전문가(expert)이다. 즉, 그들은 대중의 여론이 아니라 경제학, 법학 등 고도로 훈련된 학문적인 전문지식에 의존해서 국가의 정책을 결정한다.

이렇듯 전문성에 기반을 둔 의사 결정자라고 할 수 있는 테크노크라트들은 각 국가에 따라 차이가 있지만 주로 국가 공인 시험 등 국내적인 인증과정에 의해 충원된다. 특히 테크노크라트의 양성 및 활동은 제3세계 권위주의 정권에서 두드러지게 나타났다. 1970년대 제3세계 전반에서 권위주의 정권이 수립되고 공고화되는 기간 동안 테크노크라트의 부상 역시 수반된 것이다. 권위주의 정권의 기술적인 전문 관료로서 테크노크라트의 성격에 대해 오도넬(O'Donnell, 1973: 79~89; O'Donnell, 1995: 23~28)은 이들이 협상이나 정치를 합리적인 정책결정의 장애물로 인식하는 성향을 지니고 있다고 지적하였다. 이러한 맥락에서 테크노크라트들과 권위주의 체제의 관련성이 부각되어 왔다. 논의에 이어서 오도넬에 따르면 테크노크라트들은 배타적인 지배엘리트들의 정치 시스템인 권위주의 정권의 중심에 진입하지 못하는 이상 효율적으로 기능할 수 없음을 주장하였다. 이렇듯 오도넬을 비롯한 대부분의 학자들은 테크노크라트가 반(反)민주적임을 지적해 왔다(Larson, 1972~1973: 29).

그러나 최근에는 이들 테크노크라트와 구분되는 새로운 관료 및 전문가 집단인 테크노폴(technopol)의 활동이 두드러지고 있다. 도밍게즈(Dominguez, 1997: 6~7)에 따르면 테크노크라트와 정치 시스템의 민주성 여부는 큰 관련이 없다. 즉, 전문성을 지닌 관료는 권위주의 정권에서와 마찬가지로 민주주의 정치체제 하에서도 존재할 수 있다는 것이다. 여기에 덧붙여 그는 테크노크라트들이 정치를 효율적인 정책집행에 방해가 되는 것으로 생각했던 것과 달리, 정치적인 것, 특히 민주주의의 달성이라는 정치적인 목적에 무게를 두는 동시에 이러한 정치적 목적을 합리성의 범주에 포함시키는 새로운 유형의 관료 엘리트를 소개한다. 이것이 바로 '테크노폴(technopol)'로서, 그 명칭이 가리키듯이 기술관료적 전문성(techno-)과 정치가로서의 성격(pol)을 겸비한 전문가 엘리트를 말한다.

도밍게즈는 이 테크노폴들이 과거 권위주의 정권의 중심부에 주로 속해 있던 테크노크라트들과 달리 권위주의 정권에 저항하는 야당 및 반(反)정부 정치 세력에서도 나타날 수 있으며, 정치적 지도자로서의 면모도 지니고 있다고 강조한다. 특히 남미 권위주의 정권의 반대 세력, 즉 민주주의 운동가로서 활동했던 명망가들이 선진국으로 유학 혹은 망명하여 국제적인 전문성을 획득한 뒤 귀국하여 정치적·경제적 개혁을 수행했던 테크노폴의 사례들이 다수 관찰되고 있다.

정치적인 활동 경력 외에도 테크노크라트와 테크노폴을 구분하는 또 하나의 중요한 기준은 그들이 지닌 전문성이 국내에서 전문가로 인정받는 경우가 많은 테크노크라트들과 달리 테크노폴은 상당히 국제적이라는 것에 있다. 동시에 여기서 우리는 글로벌 스탠더드가 어떤 식으로 테크노크라트들이 아닌 테크노폴들에 의해 주로 각국으로 전파되어 정치·경제적 개혁의 형태로 전개되는지를 파악할 수 있다.[3)]

즉, 국내 대학 학위를 바탕으로 국가 시험 등을 통해 관료로 진출하여 경력을 쌓는 테크노크라트들과 달리 테크노폴들은 국제적인 전문성을 바탕으로 성장한다. 구체적으로 테크노폴들은 주로 미국 등 선진국 유수 대학의 학위를 취득하고 이를 바탕으로 IMF나 세계은행(World Bank: WB) 등 국제기구에서 활동함으로써 경력을 쌓은 뒤 금융 위기 등의 위기 상황에서 본국으로 귀환하여 개혁을 진행하는 패턴을 보인다. 동시에 이는 한편으로 앞서 살펴보았던 것처럼 국제기구가 신자유주의적

3) 부르디외는 "상징폭력과 문화재생산"에서 아비투스(Habitus)라는 개념을 통하여 개인과 구조를 연결하는 무의식적 구조를 문화자본이라고 정의하였다. 문화자본은 계급적 특성을 갖는 경제자본과는 다르게 사회과정에서 습득된 성향으로 훗날 사회경험의 판단의 근거가 된다. 다수의 글로벌 스탠더드를 추진하는 주요 행위자들은 같은 학교, 기관 또는 비슷한 경험을 했다는 공통점을 가지고 있다.

글로벌 스탠더드에 입각하여 활동 및 조직 방식을 변형한 것과 상호 연관된다. 즉, 과거 발전주의적 아젠다 하에서 개도국에게 프로젝트 차관을 제공하던 IMF와 WB가 신자유주의적으로 개혁된 후에는 구조조정 차관의 형태로 신자유주의적 개혁이라는 조건부 차관을 제공하게 된 것을 앞서 살펴보았는데, 이러한 개혁에 저항하는 국내 세력 및 테크노크라트들에 맞서 개혁을 이끌어 가는 세력이 바로 국제적으로 활동하는 테크노폴들인 것이다.

따라서 워싱턴 컨센서스의 기조 하에서 추진된 제3세계 각국에서의 경제개혁을 글로벌 스탠더드의 전파라는 관점에서 추적하기 위해서는 개혁의 주된 행위자인 테크노폴과의 관련 속에서 변화과정을 살펴보는 것이 중요하다.

표 13-1 테크노크라트와 테크노폴 비교

	테크노크라트	테크노폴
전문성	법률 전문성 및 법학에 종속된 경제학적 전문성	순수 경제학적 전문성, 국제적 전문성
경력	국내적 경력 (국가시험, 국내 대학 학위)	국제적 경력 (선진산업국 유학, 국제기구 활동 경력)
정치적 성향	권위주의/개발독재	자유민주주의/자유시장주의

2) 신자유주의적 경제개혁과 테크노폴: 라틴아메리카의 사례

드잘레이와 가스(Dezalay and Garth, 2002)는 워싱턴 컨센서스에 입각한 남아메리카 국가들의 신자유주의적 경제개혁을 수행하는 테크노폴 행위자들과 이에 저항하는 각 국가의 국내 기득권 세력의 『궁정전투(The Internationalization of Palace Wars: Lawyers, Economists, and the Contest to Transform Latin American States)』를 분석한 바 있다. 여기서 궁정전투란 국가 운영 원리 및 개혁의 방향을 두고 대립하는 테크노크라트와 테크노폴의 대결이 국가권력을 두고 투쟁하던 과거 귀족들의 양상과 흡사하다는 점에 착안하여 비유적으로 일컫는 개념이다. 남미에서의 금융위기를 계기로 경제구조를 국가 중심적인 수입대체 모델로부터 개방화된 신자유주의 모델로 변혁시키려는 과정에서 벌어진 이들 전문가들의 대결을 살펴봄으로써, 글로벌 스탠더드가 개도국에 어떤 식으로 전파되는가를 파악할 수 있을 것이다.

신자유주의 글로벌 스탠더드의 남미 국가로의 전파에 대해 파악하기 위해서는 선진국, 특히 미국 내부에서 글로벌 스탠더드가 새롭게 수립된 과정과 남미에서 벌어진 주류·비주류 엘리트 간의 투쟁을 동시적으로 살펴보아야 한다. 먼저 미국의 경우 1970년대까지 케인스주의 경제학이 주류를 형성하고 있었으며, 2차 대전 이후 개도국에 대한 지원 여론 및 국가정책과 맞물려 발전주의적 경향을 띠고 있었다. 그러나 정확한 수학적·통계적 방법론과 이론에 기반을 둔 시카고 대학의 통화주의 학파는 주류 케인스주의자들에게 학문적인 도전장을 내밀게 된다. 밀턴 프리드먼(Milton Friedman)을 중심으로 뭉친 시카고학파는 통화주의자들로도 알려져 있다. 이는 이들이 케인스주의에서 옹호하는 국가의 경제개입이 인플레이션을 낳는 경향이 있음을 강력하게 비판했기 때문에 붙여진 이름이다.

그런데 시카고학파의 경제학자들은 주류 케인스주의 엘리트 및 이들과 연결되어 있는 미국 기득권 세력(the Establishment)에 대항하기에는 사회적인 네트워크와 명성이 부족했다. 따라서 이들은 국내적으로 공화당의 소수 보수그룹 및 여타 사업가 그룹과 연합하는 한편, 국제적인 네트워크를 형성하기 위해 1950년대부터 노력을 경주하였다. 여기서 이들의 중심적인 국제적 제휴세력은 바로 라틴아메리카의 엘리트들이었는데, 라틴아메리카의 기득권 세력은 이미 미국의 기득권 및 케인스주의자들과 네트워크를 형성한 상태였다. 또한 유학 프로그램 등으로 라틴아메리카 엘리트들을 동맹세력으로 구축하고자 했지만 남미의 주류 엘리트들은 이미 기득권에 포함되어 있기 때문에 해외에서 전문성을 통해 경력을 쌓을 이유가 없었다. 따라서 시카고학파와 동맹을 형성하게 된 세력은 남미의 비주류 엘리트들이었다.

남미 역시 미국과 마찬가지로 기득권 세력의 경우 법률적인 전문성을 가지고 있었으며, 경제에 상당한 정도로 개입하는 국가와 긴밀하게 연결되어 있는 세력들이었다. 이들은 좋은 가문에서 태어나 국내 유수 대학을 졸업함으로써 정치적인 중심에 닿을 수 있었다. 반면 상대적으로 열세에 놓여 있는 비주류 엘리트의 경우 이미 기득권 세력에 의해 장악되어 있는 전통적인 법률 전문성이 아닌 경제학 전문성을 획득함으로써 국가 권력으로의 진출 가능성을 점치고 시카고학파의 유학 프로그램에 동참하게 되었다.

칠레는 가장 먼저 시카고의 신자유주의 경제학자들과 연합을 형성한 엘리트들이 등장한 국가이다. 미국에서의 투자는 케인스주의자와 신자유주의자 간에 큰 차이가 없었지만, 주류였던 케인스주의 경제학이나 발전경제학은 칠레의 최고 학부였던 칠레대학의 기득권들에게 수용되었다. 반면 시카고의 신자유주의 경제학자들은 산티아고 가톨릭 대학의 젊은 경제학자들과 네트워크를 형성하였고 이들은 시카고 대학에서 신자유주의적 경제학 전문성을 획득함으로써 후일 '시카고 아이들(Chicago Boys)'로 불리는 개혁 세력이 된다. 동시에 이 가톨릭 대학의 엘리트들은 미국에서 신자유주의자들이 보수주의자들과 형성했던 것과 유사한 정치동맹을 칠레에서 형성했다. 이들은 1973년 피노체트가 정권을 장악했을 때 경제 개혁의 전면에서 신자유주의적 개혁의 전형적인 방식인 '충격요법'에 입각한 경제개혁을 수행했다.

브라질에서는 군부와 함께 권력을 장악한 제1세대 경제학자 델핑 네투(Antonio Delfim Netto)가 국가를 지배해 온 옛 기득권 세력인 수출지향적 플랜테이션 농업 엘리트들에 대항하여 국가주의적이고 발전주의적인 경제정책을 수행하고 있었다. 반면 페드루 말랑(Pedro Malan)으로 대표되는 제2세대 경제학자들은 리우데자네이루의 가톨릭 대학에 근거를 두고 있었다. 1세대 경제학이 법학의 틀에서 벗어나지 못했다면, 2세대 엘리트들이 강조한 자율적인 학문으로서의 경제학은 브라질에서 여전히 상대적으로 새로운 학문이었기 때문에 이 신세대 경제학자들은 외국에서 전문성을 획득하고 돌아와 경제 부서들로 진출하여 브라질의 경제를 세계시장에 친화적인 방향으로 개혁할 수 있었다. 이 신세대 경제학자들은 미국 신자유주의 경제학과 수학의 계량적 방법 등을 바탕으로 1970년대 국가의 경제 개입 및 높은 인플레이션으로 특징지어질 수 있는 델핑 네투 정책을 비판하였으며, 이어진 외채 위기는 이들의 지위를 더욱 굳건하게 만들어주었다.

아르헨티나의 경우 다른 국가들과 달리 군부에 대항하기 위해 경제학을 필요로 하지는 않았지만 경제학 전문성을 바탕으로 보다 쉽게 세계시장에 통합되는 개혁을 수행할 수 있었다. 멕시코에서는 PRI(제도혁명당) 기득권 세력 내부의 신세대가 권력을 획득하면서 민간 부문의 경제학자들이 국가에 진출하는 통로로 경제학 전문성을 활용하였다.

더불어 1980년대에 남미에서 연쇄적으로 발생한 외채위기는 신자유주의 테크노폴의 지위를 향상시켰다. 국제적인 경제학 전문성 및 이를 획득하는 과정에서의 훈련은 이들이 선진국 및 국제기구의 관료들과 부채위기를 협상하는 과정을 용이하게 만들었다. 유창한 영어 실력과 계량 경제학에 대한 전문적인 이해, 미국 경제학자 공동체와의 관계뿐만 아니라 이 세대가 미국의 학계에서 활동하면서 획득한 시장경제 및 민주주의에 대한 공감대로 인해 라틴아메리카 신세대 엘리트들은 테크노폴의 핵심 인물들로 부각되었다.

한국의 경우는 다음과 같이 전개되었다.[4] 박정희 정부 말기부터 추진되었던 시장 중심적 신자유주의 개혁은 경제성장이라는 권위주의 정권의 정당성 유지를 위한 국가주의가 우세하여 늦춰지다, 민주화 후 등장한 김영삼 정부가 집권하면서 이행되는 모습을 보였다. 그 당시 개혁을 추진하는 관료들은 정치적 기반을 위하여 정당엘리트들과 더불어 시민사회의 이름으로 활동하는 전문가 집단의 신자유주의적 전문성과 전략적 동맹을 맺었다. 김영삼 정권 수립 당시 기존의 영역에서 열세에 처해 있었던 신자유주의적 관료군과 김영삼의 민주계 세력이 개혁세력이라는 '지위의 유사성'에 기반하여, 신자유주의적 개혁이 민주화 담론과 합쳐져 개혁적 성향으로 변모하는 과정을 거쳤다. 실제로, 김영삼 정권 출범 후 민주화 세력은 권위주의 세력에 대한 정치 개혁을 추진하면서 동시에 경제 기득권 세력인 재벌에 대한 개혁도 개혁 대상에 포함시킴으로써 신자유주의 관료군의 정책 추진을 위한 정치적 조건을 형성해 주었다. 결국, 국가주의자와 시장주의자 엘리트의 긴장관계는 시장주의자들에게 정책결정권을 가져다주었지만, 권위주의 체제 안에서 성장한 친기업적 경제구조에서 나타난 재벌과 국가주도 성장주도 세력의 저항은 신자유주의 관료군의 전문성을 순수한 형태로 적용시키지 못함으로써 한계를 가져오기도 하였다.

칠레에서도 '시카고 아이들'을 중심으로 하는 일군의 가톨릭 대학의 개혁 세력들이 피노체트의 집권 이후 경제 개혁의 전면에서 신자유주의적 개혁을 추진함으로써 친시장적 엘리트와 정치 세력의 결합을 보여주었고, 브라질에서는 델핑 네투(Antônio Delfim Netto)를 위시한 1세대 경제학자들과 페드루 말랑(Pedro Malan)으로 대표되는 2세대 경제학자들 간의 정책주도권을 둘러싼 궁정전투가 브라질의 경제를 세계시장에 친화적인 방향으로 발전하도록 함으로써 엘리트 분파 간의 갈등 양상을 체험했다.

반면 국가와 관료에 대항하는 영역이라는 의미에서의 시민사회의 존재는 정치·사회 발전의 필요조건으로 여겨졌다. 최근에 이르러 시민사회에 대한 논의는 정책결정 과정에 시민사회의 의견을 반영하거나 시민사회 인사들을 참여시킴으로써 국가 관료에 의해 독점되었던 정책결정과정을 개방해야 한다는 논의로 이어지고 있는데, 실제로는 시민사회의 영향력을 가장한 전문성이 강화된 공간으로 변모할 수도 있다는 점에서 재고의 여지가 있다.

---

4) 한국의 사례는 김성수(2014), "시민사회운동과 신자유주의 경제개혁", 『정치·정보 연구』 17권 2호와 김성수, 유신희(2014), "김영삼 정권의 신자유주의 경제개혁: 기술관료(Technocrat)와 정당엘리트의 상호관계를 중심으로", 『사회과학연구』 25권 4호를 참조할 것.

| Box 13-4 | 워싱턴 컨센서스체제의 변화: 포스트-워싱턴 컨센서스?

1997년도 아시아 지역에서 발생한 연쇄적인 금융위기는 기존 워싱턴 컨센서스체제의 한계에 대한 비판이 폭발적으로 제기되는 계기가 되었다. 특히 세계은행의 수석 경제학자였던 조셉 스티글리츠(Joseph Stiglitz)가 심각한 비판을 가함으로써 (비록 스티글리츠는 비판 이후 세계은행에서 퇴직하지만), 워싱턴 컨센서스체제의 제도적 기반이라고 할 수 있는 세계은행과 IMF의 내부적인 개혁이 시작된다(Stiglitz, 1998).

변화의 골자는 시민사회의 참여와 권능강화에 입각해서만 개혁을 진행해야 한다는 것으로서, 이는 과거 워싱턴 컨센서스가 시장의 경제력에만 의존했던 반면 제도와 시민사회의 중요성에 대해 재고하게 되었다는 것을 의미한다. 특히 시민사회 참여의 경우 이는 현재 논의되는 포스트 워싱턴 컨센서스(Post Washington Consensus)의 중심축 중 하나인 거버넌스 개념과 연관된다. 특히 거버넌스 프로그램은 신자유주의적 구조조정에 의해 경제적 파탄을 맞게 된 제3세계 국가의 빈곤문제 해결을 위해 시민사회의 참여를 제도적으로 보장하는 빈곤축소전략보고서(PRSP) 프로그램과 연동되어 운영됨으로써, 워싱턴 컨센서스의 구조조정이 불러일으킨 문제의 해결을 모색하는 방편이라고 할 수 있다(Evans and Shields, 2000).

동시에 PWC의 다른 한 축으로 법의 지배(Rule of Law) 프로젝트를 들 수 있다. 이는 기존의 글로벌 스탠더드가 시장에 전적으로 의존함으로써 나타난 파행적인 결과에 대한 보완물로 법적·제도적 안전망을 구비함으로써 시장의 '규칙'을 확립하려는 프로젝트라고 할 수 있다(Santos, 2006: 277~280). 특히 법의 지배는 그 역시 글로벌 스탠더드로서의 측면을 지니는데, 즉 일국에 한정된 사법개혁이 아닌 전 세계적인 사법개혁 프로젝트로서 세계시장의 불안정성을 보완하는 법적·제도적 차원의 정책 수렴을 의도하고 있다.

그러나 이러한 포스트 워싱턴 컨센서스로의 이행 역시 여전히 시장 중심적인 신자유주의적 도그마를 유지하고 단지 그 개혁의 속도를 조절할 뿐이라는 비판을 면치 못하고 있다. 예컨대 거버넌스 모델의 경우 개도국에서의 저항이 심화됨에 따라 구조조정 차관이 빈곤축소전략보고서 모델로 변형되었음에도 불구하고 여전히 신자유주의적 내용을 담은 조건부(Conditionality) 개혁 프로그램을 그 본질로 한다. 또한 거버넌스 개념에서 강조되는 시민사회는 부패한 국가를 감시하고 국가의 투명성을 평가하는 기제라고 설명되고 있지만, 실상 이러한 시민사회의 구성원이란 개도국의 피지배 계급을 의미하는 것이 아니라 비효율적이고 부패한 국가에 대비되는, 전문성과 국제적 커리어를 갖춘 이들, 곧 테크노폴과 유사한 전문가 집단을 실질적으로 의미한다(Evans and Shields, 2000: 13~17). 한편 법의 지배 프로젝트 역시 미국에 의한 WTO 다자간 협상이 개도국의 저항에 부딪혀 중지된 상황에서 FTA 등 양자 간 협상을 통해 WTO의 사법기능을 지속적으로 활용하기 위한 제도적인 포석을 의도하는 전략이라고 볼 수 있다(Santos, 2006).

제4절 | 세계화의 도전

세계화는 기술혁신을 통하여 국가 간의 접근성을 확대하였으며 국가 간의 정치 · 경제적 협력을 강화하여 세계 차원에서의 투명성 확보와 공공참여의 증가 등의 긍정적 효과를 불러오고 있다. 이러한 현상을 보편성과 편이성이라는 개념으로 정리할 수 있다. 하지만 보편성의 이면에는 기존에 존재하였던 다양성과 개성을 무시하고 세계질서라는 교조주의적 논리 아래 우리를 자리매김하게 하고 있다는 점을 상기해야 할 것이다.

주류문화가 아닌 문화는 저급한 문화로 취급받고 결국 자신의 가치를 잃어버린 문화는 다른 문화들을 상대로 반목하게 되고, 반목은 언어와 예술적 표현뿐 아니라 폭력의 형태인 테러 또는 폭력으로 나타나기도 한다. 세계 속의 갈등은 단지 "문명의 충돌"에서 야기된다는 단순 논리에서 벗어나 이제는 세계화가 우리 사회에 가져다 준 "야누스 효과"에 대하여 관심을 가져야 할 것이다.

2020년 초부터 본격화한 코로나바이러스(COVID-19) 팬데믹은 세계화의 야누스 효과를 가장 효과적으로 드러내는 사례 중 하나가 될 것으로 보인다. 코로나바이러스가 급속도로 전파될 수 있었던 배경에 초연결성(hyperconnectivity)이라는 세계화가 자리하고 있는 반면, 역설적으로 감염병 문제를 해결하기 위한 가장 강력한 기제 또한 글로벌 보건 거버넌스 또는 보건협력 체제 마련에 달려 있기 때문이다. 코로나바이러스의 확산에 따른 국경봉쇄, 자국 경제보호 조치 등 탈(脫)세계화 또는 역(逆)세계화 조치가 확산하고 있지만, 국가 간 상호의존 감소와 통합의 약화로 팬데믹의 종식을 이끌어낼 수 없음은 명약관화하다. 바이러스는 주류문화와 비주류문화를 구분하지 않는다. 바이러스는 서구와 비서구, 소위 주류 지역과 제3세계를 관통하는 특징을 지닌다. 그간 신자유주의에 경도된 세계화가 광범위한 비판의 대상이 되었다면, 팬데믹에 따른 위기를 기회로 전환하는 지혜가 필요하다. 세계화가 배태해 온 "야누스 효과"를 성찰하고, 전 세계로 하여금 세계화의 방향성을 다시 설정하는 정치경제적 동인으로 활용하는 것이다.

참고문헌

Abramson, Paul R., Aldrizh, John H. and Rohde, David (2010), *Change and Continuity in the 2008 Elections*, Washington DC: Congressional Quarterly Press.

Acemoglu, Daron and James A. Robinson. (2012), *Why Nations Fail*, NY: Brockman.

Achebe, Chinua (1959), *Things Fall Apart*, New York: Doubleday.

Ainsworth, Scott H. (2002), *Analyzing Interest Groups: Group Influence on People and Policies*, New York: W. W. Norton & Company.

Alford, Robert R. and Roger Friedland (1985), *Powers of Theory: Capitalism, the State, and Democracy*, New York: Cambridge University Press.

Almond, Gabriel A. (1987), "The Development of Political Development", Myron Weiner and Samuel P. Huntington eds., *Understanding Political Development*, Boston: Little, Brown.

Almond, Gabriel A. and G. Bingham Powell (1966), *Comparative Politics: A Developmental Approach*, Boston: Little, Brown.

Almond, Gabriel A. and G. Bingham Powell (1978), *Comparative Politics: System. Process and Policy*, Boston: Little. Brown; 2nd edition.

Almond, Gabriel A. and James S. Coleman (1960), *The Politics of the Developing Areas*, Princeton, N.J.: Princeton University Press.

Almond, Gabriel A. and Verba, Sidney (1980), *The Civic Culture Revisited: An Analytic Study*, Boston: Little, Brown.

Almond, Gabriel A. et al. (2001), *Comparative Politics: A Theoretical Framework*, (3rd ed.), New York: Longman.

Almond, Gabriel A. et al. (2004), *Comparative Politics Today: A World View*, New York: Pearson Longman.

Almond, Gabriel Abraham & Powell, G. & Bingham, Jr. (1978), *Compartive Politics: System Process and Policy*, Boston: Little.

Almond, Gabriel Abraham & Verba, Sidney & Abramowitz, Alan I. (1980), *The Civic Culture Revisited: An Analytic Study*, Boston: Little, Brown.

Almond, Gabriel Abraham & Verba, Sidney (1963), *The Civic Culture: Political Attitudes and Democracy in Five Nations*, Princeton, N.J.: Princeton University Press.

Almond, Gabriel and Powell, Bingham G. (2000), *Comparative Politics Today: A World View* (7th Edition), New York: HarperCollins.

Althusser, Louis (1971), *Lenin and Philosophy and Other Essays*, London: New Left Books.

Amsden, Alice (1989), *Asia's Next Giant*, NY: Oxford University Press.

Anderson, Benedict R. (1991), *Imagined Communities: Reflections on the Origin and Spread of Nationalism*, London: O'G, Verso.

Apter, David (1965), *The Politics of Modernization*, Chicago: University of Chicago Press.

Arato, Andrew (1975), *The Search for the Revolutionary Subject: The Philosophy and Social Theory of the Young Lukacs, 1910~1923*, Chicago: University of Chicago, Department of History.

Arendt, Hannah. (1986[1958]), *The Human Condition*, Chicago: University of Chicago Press.

Aristoteles (1920), I. Bywater Ed., *Ethica Nicomachea*, Oxford: Oxford University Press.

Arrow, K. (1951), *Social Choice and Individual Values*, NH, Conn: Yale University Press.

Arrow, Kenneth (1974), *The Limits of Organization*, New York: Norton.

Arrow, Kenneth Joseph (1951), *Social Choice and Individual Values*, New York: Wiley; London: Wiley Chapman & Hal.

Ash, Roberta (1972), *Social Movements in America*, Chicago: Markham.

Ashford, Douglas E. (1992), "Introduction: Of Cases and Contexts", Douglas E. Ashford eds., *History and Context in Comparative Public Policy*, Pittsburgh: University of Pittsburgh Press.

Astin, John D. (1972), "Easton Ⅰ Easton Ⅱ", *Western Political Quarterly* 25.

Ayres, Clarence Edwin (2012[1917]), *The Nature of the Relationship Between Ethics and Economics*, Berkeley: University of California Libraries.

Bachrach, Peter and Baratz, Morton S. (1962), "Two Faces of Power", *The American Political Science Review* Vol. 56, No. 4.

Bagehot, Walter (1961), *The English Constitution*, New York: Oxford University Press.

Ball, Terence and Richard Dagger (2004, 2005), *Ideals and Ideologies* (6th Edition), New York: Longman Publishing Group.

Banfield, Edward C. (1967), *Moral Basis of a Backward Society*, New York: Free Press.

Bannister, F. and Wlash, N. (2002), "E－Democracy: Small is Beautiful?".

Banuazizi, Ali (1987), "Iran - Politics and Government - 1979~1997 - Congresses", Banuazizi, Ali and Weiner, Myron eds., *The State, Religion, and Ethnic Politics: Afghanistan, Iran, and Pakistan*, Lahore: Vanguard.

Barber, B. (1984), *Strong Democracy: Participatory Politics for a New Age*, Berkeley: University of California Press.

Barber, Benjamin R. (1995), "Searching for Civil Society", *National Civic Review* Volume 84, Issue 2.

Barber, Benjamin R. (1995), *Jihad vs. McWorld*, New York: Times Books.

Barber, Benjamin R. (1998), *A Place for Us: How to Make Society Civil and Democracy Strong*, New York: Hill and Wang.

Bates, Robert H. (1988), *Toward a Political Economy of Development: A Rational Choice Perspective*, Berkeley: University of California Press.

Bator, F. M. (1958), "The Anatomy of Market Failure", *Quarterly Journal of Economics* 72, No. 288.

Baumol, W. J. and Blinder, Alan S. (2001), *Economics: Principles and Policy*, Harcourt College Publishers.

Beck, Ulrich (2000), *What Is Globalization*, Cambridge: Polity Press.

Beer, Samuel Hutchison (1962), *Patterns of Government: The Major Political Systems of Europe*, New York: Random House.

Belknap, George and Angus, Campbell (1952), "Political Party Identification and Attitudes toward Foreign Policy", *Public Opinion Quarterly* Vol. 15, No. 4.

Bell, Daniel (1973), *The Coming of Post-Industrial Society: A Venture in Social Forecasting*, New York: Basic Books.

Bendix, Reinhard (1964), *Nation-Building and Citizenship: Studies in Our Changing Social Order*, New York: John Wiley.

Benedict, Ruth (1946), *Patterns of Culture*, Boston, New York: Mentor book.

Benn, Stanley I. (1967), "Power", P. Edwards ed., *The Encyclopedia of Philosophy* Vol. 6, New York: MacMillian Press.

Bennett, Lance W. (2001), *Mediated Politics: Communication in the Future of Democracy*, Cambridge University Press.

Bentham, Jeremy (2007[1789]), *Introduction to the Principles of Morals and Legislation*, New York: Dover Publications.

Bentley, Arthur Fisher (1908), *The Process of Government: A Study of Social Pressures*. Chicago: University of Chicago Press.

Bentley, Arthur Fisher (1967), *The Process of Government Edited by Peter H. Odegard*, Cambridge: Belknap Press of Harvard University Press.

Bickel, Alexander (1962), *The Least Dangerous Branch*, Indianapolis, IN: Bobbs-Merrill.

Bill, James A. and Hardgrave, Robert L., Jr. (1981) *Comparative Politics: The Quest for Theory*, MD: University Press of America INC.

Bill, James A. and Robert L. Hardgrave (1973), *Comparative Politics: The Quest for Theory*, Columbus, OH: Charles E. Merrill.

Bill, James A. and Robert L. Hardgrave (1983), *Comparative Politics: The Quest for Theory*, Washington D.C.: University Press of America.

Birnbaum, Jeffrey (1993), *The Lobbyists: How Influence Peddlers Work Their Way in Washington*, New York: Times Books-Random House.

Black, Cyril (1966), *The Dynamics of Modernization: A Study in Comparative History*, New York: Harper & Row.

Blumer, Herbert (1969), *Collective Behavior*, New York: Barnes and Noble. Principles of Sociology.

Blyth, M. M. (1997), "Any More Bright Ideas? The Ideational Turn of Comparative Political Economy", *Comparative Politics* Vol. 29.

Bobbio, Noberto (1989), *Democracy and Dictatorship*, Minneapolis: University of Minnesota Press.

Boggs, Carl (1986), *Social Movements and Political Power: Emerging Forms of Radicalism in the West*, Philadelphia: Temple University Press.

Bon, Gustave Le. (1903), *The Crowd: A Study of the Popular Mind*, London: T.F. Unwin.

Bostock, Williwam (1973), "The Cultural Explanation of Politics", *Political Science XXV*, July.

Bottomore, T. B. (1964), *Elites and Society*, NY: Basic Books.

Bowles, Samuel and Gintis, Herbert (1987), *Democracy and Capitalism: Property, Community, and the Contradictions of Modern Social Thought*, New York: Basic Books.

Brand, Karl-Werner (1990), "Cyclical Aspects of New Social Movements: Waves of Cultural Criticism and Mobilization Cycles of New Middle-Class Radicalism", R. Dalton and M. Kuechler eds., *Challenging the Political Order*. Chapter 2, Cambridge: Polity Press.

Brecher, M. and Wikenfeld, J. (1997), *A Study of Crisis*, Michigan: Michigan University Press.

Brenner, Neil (1999), "Beyond State−Centrism? Space, Territoriality and Geographical Scale in Globalization Studies", *Theory and Society* 28.

Brinton, Crane (1938), *The Anatomy of Revolution*, New York: W.W. Norton & Co.

Brysk, A. (1995), "Hearts and Minds: Bring Symbolic Politics Back in", *Northeastern Political Science Association*, Vol. 27, No. 2/4.

Buchanan, James M. (1980), "Rent−Seeking and Profit−Seeking", James M. Buchanan, Robert D. Tollison and Gordon Tullock Eds., *Toward a Theory of the Rent−Seeking Society*, College Station, Texas: Texas A&M University Press.

Buchanan, James M. and Tullock, Gordon (1965), *The Calculus of Consent: Logical Foundations of Constitutional Democracy*, Ann Arbor: The University of Michigan Press.

Buchanan, Paul G. (1995), *State, Labor, and Capital: Democratizing Class Relations in the Southern Cone*, Pittsburgh: University of Pittsburgh Press.

Budge, I. (1996), *The New Challenge of Direct Democracy*, Cambridge: Polity Press.

Buechler, Steven M. (1993), "Beyond Resource Mobilization? Emerging Trends in Social Movement Theory", *The Sociological Quarterly* 34(2).

Burke, Edmund (2013[1790]), *Reflections on the Revolution in France*, Burke Press.

Cammack, Diana et al. (2006), "Donors and the 'Fragile States' Agenda: A Survey of Current Thinking and Practice", report submitted to the Japan International Cooperation Agency.

Cammack, P. (1992), "The New Institutionalism: Predatory Rule, Institutional Persistence, and Macro−Social Change", *Economy and Society* Vol. 21, No. 4, pp. 397~429.

Campbell, Angus, Gurin, Gerald, Miller, Warren E. (1954), *The Voter Decides*, NY: Peterson.

Campbell, Angus, Philip, E. Converse, Warren E. Miller and Donald E. Stokes (1960), *The Amercan Voters*, NY: John Wiley & Sons, INC.

Campbell, Angus, Philip, E. Converse, Warren E. Miller and Donald E. Stokes (1966), *Elections and the Political Order*, NY: John Wiley & Sons, Inc.

Canto V. A., Miles, Marc A. and Laffer, Arthur B. (1983), *Foundations of Supply−Side Economics: Theory and Evidence*, New York: Academic Press.

Cantori, Louis J. and Andrew H. Ziegler (1988), *Comparative Politics in the Post−Behavioral Era*, Boulder Colo: Lynne Rienner.

Cantril, Hadley (1965), *The Pattern of Human Concerns*, New Brunswick, N.J.: Quinn and Biden Company.

Caporaso, James A. and David P. Levine (1992), *The Theories of Political Economy*, New York: Cambridge University Press.

Cardoso, Fernardo H. and Faletto, Enzo (1979), *Dependency and Development in Latin América*, Berkeley: University of California Press.

Carmines, Edward G. and Stimson, James A.(1989), *Issue Evolution: Race and the Transformation of American politics*, Princeton: Princeton University Press.

Chilcote, Ronald H. (1981), *Theories of Comparative Politics: The Search for a Paradigm*, Boulder, Colo: Westview Press.

Chilcote, Ronald H. (1994), *Theories of Comparative Politics: The Search for a Paradigm Reconsidered*, (2nd ed.), Boulder: Westview Press.

Chomsky, Noam (1999), *Profit over People: Neoliberalism and Global Order*, New York: Seven Stories Press.

Cimbala, Stephen J. (2000), *The Past and Future of Nuclear*, Westport: Greenwood Publishing Group.

Clark, Barry (1998), *Political Economy: A Comparative Approach*, London: Westport, Conn. Praeger.

Clarke, Simon (1991), *Marx, Marginalism and Modern Sociology*, London: Palgrave.

Clausen, John et al. (1968), *Socialization and Society*, Social Science Research Council (U.S.) Committee, Boston: Little Brown.

Cohen, A. P. (1974), *Two−Dimensional Man: An Essay on the Anthropology of Power and Symbolism in Complex Societies*. London: Routledge and Kegan Paul.

Cohen, Abner (1969), *Custom & Politics in Urban Africa: A Study of Hausa Migrants in Yoruba Towns*, London: Routhlodge & Kogan Paul.

Collier, David (1999), "Building a Disciplined. Rigorous Center in Comparative Politics", *Newsletter of the Organized Section in Comparative Politics of the American Political Science Association* Vol. 10, No. 2.

Collier, David ed. (1979), *The New Authoritarianism in Latin America*, Princeton: Princeton University Press.

Collins, Randall (1968), "A Comparative Approach to Political Sociology", R. Bendix et al. eds., *State and Society*, Boston: Little Brown.

Commons, John R. (1989), *Institutional Economics: Its Place in Political Economy*, Piscataway: Transaction Publishers.

Connor, Walker (1994), *Ethnonationalism: The Quest for Understanding*, Princeton: Princeton University Press.

Conway, David (1998), *Classical Liberalism: The Unvanquished Ideal*, New York: Basingstoke Macmillan.

Coser, Lewis A. (1956), *The Functions of Social Conflict*, Glencoe. IL: The Free Press.

Council of Europe (2006), "Terms of Reference of the Ad Hoc Committee on E–Democracy".

Cutright, Phillips (1963), "National Political Development: Measurement and Analysis", *American Sociological Review* 28.

D'Andrade, Roy G. and Strauss, Claudia (1992), *Human Motives and Cultural Models*, Cambridge [England]; New York: Cambridge University Press.

Daalder, Hans, F. (1987), *Party Systems in Denmark, Austria, Switzerland, The Netherlands, and Belgium*, NY: Pinter.

Dahl, Robert (1972), *Polyarchy*, New Haven: Yale University Press.

Dahl, Robert A. (1956), *A Preface to Democratic Theory*, Chicago: University of Chicago Press.

Dahl, Robert A. (1957), "The Concept of Power", *Behavioral Science* 20, pp. 201~215.

Dahl, Robert A. (1958), "A Critique of the Ruling Elite Model", *The American Political Science Review* 52(2).

Dahl, Robert A. (1961), *Who Governs? Democracy and Power in an American City*, New Haven, CT: Yale University Press.

Dahl, Robert A. (1963), *A Preface to Democratic Theory*, Chicago: University of Chicago Press.

Dahl, Robert A. (1966), *Political Oppositions in Western Democracies*, New Haven: Yale University Press.

Dahl, Robert A. (1972), *Polyarchy: Participation and Opposition*, New Haven: Yale University Press.

Dahl, Robert A. (1990), *After the Revolution? Authority of Good Society*, New Haven: Yale University Press.

Dahl, Robert A. (1991), *Democracy and Its Critics*, New Haven: Yale University Press.

Dahrendorf, Ralf (1959), *Class and Class Conflict in Industrial Society*, Stanford. Calif: Stanford University Press.

Dalacoura, Katerina (2005), "US Democracy Promotion in the Arab Middle East since 11 September 2001: A Critique", *International Affairs* Vol. 81, No. 5.

Dalton, Russell J. (2000), *Parties without Partisans: Political Change in Advanced Industrial Democracies*, Oxford: New York: Oxford University Press.

Dalton, Russell J. (2002), *Citizen Politics: Public Opinion and Political Parties in Advanced Industrial Democracies*, New York: Chatham House Publishers/Seven Bridges Press.

Danziger, James N. (2003), *Understanding the Political World*, New York: Longman.

Darendorf, Ralf (1959), *Class and Class Conflict in Industrial Society*, Stanford, Calif: Stanford University Press.

David, Paul A. (1985), "Clio and the Economics of QWERTY." *The American Economic Review* Vol. 75, No. 2.

Davies, James C. (1962), "Toward a Theory of Revolution", *American Sociological Review* Vol. 27, No. 1.

Davis, Jerome (1930), *Contemporary Social Movements*, New York: Century Company.

Davis, Jerome (1941), *The Psychology of Social Movements*, New York: John Wiley and Sons.

Davis, Natalie Z. (1987), *Fiction in the Archives: Pardon Tales and Their Tellers in Sixteenth-Century France*, Stanford: Stanford University Press.

Dawson, Richard E. & Prewitt, Kenneth & Dawson, Karen S. (1977), *Political Socialization: An Analytic Study*, Boston: Brown.

Dayan, Daniel & Katz, Elihu (1992), *Media Events: The Live Broadcasting of History*, Cambridge, Mass.: Harvard University Press.

Derbyshire, J. D. and I. D. Derbyshire (1999), *Political Systems of the World* Vol. 2, New Edition, Oxford: Helicon Publishers.

Deutsch, Karl (1963), *The Nerves of Government: Models of Political Communication and Control*, London: Free Press of Glencoe.

Deutsch, Karl W. (1961), "Social Mobilization and Political Development", *American Political Science Review* 55. (September).

Dewey, John (1927), *The Public and Its Problems*, New York: Henry Holt and Co.

Dezalay, Yves and Garth, Bryant G. (2002), *The Internationalization of Palace Wars*, Chicago: University of Chicago Press.

Diamond, Jared (1999), *Guns, Germs, and Steel: The Fates of Human Societies*, New York: W. W. Norton & Company.

Diamond, Larry (1994), "Rethinking Civil Society: Toward Democratic Consolidation", *Journal of Democracy* Vol. 5, No. 3.

Diamond, Larry (1999), *Developing Democracy: Toward Consolidation*, Baltimore: John Hopkins University Press.

Diamond, Larry et al. (1997), *Consolidating the Third Wave Democracies: Themes and Perspectives*, Baltimore: John Hopkins University Press.

Diamond, Larry and Richard Gunther (2001), *Political Parties and Democracy*, Baltimore: John Hopkins University Press.

Digeser, Peter (1992), "The Fourth Face of Power", *Journal of Politics* 54.

DiMaggio, Paul and Powell, Walter W. (1991), *The New Institutionalism in Organizational Analysis*, Chicago: The University of Chicago Press.

Dogan M. and D. Pelassy (1984), *How to Compare Nations*, Chatham. NJ: Chatham House.

Domhoff, G. William (1967), *Who Rules America?*, Englewood Cliffs. NJ: Prentice－Hall.

Domhoff, G. William (1971), *The Higher Circles; The Governing Class in America*, New York: Vintage Books/Random House. Republish.

Dominguez, Jorge I. (1997), *Technopols: Freeing Politics and Markets in Latin America in the 1990s*, Pennsylvania: Pennsylvania State University Press.

Downs, Anthony (1957), *An Economic Theory of Democracy*, New York: Harper.

Doyle, Michael W. and Sambanis, Nicholas (2000), *Making War and Building Peace*, Princeton: Princeton University Press.

Dutch, R. & Taylor, M. (1993), "Postmaterialism and the Economic Condition." American Journal of Political Science 37.

Duverger, M. (1980), "A New Political System Model: Semi－Presidential Government Revisited", *European Journal of Political Research* Vol. 8, No. 2.

Duverger, Maurice (1954), *Political Parties: Their Organization and Activities in the Modern State*, NY: Wiley.

Easton, David (1958), "The Perception of Authority and Political Change", C. J. Friedrich ed., *Authority*, Cambridge: Harvard University Press.

Easton, David (1962), "Introduction: The Current Meaning & Behavioralism", In Charlesworth, James, *Political Science*, PA: American Academy & Political and Social Science.

Easton, David (1965), *A Framework for Political Analysis*, Englewood Cliffs, N.J.: Prentice－Hall.

Easton, David (1966), *Varieties of Political Theory*, Englewood Cliffs, N.J.: Prentice－Hall.

Easton, David and Dennis, Jack and Sylvia Easton (1969), *Children in Political System: Origins of Political Legitimacy*, New York: McGraw－Hill.

Edelman, Murray J. (1964), *The Symbolic Uses of Politics*, Urbana: University of Illinois Press.

Edwards, Bob and Foley, Michael W. (1998), "Civil Society and Social Capital Beyond Putnam", *The American Behavioural Scientist* Vol. 42, No. 1.

Edwards, Lyford P. (1927), *The National History of Revolution*, Chicago: University of Chicago Press.

Ehrenberg, John (1999), *Civil Society*, New York: New York University Press.

Elkin, S. (1985), "Pluralism in its Place: State and Regime in Liberal Democracy", R. Benjamin & S. Elkin eds., *The Democratic State*, Lawrence: University Press of Kansas.

Elster, John (1986), *Rational Choice*, Oxford: Basil Blackwell.

Erikson, Erik H. (1963), *Childhood and Society*, New York: Norton.

Ethington, P. and McDonagh, E. (1995), "The Eclectic Center of the New Institutionalism", *Social Science History* Vol. 19.

Etzioni, Amitai (1975), *A Comprehensive Analysis of Complex Organizations*, New York, NY: Free Press.

Evans, B. Mitchell and Shields, John (2000), "Neoliberal Restructuring and the Third Sector: Reshaping Governance, Civil Society and Local Relations", CVSS Working Paper Series.

Evans, Peter (1979), *Dependent Development: The Alliance of Multinational, State, and Local Capital in Brazil*, Princeton: Princeton University Press.

Evans, P. and Stephens, J. D. (1988), "Studying Development Since the Sixties: The Emergence of a New Comparative Political Economy", *Theory and Society* Vol. 17.

Falk, Richard (1987), "The Global Promise of Social Movements: Explorations at the Edge of Time", *Alternatives: Global. Local. Political* Vol. 12, No. 2.

Fallows, James M. (1995), *Looking at the Sun: The Rise of the New East Asian Economic and Political System*, New York: Random House.

Ferejohn, John and Pasquale Pasquino, "Rule of Democracy and Rule of Law", J. Maravall and A. Przeworski ed., *Democracy and Rule of Law*, Cambridge and New York: Cambridge University Press.

Ferejohn, Michael T. (1991), *The Origins of Aristotelian Science*, New Haven: Yale University Press.

Feuerbach, Ludwig (2011[1841]), *The Essence of Christianity*, Marian Evans trans., Cambridge: Cambridge University Press.

Fiorina, M. (1981), *Retrospective Voting in American Elections*, New Haven: Yale University Press.

Fishkin, J. and Farrar, C. (2005), "Deliberative Polling: From Experiment to Community Resource", Gastil, J. and Levine, P. eds., *The Deliberative Democracy Handbook*, San Francisco: Jossey－Bass.

Freedom House (2018), *Freedom in the World 2018. www.freedomhouse.org/report/freedom －world－2018－table－coudntry－scores.*

Freeman, Richard B. and James L. Medoff (1988), *What Do Unions Do?*, New York: Basic Books.

Friedman, Benjamin (2006), *The Moral Consequence of Economic Growth*, NY: Vintage.

Friedman, M. and Schwartz, A. (1963), *A Monetary History of the United States: 1867~1960*, Princeton: Princeton University Press.

Friedman, Milton (1959), *A Program for Monetary Stability*, New York: Fordham University.

Friedman, Milton (1962), *Capitalism and Freedom*, Chicago: University of Chicago Press.

Galbraith, John Kenneth (1985), *The Anatomy of Power*, NY: Mariner Books.

Galtung, Johan (1967), *Theory and Method of Social Research*, New York: Columbia University Press.

Gamson, William A. (1992), "The Social Psychology of Collective Action", edited by A. D. Morris and C. M. Mueller, *Frontiers in Social Movement Theory*, New Haven, CT: Yale University Press.

Gary, King (1995), Keohane. Robert and Verba. Sidney, "The Importance of Research Design in Political Science: A Response to Five Authors in the Symposium 'The Qualitative－Quantitative Disputation: Gary King, Robert O. Keohane, and Sidney Verba's Designing Social Inquiry: Scientific Inference in Qualitiative Research'", *American Political Science Review* Vol. 89, No. 2.

Gastil, J. and Keith, W. (2005), "A Nation that(sometimes) like to Talk", Gastil and Levine eds., *The Deliberative Democracy Handbook*, San Francisco: Jossey－Bass.

Geertz, Clifford (1973), *The Interpretation of Cultures: Selected Essays*, London: Basic Books.

Gerth, Hans H. and C. Wright Mills (1958), *From Max Weber: Essays in Sociology*, New York: Oxford University Press.

Giddens, Anthony (1979), *New Rules of Sociological Method*, London: MacMillian.

Gilovich, Thomas, Dale Griffin, and Daniel Kahneman (2002), *Heuristic and Biases: The Psychology of Intuitive Judgement*, NY: Cambridge University Press.

Ginsberg, Benjamin (1981), *The Consequences of Consent: Elections, Citizen Control, and Popular Acquiescence*, NY: Addison-Wesley.

Global Policy Forum (2007), "Comparison of the World's 25 Largest Corporations with the GDP of selected Countries (2007)".

Goldhammer, H. and E. Shils (1939), "Types of Power and Status", *American Journal of Sociology* 45.

Goldstein, Judith and Keohane, Robert O. (1993), *Ideas and Foreign Policy: Beliefs, Institutions, and Political Change*, Ithaka: Cornell University Press.

Gorer, Geoffrey & Rickman, John (1949), *The People of Great Russia: A Psychological Study-1949*, London: Cresset Press.

Gramsci, Antonio (1971), *Selections from the Prison Notebooks*, Quintin Hoare and Geoffrey Nowell Smith eds., New York: International Publishers Co.

Green, Thomas Hill (1986), *Lectures on the Principles of Political Obligation and Other Writings*, Paul Harris and John Morrow eds., Cambridge: Cambridge University Press.

Greif, A. (1994), "Cultural Beliefs and the Organization of Society: A Historical and Theoretical Reflection on Collectivist and Individualist Societies", *The Journal of Political Economy* Vol. 102, No. 5.

Greif, Avner (2005), *Institutions and Trade During the Late Medieval Commercial Revolution*, New York: Cambridge University Press.

Grindle, M. S. (1991), "The New Political Economy: Positive Economics and Negative Politics", Meier, G. M. eds., *Politics and Policy Making in Developing Countries*, San Francisco: International Center for Economic Growth.

Grotius, H. (1957[1625]), *Prolegomena to the Law of the War and Peace*, London: Bobbs Merril.

Guilhot, Nicolas (2005), *The Democracy Makers: Human Rights and International Order*, New York: Columbia University Press.

Gurr, Ted R. (1970), *Why Men Rebel*, Princeton, N.J.: Princeton University Press.

Gusfield, Joseph R. (1966), "Functional Areas of Leadership in Social Movements", *The Sociological Quarterly* Vol. 7 Issue 2.

Gutman, Roy and Rieff, David (1999), *Crimes of War: What the Public Should Know*, Manhattan: W. W. Norton.

Habermas, Jürgen (1989), *The Structural Transformation of the Public Sphere: An Inquiry Into a Category of Bourgeois Society*, Thomas Burge trans., Cambridge, MA.: MIT Press.

Hall, Peter A. (1986), *Governing the Economy: The Politics of State Intervention in Britain and France*, New York: Oxford University Press.

Hall, Peter A. (1992), “The Movement from Keynesianism to Monetarism: Institutional Analysis and British Economic Policy in the 1970s”, Sven Steinmo, Kathleen Thelen and Frank Longstreth eds., *Structuring Politics: Historical Institutionalism in Comparative Politics*, Cambridge: Cambridge University Press.

Hall, Peter A. (1993), “Policy Paradigms, Social Learning, and the State: The Case of Economic Policymaking in Britain”, *Comparative Politics* Vol. 25.

Hall, Peter A. and Taylor, R. C. Rosemary (1996), “Political Science and the Three New Institutionalism”, *Political Studies* Vol. 44.

Hamilton, Alexander, James Madison, and John Jay (2012), *The Federalist Papers*, New York: Penguin Books.

Hardin, Russell (1995), *One for All: The Logic of Group Conflict*, Princeton, N.J.: Princeton University Press.

Harrop, Martin and William Lockley, Miller (1987), *Elections and Voters: A Comparative Introduction*, NY: Macmillan Education.

Hass, Peter M., Hird, John A. and McBratney, Beth (2010), *Controversies in Globalization: Contending Approaches to International Relations*, Thousand Oaks: CQ Press.

Hay, Colin (2001), “The ‘Crisis’ of Keynesianism and the Rise of NeoLiberalism in Britain: An Ideational Institutionalist Approach”, John L. Campbell and Ove Pederson eds., *The Rise of NeoLiberalism and Institutional Analysis*, Princeton: Princeton University Press.

Hayek, A. (1979), *Unemployment and Monetary Policy: Government as Generator of the “Business Cycle”*, Washington D.C.: Cato Institute.

He, Baogang (2002), *The Democratisation of China*, London: Routledge.

Hearnshaw, Fossey John Cobb (1933), *Conservatism in England: An Analytical, Bistorical, and Political Survey*, London: Macmillian & Co., limited.

Heberle, Rudolf (1951), *Social Movements: An Introduction to Political Sociology*, New York: Appleton－Century－Crofts.

Heclo, H. (1994), “Ideas, Interests and Institutions”, L. C. Dodd, and C. Jillson eds., *The Dynamics of American Politics: Approaches and Interpretations*, Boulder: Westview Press.

Held, David (1983), “Introduction: Central Perspectives on the Modern State”, David Held, James Anderson, Bram Gieben, Stuart Hall, Paul Lewis, Noel Parker and Ben Turok eds., *States and Societies*, London: New York University Press.

Heredia, Blanca (1997), "Prosper or Perish? Development in the Age of Global Capital", *Current History* Vol. 61, No. 267 (November).

Heywood, Andrew (2002), *Politics*, New York: Palgrave.

Heywood, Andrew (2003), *Political Ideologies: An Introduction*, London: Palgrave Macmillan Limited.

Hirsch, Eric L. (1990), "Sacrifice for the Cause: Group Processes, Recruitment, and Commitment in a Student Social Movement", *American Sociological Review* 55.

Hobhouse, L. T. (1994), *Liberalism and Other Writings*, James Meadowcroft ed., Cambridge: Cambridge University Press.

Hobson, J. A. (2009), *Problems of Poverty: An Inquiry into the Industrial Condition of the Poor*, Charleston: BiblioLife.

Hoffer, Eric (1966), *The True Believer*, New York: Harper and Row Publishers.

Holley, David (2001), "The Myth That is Milosevic: Even After Defeat. The Former Yugoslav President's Supporters See Him as a Hero Who Epitomizes the Nation's Cult of Victimood", *L.A. TIMES*, July 31, A1.

Holt, Robert T. and John E. Turner (1970), *The Methodology of Comparative Research*, New York: Free Press; London: Collier－Macmillan.

Holton, Robert J. (1998), *Globalization and the Nation－State*, New York: St. Martin's Press.

Horowitz, Donald L. (1985), *Ethnic Groups in Conflict*, Berkeley: University of California Press.

Howard, Dick (1989), *Defining the Political*, London: Macmillan.

Huber, Evelyn (1995), *Options for Social Policy in Latin America: Neo－Liberal Versus Social Democratic Models*, Geneva: UNRISD.

Huber, Joel, Payne, John and Puto, Christopher (1982), "Adding Asymmetrically Dominated Alternatives: Violations of Regularity and the Similarity Hypothesis", *Journal of Consumer Research* 9. (June).

Hunter, Floyd (1969), *Community Power Structure: A Study of Decision Makers*, Chapel Hill: University of North Carolina Press.

Huntington, S. P. and Nelson, J. M. (1976), *No Easy Choice: Political Participation in Developing Countries*, Cambridge: Harvard University Press.

Huntington, Samuel P. (1968), *Political Order in Changing Societies*, New Haven: Yale University Press.

Huntington, Samuel P. (1969), *Political Order in Changing Societies*, New York: Yale University Press.

Huntington, Samuel P. (1987), "Goals of Development", Samuel P. Huntington and Myron Weiner eds., *Understanding Political Development*, Boston: Little, Brown and Company.

Huntington, Samuel P. (1991), *The Third Wave: Democratization in the Late Twentieth Century*, Norman: University of Oklahoma Press.

Ijo, Tetsuro (2005), "Cooperation, Coordination, and Complementarity in International Peacemaking: The Tajikistan Experience," *International Peacekeeping* 12, No. 2(summer).

Ikenberry, G. John (1988), "Conclusion: An Institutional Approach to American Foreign Economic Policy", G. John Ikenberry, David A. Lake, and Michael Mastanduno eds., *The State and American Foreign Economic Policy*, Ithaca: Cornell University Press.

IMF (2007), "Global Capital Flows", Washington D.C.: International Monetary Fund.

Immergut, E. M. (1992), *Health Politics: Interests and Institutions in Western Europe*, Cambridge: Cambridge University Press.

Immergut, E. M. (1998), "The Theoretical Core of the New Institutionalism", *Politics & Society* Vol. 26, No. 1.

Inglehart, Ronald (1977), *The Silent Revolution: Changing Values and Political Styles among Western Publics*, Princeton, N.J.: Princeton University Press.

Inglehart, Ronald (1989), "Changing Values: The Human Component of Global Change", *International Institute of Sociology* Vol. 1.

Inglehart, Ronald (1990), *Culture Shift in Advanced Industrial Society*, Princeton: Princeton University Press.

Inglehart, Ronald (1997), *Modernization and Postmodernization: Cultural, Economic and Social Change in 43 Societies*, Princeton, N.J.: Princeton University Press.

Inglehart, Ronald and Welzel, Christian (2005), *Modernization, Cultural Change, and Democracy: The Human Development Sequence*, New York: Cambridge University Press.

Inkeles, Alex (1996, 1997), *National Character: a Psycho-Social Perspective*, New Brunswick, NJ: Transaction Publishers.

Inkeles, Alex and Daniel Jacob Levinson (1954), "National Character: The Study of Modal Personality and Sociocultural Systems", G. Lindzey ed., *Handbook of Social Psychology* Vol. 2, Special Fields and Applications. Reading, MA: Addison-Wesley.

Inkeles, Alex and Smith, David H. (1974), *Becoming Modern: Individual Change in Six Developing Countries*, Cambridge: Harvard University Press.

Inkeles, Alex et al. (1985), *Exploring Individual Modernity*, New York: Columbia University Press.

Isaak, Alan C. (1981), *Scope and Methods of Political Science: An Introduction to the Methodology of Political Inquiry*, Homewood, Ill.: Dorsey Press.

Isbister, John (1998), *Promise Not Kept: The Betrayal of Social Change in the Third World* (4th Edition), West Hartford: Kumarian Press.

James A. Bill and Hardgrave, Robert L. (1981), *Comparative Politics: The Quest for Theory*, Washington D.C.: University Press of America.

Jelin, Elizabeth and Hershberg, Eric (1996), *Constructing Democracy: Human Rights, Citizenship, and Society in Latin America*, Boulder. Colo: Westview Press.

Jenkins, Craig J. (1983), "Resource Mobilization Theory and the Study of Social Movements", *Annual Review of Sociology* 9.

Jesiewicz, K. (2003), "Elections and Voting Behavior", S. White, J. Batt and P. Lewis eds., *Development in Central and East European Politics* 3, NY: Palgrave Macmillan.

Jessop, Bob (1999), "Reflections on Globalization and Its (Il)logic(s)", Kris Olds et al. eds., *Globalization and the Asia-Pacific*, London: Routledge.

Johnson, Chalmers (1985), "Political Institutions and Economic Performance: The Government-Business Relations in Japan, South Korea, and Taiwan", Robert Scalapino, Seizaburo Sato, and Jusuf Wanandi eds., *Asian Economic Development: Present and Future*, Berkeley: University of California Press.

Kaplan, Morton A. (1957), *Systems and Process in International Politics*, New York: Wiley.

Karlsson, George (1962), "Some Aspects of Power in Small Groups", Joan H. Criswell, Herbert Solomon and Patrick Suppes Eds., *Mathematical Methods in Small Group Processes*, Stanford: Stanford University Press.

Katznelson, I. (1992), "The State to the Rescue?: Political Science and History Reconnect", *Social Research* Vol. 50, No. 4.

Katznelson, I. (1997), "Structure and Configuration in Comparative Politics", Mark Irving Linchbach and Alan S. Zuckerman eds., *Comparative Politics: Rationality, Culture, and Structure*, Cambridge: Cambridge University Press.

Kaufmann, Karen M., Petrocik, John R. and Shaw, Daron R. (2008), *Unconventional Wisdon: Facts and Myths about American Votes*, NY: Oxford University Press.

Kautsky, J. H. (1972), *The Political Consequences of Modernization*, New York: John Wiley.

Kegley, Charles W. and Wittkopf, Eugene R. (2001), *World Politics: Trend and Transformation*, Bellmont: Wadsworth.

Keller, Suzanne (1963), *Beyond the Ruling Class: Strategic Elites in Modern Society*, New York: Random House.

Kemp, J. (1979), *An American Renaissance: A Strategy for the 90s*, New York: Harper & Row.

Keohane, Robert O. and Nye, Joseph S. (2001), *Power and Interdependence*, New York: Longman.

Kertzer, David I. (1988), *Ritual, Politics, and Power*, New Haven: Yale University Press.

Keynes, J. M. (1936), *The General Theory of Employment, Interest, and Money*, Macmillan.

Keynes, John Maynard (2013[1936]), *The General Theory of Employment, Interest, and Money*, Edison Martin Imprint.

Kim, Eum Mee (1997), *Big Business, Strong State*, NY: State University & New York Press.

Kim, Sungsoo (2008), *The Role of the Middle Class in Korea Democratization*, Edison: Jimoondang.

Kim, Sungsoo (2016), "Sustainable Economic Development for Africa", presented at The First Joint International Conference on Afro-Asia Studies in Rabat, Morocco, Dec 19-20.

Kim, Sungsoo and Shin, Jungsub (2017), "Issue Competition and Presidential Debates in Multiparty Systems: Evidence from the 2002, 2007, and 2012 Korean Presidential Elections", *Asian Journal of Communication* Vol 27, Issue 3.

Kim, Sunhyuk (2000), *The Politics of Democratization in Korea: The Role of Civil Society*, Pittsburgh: University of Pittsburgh Press.

Kirkpatrik, Jeane (1979), "Dictatorships and Double Standards", Commentary Vol. 68, No. 5.

Kluckhohn, Clyde (1963), *Mirror for Man: A Survey of Human Behavior and Social Attitudes*, New York: Premier book.

Koelble, Thomas. A. (1995), "The New Institutionalism in Political Science and Sociology", *Comparative Politics* 27.

Kohli, Atul, Peter Evans, Peter J. Katzenstein, Adam Przeworski, Susanne Haeber Rudolph, James C Scott, and Theda Skocpal (1995), "The Role of Theory in Comparactive Polotics: A Symposium", World Politics 48.

Kornhauser, William (1959), *The Politics of Mass Society*, Glencoe: The Free Press.

Korpi, W. (1980), "Social Policy and Distributuional Conflict in Capitalist Democracies: A Preliminary Framework", *West European Politics* 3.

Korpi, W. (2001), "The Economic Consequences of Sweden's Welfare State: Does the Causal Analysis Hold?", *Challenge* 44(6).

Krasner, S. (1984), "Approaches to the State: Alternative Conceptions and Historical Dynamics", *Comparative Politics* Vol. 16.

Krasner, S. (1988), "Sovereignty: An Institutional Perspective", *Comparative Political Studies* Vol. 21, No. 1.

Kristol, William (2004), "Neoconservatism Remains the Bedrock of US Foreign Policy", Irwin Stelzer ed., *The Neocon Reader*, New York: Grove Press.

Kroeber, Alfred Louis & Kluckhohn, Clyde (1952), *Culture: A Critical Review of Concepts and Definitions*, New York: The Museum.

Kuhn, Thomas (1962), *The Structure of Scientific Revolutions*, Chicago: University of Chicago Press.

Lachmann, Ludwig M. (1970), *The Legacy of Max Weber*, London: Heinemann.

Laidler, Harry W. (1944), *Social-Economic Movements: An Historical and Comparative Survey of Socialism, Communism, Co-operation, Utopianism and Other Systems of Reform and Reconstruction*, New York: Thomas Y. Crowell Co.

Laitin, David D. (1986), *Hegemony and Culture: Politics and Religious Change among the Yoruba*, Chicago: University of Chicago Press.

Laitin, David D. (1992), *Language Repertoires and State Construction in Africa*, Cambridge [England]; New York: Cambridge University Press.

Laitin, David D. (1995), "Marginality", *Rationality and Society* Vol. 7, No. 1.

Lane, Jan-Erik and Hans Stenland (1984), "Power", G. Sartor ed., *Social Science Concepts: A Systematical Analysis*, Beverly Hills: Sage Publications, pp. 315~402.

Larry, Diamond and Richard Gunther (2001), *Political Parties and Democracy*, Baltimore: Johns Hopkins University Press.

Larson, Magali S. (1972~1973), "Notes on Technocracy: Some Problems of Theory, Ideology, and Power", *Berkeley Journal of Sociology* 17.

Lasswell, Harold D. (1958), *Politics: Who Gets What, When, How*, Cleveland and New York: Meridian Books, World Publishing Co.

Lasswell, Harold D. and Abraham Kaplan (1950), *Power and Society*, New Haven. CT: Yale University Press.

Lazarsfeld, Paul Felix, Berelson, Bernard and Gaudet, Hazel (1948), *The People's Choice: How the Voter Makes Up His Mind in a Presidential Campaign*, NY: Columbia Univ. Press.

Lecours, André (2000), "Ethnonationalism in the West: A Theoretical Exploration", *Nationalism and Ethnic Politics* 6.

LeDuc, Lawrence, Niemi, Richard G., Norris, Pippa (2002), *Comparing Democracies 2: New Challenges in the Study of Elections and Voting*, NY: Sage.

Lehman, W. Edward (1972), "On the Concept of Political Culture: A Theoretical Reassessment", *Social Forces* Vol. 50.

Lerner, Daniel (1958), *The Passing of Traditional Society: Modernizing Middle East*, New York: Free Press of Glencoe.

Levi, Margaret (1988), *Of Rule and Revenue*, Berkeley: University of California Press.

Levi, Margaret (1997), *Consent, Dissent, and Patriotism*, Cambridge; New York: Cambridge University Press.

Levinson, David and Malone, Martin J. (1981), *Toward Explaining Human Culture: A Critical Review of the Findings of Worldwide Cross-Cultural Research*, New Haven, Conn: HRAF Press.

Levy, Marian Jr. (1992), "Confucianism and Modernization", *Society* Vol. 29, No. 4.

Lichbach, Mark Irving and Alan S. Zuckerman (1997), *Comparative Politics: Rationality, Culture and Structure*, Cambridge: Cambridge University Press.

Lichbach, Mark Irving and Alan S. Zuckerman (1997), *Comparative Politics: Rationality, Culture and Structure*, Cambridge: Cambridge University Press.

Lichbach, Mark Irving and Zuckerman, Alan S. (1997, 2009), *Comparative Politics: Rationality, Culture, and Structure*, Cambridge: Cambridge University Press.

Lieberman, Evan S. (2001), "National Political Community and the Politics of Income Taxation in Brazil and South Africa in the Twentieth Century", In *Politics & Society* 29(4).

Lijphart, Arend (1971), "Comparative Politics and Comparative Method", *The American Political Science Review* Vol. 65, No. 3.

Lijphart, Arend (1988), "The Political Consequences of Electoral Laws: A Critique, Reanalysis, and Update of Rae's Classic Study", *Paper Prepared for Presentation at the International Political Science Association World Congress*, Washington D.C.

Lijphart, Arend (1992), *Parliamentary Versus Presidential Government*, New York: Oxford University Press.

Lijphart, Arend (1999), *Patterns of Democracy: Government Forms and Performance in Thirty–Six Countries*, New Heaven: Yale University Press.

Lindblom, Charles (1977), *Politics and Markets: The World's Political–Economic System*, New York: Basic Books.

Lindblom, Charles (1982), "The Market as Prison", *Journal of Politics* 44.

Linz, Juan J. and Arturo Valenzuela (1994), *The Failure of Presidential Democracy*, Baltimore, MD: Johns Hopkins University Press.

Lipset, Seymour M. (1960), *Political Man: The Social Bases of Politics*, New York: Doubleday & Company.

Lipset, Seymour Martin (1993), "The Social Requisities of Democracy Revisited", *American Sociological Review* Vol. 59.

Lipset, Seymour Martin and Rokkan, Stein (1967), *Party Systems and Voter Alignments: Cross–National Perspectives: [Contributors: Robert R. Alford and others]*, NY: Free Press.

Locke, John (1980[1689]), *Second Treastise of Government*, C. B. Macpherson ed., Indianapolis: Hackett Publishing Company.

Lowi, Theodore Jay and Benjamin Ginsberg (2000), *American Government: Freedom and Power*, New York: W. W. Norton & Company Incorporated.

Lowi, Theodore Jay, Benjamin Ginsberg, Kenneth A. Shepsle, and Stephen Ansolabehere (2012), *American Government: Power and Purpose* 12th edition, New York: W. W. Norton & Company.

Lowi et al. (2021) *American Government*. 16th edition, NY: W.W.Norton & Company.

Lucas, Robert E. (1988). "On the Mechanics of Economoic Development", *Journal of Monetary Economics* 22.

Lukács, György (1972[1923]), *History and Class Consciousness: Studies in Marxist Dialectics*, Rodney Livingstone trans., Cambridge: The MIT Press.

Lukes, Steven (2005), *Power: A Radical View*, London: Macmillan.

Macpherson, C. B. (1977), *The Life and Times of Liberal Democracy*, Oxford: Oxford University Press.

Macpherson, Crawford B. (1978), *The Life and Times of Liberal Democracy*, New York: Oxford University Press.

MacRidis, Roy C. and Bernard E. Brown (1995), *Comparative Politics: Notes and Readings*, California: Wadsworth Pub Co.

Madison, James Madison (1788), *The Federalist*, New York: J.&A. McLean.

Mahon, James (1999), "Economic Crisis in Latin America: Global Contagion, Local Pain",

Current History Vol. 98, No. 626.
Mahoney, James (2000), "Path Dependence in Historical Sociology", *Theory and Society* 29(4).
Mainwaring, S. and Scully, T. (1995), *Building Democratic Institutions: Party Systems in Latin America*, Stanford, CA: Stanford University Press.
Mansbridge, Jane (1991), "Politics", *National Research Council, The Transition to Democracy: Proceedings of a Workshop*, Washington D.C.: National academy Press.
March, J. G. and Olsen, J. P. (1984), "The New Institutionalism: Organizational Factors in Political Life", *American Political Science Review* 78.
March, J. G. and Olsen, J. P. (1989), *Rediscovering Institutions: The Organizational Basis of Politics*, New York: The Free Press.
Marx, Karl and Friedrich Engels (1998[1848]), *The Communist Manifesto*, London: Merlin Press.
Marx, Karl (1964), *The German Ideology*, Moscow: Progress Publications.
Maslow, Abraham H. (1954), *Motivation and Personality*, New York: Harper.
Masud, Muhammad Khalid and Armando Salvatore (2009), "Western Scholars of Islam on the Issue of Modernity", Muhammad Khalid Masud, Armando Salvatore, and Martin van Bruinessen eds., *Islam and Modernity: Key Issues and Debates*, Edinburgh: Edinburgh University Press.
Mattson, K. (1998), *Creating a Democratic Public*, University Park: Pennsylvania State University Press.
Maxfield, Sylvia (1997), *Gatekeepers of Growth: The International Political Economy of Central Banking in Developing Countries*, Princeton: Princeton University Press.
Mayer, Lawrence C. (1972), *Comparative Political Inquiry: A Methodological Survey*, Homewood: Dorsey Press.
Mayer, Margit (1991), "Social Movement Search in the United States: A European Perspective", *International Journal of Politics, Culture and Society* Vol. 4, Issue 4.
McAdam, Doug (1982), *Political Process and the Development of the Black Insurgency, 1930~1970*, Chicago: University of Chicago Press.
McCarthy, John D. and Mayer N. Zald (1977), "Resource Mobilization and Social Movements: A Partial Theory", *American Journal of Sociology* 82. (July).
McGrew, Anthony (1992), "Conceptualizing Global Politics", McGrew, Anthony and Lewis, P. G. et al. eds., *Global Politics: Globalization and the Nation-State*, Cambridge: Polity Press.
Mead, Margaret (1942), *And Keep Your Powder Dry: An Anthropology Looks at America*,

New York: William Morrow.

Melucci, Alberto (1988), "Getting Involved: Identity and Mobilization in Social Movements", *International Social Movement Research* 1.

Melucci, Alberto (1989), *Nomads of the Present: Social Movements and Individual Needs in Contemporary Society*, Philadelphia: Temple University Press.

Merritt, Rechard L. (1970), *Systematic Approaches to Comparative Politics*, Chicago: Rand McNelly and Company.

Meyer, Frank S. (1964), *What is Conservatism?*, New York: Holt, Rinehart and Winstion.

Miliband, Ralph (1969), *The State in Capitalist Society*, New York: Basic Books.

Mill, John Stuart (1843), *A System of Logic*, London: Routledge.

Mill, John Stuart (2002[1863]), *Utilitarianism*, George Sher ed., Indianapolis: Hackett Publishing Company.

Miller, Edward A. and Banaszak－Holl, Jane (2005), "Cognitive and Normative Determinants of State Policymaking Behavior: Lessons from the Sociological Institutionalism", *Publius* 35(2).

Miller, Eugene F. (1971), "David Easton's Political Theory", *Political Science Reviewer.*

Mills, C. Wright (1959), *The Power Elite*, New York: Oxford University Press.

Mitchell, William C. (1961), "Politics as the Allocation of Values: A Critique" *Ethics* Vol. 71, No. 2, The University of Chicago Press.

Mitchell, William C. and Parsons, Talcott and David Easton (1967), *Social Analysis and Politics*, New York: Practice－Hall Inc; Englewood Cliffs.

Moore, Barrington (1965), *Political Power and Social Theory: Seven Studies*, New York: Harper & Row.

Moore, Barrington (1966), *Social Origins of Dictatorship and Democracy: Lord and Peasant in the Making of the Modern World*, Boston: Beacon Press.

Morgenthau, Hans J. (1993), *Politics among Nations: The Struggle for Power and Peace*, New York: McGraw－Hill.

Morgenthau, Hans (1993)[1948], *Politics Among Nations*, Brief ed., Revised by O'Donnell, Guillermo (1973), *Modernization and Bureaucratic－Authoritarianism*, Berkeley: Institute of International Studies, University of California.

Mosca, Gaetano (1939), *The Ruling Class*, Hannah D. Kahn(trans.), New York: McGraw Hill.

Murphy, Walter F. (1962), *Congress and the Court*, Chicago: The University of Chicago Press.

Musgrave, R. A. (1959), *The Theory of Public Finance*, McGraw－Hill.

Naroll, Raoul (1970), *A Handbook of Method in Cultural Anthropology*, New York: Columbia University Press.

Nathan, J. A. and R. C. Remy (1977), *Comparative Political Socialization: A Theoretical Perspective, Handbook of Political Socialization*, New York–London: The Free Press.

Neustadt, Richard (1990), *Presidential Power and the Modern President*, New York: John Wiley and Son.

Nie, Norman H., Verba, Sidney and Petrocik, John R. (1976), *The Changing American Voter*, Boston: Harvard University Press.

Niskanen, William A. (1971), *Bureaucracy and Representative Government*, Chicago: Aldine–Atherton.

Norgaard, A. (1996), "Rediscovering Reasonable Rationality in Institutional Analysis", *European Journal of Political Research* 29.

North, Douglass C. (1991), "Institutions", *Journal of Economic Perspectives*, 5(1).

North, Douglass C. and Weingast, Barry R. (1989), "Constitutions and Commitment: The Evolution of Institutional Governing Public Choice in Seventeenth–Century England", *The Journal of Economic History* Vol. 49, No. 4 (Dec).

North, Douglass Cecil (1981), *Structure and Change in Economic History*, New York: Norton.

North, Douglass Cecil (1990), *Institutions, Institutional Change, and Economic Performance*, Cambridge; New York: Cambridge University Press.

O'Donnell, Guillermo (1995), "Democracy's Future: Do Economists Know Best?", *Journal of Democracy* 6, No. 1.

O'Donnell, Guillermo (1996), "Illusions about Consolidation", *Journal of Democracy* 7.

O'Donnell, Guillermo and Schmitter, Philippe C. (1986), *Transitions from Authoritarian Rule: Tentative Conclusions about Uncertain Democracies*, Baltimore: Johns Hopkins University Press.

Oberschall, Anthony (1993), *Social Movements: Ideologies, Interests, and Identities*, New Brunswick. NJ: Transaction.

Olson, Mancur (1965, 1971), *The Logic of Collective Action: Public Goods and the Theory of Groups*, Cambridge: Harvard University Press.

Olson, Mancur (1982), *The Rise and Decline of Nation*, New Haven: Yale Univ. Press.

Organski, A. F. K. (1973), *Stages of Political Development*, New York: Alfred A. Knopf.

Orren, K. and Skowronek, S. (1994), "Beyond the Iconography of Order: Notes for a New Institutionalism", L. C. Dodd and C. Jillson eds., *The Dynamics of American Politics*,

Boulder: Westview Press.

Orren, K. and Skowronek, S. (1996), "Institutions and Intercurrence: Theory Building in the Fullness of Time", Shapiro L., Hardin R. eds., *Political Order*, New York: Free Press.

Ostrom, Elinor (1990), *Governing the Commons: The Evolution of Institutions for Collective Action*, Cambridge; New York: Cambridge University Press.

Ostrom Elinor, Gardner Roy, and Walker James (1994), *Rules, Games, and Common−Pool Resources*, Ann Arbor: University of Michigan Press.

Pareto, Vilfredo (1935), *The Mind and Society: A Tread of General Sociology*, New York: Dover.

Parsons, Talcott (1951), *The Social System*, NY: Free Press.

Pasquino, Gianfrance (1970), *Modernizzazione E Sviluppo Politico*, Bologna: Il Mulino.

Perrow, Charles (1979), "The Sixties Observed", edited by Mayer N. Zald and John McCarthy, *The Dynamics of Social Movements: Resource Mobilization, Social Control, and Tactics*, Cambridge, MA: Winthrop Publishers.

Petee, George Sawyer (1938), *The Process of Revolution*, New York: Harper and Brothers.

Peters, B. G. (1996), *The Future of Governing*, Lawrence, Kansas: Univ. Press of Kansas.

Petrocik, John (1989), "An Expected Party Vote: New Data for an Old Concept", *American Journal of Political Science* 33.

Pfeffer, Jeffrey and Richard G. Salancik (1978), *The External Control of Organizations: A Resource Dependence Perspective*, New York, NY: Harper and Row.

Pierson, Paul (2000), "Increasing Returns, Path Dependence, and the Study of Politics", *The American Political Science Review* Vol. 94, No. 2.

Pierson, Paul and Skocpol, Theda (2003), "Historical Institutionalism in Political Science", Ira Katznelson and Helen Milner eds., *The State of the Discipline*, New York: Norton.

Pigou, A. C. (1912), *Wealth and Welfare*, London: Macmillan.

Piketty, Thomas. (2013). *Capital in the Twenty−First Century*, Cambridge: Harvard University Press.

Polanyi, Karl (1944), *The Great Transformation*, Farrar & Rinehart, Inc.

Pontusson, J. (1995), "From Comparative Public Policy to Political Economy: Putting Political Institutions in Their Place and Taking Interests Seriously", *Comparative Political Studies* Vol. 28.

Popper, Karl Raimund (1967), *The Open Society and Its Enemies. v. 2, The High Tide of Prophecy: Hegel, Marx, and the Aftermath*, New York: Harper & Row.

Porch, Douglas (1977), *The Portuguese Armed Forces and the Revolution*, Standford:

Hoover Institution Press.
Poulantzas, Nicos Ar. (1973), *Political Power and Social Classes*, London: Verso Books/NLB.
Poulantzas, Nicos Ar. (1974), *Fascism and Dictatorship: The Third International and the Problem of Fascism*, London: Verso Books.
Poulantzas, Nicos Ar. (1980), *State, Power, Socialism*, London: Verso Books.
Przeworski, Adam (1986), "Some Problems in the Study of the Transition to Democracy", Guillermo O'Donnell, Philippe Schmitter, & Laurence Whitehead eds., *Transitions from Authoritarian Rule: Comparative Perspectives*, Baltimore: Johns Hopkins University Press.
Przeworski, Adam (1995), *Sustainable Democracy*, Cambridge: Cambridge University Press.
Przeworski, Adam and Henry Teune (1970), *The Logic of Comparative Social Inquiry*, New York: Wiley-Interscience, John Wiley & Sons.
Putnam, Robert (1993, 1994), *Making Democracy Work: Civic Traditions in Modern Italy*, Princeton: Princeton University Press.
Putnam, Robert (2000), *Bowling Alone: The Collapse and Revival of American Community*, New York: Simon and Schuster.
Pye, Lucian W. (1965), *Political Culture and Political Development*, Princeton, N.J.: Princeton University Press.
Pye, Lucian W. (1985), *Asian Power and Politics: The Cultural Dimensions of Authority*, Cambridge, Mass. and London: Belknap Press.
Pye, Lucian W. (1985), *Asian Power and Politics: The Cultural Dimensions of Authority*, Cambridge: Harvard University Press.
Ragin, Charles C. (1987), *The Comparative Method: Moving Beyond Qualitative and Quantitative Strategies*, University of California Press.
Reppy, Judith (1984), "The Automobile Air Bag", edited by Dorothy Nelken, *Controversy: Politics of Technical Decisions*, Beverly Hills: Sage Productions. Inc.
Ricardo, David (1971[1821]), Ronald Max Hartwell eds., *Principles of Political Economy and Taxation*, NY: Penguin Books.
Riedel, Manfred (1984), *Between Tradition and Revolution: The Hegelian Transformation of Political Philosophy*, Walter Wright trans., Cambridge: Cambridge University Press.
Riker, William (1964) *Federalism: Origin, Operation, Significance*, Boston: Little Browns.
Riker, William (1982) *Liberalism Against Populism*, Prospect Heights, IL: Waveland Press.

Riker, William H. (1987), *The Development of American Federalism*, Washington D.C.: Kluwer Academic Publishers.

Rokkan, Stein (1970), *Citizens, Elections, Parties: Approaches to the Comparative Study of the Processes of Development*, NY: McKay.

Romer, Paul (1986), "Increasing Returns and Long-Run Growth", *Journal of Political Economy*.

Rose, Arnold M. (1967), *The Power Structure*, New York: Oxford University Press.

Ross, Marc, Howard (1993), *The Culture of Conflict: Interpretations and Interests in Comparative Perspective*, New Haven: Yale University.

Rossiter, Clinton L. (1955), *Conservatism in America*, New York: Alfred A. Knopf.

Rostow, Walt W. (1971a), *Stages of Economics Growth: A Non-Communist Manifesto*, Cambridge: Cambridge University Press.

Rostow, Walt W. (1971b), *Politics and the Stages of Growth*, Cambridge: Cambridge University Press.

Rostow, Walt W. (1991), *Stages of Economic Growth: A Non-Communist Manifesto* (3rd Edition), New York: Cambridge University Press.

Rothstein, B. (1996), "Political Institutions: An Overview", R. Goodin and K. Hans-Dieter eds., *A New Handbook of Political Science*, Oxford: Oxford University Press.

Rousseau, Jean Jacques (1997), *'The Social Contract' and Other Later Writings*, Victor Gourevitch trans., Cambridge: Cambridge University Press.

Rueschemeyer, Dietrich, Stephens, Evelyne H. and Stephens, John D. (1992), *Capitalist Development and Democracy*, Chicago: University of Chicago Press.

Ruffin, R. J. and Gregory, Paul R. (2001), *Principles of Economics* (7th Edition), NY: Addison Wesley.

Russell, Bertrand (1938), *Power: A New Social Analysis*, New York: Routledge.

Russett, Bruce (1965), *Trends in World Politics*, New York: Macmillan.

Russett, Bruce, Starr, Harvey and Kinsella, David (2000), *World Politics: The Menu for Choice*, Toronto: Wadsworth.

Ryan, Alan (1995), "Liberalism", Robert E. Goodin and Philip Pettit ed., *A Companion to Contemporary Political Philosophy*, Oxford: Blackwell Publishing.

Sabatier, Paul A. and Susan M. McLaughlin (1990), "Belief Congruence between Interest-Group Leaders and Members: An Empirical Analysis of Three Theories and a Suggested Synthesis", *The Journal of Politics* Vol. 52, Issue 3.

Salisbury, Robert H. (1969), "An Exchange Theory of Interest Groups", *Midwest Journal of Political Science* Vol. 13, No. 1.

Salisbury, Robert H. (1990), "The Paradox of Interests in Washington D.C.: More Groups and Less Clout", Anthony S. King ed., *The New American Political System*, (2nd ed.), Washington: American Enterprise Institute.

Salvadori, Neri and Carlo Panico (2006), *Classical, Neoclassical and Keynesian Views on Growth and Distribution*, Northampton: Edward Elgar Publishing Inc.

Samuels, Warren J. and Mercuro, Nicholas (1984), "A Critique of Rent−Seeking Theory", Colander, David C. ed., *Neoclassical Political Economy: The Analysis of Rent−Seeking and DUP Activities*, Cambridge, MA: Ballinger Publishing.

Santos, Alvaro (2006), "The World Bank's Uses of the 'Rule of Law' Promise in Economic Development", David Trubek & Alvaro Santos eds., *The New Law and Economic Development: A Critical Appraisal*, New York: Cambridge University Press.

Sartori, Giovanni (1976), *Parties and Party Systems: A Framework for Analysis*, New York: Cambridge University Press.

Sartori, Giovanni (1994), *Comparative Constitutional Engineering: An Inquiry into Structures, Incentives and Outcomes*, London: Macmillan.

Sassen, Saskia (1996), *Losing Control?: Sovereignty in an Age of Globalization*, Columbia University Press.

Sassen, Saskia (1999), "Embedding the Global in the National: Implications for the Role of the State", David A. Smith et al. eds., *States and Sovereignth in the Global Economy*, London: Routledge.

Scarrow, Howard A. (1969), *Comparative Political Analysis: An Introduction*, New York: Harper&Row.

Scharpf, Fritz Wilhelm (1997), *Games Real Actors Play: Actor−Centered Institutionalism in Policy Research*, Boulder, Colo.: Westview Press.

Schecter, Darrow (2000), *Sovereign States or Political Communities? Civil Society and Contemporary Politics*, Manchester: Manchester University Press.

Schellnhuber, H. J., Crutzen, P. J. et al. eds (2004), *Earth System Analysis for Sustainablility*, Cambridge: MIT Press.

Schmitter, Philippe C. (1993), *Some Propositions About Civil Society and the Consolidation of Democracy*, Conference Paper Reconfiguring State and Society at the University of California, Berkeley, 22~23 April 1993.

Schumpeter, Joseph Alois (1942), *Capitalism, Socialism, and Democracy*, New York: Harper & Brothers.

Scott, James C. (1985), *Weapons of the Weak: Everyday Forms of Resistance*, New Haven and London: Yale University Press.

Scott, W. Richard (2001), *Institutions and Organizations*, Thousand Oaks, CA: Sage, (2nd ed.).

Selznick, Philip (1994), *The Moral Commonwealth: Social Theory and the Promise of Community*, Berkeley: University of California Press.

Sherman, Howard J. (1995), *Reinventing Marxism*, Baltimore and London: Johns Hopkins University Press.

Siaroff, Alan (2000), "The Fate of Centrifugal Democracies: Lessons from Consociational Theory and System Performance", *Comparative Politics* 32.

Simmel, Georg (1909), "The Problems of Sociology", *American Journal of Sociology* Vol. 15, No. 3.

Simon, A. Herbert (1985), "Human Nature in Politics: The Dialogue of Psychology with Political Science", *The American Political Science Review* Vol. 79, No. 2. (Jun.).

Simon, Herbert A. (1957), *Models of Man: Social and Rational*, New York: Wiley.

Simon, Herbert A. (1976), *Administrative Behavior*, New York; London: Free: Collier Mamillan Publishers.

Simone, Vera and Feraru, Anne T.(1995), *The Asian Pacific: Political and Economic Development in a Global Context*, White Plains: Longman.

Sivard, Ruth L. (1996), *World Military and Social Expenditures*, World Priorities.

Skocpol, Theda (1979), *States and Social Revolutions*, Cambridge: Cambridge University Press.

Skocpol, Theda (1984), "Sociology's Historical Imagination", Theda Skocpol eds., *Vision and Method in Historical Sociology*, Cambridge: Cambridge University Press.

Skocpol, Theda (2003), *Diminished Democracy: From Membership to Management in American Civic Life*, Norman, Oklahoma: University of Oklahoma Press.

Skowronek, S. (1982), *Building a New American State: The Expansion of National Administrative Capacities, 1877~1920*, Cambridge: Cambridge University Press.

Smelser, Neil J. (1962), *Theory of Collective Behavior*, New York: Free Press.

Smith, Adam (1986[1776]), *The Wealth of Nations I–III*, Penguin Adult.

Smith, David H. (1991), "Four Sectors or Five? Retaining the Member–Benefit Sector", *Nonprofit and Voluntary Sector Quarterly* 20.

Smith, David H. (1998), "The Impact of the Nonprofit Voluntary Sector in Society", *The Nonprofit Organization Handbook*, New York: McGraw-Hill Book Company.

Smith, Tom W. (1985), "The Polls: American's Most Important Problems Part I: National and International", *The Public Opinion Quarterly* 49.

So, Alvin Y. (1990), *Social Change and Development: Modernization, Dependency, and World-Systems Theories*, Thousand Oaks: Sage Publications.

Sodaro, Michael J. (2008), *Comparative Politics: A Global Introduction* (3rd Ed.), New York: McGraw-Hill.

Sorensen, Georg (1998), *Democracy and Democratization: Processes and Prospects in a Changing World* (2nd edition), Boulder. CO: Westview Press.

Stein, Lorenz von (1850), *History of the French Social Movement from 1789 to the Present*, Leipzig: Otto Wigand.

Steinmo, S. (1993), *Taxation and Democracy: Swedish, British and American Approaches to Financing the Modern State*, New Haven: Yale University Press.

Stepan, Alfred C. and Linz, Juan J. (1996), *Problems of Democratic Transition and Consolidation*, Baltimore: Johns Hopkins University Press.

Sterba, James P. (2003), *Justice: Alternative Political Perspecitves*, Boston: Wadsworth.

Stiglitz, Joseph (1998), "More Instruments and Broader Goals: Moving Toward the Post-Washington Consensus", The World Bank Group.

Stockholm International Peace Research Institute(SIPRI) (2013), "The 15 Countries with the Highest Military Expenditure in 2012 (table)".

Strauss, Claudia (1992), "Models and Motives", In Roy G. D'Andreade and Claudia Strauss eds., *Human Motives and Cultural Models*, Cambridge: Cambridge University Press.

Taagepera, Rein and Matthew Soberg Shugart, *Seats and Votes: The Effects and Determinants of Electoral Systems*, New Haven: Yale University Press.

Tanzi, Vito and Schuknecht, Ludger (2000), *Public Spendings in the 20th Century*, New York: Cambridge University Press, 2000.

Tarrow, Sidney G. (1998), *Power in Movement: Social Movements and Contentious Politics*, Cambridge: Cambridge University Press.

Tercheck Ronald J. and Conte, Thomas C. eds. (2001), *Theories of Democracy: A Reader*, Lanham: Rowman & Littlefield Publishers.

Thelen, Kathleen and Steinmo, Sven (1992), "Historical Institutionalism in Comparative Politics", Sven Steinmo, Kathleen Thelen and Frank Longstreth eds., *Structuring Politics: Historical Institutionalism in Comparative Politics*, Cambridge: Cambridge University

Press.
Thomas, Paul (1991), *Karl Marx and the Anarchists*, London: Routledge.
Thorson, Thomas L. (1970), *Biopolitics*, New York: Holt McDougal.
Tilly, Charles (1978), *From Mobilization to Revolution*, Reading. MA: Addison-Wesley.
Toch, Hans (1965), *The Social Psychology of Social Movements*, Indianapolis: Bobbs-Merrill.
Tocqueville, Alexis De. (2001), Richard C. Heffner eds., *Democracy in America*, New York: Penguin Group.
Touraine, Alain (1977), *The Self-Production of Society*, Chicago: University of Chicago Press.
Truman, David B. (1951 or 1958, 1971), *The Governmental Process: Political Interests and Public Opinion*, New York: Alfred A. Knopt.
Tsagarousianou, R. (1998), "Electronic Democracy and the Public Sphere", In Tsagarousianou, Tambini and Bryan eds., *Cyberdemocracy*, London: Routledge.
Tsebelis, George (1990), *Nested Games: Rational Choice in Comparative Politics*, Berkeley: University of California Press.
Tucker, Robert C. (1978), *The Marx-Engels Reader*, New York: WW Norton & Co.
Turner, Jonathan H. and Beeghley, Leonard (1981), *Political Elite in Democracy*, New York: Atherton Press.
United Nations Development Programme (1999), *Human Development Report 1999*, New York: Oxford University Press.
Van Till, Jon (2000), *Growing Civil Society: From Nonprofit Sector to Third Space*, Bloomington: Indiana University Press.
Van Zijp, R. (1993), *Austrian and New Classical Business Cycle Theories*, Longfield: Edward Elgar.
Veblen, Thorstein (2009[1899]), *The Theory of the Leisure Class*, Oxford: Oxford University Press.
Verner, Joel G. (1984), "The Independence of Supreme Court in Latin America: A Review of the Literature", *Journal of Latin America Studies* 16 Vol. 2.
Wallerstein, Immanuel (1976), *The Modern World-System: Capitalist Agriculture and the Origins of the European World-Economy in the Sixteenth Century*, New York: Academic Press.
Wallerstein, Immanuel (1980), *The Modern World-System II: Mercantilism and the Consolidation of the European World-Economy, 1600~1750*, New York: Academic

Press.
Wallerstein, Immanuel (1989), *The Modern World-System III: The Second Era of Great Expansion of the Capitalist World-Economy, 1730s~1840s*, New York: Academic Press.
Waltz, Kenneth N. (1995), *The Spread of Nuclear Weapons: A Debate Renewed*, New York: W. W. Norton & Company.
Weatherby, Joseph (1997), "The Middle East and North Africa", Joseph Weatherby et al. ed., *The Other World: Issues and Politics of the Developing World* (3rd ed.), New Jersey: Pearson.
Weber, Max (1951), *The Religion of China*, edited and translated by Hans H. Gerth, New York: The Free Press.
Weber, Max (1958), *From Max Weber: Essays in Sociology*, New York: Oxford University Press.
Weber, Max (1958a), *The Protestant Ethic and the Spirit of Capitalism*, New York: Scribner's Press.
Weber, Max (1958b), *The Religion of India*, edited and translated by Hans H. Gerth and Don Martindale, New York: The Free Press.
Weber, Max (1962), *Basic Concepts in Sociology*, New York: Citadel Press.
Weeks, E. (2000), "The Practice of Deliberative Democracy: Results from Four Large Trials", *Public Administration Review* 60, No. 4.
Weintraub, S. (1978), *Capitalism's Inflation and Unemployment Crisis: Beyond Monetarism and Keynesianism, Reading*, Mass.: Addison-Wesley Publishing Company.
Weiss, T. G. (1996), Brown, M. E. eds., *Nongovernmental Organizations and Internal Conflict. In The International Dimension of Internal Conflict. Cambridge: Center for Science and International Affairs.*
Wen, Chihua (1995), *The Red Mirror: Children of China's Cultual Revolution*, Boulder Colorado: Westview Press.
Wendt, Alexander, and Raymond Duvall (1989), "Institutions and International Order", In Ernst-Otto Czempiel and James Rosenau eds., *Global Changes and Theoretical Challenges*, Lanham: Lexington Books.
Wiarda, Howard J. (1985, 1991, 2002), *New Directions in Comparative Politics*, Boulder: Westview Press.
Wiarda, Howard J.(2007), *Comparative Politics: Approaches and Issues*. Lanham: Rowman & Littlefield publishers INC.
Wilber, Charles K. and Jameson, Kenneth P. (1995), *The Political Economy of*

Development and Underdevelopment (6th Edition), New York: Mcgraw−Hill College.
Wildavsky, Aaron (1974), *The Private Government of Public Money: Community and Policy Inside British Politics*, London: MacMillan.
Wildavsky, Aron (1994), "Why Self−Interest Means Less Outside of a Social Context: Cultural Contributions to a Theory of Rational Choices", *Journal of Theoretical Politics* Vol. 6, No. 2.
William, Oliver E. (1981), "The Economics of Organization: The Transaction Cost Approach", *The American Journal of Sociology*, 87(3).
Williams, Allan M. (1984), *Southern Europe Transformed: Political and Economic Change in Greece, Italy, Portugal and Spain*, New York: Harper & Row.
Wilson, Graham (1990), *Business and Politics* (2nd Edition), Chatham, NJ: Chatham House.
Wilson, Graham (1990), *Interest Groups*, Oxford and Cambridge Massachusetts: Blackwell.
Wolfson, Adam (2004), "Conservatives and Neoconservatives", *Public Interest*, Winter 2004, Issue 154.
World Bank (1998), *World Development Report: Knowledge for Development*, New York: Oxford University Press.
World Bank (1999), *Knowledge for Development: World Development Report 1998/99*, New York: Oxford University Press.
World Values Survey, 1995~1997. (2001), Ann Arbor, MI: Interuniversity Consortium for Political Research.
Wrong, D. H. (1988), *Power: Its Forms, Bases and Uses, With New Preface*, Oxford: Basil Blackwell.
Zagare, Frank C. (1984), *Game Theory: Concepts and Applications*, Newbury Park: Sage Publications.
Zaller, John (1992), *The Nature and Origins of Mass Opinion*, Cambridge: Cambridge University Press.
Zysman, John (1994), "How Institutions Create Historically Rooted Trajectories of Growth", in *Industrial and Corporate Change* Vol. 3, No. 1.

강신준·이상률 공편역 (1984), 『마르크스냐 베버냐』, 홍성사.
강원택 (2000), "지역주의 투표와 합리적 선택: 비판적 고찰", 『한국정치학회보』 제34권 제2호.
권태환 외 (2001), 『신사회운동의 사회학』, 서울대학교 출판부.
김선명 (2007), "신제도주의 이론과 행정에의 적응성", 『한독사회과학논총』 제17권 제1호.

김성구 (1998), 『경제위기와 신자유주의』, 문화과학사.
김성수 (2003), "민주화 이행 과정에서 한국 중산층의 역할: 민주화 운동 참여 동기에 대한 분석", 『국제정치논총』 제43집 제1호.
김성수 (2004), "민주주의, 시장경제 그리고 부패", 『부패학회보』 제9권 제1호.
김성수 (2007), "이성과 현실 사이: 초기 프랑크푸르트 학파 비판 이론에서 변증법의 역할", 『국제정치논총』 제47집 제1호.
김성수 (2007), 『현대정치이론과 현상』, 홍익재.
김성수 (2008), "온라인 공론장을 둘러싼 정당과 시민사회운동의 헤게모니 경쟁에 대한 분석", 『시민사회와 NGO』 제6권 제2호.
김성수 (2010), "한국에도 찾아온 브래드리 효과", 조선일보.
김성수 (2011), "사법권력 강화가 갖는 정치적 동학과 자유민주주의 체제의 안정성: 한국에서의 사법부 위상변화에 대한 통섭적 접근", 『시민사회와 NGO』 제9권 제1호.
김성수 (2011), "한국사회의 갈등과 언론의 역할: 한미 FTA를 중심으로", 『동서연구』 제23권 제1호.
김성수 (2013), "한국 지역주의 현상에 대한 신제도주의적 이해: 지역정당체제의 경로의존성을 중심으로", 『아태연구』 제20권 제3호.
김성수 (2014), "시민사회운동과 신자유주의 경제개혁", 『정치 · 정보 연구』 제17권 제2호.
김성수 (2018), 『자본주의와 민주주의 상생(相生)의 정치경제학을 위하여』, 박영사.
김성수 (2021), "아프리카내 사회갈등과 이슬람", 『세계지역연구논총』 제39집 제2호.
김성수 · 신두철 (2016), "대통령선거의 의제설정과 선거정보: 제18대 대통령선거의 박근혜 후보와 문재인 후보를 중심으로", 『인문사회과학연구』 제52호.
김성수 · 유신희 (2014), "김영삼 정권의 신자유주의 경제개혁: 기술관료(Technocrat)와 정당엘리트의 상호관계를 중심으로", 『사회과학연구』 제25권 제4호.
김영래 (1997), 『이익집단정치와 이익갈등』, 한울아카데미.
김영환 · 임지현 편 (1994), 『서양의 지적운동』 1, 지식산업사.
김웅진 (1992), 『정치학방법론서설』, 명지사.
김웅진 외 (1995), 『비교정치론강의』, 한울아카데미.
김창희 (2005), 『비교정치론』, 삼우사.
김호진 (1994), 『한국정치체제론』, 박영사.
김홍우 외 (2002), 『정치학의 이해』, 박영사.
노동일 (1997), 『정치학방법론』, 법문사.
라폴롬바라 외, 윤용희 역 (1989), 『정당과 정치발전』, 법문사.
로드 헤이그 외, 김계동 역 (2017), 『비교정부와 정치』, 제10판, 명인문화사.
르몽드 디플로마티크 엮음 (2014), 『르몽드 인문학』, 휴먼큐브.
미국정치연구회 (2020), 『미국정부와 정치 2』, 오름.

박찬욱 (1993), “제14대 국회의원 선거결과에 대한 집합자료 분석”, 『한국과 국제정치』 제9권 제2호.
박형준 (2001), 『성찰적 시민사회와 시민운동』, 의암출판사.
박효종 (1994), 『합리적 선택과 공공재 I 』, 인간사랑.
버거 피터 L., 이상률 역 (1996), 『사회학에의 초대』, 문예출판사.
세르주 모스코비치, 이상률 역 (1996), 『군중의 시대』, 문예출판사.
신명순 (1999, 2001, 2006), 『비교정치』, 박영사.
신정현 (2000), 『비교정치론』, 법문사.
엄한진 (2004), “재이슬람화와 정치개방: 북아프리카 아랍의 사회통합 기제”, 『한국사회학』 제38집 제6호.
엄한진 (2010), “아랍세계 논의의 특징과 오리엔탈리즘적 전통”, 『아시아리뷰』 제1권 제1호.
오명호 (1990), 『현대정치학이론』, 법문사.
이브 드잘레이 · 브라이언트 가스(2007), 김성현 역, 『궁정전투의 국제화』, 그린비.
임경훈 (2002), 『정치학의 이해』, 박영사,
임혁백 (1990), “한국에서의 민주화과정 분석: 전략적 선택이론을 중심으로”, 『한국정치학회보』 제24집 제1호.
임혁백 (1991), “민주화비교연구 서설”, 『韓國政治研究』 제3권 제1호.
임혁백 (1999), 『민주주의의 기본원리와 정치개혁과제』, 한국개발연구원.
장달중 (2002), “정치권력론”, 서울대학교 정치학과 교수 공저, 『정치학의 이해』, 박영사.
장영수 (1993), “헌법의 기본원리로서의 민주주의”, 『안암법학』 창간호.
정무권 (1996), “한국 사회복지제도의 초기형성에 관한 연구”, 『한국사회정책』 3권, 한국사회정책학회.
정상호 (2006), 『이익정치의 미래: 결사체 민주주의의 원리와 쟁점』, 한울아카데미.
정용덕 (1999), 『합리적 선택과 신제도주의』, 대영출판사.
조기숙 (2000), 『지역주의 선거와 합리적 유권자』, 나남출판.
조대엽 (2007), 『한국의 사회 운동과 NGO: 새로운 운동 주기의 도래』, 아르케.
조명현 편역 (1986), 『체계적 정치이론』, 형설출판사.
존 하비슨 (2017), 김성수 역, 『세계속의 아프리카』, 한양대학교 출판부.
주성수 (2009), 『직접민주주의: 풀뿌리로부터의 민주화』, 아르케.
최장집 (2017), 『정치의 공간』, 후마니타스.
최장집 (2005), “민주주의와 헌정주의: 미국과 한국”, 로버트 달, 박상훈 외 옮김, 『미국헌법과 민주주의』, 후마니타스.
칼 폴라니, 박현수 역 (1998), 『사람의 살림살이』, 풀빛.
커크 러셀, 이재학 역 (2018), 『보수의 정신』, 지식노마드.

피에르 부르디외 (1995), 정일준 역, 『상징폭력과 문화재생산』, 새물결.
필립스 쉬블리 (2008, 2010), 김계동 외 역, 『정치학 개론: 권력과 선택』, 명인문화사.
필립스 쉬블리 (2010), 김계동 외 옮김, 『정치학 개론』, 명인문화사.
하연섭 (1999), "역사적 제도주의", 정용덕 외, 『신제도주의연구』, 대영문화사.
홍득표 (1999), 『정치과정론』, 학문사.
홍지수 (2017), 『트럼프를 당선시킨 PC의 정체』, 북앤피플.

찾아보기

<인 명 색 인>

(ㅁ)

(ㅂ)

(ㅅ)

(ㅇ)

(ㅈ)

(ㅊ)

(ㅋ)

(ㅌ)

(ㅍ)

(ㅎ)

<사 항 색 인>

(ㄱ)

(ㄴ)

(ㄷ)

(ㄹ)

(ㅁ)

(ㅅ)

(ㅇ)

(ㅈ)

(ㅊ)

(ㅋ)

(ㅌ)

(기타)

저자약력

김성수

한양대학교 정치외교학과를 입학한 후 American University에서 정치학학사, Marymount University에서 인문학석사 그리고 University of Southern California(USC)에서 정치학석사와 비교정치, 정치경제, 정치이론으로 박사학위를 취득하였다. 대학원 재학 중 USC Graduate Fellowship, Phi Beta Kappa Honor Society Dissertation Scholarship, Jesse M. Unruh Institute of Politics Research Fellowship 등의 연구지원과 더불어 Korean Heritage Foundation Award를 수상하였다. 현재 한양대학교 정치외교학과 교수로 재직 중이며, 교육부와 한국연구재단의 장기과제인 신흥지역연구과제를 성공리에 완수 후 연속으로 대학중점연구소 연구과제에 선정된 유럽-아프리카 연구소 소장으로 재임 중이다. 해외 연구 활동으로는 한국학중앙연구원의 씨앗사업에 선정된 탄자니아 다르에살렘 대학교(University of Dar es Salaam) 한국학연구센터 코디네이터로 재임 중이다. 대표적 학회활동으로 한국정치학회 대외협력이사, 한국국제정치학회 연구이사, 한국평화연구학회 부회장 등을 역임하였다. 2017년 연구성과우수자로 교육부장관 표창과 2018, 2021년 한양대학교 우수R&D교원으로 선정되었다. 또한 국내기업의 대아프리카 진출 및 외교 전략 개발로 2019년 대한민국 국회 농림축산식품해양수산 상임위원장과 외교안보통일 상임위원장 표창을 받았다. 유럽-아프리카 연구소는 신흥지역연구사업인 "한국중소기업의 아프리카진출을 위한 사업전략 및 비즈니스모델 개발"로 한국연구재단으로부터 우수연구기관으로 소개되었으며, 현재 중점연구과제인 "아프리카에 대한 새로운 외교적 접근 모색: 나이지리아, 알제리, 탄자니아와의 공공외교전략 수립과 확산"을 수행 중이다.

주요 저서로는 『현대아프리카의 이해(세종도서)』, 『아프리카 새로 보기 1,2,3편』, 『세계 속의 아프리카』, 『아프리카 기본정보체계 및 파트너십 구축』, 『자본주의와 민주주의, 상생(相生)의 정치경제학을 위하여』, 『The Role of the Middle Class in Korea Democratization』 등 다수의 서적을 집필하였으며 비교정치와 정치경제 그리고 아프리카지역 연구에 관한 상당수의 논문을 KCI와 SSCI에 게재하고 있다.

제3판

새로운 패러다임의 비교정치

초판발행　2015년 3월 30일
제3판 발행　2022년 2월 25일

지은이　김성수
펴낸이　안종만 · 안상준

편　집　양수정
기획/마케팅　오치웅
표지디자인　이학영
제　작　고철민 · 조영환

펴낸곳　(주) 박영사
서울특별시 금천구 가산디지털2로 53, 210호(가산동, 한라시그마밸리)
등록 1959. 3. 11. 제300-1959-1호(倫)
전　화　02)733-6771
f a x　02)736-4818
e-mail　pys@pybook.co.kr
homepage　www.pybook.co.kr
ISBN　979-11-303-1488-4 93340

정　가　28,000원